महात्मा गांधी : ब्रह्मचर्य के प्रयोग

महात्मा गांधी
ब्रह्मचर्य के प्रयोग

दयाशंकर शुक्ल सागर

वाणी
प्रकाशन

प्रकाशन के उत्कृष्टतम 61 वर्ष

vaniprakashan.com

पेपरबैक पहला संस्करण : 2007
पेपरबैक दूसरा संस्करण : 2015
पेपरबैक तीसरा संस्करण : 2025

वाणी प्रकाशन

4695, 21-ए, दरियागंज, नयी दिल्ली-110 002

फ़ोन : +91 11 23273167, 23275710

शाखाएँ

अशोक राजपथ, पटना-800 004, बिहार
कॉफ़ी हाउस कैम्पस, महात्मा गांधी मार्ग, प्रयागराज-211 001, उत्तर प्रदेश
महात्मा गांधी अन्तरराष्ट्रीय हिन्दी विश्वविद्यालय, वर्धा-442 001, महाराष्ट्र

sales@vaniprakashan.in
vaniprakashan@gmail.com

Mahatma Gandhi : Brahmcharya ke Prayog
by Dayashankar Shukla Sagar

ISBN : 978-81-8143-640-5

मूल्य : ₹ 695

जी.एस. ऑफ़सेट, दिल्ली-110 095 में मुद्रित

वाणी प्रकाशन का लोगो मक़बूल फ़िदा हुसैन की कूची से

मां सावित्री शुक्ला
और पिता
पं. श्री सीताराम शुक्ल
के चरणों में
सादर समर्पित
जिनका कहना है कि
गांधी को समझने के लिए
तुम्हें कई और जन्म लेने होंगे

अनुक्रम

आभार

इतिहास से गुजरना एक अंधे युग से गुजरने जैसा है। एक सीमा पर आकर 'नो-इंट्री' की तख्ती लग जाती है कि आप उपलब्ध साक्ष्यों के आगे नहीं बढ़ सकते। मैं शुक्रगुजार हूं सूचना एवं प्रसारण मंत्रालय के अधीन 'महात्मा गांधी संपूर्ण वाङ्मय' के उन अज्ञात शोधार्थियों का जिन्होंने रात-दिन मेहनत करके महात्मा गांधी द्वारा लिखित सामग्री दुनिया के हर कोने से एकत्र की। भारतीय राष्ट्रीय अभिलेखागार का भी आभारी हूं जिसने अतीत को जिंदा रखने के लिए तमाम दुर्लभ पत्र और अन्य दस्तावेज संजोकर रखे हैं।

इस किताब को लिखते वक्त महात्मा गांधी के ब्रह्मचर्य व्रत को लेकर मेरी सर्वश्री नवीन जोशी, एम.एम. बहुगुणा, बृजेश शुक्ल, उमेश रघुवंशी, मंजरी मिश्र, हेमंत शर्मा, तारा पाण्डे, राकेश मंजुल, शैली, ए.एस.पांडेय, शशांक तिवारी और ऋतिका आदि से लंबी-लंबी बहसें हुईं। कई बार तो झगड़े तक हुए। इन बहसों और आलोचनाओं ने प्रेरणा और प्रोत्साहन का काम किया। प्रसिद्ध कथाकार उदय प्रकाश, प्रभाष जोशी, ज्ञानरंजन, विष्णु नागर, डॉ. जय नारायण बुधवार, आदि लेखक-संपादकों ने समय-समय पर मार्ग दर्शन किया। लेखक-पत्रकार दयानंद पांडेय और अयोध्या के युवा कवि यतींद्र मिश्र का विशेष रूप से आभारी हूं, जिन्होंने इस कार्य को अंतिम रूप देने में मेरी मदद की। मैं लखनऊ के गांधी भवन पुस्तकालय के लाइब्रेरियन सुशील चंद्र गुप्त का भी आभारी हूं जिन्होंने इस 'यज्ञ' के लिए सामग्री जुटाने में हर संभव मदद की।

मैं अपनी पत्नी ज्योति और बेटी अरुंधती का भी आभारी हूं जिनके हिस्से का काफी वक्त मैंने इस किताब को दिया। मेरे शुभचिंतक जगदीश यानी काकाजी व छोटा भाई सचिन, उसकी पत्नी तूलिका और बिटिया आनंदिनी अगर पीछे नहीं पड़ते तो यह किताब दो-तीन साल और आगे खिंच जाती।

—दयाशंकर शुक्ल सागर

अपनी बात

'सत्य के मुखमंडल पर
एक स्वर्णावरण चढ़ा हुआ,
प्रभु! इस आवरण को
हटाओ
ताकि मैं यथार्थ में
सत्य के दर्शन कर सकूं।'

—ईशावास्य उपनिषद् से

महात्मा गांधी ने अपनी मृत्यु से ठीक एक साल पहले कहा था कि 'मैं शारीरिक इच्छा से मुक्त हूं या नहीं, इस बात का पता शायद मेरी मृत्यु के बाद लगे।' लेकिन दुर्भाग्य है कि गांधीजी की मौत के बाद बुद्धिजीवियों ने इस प्रश्न पर चालाकी से चुप्पी साध ली। उन्हें डर था कि यह प्रश्न अगर उठाया गया तो गांधीजी की महान तसवीर खंडित होगी। गांधीवाद के नाम पर राजनीतिक रोटियां सेकना और दुकान चलाना कठिन हो जाएगा। इसलिए इस 'महान प्रयोग' से जुड़े तमाम सारे सवाल खामोशी से दफन कर दिए गए। सत्य और अहिंसा के अलावा महात्मा गांधी ने ब्रह्मचर्य पर कीमती प्रयोग किए। महात्मा के सत्य और अहिंसा से जुड़े प्रयोगों पर बहुत काम हुआ लेकिन ब्रह्मचर्य के प्रयोग को इतिहास की रद्दी की टोकरी में डाल दिया गया।

चीन के बौद्धिक जगत में एक कहावत मशहूर है-'हर महापुरुष एक सामाजिक संकट है।' महात्मा गांधी के बारे में भी यह बात बहुत दिनों तक कही जाती रही। लेकिन हत्यारे नाथूराम गोडसे ने उनके सीने में तीन गोलियां उतार कर महात्मा गांधी के जीवन और उनके विचारों पर चलने वाली तमाम बहसों को हमेशा के लिए शांत कर दिया। महात्मा गांधी अगर अपनी स्वाभाविक मौत मरते तो निःसंदेह उनके विचारों, आदर्शों और उनके प्रयोगों पर आलोचनात्मक ढंग से टीकाएं सामने आतीं। तब हम अपने महात्मा को शायद संपूर्णता से समझ पाते

और उनके बारे में अपनी कोई राय कायम करते। लेकिन भारत का धर्मभीरु समाज मृतकों को उनके सारे गुनाहों के लिए न केवल माफ कर देता है बल्कि उस पर चर्चा करना भी मुनासिब नहीं समझता।

गांधीजी पर बहुत लिखा गया और थोड़ा-बहुत उनके ब्रह्मचर्य के प्रयोग पर भी। इस संदर्भ में मैंने जितने लेख, किताबें और टिप्पणियां आदि पढ़ी उन में इस प्रयोग का जिक्र टुकड़ों में पाया। सब कुछ बहुत दबे ढके शब्दों में था ताकि गांधीजी का 'महात्मापन' कहीं आहत न हो। सच तो यह है कि इन आधी-अधूरी जानकारियों ने ही गांधी के ब्रह्मचर्य के प्रयोगों के बारे में गलतफहमी का माहौल पैदा किया।

ब्रह्मचर्य के प्रयोग पर पश्चिम के विद्वानों ने काफी काम किया। आर्थर कोएलस्कर ने 1960 में 'दॅ लोटस एंड दॅ रैबिट' लिखी। एरिक एच एरिक्सन ने 1969 में 'गांधीज ट्रूथ : आन द ओरिजिन्स आफ मिलीटेंट नान वायलेंस' लिखी। वेद मेहता ने 1976 में 'महात्मा गांधी एंड हिज अपोसेल्स' नाम से एक बेहतरीन किताब लिखी। लेकिन अंग्रेजी में लिखी ये किताबें आम हिन्दी पाठकों की समझ और पहुंच से बहुत दूर थीं। पर इन किताबों और लेखों ने यह प्रेरणा जरूर दी कि इस गंभीर विषय पर एक लंबे और सार्थक काम की जरूरत है।

महात्मा के ब्रह्मचर्य प्रयोग पर काम करते वक्त कई मित्रों ने पूछा कि मैं कीचड़ में कंकड़ डालने का काम क्यों कर रहा हूं? जाहिर था कि वे लोग मेरे इस काम से प्रसन्न नहीं थे। मजे की बात यह थी कि इनमें से अधिकांश लोग गांधीजी के बारे में ज्यादा नहीं जानते थे। न उन लोगों ने कभी गांधीजी के बारे में पाठ्य पुस्तकों में दर्ज बातों के अलावा कुछ आगे पढ़ने की जहमत की थी। लेकिन फिर भी वह गांधीजी के खिलाफ कुछ भी पढ़ने-सुनने को राजी नहीं थे।

कुछ मित्रों का कहना था कि हिन्दी में यह किताब महात्मा की छवि ध्वस्त करेगी। राष्ट्रपिता के बारे में ऐसी बातों से कितनों की भावनाएं और आस्थाएं आहत होंगी। एक आदमी जो इस दुनिया में जीवित नहीं है उसके बारे में लिखने का क्या मतलब? मुझे यह तर्क बेमानी लगा। इस देश में गांधीजी की छवि इतनी कमजोर नहीं जो एक मामूली से धक्के से टूट कर बिखर जाए। ब्रह्मचर्य के प्रयोग पर यह बहस उस समय भी हुई थी जब खुद महात्मा जिंदा थे। उन्होंने अपने ऊपर लगे एक-एक आरोप का जवाब दिया। यह जवाब बाकायदा लिखत-पढ़त में आज भी मौजूद और सार्वजनिक हैं। यह अलग बात है कि वह जवाब कई दफा बहुत ज्यादा संतोषजनक और तर्कसंगत नहीं दिखते। लेकिन अगर पाठकों को उन जवाबों से संतुष्टि मिल जाती है तो यह गांधीजी और उनके प्रयोग की सफलता कही जा सकती है या फिर गांधीजी के प्रति उनकी कोरी आस्था। इस विषय में अंतिम फैसला मैंने पाठकों पर ही छोड़ दिया है।

इतिहास का पुनर्लेखन या कहें पुनर्पाठ एक खतरे से भरा खेल है। वक्त के साथ घटनाओं के संदर्भ और अर्थ बदल जाते हैं। समय उन ऐतिहासिक घटनाओं को समझने का नजरिया बदल देता है। एड्स के इस खतरनाक युग में ब्रह्मचर्य की अपनी महत्ता और जरूरत है। गांधीजी के युग में ब्रह्मचर्य चाहे इतनी बड़ी समस्या न रही हो लेकिन आज के युग में ब्रह्मचर्य न केवल प्रासंगिक है बल्कि यह प्रश्न अनिवार्य भी होता जा रहा है। अब समय आ गया है जब हम ब्रह्मचर्य पर नए और आधुनिक ढंग से सोचें और उसे पुनर्परिभाषित करें। और इसकी शुरुआत अगर महानायक महात्मा गांधी से हो तो क्या बुरा है।

डीजी तेंदुलकर की महान ग्रंथ शृंखला 'महात्मा' की भूमिका लिखते वक्त जवाहरलाल नेहरू ने कहा था-'महात्मा गांधी के जीवन की असली कहानी वही लिख सकता है जो उनके जैसा महान हो।' लेकिन मुझे लगता है कि अब वक्त आ गया है जब हम नए नजरिए से अपने महापुरुषों का जीवन चरित्र लिखें। और ऐसा करते वक्त हम किसी शल्य चिकित्सक की तरह तटस्थ हों। तब मन में उस महापुरुष के प्रति न श्रद्धा भक्ति हो, न घृणा या तिरस्कार का कोई भाव। एक तरह की अनासक्ति हो। यह जोखिम भरा काम है। पर ये जोखिम उठाने होंगे।

महात्मा के ब्रह्मचर्य का प्रयोग उनके जीवन के अंतिम समय तक चलता रहा। 30 जनवरी, 1948 को महात्मा की गोली मार कर हत्या कर दी गई। इससे पहले महात्मा यह कभी नहीं बता पाए कि उनके ब्रह्मचर्य के महान प्रयोग का क्या नतीजा निकला। वह इस अद्‌भुत प्रयोग के नतीजे दुनिया को नहीं दे पाए। महात्मा नहीं बता सके कि वह युवा लड़कियों के साथ नग्न सो कर पूर्ण ब्रह्मचर्य प्राप्त कर सके अथवा नहीं। उनके प्रयोग का रहस्य उनकी राख के साथ ही गंगा की पवित्र धारा में बह गया। लेकिन इस प्रयोग से जुड़े कई सवाल वह पीछे छोड़ गए। जिनके जवाब खोजने का साहस पुरानी पीढ़ी तो नहीं जुटा सकी, शायद नई पीढ़ी खोज ले।

2 अक्टूबर 2006

दो शब्द

वे शायद 2002 के सर्दियों के दिन थे। मशहूर पत्रकार और चिंतक प्रभाष जोशीजी लखनऊ में मेरे घर आये थे। मैं बड़े उत्साह से उन्हें घर की दूसरी मंजिल पर ले गया। मेरा एक छोटी-सी निजी लाइब्रेरी है। प्रभाषजी किताबों से लकदक शीशे की अलमारियों में करीने से रखी किताबों को सरसरी निगाह से देख रहे थे। इनमें अधिकांश दुर्लभ और ऐसी पुरानी किताबें थीं जो अब अप्राप्त हो चुकी हैं। इतिहास, दर्शन, साहित्य, भाषा, मनोविज्ञान, संस्कृति, विश्व प्रसिद्ध लोगों की आत्मकथाएँ और भी न जाने क्या-क्या। तकरीबन 10 मिनट तक किताबों की अलमारियों में झाँकते हुए उन्होंने पूछा—"इनमें गांधीजी की कोई किताब नहीं दिख रही। ऐसा क्यों?" मेरे पास कोई जवाब नहीं था। गांधीजी के बारे में इतना लिखा जा चुका था कि कोई क्या पढ़े और क्या छोड़े। सच कहूँ तो उन दिनों में गांधीजी कभी मेरी रुचि का केन्द्र नहीं रहे। उन्होंने कहा—"तुम सम्पूर्ण गांधी वाङ्मय मँगा लो और पूरा पढ़ डालो, तब अपन बात करेंगे।" गांधी वाङ्मय यानी सौ खण्ड। मैंने उसी दिन नयी दिल्ली के प्रकाशन विभाग को "महात्मा गांधी कलेक्टेड वर्क्स" के सौ ग्रन्थों को ख़रीदने का आर्डर भेज दिया। इन ग्रन्थों को पढ़ने के बाद मैं अब वह नहीं रह गया जो इन किताबों को पढ़ने से पहले था। भारतीय इतिहास के उस एक गजब के किरदार से मेरा वास्तविक परिचय हुआ था जिसका नाम मोहनदास करमचन्द गांधी था। किसी भी ऐतिहासिक किरदार को समझने के दो तरीक़े हैं। एक आप वह पढ़िए जो उसके बारे में किसी और ने लिखा है या फिर वह पढ़िए जो उसने ख़ुद लिखा है या उसके इर्द-गिर्द जमा लोगों ने उसके बारे में लिखा है। यानी 'फर्स्ट हैंड इंफॉरमेशन'। गांधी ने जो पत्र अपने निजी मित्रों को लिखे (जो उनके जीवित रहते सार्वजनिक नहीं हुए थे।) मैंने उसके सन्दर्भों की भी गहरी पड़ताल की। गांधी वाङ्मय में संग्रहित पत्रों को आप बिना सन्दर्भ के नहीं समझ सकते। यह गांधीयन विचारधारा का एक ऐसा गहरा समुद्र है जिसमें बिना मन्थन किये आप कुछ हासिल

नहीं कर सकते। इस समुद्र मन्थन से अमृत भी निकलता है और विष भी। इसी सागर मन्थन से यह किताब निकली, जो इस वक़्त आपके हाथ में है।

तो हाज़िर है किताब का तीसरा संस्करण। किताब ख़ूब बिकी और मुझे लानतें-मलानतें भी मिलीं। जैसा कि मुझे उम्मीद थी। दुखद यह है कि इस 21वीं सदी में भी भारत का धर्मभीरू समाज सच को स्वीकार करने की हिम्मत अब तक नहीं जुटा पाया है। ख़ासतौर से विशुद्ध गांधीवादी आलोचक। इस किताब में गांधीजी के ब्रह्मचर्य के प्रयोग को मैंने ज्यों-का-त्यों रखने की कोशिश की। बावजूद इसके यह किताब विवादों से नहीं बच सकी। पुस्तक का विमोचन करते वक़्त मेरे गुरु श्री प्रभाष जोशीजी ने चेताया भी था कि यह डगर आसान नहीं होने वाली।

गांधीवादी चिन्तक ब्रह्मचर्य के इस प्रयोग को अपने हिसाब से परिभाषित कर अलग-अलग दार्शनिक व्याख्याएँ करते हैं। लड़कियों के साथ नग्न सोने के इस प्रयोग को आध्यात्मिकता का जामा पहनाया गया। मैंने बस इस प्रयोग के पीछे पड़े आध्यात्मिकता के पर्दे को हटा कर चीज़ों को समझने की कोशिश की। महात्मा का यह प्रयोग कई मायनों में रहस्यमय था। ख़ुद गांधीजी के परिवारीजन, प्रियजन और उनके शुभचिन्तक इन प्रयोगों से आहत थे। लेकिन गांधीजी ने ख़ुद को सही साबित करने के लिए 'युक्तिकरण' का सहारा लिया। मनोवैज्ञानिक भाषा में इसे 'रेशनेलाइजेशन' कहते हैं। यह ख़ुद को सही साबित करने का ऐसा ढंग है जिसमें व्यक्ति यह नहीं जानता कि अचेतन रूप से वह झूठे कारण और तर्क पेश कर रहा है। यह खुद को धोखा देने का ऐसा ख़ूबसूरत ढंग है, जिसमें व्यक्ति खुद को नैतिक और प्रतिष्ठित समझने लगता है। 'रेशनेलाइजेशन' एक ऐसा आवरण है जिसे हम अपनी कमियों और बुराइयों पर डाल देते हैं, ताकि हमें उनका सामना न करना पड़े। यह शुतुरमुर्ग की तरह रेत में सिर धँसा लेने जैसा है। मनोवैज्ञानिक सेमॉडस 'रेशनेलाइजेशन' को 'ख़ुद का, ख़ुद के लिए वेश बदलना मानते हैं।' बेशक यह ख़तरनाक स्थिति है। मनोरचना की एक स्थिति 'वास्तविकता अस्वीकरण' की होती है। जिसे मनोवैज्ञानिकों ने 'डिनायल ऑफ़ रिएलिटी' कहा है। ऐसे में मनुष्य अपनी विफलताओं को कभी स्वीकार नहीं करता है। महिलाओं के साथ नग्न सोने के प्रयोग को लेकर जब 1945 में सवाल उठे तो उनके बहुत क़रीबी मित्र, घनश्याम दास ने भी इसे अनुचित ठहराया था। महात्मा ने कहा—'मुझको उसमें कुछ भी अनुचित नहीं लगा है। आज मैं 1901 से बेहतर ब्रह्मचारी हूँ। मेरे प्रयोग ने अगर कुछ किया है, तो वह यह कि मैं जो था, इससे और ज़्यादा पक्का हुआ। प्रयोग सम्पूर्ण ब्रह्मचारी बनने के लिए था और यदि ईश्वरेच्छा होगी तो ऐसा होगा।"

महात्मा गांधी ने फ्रायड को नहीं पढ़ा था, लेकिन हेवलॉक एलिस के यौन मनोविज्ञान से जुड़े विचारों से अनभिज्ञ नहीं थे। एलिस की किताब 'यौन मनोविज्ञान' उनके इन प्रयोगों के दौरान ही बाज़ार में आयी थी। महात्मा ने इस किताब के बारे में किसी से ज़्यादा बातचीत नहीं की। न ही किसी लेख में इस मनोवैज्ञानिक के विचारों को सन्दर्भित किया। एलिस ने यौन समस्याओं पर बहुत गहरा अध्ययन किया था। उनके अध्ययन का सूत्र वाक्य एक प्राचीन कहावत में सिमट गया था। वे कहते—"मनुष्य वही है जो उसका सेक्स है।" एलिस ने वृद्धावस्था में काम वासना के अतिरेक पर भी लिखा। मानते थे कि बुढ़ापा आने की आहट महसूस होने से यौन आवेग यकायक प्रबल हो सकता है। "इस प्रतिक्रिया में वह औचित्य की सीमाओं को लाँघ कर स्वस्थ रूप से अथवा अस्वस्थ रूप से भटक सकता है।"

अक्सर प्रश्न उठता है कि इस प्रयोग का प्रयोजन क्या था? महात्मा गांधी मानते थे कि सम्पूर्ण अहिंसा के लिए पूर्ण ब्रह्मचर्य ज़रूरी है। गांधी जी ने अहिंसा और ब्रह्मचर्य में घालमेल करने की कोशिश की। नोआखली में उनके ब्रह्मचर्य को लेकर जब विवाद चरम पर पहुँच गया, तब उन्होंने अपने प्रयोगों को नया नाम दे दिया। उन्होंने ठक्कर बापा से कहा—"ये प्रयोग नहीं यज्ञ है।" उन्होंने इस यज्ञ को अहिंसा से जोड़ दिया। पतंजलि ने अपने 'योग सूत्र' में कहा है कि सम्पूर्ण अहिंसा की स्थापना होने पर सारी शत्रुता नष्ट हो जाती है। इसी तर्ज पर महात्मा का मानना था कि "पूर्ण ब्रह्मचर्य की स्थापना होने पर सारे विकार नष्ट हो जाने चाहिए।" महात्मा कहते थे, "यह प्रयोग वह अपने लिए नहीं, बल्कि अपनी पोती मनु के लिए कर रहे हैं। यह एक तरह से सत्य की खोज है।" वे कहते "अगर मेरी सच्चाई का असर उस पर पड़े और जो सद्गुण मैं उसमें पैदा करना चाहता हूँ वे उसमें पैदा हों, तो उससे यह सिद्ध होगा कि मेरा सत्य का शोध सफल रहा। तब मेरी सच्चाई का असर मुसलमानों पर, मुस्लिम लीग में, मेरे विरोधियों पर और जिन्ना पर भी पड़ेगा, जिन्हें मेरी सच्चाई पर शंका है और जिस शंका के कारण उन्हें और हिन्दुस्तान को नुकसान हो रहा है।' लेकिन महात्मा के ब्रह्मचर्य के प्रयोग और उनके सत्य के शोध का असर किसी पर नहीं पड़ा। न मुसलमानों पर, न मुस्लिम लीग पर, न उनके विरोधियों पर और न ही जिन्ना पर। देश का विभाजन हो गया। नोआखली छोड़ने के छह महीने बाद ही देश दो टुकड़ों में बँट गया। इतना ही नहीं जो सद्गुण महात्मा मनु में विकसित करना चाहते थे, वह भी नहीं कर पाये। गांधीजी की मौत के बाद मनु गुमनामी के अँधेरे में खो गयी।

ब्रह्मचर्य प्रयोग पर उठते तमाम सवालों के बावजूद यह किताब गांधीजी के महात्मापन को कहीं आहत नहीं करती है। यह तटस्थ और साक्षी भाव से उनके इस

निराले प्रयोग को समझने की कोशिश है। कई आलोचकों ने इस अध्याय के शीर्षक और उप-शीर्षकों पर सवाल उठाये, जबकि ये सारी शब्दावली ख़ुद गांधीजी की है। नयी पीढ़ी के लिए यह किताब महात्मा को समझने का एक नया अध्याय खोलती है।

2 अक्टूबर 2024

—दयाशंकर शुक्ल सागर

भूमिका

महात्मा गांधी के जीवन में विचित्र विरोधाभास था। महात्मा एक साथ दो जिंदगियां जी रहे थे। अपने सार्वजनिक जीवन में महात्मा की छवि एक कठोर और सिद्धांत प्रिय आदमी की थी। एक ऐसा आदमी जो स्वभाव से जिद्दी है। अपनी बात मनवाने के लिए वह किसी भी क्षण अपने प्राण जोखिम में डाल सकता है। उनकी सार्वजनिक छवि एक ऐसे व्यक्ति की थी जो न केवल सत्य और अहिंसा की बात करता है बल्कि उसका कठोरता से पालन भी करता है। गरीबों का दुख-दर्द उनसे देखा नहीं जाता। अपने देश के करोड़ों अर्ध नग्न लोगों को देख कर वह खुद चर्चिल के शब्दों में 'अधनंगा फकीर' बन जाता है। एक ऐसा आदमी जो स्त्री-पुरुष के सेक्स संबंधों से नफरत करता है। जो मानता है कि संभोग पाप है। स्त्री और पुरुष के बीच यौन संबंध त्याज्य हैं। ईश्वर ने स्त्री और पुरुष को संभोग के लिए नहीं बनाया है। पति और पत्नी का रिश्ता बकवास है। इस पृथ्वी पर आए हर पुरुष और हर स्त्री के बीच भाई-बहन जैसे संबंध होने चाहिए। विवाहितों को भी एक दूसरे के साथ एकांत सेवन नहीं करना चाहिए। एक कोठरी में एक चारपाई पर नहीं सोना चाहिए। वगैरह-वगैरह।

लेकिन महात्मा का निजी जीवन इससे बिलकुल अलग था। उन्हें स्त्रियों का साथ पसंद था। महात्मा के निजी जीवन में उनकी पत्नी के अलावा कई स्त्रियां आईं। उनके आश्रम हमेशा लड़कियों से भरे रहते। खास तौर से उन्हें कम उम्र और 'बोल्ड' लड़कियां पसंद थीं। महात्मा उनके साथ हंसी मजाक करते। उनके साथ खाना खाते। उनके साथ स्नान करते। उनके साथ एक बिस्तर पर सोते। आधा दर्जन से ज्यादा लड़कियों के साथ नग्नावस्था में सोने की बात महात्मा ने खुद स्वीकार की। हैरत की बात यह थी कि इन लड़कियों को वह अपनी बेटी या बहन मानते थे। मनु के लिए उन्होंने बार-बार कहा कि वह उनकी मां बन गए हैं।

स्त्रियों को लेकर महात्मा के दिल में एक खास तरह का आकर्षण था जो सारी उम्र उनके पूरे व्यक्तित्व पर हावी रहा। महात्मा मोहनदास कर्मचंद गांधी की महान जीवन-गाथा औरतों और उनकी निजी यौन कुंठाओं के बीच घिरी रही।

15 साल के मोहन को खूबसूरत वेश्या की चौखट से लज्जित होकर लौटना पड़ता है क्योंकि वह उस स्त्री के साथ बिस्तर पर जाने का अंतिम समय तक साहस नहीं जुटा पाता है। 16 साल के मोहन का मन उस वक्त भी अपनी पत्नी के साथ संभोग करने के इच्छा से मुक्त नहीं हो पाता है जब उसके पिता मृत्यु शैया पर अंतिम सांस का इंतजार कर रहे होते हैं। 21 साल के युवा मोहनदास लंदन में 'परस्त्री को देख कर विकारग्रस्त' हो जाते हैं और उनका किशोर मन उस औरत के साथ 'रंगरेलियां' मनाने की इच्छा करता है। लेकिन वह ऐसा नहीं कर पाते क्योंकि ऐन मौके पर उनका एक शुभचिंतक उन्हें वहां से भगा देता है। पानी के जहाज से दक्षिण अफ्रीका जा रहे 28 साल के मोहनदास गांधी यात्रा की थकान मिटाने के लिए हब्शी औरतों की बस्ती में एक वेश्या की कोठरी में घुस जाते हैं। लेकिन फिर वहां से 'बिना कुछ किए' शर्मसार होकर बाहर निकलते हैं। 31 साल के बैरिस्टर मोहनदास अपनी पत्नी के साथ ब्रह्मचर्य और संयम का संकल्प लेते हैं लेकिन इसके बावजूद वह एक और बच्चे के पिता बन जाते हैं। 40 साल के प्रौढ़ गांधी अपने सबसे प्रिय दोस्त हेनरी पोलक की पत्नी मिली ग्राहम पोलक के प्रति एक खास तरह की 'आत्मीयता' महसूस करते हैं और वे 'एक दूसरे के निकट' आते हैं। लेकिन अपने दोस्त को तकलीफ में देख कर वह बहुत जल्द यह 'आत्मीय रिश्ता' खत्म कर देते हैं। 41 साल के महात्मा गांधी 18 साल की मॉड नाम की उस लड़की से प्रभावित हो जाते हैं जो विदाई के वक्त उनसे 'हाथ मिलाने' के बजाय उनका 'चुंबन' चाहती थी। अपनी अंतरात्मा की आवाज ठुकरा कर वह उसे फिनिक्स आश्रम ले आते हैं और धोखा खाते हैं। 48 साल के गांधीजी नीली आंखों वाली 22 साल की सुंदर डेनिश कन्या एस्थर फैरिंग के मोहजाल में फंस जाते हैं जिसे वह प्यार से 'माई डियर चाइल्ड' कहते थे। लेकिन बापू उसे लिखते–'आज रात को सोने जाते समय मुझे तुम्हारी बहुत याद आयेगी।' 51 साल के महात्मा 48 साल की विवाहित महिला श्रीमती सरला देवी चौधरानी के प्रेम में पड़ जाते हैं और उन्हें अपनी 'आध्यात्मिक पत्नी' का खिताब दे डालते हैं। यह महिला भी उन्हें सपने में बार-बार परेशान करती है। 56 साल की उम्र में महात्मा 33 साल की मैडलिन स्लेड के प्रेम में बंध जाते हैं जिसकी भक्ति से प्रभावित होकर वह उसे 'मीरा' बना देते हैं। 60 साल की उम्र में महात्मा गांधी 18 साल की तेज तर्रार महाराष्ट्रीयन लड़की प्रेमा के मायाजाल में गिरफ्त हो जाते हैं। प्रेमा जब कभी भावातिरेक में आकर उन्हें आलिंगनबद्ध करती तो वे कहते–'तू पागल तो है ही, लेकिन तेरा पागलपन मुझे प्यारा लगता है।'

फिर 64 साल के महात्मा एक 24 साल की अमेरिकन महिला नीला सी कुक उर्फ नीला नागिनी के संपर्क में आते हैं जिसके बारे में आम धारणा थी कि वह एक 'अत्यंत कामुक और झूठी औरत है।' 65 साल के महात्मा 35 साल की

जर्मन महिला मार्गरेट स्पीगल उर्फ अमला को कपड़े पहनने का सलीका सिखाते। इसके लिए उन्हें 'पेटीकोट' शब्द के सही अनुवाद की तलाश ऑक्सफोर्ड डिक्शनरी में करनी पड़ी। वे बताते हैं कि मार्गरेट को 'मोटी साड़ी के नीचे पेटीकोट-जैसी किसी चीज की जरूरत नहीं है।' अगर 'मोटी साड़ी के नीचे' वह उनकी तरह 'चड्ढी भी पहने तो काफी है।' अमला जब कभी वासना में बह कर उनसे लिपटती तो महात्मा उसे सलाह देते-'तुम्हें अपने विचित्र और परेशानी में डाल देने वाले तौर-तरीके बिलकुल छोड़ देने चाहिए।' 69 साल के महात्मा 18 साल की सुंदर युवती डॉ. सुशीला नैयर के संपर्क में आते हैं जिससे वह प्राकृतिक चिकित्सा के नाम पर नग्न होकर अपने जिस्म की मालिश कराते हैं और वक्त बचाने के लिए उसके साथ स्नान भी कर लेते हैं। स्नान करते हुए उनकी आंखें बंद रहती हैं और उन्हें यह भी पता नहीं रहता कि 'वह कैसे स्नान करती है नंगी या चड्ढी पहन कर।' 72 साल के महात्मा अपने ब्रह्मचारी जीवन की प्रयोगशाला में बाल विधवा लीलावती आसर, पटियाला के एक बड़े जमींदार की बेटी अमतुस्सलाम, कपूरथला खानदान की राजकुमारी अमृत कौर और मशहूर समाजवादी जयप्रकाश नारायण की पत्नी प्रभावती जैसी करीब आधा दर्जन महिलाओं के साथ सिर्फ यह जानने के लिए सोते हैं कि उम्र के इस पड़ाव में क्या अब भी उनमें काम वासना शेष है। 76 साल के महात्मा 16 साल की आभा, वीणा और कंचन नाम की युवतियों को ब्रह्मचर्य का पाठ सिखाने के लिए 'नग्न' होने को कहते। पर ये लड़कियां उनसे कहती हैं कि उनकी दिलचस्पी 'ब्रह्मचर्य का पालन करने की बिलकुल नहीं', वह तो 'संभोग का सुख भोगना चाहती' हैं। 77 साल के महात्मा अपनी पोती मनु के साथ नोआखली की सर्द रातें शरीर को गर्म रखने के लिए नग्न सो कर गुजारते हैं। 79 साल के महात्मा जीवन के अंतिम क्षणों तक आभा और मनु के साथ एक बिस्तर पर सोते हैं।

संभोग नहीं संयम

महात्मा ने ब्रह्मचर्य व्रत 37 साल की उम्र में लिया लेकिन इसके बाद का 42 साल का उनका जीवन जवान होती लड़कियों और महिलाओं के इर्द-गिर्द घूमता रहा। सेक्स को लेकर उनके मन में एक खास तरह की कट्टरता आ गई थी। यही कट्टरता उनमें विवाह को लेकर थी क्योंकि महात्मा गांधी के लिए विवाह केवल सेक्स का लाइसेंस था। उन्होंने अपने बेटे मणिलाल को विवाह के प्रति काफी हतोत्साहित किया। महात्मा गांधी ने मणिलाल से कहा-'जिस रोज तुम शादी कर लोगे, उसी दिन तुम्हारा तेज घट जाएगा।' दुनिया के सारे धर्म संतानोत्पत्ति को मानव जाति का पहला और महान कर्तव्य मानते हैं। लेकिन महात्मा इसे लगभग पाप मानते थे क्योंकि इसका मूल आधार सेक्स है। दुनिया के कुछ सनकी विचारकों से महात्मा

इतने प्रभावित हो गए कि उन्होंने ईश्वर को भी चुनौती दे दी। विवाह के विरोध में उन्होंने अद्‌भुत तर्क गढ़ लिए थे। उन्होंने मणिलाल को लिखा-'स्त्री-पुरुष संभोग से अधिक घिनौनी किसी क्रिया की मैं कल्पना भी नहीं कर सकता। वह संतानोत्पत्ति का कारण बन जाती है, यह तो ईश्वर की लीला है। किंतु संतानोत्पत्ति कोई कर्तव्य है अथवा यदि संतानोत्पत्ति न हो तो जगत् की कोई हानि हो जाएगी, ऐसा मैं बिलकुल नहीं मानता। क्षण-भर के लिए मान लें कि उत्पत्ति-मात्र बंद हो गई, तो फिर सारा विनाश भी समाप्त हो जाएगा। जन्म-मरण के चक्कर से मुक्त हो जाना ही तो मोक्ष है। यही परम सुख माना गया है और यह बिलकुल उचित ही है।'[1]

महात्मा को सेक्स से इतनी नफरत थी कि अगर संभोग न हो और एक दिन यह दुनिया नि:संतान खत्म हो जाए तो यह महात्मा के लिए सबसे आदर्श स्थिति होती। लेकिन अगले 14 सालों में उनके इस विचार में थोड़ी नरमी आई थी। 1936 में उन्होंने कहा-'काम की प्रेरणा एक सुंदर और उदात्त भाव है। उसमें लज्जित होने की कोई बात नहीं। परंतु वह संतानोत्पत्ति के लिए ही है। उसका और कोई उपयोग करना ईश्वर और मानवता दोनों के प्रति पाप है।'[2]

अपने व्यस्त राजनीतिक जीवन में भी महात्मा ने ब्रह्मचर्य पर विदेशी लेखकों की कई किताबें पढ़ डाली थीं। उन्हें वह विचार पसंद आते जिसमें ब्रह्मचर्य की जोरदार वकालत की जाती। इस मामले में सबसे दिलचस्प विलियम आर. थर्स्टन की किताब 'फिलासफी आफ़ मैरिज' थी। यानी 'विवाह का तत्व ज्ञान'। इस छोटी सी किताब को सबसे पहले न्यूयार्क के स्टिफानी प्रेस ने छापी थी। यह किताब भारत तक आ गई। भारत में इसे मद्रास के गणेशन प्रकाशन ने छापा।

इस किताब के लेखक विलियम आर. थर्स्टन अमेरिका की सेना में मेजर थे। अमेरिकी सेना में उन्होंने करीब दस वर्ष तक काम किया। इस अवधि में उन्होंने दुनिया के अनेक भागों में यात्राएं कीं। अपने प्रवास के दौरान उन्होंने विवाह-सम्बन्धी कानूनों और रिवाजों के समाज पर पड़ने वाले असर का गहन अध्ययन किया। महात्मा खुद मानते थे कि इस अध्ययन के नतीजे चौंकाने वाले थे। यह नतीजे सचमुच बहुत 'बोल्ड' थे।

थर्स्टन ने पहला नतीजा निकाला कि प्रकृति का यह नियम कभी नहीं रहा कि स्त्री अपनी रोटी, निवास तथा संतान उत्पन्न करने के अपने प्राकृतिक अधिकार पर अमल करने के लिए किसी पुरुष के साथ जीवन-भर बंधी रहे और रोज रात को एक ही बिस्तर पर उसके साथ सोने अथवा एक ही घर में उसके साथ रहने के लिए मजबूर हो।

थर्स्टन ने दूसरा नतीजा निकाला कि पुरुष और स्त्री का हर रात एक साथ सोना विवाह के वर्तमान नियमों और रिवाजों का परिणाम है। यह स्थिति अनियंत्रित विषय-भोग की प्रेरणा देती है। इससे पुरुष और स्त्री दोनों की सहज वृत्तियां विकृत

हो जाती हैं और नब्बे प्रतिशत विवाहित स्त्रियां आंशिक रूप से वेश्याओं-जैसा जीवन बिताती हैं। अपनी छोटी-सी किताब में थर्स्टन ने 'बेलगाम सेक्स' के खौफनाक नतीजों का भी विस्तार से जिक्र किया।

थर्स्टन ने निष्कर्ष निकाला कि अनियंत्रित संभोग से स्त्री में स्नायविक दुर्बलता आ जाती है। वह समय से पहले बूढ़ी हो जाती है। उसका शरीर रोग का घर बन जाता है। वह चिड़चिड़ी हो जाती है। उसका मन अशांत रहने लगता है। उसमें असंतोष की भावना पैदा हो जाती है और वह भलीभांति अपने बच्चों की भी सार-संभाल करने लायक नहीं रह जाती। इसी तरह अनियंत्रित संभोग पुरुष की वह शक्ति नष्ट कर देता है, जो अच्छी आजीविका कमाने के लिए जरूरी होती है। थर्स्टन ने आंकड़े दिए आज अमेरिका में विधुरों की अपेक्षा विधवाओं की संख्या बीस लाख अधिक है। इनमें से बहुत थोड़ी स्त्रियां युद्ध के कारण विधवा हुई होंगी। यानी अधिकांश विधवाओं के पति अनियंत्रित संभोग के कारण उम्र से पहले दिवंगत हो गए। कुल मिला कर बात यह कि 'वैवाहिक जीवन की वर्तमान स्थिति से उत्पन्न अनियंत्रित विषय-भोग स्त्री और पुरुष दोनों में अपने जीवन की विफलता का बोध भरता है।'

थर्स्टन ने यह भी बताया कि गरीब और अमीर वर्ग पर अनियंत्रित संभोग का क्या प्रभाव पड़ता है। उन्होंने नतीजा निकाला कि गरीब वर्गों में इससे बहुतेरे अनचाहे बच्चे पैदा होते हैं, जिनका पालन-पोषण असंभव हो जाता है। ऊंचे वर्ग के लोगों में अनियंत्रित विषय-भोग के कारण गर्भ निरोधक साधनों और गर्भपात के तरीकों को काम में लाया जाता है। अगर आम वर्ग की स्त्रियों को संतति-खंड निग्रह के नाम पर या और किसी नाम पर गर्भ-निरोधक तरीके सिखाए जाएंगे, तो समस्त जाति सामान्यत: रोगी, दुराचारी और भ्रष्ट हो जाएगी और अंत में नाश को प्राप्त होगी।

महात्मा ने इस पुस्तक के यह सभी अंश अपने लेख में उद्धृत किए। उन्होंने लिखा-'एक बात दुनिया-भर में सारे विवाहों पर समान रूप से लागू होती है। वह है, पति-पत्नी के लिए एक कमरे में और एक ही बिस्तर पर सोना। इसकी लेखक ने तीव्र निन्दा की है, जो मेरे विचार से सर्वथा उचित है। इसमें कोई शक नहीं कि पुरुष या स्त्री के स्वभाव में पाई जाने वाली अधिकतर काम-वासना इस धर्म-स्वीकृत अंधविश्वास का फल है कि विवाहित स्त्री-पुरुषों को अनिवार्यत: एक ही कमरे और एक ही बिस्तर का उपयोग करना चाहिए।'

अंत में महात्मा ने अपने लेख के निष्कर्ष में लिखा-'परंतु प्रत्येक पति और पत्नी आज से ही यह दृढ़ निश्चय कर सकते हैं कि वे रात में कभी एक कमरे का या एक बिस्तर का उपयोग नहीं करेंगे और मनुष्य तथा पशु दोनों के लिए निर्धारित प्रजोत्पत्ति के एकमात्र उदात्त हेतु के सिवा दूसरे किसी हेतु से विषय-भोग

नहीं करेंगे। पशु इस कानून का पालन निरपवाद रूप से करता है। मनुष्य को चुनाव की छूट होने से उसने गलत चुनाव करने की भयंकर भूल की है।'[3]

महात्मा मानते थे कि पशुओं के मुकाबले मनुष्य जाति ने संभोग के चुनाव की छूट का बेजा इस्तेमाल किया। लेकिन पत्नी के साथ न सो कर पति या पति के साथ न सो कर पत्नी काम वासना से मुक्त तो नहीं हो सकते। महात्मा आत्मसंयम की बात करते थे। आत्म संयम का अर्थ था कि पति-पत्नी हमबिस्तर होकर भी निर्विकार रहें। पति-पत्नी संभोग तब करें जब उन्हें संतान की जरूरत महसूस हो। लेकिन यह बात व्यावहारिक नहीं थी। आम और सामान्य व्यक्तियों के लिए तो कतई नहीं। जैसा कि 'फिलासफी आफ मैरिज' पढ़ कर किसी विचारशील महिला ने थर्स्टन को लिखा कि 'मान लें हम सभी संयमी बन गए। तो भी मोटे तौर पर हर दंपति को तीन से अधिक बच्चे न हों तभी दुनिया की आबादी हद के अंदर रह सकती है। इसका अर्थ है कि सारी जिंदगी में उन्हें दो-चार बार ही संभोग सुख भोगने का अवसर मिल सकता है। इतना संयम क्या साधारण आदमी के वश की बात है? थर्स्टन इस सवाल का सीधा जवाब नहीं दे पाए थे।

दूसरी किताब जिसने महात्मा को प्रभावित किया वह थी 'टुवर्ड्स मॉरल बैंकरप्सी' यानी नैतिक अराजकता। इसके लेखक थे 'पॉल ब्यूरो'। मूल पुस्तक फ्रांसीसी में थी लेकिन महात्मा ने इसका अंग्रेजी अनुवाद पढ़ा था। ब्रह्मचर्य के साथ कई और सवाल जुड़े थे। सबसे बड़ा सवाल संतति का था। अगर सारी दुनिया ब्रह्मचर्य व्रत ले और ईमानदारी से उसका पालन करे तो सृष्टि रुक जाएगी। वह संभोग से मिलने वाले आनंद के खिलाफ थे। उनका मानना था कि 'स्त्री-पुरुष के मिलाप का हेतु आनंद भोग नहीं बल्कि सन्तानोत्पत्ति है। जब सन्तानोत्पत्ति की इच्छा न हो तब संभोग करना अपराध है।' जाहिर तौर पर वह संतति नियमन यानी बर्थ कंट्रोल के खिलाफ हो गए। उनकी नजर में संतान को जन्म देने से रोकने के लिए कृत्रिम साधनों का प्रयोग गलत था। कृत्रिम साधनों का प्रयोग यानी आनंद के लिए संभोग। और यह अपराध है।

महात्मा के ये विचार जब पहली बार प्रकाशित हुए तो हड़कंप मच गया। हिंदुस्तान में बुद्धिजीवियों का एक बड़ा तबका था जो महात्मा के इस विचार और चिंतन को न केवल दकियानूसी बल्कि अवैज्ञानिक व अप्रासंगिक मानता था। संतति नियमन से संबंधित लेख की प्रतिक्रिया में महात्मा के पास गुस्से से भरे पत्र आए। किसी ने उन्हें लिखा-'आप यह कहते हैं कि कृत्रिम-साधन हानिकारक हैं। जिसे सिद्ध करना है, आप उस बात को पहले से मानकर चलते हैं। संतति-नियमन सम्मेलन (लंदन, 1922) में यह प्रस्ताव 164 के विरुद्ध 3 मत से स्वीकार कर लिया गया था कि गर्भ-निरोध के स्वास्थ्यकर उपाय नीति, न्याय और शरीर-विज्ञान की दृष्टि से गर्भपात से बिलकुल ही भिन्न हैं और ऐसे उत्तम उपाय हानिकारक हों,

यह बात किसी प्रमाण से साबित नहीं हो पाई है। मेरे खयाल से ऐसे विशाल चिकित्सक समुदाय का निर्णय सिर्फ कलम चला कर ही रद्द नहीं किया जा सकता।'

एक अन्य पाठक ने लिखा-'आप फरमाते हैं समागम का उद्देश्य सुख प्राप्ति नहीं, संतानोत्पादन है। यह उद्देश्य किसका है? ईश्वर का? ऐसा है तो उसने कामवासना की सृष्टि किसलिए की?' [4]

लेकिन इन कठोर प्रतिक्रियाओं का महात्मा पर कोई असर नहीं पड़ा। ब्रह्मचर्य और संतति नियमन संबंधी महात्मा के लेख संकलित होकर तीन साल में ही एक पुस्तक का आकार ले चुके थे। पुस्तक का नाम उन्होंने 'आत्मसंयम बनाम विषयासक्ति' दिया। लोग ब्रह्मचर्य को लेकर महात्मा के क्रांतिकारी विचारों को जानना चाहते थे। पुस्तक का पहला संस्करण प्रकाशित होने के लगभग एक सप्ताह के भीतर हाथों-हाथ बिक गया।

महात्मा मानते थे कि ब्रह्मचर्य पर उनके विचार अभेद्य हैं। महात्मा खुद इसके लिए संघर्ष कर रहे थे। आत्मसंयम की लड़ाई लड़ रहे लोगों के मार्गदर्शन के लिए महात्मा ने कुछ नियम तैयार किए थे। उनका मानना था कि इन सूत्रों का पालन करके कोई भी आत्मसंयम की नौका पर बैठ सकता है। नियम कुछ इस प्रकार थे-'पति-पत्नी को अलग-अलग कमरों में रहना और एकान्त से बचना चाहिए। वासना जगाने वाले थिएटर, सिनेमा और नाच-तमाशे से बचना चाहिए।' महात्मा ने यह भी बताया कि जब वासनाएं हावी हो जाएं तो क्या करना चाहिए। महात्मा के मुताबिक तब 'आप अपने घुटनों के बल बैठ जाएं और ईश्वर से सहायता के लिए प्रार्थना करें। मुझे राम नाम से सदा ही सहायता मिली है। बाहरी सहायता के रूप में आप कटिस्नान करें, इसके लिए आप अपनी टांगें बाहर करके ठंडे पानी के टब में बैठ जाएं। आप देखेंगे कि आपकी वासनाएं उसी क्षण शांत हो गई हैं। यदि आप कमजोर न हों और आपको ठंड लगने का भय न हो तो आप उसमें कुछ मिनट तक बैठे रहें।'[5]

कस्तूर का कसूर

हर कामयाब इंसान के पीछे एक औरत होती है। महात्मा गांधी के संदर्भ में यह कहावत सही है या नहीं यह अपने आप में शोध का विषय है। लेकिन यह सच है कि महात्मा के ब्रह्मचर्य व्रत के पीछे कहीं दूर उनकी पत्नी कस्तूरबा गांधी भी खड़ी थीं। शरीर के धरातल पर महात्मा कस्तूर के कई बार करीब आए लेकिन मन की एक दूरी दोनों के बीच हमेशा एक दीवार बनकर खड़ी रही। कस्तूरबा एक विशुद्ध घरेलू औरत थीं। वह सही अर्थों में सह-धर्मचारिणी थीं। महात्मा प्रयोगधर्मी थे और उनकी प्रयोगधर्मिता उनके दाम्पत्य-जीवन में जहर घोलने वाली साबित

हुई। महात्मा की काम वासना के चलते कस्तूरबा सारी जिंदगी अनपढ़ रह गई। यह बात महात्मा ने 'आत्मकथा' में स्वीकार की है। कस्तूरबा के अनुभव लिखित रूप में दुनिया के सामने नहीं आए। लेकिन जिन लोगों ने कस्तूरबा को करीब से देखा और समझा उन्होंने कस्तूरबा को असहाय पाया। वह उस वातावरण के लिए नहीं बनी थीं जो वातावरण महात्मा ने अपने इर्द-गिर्द तैयार किया था।

काम वासना से बेतरह घृणा करने वाले महात्मा गांधी का वैवाहिक जीवन कभी सुखी नहीं रहा। महात्मा कस्तूरबा से संतुष्ट नहीं थे। उनमें अकसर झगड़े होते थे। दक्षिण अफ्रीका में तो उन्होंने कस्तूरबा को घर से निकलने के लिए कह दिया था। गुस्से में वह कस्तूरबा को दरवाजे तक खींच कर ले आए थे। तब कस्तूरबा ने उनसे रोते हुए कहा था- 'तुम्हें तो शर्म नहीं है। लेकिन मुझे है। जरा तो शरमाओ।' [6]

दुल्हन बनकर मोहनदास के घर आई कस्तूर बहुत सुंदर थीं। छोटा कद होने के बावजूद नाक नक्श आकर्षक थे। बाल चमकीले और त्वचा स्निग्ध थी। शुरू के दिनों में महात्मा गांधी अपनी पत्नी कस्तूरबा के चरित्र पर संदेह करते थे । लेकिन बाद में स्थिति उलट हो गई। गुजरात छोड़ने के बाद दूसरी स्त्रियों के प्रति महात्मा का सहज खिंचाव देख कस्तूरबा महात्मा पर संदेह करने लगी थीं। उन्हें लगता कि अगर वह मर गईं तो महात्मा दूसरी शादी कर लेंगे। लेकिन महात्मा उन्हें भरोसा दिलाते-'मैं तुमसे विश्वासपूर्वक कहता हूं कि यदि तुम चली ही जाओगी तो मैं तुम्हारे पीछे दूसरी शादी नहीं करूंगा। ऐसा मैं कई बार कह भी चुका हूं। तुम ईश्वर में आस्था रख कर प्राण त्यागना।'[7]

दक्षिण अफ्रीका में सत्याग्रह संघर्ष के दौरान महात्मा फोक्सरस्ट जेल में थे। कस्तूरबा रक्तस्राव से पीड़ित थीं और उनकी हालत चिंताजनक थी। तब महात्मा ने जेल से बा को लिखा-' ...फिर भी मेरी बदनसीबी से कहीं ऐसा हो कि तुम चल बसो, तो मैं इतना ही कहूंगा कि मेरे जीते-जी तुम मेरे वियोग में भी मर जाओ तो इसमें कुछ बुरा नहीं है। तुम पर मेरा इतना स्नेह है कि तुम मरकर भी मेरे मन में जीवित रहोगी। तुम्हारी आत्मा तो अमर है।'[8]

आत्मा सिर्फ कस्तूरबा की अमर नहीं थी। सबकी आत्माएं अमर होती हैं। ऐसा हर धार्मिक हिंदू का ख्याल है। मिलन और वियोग के तमाम उतार-चढ़ाव के बावजूद पति-पत्नी में खूब झगड़े होते थे। पति पर संकट के समय भारतीय नारी होने के कारण कस्तूरबा भले 'देवदूत' बन जाती हों लेकिन सामान्यत: दोनों एक दूसरे को फूटी आंख नहीं सुहाते थे। हिंदुस्तान वापस लौटने से एक साल पहले 1914 में भी गांधीजी की अपनी पत्नी के बारे में राय थी कि 'वह ऐसी जहर उगलने वाली महिला है जैसी मैंने अपने पूरे जीवन में कभी नहीं देखी। वह कभी नहीं भूलती, मुझे कभी माफ नहीं करती।' वे कहते कस्तूरबा में 'अत्यंत सूक्ष्म रूप

में राक्षस और देवता की भावनाएं निवास करती हैं।' [9] बदले में कस्तूरबा गांधीजी को 'फुंफकारते हुए सांप जैसा' बतातीं।

हिंदुस्तान लौटने पर भी महात्मा के अपनी पत्नी से संबंध अच्छे नहीं हो सके थे। झगड़े खत्म नहीं हुए बल्कि बढ़ गए। महात्मा के लड़कियों और महिलाओं का सम्पर्क भी कस्तूरबा को पसंद नहीं था। बाद के वर्षों में कस्तूरबा अपना सारा गुस्सा उन लड़कियों पर उतारतीं जो महात्मा के सान्निध्य में रहने लगी थीं या उनके प्रयोग का हिस्सा बन गई थीं। कस्तूरबा का स्वभाव और कठोर और रुखा हो गया था। महात्मा अपनी महिला मित्रों को बा के बारे में पहले ही सचेत करते कि 'उसका व्यवहार बराबर मीठा नहीं होता। कभी-कभी तो वह अपने व्यवहार में क्षुद्रता का संकेत भी दे सकती हैं।' [10]

जैसा कि महात्मा ने अपनी मित्र डेनिश कन्या एस्थर फैरिंग, जिसे वह 'मेरी प्यारी बिटिया' कहते थे, को 51 साल की अपनी पत्नी कस्तूरबा के बारे में लिखा-'...यह स्त्री सत्य को क्यों नहीं देखती, या मेरे स्नेह का प्रतिदान क्यों नहीं देती। जिस प्रकार एक तेंदुआ अपने (खाल के) धब्बे नहीं बदल सकता उसी तरह वह अपने स्वभाव के प्रतिकूल नहीं जा सकती।' [11]

आगे चलकर बा का यही बर्ताव मीरा के साथ हुआ। मीरा ने अपने प्रिय लेखक रोमां रोला को आश्रम के बारे में सब कुछ बताया था। इसी बातचीत के आधार पर रोमां रोला ने अपनी फ्रेंच डायरी 'ल इंदे' में कस्तूरबा का एकदम सटीक चित्र खींचा। उन्होंने लिखा-'...गांधीजी की पत्नी साध्वी महिला हैं, वे आत्मत्याग स्वीकार करके पति के महान व्रत की अनुगामिनी बनीं। लेकिन उन्होंने कभी पति का विशेष समर्थन नहीं किया। सबसे बड़ी बात वह अंत:पुर की गृहणी हैं। आश्रम के विराट परिवार की आबोहवा में वह बहुत प्रसन्न नहीं रहतीं। इसी से गांधीजी की पत्नी असहाय की तरह अपने को रसोईघर में ही कैद रखती हैं। यह सोचकर प्रसन्न होती हैं कि कम से कम यहां तो उनका एकछत्र राज्य है। आश्रम में विदेशियों का आना वे अच्छी नजरों से नहीं देखतीं और शुरू में उनके चलते मीरा को काफी दिक्कतों का सामना करना पड़ा। अपना खाना बनाने के लिए मीरा को जब रसोई में जाना पड़ता तो वे जान बूझ कर ऐसी तमाम चीजें आगे डाल देतीं जिससे मीरा को बुरा लगे बिना न रहे। यह सब गांधीजी की पत्नी करती थीं ताकि मीरा आश्रम छोड़कर भागने को लाचार हो जाए।'[12]

सच तो यह था कि कस्तूरबा को न आश्रम जीवन से घृणा थी न विदेशी लोगों से। दक्षिण अफ्रीका में वह आश्रम जीवन का लंबा अनुभव ले चुकी थीं। वहां कई विदेशी उनके साथ रहे थे। मिली पोलक जैसी विदेशी महिलाएं तो उनके घर पर ही रही थीं। बा को असल दिक्कत इन महिलाओं के महात्मा के साथ होने वाले अंतरंग संबंधों से थी। सामान्य हिंदू महिलाओं की तरह बा को भी नहीं पसंद

था कि अन्य महिलाएं उनके पति की सेवा में रहें। इसलिए बा का स्वभाव रूखा और कठोर होता जा रहा था। उनके इस स्वभाव से महात्मा हमेशा भयभीत रहते। जैसा कि महात्मा के जीवनीकार लुई फिशर ने लिखा–'गांधीजी न मनुष्य से डरते थे, न सरकार से, न जेल से या गरीबी से, न मृत्यु से। लेकिन वह अपनी पत्नी से जरूर डरते थे।'[13]

वह कुछ भी कह सकती थीं कुछ भी कर सकती थीं। सबको अपने आगे झुकाने वाले महात्मा बा के सामने फीके पड़ जाते थे क्योंकि बा से बेहतर शायद उन्हें कोई नहीं जानता था। बा को लेकर महात्मा सारी जिंदगी अपराध बोध से ग्रस्त रहे। जहां–तहां महात्मा ने माना कि उन्होंने बा के साथ न्याय नहीं किया। बा की मौत 22 फरवरी, 1944 को आगा खां महल जेल में हुई। वहीं उनका अंतिम संस्कार भी हुआ। देह जलने के लिए लकड़ी कम पड़ गई। 'बा के शरीर से बहुत पानी निकला था। दहन क्रिया पूरी होते–होते शाम के चार बज गए। महात्मा बा की चिता के पास ही बैठे थे। बापू के मित्रों ने उन्हें कई बार समझाया कि आप थक जाएंगे। लेकिन बापू ने वहां हटने से इंकार किया। उन्होंने हंस कर जवाब दिया– '62 वर्ष के साथी को क्या अब इस तरह छोड़ सकता हूं। इसके लिए तो बा मुझे माफ न करेगी।'[14]

खुद महात्मा ने अपनी पत्नी कस्तूरबा के साथ एक बिस्तर पर सोना बहुत पहले छोड़ दिया था। महात्मा ने ब्रह्मचर्य व्रत लेने के बाद बा के साथ 38 साल का वैवाहिक जीवन जिया। कस्तूरबा को वह अपनी बहन मानने लगे थे। वैसे महात्मा 1901 से ही ब्रह्मचर्य साधने में लगे थे लेकिन सफल नहीं हो पा रहे थे। संयम बरतने के लिए उन्होंने कस्तूरबा से अलग सोना शुरू कर दिया। रात में वह तब तक काम करते जब तक थक कर सीधे सो न जाएं। लेकिन इसके बावजूद वह खुद को संयमित नहीं रख पाए। ब्रह्मचर्य का निश्चय करने के बाद उन्हें एक संतान और हुई। ब्रह्मचर्य का अंतिम संकल्प उन्होंने 1906 में लिया। इस पूरे निश्चय में कस्तूरबा कहीं नहीं थीं। ब्रह्मचर्य का अंतिम संकल्प लेने से पहले उन्होंने बा से सलाह तक लेने की जरूरत नहीं समझी। उन्होंने बा को केवल जानकारी दी। बा ने उनके व्रत का न समर्थन किया और न विरोध। तटस्थ भाव से वह उनके ब्रह्मचर्य व्रत और आगे चल कर ब्रह्मचर्य के कथित प्रयोगों की साक्षी बनी रहीं तब तक जब तक उन्होंने 22 फरवरी, 1944 को आगा खां महल में अंतिम सांस नहीं ली।

कस्तूरबा के साथ एक बिस्तर पर सोना महात्मा ने भले छोड़ दिया हो लेकिन बाद में ब्रह्मचर्य के अपने प्रयोगों के दौरान वह कई लड़कियों के साथ एक ही बिस्तर पर सोए। इस प्रयोग की अंतिम परिणति तब हुई जब वह अपने जीवन के अंतिम कुछ वर्षों में अपनी बीस वर्षीय पोती समेत आधा दर्जन लड़कियों के साथ

एक ही बिस्तर पर निर्वस्त्र होकर सोने लगे। थर्स्टन को पढ़ते वक्त महात्मा को शायद यह अंदाजा नहीं रहा होगा कि आत्मसंयम का प्रयोग करते-करते वह इतना आगे निकल जाएंगे।

अतृप्त वासनाएं और संघर्ष

महात्मा के लिए आत्मसंयम हमेशा से एक जटिल समस्या रही। महात्मा का मन काम वासना से कभी मुक्त नहीं हो सका। 1928, 1936, 1938, 1940 और 1947 तक में महात्मा को 'गंदे सपने' आते थे। 60 और 70 साल की उम्र तक उन्हें वीर्यपात होता रहा। यह बातें उन्होंने खुद अपने करीबी सहयोगियों को बताईं। 69 साल की उम्र में महात्मा ने राजकुमारी अमृत कौर को लिखा-'तुम मेरी मौजूदा हालत से परेशान नहीं होना। मेरे लिए कामेंद्रिय पर वश पाना सबसे कठिन रहा है, मैं इससे निरंतर जूझता रहा हूं। यह चमत्कार ही है कि मैं अभी तक इससे कैसे बचा हुआ हूं। आज मैं जो संघर्ष कर रहा हूं, हो सकता है कि वह अंतिम हो और होना भी चाहिए।'[15]

संभोग और सेक्स को पाप मानने वाले महात्मा के लिए यह वाकई शर्मनाक स्थिति थी। तो फिर सेक्स या काम वासना से बचने के लिए क्या किया जाए? इसका एकमात्र उपाय था- ब्रह्मचर्य। पर महात्मा की ब्रह्मचर्य की व्याख्या बहुत जटिल थी। महात्मा के मुताबिक 'वह व्यक्ति ब्रह्मचारी है जिसका मन काम वासना से मुक्त है, जो परमात्मा का निरंतर चिंतन करते हुए ऐसी अवस्था में पहुंच गया है कि जाने या अनजाने उसका वीर्य-स्खलन नहीं होगा, जो सुंदर-से-सुंदर स्त्री के साथ नग्न लेटे और उसके बावजूद उसको कामोत्तेजना न हो।'[16] महात्मा की इस परिभाषा से साफ था कि जब तक 'सुंदर-से-सुंदर स्त्री के साथ नग्न न लेटा' जाए तब तक यह तय कर पाना कठिन है कि ब्रह्मचारी ने वाकई ब्रह्मचर्य साध लिया है या नहीं।

महात्मा के मुताबिक ऐसा व्यक्ति वही हो सकता है जो असत्य न बोले। जो न किसी का अहित सोचे और जो न किसी का अहित करे। जो क्रोध और द्वेष की भावना से सर्वथा मुक्त हो और 'भगवद्‌गीता' में बताए अर्थ के अनुसार अनासक्त हो। ऐसे व्यक्ति को वह 'पूर्ण ब्रह्मचारी' कहते थे और वह खुद ऐसे ही 'पूर्ण ब्रह्मचारी' बनना चाहते थे। शायद इसीलिए उन्हें 76 साल उम्र में भी इस बात की जांच करने की जरूरत पड़ी कि 'सुंदर-से-सुंदर' और कम उम्र की लड़कियों के साथ 'नग्न' लेट कर वह 'कमोत्तेजित' होते हैं या नहीं। 69 साल की उम्र में भी जाने-अनजाने उनका वीर्य स्खलित हुआ।

भारतीय संस्कृति और परंपरा में ब्रह्मचारी के लिए स्त्री स्पर्श त्याज्य है। महात्मा भी मानते थे कि ब्रह्मचारी को 'काम वासना पूर्वक' किसी स्त्री को न छूना चाहिए,

न उसे देखना चाहिए और न ही उसके बारे में सोचना चाहिए। महात्मा ने 'काम वासना पूर्वक' शब्द अपनी तरफ से जोड़ दिया था। उन्हें लगा कि यह भूल हमारे शास्त्रों में हो गई। यह शब्द छूट गया। शास्त्रकारों ने सोचा कि सामान्य मनुष्य के लिए ऐसे मामलों में निष्पक्ष और तटस्थ निरूपण संभव नहीं है। उसके लिए यह तय कर पाना मुश्किल है कि वह 'काम वासना' से प्रेरित होकर किसी स्त्री का स्पर्श कर रहा है या वह उस भाव से मुक्त है। फिर काम विकार कब उत्पन्न हो जाए यह तय करना भी कठिन है। इसलिए सामान्य ब्रह्मचारी स्त्री स्पर्श से दूर ही रहे तो अच्छा है। दिलचस्प है कि सामान्य लोगों के लिए महात्मा ब्रह्मचर्य की इस शास्त्रीय परिभाषा को उचित मानते थे। लेकिन महात्मा खुद को इनसे अलग रखते। क्योंकि ऐसा करने से उन्हें महिलाओं के स्पर्श, उनके साथ सह-शयन की छूट मिल जाती थी। एक तरफ महात्मा कहते कि वह 'बाहरी वासनाओं से मुक्त' हैं। लेकिन दूसरी तरफ यह भी कहते कि—'अधिकतर स्त्रियों के प्रति निर्विकार होते हुए भी मैं यह दावा नहीं कर सकता कि स्त्री-मात्र के प्रति मैं सदा ही निर्विकार रहता हूं।'[17]

इन विरोधाभासी बातों के बावजूद महात्मा ने मान लिया कि उनके मन में कोई काम वासना शेष नहीं है। वह नग्न स्त्रियों के साथ सोते हैं फिर भी उनकी इंद्रियां सोई रहती हैं। मन में काम वासना का तब कोई स्थान नहीं रहता। लेकिन जब महात्मा किसी स्त्री को अपने साथ नग्न सुलाने की तैयारी करते तब क्या उनके मन में काम वासना का भाव नहीं रहता था? काम वासना की जांच का विचार अपने आप में इस बात का प्रमाण है कि आप अभी काम वासना से मुक्त नहीं हैं। महात्मा मानते थे कि 'पुरुष को नारी का स्पर्श अपवित्र नहीं करता, बल्कि प्रायः वह स्वयं ही इतना अपवित्र रहता है कि नारी का स्पर्श करने योग्य नहीं होता।' महात्मा खुद को पवित्र मानते थे इसलिए उनका स्पर्श भी पवित्र था। पर क्या महात्मा के प्रयोग की साझीदार महिलाएं भी मन, कर्म और वचन से उतनी ही पवित्र थीं?

शायद नहीं। कंचन और आभा ने तो खुद स्वीकार किया था कि उनकी दिलचस्पी 'ब्रह्मचर्य' में नहीं है वह तो 'संभोग सुख' चाहती हैं। फिर महात्मा उनके साथ 'नग्न' सोए। डॉ. सुशीला नैयर ने तो महात्मा की सेवा के लिए उनके पास रहने को लेकर हंगामा खड़ा कर दिया था। मनु कम उम्र की थी इन बातों की गंभीरता से अनभिज्ञ थी। ब्रह्मचर्य साधने के लिए महात्मा ने अपने नियम, कानून और मर्यादाएं खुद बनाईं थीं। लेकिन यह मर्यादाएं हर बार टूटती रहीं। महात्मा खुद समझ नहीं पा रहे थे कि ऐसा क्यों हो रहा है। उन्होंने लिखा-'मुझे इस संबंध में कुछ शंका उत्पन्न हो गई है कि किसी ब्रह्मचारी या ब्रह्मचारिणी को क्रमशः स्त्री या पुरुष के साथ अपने संपर्क के बारे में अपने ऊपर किस सीमा तक मर्यादा

लगानी चाहिए। मैंने जो मर्यादाएं तय की हैं, उनसे मुझे संतोष नहीं है। ये मर्यादाएं कैसी होनी चाहिए, अभी नहीं कह सकता। प्रयोग कर रहा हूं। अपनी परिभाषा के अनुसार मैंने कभी पूर्ण ब्रह्मचारी होने का दावा नहीं किया है।'[18]

अविवाहित लड़कियों को लेकर महात्मा के मन में एक खास तरह का आकर्षण था। महात्मा मानते थे कि 'लड़कियों के लिए आदर्श अखंड ब्रह्मचर्य होना चाहिए, उसी में आदर्श विवाह समाया हुआ है।' महात्मा के आश्रम में अधिकांश लड़कियां ही थीं। उनके जीवन में उनके करीबी संपर्क में आने वाली भी अधिकांश अविवाहित कन्याएं ही थीं जिनकी उम्र 19 से 25 साल के बीच थी। वह चाहे प्रेमा हो, डॉ. सुशीला नैयर हो या मनु गांधी। महात्मा के ब्रह्मचर्य का प्रयोग भी लड़कियों के कंधे पर हाथ रखने से शुरू हुआ। शुरुआती दिनों में महात्मा साबरमती आश्रम में लड़कियों के कंधे पर हाथ रखकर टहलने जाया करते थे। आश्रम के लोगों को यह बात आपत्तिजनक लगने लगी थी। हालांकि इसमें आपत्ति की कोई खास वजह नहीं थी क्योंकि तब महात्मा 59 साल के हो चले थे। ऐसे में अगर इस उम्र का कोई व्यक्ति अपनी पोती की उम्र की लड़कियों का सहारा ले तो इसमें प्रथम दृष्ट्या कुछ गलत नहीं होना चाहिए था। वह भी ऐसे व्यक्ति के बारे में जिसे लोग महात्मा कहते थे। फिर भी महात्मा के आश्रम के ही लोगों ने इस पर अपनी आपत्ति दर्ज की थी। बात इतनी बढ़ गई कि महात्मा को सफाई देनी पड़ी। उन्होंने कहा कि 'लड़कियों के कंधे पर हाथ रखने में मुझे कभी कोई दोष दिखाई नहीं दिया क्योंकि मैं जानता हूं कि वे मेरे लिए बेटियों के समान ही हैं।'[19]

स्त्री और पुरुष के बीच एक दूसरे के प्रति एक सहज आकर्षण होता है। महात्मा इसे स्वाभाविक नहीं मानते थे। वह कहते कि अगर यह प्रकृति-प्रेरित है तो प्रलय होने में देर नहीं। महात्मा कहते स्त्री और पुरुष के बीच सहज आकर्षण वह है जो भाई-बहन, मां-बेटे और बाप-बेटी के बीच होता है। खुद महात्मा की अपनी कोई बेटी नहीं थी इसलिए महात्मा दूसरी लड़कियों को बेटी बनाने में जरा भी देर नहीं लगाते थे। लेकिन इन बेटियों के साथ उनका रिश्ता वैसा नहीं होता था जैसा कि हिंदू समाज में या किसी भी अन्य सभ्य समाज में पिता और बेटी का होता है। अपने मित्र हेनरी पोलक की बहन मॉड को महात्मा ने 'अपरिपक्व ज येष्ठ पुत्री' का दर्जा दिया था यह जानते हुए भी कि मॉड उनके बारे में किस तरह के ख्याल रखती है। ऐसी पुत्री के बारे में, जो स्टेशन पर उन्हें विदा करने आई थी, महात्मा ने पोलक को लिखा-'...उसने मुझसे हाथ नहीं मिलाया बल्कि मुझसे चुंबन चाहती थी।'[20]

महात्मा मानते थे कि-'यह ठीक है कि हिंदू समाज में ऐसी मान्यता है कि पिता पुत्री का स्पर्श करते हुए भी डरे किंतु मुझे तो यह विचार गलत जान पड़ता

है; यह विचार ब्रह्मचर्य का शत्रु है। जिस ब्रह्मचर्य में ऐसा भय बना रहे वह तो ब्रह्मचर्य ही नहीं है।'[21]

महात्मा ने मीरा, प्रेमा कंटक, डॉ. सुशीला नैयर, अस्तुस्सलाम, लीलावती आसर, कंचन, आभा और मनु जैसी कितनी ही अविवाहित लड़कियों को 'बेटी' का दर्जा दिया। लेकिन इन लड़कियों से महात्मा 'नग्न' होकर मालिश कराते। उनके साथ वह 'नग्न' होकर सोए। इन्हें महात्मा ने अपने ब्रह्मचर्य के प्रयोग का हिस्सेदार बनाया। लेकिन सब लड़कियां केवल उनके प्रयोग की साथी थीं ऐसा भी नहीं था। कुछ लड़कियों को उन्होंने सहशयन के नाम पर अपने पास सुलाया।[22]

महात्मा प्रसिद्ध समाजवादी नेता जयप्रकाश नारायण की पत्नी प्रभादेवी के साथ भी सोए थे। लेकिन बकौल महात्मा प्रभावती उनके प्रयोग का हिस्सा नहीं थी। महात्मा ने बताया कि-'मैंने प्रभा को जान-बूझकर प्रयोग की परिधि में गिना है। शायद नहीं गिनना चाहिए। जब मेरे मन में प्रयोग का विचार भी नहीं उठा था, उसके पहले भी अनेक बार मुझे गरमी पहुंचाने के लिए वह मेरे साथ सोई हैं। जब वह थर-थर कांपती मेरे लिए धरती पर पड़ी होती थीं, तब मैं उसे पास समेट लेता था।'[23] जब महात्मा से कहा गया कि ऐसे प्रयोग छोड़ें क्योंकि इसके परिणाम बहुत खतरनाक हैं। तब महात्मा का जवाब होता—'सहशयन की बात सर्वथा छूट नहीं सकती है। इस चीज को मैं ऐसा ही करो (कहो?), जब विलायत गया तब से आचार में करता आया हूं। किसी को हानि नहीं पहुंची है।'[24]

मगर सब चुप रहे

महात्मा के ब्रह्मचर्य के प्रयोगों की जानकारी आश्रमवासियों या महात्मा के बहुत करीब रहने वाले उनके शिष्यों और निकट मित्रों को ही थी। देश की आजादी से जुड़े पं. जवाहरलाल नेहरू जैसे बड़े नेता तो इस बारे में बापू से बात करने या पत्र व्यवहार करने की हिम्मत नहीं जुटा पाए। वह केवल राजनीतिक मसलों पर महात्मा से राय लेते थे। बाद में तो उन्होंने यह काम भी बंद कर दिया था। भारत की आजादी के इतिहास पर पं. जवाहरलाल नेहरू ने खूब लिखा। लेकिन महात्मा के ब्रह्मचर्य प्रयोग पर उन्होंने कभी कुछ नहीं कहा। अपनी जेल डायरी में उन्होंने एक दफा इस ओर केवल इशारा किया था। 30 अप्रैल 1935 को उन्होंने लिखा-'बापू भी-या तो पूरे असहयोगी रहते हैं या फिर पूरी तरह सहयोग करने वाले। ...वे सिर्फ अति की हद तक ही सोच सकते हैं। या तो बेहद रूमानी या फिर बेहद संयम। शायद आल्डस हक्सले ने ही कहा है कि बैरागी डॉन जुआन का दूसरा रूप है।' जवाहरलाल नेहरू वाङ्मय के छठें खंड के पेज 344 के फुटनोट में यह भी बताया गया है कि 'पेशेवर डॉन जुआन अपनी ताकत इसी जानलेवा तरीके से बर्बाद करता है जैसे पेशेवर बैरागी करता है, आईने में अपने अक्स को देखकर।'

आश्रम में रहने वाले महात्मा के कुछ शिष्य और शुभचिंतकों का इन प्रयोगों को लेकर हमेशा विरोध रहा लेकिन किसी ने भी इन बातों को आश्रम की चहारदीवारी से बाहर ले जाने की हिम्मत नहीं की। मसलन आश्रम के प्रबंधक मुन्नालाल शाह महात्मा के इन प्रयोगों के सबसे बड़े विरोधी थे। खुद शाह की पत्नी महात्मा के प्रयोग की हिस्सेदार बनी थीं। शाह ने बाकायदा शास्त्रों का उदाहरण देकर बताया कि महात्मा जो कर रहे हैं वह एकदम गलत है। लेकिन महात्मा ने इन उदाहरणों को ही दोषपूर्ण करार दे दिया। महात्मा मनोवैज्ञानिक रूप से अपने विरोधी को घेर लेते। जैसा कि उन्होंने शाह से कहा– 'मैं जानता हूं कि मेरा यह प्रयोग बहुत खतरनाक है, लेकिन इसके परिणाम भी महान हो सकते हैं। यह प्रयोग मेरे मन से तभी निकलेगा जब मैं इसमें कोई अनिष्ट देखूंगा। तुम सब मेरी बुद्धि पर आघात कर सकते हो। हृदय पर एक ही तरह से आघात किया जा सकता है,मेरा त्याग करके। तुमने जो विचार व्यक्त किए हैं, यदि वे ठीक हैं तो मेरा त्याग करना और मेरा भंडाफोड़ करना तुम्हारा धर्म है।'[25]

इसी तरह महात्मा ने अपने टाइपिस्ट परशुराम को भावनात्मक तौर पर घेर लिया था। वह इन प्रयोगों से इतना आहत हुआ कि उसने महात्मा का सचमुच त्याग कर दिया। उन्होंने परशुराम से कहा था कि उसने जो कुछ यहां पर देखा वह उसे 'सार्वजनिक करने के लिए स्वतंत्र' है। लेकिन महात्मा के जीवित रहते महात्मा का कोई करीबी ऐसा करने का साहस नहीं जुटा पाया। महात्मा के प्रयोगों से निर्मल कुमार बोस भी सहमत नहीं थे। लेकिन वह भी महात्मा के जीते जी महात्मा और अपने बीच हुए पत्र व्यवहार को सार्वजनिक करने का साहस नहीं जुटा पाए। महात्मा का विरोध करने वाले उनके साथी किशोरलाल मशरूवाला, केदारनाथ कुलकर्णी, नाथ जी, स्वामी आनंद, जेबी कृपलानी, सरदार पटेल, घनश्यामदास बिड़ला, विनोबा भावे किसी ने भी महात्मा के जीवित रहते अथवा उनकी मृत्यु के बाद इस विषय पर मुंह नहीं खोला। महात्मा के करीबी रहे सी. राजगोपालाचारी ने बहुत बाद में यह स्वीकार किया कि 'उनका जन्म इतने पवित्र वातावरण में हुआ था कि उनका ब्रह्मचर्य के प्रति स्वाभाविक झुकाव था लेकिन वास्तव में वह काम को लेकर बेहद आक्रांत थे।'[26]

महात्मा दावा करते थे कि–'मैंने शायद हजारों–हजार स्त्रियों का स्पर्श किया है लेकिन मेरे स्पर्श में वासना लेशमात्र भी नहीं रही। मैं कुछ स्त्रियों के साथ बिलकुल नग्नावस्था में लेटा हूं लेकिन वासना–तृप्ति के उद्देश्य से कभी नहीं। मेरा स्पर्श हमारे पारस्परिक उत्थान के निमित्त रहा है। यदि कोई ऐसी स्त्री हो जिसने इसके विपरीत कुछ अनुभव किए हों, तो मैं सचमुच चाहता हूं कि वह मेरे खिलाफ गवाही दे।'[27]

लेकिन महात्मा के खिलाफ गवाही देने कभी कोई महिला सामने नहीं आई। यह कल्पना करना भी व्यर्थ है कि महात्मा किसी के साथ कोई जोर–जबरदस्ती

करते। महात्मा के प्रयोग से लड़कियां और महिलाएं स्वेच्छा से जुड़ी थीं। ऐसे में उनकी बगावत का कोई सवाल ही नहीं उठता था। महात्मा अपने प्रयोग में शामिल होने के लिए लड़कियों को खुद आमंत्रित करते थे। अगर इन लड़कियों में प्रयोग को लेकर वह जरा भी हिचक देखते तो साथ सुलाने के लिए मना कर देते। ऐसा शुरू में उन्होंने आभा और कंचन के साथ किया। ये लड़कियां महात्मा के सामने नग्न होने से इसलिए इंकार नहीं कर पाईं कि कहीं बापू नाराज न हो जाएं। लेकिन महात्मा को पता चला कि इन लड़कियों की उनके साथ सोने में रुचि नहीं है तो महात्मा ने उन्हें रोक दिया। नोआखली में बंगाली लड़की आभा ने खुद महात्मा के साथ सोने की इच्छा जाहिर की तो वह झट से तैयार हो गए। महात्मा के ब्रह्मचर्य के प्रयोग के नाटक से जुड़े ये पात्र 'अपना मुंह इतनी बुरी तरह बंद' रखते थे कि सत्य का दम घुट कर रह गया। ये सभी लोग जानते थे कि हिंदुस्तान की जनता के बीच महात्मा इतनी ऊंचाई पर पहुंच गए हैं उन पर किया गया कोई भी हमला आखिर में खुद जुबान खोलने वालों को तहस-नहस कर देगा। महात्मा की शहादत के बाद तो विवाद के ये आपत्तिजनक अध्याय हमेशा के लिए बंद कर दिए गए।

दस्तावेजों में छुपे रहस्य

महात्मा ने कभी कोई स्वतंत्र किताब के रूप में 'आत्मकथा' नहीं लिखी। उन्होंने 'सत्य के प्रयोग' नाम की एक लेखमाला लिखी जिसने बाद में किताब की शक्ल ले ली। इस 'आत्मकथा' में भी 1921 तक उनके जीवन से जुड़ी घटनाओं का ब्योरा है। महात्मा की 'आत्मकथा' पूरी दुनिया में मशहूर हुई। महात्मा की आत्मस्वीकृतियों का पूरी दुनिया ने स्वागत किया। उनके नैतिक साहस को सबने सराहा। अपने जीवन के कड़वे सच स्वीकार करना बड़ी बात थी। वह भी तब जब मोहनदास कर्मचंद गांधी महात्मा बन चुके थे। इस 'आत्मकथा' ने महात्मा को जीते जी और महान बना दिया। दुनिया ने देखा कि एक महात्मा कैसे अपने आपको ही 'एक्सपोज' कर रहा है। महात्मा की हत्या के साल भर बाद ही जॉर्ज आरवेल ने अपने एक लेख में लिखा-''महात्मा गांधी ने 'आत्मकथा' में जवानी के सभी कुकृत्यों को पूरी तरह स्वीकार किया। जबकि सच तो यह है कि स्वीकार करने को उनके पास कुछ है नहीं। कुछ सिगरेट, मांस के कुछ निवाले, बचपन में नौकरानी के पैसों में से चुराए गए कुछ आने, दो बार वेश्यागमन, (वह भी हर मौके पर वह 'बिन कुछ किए वापस' आ गए) प्लाइमथ में अपनी गृहस्वामिनी के प्रति फिसलने से बार-बार बचना, एक बार क्रोध से उबल पड़ना-बस यही पूरा संकलन है।''[28]

जबकि सत्य यह है कि महात्मा ने आत्मकथा यानी 'सत्य के प्रयोग' में पूरा सच नहीं लिखा। उनकी 'आत्मकथा' पहली बार 'यंग इंडिया' में 1925 से करीब चार साल तक कई किस्तों में छपी। इस 'आत्मकथा' में सरला देवी का एक बार

जिक्र भी आया लेकिन उन्होंने इसमें सरला देवी से उनके कथित 'आध्यात्मिक प्रेम' का जिक्र नहीं किया। यह बात केवल पांच साल पुरानी थी और तब सरलादेवी जीवित थीं। हालांकि 'आत्मकथा' के अंतिम अनुच्छेद में उन्होंने लिखा-'हिंदुस्तान आने के बाद भी मैं अपने भीतर छिपे हुए विकारों को देख सका हूं, शर्मिंदा हुआ हूं, किंतु हारा नहीं हूं।' 'आत्मकथा' लिखने के दस साल बाद मार्गरेट सेंगर को दिए एक साक्षात्कार में सरला देवी के मामले में उन्होंने अपनी 'भावनात्मक फिसलन' का जिक्र किया। लेकिन इसके लिए उन्होंने कारण अपनी पत्नी का 'अनपढ़' होना बताया। महात्मा अक्सर कस्तूरबा से सरला की तुलना करते। कस्तूरबा उनके लिए 'घासलेट के तेल के जलते दीए' के समान थी जबकि सरला देवी 'सुबह के उगते सूरज' की तरह चमकदार।

इस 'आत्मकथा' में 1921 से आगे के वर्षों के महात्मा के जीवन का सिलसिलेवार ब्योरा नहीं मिलता। महात्मा ने अपनी 'आत्मकथा' की 'पूर्णाहुति' करते हुए अंतिम पाठ में लिखा-'इसके आगे मेरा जीवन इतना सार्वजनिक हो गया है कि शायद ही कोई चीज ऐसी हो, जिसे जनता न जानती हो।' महात्मा पर बहुत दबाव था कि 'आत्मकथा' को उन्होंने 'जहां से छोड़ा है, वहां से आगे उसे शुरू करें।' लेकिन महात्मा आगे के बारे में सत्य लिखना लगातार टालते रहे। महात्मा कहते-'यह सब लिखना मुझे अच्छा लगेगा, लेकिन यह फुरसत पर निर्भर करता है। वर्तमान कठिन परिस्थिति में कर्तव्य समझकर 'हरिजन' शुरू किया है। उसका काम मुश्किल से पूरा कर पाता हूं। ऐसी हालत में सत्य के जो प्रयोग हुए हैं, उनको खोज निकालने के लिए जैसी फुरसत चाहिए, वह नहीं मिल रही। लेकिन अगर भगवान उन्हें लिखवाना चाहेगा, तो वह रास्ता भी सुझाएगा।'

लेकिन भगवान ने उन्हें 'सत्य के प्रयोग' के बारे में आगे लिखने का रास्ता नहीं सुझाया। ब्रह्मचर्य के प्रयोग से जुड़ी कुछ बातें उन्होंने कभी-कभी अपनी पत्रिका हरिजन में रखीं। लेकिन वह कभी इसके विस्तार में नहीं गए। जीवन के कुछ अंतिम वर्षों में लड़कियों के साथ नग्न सोने की बातें तो उन्होंने (कुछ करीबी मित्रों के बीच बांटने के अलावा)तब तक गोपनीय रखीं जब तक वह किसी और माध्यम से उजागर नहीं हो गईं। सच तो यह है कि महात्मा अपने जीवन के बाद के 27 सालों की असली कहानी लिखने का साहस नहीं जुटा पाए।

ऐसे में महात्मा के ब्रह्मचर्य प्रयोग के बारे में प्रामाणिक सामग्री जुटाना एक दुरूह कार्य था। लेकिन महात्मा गांधी संपूर्ण वाङ्मय ने यह काम काफी आसान कर दिया। महात्मा की मौत के आठ साल के बाद 1956 में भारत सरकार ने सूचना एवं प्रसारण मंत्रालय के अधीन 'महात्मा गांधी संपूर्ण वाङ् मय' का एक अलग विभाग बनाया था। इस विभाग ने महात्मा गांधी द्वारा लिखित सामग्री एकत्र की। पिछली श्रृंखला में गांधी वाङ्मय को नब्बे खंडों में बांटा गया था। लेकिन बाद के

वर्षों में और सामग्री जिन्हें सात अन्य खंडों में संकलित किया गया। वर्तमान शृंखला में सौ खंड हैं। इन खंडों में 1884 से 1948 तक गांधीजी के सक्रिय सार्वजनिक जीवन के लगभग 64 वर्षों की अवधि में लिखी-कही गई संपूर्ण सामग्री समाहित की गई है।

अपने ब्रह्मचर्य के प्रयोग के संबंध में महात्मा ने अपने करीबी मित्रों से खूब पत्र व्यवहार किया। मौन दिवस के दिन वह पुर्जे लिख कर बात करते थे। ब्रिटिश हुकूमत के सरकारी रिकार्ड, आजादी के दौरान अखबारों में छपी खबरें, राजनेताओं के पत्र व्यवहार आदि यह सारे दस्तावेज इस वाङ्मय में दर्ज हैं। यह दस्तावेज प्रामाणिक हैं। जैसा कि खुद वाङ्मय के प्रकाशक ने लिखा कि इस वाङ्मय में महात्मा के भाषणों, साक्षात्कारों और बातचीत की प्रामाणिक नहीं लगने वाली रिपोर्ट शामिल नहीं की गई है।' महात्मा हमेशा कहते थे कि उनका जीवन 'खुली किताब' है और उसमें कुछ भी 'गोपनीय' नहीं। लेकिन गांधीवादियों के लिए ऐसा नहीं था। उन्हें जब पता चला कि महात्मा का संपूर्ण लेखन प्रकाशित हो रहा है तो वह चिंतित हुए। जैसा कि विनोबा भावे ने कहा कि 'महात्मा गांधी का हर शब्द प्रकाशित करके हम उन्हें क्षति पहुंचा रहे हैं। इस तरह हम उनकी तमाम असंगत और परस्पर विरोधी सामग्री सार्वजनिक कर देंगे।'[29]

प्यारेलाल ने महात्मा के लिखे पत्र, नोट्स, पुर्जे आदि दस्तावेज बहुत सुरक्षित रखे थे। एक बार इन्हें देखकर खुद महात्मा गांधी ने प्यारेलाल से विनोद में कहा था-'इन चीजों को वह परिग्रह का एक रूप मानते हैं। ये संहारक ही हैं।' लेकिन जैसा कि तत्कालीन प्रधानमंत्री जवाहरलाल नेहरू ने इस वाङ्मय की प्रस्तावना में कहा- 'यह निहायत जरूरी है कि उन्होंने जो कुछ लिखा और कहा है, उसका एक पूरा और प्रामाणिक संग्रह तैयार किया जाए।' नेहरू ने आगे कहा 'हमारा कर्तव्य है- खुद अपने प्रति और आगे आने वाली पीढ़ियों के प्रति।'

संपूर्ण गांधी वाङ् मय को गुजराती में बापू की अक्षर देह कहा गया है। पहली बार वाङ्मय के प्रकाशित होने के बाद कोई बहुत हंगामा नहीं खड़ा हुआ। सच तो यह कि कुछ देसी-विदेशी लेखकों को छोड़ कर किसी ने पूरा वाङ्मय पढ़ा ही नहीं। हिंदुस्तान में ज्यादातर लोगों का गांधीजी और उनके साहित्य के बारे में उतना ही ज्ञान है जितना स्कूली किताबों में सीमित है। यहां तक कि बाद के कांग्रेसियों के पास भी इतनी फुर्सत नहीं थी कि वह गांधीवादी विचारों को पढ़ने की जहमत उठाएं। हालांकि वाङ्मय में छपे महात्मा के पत्रों से भी उनके ब्रह्मचर्य के प्रयोग की कहानी स्पष्ट नहीं होती। वाङ्मय में ये पत्र बिना किसी स्पष्ट संदर्भ के प्रकाशित किए गए हैं। बिना पृष्ठभूमि के इन पत्रों का मजमून समझ पाना मुश्किल है। मैंने इन पत्रों की बस आपस में कड़ियां जोड़ने का काम किया है।

इस किताब में गांधीजी व उनके सहयोगियों के पत्र, इस प्रसंग से जुड़े तथ्य और घटनाएं उन किताबों से भी ली गई हैं जिन्हें गांधीजी के लोगों व उनके प्रकाशकों ने ही छापी हैं। नवजीवन प्रकाशन मंदिर, अहमदाबाद और सस्ता साहित्य मंडल जैसे प्रकाशकों ने गांधीजी के ब्रह्मचर्य प्रयोग में सहभागी रहीं मीरा, प्रेमा, डॉ. सुशीला नैयर, अयतुस्सलाम आदि द्वारा संपादित पुस्तकें छापीं। हालांकि इन किताबों ने इस प्रसंग से जुड़ी कई आपत्तिजनक बातें छापने से परहेज किया। कई नामों की पहचान छुपाने के लिए ए, बी, सी या सिर्फ...(हाइफन) का प्रयोग किया गया। लेकिन खुर्दबीन लेकर खोजने पर इस प्रयोग से जुड़ी सारी कहानियां और घटनाएं खुली किताब की तरह साफ होती गईं।

महात्मा गांधी के जीवन और उनके विचारों के भाष्यकार तथा उनके निजी सचिव प्यारेलाल नैयर ने महात्मा गांधी के जीवन पर लंबा काम किया। उन्होंने महात्मा पर दस खंडों में किताबें लिखीं। महात्मा के जीवन के अंतिम वर्षों पर प्यारेलाल ने चार खंडों में 'महात्मा गांधी : द लास्ट फेज' लिखी। इसका हिंदी अनुवाद पहली बार 1965 में 'महात्मा गांधी : पूर्णाहुति' के नाम से छपा। इस पुस्तक में प्यारेलाल ने महात्मा के ब्रह्मचर्य प्रयोग पर दो अध्याय लिखे। लेकिन इन अध्यायों में प्यारेलाल ने केवल मनु के प्रसंग को महात्मा के ब्रह्मचर्य से जोड़ कर देखा। ब्रह्मचर्य के इस प्रयोग में प्यारेलाल खुद और उनकी बहन डॉ. सुशीला नैयर शामिल थे। लेकिन इसका जिक्र तक प्यारेलाल ने अपने दस खंडों में नहीं किया। इसलिए उनका प्रयास बहुत ईमानदार नहीं कहा जा सकता।

महात्मा गांधी के ब्रह्मचर्य प्रयोग पर पहली बार निर्मल कुमार बोस ने सार्वजनिक तौर पर उंगली उठाई। उनकी किताब 'माई डेज विद गांधी' 1953 में सामने आई। इस किताब की पांडुलिपि महात्मा की मौत के दो साल बाद ही 1950 में तैयार हो गई थी। बोस चाहते थे कि उनकी यह किताब महात्मा गांधी की अपनी प्रामाणिक संस्था नवजीवन ट्रस्ट छापे। लेकिन नवजीवन प्रकाशन ने इस किताब को छापने से इंकार कर दिया। बोस को यह किताब एक निजी प्रकाशक से छपवानी पड़ी।

इस किताब में निर्मल कुमार बोस की किताब से उद्धरण लिए गए हैं। इन उद्धरणों पर जरूर कोई उंगली उठा सकता है, क्योंकि वह एक निजी प्रकाशन द्वारा छपी है। हालांकि इस अध्ययन के दौरान मैंने कई जगह निर्मल बोस के लिखे हुए को 'क्रास चेक' किया और तमाम जगह मैंने उन्हें सही ही पाया। निर्मल कुमार बोस बेहद ईमानदार अध्येता थे। इसमें अब शायद ही किसी को शक हो। मुझे खुशी हुई कि नेशनल बुक ट्रस्ट ने अपनी 'राष्ट्रीय जीवन चरित' शृंखला में बोस पर किताब छाप कर उनका सम्मान किया। बाद में संपूर्ण गांधी वाङ्मय ने भी इस किताब के उद्धरणों को अपने वाङ्मय में शामिल कर लिया।

संपूर्ण गांधी वाङ्मय के सौ खंड और महात्मा के निकट सान्निध्य में रह चुके भाष्यकारों की इन किताबों से गुजरना अपने आप में एक दिलचस्प और रोमांचक अनुभव था। पत्रों के महासागर में गोते लगाने के अपने खतरे भी थे। कई-कई पत्र तो संदर्भ से इतने कटे हुए थे कि उन्हें समझने के लिए बरसों पीछे जाना पड़ा। पात्रों के बारे में जानने के लिए दूसरे संदर्भ ग्रंथों का सहारा लेना पड़ा। कई किताबें आउट आफ प्रिंट हो चुकी थीं। उन्हें खोजना एक दुर्गम कार्य था। यह सब बहुत समय खर्च करने वाला काम था। इसीलिए इस किताब को पूरा करने में मुझे करीब पांच साल लग गए। इस पुस्तक में संपूर्ण गांधी वाङ्मय के पुराने और एकदम नए संस्करणों से उद्धरण लिए गए हैं।

पेशे से एक पत्रकार होने के नाते तथ्यों की पवित्रता समझता हूं। इसलिए मैंने बगैर तथ्यों को तोड़े-मरोड़े इस 'महान प्रयोग' से जुड़ी सारी घटनाएं क्रमवार रख दी हैं। पूरे किस्से को पठनीय बनाने के लिए दाल में नमक के बराबर कल्पनाशीलता का इस्तेमाल किया है। लेकिन इस कल्पना में भी मैंने सौ फीसदी ईमानदारी बरतने की पूरी कोशिश की है। ये इतिहास के ऐसे पन्ने हैं जो सिर्फ और सिर्फ सच पर आधारित हैं। एक-एक शब्द उन्हीं के हैं जिन्होंने इसे कहा है। इस किताब में मैं किसी तरह की मौलिकता का दावा नहीं करता। मैं न कथाकार हूं, न लेखक-साहित्यकार। मैंने एक पत्रकार की हैसियत से बस एक सत्य को अपने नजरिए से सामने रखने की कोशिश की है। यह कोई सनसनीखेज रहस्योद्घाटन नहीं है। वैदिक ऋषियों की प्रेरणा से मैंने 'सत्य के मुखमंडल पर पड़े स्वर्णावरण' को बस हटाने की कोशिश की है।

महात्मा के ब्रह्मचर्य प्रयोग को लेकर उनके जीवन काल में ही कई बार सवाल उठे। महात्मा ने उसका समय-समय पर जवाब भी दिया। महात्मा का पक्ष रखने के लिए इस किताब में उन उद्धरणों को बगैर संपादित किए दिया गया है ताकि महात्मा को सफाई का पूरा मौका मिले। महात्मा के निजी जीवन में चल रहे इस महान प्रयोग का असर उनके राजनीतिक जीवन पर भी पड़ा। आजादी की लड़ाई के संवेदनशील मोड़ों पर महात्मा दूसरे गैर जरूरी कामों में उलझे रहे। भगत सिंह की फांसी का प्रकरण हो या नोआखली में सांप्रदायिक दंगे, अपने प्रयोगों के चलते महात्मा एक अजीब से अंतर्द्वंद्व में जी रहे थे। उन्हें कई बार शंका हुई कि कहीं उनके व्रत में कोई कमी तो नहीं रह गई। लेकिन हर बार वह इस विचार को नजरअंदाज कर आगे बढ़ जाते।

महात्मा स्वभाव से जिद्दी थे। उनके करीब-करीब सभी मित्रों ने उन्हें उनके ब्रह्मचर्य के प्रयोग के बाबत चेतावनी दी। सबने कहा कि महात्मा आप गलत रास्ते पर जा रहे हैं। लेकिन महात्मा कुछ सुनने को तैयार नहीं थे। वे कहते-'मैं खुद भी जानता हूं, गलतियां करके, उनको स्वीकार करके और उन्हें सुधार कर ही मैं

आगे बढ़ सकता हूं। न जाने क्यों किसी के टोकने या किसी की चेतावनी से मैं उन्नति कर ही नहीं सकता। ठोकर लगने और दर्द होने पर ही मैं सीख पाता हूं। जब हम सब बालक थे, तब तो इसी तरह सीखते थे। अपने 76वें साल में भी मेरी हालत बालक के समान ही है।'

इसमें संदेह नहीं कि बीसवीं सदी के हिंदुस्तान में पहली बार गांधीजी ने ब्रह्मचर्य पर ईमानदार बहस शुरू की थी। उनके ब्रह्मचर्य का फार्मूला भले ही अटपटा हो लेकिन वह कम से कम ब्रह्मचर्य पर एक बहस का मौका देता था। गांधीजी अपने युग के 'बोल्ड' आदमी थे। वह मानते थे कि 'ब्रह्मचर्य के विषय में पहले भी प्रयोग किए गए और आज भी किए जा रहे हैं, और ऐसा होना ही चाहिए।... प्रगति करने के लिए हमें अकसर सामान्य प्रयोगों से आगे जाना पड़ता है। वह कहते-'मामूली माचिस का आविष्कार चकमक पत्थर के सामान्य प्रयोग की सीमाओं को चुनौती देने से संभव हुआ और बिजली के आविष्कार ने तो पूर्वकल्पित मान्यताओं को ही खत्म कर दिया। जो बात भौतिक वस्तुओं के बारे में सच है वह आध्यात्मिक वस्तुओं के बारे में कैसे गलत हो सकती है।... आत्मसंयम की दिशा में हम कहां तक आगे बढ़ सकते हैं, इसके प्रयोग करने का हमारा अधिकार और कर्तव्य है।' लेकिन ब्रह्मचर्य पर प्रयोग करते हुए यह संत-वैज्ञानिक इतना आगे निकल आया कि फिर उनके लिए वापस लौट पाना कठिन हो गया।

संदर्भ

संभोग नहीं संयम

1. संपूर्ण गांधी वाङ्मय, प्रकाशन विभाग, सूचना और प्रसारण मंत्रालय, नई दिल्ली। खंड 23 : 17 मार्च, 1922, पेज 109 (संस्करण 1967)
2. खंड 62 : 28 मार्च, 1936, पेज 312, (संस्करण 1975) हरिजन- 28 मार्च, 1936
3. संयम और संतति-नियमन, गांधीजी, नवजीवन प्रकाशन मंदिर, अहमदाबाद 1962, पेज 107 यंग इंडिया, 27-9-1928
4. गांधी साहित्य-9, आत्मसंयम, सस्ता साहित्य मंडल-प्रकाशन 1960, पेज 88
5. पुस्तक 'आत्मसंयम बनाम विषयासक्ति' की प्रस्तावना से, खंड 33, पेज 200, (संस्करण 1969)। यंग इंडिया 24-3-1927

कस्तूर का कसूर

6. सत्य के प्रयोग अथवा आत्मकथा, एमके गांधी, नवजीवन मंदिर प्रकाशन अहमदाबाद, जनवरी 2000, पेज 239
7. खंड 9 : 9 नवम्बर,1908,पेज 109 (संस्करण 1963) 'बापूना बाने पत्रो', इंटरनेशनल प्रिंटिंग प्रेस, फीनिक्स, 1948
8. खंड 9 : 9 नवम्बर,1908,पेज 109 (संस्करण 1963) 'बापूना बाने पत्रो', इंटरनेशनल प्रिंटिंग प्रेस, फीनिक्स, 1948
9. खंड 14 : 12 अप्रैल 1914, पेज 150 (संस्करण 2001)
10. खंड 16 : 16 जनवरी 1920, पेज 505-506 (संस्करण 1965)

11. खंड 16 : 25 जनवरी 1920, पेज 527 (संस्करण 1965)
12. महात्मा गांधी : जीवन और दर्शन, रोमां रोला साहित्य अकादमी, लोकभारती प्रकाशन, पेज 126
13. गांधी की कहानी, लुई फिशर, सस्ता साहित्य मंडल प्रकाशन, पेज 68
14. हमारी बा, वनमाला पारीख, सुशीला नैयर, नवजीवन मंदिर प्रकाशन, अहमदाबाद 1959, पेज 209

अतृप्त वासनाएँ और संघर्ष

15. खंड 73, 5 मई, 1938, पेज 161 (संस्करण 2001)
16. खंड 94, 18 मार्च, 1947 पेज 152 (संस्करण 2001)
17. खंड 37, 10 सितम्बर, 1928, पेज 271 (संस्करण 1970)
18. खंड 73, 23 जुलाई, 1938, पेज 350-351, (संस्करण 2001), हरिजन, 23-7-1938
19. खंड 43, 10 सितम्बर, 1928 पेज 271 (संस्करण 1970)
20. खंड 10 : 14 नवम्बर, 1909 पेज 275 (संस्करण 2001)
21. खंड 37, 10 सितम्बर, 1928 पेज 271 (संस्करण 1970)
22. खंड 86 : 6 मार्च, 1945, पेज 8 (संस्करण 2001)
23. खंड 86 : 6 मार्च, 1945, पेज 7 (संस्करण 2001)
24. खंड 86 : 6 मार्च, 1945, पेज 10 (संस्करण 2001)

मगर सब चुप रहे

25. खंड 84, 5 सितम्बर या उसके पश्चात् 1944, पेज 396 (संस्करण 2001)
26. महात्मा गांधी एंड हिस अपॉसल्स, इंडियन बुक कंपनी, 1976, वेद मेहता, पेज 48
27. खंड 94 : 18 मार्च, 1947 पेज 152 (संस्करण 2001)

दस्तावेजों में छुपे रहस्य

28. जॉर्ज ऑरवेल, कलक्टेड एस्सेज :जर्नलिस्म एंड लैटर्स आफ जॉर्ज ऑरवेल, संस्करण- लंदन 1978, पेज 523
29. महात्मा गांधी एंड हिस अपॉसल्स, वेद मेहता, पेज 37

अध्याय-1

नींव का पत्थर

ब्रह्मचर्य आखिर इतना विकट प्रश्न कैसे बन गया? यह सवाल हमेशा गांधीजी के चिंतन के केंद्र में रहा। मोहनदास कर्मचंद गांधी के पितामह उत्तमचन्द गांधी यानी ओता गांधी ने दो शादियां की थीं। उनकी छह संतानें हुईं। इन संतानों में एक कर्मचंद गांधी, गांधीजी के पिता थे। उन्हें प्यार से 'कबा गांधी' कहा जाता था। गांधीजी के पिता कर्मचंद गांधी ने भी चार शादियां की। कर्मचंद गांधी का पहला विवाह चौदह साल की उम्र में हुआ था। इस विवाह से उनकी दो बेटियां हुईं। कबा गांधी जब पच्चीस साल के हुए तो उनकी पहली पत्नी चल बसीं। कबा गांधी ने दूसरा विवाह किया। तब वह अपने पिता की जगह पोरबंदर के दीवान बने थे। इसके बाद उनका तीसरा विवाह हुआ। और तीसरी पत्नी के जीवित रहते कबा गांधी ने चौथा विवाह किया। गांधीजी के प्रारंभिक जीवन और उनके पूर्वजों पर शोध करने वाले प्रभुदास गांधी ने 'जीवन प्रभात' नामक किताब लिखी है। प्रभुदास गांधी को महात्मा की बड़ी बहन ने बताया कि उनके पिता की चार स्त्रियां थीं। उनकी मां पुतलीबा दात्राणा गांव की थी। उनकी मां ने उन्हें बताया कि कबा गांधी की तीसरी पत्नी अपाहिज थीं। उनके पैर वात रोग से जकड़ गए थे। अपने आप उठ-बैठ नहीं पाती थीं। इसलिए पिताजी उनसे कहा करते थे कि 'तू कह दे तो वंश चलाने के लिए नई ले आऊं।' वह कह देती थी कि 'जीवित पर कोई देता हो तो भले ले आओ।' होते-होते एक दिन पिताजी ने उनसे कहा 'तुम ठीक-ठीक बताओ। अगर तुम कहोगी तो आज ही आ जाएगी। स्वीकृति मिलते ही सचमुच हाथ के हाथ मेरे पिताजी की शादी हो गई। विवाह के समय पुतलीबा की आयु प्राय: तेरह वर्ष की होगी।'[1]

और 1857 के क्रांति वर्ष में कबा का पुतली से विवाह हुआ। इस विवाह से कबा गांधी की चार संतानें हुईं। चौथी व अंतिम संतान खुद मोहनदास कर्मचंद गांधी थे। गांधीजी ने 'आत्मकथा' में अपने पिता के बारे में लिखा- 'पिताजी कुटुंब-प्रेमी,

सत्यप्रिय, शूर और उदार किंतु क्रोधी थे। विषयों के प्रति भी वे थोड़े-बहुत आसक्त रहे होंगे। उनका अंतिम विवाह 40 पार करने के बाद हुआ था।' हालांकि प्रभुदास का आकलन है कि कबा गांधी का जब चौथा विवाह हुआ तो वह 35-36 के रहे होंगे। गांधीजी के जन्म के समय उनकी उम्र 47 साल और मां पुतलीबा की उम्र 25 साल से कम थी। चार विवाह करने वाले अपने पिता के बारे में गांधीजी की राय यही थी कि 'वह काम वासना के प्रति थोड़ा-बहुत आसक्त रहे होंगे।' हालांकि 'आत्मकथा' छपने के बाद गांधीजी की अपने पिता के बारे में यह टिप्पणी कई पाठकों को नागवार गुजरी थी कि कोई अपने पिता के बारे में ऐसी बात कैसे लिख सकता है। शुरू में बहुत कोशिशों के बावजूद महात्मा जब अपनी 'काम वासनाओं' से मुक्त होने में नाकाम रहे तो उन्हें लगता कि उनके भीतर छुपी काम वासना के पीछे जरूर कोई आनुवांशिक कारण होगा।

गांधी परिवार में बच्चों को घरेलू नामों से पुकारने का प्रचलन था। पितामह 'ओता गांधी' और पिता 'कबा गांधी' के नाम से पुकारे जाते थे। इसी परंपरा को आगे बढ़ाते हुए कर्मचंद गांधी ने अपने बच्चों के घरेलू नाम रखे थे। मोहनदास का घरेलू नाम 'मोनिया' रखा गया। मोनिया तब बहुत छोटा था। प्रभुदास ने लिखा कि 'एक बार वह गीत गाती हुई लड़कियों की टोली के पीछे-पीछे चल दिया।' लड़कियां गांव से दूर किसी सूनसान जगह पर ग्राम देवता की पूजा के लिए जाती थीं। मोनिया को घर से गायब देख सब परेशान थे। पिता ने पूरे गांव में खोजा लेकिन मोनिया का पता नहीं चला। बाद में एक परिचित लड़की मोनिया को घर ले आई। मोनिया को घर की जमीन पर गोल-गोल लकीरें बनाना अच्छा लगता था। इसके लिए उसे फटकार भी सुननी पड़ती थी।

नन्हा मोनिया अब 13 साल का मोहनदास हो गया था। 1883 में घर में उसकी कस्तूर से शादी की तैयारियां होने लगी थीं। कस्तूर मोहन से छह महीना बड़ी थी। उस उम्र में मोहन के लिए विवाह का मतलब सिर्फ नए कपड़े पहनना, अच्छा खाना। दुल्हे के रूप में घोड़े की सवारी था। मोहन के मन में तब नई लड़की के साथ हंसी मजाक की इच्छा जगी थी। लेकिन तब तक 'काम वासना' की इच्छा का जन्म नहीं हुआ था। जैसा कि गांधीजी ने 'आत्मकथा' में लिखा 'वह कैसे आई इसका वर्णन मैं कर सकता हूं, पर पाठक ऐसी जिज्ञासा न रखें। मैं अपनी शरम पर पर्दा डालना चाहता हूं। जो कुछ बताने लायक है वह इसके आगे आएगा।' [2]

वक्त के साथ मोहनदास और कस्तूर के बीच झगड़े शुरू हो गए। दंपति प्रेम की पुस्तिकाएं पढ़ने के बाद एक पत्नी व्रत के पालन की बात मोहन के मन में कहीं गहरे पैठ गई थी। उन्हें लगा कि किसी दूसरी स्त्री से संबंध नहीं रखना चाहिए। लेकिन इस सद्विचार का एक दूसरा नतीजा सामने आ गया। मोहन को

लगने लगा कि अगर वह एक पत्नी व्रत का पालन करता है कि उसकी पत्नी को भी एक पति धर्म का पालन करना चाहिए। वह ईर्ष्यालु पति बन गए। मोहन कस्तूर के चरित्र पर संदेह करने लगे।

जैसा कि महात्मा ने 'आत्मकथा' में लिखा- 'पालन करना चाहिए' में से मैं 'पालन कराया जाना चाहिए' तक पहुंच गया और यदि पालन करवाना है तब फिर मुझे पत्नी पर निगाह रखनी चाहिए। पत्नी की पवित्रता के विषय में शंका का कोई कारण नहीं था। किंतु ईर्ष्या-बुद्धि, कारण क्यों देखने लगी! मुझे मालूम रहना ही चाहिए कि मेरी स्त्री कहां गई है, इसलिए वह मेरी अनुमति के बिना कहीं जा ही नहीं सकती। यह बात हम दोनों के बीच कष्टकारी कलह का कारण बन गई। बिना अनुमति के कहीं भी न जा सकना तो एक तरह की कैद ही हुई।'[3]

कस्तूरबाई तेज महिला थीं। वह कैद की जिंदगी बिताने के लिए तैयार नहीं थीं। मोहन के बार-बार मना करने के बावजूद वह बिना बताए कहीं भी चली जातीं। मोहन जितना इस बात से चिढ़ते कस्तूर उतनी ही आजादी दिखातीं। ऐसा नहीं कि मोहन कस्तूर की बिलकुल परवाह नहीं करते थे। ऐसा भी नहीं था कि शक में अंधे होकर उन्होंने कस्तूर के साथ कोई दुर्व्यवहार या मारपीट की। तब मोहन को लगता कि उनके इस बर्ताव के मूल में प्रेम ही है। वह अपनी पत्नी को 'आदर्श स्त्री' बनाना चाहते थे। यह काम कठिन था। मोहन के दिलो दिमाग पर काम वासना हावी थी। इसमें कुछ अस्वाभाविक भी नहीं था। युवा मोहन की एक खूबसूरत पत्नी थी। ऐसे में भोग की इच्छा होना स्वाभाविक था। गांधीजी ने लिखा-'मेरा विषय-सुख एक ही स्त्री पर निर्भर था और मैं उस सुख का प्रतिदान चाहता था। एक पक्ष की ओर से भी जहां प्रेम होता है, वहां दुख सर्वांश में तो नहीं ही होता। मुझे स्वीकार करना चाहिए कि मैं अपनी स्त्री के प्रति विषयासक्त था। पाठशाला में पढ़ते हुए भी उसके बारे में विचार आते रहते। यह विचार बना ही रहता कि कब रात हो और कब हम लोग मिलें। वियोग असह्य था। निरर्थक बातचीत करके मैं कस्तूरबाई को सोने न देता।'

कस्तूर निरक्षर थीं। मोहन उन्हें पढ़ाना चाहते थे। लेकिन मोहन के पास इसके लिए वक्त कहां था? खुद अपनी पढ़ाई के दौरान उनका सारा ध्यान घर पर बैठी कस्तूरबा पर होता था। मोढ़ बनिया परिवार में यह संभव नहीं था कि मोहन कस्तूर को पढ़ाई के लिए दिन में समय दे पाते। गांधीजी ने लिखा- 'मैं उसे पढ़ाने के लिए बहुत उत्सुक था। किंतु मेरी विषय-वासना मुझे पढ़ाने का अवसर कैसे देती? एक तो पढ़ाने में जबरदस्ती करनी थी, दूसरे पढ़ाना रात के एकांत में ही हो सकता था। बड़ों के सामने तो स्त्री की तरफ देखने की बात भी नहीं उठती थी। बातचीत करना तो दूर है।' गांधीजी ने बाद में माना कि 'अगर उनका प्रेम 'काम वासना' से लांछित न होता, तो आज वह एक विदुषी स्त्री होती।'

कस्तूर घर में घुटती रहीं। मोहन ने अपनी पढ़ाई जारी रखी। हालांकि यह काम भी मोहन के लिए मुश्किल था। क्योंकि पत्नी के रहते पढ़ाई में उनका मन लगना संभव नहीं था। पत्नी के प्रति काम वासना उनके मार्ग की बाधक थी। गुजरात में बाल-वधुओं का अधिकांश समय पीहर में बीतता है। कस्तूर को भी हर छह महीने के बाद पीहर जाना पड़ता था। कस्तूर का पीहर जाना मोहन को अखरता था लेकिन लोकलाज के भय से वह प्रतिरोध नहीं कर सकते थे। कस्तूर के जाने के बाद मोहन को मजबूरन किताबों में सिर खपाना पड़ता।

तरुण मोहन राजकोट के हाईस्कूल में पहुंच गए थे। इसी दौरान उनकी दोस्ती एक मुसलमान लड़के मेहताब से हुई। उनका दोस्त मुसलमान था यह जिक्र गांधीजी ने राजनीतिक कारणों से अपनी आत्मकथा में नहीं किया। घर वाले इस दोस्ती के खिलाफ थे। इसलिए नहीं कि वह दोस्त मुसलमान था बल्कि इसलिए कि उसका शुमार राजकोट के आवारा लड़कों में होता था। यह दोनों नदी के किनारे एकांत में चले जाते। वहीं मांस पकता था। नजदीक ही सरकारी बंगला था। जो अकसर खाली रहता। मोहन की अपने दोस्त के साथ यहीं दावत होती। इस दावत में मांस के साथ तरह-तरह के व्यंजन होते थे। मोहन को इसमें रस आने लगा था। मोहन और उनके इस दोस्त में हर तरह की बातें होती थीं। लेकिन बातचीत में सबसे दिलचस्प विषय 'यौन' होता था। मोहन को उनके दोस्त ने बताया कि 'यौन सुख' के घर के बाहर भी उपाय हैं। उसने विस्तार से बताया कि वेश्याएं यौन इच्छाओं को कैसे गति देती हैं। दोस्त ने मोहन को रूपवती वेश्याओं के तमाम किस्से भी सुनाए। दंपति प्रेम और एक पत्नी व्रत की बातें मोहन के दिमाग से हट चुकी थीं। युवा मोहन पूरी तरह मेहताब की बातों में आ गया और संकोच के साथ उन मोहक स्त्रियों के संसर्ग में जाने के लिए बेताब हो गया। हालांकि मोहन ने तय कर लिया था कि वह किसी वेश्या के साथ शारीरिक संबंध नहीं बनाएंगे। मोहन का इरादा केवल इस खेल के मजे लेना था।

मोहन का यही दोस्त उन्हें पहली बार वेश्याओं की बस्ती में ले गया। वहां की एक मशहूर वेश्या के रूप-सौंदर्य की तारीफ कर दोस्त ने मोहन को उसके कमरे में भेज दिया। आगे की कहानी मोहन की जबानी सुनिए— 'खुद मुझे कुछ खर्च नहीं करना था। पैसे आदि दिए जा चुके थे। मुझे तो सिर्फ मन-बहलाव ही करना था। मैं उस घर में चला तो गया, पर जिसे ईश्वर बचाना चाहता है वह स्वयं गिरने की इच्छा करते हुए भी पवित्र रह जाता है। उस कोठरी में पहुंचकर जैसे मेरी आंखों की ज्योति ही चली गई। मेरे मुंह से एक शब्द भी नहीं फूटा। मैं शरम के सन्नाटे में आकर उस औरत के पास खटिया पर बैठा लेकिन कुछ बोल नहीं सका। वह गुस्से में आ गई। उसने मुझे दो-चार खरी-खोटी सुनाई और दरवाजे की राह दिखा दी। उस समय तो ऐसा लगा मानो मेरी मर्दानगी पर बट्टा लग गया

हो। जी हुआ कि अगर धरती फट जाए तो मैं उसमें समा जाऊं। किंतु उसके बाद सदा ही मैंने अपने इस तरह बच जाने के लिए ईश्वर को धन्यवाद दिया है।'[4]

मोहन के जीवन में यह पहला मौका था जब उन्होंने कस्तूर के साथ बेवफाई के बारे में सोचा। मोहन के पारिवारिक संस्कारों ने उसे खटिए पर बैठने से आगे नहीं बढ़ने दिया। एक तरफ पारिवारिक संस्कार थे जो मोहन से कहते कि वह जो कर रहा है वह सब गलत है। लेकिन दूसरी तरफ वह उम्र थी जिसमें भले-बुरे का सारा फर्क मिट जाता है। मन पतंग की तरह आसमान में उड़ता है। मोहन किशोरावस्था के उन तमाम प्रलोभनों से जूझ रहे थे जो हिंदुस्तानी समाज में अनैतिक माने जाते हैं। लेकिन मोहन के सामने सबसे बड़ी समस्या उनके अंदर की 'काम वासना' थी। 'काम वासना' ने मोहन को ऐसे अंधेरे कुएं में ढकेल दिया था जहां छटपटाने के अलावा दूसरा कोई रास्ता नहीं था। इसी दौरान एक ऐसी घटना हुई जिसने किशोर मोहन को अंदर तक हिला दिया।

मोहन जब 16 साल के हुए तो उनके पिता कर्मचंद गांधी भगंदर की बीमारी का शिकार हो गए। उन्होंने बिस्तर पकड़ लिया। मोहन पिता की सेवा में जुट गए। वह पिता के घावों की मरहम-पट्टी करते। उनके पांव दबाते। यह काम तब तक चलता रहता जब तक पिता गहरी नींद में सो नहीं जाते थे। यह वह साल था जब कस्तूर पहली बार गर्भवती हुई। मोहन के लिए यह बड़े शर्म के दिन थे। शरम इस बात की थी कि पढ़ाई के दौरान वह अपनी 'काम वासना' पर संयम न रख सके। यह 'संयम' मोहन के लिए आसान भी नहीं था। गांधीजी ने 'आत्मकथा' में लिखा-'बचपन से ही श्रवण को मैंने अपना आदर्श माना था- फिर भी विषयवासना मुझ पर हावी थी। मतलब यह कि रोज रात को मैं पिताजी के पैर तो दबाता था लेकिन उस समय मेरा मन शयनगृह की ओर भटकता रहता। सो भी उस समय जब स्त्री का संग धर्मशास्त्र, वैद्यक शास्त्र और व्यवहार शास्त्र के अनुसार त्याज्य था। जब मुझे सेवा के काम से छुट्टी मिलती तो मैं खुश होता और पिताजी के पैर छूकर सीधा शयनकक्ष में पहुंच जाता।'[5]

पिता की हालत सुधरने का नाम नहीं ले रही थी। डॉक्टर ने ऑपरेशन की सलाह दी। लेकिन कबा गांधी को यह दुर्गति पसंद नहीं थी। वह बिना ऑपरेशन कराए बंबई से लौट आए। पिता की अंतिम घड़ी करीब आ गई। मोहन के चाचा राजकोट से घर आ गए। वह खुद पिता के साथ बिस्तर पर सोते। उस दिन पिता की आखिरी रात थी। गांधीजी ने 'आत्मकथा' में लिखा-

'रात के साढ़े दस या ग्यारह बजे होंगे। मैं पिताजी के पैर दबा रहा था। चाचाजी ने मुझसे कहा, 'तू जा। अब मैं बैठूंगा?' मैं सुन कर खुश हुआ और सीधा शयन-गृह चला गया। पत्नी बेचारी गहरी नींद में थी। पर मैं उसे सोने कैसे देता। पांच-सात मिनट के बाद ही, मैं जिस नौकर की ऊपर चर्चा कर चुका हूं,

उसने आकर दरवाजा खटखटाया। मुझे खटका हुआ। नौकर ने कहा, 'चलो, बापू की तबीयत बहुत खराब है।'' उनकी तबीयत बहुत खराब तो थी ही इसलिए इस 'बहुत खराब' का अर्थ मेरी समझ में आ गया और मैं एकदम बिस्तर से कूद पड़ा। 'कह तो सही, क्या बात है?' जवाब मिला,'बापू नहीं रहे।'

अब पछताने से क्या होता था। मैं बहुत शरमाया। बड़ा दुखी हुआ। दौड़कर पिताजी के कमरे में पहुंचा। मैंने सोचा कि अगर मैं विषय से अंधा न हो गया होता तो अंतिम घड़ी में दूर रहने की यह नौबत न आती और मैं पिताजी के आखिरी क्षण तक उनकी सेवा में लगा रहता। अब स्वयं चाचाजी के मुख से सुनने को मिला— 'बापू हमें छोड़कर चले गए।' बड़े भाई के परमभक्त चाचाजी अंतिम क्षण में उनकी सेवा करने का गौरव पा गए। पिताजी को अपने देहावसान के निकट आ जाने का अनुमान हो चुका था। उन्होंने इशारा करके कागज-कलम मंगा कर लिखा—'तैयारी करो।' इतना लिखने के बाद उन्होंने हाथ पर बंधा हुआ तावीज और गले में पड़ी सोने की कंठी तोड़कर फेंक दी और आत्मा एक क्षण में उड़ गई।'[6]

इस घटना के कुछ दिन बाद ही कस्तूरबा ने एक संतान को जन्म दिया। लेकिन वह चार दिन से ज्यादा जीवित न रह सका। गांधीजी ने इसका कारण अपनी 'काम वासना' को माना। गर्भावस्था की परिपक्व स्थिति में संभोग गर्भस्थ शिशु के लिए खतरनाक सिद्ध हुआ। महात्मा इस सदमे को कभी भुला नहीं पाए। यह घटना उन्हें आजीवन कचोटती रही। पिता मृत्युशैया पर हो और बेटा 'काम वासना' में लिप्त रहे। इस शर्मनाक घटना ने मोहन को तात्कालिक रूप से अंदर तक हिला दिया था। लेकिन यह बहुत फौरी प्रतिक्रिया थी। यह घटना भी 'काम वासना' के प्रति मोहन को उदासीन नहीं कर सकी।

पिता को गए एक साल हो गए थे। मोहन ने 1887 में मैट्रिक की परीक्षा पास की। आगे की पढ़ाई कैसे हो। कबा गांधी की मृत्यु के बाद मोहन के घर में आर्थिक तंगी आ गई थी। अब रियासत का दीवान बनना आसान नहीं था। इसके लिए विदेश के किसी कालेज की डिग्री होनी चाहिए थी। लेकिन विदेशी पढ़ाई में काफी धन खर्च होता। इतना धन मोहन के परिवार के पास नहीं था। खैर, बड़े भाई ने पैसे का भी इंतजाम कर दिया। मोहन का इंग्लैंड जाना तय हो गया। धर्मपरायण मां मोहन को जैन मुनि बेचरजी स्वामी के पास ले गईं। उन्नीस बरस के मोहन से प्रतिज्ञा ली गई कि वह परदेस में 'औरत, शराब और मांस' का सेवन नहीं करेगा। तब तक मोहनदास एक बेटे के पिता बन चुके थे। इस बेटे का नाम हरिलाल रखा गया।

यह वह जमाना था जब हिंदू धर्म में विदेश यात्रा पर जाना पाप माना जाता था। विदेश जाने के एवज में मोहन को मोढ़ बनियों ने पंचायत बुलाकर मोहन को जाति से बाहर कर दिया। लेकिन मोहन अडिग था। उसने 4 सितंबर, 1888

को बंबई के बंदरगाह से इंग्लैंड का जहाज पकड़ लिया। राजकोट तक मोहन को विदा करने उसका बिगड़ा दोस्त शेख मेहताब भी आया था। मोहन से विदा होते वक्त कस्तूर भावुक हो गई थी। जैसा कि मोहन ने बाद में लंदन में शाकाहारियों की पत्रिका 'वेजीटेरियन' के प्रतिनिधि को दिए एक इंटरव्यू में बताया कि ''उसने बहुत पहले से ही सिसकना शुरू कर दिया था। मैं उसके पास गया और क्षण-भर के लिए गूंगी प्रतिमा के समान उसके सामने खड़ा रहा। मैंने उसका चुंबन किया और उसने कहा-'जाओ मत!' इसके बाद जो कुछ हुआ उसका वर्णन करने की जरूरत नहीं।''[7] हिंदुस्तान के बाहर एक नई दुनिया मोहन का इंतजार कर रही थी।

गोरी वेश्याओं की बस्ती में

मोहन को डायरी लिखने का शौक था। अपने जीवन की पहली जहाज यात्रा का बहुत सुंदर वृत्तांत मोहन ने अपनी लंदन डायरी में दर्ज किया। इस डायरी में मोहन ने ब्रिंडिसी बंदरगाह का जिक्र किया। यह बहुत सुंदर बंदरगाह था। यहां जहाज थोड़ी देर के लिए रुका था। उन्नीस साल के मोहन ने अपनी डायरी में लिखा—''...हमने ब्रिंडिसी का स्टेशन देखा। वह उतना सुंदर नहीं था, जितने सुंदर बंबई-बड़ौदा और सेंट्रल इंडिया रेलवे के स्टेशन हैं। परंतु रेल के डिब्बे हमारे डिब्बों से बहुत बड़े थे। यातायात वहां अच्छा है। अगर आप काले आदमी हैं तो जैसे ही ब्रिंडिसी में उतरेंगे, कोई आदमी आपके पास आएगा और कहेगा—''साहब, मेरे साथ आइए। एक बड़ी खूबसूरत लड़की है, साहब चौदह बरस की। मैं आपको उसके पास ले चलूंगा। भाव बहुत महंगा नहीं है, साहब!' आप एकदम चकरा जाएंगे। लेकिन शांति से काम लीजिए और दृढ़ता के साथ उसको जवाब दे दीजिए कि हमें उस लड़की की जरूरत नहीं है। और उस आदमी से चले जाने को कह दीजिए, आप सकुशल रहेंगे।'[8]

मोहन का जहाज अब नए बंदरगाह पर आकर लगा था। इंग्लैंड की आबोहवा जाहिर तौर पर राजकोट से अलग थी। यूरोपीय वातावरण में खुद को ढालना मोहन के लिए थोड़ा मुश्किल था वह भी तब जब वह औरत, शराब और मांस का सेवन न करने की कसम से बंधे थे। लेकिन लंदन में यह तीनों चीजें उसे अपनी ओर आकर्षित कर रही थीं। मोहन ने यहां शाकाहार का समर्थन करने वाली किताब 'प्ली फार वेजीटेरियनिज्म' पढ़ी। मि. साल्ट की इस किताब ने उन्हें मांसाहार से बचा लिया। मोहन के लिए शराब भी इतनी जरूरी नहीं थी कि जिसके लिए वह अपनी मां को दिया हुआ वचन तोड़े। लेकिन स्त्री के प्रति अपने स्वाभाविक आकर्षण से मोहन मुक्त नहीं हो पाए थे।

उस जमाने में भारत के धनाढ्य नवयुवक ही इंग्लैंड पढ़ने जाया करते थे। अंग्रेजों के लिए तब भी भारत सोने की चिड़िया थी। यहां से अमीर परिंदे

उड़कर इंग्लैंड आते थे। लंदन में पढ़ाई के साथ मौज-मस्ती करते थे। ब्रिटिश समाज खुला समाज था। माता-पिता अपने युवा बच्चों को पूरी आजादी देते थे। वह भारतीय युवकों के साथ अपनी लड़कियों को साहचर्य की छूट भी देते थे। क्योंकि वहां सबको जीवन साथी खुद खोजना होता था। भारतीय युवक भी इस छूट का पूरा फायदा उठाते थे। शादीशुदा होने के बावजूद वह खुद को कुंवारा बताते और लड़कियों के साथ सैर सपाटा और मौज-मस्ती करते। तरुण मोहन भी इन लड़कों से ज्यादा अलग नहीं थे। वह जानते थे कि खुद को शादीशुदा बताकर वह इंग्लैंड की लड़कियों के करीब नहीं आ सकते। इसके लिए उन्हें झूठ का सहारा लेना पड़ा। शादीशुदा और दो बच्चों का पिता होने के बावजूद उन्होंने खुद को कुंवारा बताया। मोहन भी विलायत में गोरी लड़कियों के साथ घूमना-फिरना और मौज-मस्ती करना चाहते थे। लेकिन उसके पारिवारिक संस्कार इसकी इजाजत नहीं देते थे। इसके अलावा राजकोट के पिछड़े इलाके से आए इस युवक का शर्मीला स्वभाव भी इस काम में बाधक था। रूप-रंग के लिहाज से भी मोहन बहुत आकर्षक नहीं थे। आत्मविश्वास की कमी के कारण मोहन लड़कियों से बात भी करने में घबराते थे। लेकिन विलायत में मौकों की कमी नहीं थी। गांधीजी ने एक घटना का जिक्र किया है-'मैं जितना शर्मीला था, उतना ही डरपोक भी था। मैं वेंटनर के जिस घर में रहता था, उसमें शिष्टाचार की दृष्टि से ही सही, अगर कोई लड़की होती तो वह घूमते समय मेरे जैसे विदेशी को ही अपने साथ लेती। इस शिष्टाचार के विचार से इस घर की मालकिन की बेटी मुझे वेंटनर के आसपास की सुंदर टेकरियों पर घुमाने ले गई। मेरी चाल कुछ धीमी नहीं थी, किंतु वह मुझसे भी तेज चलती थी। इसीलिए मुझे पीछे रह जाना पड़ता था। वह तो सारे रास्ते बातों की फुहार छोड़ते हुए चलती और मेरे मुंह से कभी 'हां' और कभी 'ना' के सिवाय कुछ नहीं निकलता। बहुत हुआ तो कभी किसी दृश्य को देखकर इतना बोल उठा, 'कितना सुंदर'। वह तो हवा से बातें करती चलती और मैं यह सोचता रहता कि कब घर वापस पहुंचेंगे। फिर भी यह कहने की हिम्मत न पड़ती कि चलो लौट चलें। इसी बीच हम एक पहाड़ी की चोटी पर जा पहुंचे। उतरते समय सोच में पड़ गया। बीस-पच्चीस साल की वह युवती तो ऊंची एड़ीवाले अपने जूतों के बावजूद बिजली की तरह तेजी से नीचे उतर गई और मैं शर्म से गड़ा-गड़ा यही सोचता रहा कि ढाल पर से नीचे कैसे उतरूं। वह नीचे खड़ी-खड़ी हंस रही थी और हिम्मत बंधा रही थी। पूछती थी कि ऊपर आकर हाथ का सहारा देकर नीचे उतार लूं। किंतु मैं इतना कायर कैसे बनता। मुश्किल से पैर जमाता जैसे-तैसे बैठते-उठते नीचे उतरा। उसने मजाक में 'शा...बबा...श' कहा। इस तरह मुझ, वैसे ही लज्जित को, उसने और भी लज्जित किया। इस तरह की खिल्ली उड़ाकर मुझे शर्मिंदा करने का उसे हक था।"[9]

यह अकेली घटना नहीं थी। लंदन आए अभी साल नहीं बीता था। मोहनदास ब्राइटन गए थे। समुंदर का यह किनारा हवाखोरी के लिए मशहूर था। यहां होटल में उनकी मुलाकात एक वृद्ध महिला से हुई। जिसने होटल में खाने का फ्रेंच भाषा में लिखे मीनू को पढ़ने में मोहनदास की मदद की थी। बातचीत के दौरान दोनों में दोस्ती हो गई। महिला ने मोहनदास को हर रविवार अपने घर आने का न्यौता दिया। मोहनदास उसके घर आने-जाने लगे। वह महिला मोहन का परिचय तमाम नवयुवतियों से कराती। अपने घर में रहने वाली एक लड़की से वह बात करने का खास मौका देती। कभी-कभी वह दोनों को अकेला छोड़कर बाहर चली जाती।

गांधीजी ने लिखा-'पहले-पहल मुझे यह सब बहुत कठिन लगता। क्या बात करूं, सो सूझता ही नहीं था। हंसी-दिल्लगी भी किस बात को लेकर की जाए? पर वह बुढ़िया मुझे व्यवहार-कुशल बनने में मदद करती रही और मैं कुशल बनने भी लगा। मैं रविवार आने की प्रतीक्षा में रहता। उक्त स्त्री के साथ बातचीत करना मुझे अच्छा लगने लगा था।' महिला निश्चिंत थी। वह अपनी लड़की से मोहन की शादी के सपने बुनने लगी थी। यह मोहन के लिए कठिन समय था। अपनी शादी और एक बच्चे का पिता होने की बात उसने महिला से छुपाई थी। उसे लगा कि जब उस महिला को सच पता चलेगा तो क्या होगा। उसने सोचा कि 'यदि मैं सच्ची बात बता दूं तो संकट से बच जाऊंगा?' मोहनदास ने उस भद्र महिला को सब कुछ सच-सच लिख दिया। मोहनदास ने यह भी भरोसा दिलाया कि उनकी लड़की के साथ उसने कोई 'अनुचित स्वतंत्रता नहीं बरती।' मोहनदास ने यह उम्मीद भी जाहिर की कि इस सब के बाद भी अगर उस महिला ने अपने घर के दरवाजे उसके लिए खुले रखे तो वह इसे 'प्रेम का नया चिह्न' समझेंगे। उस महिला ने मोहनदास को माफ भी कर दिया। महिला ने यकीन दिलाया कि 'हमारी मित्रता जैसी थी वह तो वैसी ही बनी रहेगी।'[10]

सच बोलकर मोहनदास ने अपना दिल हलका कर लिया। लेकिन उनके भीतर जमा काम वासना का जहर नहीं निकल सका था। उसे बाहर निकालने का कोई उपाय भी मोहनदास के पास नहीं था। विलायत में रहते मोहनदास ने धार्मिक साहित्य का अध्ययन शुरू कर दिया था। इनमें भगवद्गीता, बुद्ध-चरित और बाइबिल शामिल थी। हिंदुस्तान में रहते भगवद्गीता से उनका परिचय नहीं हो सका था। उन्होंने एडविन आर्नल्ड का गीता अनुवाद पढ़ा। गीता के दूसरे अध्याय के दो श्लोकों ने मोहनदास को गहरे प्रभावित किया। यह श्लोक भी काम वासना से संबंधित था। इस श्लोकों का अर्थ कुछ इस तरह है- 'विषयों का चिंतन करने वाले मनुष्य की उन विषयों में आसक्ति पैदा हो जाती है। फिर आसक्ति से कामना पैदा होती है और कामना से क्रोध। क्रोध से मूढ़ता पैदा होती है और मूढ़ता से

स्मृति लोप होता है। स्मृति लोप से बुद्धि का विनाश होता है। और जब बुद्धि का विनाश हो जाता है तब मनुष्य का पतन हो जाता है।'

लेकिन मोहनदास गीता के इस श्लोक को आत्मसात नहीं कर सके। काम वासना का विष उन पर अपना असर दिखाता रहता। उनका मन उन्हीं गलियों में भटकता। लेकिन हर बार वह संयोग से बच जाते लेकिन एक आस्तिक होने के नाते उन्हें लगता कि ईश्वर ने उन्हें बचा लिया। सन् 1890 में अन्नाहारियों का पोर्टस्मथ में एक सम्मेलन था। यह विदेश प्रवास का अंतिम साल था। इस सम्मेलन में मोहनदास और उनके एक हिंदुस्तानी मित्र को आमंत्रित किया गया था। यह इलाका जहाज पर काम करने वाले खलासियों का बंदरगाह माना जाता है। गांधीजी के मुताबिक 'वहां दुराचारिणी स्त्रियों के बहुत मकान हैं। वे स्त्रियां वेश्या तो नहीं होतीं किंतु निष्कलंक भी नहीं होतीं।' आयोजकों ने उन्हें एक महिला के घर में ठहराया था। गांधीजी ने लिखा-''हम सभा से लौटे और भोजन करने के बाद ताश खेलने बैठे। विलायत में संभ्रांत परिवारों में भी मेहमानों के साथ ताश खेलने के लिए गृहिणियां बैठ जाया करती हैं। ताश खेलते-खेलते निर्दोष हंसी-मजाक तो सभी करते हैं। लेकिन यहां जो विनोद शुरू हुआ, वह वीभत्स था। मेरा साथी इसमें निपुण है यह मैं नहीं जानता था। मुझे इस विनोद में रस आने लगा। मैं भी शामिल हो गया। वचनों को क्रिया का रूप देने की तैयारी चल रही थी। ताश एक तरफ धरे ही जा रहे थे कि मेरे साथी के मन में भगवान आ बसे। उसने मुझसे कहा, 'अरे, तुम में यह कलयुग कैसा? यह काम तुम्हारा नहीं है। चलो तुम भागो यहां से।' मैं लज्जित हुआ। सावधान हुआ। मन ही मन उस मित्र का उपकार माना। माता के सामने की हुई प्रतिज्ञा का स्मरण हुआ। मैं भागा और कांपता-कांपता अपने कमरे में जा पहुंचा। छाती धड़क रही थी। व्याध के हाथ से बच कर निकले हुए शिकार की जैसी दशा होती है, वैसी ही दशा मेरी थी।' गांधीजी ने 'आत्मकथा' में आगे लिखा- 'परस्त्री को देख कर विकार के वश होने का और उसके साथ रंगरेलियां करने की इच्छा होने का यह मेरा पहला प्रसंग था। उस रात मैं सो नहीं सका।'[11]

भारी अंतर्द्वंद्व में मोहनदास ने इंग्लैंड में बाकी दिन काटे। 10 जून, 1891 को वह बैरिस्टर बन गए। इंग्लैंड हाईकोर्ट में उन्होंने अपना नाम दर्ज कराया। इंग्लैंड में तीन वर्ष रहने के बाद 12 जून, 1891 को मोहनदास बंबई के लिए रवाना हुए। उन्होंने कानून की पढ़ाई पूरी कर ली थी लेकिन अदालत में मुकदमा कैसे लड़ना चाहिए यह कला वह नहीं सीख पाए। मोहनदास का आत्मविश्वास पूरी तरह डिगा हुआ था। बंबई पहुंचे तो पहली खबर मिली कि मां नहीं रहीं। मोहनदास लौटे तो कस्तूर को लगा कि वह थोड़ा बदले होंगे। लेकिन वह गलत थीं। कस्तूर को लेकर मोहनदास के मन में कई तरह की शंकाएं-आशंकाएं और पूर्वाग्रह थे। लंदन में

उन्होंने एकदम दूसरी दुनिया देखी थी। वहां मोहन ने स्त्री–पुरुष संबंधों को काफी करीब से देखा था।

उन्होंने 'आत्मकथा' में लिखा– 'अभी तक पत्नी के साथ मेरा संबंध जैसा मैं चाहता था, वैसा नहीं बना था। विलायत में रहकर भी मैं अपने ईर्ष्यालु स्वभाव को नहीं छोड़ पाया था। हर बात में गलती और शक की मेरी आदत जैसी की तैसी बनी रही। इसलिए मैं जो चाहता था सो पूरा नहीं कर पाया। मैं पत्नी को अक्षर–ज्ञान होना तो जरूरी मानता था। मैंने सोचा था कि यह काम मैं खुद करूंगा, पर मेरी विषयासक्ति ने मुझे वह काम नहीं करने दिया और मैं अपनी इस कमजोरी का गुस्सा अपनी पत्नी पर उतारने लगा। यहां तक कि मैंने उसे एक बार तो उसके मायके ही भेज दिया और उसे बहुत दुखी कर देने के बाद ही उसे फिर से अपने साथ रखना स्वीकार किया। मैंने बाद में अनुभव किया कि यह मेरी नादानी के सिवाय और कुछ नहीं था।'[12]

इंग्लैंड से कानून की डिग्री लेने के बावजूद मोहनदास में जरा भी आत्मविश्वास नहीं था। बड़ी मुश्किल से उसे स्माल कॉज कोर्ट में ममीबाई का मुकदमा मिला। मुकदमा बहुत आसान था। गांधीजी ने लिखा–'मैंने पहली बार स्माल कॉज कोर्ट में प्रवेश किया। मैं प्रतिवादी की तरफ से था, इसलिए मुझे जिरह करनी थी। मैं खड़ा तो हुआ पर पैर कांपने लगे, सिर चकराने लगा। मुझे ऐसा लगा कि अदालत घूम रही है।'[13] बैरिस्टर मोहनदास कर्मचंद गांधी ने अपने जीवन का पहला मुकदमा छोड़ दिया। मुवक्किल की फीस वापस की और घर लौट आए। इसके बाद वह दक्षिण अफ्रीका जाने तक लौटकर कचहरी कभी नहीं गए।

विलायत से लौटने के एक साल के भीतर ही मोहनदास एक और बच्चे के पिता बन चुके थे। 28 अक्टूबर, 1892 को मणिलाल का जन्म हुआ। बाद में गांधीजी ने माना कि इस संतान के जन्म में भी 'काम वासना' का प्रभाव था। कस्तूर से उनके संबंधों में मामूली सुधार आया था। लेकिन संबंधों में स्वाभाविक सहजता अभी नहीं थी। हिंदुस्तान में प्रवास के दौरान उन्हें ज्यादातर अपमान और निराशा ही झेलनी पड़ी थी। बंबई में वकालत नहीं चली। मोहनदास ने वकालत छोड़कर मास्टरी में हाथ आजमाने की कोशिश की। अंग्रेजी शिक्षक का विज्ञापन पढ़कर इंटरव्यू देने गए। लेकिन उन्हें नौकरी नहीं मिली। हार कर मोहनदास राजकोट लौट आए। यहां एक छोटा सा दफ्तर खोल लिया जिसमें वह अर्जी दावे लिखने का काम करते थे। इसी बीच उन्हें दक्षिण अफ्रीका जाने का न्यौता मिला। पोरबंदर की मेमन फर्म को एक ऐसे आदमी की जरूरत थी जो अब्दुल्ला सेठ की फर्म के मुकदमे लड़ने में मदद करे। मोहनदास का काम फर्म और उसके वकीलों में समन्वय स्थापित करना था। मोहनदास के पास दूसरा कोई विकल्प नहीं था। एक साल के लिए वह कस्तूर से विदा लेकर नेटाल जाने वाले जहाज के मुसाफिर हो गए।

अप्रैल का महीना समुद्री यात्राओं के लिए काफी माकूल होता है। समुद्री हवाओं में एक खास तरह की मस्ती रहती है। मोहनदास की जहाज के कप्तान से दोस्ती हो गई थी। नए काम को लेकर मोहनदास के मन में नई उमंग थी। जिल्लत की जिंदगी से उन्हें छुटकारा मिला था। मोहनदास के जीवन में एक भटकाव था। यही भटकाव उन्हें फिर कई समंदर पार ले जा रहा था। लेकिन मोहनदास खुश थे। मन फिर भटकने लगा था। और अवसर फिर सामने आ गया। गांधीजी ने 'आत्मकथा' में लिखा- 'मुझ पर कप्तान के प्रेम का पार नहीं था। मेरे लिए इस प्रेम ने उलटा रूप धारण किया। उसने मुझे अपने साथ सैर करने के लिए न्यौता दिया। एक अंग्रेज मित्र को भी न्यौत रखा था। हम तीनों कप्तान की नाव पर सवार हुए। मैं इस सैर के रहस्य को बिलकुल ही नहीं समझ पाया था। कप्तान को क्या मालूम कि मैं ऐसे मामलों में बिलकुल अनाड़ी हूं। हम लोग हब्शी औरतों की बस्ती में पहुंचे। हमें एक दलाल वहां ले गया। हममें से हर एक अलग-अलग कोठरी में घुस गया। मैं तो शर्म के मारे गुम-सुम ही बैठा रहा। बेचारी उस स्त्री के मन में क्या विचार उठे होंगे, सो तो वही जाने। कप्तान ने आवाज दी। मैं जैसा गया था, वैसा ही लौट आया।' गांधीजी ने लिखा कि उस 'बहन' को देखकर उनके मन में 'तनिक भी विकार' उत्पन्न नहीं हुआ। बल्कि उन्हें अपनी इस 'दुर्बलता' पर जरूर घृणा हुई कि उन्होंने 'कोठरी में घुसने से ही इंकार' क्यों नहीं कर दिया।

गांधीजी ने 'आत्मकथा' में आगे यह भी स्वीकार किया कि 'मैं जो बचा था सो अपने पुरुषार्थ के कारण नहीं। पुरुषार्थ तो तब माना जाता, जब मैंने कोठरी में घुसने से ही साफ इंकार कर दिया होता। मुझे तो अपनी रक्षा के लिए केवल ईश्वर का ही उपकार मानना चाहिए। इस घटना के कारण ईश्वर में मेरी श्रद्धा बढ़ी और झूठी शर्म छोड़ने की कुछ हिम्मत मुझमें आई।'[14]

यह तीसरा मौका था जब उनकी काम वासना उन्हें दुराचारिणी औरतों के दरवाजे तक खींच ले गई थी। तीनों बार वह अपनी इच्छा से यहां नहीं आए थे लेकिन कोई लालसा थी जिसने मन के सारे नियंत्रण और बांध तोड़ दिए थे। हर बार मोहनदास शर्मिंदगी का बोझ लिए वापस लौट आए। ईश्वर ने उनकी रक्षा की। हालांकि वह खुद अपने तईं अपनी रक्षा करने में नाकाम रहे थे। हर बार वह केवल परिस्थिति के कारण बचे।

वासनाओं के खिलाफ पहली लड़ाई

दक्षिण अफ्रीका पहुंच कर गांधीजी का नया जीवन शुरू हुआ। डरबन में एक नया संघर्ष उनका इंतजार कर रहा था। मुकदमे के सिलसिले में डरबन से प्रिटोरिया जाते वक्त फर्स्ट क्लास का टिकट होने के बावजूद उन्हें डिब्बे से नीचे फेंक दिया गया। यह बैरिस्टर मोहनदास कर्मचंद गांधी के जीवन की परिवर्तनकारी घटना थी।

दक्षिण अफ्रीका प्रवास के दौरान बैरिस्टर एम.के. गांधी की एक अलग और स्वतंत्र पहचान बनी। दक्षिण अफ्रीका में मोहनदास को तीन साल हो गए। मोहनदास को लगा कि अभी हिंदुस्तान लौटने का वक्त नहीं है। शादी के बाद से ही मोहनदास को कस्तूर के साथ लंबे समय तक साहचर्य नहीं मिला था। मोहन का विवाह 1883 में 13 साल की उम्र में हुआ था। 19 साल की उम्र में वह इंग्लैंड चले गए। इन छह सालों में मोहन बमुश्किल तीन साल कस्तूर के साथ रहे। वह भी टुकड़ों में। हर छह-आठ महीने में कस्तूर का मायके से बुलावा आ जाता। इन 6 सालों में गांधीजी को दो संतानें हुईं। पहली संतान जन्म लेने के कुछ दिन बाद ही चल बसी। दूसरी संतान हरिलाल गांधी थे। जिनके जन्म का काल कहीं दर्ज नहीं मिलता। इंग्लैंड से लौटने के बाद भी मोहनदास मुंबई और राजकोट के बीच चक्कर लगाते रहते। इस दौरान बमुश्किल वह छह महीने कस्तूरबा के साथ रहे। इसी दौरान वे दूसरे बेटे के पिता बने थे।

फिर दक्षिण अफ्रीका में मोहनदास अकेले ही गए थे। साल भर नेटाल में रहने के बाद परिवार को पास बुलाना जरूरी हो गया था। बैरिस्टर गांधी के जीवन में अब थोड़ा स्थायित्व आ गया था। वकालत चलने लगी थी। एक नए सार्वजनिक जीवन की शुरुआत हो चुकी थी। मोहनदास छह महीने की छुट्टी लेकर हिंदुस्तान लौटे और अपनी पत्नी कस्तूर व दोनों बच्चों को जनवरी, 1897 को नेटाल ले आए।

परिवार के साथ मोहनदास दक्षिण अफ्रीका में नए अनुभवों से गुजर रहे थे। तब वह डरबन में वकालत करते थे। मुहर्रिर उनके घर ही रहता था। वह मुहर्रिर ईसाई था। घर में सब अपना काम खुद करते थे। यहां घर में टायलेट का इंतजाम नहीं था। हर कमरे में पेशाब का बरतन रहता था। इन्हें उठाने का काम मोहनदास और कस्तूर खुद करते थे। कस्तूरबा को यह काम निकृष्ट लगता। उन्हें लगता कि वह ऐसे कामों के लिए नहीं। मोहनदास के अपने दिमागी फितूर थे। उस दिन बरतन उठाने को लेकर ही कलह हो गई। कस्तूर ने बरतन उठाने से मना कर दिया। मोहनदास ने उसकी बांह पकड़ लगभग खींचते हुए घर से बाहर कर दिया। गांधीजी ने 'आत्मकथा' में लिखा-हाथ में बरतन उठा आंखों से मोती की बूंदें टपकाती अपनी लाल आंखों से मुझे उलाहना देकर सीढ़ियां उतरती हुई कस्तूरबाई का चित्र मैं आज भी खींच सकता हूं। पर मैं तो जितना प्रेमी उतना ही क्रूर पति था। मैं अपने को उसका शिक्षक भी मानता था, इस कारण अपने अंधे प्रेम के वश होकर उसे खूब सताता था। यों उसके सिर्फ बरतन उठाकर ले जाने से मुझे संतोष न हुआ। मुझे संतोष तभी होता जब वह उसे हंसते मुंह ले जाती। इसलिए मैंने दो बातें ऊंची आवाज में कहीं। मैं बड़बड़ा उठा, 'यह कलह मेरे घर में नहीं चलेगा।' यह बात कस्तूरबाई को तीर की तरह चुभ गया। वह भड़क उठीं : 'तो अपना घर अपने पास रखो। मैं यह चली।' मैं उस समय भगवान को

भूल बैठा था। मुझमें दया का लेश भी नहीं रह गया था। मैंने उसका हाथ पकड़ा। सीढ़ियों के सामने ही बाहर निकलने का दरवाजा था। मैं उस समय असहाय अबला को पकड़ कर दरवाजे तक खींच ले गया। दरवाजा आधा खोला। कस्तूरबाई की आंखों से गंगा-यमुना बह रही थी। वह बोली—'तुम्हें तो शर्म नहीं है। लेकिन मुझे है। जरा तो शरमाओ। मैं बाहर निकल कर कहां जाऊंगी बताओ जरा? यहां मेरे मां-बाप नहीं हैं कि उनके घर चली जाऊं। मैं तुम्हारी पत्नी हूं, इसलिए मुझे तुम्हारी डांट-फटकार सहनी ही होगी। अब शरमाओ और दरवाजा बंद करो। कोई देखेगा, तो दो में से एक की भी लाज नहीं बचेगी।'[15]

दक्षिण अफ्रीका आए मोहनदास के बड़े बेटे हरिलाल की उम्र नौ साल थी और छोटे बेटे मणिलाल की पांच साल। साथ में बहन गोकीं का बेटा गोकलदास था। उसकी उम्र भी दस साल की रही होगी। अब पत्नी साथ रहने लगी थी। मोहनदास भी अनुभवों के कई बंदरगाहों से गुजर चुके थे। काम वासना को लेकर उनके अनुभव बेहद रोमांचक रहे थे। जितना समय उन्होंने अपनी पत्नी के साथ नहीं बिताया उससे अधिक समय वह इंग्लैंड और दक्षिण अफ्रीका की स्त्रियों के साथ गुजार चुके थे। इन विचित्र अनुभवों के बाद मोहनदास के मन में पहली बार ब्रह्मचर्य का ख्याल दक्षिण अफ्रीका में आया। वह भी तब जब उनकी पत्नी उनके साथ रहने लगी थीं। मोहनदास को याद नहीं था कि ब्रह्मचर्य का विचार उनके मन में किस किताब से आया। ब्रह्मचर्य पर विचार करते हुए उन्हें पहला ख्याल रामचंद्र भाई का आया। रामचंद्र भाई खुद शादी-शुदा थे। मोहनदास से उनकी पहली मुलाकात के समय रामचंद्र भाई की उम्र कोई पच्चीस साल की रही होगी। तब मोहनदास इंग्लैंड से लौटे थे। रामचंद्र भाई पेशे से जवाहरात के व्यापारी थे। हीरे-मोती के इस कारोबारी के अध्यात्म ज्ञान ने मोहनदास को खासा प्रभावित किया था। जब वह धर्म के बारे में चर्चा करते तो मोहनदास मुग्ध भाव से उन्हें देखते रह जाते थे। ऐसी ही किसी क्षण में मोहनदास ने रामचंद्र भाई के सामने दंपति प्रेम पर चर्चा छेड़ दी। उन्होंने बताया कि ब्रिटेन के प्रधानमंत्री ग्लैडस्टन की पत्नी पार्लियामेंट में भी अपने पति को चाय बनाकर पिलाती हैं। रामचंद्र भाई बोले- 'इसमें तुम्हें क्या ज्यादा महत्त्वपूर्ण लगता है। मिसेज ग्लैडस्टन का पत्नीत्व या उनका सेवा भाव। अगर वह ग्लैडस्टन की बहन होती तो? या उनकी वफादार नौकरानी होती और उतने ही प्रेम से उन्हें चाय देती तो? इस पर विचार करना।'

इतने सारे 'तो' का जवाब मोहनदास नहीं दे पाए। रामचंद्र भाई के वचन कठोर थे। लेकिन मोहनदास के भीतर अंदर तक हलचल मचा गए। 'अगर पति-पत्नी एक हैं तो परस्पर प्रेम होने में अनोखापन क्या है? अगर प्रेम नहीं है तो उसे विकसित किया जा सकता है। जैसे मालिक के प्रति कोई वफादार नौकर प्रेम विकसित करता है।' वह कस्तूर के बारे में सोचने लगे। फिर खुद अपने से बातें

करने लगे। गांधीजी ने लिखा- 'मैंने अपने-आपसे पूछा, मुझे पत्नी के साथ कैसा संबंध रखना चाहिए? पत्नी को विषय-भोग का वाहक बनाने में पत्नी के प्रति वफादारी कहां रहती है? जब तक मैं विषय-वासना के अधीन रहता हूं, तब तक मेरी वफादारी का मूल्य साधारण ही माना जाएगा।' मोहनदास गांधी ने स्वीकार किया कि शारीरिक संसर्ग की इच्छा के रूप में 'पत्नी की ओर से कभी आक्रमण हुआ ही नहीं।' यानी ब्रह्मचर्य के लिए इच्छा शक्ति जुटाने की जरूरत केवल उन्हें थी। लेकिन तब गांधीजी की 'अशक्ति अथवा आसक्ति' उन्हें रोक रही थी।

दो पुत्रों के पिता मोहनदास गांधी ने ब्रह्मचर्य साधने का भरसक प्रयास करना शुरू कर दिया था। कृत्रिम गर्भ निरोधक साधनों में मोहनदास गांधी का विश्वास नहीं था। दो के बाद और अधिक संतानों की इच्छा नहीं थी। इसी के साथ संयम का पहला यज्ञ शुरू हुआ। एक ही कमरे में अलग-अलग खाटें बिछने लग गईं। मोहनदास का ज्यादा समय घर के बाहर बीतता। रात लौटते और थककर अलग सो रहते। मोहनदास के इस संयम व्रत में कस्तूर कहीं नहीं थी। संतान को जन्म देने न देने का फैसला पति अकेले नहीं ले सकता। पत्नी भी उस फैसले में बराबर की भागीदार होनी चाहिए। विषय-वासना को लेकर कस्तूर के अपने संस्कार थे। जो बेशक मोहनदास के विचारों जैसे जोशीले नहीं हो सकते। कस्तूर अब किशोरी नहीं रही थीं मोहनदास भी तरुण नहीं रह गए थे। यह तीस साल के पके हुए दांपत्य का अंतर्द्वंद्व था। इसी अंतर्द्वंद्व के बीच मोहनदास न जाने कब तीसरी संतान के पिता बन गए। इस बेटे का नाम रामदास रखा गया।

संघर्ष अभी बाकी था। संयम टूट कर तार-तार हो चुका था। सारे संकल्प सभी प्रयोग धाराशायी हो चुके थे। गांधी दंपति का ब्रह्मचर्य साधने का सिलसिला फिर शुरू हुआ। 'पति-पत्नी का संग काम-वासना के लिए नहीं है। विषय भोग सिर्फ एक उपाय हो संतानोत्पत्ति का। रति सुख एक पाप है और कुछ नहीं।' यह सारे विचार मोहनदास के मन में घर कर गए थे। लेकिन इसके बावजूद कस्तूर पांचवीं बार गर्भवती हो गई। पहली संतान तो चार दिन में ही इस दुनिया से विदा हो गई थी। तीन बच्चे आंगन में खेल रहे थे। चौथा गर्भ में सांस ले रहा था। मोहनदास ने ईश्वर की कृपा समझ कर इसे भी स्वीकार किया। कस्तूर को अचानक प्रसव पीड़ा शुरू हुई। डॉक्टर घर पर नहीं थे। दाई वहां दुर्लभ थी। मोहनदास खुद दाई बन गए। सारा काम खुद किया। नाल काटने से लेकर शिशु को नहलाने तक का। चौथे और सबसे छोटे बेटे का नाम गांधी जी ने देवदास रखा।

दक्षिण अफ्रीका में सात साल बिताने के बाद मोहनदास वापस बंबई लौट आए थे। लेकिन इस देश से पीछा छूटना अभी नहीं लिखा था। 1903 में मोहनदास को सपरिवार ट्रांसवाल फिर लौटना पड़ा। इसी दौरान नेटाल में जुलू विद्रोह हुआ। जुलू नेटाल के हब्शी थे। इस विद्रोह में कई घायल हुए। घायलों की सेवा का

काम मोहनदास कर रहे थे। घर के लिए उनके पास वक्त नहीं था। उन्होंने परिवार को जोहानिस्बर्ग से उजाड़ कर फिनिक्स आश्रम में भेज दिया। मोहनदास के पास एक टीम थी जो घायलों की मरहम-पट्टी करती। काम में मोहनदास ऐसे मगन हुए कि बीवी-बच्चे सबको भूल गए। इसी दौरान मोहनदास को खयाल आया कि सार्वजनिक जीवन में अगर निश्‍चिंत और सेवा भाव से काम करना हो तो ब्रह्मचर्य का पालन करना अनिवार्य है। उन्होंने अनुभव किया कि 'बच्चे पैदा करना और उन्हें पालना सार्वजनिक सेवा के विरोधी हैं।'

ब्रह्मचर्य को लेकर मोहनदास के विचार परिपक्व हो रहे थे। वह मित्रों में इसकी चर्चा करते। उन्होंने लिखा-'मुझे अभी इस बात का साक्षात्कार तो नहीं हुआ था कि ईश्वर-दर्शन के लिए ब्रह्मचर्य अनिवार्य वस्तु है किंतु मैं यह स्पष्ट देख सका था कि सेवा के लिए ब्रह्मचर्य आवश्यक है। मुझे लगा कि इस प्रकार की सेवा तो मेरे हिस्से अधिकाधिक आती ही रहेगी और मैं भोग-विलास में, संतानोत्पत्ति में और संतति के पालन-पोषण में लगा रहा, तो मुझसे संपूर्ण सेवा नहीं हो सकेगी। मैं दो घोड़ों पर सवारी नहीं कर सकता।'[16]

गांधीजी के ब्रह्मचर्य के प्रयोग में 1906 का वर्ष बहुत मायने रखता है। यह वह साल था जब गांधीजी ने पहली बार ब्रह्मचर्य का व्रत लिया। आदत के मुताबिक मोहनदास ने व्रत लेने से ठीक पहले तक कस्तूर से इस पर कोई चर्चा नहीं की थी। मोहनदास ने सीधे अपना निर्णय सुनाया। कस्तूर ने इस फैसले का कोई विरोध नहीं किया। गांधीजी ने लिखा- 'यह व्रत मेरे लिए बहुत कठिन सिद्ध हुआ। मेरी शक्ति कम थी। मैं सोचता, विकारों को किसी प्रकार दबा सकूंगा? अपनी पत्नी के साथ विकारयुक्त संबंध का त्याग मुझे एक अनोखी बात मालूम होती थी। फिर भी मैं यह साफ देख सकता था कि यही मेरा कर्तव्य है। मेरी नीयत शुद्ध थी। यह सोचकर कि भगवान शक्ति देगा, मैं इसमें कूद पड़ा।'[17]

व्रत ले लिया लेकिन विकारों पर विजय कैसे की जाए? असल समस्या जननेंद्रियों पर नियंत्रण की थी। यौन प्रक्रियाओं को व्यक्ति का आहार प्रभावित करता है। मोहनदास को लगता कि 'विकार से भरा मन ही विकारयुक्त आहार की खोज करता है। विकारी मन अलग-अलग स्वादों और भोगों की तलाश में रहता है।' इसलिए ब्रह्मचर्य के लिए जरूरी है कि आहार की मर्यादा बनाए रखी जाए। दूध उन्हें सबसे ज्यादा विकारी पदार्थ लगा। रायचंद्र भाई ने कभी मोहनदास से कहा था कि 'दूध से इंद्रिय-विकार पैदा होता है।' यही बात उन्होंने कुछ किताबों में भी पढ़ी थी। मोहनदास के अंग्रेज मित्र मि.केलनबैक की भी यही राय थी कि 'दूध का त्याग कर दिया जाए।' दूध छोड़ने में नुकसान कुछ नहीं है। फायदे जरूर हैं। और टालस्टाय फार्म पर 1912 में मोहनदास गांधी ने दूध के त्याग का व्रत ले लिया।

मोहनदास के ब्रह्मचर्य व्रत में सबसे ज्यादा मदद उनके पहले सत्याग्रह ने की। ट्रांसवाल में नया खूनी कानून बन गया था। हर हिंदुस्तानी के लिए अपनी ऊंगलियों की छाप देना जरूरी कर दिया गया था। हर हिंदुस्तानी के लिए एक परिचय-पत्र रखना लाजमी था। अंग्रेज अफसर इसकी जांच के लिए किसी भी हिंदुस्तानी के घर घुस सकता था। चुनौती मोहनदास के सामने थी। यहां मोहनदास का सही मायने में राजनैतिक जीवन शुरू हो रहा था। यह नए संघर्ष की शुरुआत थी। ब्रह्मचर्य व्रत के लिए यह सबसे उचित समय था क्योंकि परिवार छूट रहा था। वह परिवार जिसमें कस्तूर थी और चार छोटे बच्चे थे।

इसके बाद मोहनदास ने कभी पीछे मुड़कर नहीं देखा। यह वह दौर था जब मोहनदास इंग्लैंड से लौटते वक्त जहाज पर 'हिंद स्वराज' लिख चुके थे। मोहनदास का 'सत्याग्रह प्रयोग' शुरू हो चुका था। दक्षिण अफ्रीका में ही कई हिंदुस्तानी और अंग्रेज परिवार मोहनदास और उनके प्रयोगों से जुड़ गए थे। सत्य, अहिंसा, आत्मशुद्धि, ब्रह्मचर्य व्रत आदि शब्द मोहनदास और उनके साथियों के जीवन का हिस्सा बनते जा रहे थे। मोहनदास अपनी बात इतने तर्कपूर्ण ढंग से रखते कि इंकार की कोई संभावना न बचती। रस्किन की 'अंटू दि लास्ट' का मोहनदास पर गहरा असर पड़ा था। रस्किन के प्रभाव से मोहनदास के मन में सर्वोदय के रचनात्मक विचार का जन्म हुआ। बाद में उन्होंने रस्किन की किताब का गुजराती में अनुवाद किया। इसका नाम भी उन्होंने 'सर्वोदय' रखा। मोहनदास ने अपने प्रयोगों को अमली जामा पहनाने के लिए बीस एकड़ जमीन में खेतों के बीच 'फिनिक्स आश्रम' की स्थापना की। यह 1904 की बात है। यह आश्रम एक महीने में बनकर तैयार हो गया। यह आश्रम डरबन से कोई 13 मील दूर था। मोहनदास की कोशिश थी कि इस प्रयोग में उनके करीबी लोग साथ दें। वह शहर छोड़कर इस आश्रम में बस जाएं और एक नए जीवन की शुरुआत करें। ऐसा जीवन जो संपूर्ण सांसारिकता से मुक्त कर उन्हें अध्यात्म की नई दुनिया में ले जाता है। यहीं उन्होंने 'इंडियन ओपीनियन' के नाम से अखबार निकाला जो दक्षिण अफ्रीका में बसे हिंदुस्तानियों में बहुत जल्द मशहूर हो गया।

मोहनदास से जुड़े ज्यादातर सत्याग्रही ट्रांसवाल में बसे थे। फिनिक्स आश्रम यहां से कोई चार सौ किलोमीटर दूर था। मोहनदास की इच्छा थी कि ट्रांसवाल में भी एक आश्रम स्थापित किया जाए जहां सत्याग्रहियों को सपरिवार बसाया जा सके। कई सत्याग्रही जेल में थे। उनके परिवार अनाथ हो गए थे। आश्रम बन जाता तो इन बेसहारा परिवारों को एक सहारा मिल जाता। लेकिन नया आश्रम बसाना आसान नहीं था। मोहनदास के पास इतना धन नहीं था। उन्होंने अपने मित्र कैलेनबैक से चर्चा की। उन्होंने मदद का आश्वासन दिया। इसी बीच सत्याग्रह फंड में सर रतन टाटा का 25000 रु. का चेक आ गया। यह काफी नहीं था। लेकिन शुरुआत की

जा सकती थी। मोहनदास के उदार मित्र कैलेनबैक ने जोहानिस्बर्ग शहर के बाहर कोई ग्यारह सौ एकड़ सस्ती जमीन खरीद ली। यहीं आश्रम की रूपरेखा तैयार हुई। सौ एकड़ जमीन मोहनदास को आश्रम बनाने के लिए बगैर किराए के दे दी गई। इस आश्रम का नाम रखा गया 'टालस्टाय फार्म।'

पोलक दंपति के प्रेम में

नौजवान हेनरी एस एल पोलक से मोहनदास गांधी की पहली मुलाकात दक्षिण अफ्रीका के एक शाकाहारी होटल में हुई थी। वह ट्रांसवाल से निकलने वाले अखबार 'क्रिटिक' के उप संपादक थे। मोहनदास के लेखों से प्रभावित थे। दोनों में कई समानताएं थीं जिससे वे दोनों बहुत जल्द एक दूसरे के करीब आ गए। बाद में हेनरी पोलक 'क्रिटिक' से इस्तीफा देकर गांधीजी के साथ जुड़ गए। पहले वह फिनिक्स आश्रम आए फिर जोहानिस्बर्ग में मोहनदास के दफ्तर में उनके सहायक हो गए। हेनरी की मिली नाम की लड़की से दोस्ती थी। दोनों इथीकल सोसाइटी के सदस्य थे। वहीं दोनों करीब आए। दोस्ती प्यार में बदल गई। वह उससे शादी करना चाहते थे। लेकिन धनाभाव में दोनों शादी नहीं कर पा रहे थे। मोहनदास ने उन्हें सलाह दी कि 'जब प्रेम की गांठ बंध गई है तो फिर केवल पैसे की कमी से वियोग सहना ठीक नहीं।' हेनरी को बात समझ में आ गई। उन्होंने चिट्ठी लिख कर विलायत में रह रही मिली को जोहानिस्बर्ग बुला लिया। मिली ईसाई और हेनरी यहूदी थे। दिसम्बर 1905 के अंतिम दिन मोहनदास ने दोनों की कोर्ट में शादी कराई। मोहनदास के साथ अब तक केवल गोरे पुरुष जुड़े थे। मिली ग्राहम पोलक पहली गोरी लड़की थी जो मोहनदास के मिशन में शामिल हो गई।

गांधीजी ने अपने ब्रह्मचर्य के प्रयोग का नुस्खा पोलक दंपति पर भी आजमाया। उन्होंने कहा विवाह तो हो गया लेकिन तुम दोनों को 'शारीरिक रूप से एक-दूसरे से अलग रहना' होगा। हेनरी के लिए तो नहीं लेकिन मिली के लिए यह ब्रह्मचर्य थोड़ा कठिन था। वह गांधीजी के इन प्रयोगों से बहुत सहमत नहीं थी। दोनों के विचारों में एक लंबा फासला था। लेकिन गांधीजी एक पत्नी के रूप में मिली से प्रभावित थे। कस्तूरबा हर बात पर झगड़ा करती थीं। किसी बात का सीधा जवाब नहीं देती थीं। लेकिन मिली ऐसी नहीं थी। शादी के बाद हेनरी और मिली के संबंध आम पति-पत्नी जैसे ही हो गए। हेनरी अपना मानसिक संतुलन बहुत जल्दी खो देते थे। वह मिली पर बरस पड़ते। हालांकि मिली भी कम तेज नहीं थी। लेकिन उसे परिस्थितियों को नियंत्रित करना आता था। हेनरी गुस्से में होते तो वह मुस्करा कर कहती-'क्या बात है। तुम्हें क्या हुआ?' और वह हंस देती। उसकी हंसी से हेनरी का गुस्सा शांत हो जाता। उन्हें अकसर आपस में लड़ता देख गांधीजी कहते-'मैंने तुम दोनों की शादी कराई अब तलाक भी मुझी को करना होगा क्या?'

पर यह मजाक की बात थी। गांधीजी मिली को पसंद करते थे। उन्हें लगता कि 'वह दोनों सत्य की खोज में पागल हैं'। उन्होंने मिली को लिखे एक पत्र में कहा भी कि— 'यद्यपि जीवन के प्रति दृष्टिकोण के संबंध में हम दोनों के विचार नहीं मिलते, लेकिन फिर भी हमारे विचारों में कुछ ऐसी सूक्ष्म समानता है जिसके कारण तुम मुझे सबसे प्रिय हो। अंतरात्मा की आवाज कुछ कहती है, जबकि बाह्य जीवन इसके बिलकुल विपरीत है।'[18]

वह मिली से कहते-'सप्ताह में दो बार तुमसे मिलना मुझे बहुत अच्छा लगता था। अब भगवान जाने हम दोनों का, जिनमें इतनी समानता है कब मिलना हो! तो भी शिकायत क्यों करें। मेरे साथ इस कमरे में बैठे अन्य यात्रियों की तुलना में तो हम दोनों एक-दूसरे के बहुत करीब हैं।'[19]

गांधीजी को लगता कि मिली के जीवन की अशांति में उनका भी कहीं हाथ है। वह मिली से कहते- 'मैं तुम्हारा विश्वास चाहता हूं क्योंकि मैंने ही कानूनी तौर पर तुम्हारा विवाह जल्दी कराया था और मैं ही तुम दोनों को शारीरिक रूप से एक-दूसरे से अलग रखने के लिए जिम्मेदार रहा हूं। मैं अपना उत्तरदायित्व समझता हूं। उसे पूरा करने के लिए मैं तुम्हारी मदद चाहता हूं। इसलिए तुम्हें किसी भी चीज की जरूरत हो तो वादा करो कि तुम मुझे बता दोगी।'[20]

दक्षिण अफ्रीका की समस्याओं को लेकर मोहनदास गांधी को जुलाई 1909 में लंदन जाना पड़ा था। मिली पोलक भी अपने परिवार से मिलने लंदन गई थी। लंदन आए मोहनदास गांधी को मिली का आतिथ्य स्वीकार करना पड़ा था। मिली वेस्टक्लिफ में रहती थी। वह मोहनदास गांधी के लिए मिलने से लंदन आने वाली थी। मोहनदास ने हेनरी पोलक को पत्र लिखकर बताया-'मिली होटल में सोएगी, इसलिए आशा करता हूं कि मैं उसके साथ इत्मीनान से लंबी बातचीत कर पाऊंगा। स्वभावतः अब हम जोहानिस्बर्ग की अपेक्षा, जहां मैं उनसे अलग बहुत कम मिलता था, एक-दूसरे के बहुत करीब हैं; क्योंकि एक-दूसरे से ज्यादा मिल पाए हैं।'[21]

यही हुआ भी लंदन प्रवास के दौरान गांधीजी मिली के और करीब आ गए। दोनों ने काफी वक्त साथ गुजारा था। हालांकि हेनरी की पत्नी होने के नाते गांधीजी ने मिली के साथ अपना रिश्ता 'भाई-बहन' का बताया था। उन्होंने कहा था कि-'मैं तो एक बहन का पूरा भरोसा और विश्वास चाहता हूं। क्या तुम मुझे अपनी सभी जरूरतों के बारे में बताने की कृपा करोगी!' यह पता नहीं चल सका कि मिली को 'बहन' बनाने की बात गांधीजी के दिमाग में कैसे आई। महिलाओं के साथ वह ऐसे रिश्ते अकसर कायम करते थे। हालांकि अकसर वह इन रिश्तों की व्याख्या कर पाने में नाकाम साबित होते। आगे चलकर उन्होंने सरला देवी नाम की एक महिला मित्र को अपनी 'आध्यात्मिक पत्नी' माना था लेकिन इस रिश्ते का समापन 'भाई-बहन' के रूप में हुआ। लेकिन मिली ग्राहम ने 'बहन'

की बात को गंभीरता से लिया था। उन्हें शायद मोहनदास गांधी का यह संबोधन अच्छा नहीं लगा था। उन्होंने मोहनदास को लिखे अपने एक पत्र में उन्हें 'तीन बार' 'भाई' कह कर संबोधित किया। उन्होंने इस शब्द को तीनों बार 'रेखांकित' किया। यह बात खुद गांधीजी की समझ में भी नहीं आ रही थी। शायद उन्हें भी 'भाई' का यह संबोधन नहीं भाया था। उन्होंने जवाब दिया-'हम एक-दूसरे को भाई-बहन कह सकते हैं। हमारा आचरण इसी तरह का ही है। लेकिन क्या तुम मुझे एक बहन का विश्वास दे सकोगी? यदि तुम्हारा उत्तर 'हां' में है तो मैं भी तुम्हारा 'भाई' बनने की कोशिश करूंगा। मेरे परिवार में इस तरह की कोई भी वृद्धि मेरे दुख का कारण नहीं बन सकती।' अपने इसी पत्र में गांधीजी ने आगे कहा- 'हालांकि भाई पति का स्थान कभी नहीं ले सकता लेकिन लंदन में अपने प्रवास के दौरान मैंने हेनरी की कमी दूर करने की भरसक कोशिश की। मुझसे बिछड़ने की तुम्हारी पीड़ा, तुमसे बिछड़ने की मेरी पीड़ा से कम न थी। लंदन प्रवास के दौरान हम निश्चित रूप से पहले से ज्यादा एक-दूसरे के निकट आए। यह स्वाभाविक ही था।'[22]

गांधीजी और अपनी पत्नी मिली की बढ़ती नजदीकी को हेनरी पोलक बहुत स्वाभाविक ढंग से ले रहे थे। लेकिन जो घटनाएं हो रही थीं वह हेनरी को परेशान करने वाली थीं। मसलन मिली को लिखे उनके पत्र लंदन में गांधीजी के दफ्तर में खुले हुए मिलते थे। यह पत्र कोई खोलकर पढ़ता था। पोलक ने इस बात की शिकायत गांधीजी से की तो उन्होंने हेनरी को लिखा इन्हें जो भी पढ़ता होगा उसे कम से कम 'पत्नी भक्ति' का अर्थ पता चल जाएगा और वह शायद उससे 'शिक्षा भी ग्रहण' करे। यह बात हेनरी को अच्छी नहीं लगी थी। उन्होंने 14 नवंबर को तीखा जवाब भेजा- ''मिली के पत्रों के खोले जाने के विषय में आप हम दोनों से ज्यादा सहिष्णु हैं। मुझे लगता है कि आपके प्रेम-पत्र लिखने के दिन बीत चुके हैं। मुझे आपसे सहानुभूति है, पर मैंने मिली को दांपत्य प्रेम की शिक्षा देने का अधिकार अभी नहीं दिया है।'[23]

हेनरी और गांधीजी के बीच स्त्रियों की आजादी को लेकर तमाम बातें हुआ करती थीं। मिली खुद एक आजाद ख्याल की लड़की थी। गांधीजी से अपनी पत्नी की बढ़ती करीबियों से वह अनजान नहीं थे। गांधीजी हेनरी को रंगून भेजना चाहते थे। उन्होंने हेनरी को बताया कि 'आप वहां संसार की सबसे ज्यादा स्वतंत्र नारियों को भी देख सकेंगे।' पोलक ने गांधीजी के इस रोचक प्रस्ताव का जवाब बहुत तंज भरे लहजे में दिया था 'मैं भी संसार की सबसे ज्यादा स्वतंत्र नारियों को देखने की प्रतीक्षा कर रहा हूं। फिर मैं मिली से उनके बारे में बातचीत करूंगा, जैसी कल अडयार में लेडबीटर के साथ मैंने थोड़ी-सी की थी। यहां से जाने से पहले मैं मालाबार भी जाने की कोशिश करूंगा, ताकि नैयर जाति की स्त्रियों को

देख सकूं जो मुझे बताया गया है, एक पति का परित्याग कर दूसरे का वरण करती हैं। और आप लोग जो एक के बाद दूसरा विवाह करने वाले हैं, उन्हें भी मात कर देती हैं। मुझे तो लगता है कि वे ठीक ही करती हैं!'[24]

लंदन से मोहनदास दक्षिण अफ्रीका लौट आए थे। हेनरी और मिली के रिश्ते में एक अजीब-सी दूरी आ गई थी। हेनरी एक लंबे दौरे पर भारत आने का कार्यक्रम बना रहे थे। वह अपनी उलझनों से दूर भागना चाहते थे। मिली ने महसूस किया था कि हेनरी पोलक उनसे दूर होते जा रहे हैं। इस ख्याल ने ही उन्हें परेशान कर दिया। वह अपने पति हेनरी से रिश्ता तोड़ना नहीं चाहती थी। मोहनदास के लंदन से दक्षिण अफ्रीका वापस लौटने के बाद मिली ने उन्हें बस एक छोटा-सा पत्र लिखा था। मिली ने बताया कि उसने एक पत्र और लिखा था जिसे उसने डाक में नहीं भेजा। उन्होंने यह भी कहा कि अब वह उन्हें पत्र नहीं लिख पाएंगी। इस बात से गांधीजी को पीड़ा हुई। मिली को किसी बात से 'सदमा' लगा था। वह क्या बात थी यह उन्होंने गांधीजी को नहीं बताया। मोहनदास जानना चाहते थे कि आखिर क्या बात है। उन्होंने मिली से पूछा भी-'तुम्हारे दिमाग में क्या है, हेनरी क्या करना चाहता है और तुम्हें किस बात से इतना गहरा सदमा पहुंचा है?'[25]

मोहनदास ने मिली को समझाया कि उसे हेनरी से दूर नहीं रहना पड़ेगा। उन्होंने पूछा-'हेनरी तुमसे दूर रह ही नहीं सकता, क्या तुम उसमें पर्याप्त विश्वास नहीं रखोगी?' उन्होंने सलाह दी कि 'भविष्य की चिंता मत करो' और अपने 'भाई' पर भरोसा रखो। लेकिन हेनरी दौरे पर निकल गए। हेनरी को लेकर दोनों चिंतित थे। इस घटनाक्रम के बाद मोहनदास और मिली ने अपने बीच एक सामाजिक दूरी बना ली थी। 1909 में उनके बीच जो एक रिश्ता कायम हुआ था उसका स्वरूप बदल गया था। सच तो यह था कि गांधीजी और मिली दोनों हेनरी से बहुत प्रेम करते थे। खुद गांधीजी मानते थे कि 'हेनरी तो फूल-जैसा कोमल है। जरा-सी भी परेशानी उसे अशांत कर देती है।' कुछ महीनों बाद उन्होंने मिली को लिखा- 'वह हम दोनों में बंटा हुआ है। जब वह ऐसी स्थिति में होता है, तुम ही उसे प्रसन्न रख सकती हो। तुमसे कुछ हद तक कम मैं भी ऐसा कर सकता हूं लेकिन अफसोस! अभी वह न तो तुम्हें पास बुला सकता है और न ही मुझे।'[26]

मोहनदास मिली और मिली मोहनदास के जीवन से दूर निकल आए। जितनी खामोशी यह प्रेम दोनों के जीवन में दाखिल हुआ था वह उतनी ही शांति से विदा हो गया। वक्त के साथ हेनरी पोलक पहले की तरह सामान्य हो गए। पोलक दंपति का गांधीजी से रिश्ता जीवन भर के लिए बना रहा। मोहनदास हेनरी को दुआ करते कि 'ईश्वर करे तुम्हारा काम और दांपत्य जीवन खूब फूले-फले।' वह सलाह देते कि 'तुम दोनों अपने काम के साथ-साथ अपना हनीमून जारी रख सकते हो'। पर कभी-कभी वह हेनरी पर तंज भी कसते-'अगर तुम्हारी संतानोत्पत्ति की साध और

काम वासना शांत हो गई हो तो मैं चाहूंगा कि मिली भी स्कूल के काम में अपना योगदान करे।'[27]

लेकिन मिली ग्राहम अकेली नहीं थी जो दक्षिण अफ्रीका में गांधीजी के करीब आ गईं। हेनरी की बहन मॉड भी गांधीजी के आकर्षण का शिकार हो गई थी। हेनरी की शादी के साल भर बाद ही मोहनदास लंदन गए। तब वह लंदन के होटल सेसिल में ठहरे थे। पोलक का परिवार लंदन में ही रहता था। मोहनदास लंदन में हेनरी की मां उनके पिता जेएचएल पोलक और उसकी दोनों बहनों मॉड और सैली से मिले। एक पूरा रविवार उन्होंने इस परिवार के साथ बिताया। उनसे मुलाकात के बाद मोहनदास ने हेनरी को लिखा–'सचमुच दोनों बहनें बड़ी प्यारी हैं और यदि मैं अविवाहित होता, या तरुण होता या मिश्रित विवाह में मेरी आस्था होती तो आप जानते हैं, मैं क्या करता। बहरहाल मैंने उनसे यह कहा कि अगर मैं उनसे 1888 में मिला होता (न मिलने की बात पर उन्होंने मुझे बहुत आड़े हाथों लिया) तो मैं उन्हें अपनी बेटियां बना लेता। इस प्रस्ताव का आपके पिताजी ने प्रबल विरोध किया।'[28]

जुलाई 1909 में जब गांधीजी दोबारा लंदन गए तो मॉड उनके करीब आ गई थी। वह हर वक्त मोहनदास के आगे-पीछे घूमती। मोहनदास के प्रति उसके प्रेम का अतिरेक संदेहास्पद होता जा रहा था। गांधीजी के लिए यह अजीब बात थी। कस्तूरबा हेनरी को मोहनदास का 'ज्येष्ठ पुत्र' कहने लगी थीं। लेकिन गांधीजी को लगता कि हेनरी इतना 'परिपक्व' है कि वह उनका 'ज्येष्ठ पुत्र' नहीं हो सकता। मोहनदास ने कहा कि 'लेकिन मॉड इतनी अपरिपक्व है कि वह मेरी सबसे ज्येष्ठ पुत्री कहला सकती है।' इस तरह मोहनदास ने फौरन मॉड को अपनी पुत्री का दर्जा दे दिया। पर मॉड इन सब बातों को समझने के लिए कतई तैयार नहीं थी। मोहनदास को लेकर उसके मन में एक अजीब तरह की हलचल रहती। लंदन प्रवास के दौरान वह एक मिनट के लिए मोहनदास से अलग रहना नहीं चाहती थी। मोहनदास खुद उसके 'प्रेम की गंभीरता' को पहचान नहीं पा रहे थे। मोहनदास ने इसका जिक्र मिली पोलक को लिखे एक पत्र में किया– 'इसका आभास मुझे उस रात हुआ जब उसे अपनी सारी इच्छाओं पर पानी फिरता नजर आया। लेकिन क्या यह सब सच है या फिर मेरे व्यक्तित्व का आकर्षण है? यदि दूसरी बात सही है तो बहुत ही भयानक है। तब तो मुझे उसके प्रति अपने बेहद अनुराग के बारे में पुनः सोचना होगा। लेकिन वह कैसे संभव है? खैर मैं यह चाहता हूं कि तुम मॉड पर नजर रखो, उससे बातचीत करके उसके विचार जानने की कोशिश करो और पता लगाओ कि वह क्या चाहती है।'[29]

अगले दिन मोहनदास को वापस लौटना था। मॉड मोहनदास को छोड़ने स्टेशन आई थी। विदाई के क्षण उसे लगा कि वह रो देगी। मोहनदास ने उसके भाई हेनरी

को उस दृश्य का आंखों देखा हाल लिखा–'वह अपने को मुझसे अलग नहीं कर सकती। स्टेशन पर मैं उसे देख रहा था। वह रोने को थी। उसने मुझसे हाथ नहीं मिलाया बल्कि मुझसे चुंबन चाहती थी। स्टेशन पर तो मैं उसे चुंबन दे नहीं सकता था। ऐसा नहीं था कि वह या मैं ऐसा करने से डरते थे बल्कि इससे मेरे बारे में गलतफहमी हो सकती थी इसलिए वह प्लेटफार्म पर बुत बनी खड़ी रही।'[30]

मॉड मोहनदास से इतनी प्रभावित हो गई कि वह उनके साथ फिनिक्स आना चाहती थी। हालांकि मिली ने उन दोनों बहनों को फिनिक्स आश्रम की बहुत खौफनाक तसवीर दिखाई थी। उसने बताया था कि वहां 'चारों तरफ भौंरे, मकड़े, दूध में चीटियां, नहाने की कोई जगह नहीं, दूषित पानी, अधनंगे लोग, गंदगी, प्लेट उठाओ तो उसके नीचे कीड़े-मकोड़े, पेड़ से लटकते सांप दिखेंगे। आपको यह सब सहन ही नहीं करना बल्कि इस कीट जगत से प्यार भी करना होगा।' लेकिन इसके बावजूद मॉड फिनिक्स आना चाहती थी। फिर मोहनदास भी चाहते थे कि मॉड फिनिक्स आए। वह चाहते थे कि हेनरी मॉड को फिनिक्स लाने के लिए तैयार हो जाए। हालांकि मॉड के वहाँ आने के खतरों से वह नावाकिफ नहीं थे। उन्होंने हेनरी से कहा भी था कि– 'वह मुझसे अधिक स्नेह की अपेक्षा करेगी। क्या मैं दे सकता हूं? क्या मैं स्नेह के योग्य हूं? क्या वह मेरा स्नेह पाने के योग्य है? यदि वह बिलकुल ही धूर्त न हो, जो कि वह नहीं है, तो वह मेरा स्नेह पाने के योग्य है। दूसरा अनुमान यह है कि कहीं यह 9 दिनों का चमत्कार मेरे व्यक्तित्व के आकर्षण की वजह से तो नहीं है। यदि ऐसा है तो मुझे देखते ही गोली मार दी जानी चाहिए। क्योंकि यदि लोगों के इस झूठे श्रद्धोन्माद का कारण मैं हूं तब तो मेरा अस्तित्व व्यर्थ है : क्योंकि मेरा होना फायदा पहुंचाने से ज्यादा नुकसानदेह है। उस दशा में तो तुम्हारे इस गांधी का हमेशा के लिए सत्यानाश हो गया।'[31]

आखिर मोहनदास की इच्छा पूरी हुई। वह मॉड को दक्षिण अफ्रीका बुलाने पर राजी हो गए। मॉड ने मोहनदास की प्राइवेट सेक्रेट्री के रूप में काम भी शुरू कर दिया। मोहनदास ने उसे दक्षिण अफ्रीका ब्रिटिश भारतीय समिति की अवैतनिक सहायक मंत्री भी बना दिया था। वह करीब चार साल मोहनदास के सान्निध्य में रही। लेकिन मॉड का भेद बहुत जल्द ही खुल गया। वह वाकई धूर्त निकली। जैसा कि मोहनदास ने अपने गुरु गोपाल कृष्ण गोखले को लिखा–'उसने मुझे धोखा दिया और आपको भी। हमारे बहुत घनिष्ठ संबंधों के टूट जाने पर भी वह समिति में अपना काम संतोषजनक रूप से कर रही है। उसका खयाल है कि वह महज गलतफहमी का शिकार हो गई है। मैं इस पर विश्वास करने के लिए तैयार नहीं हूं और मैंने उससे ऐसा कह भी दिया है। काश, मैं आपको दुखजनक स्मृतियों से बचा सकता। लेकिन मॉड के और मेरे बीच जो कुछ हुआ है, उसे आपको बताने के लिए मैं बाध्य था।'[32]

ब्रह्मचर्य की पहली प्रयोगशाला

टालस्टाय फार्म में 7 साल से लेकर 20 साल तक के बच्चे और युवक थे। इनमें 12-13 साल की लड़कियां भी थीं। मोहनदास जेल में बंद सत्याग्रहियों के इन बच्चों को अनौपचारिक रूप से शिक्षित करना चाहते थे। मोहनदास का प्रयोग शुरू हो गया। लड़के-लड़कियां साथ में रहते, साथ पढ़ते, साथ खेलते थे। यहां तक एक तरण ताल में उन्हें साथ ही नहाने की भी आजादी थी। दरअसल यह मोहनदास का एक नया प्रयोग था। आत्मसंयम का प्रयोग। ब्रह्मचर्य का प्रयोग भी इसी से जुड़ा था। आगे की कहानी खुद मोहनदास गांधी के शब्दों में है-

'मेरा प्रयोग इस प्रकार था- 'मैं लफंगे माने जाने वाले लड़कों को और निर्दोष सयानी लड़कियों को नहाने के लिए साथ-साथ भेजता था। मैंने लड़कों और लड़कियों को संयम धर्म भलीभांति समझा दिया था। वे सभी मेरे सत्याग्रह से परिचित थे। उन सबके प्रति मेरा प्रेम एक मां की तरह था। यह मैं तो जानता ही था, परंतु स्वयं उन बच्चों का विश्वास भी यही था। पाठकों को याद होगा कि वहां पानी का एक झरना था। वह भोजनालय से कुछ दूरी पर था। उस जगह उनको मिलने देना और उनसे निर्दोष रहने की आशा रखना अनुचित था क्या? जैसे मां की अपनी आंख बेटी पर रहती है वैसे ही मेरी आंख भी इन लड़कियों पर रहती थी। नहाने का एक वक्त तय था। उसके लिए वक्त पर सब लड़के और लड़कियां साथ-साथ जाते। समुदाय में जो एक प्रकार की सुरक्षितता होती है वह वहां भी थी। उन्हें कोई एकांत तो मिलता न था। फिर प्राय: उसी समय वहां मैं भी पहुंच जाता। सब लोग एक खुले बरामदे में सोते थे। लड़के और लड़कियां मेरे आसपास लेटे होते। उनके बिस्तरों में मुश्किल से तीन फुट का अंतर होता। हां, बिस्तरों के क्रम में सावधानी अवश्य रखी जाती, किंतु दूषित मन के लिए यह सावधानी क्या कर सकती थी? मैं अब देखता हूं कि इन लड़के और लड़कियों के संबंध में तो ईश्वर ने ही लाज रखी थी। लड़के और लड़कियां इस तरह निर्दोष भाव से मिलजुल सकते हैं, इस विश्वास को लेकर मैंने यह प्रयोग किया था और मां-बाप ने मुझ पर असीम विश्वास रखकर मुझे यह प्रयोग करने दिया था।

एक दिन इन लड़कियों ने अथवा किसी लड़के ने मुझे बताया कि एक युवक ने दो लड़कियों से मजाक किया है। मैं इससे कांप उठा। मैंने पूछताछ की। बात सच्ची थी। मैंने युवकों को समझाया किंतु इतना काफी न था। मैं चाहता था कि दोनों लड़कियों के शरीर पर कोई ऐसा चिह्न हो जिससे प्रत्येक युवक यह समझ ले और जान ले कि इन लड़कियों पर कुदृष्टि की ही नहीं जा सकती और लड़कियां भी समझ लें कि कोई उनकी पवित्रता पर हाथ नहीं लगा सकता। विकारी रावण सीता को छू भी नहीं सका था। राम तो दूर थे। मैंने रात-भर जगकर सोचा, ''इन लड़कियों को क्या चिह्न दूं जिससे ये अपने आपको सुरक्षित समझें। दूसरे उन्हें

देखकर निर्विकार रहें।'' मैंने सुबह उठकर लड़कियों से प्रार्थना की। उन्हें सहज भाव से समझाकर उनसे कहा कि वे मुझे अपने सुन्दर लंबे बाल काटने की अनुमति दे दें। हम फार्म में दाढ़ी बनाने और बाल काटने का काम आपस में कर लेते थे। इसलिए मेरे पास कैंची रहती थी। मेरी बात पहले उन लड़कियों की समझ में नहीं आई। मैंने बड़ी स्त्रियों को सब कुछ समझा दिया था। उन्हें मेरी बात सहन तो नहीं हुई; किंतु उन्हें मेरा उद्देश्य पसंद आया। अतः उनकी सहायता मुझे प्राप्त थी। दोनों लड़कियों का रूप भव्य था। शोक! उनमें से एक आज मौजूद नहीं है। वह तेजस्विनी थी। दूसरी लड़की अभी जीवित है और अपना घर-बार संभालती है। अंत में बात दोनों की समझ में आ गई। मैं जिस हाथ से इस प्रसंग को लिख रहा हूं उसी हाथ से मैंने उन लड़कियों के बालों पर कैंची चला दी। मैंने उसके बाद वर्ग में सबको इस कार्य का विश्लेषण करके समझाया। इसका परिणाम अच्छा हुआ। उसके बाद मैंने कभी मजाक किए जाने की बात नहीं सुनी। इससे इन लड़कियों की हानि बिलकुल नहीं हुई; किंतु उनको लाभ कितना हुआ, यह ईश्वर जाने।'[33]

मोहनदास गांधी के इस अभूतपूर्व न्याय का तरीका आश्रम में शायद ही किसी को समझ आया हो। इस अदालत में सजा उन गरीब लड़कियों को ही मिली जिनका इस पूरे प्रकरण में कोई दोष नहीं था। मोहनदास को लगा कि लड़कियों के बाल ही पाप का कारण हैं। इन सुंदर बालों के कारण लड़कों के मन में वासना जागी। इसलिए इन बालों की सुंदरता को ही नष्ट कर दो। मि. कैलेनबैक ने मोहनदास को बताया कि टालस्टाय फार्म में लफंगे लड़कों के साथ रहकर उनके खुद के तीनों लड़के बिगड़ रहे हैं। उन्हें मना करें कि वह लफंगों के साथ न घूमें। लेकिन मोहनदास ने ऐसा करने से मना कर दिया। उन्होंने कहा कि वह अपने और पराए लड़कों में भेद नहीं कर सकते। हालांकि मोहनदास खुद बुरी सोहबत में रहने के कई गंभीर नतीजे भोग चुके थे। मोहनदास ने लिखा- 'मैं नहीं मानता कि उससे मेरे लड़कों का कोई नुकसान हुआ।' मोहनदास का यह आकलन सही नहीं था क्योंकि आगे चलकर उनके अपने बच्चों में गहरे विकार आ गए थे।

खैर, सत्याग्रही जेल से छूट गए थे। इनमें अधिकांश लोगों ने अपने परिवार को टालस्टाय आश्रम से हटा लिया। अब यहां सिर्फ फिनिक्सवासी बच गए थे। मोहनदास उन सभी को फिनिक्स ही ले आए। सत्याग्रह के काम से मोहनदास को अधिकांश समय जोहानिस्बर्ग में रहना पड़ता था। इस दौरान फिनिक्स आश्रम में एक दूसरी दुर्घटना घट गई। आश्रम में दो युवकों ने एक छोटी लड़की के साथ कुकर्म करने का प्रयास किया।

गांधीजी ने 'आत्मकथा' में लिखा- 'टॉलस्टॉय आश्रम में बचे हुए आश्रमवासियों को फिनिक्स छोड़कर मैं जोहानिस्बर्ग गया। वहां कुछ ही दिन रहा था कि मेरे पास दो व्यक्तियों के भयंकर पतन के समाचार पहुंचे। सत्याग्रह की महान लड़ाई

में कहीं भी निष्फलता-जैसी दिखाई पड़ती, तो उससे मुझे कोई आघात न पहुंचता था। पर इस घटना ने मुझ पर वज्र प्रहार किया। मैं तिलमिला उठा। उसी दिन मैंने फिनिक्स की गाड़ी पकड़ी। मि. कैलेनबैक ने मेरे साथ चलने का आग्रह किया। वे मेरी करुणाजनक स्थिति को समझ चुके थे। मुझे अकेले जाने देने की उन्होंने साफ मनाही कर दी। पतन के समाचार मुझे उन्हीं के द्वारा मिले थे। रास्ते में मैंने अपना धर्म समझ लिया या कहिए कि समझ लिया-सा मानकर मैंने अनुभव किया कि अपनी निगरानी में रहने वालों के पतन के लिए अभिभावक अथवा शिक्षक न्यूनाधिक अंश में जरूर जिम्मेदार हैं। इस घटना में मुझे अपनी जिम्मेदारी स्पष्ट जान पड़ी। मेरी पत्नी ने मुझे सावधान तो कर ही दिया था, किंतु स्वभाव से अविश्वासी होने के कारण मैंने पत्नी की चेतावनी पर ध्यान नहीं दिया। साथ ही, मुझे यह भी लगा कि इस पतन के लिए मैं प्रायश्चित्त करूंगा तभी ये पतित मेरा दुख समझ सकेंगे और उससे उन्हें अपने दोष का भान होगा तथा उसकी गंभीरता का कुछ अंदाज बैठेगा। अतएव मैंने सात दिन के उपवास और साढ़े चार महीनों के एकाशन का व्रत लिया। मि. कैलेनबैक ने मुझे रोकने का प्रयत्न किया, पर वह निष्फल रहे।'[34]

इस घटना के बाद उस लड़की के माता-पिता ने लड़की को स्कूल भेजना बंद कर दिया। वे लड़की पर नजर रखने लगे। बहुत जल्द ही उन्होंने फिनिक्स आश्रम भी त्याग दिया। मोहनदास इस घटना को भूल नहीं पाए। लेकिन अभी इससे भी कुछ ज्यादा बुरा होना बाकी था।

आश्रम की पवित्रता लगातार भंग हो रही थी। मोहनदास के प्रायश्चित और उपवास कुछ काम नहीं आ रहे थे। मोहनदास के प्रयोग गलत थे या प्रयोग की स्थितियां अनुकूल नहीं थीं। मोहनदास का उपवास खत्म नहीं हुआ कि एक नया बखेड़ा खड़ा हो गया। फिनिक्स आश्रम में एक विवाहित युवती थी जयकुंवर। प्यार से लोग उसे जेकी कहते थे। जेकी के पति मणिलाल डॉक्टर फीजी में हिंदुस्तानियों की सेवा करते थे। जेनी के पिता डॉ. प्राणजीवन मेहता मोहनदास के करीबी मित्र थे। डॉ. मेहता एम. डी. बैरिस्टर थे जिन्होंने गांधीजी के सन् 1888 में इंग्लैंड पहुंचते ही उनकी देख-रेख का भार अपने ऊपर ले लिया। डॉ. मेहता ने ही मोहनदास को अंग्रेजी शिष्टाचार और चाल-चलन सिखाया। वह टॉलस्टॉय फार्म की स्थापना और संचालन से लेकर चंपारन सत्याग्रह तक, गांधीजी के सभी कामों में बड़ी दिलचस्पी लेते रहे। मोहनदास का ब्रह्मचर्य का पहला पाठ पढ़ाने वाले कविवर राजचंद्र से गांधीजी को डॉ. मेहता ने ही मिलाया था।

मणिलाल डॉक्टर से गांधीजी की पहली मुलाकात उनके 1906 लंदन प्रवास के दौरान हुई थी। मणिलाल डॉक्टर एक बार फिनिक्स आश्रम भी आए थे। तब उनकी सगाई जेकी से हो चुकी थी। जेकी अपने पिता के घर थी। मणिलाल डॉक्टर सरल स्वभाव के इंसान थे। लेकिन आश्रम के काम में उन्हें जरा भी दिलचस्पी नहीं थी।

कद-काठी दोहरी थी। शरीर पर चर्बी अधिक थी इसलिए वह थोड़ा सुस्त भी थे। मणिलाल अपने नाम के आगे भले डॉक्टर लिखते हों पर उन्होंने वकालत की पढ़ाई की थी। लेकिन उनका मन स्थिर नहीं था। वह राजनीति में आने को उत्सुक थे। कांग्रेस पार्टी में शामिल होना चाहते थे। कभी उन्हें लगता कि नहीं वकालत ही ठीक रहेगी।

मोहनदास गांधी के आश्रम के बारे में कहा जाता था कि यहां काम किए बगैर कोई नहीं रह सकता। लेकिन मणिलाल डॉक्टर ने यह मिथक भी तोड़ दिया। मोहनदास को लगता कि आश्रम में काम के लिए न सही मणिलाल को अपनी सेहत के लिए काम करना चाहिए। एक दूसरी समस्या भी थी। मोहनदास को लगता कि अगर मणिलाल डॉक्टर आश्रम में काम नहीं करेंगे तो दूसरे नौजवानों पर इसका गलत असर पड़ेगा। मोहनदास ने संकोच के साथ अपने मित्र डॉ. मेहता को यह सब बातें पत्र में लिख दी। उन्होंने यह भी सुझाव दिया कि जेकी और मणिलाल डॉक्टर की शादी जल्द से जल्द करा दी जाए। जेकी भी यही चाहती है। फिर चाहें तो वह दोनों यहां आकर रह सकते हैं। मणिलाल डॉक्टर भी इसके लिए राजी थे। वह भले आश्रम में काम करना पसंद न करते हों लेकिन आश्रम का जीवन उन्हें पसंद आया था। मोहनदास ने यह भी समझाया कि अगर जेकी 'अभी मां बनना' न चाहे तो ज्यादा बेहतर होगा। दोनों यहां अलग-अलग रहेंगे।

मोहनदास के इस प्रस्ताव पर डॉ. मेहता ने गंभीरता से विचार किया। 1912 में मणिलाल डॉक्टर और जेकी की शादी हो गई। जेकी फिनिक्स में आ गई। मणिलाल मॉरीशस में बेहतर काम कर चुके थे। मोहनदास का विचार था कि मणिलाल डॉक्टर को फिर मॉरीशस लौटकर सार्वजनिक कार्य प्रारंभ करना चाहिए। 29 अप्रैल, 1912 को उन्होंने ई. एफ. सी. लेन को एक पत्र लिखकर पूछा कि 'क्या मणिलाल डॉक्टर को उन भारतीयों में शामिल किया जा सकता है।' फीजी में अस्थायी समझौते में शर्त थी कि उपनिवेश में हर साल सिर्फ छः शिक्षित भारतीयों को प्रवेश दिया जाएगा। श्री लेन ने लिखा था कि 'समझौते को कानूनी रूप देने तक तो वे मणिलाल डॉक्टर को अस्थायी अनुमतिपत्र ही दे सकते हैं।' 8 जुलाई, 1912 को मोहनदास ने अपनी डायरी में लिखा है कि 'मणिलाल डॉक्टर वास्तव में फीजी जाना नहीं चाहते।' लेकिन बहुत समझाने पर वह राजी हो गए मणिलाल डॉक्टर 26 जुलाई, 1912 को जहाज से केपटाउन से फीजी के लिए रवाना हो गए। डॉक्टर का फिनिक्स आश्रम से जाना जैसे बला का टलना था।

उनकी पत्नी जेकी यहां आश्रम में रहती थी। वह मिलनसार थी। उसे आश्रम में बच्चों को पढ़ाने की जिम्मेदारी दी गई थी। वह युवा और सुंदर थी। मोहनदास के तीनों बेटे भी यहीं आश्रम में रहते थे। मोहनदास के दूसरे बेटे मणिलाल अभी किशोर थे। जेकी बीमार पड़ी तो मोहनदास गांधी ने अपने बेटे मणिलाल को

उसकी तीमारदारी में लगा दिया। आश्रम में न जाने कब मणि और जेकी में प्रेम हो गया। वह साथ रहते। नदी में नहाने भी साथ ही जाते थे। इसी दौरान दोनों में शारीरिक संबंध भी बन गए। मां कस्तूरबाई और मि. केलेनबैक को उनके संबंधों पर संदेह भी था। दोनों ने मोहनदास गांधी को सचेत किया था। लेकिन गांधीजी को विश्वास नहीं था। एक दिन खुलासा हो गया। 'मोहनदास गांधी और श्रीमती पोलक के बीच हुई बातचीत में यह बात साफ हो गई। मोहनदास गांधी के सामने जेकी ने भी अपना अपराध स्वीकार कर लिया।'[35]

इस स्वीकारोक्ति ने गांधीजी को आसमान से जैसे जमीन पर ला पटका हो। 'मानसिक उथल-पुथल' के ऐसे दिन उन्होंने जीवन में कभी नहीं बिताए थे। पहली बार आत्महत्या तक का खयाल आया। उन्हें लगा कि 'चाकू निकाल कर पेट में भोंक' लें। कई बार उनकी इच्छा हुई 'दीवार पर अपना सिर दे मारें।' उन्होंने खुद को नियंत्रित किया। उन्हें गोपाल कृष्ण गोखले की कही बात याद आई। वह गांधीजी से कहा करते थे- 'आप में एक ऐसी कठोरता है कि सामने के व्यक्ति के मन में भय उत्पन्न कर देती है और आदमी डर के मारे आपकी इच्छा पूरी करने के लिए एड़ी-चोटी का पसीना एक करता रहता है। और जो व्यक्ति शक्तिशाली नहीं होता, वह अंत में झूठ का सहारा लेता है। आप लोगों पर बड़ा बोझ डाल देते हैं। यहां तक कि मैं भी आपका कोई काम होता है, तो वश के बाहर होने पर भी पूरी ताकत लगाकर उसे करता हूं।'[36]

मोहनदास गांधी की ईश्वर ने फिर रक्षा की। मणिलाल और जेकी के सहवास से गर्भ नहीं ठहरा था। इसलिए गांधीजी को लगा कि 'अब भी स्थिति नियंत्रण' में है। गांधीजी ने फिर 'प्रायश्चित' शुरू किया। जेकी को आश्रम में यह कहकर लज्जित किया कि उसने विवाहित होते हुए 'एक निर्दोष किशोर' के साथ 'व्यभिचार' किया। मोहनदास ने 'कठोर उपवास' शुरू कर दिया था। पूरा आश्रम जेकी को वितृष्णा और घृणा की नजर से देख रहा था। जेकी को उस समय अपनी गलती महसूस हो रही थी। उसने अपने केश काट टाले। शृंगार छोड़ दिया। तब जाकर मोहनदास माने। उन्होंने जेकी के हाथ से नीबू पानी पीकर उपवास तोड़ा। मोहनदास ने अपने बेटे मणि से वादा लिया कि वह बिना पिता की आज्ञा के विवाह नहीं करेगा। और पवित्रता से 'ब्रह्मचर्य व्रत' का पालन करेगा।

मणि को आश्रम से हटाकर मि. कैलेनबैक के पास भेज दिया गया। मणिलाल इस फैसले से बुरी तरह आहत थे। उन्होंने मोहनदास के इस फैसले को गलत बताते हुए अपने पिता को 'निर्दयी' करार दिया। मोहनदास क्या करते। इस कुकर्म के लिए वह अपने बेटे को सूली पर तो नहीं चढ़ा सकते थे। उन्होंने मणिलाल गांधी को लिखा-'...लेकिन हुआ सो हुआ। मेरे दोषों को न देखना तुम्हारा कर्तव्य है। बच्चों में इतनी भक्ति होनी चाहिए कि वे बाप के दोषों को न देखें और उसके

गुणों का ही विचार करें। तुममें भी वैसी श्रद्धा की कामना करता हूं। मैं तुम्हें साधू नहीं बनाना चाहता। मैं तुम्हें शुद्ध आचरण करते हुए देखना चाहता हूं। तुममें सत्य, शील, सरलता, कोमलता, गरिमा, नम्रता और साधुता देखने की इच्छा करता हूं। तुममें संसार के साधारण सुखों के प्रति विरक्ति की भावना देखना चाहता हूं। लेकिन ये सारी बातें तो तुममें नजर नहीं आतीं। मैं कोई काम करता हूं इसलिए तुम्हें भी वही काम करना चाहिए सो बात नहीं। लेकिन यह कामना करता हूं कि तुम मेरे मार्मिक उद्‌गारों को समझ कर अपना जीवन सफल बनाओ।'[37]

अगले ही दिन मोहनदास ने अपने मित्र हरमन कैलेनबैक को लिखा–'...मणिलाल को तब फिनिक्स नहीं भेजा जा सकता था। जब जेकी वहां हो और उसे वहां तभी रहना चाहिए जब मैं वहां न होऊं। इसलिए एक ही विकल्प बचता था कि वह माऊंटेन व्यू में रहे, जहां अपनी क्षमता के मुताबिक सही काम कर सके। मैं उनके आध्यात्मिक विकास के लिए अधिक से अधिक अनकूल परिस्थितियों में उन्हें रखना चाहता था। मैंने मणिलाल को समझा दिया है कि वह चाय और कॉफी से परहेज करे, शहर में कभी-कभार ही जाए, शहर का न तो कभी खाना खाए और न ही वहां सोए। मगर मैंने उसे यह भी कह दिया है कि वह अपने आप में स्वतंत्र है। मेरी सलाह का वही हिस्सा वह माने जो उसे सही लगे, उससे अधिक नहीं। मैं नहीं चाहता कि वह मेरी बात रखने के लिए ही कुछ करे। मैं उसे बेल नहीं बल्कि पुष्ट पेड़ बनाना चाहता हूं।'[38]

इस घटना से मोहनदास बुरी तरह आहत थे। ब्रह्मचर्य के बारे में उनके विचार और अधिक सख्त होते जा रहे थे। इस दौरान मोहनदास आरोग्य पर एक पूरी शृंखला लिख रहे थे जो 'इंडियन ओपीनियन' में छप रही थी। फिनिक्स में घटी घटनाओं का असर उनके मन पर अंकित था। ब्रह्मचर्य पर लिखते हुए उन्होंने कहा–'हमारे चारों ओर जो एक कौतुक चल रहा है, जरा उस ओर भी देखें। छोटों से लेकर बड़े तक, चाहे वे पुरुष हों या स्त्री, सभी एक बड़ी हद तक इस मोह में डूबे हुए हैं। इस प्रसंग में हम सभी एकदम पागल हो जाते हैं। हमारी बुद्धि स्थिर नहीं रहती। हमारी आंखों के आगे पर्दा पड़ जाता है। हम लोग कामांध हो उठते हैं। कामांध पुरुषों, स्त्रियों और लड़के-लड़कियों को मैंने एकदम पागलपन की स्थिति में देखा है। मेरा अपना अनुभव भी कुछ भिन्न नहीं है। जब-जब मैं ऐसी स्थिति में पहुंचा हूं, तब-तब अपना होश-हवास भूल गया हूं। वास्तव में यह वस्तु ही ऐसी है। इस प्रकार रत्ती-भर सुख के लिए हम अपना मन-भर बल पल-भर में खो बैठते हैं। और जब हमारा वह नशा उतर जाता है, तब हमारी हालत रंक की-सी हो जाती है।'[39] मणिलाल जोहानिस्बर्ग में थे और मोहनदास के मुताबिक वह 'कठिन व्रत का पालन कर रह प्रायश्चित' कर रहे थे। मोहनदास को लगता कि फिनिक्स में जेकी ने भी अपना 'जीवन बिलकुल बदल डाला है।'[40]

लेकिन जेकी के बारे में यह भ्रम भी बहुत जल्दी टूट गया। पांच महीने बाद ही उन्होंने अपने सहयोगी रावजीभाई पटेल को लिखा-'जे. और...के पाप को घोर पाप माना है। अपने जबरदस्त पाखंड के कारण ही वे ऐसे घोर पाप कर सके हैं। यदि उनका धोखा देने का मन न होता तो वे आवेश में पशु बनकर, फिर एकदम मनुष्य बन जाते, और विषय-भोग को छोड़ देते। जान पड़ता है, (एक) अब ठीक रास्ते पर आता जा रहा है और दूसरा मोहजाल में फंसा हुआ और दंभ में डूबा हुआ है।'[41]

दूसरे शब्द का प्रयोग जेकी के लिए था। गांधीजी पुत्र मोह में फंसे थे। उन्हें लग रहा था कि मणि ठीक रास्ते पर आ रहा है। मोहनदास गांधी सिर्फ जेकी से नाराज नहीं थे। वह अपनी पत्नी कस्तूरबा से भी काफी दुखी थे। दोनों में हर बात पर झगड़ा होता था। कस्तूरबा को लगता कि इस पूरे घटनाक्रम में 'बेचारे' मणि का क्या दोष। वह तो अभी बच्चा है। मुसीबत की जड़ ये 'विवाहिता' जेकी है जो उनके पास रह रही है। और बेचारा मणि अकेले दूर पड़ा है। कस्तूरबा का गुस्सा दिन-ब-दिन उग्र रूप धारण कर रहा है। कस्तूबा हाथ धोकर जेकी के पीछे पड़ गई थीं। गांधीजी ने इसके लिए कस्तूरबा को डांटा और कहा कि उसके 'विचारों में पाप भरा हुआ है और अपने पापों की वजह से ही वह बीमार हुईं।' इस पर कस्तूरबा बिगड़ गईं। वह हाय-तौबा मचाने लगीं। उन्होंने कहा कि वह बंदिशों से तंग आ चुकी हैं। कस्तूरबा को लगता कि उनके पति 'उन्हें मारने के लिए खाने-पीने की सभी अच्छी चीजों से वंचित' रखते हैं। वह गांधीजी को खरी-खोटी सुनातीं। वह गांधीजी को 'फुंफकारते हुए सांप जैसा' बतातीं। मोहनदास गांधी ने अपने मित्र कैलेनबैक को बताया कि 'ये टिप्पणियां जिस तरह से की गईं, उनका स्वरूप अत्यंत घृणापूर्ण था।' अपनी पत्नी कस्तूरबा के बारे में मोहनदास गांधी के विचार थे कि उसमें 'अत्यंत सूक्ष्म रूप में राक्षस और देवता की भावनाएं निवास करती हैं।' गांधी ने अपनी पत्नी के बारे में बताया कि 'वह ऐसी जहर उगलने वाली महिला है जैसी मैंने अपने पूरे जीवन में कभी नहीं देखी। वह कभी नहीं भूलती, मुझे कभी माफ नहीं करती।'[42]

उधर मणि अपना आचरण संतुलित नहीं रख सका। तमाम दूरियों के बावजूद न मणि में सुधार हुआ न जेकी में। मणि और जेकी में शारीरिक संबंध बने रहे। दोनों को अलग करने की हर कोशिश नाकाम रही। मोहनदास ने डॉ. मेहता को पत्र लिखकर पूछा कि वह जेकी को फीजी भेजना चाहते हैं। डॉ. मेहता भला क्यों इंकार करते। लेकिन जेकी ने फीजी जाने से मना कर दिया। लेकिन उसे जाना ही पड़ा। फीजी का जहाज केपटाउन होकर जाता था। जेकी चाहती थी कि वह एक बार मणि से मिल ले। लेकिन ऐसा नहीं होने दिया गया।

जेकी और मणि को लेकर मोहनदास आहत थे। पिछले दिनों उन्हें जिस तरह के 'मानसिक कष्ट' और 'सदमे' सहने पड़े, वैसे पहले कभी नहीं सहे थे।

उन्होंने अपने दोस्तों को पत्र लिखना भी बंद कर दिया था। उन्होंने कैलेनबैक को लिखा–'मैं कुछ भी लिखना नहीं चाहता। मैं उनकी चर्चा किसी से नहीं करना चाहता। मैं एकांत में रहना चाहता हूं।'

मोहनदास समझते थे कि मणि और जेकी का प्रेम, प्रेम नहीं बल्कि विशुद्ध शारीरिक भूख है। प्रेम एक बहुत दूसरी और ऊंची वस्तु है। कैलेनबैक ने भी उनसे शिकायत की कि वह पत्र क्यों नहीं लिख रहे। क्या उनका प्यार कम हो गया है। मोहनदास ने मि. कैलेनबैक को जवाब लिखा– 'प्रिय लोअर हाउस, प्रेम मूक होता है, वह कोई शिकायत नहीं करता। प्रेम अंधा भी होता है, वह कोई दोष नहीं निकालता। प्रेम बहरा होता है, वह कोई बहाने नहीं सुनता। प्रेम हमेशा देता है, कभी मांगता नहीं। प्रेम सदा एक–सा होता है, सुख या दुख की घड़ी में वह घटता–बढ़ता नहीं। प्रेम कभी आहत नहीं होता। प्रेम कभी थकता नहीं। तुम्हारे प्रेम की क्या स्थिति है? मणिलाल को फीजी के मणिलाल के बारे में कुछ मालूम नहीं है। वह एक मुग्ध लड़का है। जैसा कि जेकी को मैं जानता हूं, वह फीजी के मणिलाल (अपने पति) पर पैबंद भी नहीं है। मणिलाल एक सच्चा इंसान है। उसने वही अनुभव किया है, जो एक आहत पति अनुभव करता है। क्या इसमें कोई आश्चर्य है? उसने अपनी भावनाओं को खुलकर व्यक्त किया है। वह ईमानदार नहीं है? मैं जेकी को केवल इस विश्वास के कारण उसके पति से दूर रख सकता था कि वह उससे बहुत श्रेष्ठ है। अब मुझे मालूम हुआ है कि वह अपने पति से हेय है। वह झूठी, पाखंडी और बुरी भावनाओं वाली औरत है, जिसमें दया, करुणा कुछ भी नहीं है। क्या मैं उसे उसके पति से जुदा रख सकता था? जल्दी ही वह भी उतनी ही बुरी हो जाएगी, जितना वह है। और उसकी सभी मौज–मस्तियों में हिस्सेदार बन जाएगी। वह ऐसा क्यों न करे?[43]

इस घटना से आहत मोहनदास फीजी के मणिलाल डॉक्टर, डॉ. मेहता और खुद अपने प्रति खुद को दोषी मानने लगे थे। दक्षिण अफ्रीका में जिन दिनों मोहनदास अपने ब्रह्मचर्य व्रत की तपस्या कर रहे थे उन दिनों उनका खुद का बेटा काम वासना में लगभग अंधा हो चुका था। हालांकि मोहनदास गांधी ने इस पूरे मामले को कभी अपने ब्रह्मचर्य के प्रयोग से नहीं जोड़ा। वह मणि को सर्वश्रेष्ठ ब्रह्मचारी बनाना चाहते थे लेकिन मणि भोग के रास्ते पर आगे और आगे चला जा रहा था। टॉलस्टॉय फार्म और फिनिक्स आश्रम की पवित्रता उनके ही खून ने तार–तार कर दी थी।

मोहनदास गांधी ने ब्रह्मचर्य का व्रत दक्षिण अफ्रीका में लिया था। वह यहां 21 साल रहे। गांधीजी इस व्रत के सहारे अपने आसपास का वातावरण जितना पवित्र बनाना चाहते थे वह उतना ही अपवित्र बनता जा रहा था। लेकिन गांधीजी इसे मानने को राजी नहीं थे। 1926 में उन्होंने दक्षिण अफ्रीका में सत्याग्रह का

इतिहास लिखा। उन्होंने कुदरती उपचार का जिक्र करते हुए एक जगह लिखा–'ऐसे तो कितने ही प्रयोग मैंने टॉलस्टॉय फार्म पर किए। लेकिन किसी भी प्रयोग में असफलता मिली हो ऐसा मुझे याद नहीं है।'[44]

मोहनदास गांधी दक्षिण अफ्रीका से लंदन होकर स्वदेश लौट रहे थे। वह उदास और निराश थे। ऐसी निराशा जो लंबे संघर्ष के बाद होती है। जब लगता है कि इस लड़ाई में कितना कुछ खो गया। उन्हें टॉलस्टॉय का कथन याद आया–'जैसे–जैसे हम मंजिल के निकट जाते हैं वह और दूर होती जाती है।' उनकी सेहत टूट गई थी। सफेद गेहूं के ब्रेड खाने से उनकी बवासीर फिर उभर आई थी। उन्होंने जहाज से ही अपने मित्र कैलेनबैक को लिखा–'मेरा मन अस्थिर है और उन चीजों की इच्छा करता है, जो मैं छोड़ चुका हूं। हम कैसे छले जाते हैं? हम मान बैठते हैं कि कुछ इच्छाओं से हम मुक्त हो चुके हैं किंतु अचानक हमें लगता है कि वे केवल हमारे भीतर सो रही थीं और समाप्त नहीं हुई थीं। लंदन में मेरा भला नहीं हुआ। स्वस्थ और आशावान व्यक्ति के रूप में भारत लौटने की बजाय मैं एक ऐसे टूटे हुए इंसान के रूप में भारत जा रहा हूं जो यह भी नहीं जानता कि भारत में उसे क्या करना या क्या बनना है और मैं यह पहले भी नहीं जानता था। परंतु न जानना खुशी का एक कारण था जो अब नहीं है। मुझे उत्साहित करने वाला आशा का कोई आधार नहीं है। इसलिए प्रिय लोअर हाउस (इस शब्द में अब भी मिठास मौजूद है) लंदन में बचकर रहना। तुम अंधकार के शहर में हो। तुम अपनी आंतरिक शक्ति से प्रेरणा लेते रहना और सही रास्ते पर चलते रहना। मैं उस स्थान से बहुत दूर हूं, फिर भी वह मेरे भीतर गूंजता रहता है।'[45]

संदर्भ

1. जीवन–प्रभात, सस्ता साहित्य मंडल प्रकाशन, संस्करण, 1980, लेखक–प्रभुदास गांधी, पेज 52
2. सत्य के प्रयोग अथवा आत्मकथा, नवजीवन प्रकाशन मंदिर, अहमदाबाद, संस्करण जनवरी 2000, मोहनदास कर्मचंन्द गांधी, पेज 6
3. आत्मकथा, पेज 8
4. आत्मकथा, पेज 19
5. आत्मकथा, पेज 23
6. आत्मकथा, पेज 25
7. सम्पूर्ण गांधी वाङ्मय, प्रकाशन विभाग, सूचना और प्रसारण मंत्रालय, नई दिल्ली। खंड 1, 13 जून, 1891, पेज 50, (संस्करण 2001, सम्पूर्ण गांधी वाङ्मय के आगे के सभी संदर्भ इसी संस्करण से लिए गए हैं।) वेजिटेरियन, 13–6–1891

गोरी वेश्याओं की बस्ती में

8. खंड 1, 4 सितंबर, 1888, पेज 14
9. आत्मकथा, पेज 55

10. आत्मकथा, पेज 57
11. आत्मकथा, पेज 62
12. आत्मकथा, पेज 78
13. आत्मकथा, पेज 81
14. आत्मकथा, पेज 90

वासनाओं के खिलाफ पहली लड़ाई

15. आत्मकथा, पेज239
16. आत्मकथा, पेज 276
17. आत्मकथा, पेज 179

पोलक दंपति के प्रेम में

18. खंड 10 : 14 नवंबर, 1909, पेज 272
19. खंड 10 : 14 नवंबर, 1909, पेज 273
20. खंड 10 : 14 नवंबर, 1909, पेज 273
21. खंड 10 : 11 नवंबर, 1909, पेज 260
22. खंड 10 : 26 दिसंबर, 1909, पेज 404
23. खंड 10 : 23 सितंबर, 1909, पेज 127 देखें— फुटनोट
24. खंड 10 : 23 सितंबर, 1909, पेज 129 देखें— फुटनोट
25. खंड 10 : 31 दिसंबर, 1909, पेज 411
26. खंड 11 : 24 अप्रैल, 1910, पेज 20
27. खंड 11 : 2 जुलाई, 1911, पेज 480
28. खंड 5 : 26 अक्टूबर, 1906, पेज 466
29. खंड 10 : 14 नवंबर, 1909, पेज 273-274
30. खंड 10 : 15 नवंबर, 1909, पेज 275
31. खंड 10 : 15 नवंबर, 1909, पेज 276
32. खंड 13: 19 अप्रैल, 1913, पेज 80

ब्रह्मचर्य की पहली प्रयोगशाला

33. दक्षिण अफ्रीका के सत्याग्रह का इतिहास, नवजीवन प्रकाशन मंदिर, अहमदाबाद 1968-पेज 278-280
34. आत्मकथा पेज 299-300
35. गांधी : आरडेंड इन साउथ अफ्रीका, जेएन उप्पल प्रकाशन विभाग नई दिल्ली 1995 पेज-412
36. खंड 14 : 22 अप्रैल, 1914, पेज 158-159
37. खंड 14 : 26 फरवरी, 1914 के आसपास, पेज 84-85
38. खंड 14 : 27 फरवरी, 1914, पेज 86
39. खंड 13 : 26 अप्रैल, 1913, पेज 85-86 व इंडियन ओपीनियन, 26-4-1913
40. खंड 13 : 18 सितंबर, 1913, पेज 268
41. खंड 14 : 24 फरवरी, 1914, पेज 79,
42. खंड 14 : 12 अप्रैल, 1914, पेज 150
43. खंड 14 : 13 मई, 1914, पेज 167-168
44. दक्षिण अफ्रीका के सत्याग्रह का इतिहास- पेज 292
45. खंड 14 : 30 दिसंबर 1914, पेज 347-348

अध्याय–2

प्यारी बिटिया और आध्यात्मिक पत्नी

अंधकार के शहर' लंदन से होते हुए मोहनदास गांधी ने 9 जनवरी, 1915 को हिंदुस्तान की जमीन पर कदम रखा। अपोलो बंदरगाह पर एक भीड़ उनके लिए खड़ी थी। उसी दिन 'टाइम्स ऑफ इंडिया' को दिए इंटरव्यू में उन्होंने कहा कि वे अपना शेष जीवन भारतीय समस्याओं के 'अध्ययन' में लगाना चाहते हैं और यदि कोई 'अनपेक्षित परिस्थिति' उन्हे बाध्य नहीं कर देती तो वे अपने पिछले कार्यक्षेत्र में 'वापस' नहीं जाना चाहते।

मोहनदास गांधी और उनकी पत्नी का उस बंबई शहर में भव्य स्वागत हुआ जिस शहर को वह 'लंदन की जूठन' मानते थे। उन्हें 'भारतीय स्वतंत्रता संग्राम के वीर' की उपाधि दी गई। हिंदुस्तान के सत्कार और यहां के पवित्र वातावरण में मोहनदास गांधी बहुत जल्द खुद को तरोताजा महसूस करने लगे। अब उन्हें अगली लड़ाई के लिए तैयार होना था। उन्हें ऊंचाइयों और महानता की नई मंजिल पर ले जाने वाला एक नया सफर उनकी राह देख रहा था। हालांकि हिंदुस्तान उनके लिए लगभग अनजाना देश था।

मोहनदास गांधी यहां अकेले नहीं आए थे। सत्य, अहिंसा, ब्रह्मचर्य जैसे व्रत अपने साथ हिंदुस्तान लाए थे। फिनिक्स आश्रम कहीं दूर पीछे छूट गया था। गांधीजी के साथ उनके कई सत्याग्रही मित्र भी भारत लौट आए थे। अपने भतीजे मगनलाल गांधी समेत करीब बीस सत्याग्रहियों को मोहनदास गांधी पहले ही गुरुदेव रवींद्रनाथ टैगोर के आश्रम भेज चुके थे। गांधीजी को इस अपरिचित देश में एक आश्रम की जरूरत थी। भारत में फिनिक्स जैसा आश्रम शुरू करने के लिए गोखले ने आर्थिक मदद देने का वादा किया था। लेकिन मोहनदास गांधी के भारत पहुंचने के अगले ही महीने वह परलोक सिधार गए। हालांकि मोहनदास गांधी के पास मददगारों की कमी नहीं थी। उन्हें फिनिक्स जैसा आश्रम खोलने के लिए

राजकोट, कलकत्ता, हरिद्वार आदि से आमंत्रण आए थे। लेकिन मोहनदास गांधी को गुजरात के अहमदाबाद शहर से लगी एक खाली जमीन पसंद आई। मित्रों की मदद से साबरमती में बहुत जल्द एक आश्रम बनकर तैयार हो गया। इस आश्रम का नाम 'सत्याग्रह आश्रम' रखा गया। यह 25 मई, 1915 की बात है। मोहनदास गांधी ने पहले ही साफ कर दिया था कि आश्रम की स्थापना सत्य के प्रयोग, सत्य के आचरण और सत्य की खोज के लिए की गई है। यहां रहने वाले प्रत्येक आश्रमवासी को सत्य, अहिंसा, ब्रह्मचर्य और आस्तेय व्रत समेत कुल ग्यारह व्रतों का पालन करना जरूरी था। अन्य व्रत थे अस्वाद, अपरिग्रह, शरीर श्रम, स्वदेशी, अभय, अस्पृश्यता निवारण और सहिष्णुता। सत्य का अर्थ सिर्फ सत्य बोलना नहीं था बल्कि सत्याग्रह था। इस आश्रम में सत्य ही ईश्वर था। रोजमर्रा के जीवन में असत्य का प्रयोग न किया जाए। सत्य अगर अप्रिय है फिर भी वह सत्य है। इसलिए सत्य का साथ न छोड़ना ही इस व्रत का मूलाधार था। आश्रम में किसी भी तरह की हिंसा पर पाबंदी थी। क्रोध भी हिंसा का एक रूप माना जाता था।

ब्रह्मचर्य व्रत खासतौर से उन लोगों के लिए था जिन्होंने अपना जीवन सेवा के लिए लगने का प्रण किया था। आश्रम में ब्रह्मचर्य के पालन के लिए काफी कठोर नियम थे। आश्रम में रहने वाले स्त्री या पुरुष के बीच किसी भी तरह के काम संबंध पर रोक थी। चाहे वह पति-पत्नी ही क्यों न हों। यहां सिर्फ एक संबंध था मित्रता का। विकारयुक्त विचार या विकारग्रस्त बातचीत भी ब्रह्मचर्य व्रत भंग करने के लिए काफी थी। आस्तेय यानी चोरी न करना। देखते-देखते इस आश्रम में उन लोगों की भीड़ इकट्ठा हो गई जिनमें गांधीजी के विचारों पर घोर आस्था थी। गांधीजी इस आश्रम के 'बापू' बन गए और कस्तूरबाई 'बा'। आश्रमजनों का इनके प्रति सामान्य सम्बोधन यही था।

यह वह दौर था जब हिंदुस्तान की राजनीति संक्रमण के दौर से गुजर रही थी। कांग्रेस थके हुए कंधों पर थी। मोहनदास गांधी के राजनीतिक गुरु गोपाल कृष्ण गोखले का 19 फरवरी, 1915 को निधन हो गया था। सर फिरोजशाह मेहता, सुरेंद्र नाथ बनर्जी जैसे बड़े नेता नेपथ्य में चले गए थे। महाराष्ट्र के तेज तर्रार नेता लोकमान्य गंगाधर तिलक जेल की सलाखों से साल भर पहले ही बाहर निकले थे। वह गरम दल के पितामह थे। उन्हें सूरत के 1907 के अधिवेशन में कांग्रेस को तोड़ने का अपराधी माना जाता था। एक विचारोत्तेजक लेख को लेकर उन पर राजद्रोह का मुकदमा चला था। जेल में गीता रहस्य लिख चुके तिलक अब एक दूसरी दुनिया में रहने लगे थे। गांधीजी तिलक से मिल चुके थे। तिलक उन्हें हिमालय की तरह महान, उच्च लेकिन अगम्य दिखाई पड़े। तिलक गंगा की ऐसी पवित्र धारा थे जिसमें वह आसानी से गोता लगा सकते थे। गोखले और तिलक दोनों महाराष्ट्रियन चितपावन ब्राह्मण थे। लेकिन दोनों में देश प्रेम कूट-कूट कर

भरा था। दोनों ने अपने जीवन में भारी त्याग किया था। लेकिन दोनों अपनी प्रकृति से नदी के दो ऐसे किनारे थे जो कभी मिल नहीं सकते थे।

हिंदुस्तान का राजनीतिक वातावरण जैसे मोहनदास कर्मचंद गांधी का इंतजार कर रहा था। सेना थी लेकिन उनका सेनापति लड़ाई के मैदान से नदारद था। गांधीजी के भारत आने के बाद बंबई में कांग्रेस का अधिवेशन हुआ। लेकिन 1915 के अधिवेशन में कांग्रेसियों ने उन्हें विषय समिति का सदस्य तक नहीं चुना। कांग्रेस के नरम और गरम दोनों ही दल मोहनदास गांधी से किनारे हो गए। इनमें गोखले के करीबी भी शामिल थे। इसलिए सभापति सर सत्येंद्र प्रसन्न सिंह को अपने विशेषाधिकार से उन्हें सदस्य नामित करना पड़ा।

चंपारन और नीली आंखों वाली मिस एस्थर

मोहनदास गांधी आश्रम में रहते और अपनी राजनीतिक गतिविधियाँ वहीं से संचालित करते। गांधीजी का सत्याग्रह आश्रम बहुत जल्द देसी और विदेशी लोगों के आकर्षण का केंद्र बन गया था। खासतौर से उनके लिए जो अध्यात्म में रुचि रखते थे। आश्रम के इस सबसे शुरुआती दौर में मिस एस्थर फैरिंग तथा मिस मेरी पीटर्सन नाम की दो विदेशी महिलाएं गांधीजी के संपर्क में आईं। यह दोनों दक्षिण भारत में डेनिश मिशनरी सोसाइटी की सदस्याएं थीं। एस्थर दो साल पहले ही भारत आई थी। मेरी पीटर्सन पहले से ही भारत में थीं। दोनों को सोसाइटी की तरफ से जिम्मेदारी दी गई थी कि वह भारतीय स्कूलों का दौरा करें और अपनी रिपोर्ट दें। दोनों जनवरी 1917 में पहली बार अपने शैक्षणिक कार्य की तैयारी के लिए गांधीजी के साबरमती स्थित आश्रम में आई थीं। तब गांधीजी आश्रम में ही थे। नीली आंखों वाली डेनिश कन्या एस्थर सुंदर थी। गांधीजी उसके काम से प्रभावित थे और वह गांधीजी के काम से। एस्थर में गांधीजी ने खुद की कई समानताएं दिखी थीं। इसलिए वे दोनों बहुत जल्दी करीब आ गए। गांधीजी ने उन्हें 20 वर्षों में जो पत्र लिखे थे, वे सन् 1956 में 'माई डियर चाइल्ड' नाम से पुस्तक के रूप में प्रकाशित हुए हैं।

बंबई अधिवेशन के दौरान मोहनदास गांधी की मुलाकात चंपारन के गरीब किसान राजकुमार शुक्ल से हुई। वह किसान कांग्रेस के सामने नील की खेती करने वाले चंपारन किसानों की समस्याएं रखने आया था। लेकिन उस कांग्रेस के पास गरीब किसानों के लिए वक्त नहीं था। किसी ने राजकुमार शुक्ल को सलाह दी कि वह गांधीजी से मिले। वही उसका दर्द समझ सकते हैं। चंपारन के किसान अपनी जमीन के तीन बटा बीस हिस्से में नील की खेती करने के लिए मजबूर थे। यह नील उन्हें अंग्रेज जमींदारों को देना पड़ता था। इसे नील कठिया प्रथा कहते थे। यह तीन कठिया किसान गांधीजी से सिर्फ इतना चाहता था कि वह एक बार चंपारन आकर किसानों की बदहाली अपनी आंखों से देख लें। गांधीजी इसके लिए

तैयार हो गए। उन्होंने किसान को कलकत्ता बुलाया। फिर उसके साथ कलकत्ता से पटना चले आए और किसानों की लड़ाई लड़ने लगे।

दोनों डेनिश कन्याएं आश्रम से लौट चुकी थीं। पर गांधीजी उन्हें भूल नहीं पाए थे। दोनों तरफ से पत्र-व्यवहार शुरू हो चुका था। गांधीजी ने एस्थर को लिखा-'हम लोगों को तुम दोनों की बड़ी याद आती है। तुम लोग हमारे लिए मेहमान नहीं परिवार के सदस्य बन गए थे।'[1]

गांधीजी जिन महिलाओं को पसंद करते उन्हें तत्काल उम्र के लिहाज से रिश्तों में कैद कर लेते। दक्षिण अफ्रीका में उन्होंने अपने मित्र हेनरी की पत्नी मिली पोलक को अपनी 'बहन' बनाया था। हेनरी की बहन मॉड मोहनदास से प्रभावित थी तो उसे उन्होंने 'बेटी' बना लिया यह जानते हुए भी कि मॉड उनके बारे में उस तरह से नहीं सोचती। डेनिश कन्याओं के साथ भी यही हुआ। बापू एस्थर को बेटी-जैसा मानने लगे थे। वह उसे प्यार से 'माई डियर चाइल्ड' बुलाने लगे थे। लेकिन एस्थर के सामने दिक्कत थी कि वह गांधीजी को क्या कहकर बुलाए। तब मोहनदास गांधी चंपारन के मोतीहारी इलाके में थे। उन्होंने एस्थर को लिखा- 'तुम चाहो तो मुझे बापू कह सकती हो। बापू का अर्थ है पिता। आश्रम में यह प्यार का शब्द बन गया है।' मोहनदास गांधी ने उसे आगे लिखा कि 'मैं तुम्हारे प्रेम को, सचमुच, बहुत महत्त्व देता हूं। तुम अहमदाबाद के पते पर पत्र लिखती रह सकती हो।'[2]

बिहार में पहले पहल गांधीजी, राजेंद्र प्रसाद के घर रुके थे। वह घर पर नहीं थे। राजेंद्र प्रसाद के नौकर ने गांधीजी को कुएं से पानी तक नहीं भरने दिया। यहीं गांधीजी की मुजफ्फरनगर आर्ट्स कॉलेज के प्रो. जेबी कृपलानी और प्रो. मलकानी से पहली मुलाकात हुई। गांधीजी यहां किसानों के लिए आए थे। देखते-देखते हजारों नील किसान गांधीजी के साथ खड़े हो गए। अंग्रेज अफसरों के कान खड़े हो गए। उन्होंने गांधीजी को तुरंत लौट जाने के आदेश दिए। लेकिन गांधीजी कहां मानने वाले थे। वह डटे रहे। इसे वह अवज्ञा कहते थे। शांतिपूर्ण अवज्ञा गांधीजी के तेज धार वाले हथियारों में एक था। मोतीहारी में खामोश किसानों की भीड़ और बढ़ गई थी। इससे गांधीजी का आत्मबल बढ़ा। यह सब तमाशा उनके लिए कोई नई बात नहीं थी। दक्षिण अफ्रीका के दिनों में भी गांधीजी किसी क्षण किसी भी आक्रमण को झेलने के लिए तैयार रहते थे। फिर यह तो उनका अपना देश था। वह जानते थे कि उनके खिलाफ की गई किसी भी तरह की सख्ती उनके काम में और मदद ही करेगी।

एस्थर के पत्र गांधीजी को मोतीहारी जैसे अति पिछड़े इलाके में भी बराबर मिल रहे थे। एस्थर ने अपने पत्र में कहा था कि 'बापू' नाम उन्हें अच्छा लगता है। अन्य आश्रमवासियों की तरह वह भी उन्हें 'बापू' ही कहेगी। अपने पत्र का

संबोधन भी उसने 'मि. गांधी' के बजाय 'बापू' के नाम से किया था। गांधी भी अपने चंपारन संघर्ष का एक-एक ब्योरा एस्थर को भेजते। उन्होंने एस्थर को बताया कि यहां के अधिकारी उनसे खासे खफा हैं। उन्होंने एस्थर को लिखा कि-'अपनी अंतरात्मा के अनुसार चलने के कारण मैं गिरफ्तार किया जाने वाला हूं यह विचार कर मुझे बेहद खुशी हो रही है।' इस पत्र के अंत में उन्होंने प्रेषक के नाम की जगह पर 'तुम्हारा बापू' ही लिखा। हालांकि उन्होंने कोष्ठक में यह भी लिखा 'अगर तुम्हें यही अच्छा लगता है तो।'[3]

गांधीजी को अगली ट्रेन से बिहार की सीमा छोड़ने का नोटिस मिला था। लेकिन उन्होंने इस नोटिस को मानने से इंकार कर दिया। अगले दिन वह जिला मजिस्ट्रेट की अदालत में पेश किए गए। मजिस्ट्रेट ने कहा कि जमानत ले लो। गांधीजी ने इंकार कर दिया। हालात की नजाकत को देखते हुए मजिस्ट्रेट ने गांधीजी को बिना जमानत रिहा कर दिया। अदालत में खड़े राजेंद्र प्रसाद, ब्रज किशोर, मो. मजहरूल हक जैसे वकील भी सांस रोके ये सब देख रहे थे। अंग्रेजों की इस छोटे से जिले की अदालत में यह नायाब घटना थी।

गांधीजी ने अपना अपराध स्वीकार किया था। लेकिन मजिस्ट्रेट ने फिर भी उन्हें सजा नहीं सुनाई और फैसला 3 बजे तक के लिए मुल्तवी कर दिया। इस बीच उनसे कहा गया कि वे सुपरिंटेंडेंट और जिला मजिस्ट्रेट से मिलें। इन अधिकारियों से बातचीत में गांधीजी ने मान लिया कि अपने बारे में कोई फैसला होने तक वह गाँव-गाँव नहीं घूमेंगे। मुकदमा तीन दिन तक के लिए मुल्तवी कर दिया गया। तीन दिन बाद सरकार ने गांधीजी पर मुकदमा वापस ले लिया।

एस्थर से पत्र-व्यवहार जारी था। वह अपने पत्र अहमदाबाद के आश्रम भेजती और वे पत्र गांधीजी की अन्य डाकों के साथ मोतीहारी आते। गांधीजी उससे कहते-'तुम्हारा लक्ष्य कहीं अधिक गहरा है। यहां मुझे जो अनुभव हो रहे हैं उनसे मुझे बहुत आनंद मिल रहा है। लेकिन अपने आसपास मैं लोगों को जो दुख उठाते देखता हूं उनसे मुझे कष्ट भी उतना ही मिल रहा है। मैं जानता हूं कि तुम मेरे लिए वेदना महसूस करती हो क्योंकि तुम स्वयं भी इन सारी कठिनाइयों के बीच में रहने और उन्हें (मेरे साथ) झेलने की इच्छा रखती हो।' उन्होंने एस्थर को आगे लिखा- 'लेकिन तुम्हारा काम तुम्हें मिल चुका है। जो तुमसे दूर हैं उनके लिए तो तुम भगवान् से प्रार्थना-भर कर सकती हो और यह तो तुम अपने संपूर्ण अंत:करण से कर रही हो।'[4]

अब एस्थर का मन मिशन में नहीं लग रहा था। जब उसका मन उदास हो जाता और वह अपनी मुश्किलों में घिरी होती तो बापू को पत्र लिखती। वह बापू की चिंता करती। उसे लगता कि बापू 'जरूरत से ज्यादा काम करके अपने आपको मारे डाल' रहे हैं। उसे यह भी लगता था कि बिहार में बापू कितने झंझावातों से

जूझ रहे हैं। और वह उन्हें पत्र लिखकर 'परेशान' कर रही है। इसके लिए वह बापू से 'माफी' भी मांगती। लेकिन बापू को उसके पत्र अच्छे लगते थे। वह उन पत्रों को बहुत रस लेकर पढ़ते थे। एस्थर के कुछ पत्र तो उन्होंने मिली पोलक को भी भेजे थे जो उस दौरान भारत यात्रा पर थी। गांधीजी ने मिली से कहा था कि एस्थर के पत्र पढ़कर उसे 'खुशी' होगी। 'वह अच्छे दिल की लड़की है।'[5]

दरअसल एस्थर मिशन से ऊब चुकी थी। वह सब कुछ छोड़छाड़ कर आश्रम आना चाहती थी। बापू के साथ काम और सेवा करना चाहती थी। लेकिन बापू को लगता कि अभी इसका सही समय नहीं आया है। वह कहते 'मिशन को तुमने जो कुछ करने का वचन दिया है, संपूर्ण मन से उसे पूरा करना ही तुम्हारा कर्तव्य है।' लेकिन बापू ने आश्रम के दरवाजे एस्थर के लिए हमेशा खुले रखे। उन्होंने एस्थर से कहा 'जब वह घड़ी आएगी तब आश्रम अपने ही परिवार के एक सदस्य के रूप में तुम्हारा स्वागत करेगा।'[6] हालांकि उन्होंने एस्थर को छूट दी थी कि वह जब चाहे 'जितने दिन' चाहे आश्रम में रह सकती है।

एस्थर ने बापू को एक छोटी-सी किताब भेजी थी-'कोरिंथियंस'। यह किताब संपूर्ण मानव जाति को श्रद्धा और प्रेम का संदेश देती है। दक्षिण अफ्रीका में यह किताब बापू पढ़ चुके थे। बिहार में यह किताब उन्होंने दोबारा पढ़ी। इस बार बापू को इस किताब के नए अर्थ समझ में आए। यह किताब उन्हें 'पहले से अधिक पसंद' आई। उन्होंने इस किताब की नई व्याख्या एस्थर को लिखकर भेजी। उन्होंने लिखा- 'मेरी दृष्टि में सत्य और प्रेम एकार्थवादी शब्द हैं, अर्थात् जिसे हम सत्य कहते हैं उसी को प्रेम भी कहते हैं।' उन्होंने एस्थर को बताया कि इस देश में मीरा नाम की रानी हुई थी। जिसने अपने 'पति और समस्त वैभव का त्याग' करके 'परम प्रेम का जीवन' बिताया। अंत में उनके पति उनके भक्त बन गए। उन्होंने बताया कि 'आश्रम में मीरा के सुंदर भजन और गीत गाए जाते हैं। जब वह आश्रम आएगी तब वह न केवल ये गीत सुनेगी बल्कि किसी दिन गाने भी लगेगी।'[7] सत्य और प्रेम के इस नए दर्शन ने डेनिश एस्थर को काफी प्रभावित किया था। उसे लगता कि एक रहस्य है जिसे बापू ने अपने भीतर छुपा रखा है। बापू कहते उनके पास कोई रहस्य नहीं है। वह एस्थर को समझाते-'जिस प्रकार यह एक सुनिश्चित तथ्य है कि मैं तुम्हें इस समय पत्र लिख रहा हूं; सत्य और प्रेम पर मेरा एकांत विश्वास भी उतना ही सुनिश्चित तथ्य समझो। मेरी दृष्टि में वे पर्यायवाची हैं।'[8] एस्थर को खुश करने के लिए उन्होंने यह भी बताया कि वह हेनरी ड्रूमंड की **द ग्रेटेस्ट थिंग इन द वर्ल्ड** के प्रेम संबंधी गीतों का तीन महीने तक नियमित पाठ करेंगे।

नील किसानों की लड़ाई लंबी खिंचती जा रही थी। बापू को चंपारन समिति की लंबी-लंबी बैठकों में हिस्सा लेना पड़ता था। इस दौरान वह समय निकाल कर

तीन-चार दिन के लिए अहमदाबाद आश्रम निकल जाते। कभी-कभी किसी विशेष कार्यक्रम में हिस्सा लेने उन्हें दूसरे राज्यों में भी जाना पड़ता। बापू हमेशा रेल के तीसरे दर्ज के टिकट पर सफर करते थे। अपने मद्रास जाने का कार्यक्रम उन्होंने पहले ही एस्थर को बता दिया था। एस्थर दक्षिण भारत के तिरूकोइलूर में ही थी। बापू ने उसे मद्रास आने को तो नहीं कहा था लेकिन उन्हें उम्मीद थी कि एस्थर उनसे मिलने जरूर आएगी। लेकिन एस्थर नहीं आई। बापू ने एस्थर को लिखा-'तुम मद्रास नहीं आईं, यह तुमने बिलकुल ठीक किया। हमारे स्नेह में धैर्य और विनयपूर्ण संकोच होना चाहिए। अपने प्रेम में प्रदर्शनशील तो वे ही हो सकते हैं जिनके पास पैसा है और जिन्हें अवकाश का अभाव नहीं है। जैसा कि स्वाभाविक है, प्रेम प्रकट करने का हमारा तरीका उनसे भिन्न और बेहतर है। सच्चा प्रेम अपने को बाहर तो तभी प्रकट करता है जब उसकी अनिवार्य आवश्यकता हो; वह इस बीच मूक रहकर दिन-प्रतिदिन और निरंतर वृद्धिगत होता रहता है।'[9]

एस्थर फैरिंग की बापू से निकटता डेनिश मिशनरी सोसाइटी को पसंद नहीं आ रही थी। सोसाइटी को यह बात पसंद नहीं थी कि एस्थर गांधीजी जैसे राजनीतिक व्यक्ति के साथ 'मेलजोल' बढ़ाए या उनके साथ पत्र-व्यवहार का भी 'संबंध' रखे। एस्थर को कई चेतावनियां मिल चुकी थीं। लेकिन एस्थर मानने को तैयार नहीं थी। उसने इस बारे में बापू से भी राय ली। बापू ने सलाह दी कि 'वह अपना करार चुपचाप पूरा करती रहे। इस प्रकार के बलात् नियंत्रण और प्रतिबंध से तुममें अधिक मनोबल और निश्चय-बल आएगा।' एस्थर का मन था कि 1917 का क्रिसमस और बड़े दिन की छुट्टियां वह बापू के सत्याग्रह आश्रम में बिताए। वह बापू के साथ थोड़ा वक्त गुजारना चाहती थी। लेकिन सोसाइटी के अफसरों ने इसकी इजाजत नहीं दी। एस्थर बहुत दुखी हुई। वह सबकुछ छोड़कर आश्रम आना चाहती थी। बापू ने कहा-'किसी भी वस्तु के प्रति आसक्ति न रखो।' 'यह व्यग्रता किसलिए?'[10]

एस्थर बड़े दिन की छुट्टी बिताने आश्रम नहीं आ सकी। नए साल के शुरू में गांधीजी मोतीहारी से फिर भ्रमण पर निकल गए। कलकत्ते में राष्ट्रीय महासभा कांग्रेस का 32वां महाधिवेशन था। फिर गांधीजी को बंबई जाना था। वहाँ से आश्रम होते हुए गांधीजी वापस अपनी कर्मस्थली मोतीहारी लौट आए। इस दौड़भाग में वह कई दिनों से एस्थर को पत्र नहीं लिख सके। इस बीच एस्थर का पत्र आया था। वह 'अशांत' थी। उसे लगता इस 'संसार में पूर्णता प्राप्त करना संभव नहीं' है। सभी इच्छाएं पूरी होना नामुमकिन है। हमारे लिए 'सर्वथा पाप मुक्त होना संभव नहीं' है। प्रेम एक ऐसी दुर्लभ वस्तु है जिसे पाया नहीं जा सकता। बापू ने एस्थर को जवाब में लिखा-'अगर मुझे ऐसा लगे कि मैं इस संसार में प्रेम को प्राप्त नहीं कर सकूंगा, तो मुझे जीवन में बिलकुल दिलचस्पी न रहे। सबसे बड़ी बात

तो यह है कि हमारी प्रेम की सामर्थ्य सतत् बढ़ती जाती है। प्रक्रिया बहुत धीमी जरूर है। हमारी इच्छाएं (पवित्र-से-पवित्र होने पर भी) पूरी नहीं होतीं, इसमें भी एक गूढ़ अर्थ है। हमारी इच्छा नहीं बल्कि ईश्वर की इच्छा पूरी होगी।'[11] गांधीजी मोतीहारी कई महीने रुक चुके थे। बिहार में गांधीजी की मौजूदगी अंग्रेजों के लिए एक चिंताजनक बात थी। दक्षिण अफ्रीका का शेर अंगड़ाई लेने लगा है। बिहार के लेफ्टिनेंट गवर्नर एडवर्ड गेट ने गांधीजी से मिलने की हसरत जाहिर की। नील किसानों की समस्याओं पर एक कमीशन बैठ गया।

दरअसल अंग्रेजों के हाथ से यह लड़ाई पहले ही फिसल गई थी। नील का बाजार लगभग खात्मे के कगार पर था। अंग्रेज ठेकेदारों ने मुआवजे के बदले किसानों से तीन कठिया व्यवस्था से निजात देने की पेशकश की थी। कई किसान मुआवजा देकर इस व्यवस्था से मुक्त हो चुके थे। जब किसानों को पता चला कि जर्मनी में नकली नील बनने के बाद अंग्रेज वैसे भी तीन कठिया व्यवस्था खत्म करने पर मजबूर हो जाते। किसानों ने मुआवजा वापस मांगना शुरू कर दिया था। अब गांधीजी भी किसानों के साथ थे। कमीशन किसानों को 25 प्रतिशत मुआवजा वापस करने पर राजी हो गया। इतना काफी था। गांधीजी ने भारत के मोर्चे पर अपना पहला ही किला फतह कर लिया था। कुछ सालों में ही तीन कठिया प्रथा सचमुच खत्म हो गई। नुकसान उठा रहे अंग्रेज नीलहों ने जमींदारी छोड़ दी।

चंपारन सत्याग्रह के बाद अंग्रेजों को झुका कर गांधीजी राष्ट्रीय अखबारों की सुर्खियों में आ गए। कांग्रेस को भी लगा कि कुछ दम है इस साधारण से दिखने वाले आदमी में। कांग्रेस जिस काम के लिए तमाम प्रोपेगैंडा करती वह काम इस मामूली से दिखने वाले आदमी ने खामोशी से निपटा दिया था। समूचे बिहार में गांधीजी की धूम मची थी। यह वह समय था जब पूरे हिंदुस्तान को पहली बार पता चला कि गांधी नाम का कोई आदमी है जो दक्षिण अफ्रीका में अंग्रेजों को परेशान करने के बाद भारत लौट आया है। गोरे नीलहों को ठीक करके वह बिहार के गांवों की सफाई कर रहा है। बच्चों के लिए स्कूल खोल रहा है। कांग्रेस की चमक-दमक से दूर वह बिहार की गरीब और बीमार आवाम की तीमारदारी में लगा है।

चंपारन से लौटते ही गांधीजी को अहमदाबाद के कपड़ा मालिकों से भिड़ना पड़ गया। अहमदाबाद में प्लेग फैला तो कपड़ा मजदूर शहर छोड़कर भागने लगे थे। मजबूरन मिल के मालिकों ने मजदूरों को रोकने के लिए 'प्लेग बोनस' बांटना शुरू कर दिया। प्लेग बोनस के बहाने मजदूरों को अच्छा-खासा पैसा मिलने लगा था। लेकिन प्लेग खत्म हुआ तो मालिकों ने बोनस भी बांटना बंद कर दिया। एक बार महीनेवार आमदनी बढ़ती है तो खर्चा भी बढ़ जाता है। महायुद्ध के बाद महंगाई बढ़ गई थी। बोनस से मजदूरों को राहत मिली थी। अब बोनस छिन गया

था। मजदूरों ने हड़ताल कर दी। गांधीजी वहां पहुंच चुके थे। मजदूरों को बल मिला। हड़ताल लंबी खिंचती चली गई। इतनी लंबी खिंची कि टूटने के कगार पर आ गई। ऐसे में गांधीजी ने उपवास का ऐलान कर दिया। हिंदुस्तान के सार्वजनिक मामलों में यह गांधीजी का पहला उपवास था। गांधीजी के उपवास से मिल मालिक घबरा गए। मिल मालिकों ने उन्हें मनाया। मालिकों और मजदूरों में समझौता हो गया। गांधीजी ने कहा– 'मैं अपने पिता के दोष दूर करने के लिए उनके खिलाफ उपवास कर सकता हूं।' फिर हंसते हुए आगे बोले–'लेकिन उनसे पैतृक संपत्ति के लिए नहीं।'

अत्यंत व्यस्तताओं और राजनीतिक गतिविधियों के चलते बापू कई महीने एस्थर को पत्र नहीं लिख पाए। इस मामले में वह खुद को एस्थर के सामने 'निर्दय और लापरवाह' मानने लगे थे। वह नाराज एस्थर को लिखते–'मेरी इच्छा तो तुम्हें एक लंबा स्नेह–पत्र लिखने की थी; किंतु ऐसा पत्र लिखने लायक शांति मुझे नहीं मिल पाई।'

अहमदाबाद मजदूरों की लड़ाई के बाद गांधीजी खेड़ा के किसानों के आंदोलन में कूद पड़े। किसान लगान माफी का संघर्ष कर रहे थे। इस आंदोलन की बागडोर गांधीजी ने संभाल ली। लेकिन इस समय दुनिया के आसमान पर विश्वयुद्ध के बादल मंडरा रहे थे। पहला विश्वयुद्ध उसी समय शुरू हो गया जब गांधीजी इंग्लैंड होते हुए हिंदुस्तान लौट रहे थे। इंग्लैंड लड़ाई में फंसा था। भारत के आंदोलनकारी अपनी शर्तों के साथ विश्वयुद्ध में अंग्रेजों का साथ देने के लिए तैयार थे। लेकिन गांधीजी इस विचार के सख्त खिलाफ थे। उन्हें लगता कि राजभक्ति दिखाने का यह बेहतर अवसर है। राजा संकट में है इसलिए प्रजा की मदद करे। भले राजा ने अपनी इस प्रजा को गुलामी की जंजीरों में जकड़ रखा हो। गांधीजी को थोड़ा जानने वालों को उस समय और हैरत हुई जब अहिंसा के व्रत से बंधे इस आदमी को उन्होंने सेना में भर्ती होने की अपील करते सुना। अंग्रेजों को पांच लाख भारतीय रंगरुट चाहिए थे। वाइसराय ने युद्ध–सम्मेलन बुलाया। यह दिल्ली में 27 से 29 अप्रैल, 1918 तक हुआ था।

वायसराय ने सभी भारतीय नेताओं को दिल्ली बुलाया था। इनमें बाल गंगाधर तिलक और मुहम्मद अली जिन्ना जैसे महत्त्वपूर्ण नेता शामिल नहीं थे। वायसराय जानते थे कि मि.जिन्ना को बुलाने का कोई मतलब नहीं क्योंकि वह बात की शुरुआत शर्त से करेंगे। भारतीय नेताओं में गांधीजी भी बुलाए गए थे। वायसराय ने जैसे ही रंगरूटों की भर्ती की बात की तैसे ही गांधीजी ने कहा कि मुझे अपनी जिम्मेदारी का पूरा ख्याल है। और तब अहिंसा के पुजारी ने युद्ध लड़ने के लिए रंगरुटों की भर्ती के लिए देश का दौरा शुरू कर दिया। रंगरूटों की भर्ती के लिए नाडियाद में 22 जून, 1918 को दिए उनके इस भाषण का अंश देखिए— 'हथियार

चलाना बहुत जल्दी सीखना हो तो सेना में भर्ती होना हमारा कर्त्तव्य है'। मर्द और नामर्द में मित्रता नहीं हो सकती। हम नामर्द माने जाते हैं। अगर हम नामर्दों में नहीं जाना चाहते, तो हमें हथियार चलाना सीखना जरूरी है। यह निश्चय है कि हमें साम्राज्य में हिस्सेदार बनना है। तब हमें चाहे कितना ही दुख उठाना पड़े, प्राण भी देने पड़ें, फिर भी हमें साम्राज्य का बचाव करना चाहिए। अगर साम्राज्य का नाश हो जाता है तो उसके साथ हमारी महती आशाएं भी नष्ट हो जाती हैं।'[12]

सेना में भर्ती करने के लिए गांधीजी ने हिंदुस्तानियों की मर्दानगी को ललकारा था। लोगों को फौज में भर्ती कराने में वह बहुत कामयाब नहीं हो पा रहे थे। लेकिन अंग्रेज अफसरों को गांधीजी का इस तरह घूम-घूम कर सेना में भर्ती की अपील करना रुचिकर लग रहा था। उन्हें लग रहा था कि यह आदमी कांग्रेस के जिद्दी नेताओं से अलग है और उनके काम आ सकता है। वह गांधीजी जैसे अप्रत्याशित व्यक्ति को अभी समझ नहीं पाए थे। यही हाल कांग्रेस का भी था। गांधीजी का यह दृष्टिकोण कांग्रेस नेताओं की समझ से बाहर था। वे नहीं समझ पा रहे थे गांधीजी चाहते क्या हैं। एस्थर भी बापू के युद्ध में शामिल होने के अद्भुत फलसफे से हतप्रभ थी। उसने बापू को लिखा-'मैं समझ नहीं सकी कि सत्याग्रही के नाते आपकी भावनाओं के साथ यह कहां तक मेल खाता है; या अगर दूसरे ढंग से कहूं, तो जो व्यक्ति दृढ़तापूर्वक सत्याग्रह में विश्वास करता है और जिसने सदैव और सब जगह सत्याग्रह के पालन में अपना जीवन लगा दिया है, वह दूसरों से युद्ध में शामिल होकर लड़ने के लिए किस प्रकार कह सकता है?'[13]

खेड़ा आंदोलन और फौज में रंगरुटों की भर्ती के लिए गांधीजी ने दिन-रात एक कर दिए थे। इसी बीच उन्हें पेचिश हो गई। पेचिश होना गांधीजी के लिए शर्मनाक था। उन्हें भरोसा था कि और कोई रोग हो न हो लेकिन उन्हें कभी पेचिश जैसा रोग नहीं हो सकता। वह शायद 12 अगस्त, 1918 का दिन था। पेट में इतना तेज दर्द होता कि गांधीजी जैसा आंतरिक रूप से सशक्त आदमी हिल जाता। उनका मन करता कि वह चीखें। चीखने या कराहने से दर्द कम होता मालूम पड़ा है क्योंकि तब ध्यान बंट जाता है। वह कई बार बेहोश हुए। डॉक्टर ने उन्हें इंजेक्शन लगवाने की सलाह दी। लेकिन गांधीजी तब अंग्रेजी ढंग के इलाज के सख्त खिलाफ थे। बहुत बाद में गांधीजी ने स्वीकार किया कि 'यह उनका घोर अज्ञान था।' उन्होंने उपवास रखा लेकिन कोई लाभ नहीं हुआ। उन्हें बुखार भी हो गया। शरीर दुर्बल हो गया था। गांधीजी इस तरह बीमार कभी नहीं पड़े थे। उन्हें साबरमती आश्रम लाया गया। गांधीजी को तब पहली बार लगा कि वह बचेंगे नहीं। अंत समय निकट आ गया है। उन्होंने अपने बड़े बेटे हरिलाल को लिखा- 'मुझे लगता है कि मैं अब जा रहा हूं। बस थोड़े दिन का मेहमान हूं। शरीर क्षीण होता जा रहा है। खुराक कुछ ले नहीं सकता। आत्मा शांत है, लगता है जाने में मुश्किल नहीं होगी।

मुझे लगता है कि जो भी विरासत मैं तुम्हारे लिए और भाइयों के लिए छोड़ जा रहा हूं वह उचित है। यदि मैं पैसा छोड़ जाता तो उससे क्या लाभ होता? परंतु चरित्र की जो विरासत मैं छोड़कर जा रहा हूं वह अमूल्य है, ऐसा मैं मानता हूं। मेरी इच्छा है तुम उसे कायम रखो। धर्म की राह पर चलना।' एक दिन उन्हें लगा कि वह मृत्यु शैया पर पड़े हैं। सभी आश्रमवासी गांधीजी के पास इकट्ठे हो गए। गीता पाठ शुरू हो गया। गांधीजी ने अपने अंतिम संदेश कहे– 'भारत के नाम मेरा अंतिम संदेश यही है कि अहिंसा से ही उसे मुक्ति मिलेगी। और अहिंसा के ही द्वार पर वह विश्व की मुक्ति में अपना योगदान करेगा।'

जीवन की उम्मीद छोड़ चुके गांधीजी को एक डॉक्टर ने सहारा दिया। उसने बर्फ से गांधीजी का इलाज किया। नतीजा कारगर साबित हुआ। लेकिन गांधीजी के पत्रों से मालूम देता है कि उन्होंने अंग्रेज डॉक्टरों से इंजेक्शन लेना भी शुरू कर दिया था। जैसे कि गांधीजी ने बाद में मगनलाल गांधी को 10 जनवरी, 1919 को भेजे पत्र में लिखा– 'मैंने तो जितने मुझसे उठाए जा सकते थे उतने कदम उठा लिए हैं। मैं डॉक्टर को अपने शरीर में संखिया की, कुचले की और लोहे की सुई भी लगाने देता हूं। इतना होने पर भी तबीयत न सुधरे तो हम यह निश्चयपूर्वक नहीं कह सकते कि पांच चीजों का व्रत छोड़ने से तबीयत ठीक हो जाएगी।'[14]

गांधीजी में जीवन संचार हुआ। वह बहुत कमजोर हो गए थे। कस्तूरबा ने उन्हें बकरी का दूध पीने के लिए दिया। गांधीजी दूध त्यागने की प्रतिज्ञा कर चुके थे। उन्होंने 1912 में टॉलस्टॉय फार्म में दूध और दूध से बनी वस्तुएं न लेने का व्रत लिया था। लेकिन बा जिद पर उतर आईं। स्त्री-सुलभ तर्क दिया कि आपने गाय का दूध न पीने की प्रतिज्ञा की थी। बकरी के दूध पर कोई बात नहीं हुई थी। गांधीजी अभी जीना चाहते थे। उन्होंने प्रतिज्ञा तोड़ दी। यही बात गांधीजी ने मगनलाल को भी लिखीं— 'अभी चार दिन पहले ही बा दूध की बात को लेकर विलाप कर रही थी कि अकस्मात् बोल उठी : 'गाय का दूध भले न लें, परंतु बकरी का दूध क्यों नहीं लिया जा सकता? 'मैं चौंका। जब मैंने व्रत लिया था, तब बकरी तो मेरे ध्यान में ही न थी। बकरी के दूध के उपयोग के बारे में मैं उस समय बिलकुल अनभिज्ञ था और बकरी की पीड़ा मेरी आंखों के सामने नाचती नहीं थी। मेरा व्रत तो सिर्फ गाय के दूध के लिए था। भैंस का मैंने विचार नहीं किया था। परंतु भैंस का दूध लेना मेरे (व्रत लेने के) मुख्य उद्देश्य को हानि पहुंचाता। बकरी के दूध के लिए ऐसी कोई बात नहीं थी, इसलिए मुझे लगा कि अब मैं बहुत हद तक मित्रों के मानसिक क्लेश को दूर कर सकूंगा। इससे मैंने बकरी का दूध लेने का निश्चय किया। यद्यपि एक तरह से देखा जाए, तो बकरी के दूध के विषय में ज्ञान प्राप्त कर लेने के बाद मेरे व्रत की बहुत कीमत नहीं

रह जाती लेकिन वह बिलकुल नष्ट भी नहीं हो जाती। कुछ भी हो, यह छूट लेने से मुझे बहुत खुशी हुई, क्योंकि मित्रों की पीड़ा दिन-दिन बढ़ती जा रही थी और डॉक्टर मेहता के तार-पर-तार आ रहे थे।'[15]

यह धोखेबाजी थी। व्रत के दिन लोग सामान्य नमक न लेकर सेंधा नमक लेकर मन को समझाते हैं कि व्रत का पालन कर लिया। लेकिन गांधीजी इसे धोखेबाजी नहीं मानते थे। वह तर्क देते व्रत में साधारण नमक तो नहीं ही लिया जा सकता लेकिन नमक का स्वाद भी नहीं छोड़ा जा सकता। इसलिए उसके एवज में दूसरा नमक लेकर भी एकादशी का व्रत रखने वाला कुछ-न-कुछ संयम का पालन तो करता ही है। वह किसी दिन सेंधा नमक भी छोड़ सकता है।

इस जानलेवा रोग से गांधीजी करीब पांच महीना पीड़ित रहे। पेचिश की कमजोरी से मुक्त हुए नहीं कि गांधीजी को बवासीर ने जकड़ लिया। 20 जनवरी को नशीले मार्फिन के इंजेक्शन लेकर उन्होंने बवासीर के मस्से कटवाए थे। 'मार्फिन के नशे में वह खूब सोए।'

गांधीजी जानते थे कि उन्होंने प्राण रक्षा के लिए जो किया वह सब ठीक नहीं था। वे यह भी मानते थे कि मनुष्य को गिरने का लालच इतना अधिक होता है और प्रकृति ने ही उसे अपने को धोखा देने की इतनी ज्यादा सुविधा दे रखी है कि सावधान रहने वाला आदमी भी कमजोर हो या उसके सारे त्याग वैराग्यहीन हों तो वह अवश्य गिरेगा। यही उनके साथ हुआ। उनके कुछ मित्रों ने गांधीजी के इस कदम की सराहना नहीं की। कुछ साल बाद गांधीजी ने 'आत्मकथा' में लिखा-'सत्य के पुजारी ने सत्याग्रह के लिए जीने की इच्छा रखकर अपने सत्य पर दाग लगा दिया...यह मुझे रोज चुभता है।'

जलियावाला बाग और लाहौर की लगन

नवंबर 1918 में विश्वयुद्ध खत्म हो गया। इस युद्ध में इंग्लैंड विजयी हुआ था। गांधीजी की अपील पर हिंदुस्तानियों ने इस लड़ाई में अपना खून बहाया। लेकिन इसके तीन महीने बाद ही रौलट बिल आ गया जो हिंदुस्तानियों के लिए किसी विश्वयुद्ध से कम नहीं था।

दरअसल ब्रिटिश हुकूमत ने भारत में राजद्रोहात्मक आंदोलनों के बारे में जांच करके रिपोर्ट प्रस्तुत करने के लिए 1917 में एक समिति नियुक्त की थी। इंग्लैंड के सर्वोच्च न्यायालय के न्यायाधीश सर सिडनी रौलट इसके अध्यक्ष थे। मांट-फोर्ड सुधारों के प्रकाशित होने के तुरंत बाद 1918 में इस समिति की सिफारिशें प्रकाशित की गईं जिसमें एक सिफारिश यह थी कि 'भारत प्रतिरक्षा अधिनियम यानी डिफेंस ऑफ इंडिया एक्ट की प्रभाव-अवधि समाप्त हो जाने पर विशेष कानून बनाए जाने चाहिए।'

रौलट एक्ट की धाराएं खतरनाक थीं। इस कानून के तहत अगर किसी युवक की जेब में गलती से कोई ऐसी पुस्तक अथवा कागजात हों जिन्हें राजद्रोहात्मक माना गया हो, तो जब तक वह यह साबित न कर सके कि उसके हाथ में ये कागजात किसी विधि-सम्मत कार्य के लिए थे तब तक वह अपराधी माना जाएगा। अब तक सरकार को अभियुक्त पर अपराध प्रमाणित करना पड़ता था। नई व्यवस्था में इसके बदले अब अभियुक्त को अपने को निर्दोष साबित करना पड़ेगा। कोई यह कैसे सिद्ध कर सकता है कि उसने अपराध नहीं किया? इसका अर्थ यह था कि अंग्रेज किसी को कभी भी जेल की सलाखों के पीछे डाल सकते हैं। कुल मिलाकर इस नए कानून का मतलब था कि कथित अपराध के लिए पूरी सजा भुगतने के बाद भी, व्यक्ति को, सरकार की ओर से किए जाने वाले अत्याचार से मुक्त होने की उम्मीद नहीं करनी चाहिए। हिंदुस्तानियों की आजादी की बात उठाने के लिए कोई व्यक्ति न अपील कर सकता था न वकील। गांधीजी देख रहे थे कि यहां भी दक्षिण अफ्रीका की कहानी दोहराई जा रही है। रौलट एक्ट अन्यायपूर्ण तथा स्वतंत्रता और न्याय के सामान्य सिद्धांतों के विरुद्ध था। उनसे व्यक्ति के बुनियादी अधिकारों का हनन होता था।

गांधीजी ने 24 फरवरी को सत्याग्रह का ऐलान कर दिया जिसमें हड़ताल की बात थी। सार्वजनिक हड़ताल का विचार उन्हें सपने में आया था।[16] इस ऐलान से हलचल मचना स्वाभाविक था। अंग्रेज अफसर जो अब तक गांधीजी को अपना दोस्त समझते थे, भी परेशान हो गए। ऐनी बेसेंट ने तो गांधीजी को यह चेतावनी तक दे डाली कि 'गांधीजी देश को नई मुसीबत में डालने जा रहे हैं।'

गांधीजी ने बाकायदा एक प्रतिज्ञा-पत्र प्रकाशित किया कि 'सत्याग्रह शांतिपूर्ण' होगा। गांधीजी ने देश भर में घूम-घूम कर इस प्रतिज्ञा-पत्र पर लोगों के दस्तखत कराए कि इस सत्याग्रह में हिंसा नहीं होगी। सब कुछ शांतिपूर्ण ढंग से किया जाएगा। यह दिन मान-भंग दिवस और प्रार्थना दिवस के रूप में मनाया जाएगा। 30 मार्च, 1919 के दिन कोई जरूरी कामों को छोड़ सरकारी या गैर सरकारी काम नहीं होंगे। स्कूल-कॉलेज बंद रहेंगे। देश भर में सार्वजनिक सभाएं होंगी। उपवास होगा। सरकार से नया कानून रद्द करने की प्रार्थना की जाएगी।

बाद में हड़ताल की तारीख 30 मार्च से आगे बढ़ाकर 6 अप्रैल, 1919 कर दी गई। लेकिन इस परिवर्तन की सूचना दिल्ली तक नहीं पहुंची। वहां कांग्रेसियों ने जुलूस निकाला। पुलिस ने जुलूस रोकने की कोशिश की। कहा-सुनी हुई। जुलूस का नेतृत्व स्वामी श्रद्धानंद कर रहे थे। पुलिस ने गोली मारने की धमकी दी तो स्वामी ने सीना खोलते हुए कहा कि 'चलाओ गोली।' पुलिस पीछे हट गई। लेकिन इसी दिन रेलवे स्टेशन पर हिंसा भड़की और गोली चल गई। पांच लोग मारे गए।

कई घायल अस्पताल में भर्ती किए गए। इस घटना के विरोध में 6 अप्रैल को देश भर में प्रदर्शन हुआ। बंगाल को छोड़कर पूरा देश गांधी के साथ था। अंग्रेजों और कांग्रेस लीडरों के लिए यह चौंकाने वाली बात थी। गांधीजी अब पूरे देश के नेता हो गए थे।

गांधीजी को 9 अप्रैल, 1919 की रात दिल्ली जाते हुए पंजाब में प्रवेश न करने का एक आदेश मिला। उन्होंने यह आदेश मानने से इंकार कर दिया। उन्हें उसी वक्त गिरफ्तार कर लिया गया। इसके बाद उन्हें दो सरकारी आदेश और मिले। एक तो वह दिल्ली में दाखिल नहीं होंगे और दूसरा उन्हें बंबई की सीमा में रहना होगा। बापू गिरफ्तार कर गाड़ी में बैठा लिए गए। ऐसे रोमांचक वक्त में बापू को पहला खयाल एस्थर का आया। बंबई जाते वक्त 'गिरफ्तारी की हालत में' बापू ने एस्थर को पत्र लिखा- 'तुमको इस बात की प्रसन्नता होगी कि तुम्हारा एक मित्र ऐसा है जिसे ईश्वर ने उन लोगों को भी प्यार करने की शक्ति दी है जो अपने को उसका शत्रु बतलाते हैं और जो कष्ट-सहन करने में खुशी मनाता है। यह मैं इसलिए कह रहा हूं कि मैं नहीं चाहता कि तुम मेरी संभावित जेल-यात्रा पर अपना मन दुखी करो। मेरे ऊपर निगरानी रखने वाला अफसर बड़ा ममतालु है और मेरा बड़ा खयाल रखता है।'[17]

हिंदुस्तान की जनता गांधीजी के सत्याग्रह को समझ नहीं सकी थी। प्रतिज्ञा पत्र पर जो बातें उन्होंने लिखी थी उसका पालन सिर्फ गांधीजी ही कर सकते थे। रूस की फरवरी, 1917 की क्रांति में जार शाही का तख्ता पलट चुका था। देश की जनता भी आंदोलित थी। वह कांग्रेस के एक कदम आगे बढ़कर दो कदम पीछे हटने के रवैए से तंग आ चुकी थी। गांधीजी के सत्याग्रह आंदोलन ने दक्षिण से लेकर उत्तर तक सबको एक कर दिया था। लोगों में गुस्सा था। सत्याग्रह के बहाने उन्हें भीड़ का साथ मिल गया। पंजाब में दंगा भड़का गोलियां चलीं। गांधीजी पंजाब जाना चाहते थे लेकिन उन्हें रास्ते में रोककर वापस बंबई भेज दिया गया। देश भर में हिंसा भड़क चुकी थी। अंग्रेजी हुकूमत ने भीड़ को संभालने के लिए हिंसा का सहारा लिया। आक्रोशित जनता को बहाना मिल गया। देखते-देखते गांव, बस्ती और नगरों की जनता हिंसा पर उतर गई। भारतीय जनता के साथ गांधीजी का किया गया सत्याग्रह का पहला ही प्रयोग असफल रहा। क्योंकि यह भीड़ के मनोविज्ञान के एकदम खिलाफ था। 11 अप्रैल, 1919 को गांधीजी ने बंबई में आम सभा की। उन्होंने कहा-'यदि हमें इसमें मरना पड़ता है तो मैं उसे बुरा नहीं मानूंगा। किसी सत्याग्रही की मृत्यु का समाचार सुनकर मुझे दुख जरूर होगा, किंतु इसे मैं लड़ाई के सिलसिले में दिया गया उचित बलिदान मानूंगा। लेकिन जो सत्याग्रही नहीं हैं, जो इस आंदोलन में शरीक नहीं हैं, अथवा

जो इसके विरुद्ध भी हैं, यदि उन्हें कोई क्षति पहुंचेगी तो इसका पाप हर एक सत्याग्रही को लगेगा।'[18]

गांधीजी साबरमती आश्रम लौट आए। गांधीजी का अपना शहर अहमदाबाद भी हिंसात्मक घटनाओं से नहीं बच सका था। इन घटनाओं के लिए खुद को जिम्मेदार मानते हुए उन्होंने उपवास की घोषणा कर दी। साबरमती से गांधीजी नाडियाद गए। यहां भी जनता हिंसक हो गई थी। गांधीजी बहुत नाराज थे। उन्होंने कहा कि अब वक्त आ गया कि वह अपने ही लोगों के खिलाफ सत्याग्रह करें। उन्होंने कहा- 'सत्याग्रह की घोषणा करके मैंने हिमालय जैसी बड़ी गलती की है। जिसके चलते बदनीयत के लोग जो सच्चे सत्याग्रही कतई नहीं थे, अशांति फैलाने में कामयाब रहे।' गांधीजी ने कहा 'अभी सत्याग्रह का वक्त नहीं आया है।' उन्होंने इस आंदोलन को स्थगित कर दिया।

इसी बीच 13 अप्रैल को अमृतसर में जलियावाला बाग हत्याकांड हो गया। यह न सिर्फ हिंदुस्तान बल्कि पूरी दुनिया को दहला देने वाली घटना थी। ब्रिटिश हूकूमत ने इस खबर को दुनिया तक पहुंचने में कई रोड़े अटकाए थे। जलियावाला बाग में इकट्ठे हुए सत्याग्रही अन्य प्रांतों की तरह हिंसा पर नहीं उतरे थे। लेकिन डायर के दिमाग में हिंसा का राक्षस उन तमाम घटनाओं से बुरी तरह आक्रांत था जो सत्याग्रह के चलते देश भर में हुई थीं। वह कड़ी कार्रवाई करके हिंदुस्तानियों को सबक सिखाना चाहता था। 1857 के विद्रोह में जो मजा विद्रोहियों ने अंग्रेजों को चखाया था, डायर वही मजा अब इन विद्रोहियों को चखाना चाहता था। जाहिर है जनरल डायर को गांधी की अहिंसा में जरा भी विश्वास नहीं था।

उधर एस्थर को बापू से मेलजोल की कीमत चुकानी पड़ रही थी। उस पर दबाव बढ़ता जा रहा था। उसने डेनिश मिशन से इस्तीफा दे दिया। इस्तीफे के बाद उस पर भारत छोड़ने का दबाव पड़ने लगा। अंग्रेजी हुकूमत ने उसके पीछे गुप्तचर विभाग के जासूस लगा दिए थे। बापू को लगा कि अगर 'उसे भारत छोड़ना पड़ा, तो उसकी तो जैसे मौत ही हो जाएगी।' बापू ने इस बारे में बंबई के गवर्नर लॉर्ड विलिंग्डन को पत्र लिखा। इस पत्र में उन्होंने लिखा कि एस्थर से उनका लगाव ऐसा है जैसा किसी बच्ची का अपने पिता से होता है। उन्होंने महामहिम से 'गैर राजनैतिक कार्यों' के लिए एस्थर को अपने आश्रम में पनाह देने की इजाजत मांगी।[19]

इसी दिन गांधीजी ने अपने मित्र चार्ली एफ एंड्रयूज जिसे वह प्यार से चार्ली बुलाते थे, को लिखा कि वह तत्काल मद्रास चला जाए और उसका 'देश-निकाला रोकने के लिए जो भी बन सके करे।'[20] रौलट एक्ट और जलियावाला बाग कांड के बाद देश का माहौल काफी गर्म था। बंबई के गवर्नर पर गांधीजी के इस निजी पत्र का असर हुआ। उन्होंने एस्थर को भारत में रहने की इजाजत दे दी। एस्थर

के लिए यह खुशी के क्षण थे। गांधीजी पर पंजाब में प्रवेश पर प्रतिबंध अभी हटा नहीं था। पर सरकार इस प्रतिबंध को हटाने पर गंभीरता से विचार कर रही थी। बंबई सरकार ने मद्रास सरकार के मुख्यमंत्री को एक गोपनीय पत्र में लिखा था जिसमें कहा गया था कि गांधीजी का सत्याग्रह आंदोलन फिलहाल मृतप्राय माना जा सकता है। गुजरात तक में जो कि गांधीजी का मुख्य कार्य-केंद्र है और जहां इस आंदोलन का सूत्रपात हुआ था, स्थानीय संगठन छिन्न-भिन्न हो गए हैं। गांधीजी अगर चाहें तो उसे पहले जैसे जोश-खरोश के साथ पुनर्जीवित नहीं कर सकते हैं।[21]

यह बात सच थी। गांधीजी ने अपना सविनय अवज्ञा आंदोलन खुद मुल्तवी कर दिया था। आगे के लिए उनके पास कोई कार्यक्रम नहीं था। जनता का भी उत्साह ठंडा पड़ चुका था। अक्टूबर में गांधीजी के ऊपर लगे सारे प्रतिबंध हटा लिए गए। उधर मद्रास के गवर्नर ने एस्थर को अहमदाबाद जाने की अनुमति दे दी। अक्टूबर में एस्थर फैरिंग भी सत्याग्रह आश्रम पहुंच गई। उसकी खुशी का ठिकाना नहीं था। उसे लगा जैसे उसने एक बहुत बड़ी लड़ाई फतह कर ली। लेकिन यह खुशी ज्यादा लंबी नहीं खिंच सकी। इधर एस्थर आश्रम पहुंची और उधर गांधीजी का लाहौर यात्रा का कार्यक्रम बन गया था।

लाहौर जहां गांधीजी के लिए एक नई प्रेम कहानी इंतजार कर रही थी। पिछली बार गांधीजी ने पंजाब आने की कोशिश की थी तो जलियावाला बाग कांड हो गया। इसके बाद उनके पंजाब आने पर रोक लग गई थी। अब प्रतिबंध हटा तो गांधीजी के स्वागत के लिए पंजाब बेकरार था। गांधीजी लाहौर पहुँचे तो उनके स्वागत में स्टेशन पर भीड़ का एक पूरा समंदर उनका इंतजार कर रहा था। खुद पंडित मदन मोहन मालवीय भी स्टेशन पर उनकी अगवानी करने खड़े थे। भीड़ को चीरते हुए स्टेशन से गाड़ी तक पहुंचने में गांधीजी को चालीस मिनट लगे। कई बार लगा कि कहीं भीड़ और उसके उत्साह में लोग एक-दूसरे को कुचल न दें। गांधीजी स्टेशन से सीधा सरला देवी चौधरानी के घर पहुंचे। उन्हें सरला देवी ने ही लाहौर आमंत्रित किया था।

सरला देवी ने बापू की खूब खातिर की। सरला देवी से उनकी पुरानी पहचान थी। वह सार्वजनिक जीवन में कार्य करने वाली एक विद्वान् महिला थीं। सरला देवी रिश्ते में रवींद्रनाथ ठाकुर की भांजी थीं। सरला के पिता जानकीनाथ घोषाल कांग्रेस के मंत्री रहे थे। सरला देवी की शादी पंजाब के एक बड़े जमींदार पंडित रामभज दत्त चौधरी से हुई थी। चौधरी की दो पत्नियां पहले गुजर चुकी थीं। सरला देवी से उनकी यह तीसरी शादी थी। पंडित रामभज दत्त खुद कवि थे। गुरुमुखी में लिखते थे। सरला देवी ने 19 वर्ष की उम्र में बी.ए. की परीक्षा पास की और

तभी से किसी-न-किसी सार्वजनिक कार्य में भाग लेती रही थीं। बाद में उसने 'भारती' नाम का बंगाली मासिक पत्र शुरू किया। वह खुद कविताएँ लिखती थीं। उनके 'नमो हिंदुस्तान' गीत ने खासी लोकप्रियता हासिल कर ली थी। सार्वजनिक कामों में जुड़ने के साथ सरला राजनैतिक मामलों में भी दिलचस्पी लेने लगी थीं। गांधीजी से सरला देवी की पहली मुलाकात कलकत्ते में भारतीय नेशनल कांग्रेस के 1901 के अधिवेशन में हुई थी। मोहनदास गांधी दक्षिण अफ्रीका से अभी-अभी नाम कमा कर लौटे थे। गांधीजी की उम्र करीब 32 साल की थी जबकि सरला देवी तब केवल 29 की थीं। इस मुलाकात के बाद गांधी राजनीतिक संघर्षों में लीन हो गए और सरला अपने जीवन के संघर्षों में। गांधीजी और सरला देवी को जलियावाला बाग हत्याकांड एक बार फिर करीब ले आया था। 1919 में उनकी फिर मुलाकात एक इत्तेफाक थी जो बहुत जल्द प्रगाढ़ होती चली गई।

गांधीजी ने 24 अक्टूबर को लाहौर पहुंचते ही 'सरला देवी के मार्फत' एक पत्र एस्थर को भिजवाया। एक लाइन के इस खत में गांधीजी ने लिखा-'इस पत्र को लिखने का मकसद तुम्हें सिर्फ यह बतलाना है कि मुझे सदा तुम्हारा ध्यान रहता है। मुझे यहां एक बड़ा आश्चर्यजनक अनुभव हुआ है।'[22]

गांधीजी केवल चार दिन लाहौर रुक पाए। पंजाब उपद्रव जांच समिति की बैठक 29 अक्टूबर को दिल्ली में होनी थी। बैठक के लिए अचानक गांधीजी का बुलावा आ गया। गांधीजी अभी पंजाब में और रुकना चाहते थे। लेकिन बैठक महत्त्वपूर्ण थी। उनका जाना जरूरी था। लाहौर छोड़ने के अंतिम दिन दोपहर करीब साढ़े तीन बजे सरला देवी के घर के सामने ही छात्रों का एक जत्था गांधीजी से मिलने आ गया। आंदोलन में शिकरत करने के कारण कई छात्रों को स्कूलों से बाहर निकाल दिया गया था। वह दुखी और मायूस थे। गांधीजी ने उनसे बातचीत की। यहां उन्होंने एक भाषण भी दिया जिसमें उन्होंने कहा कि केवल डिग्री लेने का कोई मतलब नहीं है। मौजूदा शिक्षा व्यवस्था सैद्धांतिक है व्यावहारिक नहीं। अपने भाषण के अंत में गांधीजी ने 'उन्हें सत्य, अहिंसा आदि पांचों यम-नियमों का पालन करने की सलाह दी। ब्रह्मचर्य के पालन पर उन्होंने बड़ा जोर दिया और कहा कि यह निश्चय ही आपकी सारी कठिनाइयों को दूर कर देगा।'[23]

छात्रों को ब्रह्मचर्य की सलाह देने वाले गांधीजी पंजाब के इस दौरे के बाद सरला के और करीब आ गए थे। दिल्ली में एक हफ्ता बिताकर वह वापस लाहौर आ गए। वह फिर सरला देवी के घर पर ही ठहरे। एस्थर उन्हें पत्र-पर-पत्र लिख रही थी लेकिन सरला के आतिथ्य का सुख उठा रहे गांधीजी के पास अब जवाब देने का वक्त नहीं था। दिल्ली से लौटकर उन्होंने एस्थर को लिखा-'फिलहाल तुम मुझसे नियमित उत्तर की आशा न करना मुझे जीवन के मूल्यवान अनुभव हो

रहे हैं।'[24] यह वही गांधीजी थे जिन्होंने गिरफ्तारी के दौरान पुलिस की हिरासत में एस्थर को पत्र लिखे थे।

'मूल्यवान अनुभव' हासिल करने के उन्होंने महीनों लाहौर में अपने दिन बिताए। गांधीजी दूसरी दफा 5 नवंबर से 16 नवंबर तक लाहौर में थे और फिर नवंबर के अंतिम दिनों में वह फिर लाहौर लौट आए। 12 दिसंबर से 22 दिसंबर, 1919 तक गांधीजी फिर लाहौर में रुके । आश्रम में गांधीजी की गैर मौजूदगी एस्थर को साल रही थी। पहली दफा लाहौर जाते हुए गांधीजी ने ट्रेन में लिखे एक पत्र में एस्थर को सलाह दी कि वह 'आश्रम में लोगों से खूब घुल-मिलकर घर की तरह रहे।' लेकिन वह खुद को यहाँ बहुत अकेला महसूस कर रही थी। वह बापू को लंबे और प्रेम भरे खत लिखती। लेकिन बापू के पास जवाब देने के लिए ज्यादा वक्त नहीं रहता। हालांकि वह एस्थर को प्रोत्साहित करने का कोई मौका नहीं छोड़ते। ऐसे ही एक पत्र में बापू ने लिखा-'मुझे बहुत ही खुशी है कि तुमने मुझे इतना लंबा और सुंदर पत्र लिखा जिससे मैं तुम्हारे दिल की गहराई में और-अधिक प्रवेश कर सका। तुम्हारा आना मेरे लिए हर्ष की बात है।'[25]

एस्थर का यहां मन नहीं लग रहा था। जब वह मद्रास में थी तो बापू की वजह से अपना क्रिसमस आश्रम में मनाना चाहती थी। लेकिन अब वह आश्रम में थी तो यहां बापू नहीं थे। क्रिसमस पर उनका यहां आने का कोई कार्यक्रम भी नहीं था। एस्थर क्रिसमस मद्रास में मनाना चाहती थी अपनी सहेली पीटर्सन के साथ। उसने बापू से मद्रास जाने के बारे में पूछा तो उनका कहना था कि 'अभी इतनी जल्दी वहां जाने की जरूरत नहीं है।' लेकिन एस्थर नहीं मानी। वह दिसंबर अंत में मद्रास चली गई। जनवरी में बापू आश्रम आने वाले थे क्योंकि उपद्रव जांच समिति की अगली बैठक अहमदाबाद में ही होनी थी।

उपद्रव जांच समिति जो हंटर कमीशन के नाम से मशहूर हुई में गांधीजी की लंबी-लंबी गवाहियां चलीं। ब्रिटिश हुकूमत ने सत्याग्रह से लेकर जलियावाला बाग कांड तक उपजे उपद्रव की जांच के लिए एक कमेटी गठित की थी। कमेटी के अध्यक्ष लॉर्ड हंटर बनाए गए। इस समिति में न्यायमूर्ति रैंकिन, डब्ल्यू. एफ. राइस, मेजर-जनरल सर जॉर्ज बैरो, पं. जगतनारायण, टॉमस स्मिथ, सर चि. ह. सीतलवाड और सरदार साहबजादा सुलतान अहमद खां शामिल थे। एन. विलियमसन इस कमेटी के मंत्री थे। कमेटी की पहली बैठक दिल्ली में 31 अक्टूबर, 1919 को हुई। कमेटी ने गांधीजी से लेकर जलियावाला बाग में नरसंहार कराने वाले ब्रिगेडियर-जनरल डायर तक की गवाहियां लीं। गांधीजी की सबसे लंबी गवाही 5 जनवरी को शुरू हुई और कई दिन तक चली। कमेटी के सदस्यों के सवाल और गांधीजी के जवाब उनके सत्याग्रह आंदोलन के एक महत्त्वपूर्ण पक्ष को उजागर करते

हैं। कमेटी के सभी सदस्यों ने बारी-बारी से महात्मा से उनके सत्याग्रह आंदोलन, उसकी तैयारियों और उसके प्रभाव के बारे में सवाल पूछे।

गांधीजी से पूछा गया किसी 'कानून का पालन करने से इंकार करना क्या उस उद्देश्य की पूर्ति का बहुत सख्त तरीका नहीं है?' गांधीजी ने जवाब दिया- ''मैं आदरपूर्वक कहूंगा कि, नहीं। अगर मेरे पिता भी मुझ पर कोई ऐसा नियम लाद दें जिसे मेरी अंतरात्मा स्वीकार नहीं करती तो मैं समझता हूं उनसे मेरा विनयपूर्वक यह कह देना तो कम-से-कम सख्त तरीका होगा कि, ''पिताजी, मैं इसका पालन करने में असमर्थ हूं।'' और वैसा करके मैं अपने पिता के साथ न्याय ही करूंगा, और कुछ नहीं।...अपने पिता से नाराज होने के बदले मैं विनयपूर्वक उनसे कहूंगा कि 'मैं इसका पालन करने में असमर्थ हूं।' इसमें मुझे कोई गलती नहीं दिखाई देती। और अगर अपने पिता से ऐसा कहना गलत नहीं है तो किसी मित्र अथवा सरकार से ऐसा कहने में तो कोई गलती हो ही नहीं सकती।''[26]

इन लंबी-लंबी गवाहियों से गांधीजी थक चुके थे। वह कुछ दिन आश्रम में आराम करना चाहते थे। इस आराम के दौरान उनका ज्यादा वक्त पत्रों के जवाब लिखने में गुजरता। एस्थर की सहेली पीटर्सन का पत्र आया था। उन्होंने इस पत्र के जवाब में बताया कि एस्थर यहां कितनी खुश है। पीटर्सन इस बात से खुश थी कि पिछले महीने बड़े दिन की छुट्टियों में उन्होंने एस्थर को क्रिसमस मनाने उसके पास मद्रास भेज दिया था। इसके जवाब में गांधीजी ने पीटर्सन को लिखा कि-'यह सुनते ही कि आप चाहती हैं कि कुमारी फैरिंग बड़ा दिन आपके साथ गुजारे, मैंने बिना हिचक कह दिया कि उसे आपकी इच्छा का स्वागत करना चाहिए। मैं इस ईसाई भावना की पूरी कद्र करता हूं कि बड़े दिन के त्यौहार पर मित्र और कुटुंबी इकट्ठे हों और उनका स्नेह मिलन हो।'[27]

जबकि सच यह नहीं था। जब एस्थर ने गांधीजी से मद्रास जाने की इजाजत मांगी थी तो गांधीजी ने उसे अपने पत्र में लिखा था कि-'तुम्हारी तरह मैं भी महसूस करता हूं कि तुम्हें इतनी जल्दी मद्रास जाने की जरूरत नहीं है, भले ही कुमारी पीटर्सन से मिलने के लिए ही क्यों न जाना हो।'[28]

बापू के साबरमती आश्रम आने की खबर सुनकर एस्थर मद्रास छोड़ तुरंत वापस अहमदाबाद आ गई। लेकिन उसी दिन बापू दिल्ली निकल गए। एस्थर के लिए यह बहुत तकलीफदेह था। एक तरफ बापू का विरह और दूसरी तरफ कस्तूरबा का असहज बर्ताव। 51 साल की कस्तूरबा ने बाहर निकलना लगभग छोड़ दिया था। अधिकांश वक्त वह आश्रम में बिताती थीं। उनके पहले के कठोर और रूखे स्वभाव में कोई अंतर नहीं आया था। आश्रम में बापू किसी नई युवती को लाते तो कस्तूरबा खीज उठतीं। वह सब लड़कियों को संदेह की नजर से देखती थीं। उम्र

के इस पड़ाव पर भी वह गांधीजी पर विश्वास नहीं कर पाई थीं। हालांकि इसका कारण बापू खुद थे। एस्थर फैरिंग के साथ भी यही हुआ। दिल्ली के लिए निकलते हुए उन्होंने एस्थर से कहा कि वह रसोई में बा का हाथ बंटाए। हालांकि एस्थर को बापू ने बा के बारे में पहले ही आगाह कर दिया। उन्होंने लिखा-'बा के मिजाज का कुछ ठीक नहीं रहता। उसका व्यवहार बराबर मीठा नहीं होता। कभी-कभी तो वह अपने व्यवहार में क्षुद्रता का संकेत भी दे सकती है; फिर आजकल वह शरीर से भी कमजोर हो गई है। इसलिए क्षुद्रता का जवाब महानता से दे सकने के लिए तुम्हें ईसाइयत उदारता की संपूर्ण शिक्षा का सहारा लेना होगा।' लेकिन गांधीजी यह भी जानते थे कि यह सब आसान नहीं है। इसलिए उन्होंने एस्थर का खयाल करते हुए यह भी छूट दी कि -'प्यारी बच्ची अगर तुम्हें ऐसा लगे कि बा तुम्हें बहुत परेशान कर रही हैं तो मैंने उसके साथ जो निकटता स्थापित करने को कहा है, वह मत करना। मैं नहीं चाहता कि किसी भी हालत में तुम अपनी आंतरिक शांति और प्रसन्नता को खो बैठो।'[29]

एस्थर ने बहुत कोशिश की कि वह बा को अपने प्यार और अपनी करुणा से जीत ले लेकिन वह कामयाब नहीं हुई। उसने बा की क्षुद्रता का अंदाजा पहले ही लगा लिया था। चार दिन बाद ही उसने बापू को लिखा-'बा को प्रसन्न करना कठिन काम है। वे मुझे सदैव एक अजनबी के रूप में देखती हैं और हमारे बीच जो सीमा-रेखा है उसे पार करने में मैं अपने आपको भी असमर्थ पाती हूं।'[30]

गांधीजी दिल्ली से संयुक्त प्रांत का दौरा करते हुए फिर लाहौर सरला देवी के पास पहुंच गए। इस बीच सरला देवी ने अपने छोटे बेटे दीपक को 'चरित्रवान और विद्वान' बनाने के लिए गांधीजी के पास आश्रम भेज दिया था। गांधीजी के आते ही सरला देवी ने अपने बेटे का हाल पूछा। गांधीजी ने बताया कि वह आश्रम में खुश है। वहां उसे बंगला और संस्कृत की तालीम देने की व्यवस्था की जा रही है। दीपक के देखभाल की जिम्मेदारी वह एस्थर को देकर आए थे। एस्थर को भी वहां एक अच्छा दोस्त मिल गया था। इधर सरला देवी फिर गांधीजी की साधना में लग गई। लेकिन इस बार लाहौर में सरला देवी अकेले नहीं थीं। उनके पति पंडित रामभज दत्त चौधरी जेल से छूट गए थे। गांधीजी दोनों से मिले। सरला देवी ने आतिथ्य में गांधीजी पर प्रेम लुटा दिया। गांधीजी ने लाहौर से अपने सहयोगी मगनलाल गांधी को लिखा भी कि-'सरला देवी हर तरह से मेरे ऊपर प्रेम बरसा रही है।'[31]

लेकिन इधर आश्रम में यह स्थिति नहीं थी। बा के कारण एस्थर का यहां रहना दूभर हो गया था। उसे अपनी समस्त साधना भंग होती नजर आई। गांधीजी

ने उसे सलाह दी थी कि वह आश्रम में अपनी अलग रसोई बना सकती है। लेकिन एस्थर से यह नहीं हो सका। वह भोजन के लिए इमाम साहब के यहां जाने लगी। इमाम साहब की बड़ी लड़की फातिमा बीबी एस्थर की हमउम्र थी। गांधीजी को यह बात नरहरि पारिख ने बताई। वह नाराज नहीं हुए। बल्कि उन्होंने एस्थर के इस कदम को सराहा। गांधीजी जानते थे कि ऐसे हालात में यह नाजुक और धार्मिक किस्म की लड़की अपना 'स्वास्थ्य और मन की शांति गंवा बैठेगी।' वह बा को भी जानते थे। यह भी जानते थे कि वह 'क्षुद्रता' की कोई सीमा पार कर सकती है। इसलिए उन्होंने एस्थर फैरिंग को लिखा-'बुराई का प्रतिरोध न करो' इस कथन का जो अर्थ ऊपर से दिखाई देता है, उससे कहीं अधिक गहरा है। उदाहरण के लिए बा में जो बुराई है उसका प्रतिरोध नहीं करना चाहिए; तुम्हें या फर्ज करो मुझको इसके बारे में खीझना या व्यग्र नहीं होना चाहिए और अपने आपसे यह नहीं कहना चाहिए कि 'यह स्त्री सत्य को क्यों नहीं देखती, या मेरे स्नेह का प्रतिदान क्यों नहीं देती।' जिस प्रकार एक तेंदुआ अपने (खाल के) धब्बे नहीं बदल सकता उसी तरह वह अपने स्वभाव के प्रतिकूल नहीं जा सकती। यदि तुम या मैं प्यार करते हैं, तो हम अपने स्वभाव के अनुसार कार्य करते हैं। यदि वह बदले में स्नेह नहीं करती तो वह अपने स्वभाव के अनुसार आचरण करती है। और यदि हम इसकी चिंता करते हैं तो हम 'बुराई का प्रतिरोध' करते हैं। क्या तुम मुझसे सहमत हो? मुझे लगता है कि इस आदेश का यही गहरा अर्थ है।'[32]

लाहौर में रहते हुए बापू अपनी 'प्यारी बिटिया' के लिए चिंतित थे। एस्थर के बाद उन्होंने फौरन अपने आश्रम प्रभारी नरहरि पारिख को एक खत लिखा। इस पत्र में उन्होंने कहा कि— 'बा ने बहुत सारे कार्यों में बाधा डाली है। हम भगवान से प्रार्थना करें कि वह कुमारी फैरिंग के मामले में बाधा न डालेगी। बा के इस दोष को निकालने का प्रयत्न करना व्यर्थ है।'[33]

लेकिन लाहौर आकर बापू बा के बारे में नहीं सोचना चाहते थे। सरला देवी अपने प्रिय अतिथि का हर खयाल रखती थीं। वह बापू की सेवा का कोई मौका नहीं खोना चाहती थीं। खुद ईश्वर के रूप में गांधीजी उसके घर पधारे थे। मेहमान के रूप में गांधीजी भी बहुत बारीकी से सरला देवी के चेहरे और मनोभावों का अध्ययन करते। गांधीजी जब भी पंजाब आते तो वह अपने नवजीवन के पाठकों के लिए वहां से पत्र लिखते। यह पत्र नवजीवन के ताजा अंक में 'पंजाब की चिट्ठी' के नाम से नियमित छपते थे। अपनी भावनाओं को उन्होंने अपने पाठकों के लिए 'पंजाब की चिट्ठी' में 'कैसा चमत्कार' नाम की सुर्खी देकर लिखा-'अपने पति से दूर रहकर सरला देवी जहां पहले 'सिंहनी की भांति अकेली रहती थीं।' पंडित रामभज दत्त चौधरी को जेल से निकले के बाद उन्होंने सरला देवी के चेहरे पर

'अनोखा ही तेज देखा' था। गांधीजी ने लिखा–'वियोग–काल में भी सरला देवी ने अपना तेज खोया नहीं था।'[34]

खिलाफत आंदोलन जो जोर पकड़ रहा था। सेवरे की संधि को लेकर मुसलमान ब्रिटिश हुकूमत से खफा थे। ब्रिटेन और फ्रांस के बीच हुई इस संधि ने मुसलमानों की धार्मिक भावनाओं पर चोट पहुंचाई थी। पैंगंबर की मौत के तुरंत बाद खिलाफत की शुरुआत हुई थी। लेकिन मुगल बादशाहों ने कभी खिलाफत को महत्व नहीं दिया। जैसा कि पं. नेहरू ने कहा कि 'मुगल सम्राट भारत के बाहर किसी खलीफा या आध्यात्मिक नेता को मान्यता नहीं देते थे। मुगलों के पतन के बाद 19वीं सदी में हिंदुस्तानी मस्जिदों में तुर्की सुल्तानों के फतवे पढ़े जाने लगे थे। शायद इसके पीछे मुसलमानों में असुरक्षा की भावना रही होगी। समय के साथ यह भावना और बलवती होती गई।' तुर्क के खलीफाओं के प्रति मुसलमानों में बड़ा सम्मान था। इंग्लैंड ने तुर्की के खिलाफ जंग का ऐलान कर मुसलमानों को पहले ही नाराज कर दिया था। संधि के बाद यह नाराजगी और बढ़ गई। मौलाना अब्दुल कलाम आजाद से लेकर मुहम्मद अली और शौकत अली बंधु जैसे तमाम नेता तुर्की खलीफा के समर्थन में खड़े थे। इसी भावनाओं के उत्तेजक माहौल में खिलाफत कमेटी पैदा हो गई और उलेमाओं ने 'जमायत–उल–उलेमा' की स्थापना की। मुस्लिम नेता गांधीजी की भावनाओं से अवगत थे। गांधीजी ने अपने सार्वजनिक जीवन की शुरुआत दक्षिण अफ्रीका के व्यापारी अब्दुल्ला सेठ के साथ की थी। नवंबर, 1919 की दिल्ली में हुई खिलाफत कमेटी की कांफ्रेंस में गांधीजी को आमंत्रित किया गया। कांफ्रेंस में कई हिंदू नेता भी आए थे। जैसा कि लुई फिशर ने लिखा कि 'यह हिंदू–मुस्लिम राजनीति की दोस्ती की सुहागरात थी।' यहां गांधीजी ने असहयोग का ऐलान कर दिया। यह सविनय अवज्ञा का वही दूसरा विकल्प था, जिसकी तलाश गांधीजी कर रहे थे।

गांधीजी खिलाफत और सत्याग्रह को एक साथ मिलाना चाहते थे। आगे की रणनीति तय करने के लिए गांधीजी ने लाहौर को चुना था। तय हुआ था कि गांधीजी 23 जनवरी को लाहौर पहुंचेंगे और अली बंधुओं और अन्य मुस्लिम नेताओं से यहीं बात करेंगे। अली बंधु व अन्य मुस्लिम नेता लाहौर सरला देवी के घर पहुंच गए। खिलाफत आंदोलन पर बातचीत यहीं होनी थी। मांगों का मसौदा तय होना था। देखते–देखते सरला देवी का घर 'धर्मशाला' बन गया। सरला देवी ने इन मुस्लिम नेताओं का आतिथ्य–सत्कार 'सगी बहन' जैसा किया। अली भाइयों का सत्याग्रह में भरोसा नहीं था। लेकिन चूंकि गांधीजी उनके खिलाफ आंदोलन को समर्थन दे रहे थे इसलिए उन्हें मजबूरन गांधीजी के साथ खड़ा होना पड़ रहा था। गांधीजी ने अली बंधुओं से कहा–'जिस समय तुम सत्याग्रह करो उस समय

मुझे बुलाना; यदि तुमने सत्याग्रह नहीं किया तो फिर मैं तुम्हारे साथ नहीं हूं'। हसरत मोहानी ने चलते वक्त गांधीजी से कहा कि सत्याग्रह हमेशा चल सकता है या नहीं, यह तो मैं नहीं कह सकता। लेकिन मैं मानता हूं कि इस कार्य के लिए आज के जमाने में सत्याग्रह जैसा दूसरा हथियार नहीं है। इसलिए मैं उसका प्रचार करूंगा। गांधीजी ने अपनी पंजाब की चिट्ठी में लिखा-''हसरत मोहानी को 'यह हमारा मैड (पागल) मुल्ला' कहते हुए अली भाइयों ने अपने गले लगाया और विदा हुए।'[35]

तलवार की धार पर प्यार

साबरमती आश्रम में बापू के बगैर एस्थर टूटती जा रही थी। उसे आश्रम के माहौल से घबराहट होने लगी थी। नाराजगी में उसने बापू को पत्र लिखना भी बंद कर दिया था। कभी-कभी वह आश्रम से निकल जाती और अपनी किसी परिचित के घर चली जाती। एक दिन वह लीलावती के घर चली गई। वह अहमदाबाद में ही रहती थी। आश्रम में उसका आना-जाना था। किसी विवाह समारोह में शामिल होने के लिए लीलावती ने उसे बुला लिया था। पारीख ने यह सूचना गांधीजी को दी तो वह चिंतित हो गए। उन्होंने पारीख से कहा-'कुमारी फैरिंग बहुत भोली महिला है। बिना सोचे-समझे सबका विश्वास कर लेती है। लीलावती बेन उसके भोलेपन का लाभ उठाएगी। इसलिए क्या हुआ? क्यों गई? यह सब मुझे जरा विस्तार से लिखना। उस पर यदि कोई कुदृष्टि डालेगा तो यह हमारे लिए बहुत शर्म की बात होगी। इसकी चर्चा न करना।'[36]

गांधीजी को जब पता चला कि एस्थर किसी विवाह समारोह में शामिल होने गई है तो वह बहुत दुखी हुए। उन्हें लगा कि एस्थर नवयुवती है। सुंदर है। कहीं उसके साथ कुछ बुरा-भला न हो जाए। आश्रम के बाहर के लोग ऐसे नहीं थे जो उसे अपनी वासना का शिकार बनाने में गुरेज करते। सबसे बड़ी बात यह थी कि गांधीजी के मन में एस्थर को लेकर संदेह पैदा हो गया। ऐसे संदेह जो पहले कभी कस्तूरबा को लेकर उनके मन में पैदा होते थे। उन्होंने एस्थर के सामने सवालों की झड़ी लगा दी। उन्होंने एस्थर को खत लिखा-'तुम बिलकुल रानी बिटिया नहीं हो।...किसी विवाह में शामिल हुई थीं, यह खबर मुझे कुछ अटपटी लगी। यह किसलिए? अपरिचित व्यक्तियों के बीच तुम कैसे रही होगी? यदि तुम वहां कर्तव्यभावना से प्रेरित होकर गई थीं तो तुमने भूल की; ऐसे उत्सवों में शरीक होना कदापि तुम्हारा कर्तव्य नहीं है। यदि तुम मन-बहलाव के खयाल से गई थीं तो मेरी समझ में नहीं आता वहां तुम्हारा वांछित मन-बहलाव क्या हुआ होगा। वह उत्सव था कहां? वे लोग कौन थे? क्या वे अंग्रेजी जानते थे? वहां

तुम्हें भोजन में क्या मिलता था? तुम्हारे सोने की क्या व्यवस्था थी? तुम किसके सुझाव पर वहां गई थीं? ये सारी बातें मुझे बड़ी ही अजीब लग रही हैं। मैं नहीं चाहता कि तुम बिना सोचे-समझे ऐसे प्रयोग करो।' इस पत्र का अंत उन्होंने इस वाक्य से किया- 'हे ईसा मसीह, अपने हृदय में तूने हमें जगह दी है; हमें अपनी शरण में ले।'[37]

गांधीजी को डर था कि कहीं खुद एस्थर पाप के रास्ते पर न चल दे। उसकी उम्र में यह असंभव भी नहीं था। एस्थर आजाद खयाल की थी। गांधीजी उसे 'बिन पतवार का जहाज' मानते थे। वह पोलैंड छोड़कर अकेले भारत रहने आई थी। अकेली आश्रम में रहने को भी तैयार हो गई थी। वह गांधीजी से उनके प्रेम पत्रों की माँग करती। इन सब कारणों से गांधीजी के मन में शंका का जन्म हुआ था। उन्होंने एस्थर को लिखा-'ध्यान रखना कि अपने स्वभाव की स्वच्छंदता के कारण तुम अपना नुकसान न कर लो। एक अनुशासित अंतरात्मा की आत्मा का ही पालन करना चाहिए। वह ईश्वर की आवाज है। एक अनुशासन-विहीन अंतरात्मा विनाश की तरफ ले जाती है, क्योंकि उसकी आवाज शैतान की आवाज होती है। काश मैं तुम्हारे पास होता।'[38]

गांधीजी की शंकाएं अभी शांत नहीं हुई थीं। एस्थर के साथ किसी अनहोनी घटना को लेकर उनका मन अशांत हो चुका था। वह जानते थे कि एस्थर भावनात्मक रूप से कितनी कमजोर है। उन्होंने मगनलाल गांधी को लिखा-'उसने जाकर बड़ी भूल की है। इसे मैं उसकी दुर्बलता मानता हूं। यही पवित्र आत्मा का पतन है। वह स्वतंत्रता का बहुत ज्यादा दम भरती है। किसी से सलाह लेने में शर्म मानती है। वह बिना पतवार के जहाज-जैसी है। उसका हृदय विशाल है, लेकिन उसका सदुपयोग करने में वह असमर्थ है।' उन्होंने आगे लिखा-'मेरा हृदय आज बहुत व्याकुल है। एस्थर ने कोई पाप किया है- ऐसा तो नहीं जान पड़ता; लेकिन मैं यह भी मानता हूं कि पाप करने में कोई देर नहीं लगती; यह मेरा भय भी हो सकता है।'[39]

एस्थर इस घटना को लेकर दुखी थी। वह पछता रही थी कि उसने ऐसा क्यों किया। एस्थर ने खुद माना था कि विवाहोत्सव में जाकर उसने गलती की। इस घटना के बाद एक नई समस्या खड़ी हो गई। एस्थर के मासिक चक्र अनियमित हो गए। उसने गांधीजी को इस बात की जानकारी दी। जवाब में बापू ने उसे लिखा- 'जिस 'अनियमितता' की बात तुम लिख रही हो, उसका एल. के द्वारा परीक्षित एक अत्युत्तम इलाज है -वह यह कि कटिस्नान और घर्षण स्नान का अभ्यास करना, अलोना तथा अन्य बिना मसालों वाला भोजन करना। इस पर आश्रम में हमारे पास एक पुस्तक है। उसे पढ़ लेना।'[40]

फैरिंग एस्थर (1892-1962)

बापू भी अपने बर्ताव से कम दुखी नहीं थे। अगले ही दिन एस्थर को लिखा–'मैंने तुम्हारा दिल दुखाया है, मुझे क्षमा करना। मैंने वैसा इसलिए लिखा कि मैं तुम्हें बहुत प्यार करता हूं।'[41]

एस्थर की दशा शोचनीय थी। वह सबकुछ छोड़कर बापू के पास लाहौर आना चाहती थी। लेकिन बापू ने मना कर दिया। उन्होंने कहा कि 'आना बेकार' है। छह दिन बाद वह लाहौर छोड़ने वाले थे। उन्होंने एस्थर से वादा किया कि वह 23 फरवरी तक 'उसके पास पहुंच जाएंगे'। 'फिर कम-से-कम कुछ समय तक तो हम तुम साथ रहेंगे ही।' बापू को उसके मासिक चक्र की अनियमितता की भी चिंता थी। उन्होंने सलाह दी कि 'इस बीच तुम कटि स्नान और घर्षण-स्नान (सिट्ज बाथ) करो।' और वहां के डॉक्टर से अपनी 'परीक्षा' करा लो। लेकिन एस्थर बुरी तरह आहत थी। वह आश्रम छोड़कर कहीं भी चली जाना चाहती थी। गांधीजी को उसे तार भेजकर रोकना पड़ा। गांधीजी ने उसे लालच दिया–'मैं तुमसे कई दिन प्रात:काल में लंबी बातचीत करना चाहता हूं, जिसके लिए समय केवल आश्रम में ही मिल पाता है।'

फिर आगे उन्होंने समझाया–'किसने कहा कि तुम रानी बिटिया नहीं हो? अपने अद्भुत प्रेम और दिल की सच्चाई से तुमने अपने-आपको मेरा सबसे अधिक प्रिय बना लिया है। तुम एक क्षण के लिए भी यह न सोचना कि तुम्हारी योग्यता के बारे में मेरे हृदय पर जो छाप है, वह तुम्हारे स्वभाव की स्वच्छंदता के कारण जरा भी बदल सकती है। तुम्हें अपने भीतर कहां मजबूती लानी है, यह बताना मेरा अधिकार है। यदि शरीर प्रभु का मंदिर है तो उसकी पूरी-पूरी हिफाजत करना जरूरी है–उससे लाड़ अवश्य न किया जाए, लेकिन उसके प्रति उपेक्षा या उदासीनता भी अवश्य ही नहीं होनी चाहिए।' पत्र के अंत में उन्होंने लिखा–'सदैव मंगल कामनाओं और हार्दिक प्रेम-सहित' 'तुम्हारा बापू।'[42]

इसके दो दिन बाद ही बापू को खबर मिली कि एस्थर के पिता ने उसे वापस डेनमार्क बुलाया है। पिता इस बात से नाराज थे कि उनकी बेटी भारत में अपनी सेहत के साथ खिलवाड़ कर रही है। उन्होंने उसे तुरंत वापस बुलाया था। एस्थर ने बापू से पूछा कि वह क्या करे? बापू ने कहा कि उसे जाना चाहिए। लेकिन वह तब तक रुक जाए जब तक वह आश्रम नहीं आ जाते। वह एक बार उससे मिलना चाहते हैं। जवाब में प्रेम में डूबी एस्थर ने तार भेजा- 'नन ऑफ सेल्फ,

एंड ऑल ऑफ दी' यानी मेरा क्या है सब कुछ तो आपका है। आप जो चाहे निर्णय करें। बापू ने एस्थर को कहा कि वह वहां सिर्फ इसलिए न रुके क्योंकि उन्होंने उसे रुकने के लिए कहा है। यह उनके प्रेम का स्वार्थ है जो उसे रोकना चाहता है। उन्होंने लिखा–'शुद्धतम स्नेह व्यक्त करना तलवार की धार पर चलने के समान है। मेरा मुझमें कुछ नहीं; जो कुछ है सो तोर, ऐसा कहना तो सरल है, किंतु इस पर आचरण करना बहुत कठिन है। हम कभी नहीं कह सकते, यहां तक कि जब हमें लगता है हम पूर्ण रूप से प्रेममय हैं तब भी नहीं कह सकते कि इस समय हममें स्वार्थ नहीं है।'[43]

गांधीजी ने पंजाब के विभिन्न जिलों का दौरा किया। हर दौरे में सरला देवी उनके साथ होतीं। वह उनका खयाल रखतीं। 15 फरवरी को गांधीजी ने लाहौर छोड़ दिया। उन्हें बनारस जाना था। इस बीच उन्हें एस्थर के कई पत्र मिले। उन्होंने भी एस्थर को कई पत्र लिखे। ये पत्र प्रेम में डूबे हुए होते। एस्थर उन पत्रों को पढ़कर खुश हो जाती जिसके अंत में बापू उसे लिखते–'निश्चय ही आज रात को सोने जाते समय मुझे तुम्हारी बहुत याद आएगी।'[44]

अलगाव के दिन खत्म हो रहे थे क्योंकि बापू अगले दिन आश्रम पहुंचने वाले थे। लेकिन एस्थर उस वक्त चौंकी जब उसने देखा कि बापू के साथ एक महिला भी है। यह महिला कोई और नहीं बल्कि सरला देवी थी। जिसके कारण बापू इतने दिन उससे दूर रहे।

चार दिन बाद अहमदाबाद की एक सभा में सरला देवी का स्वागत किया जाना था। यह जिम्मेदारी गांधीजी को ही सौंपी गई। उन्होंने बताया कि पहले पहल उन्हें सरला देवी का उनके घर पर ठहरने का आमंत्रण स्वीकार करने में 'घबराहट' हुई। क्योंकि सरला देवी के पति रामभज चौधरी को लाहौर पहुंचने से पहले अंग्रेजी हुकूमत ने गिरफ्तार कर जेल भेज दिया। 'उन्होंने जब मुझे यह निमंत्रण दिया था उस समय वे वियोगिनी थीं। इसलिए मैं सोच में पड़ गया कि वियोगिनी का आतिथ्य कैसे स्वीकार करूं? लेकिन दूसरों के दुख में शामिल होने की बात को मैं अपना सौभाग्य मानता हूं और इसलिए मैं पंजाब में उनके घर जाकर रहा। सगी बहन जितनी सेवा कर सकती है, उतनी ही इन्होंने मेरी सेवा की। इस तरह मैं इनका ऋणी बना'[45]

लेकिन इस वियोगिनी ने गांधीजी का ऐसा सत्कार किया कि वह उसके प्रेम के कैदी होकर रह गए। वियोगिन को एक योगी मिल गया था। वियोगिनी इस योगी की तपस्या भंग करने में लगी थी। इस सभा में गांधीजी ने सरला देवी की तुलना 'सगी बहन' से की थी। उन्होंने कहा था–'मैं स्वयं तो भिखारी हूं; अपनी भिक्षा में मैं विशेष रूप से बहनों की खोज में रहता हूं।'

गांधीजी कुछ दिन अहमदाबाद ठहरे और फिर देश के दौरे पर निकल पड़े।

सरला देवी भी उनके साथ थी। एस्थर समझ चुकी थी वह गांधीजी के जीवन से बहुत दूर जा चुकी है। उसकी जगह सरला देवी ने ले ली है। एस्थर के सामने अब केवल अंधेरा था। वह दुख के सागर में डूब गई। ऐसे में उसे डॉ. ई. के. मेनन की याद आई। डॉ. मेनन केरल के मेडिकल कॉलेज में चिकित्सा का छात्र था। वह एस्थर को पसंद करता था। उससे शादी करना चाहता था। लेकिन एस्थर ही पीछे हट रही थी। लेकिन इस भावनात्मक अकेलेपन ने उसे मेनन के करीब लाकर खड़ा कर दिया था। एस्थर ने मेनन से सगाई का ऐलान कर दिया। लेकिन यह विवाह आसान नहीं था। विवाह के लिए मेनन को धर्मांतरण करना जरूरी था। गांधीजी इस विवाह के खिलाफ थे। वह चाहते थे कि एस्थर आजन्म कुंवारी रहकर सेवा कार्यों को अपना जीवन समर्पित कर दे। एस्थर फैरिंग के डॉ. ई. के. मेनन से विवाह-सूत्र में बंधने पर बड़ी टीका-टिप्पणी की गई थी। उस समय गांधीजी ने सांत्वना और साहस बंधाने वाले ग्यारह पत्र लिखे थे। इसी कड़ी में पहले पत्र में उन्होंने लिखा-

> 'कभी न कभी हर व्यक्ति और राष्ट्र के सामने
> उपस्थित होता है वह क्षण
> जब उसे सत् और असत् के संघर्ष में
> चुनना पड़ता है अपना पक्ष
> शिव और अशिव के बीच!'[46]

सत्याग्रह की बरसी और आध्यात्मिक पत्नी

इतिहास के इस दौर तक मोहनदास कर्मचंद गांधी 'महात्मा' बन गए थे। उन पर श्रद्धा रखने वाले अधिकांश लोग उन्हें 'महात्मा' ही कहकर पुकारते। सूदूर गांवों में जहां तक गांधीजी की कीर्ति फैली थी वहां वह 'महात्मा' के नाम से ही जाने जाते। उनकी सभाओं में 'महात्मा गांधी' जिंदाबाद के नारे भी लगने लगे थे। गुरुदेव रवींद्रनाथ टैगोर के पत्रों में गांधीजी के लिए महात्मा का ही संबोधन रहता। बिहार के एक दौरे में एक दफा जब महात्मा की मोटर का टायर फट गया था तब महात्मा को दूसरे वाहन के इंतजार के लिए सड़क पर खड़ा होना पड़ा। वहीं कांग्रेसियों को एक जगह देख एक बुढ़िया ने पूछा था-'बेटा तुममें महात्मा गांधी कौन है?' महात्मा उसके निकट गए और पूछने लगे 'तुम गांधी को क्यों देखना चाहती हो?' उन्हें जवाब मिला-'वह भगवान के अवतार हैं मैं उनके दर्शन करना चाहती हूं।' महात्मा लाजवाब हो गए। ऐसी कई घटना अकसर होती थीं। लेकिन महात्मा का ध्यान केवल सत्याग्रह पर था। वह सत्याग्रह और खिलाफत आंदोलन की बरसी मनाने की तैयारियों में जुट गए। 6 अप्रैल और 13 अप्रैल करीब आ रही थी। पिछले साल 6 अप्रैल को महात्मा की एक आवाज पर देश सड़कों पर

उतर आया था और 13वीं अप्रैल को जलियावाला बाग में सैकड़ों बेगुनाहों का खून बहा था। यह भूमि पूरे देश के लिए पवित्र तीर्थ बन गई थी। महात्मा ने तय किया कि 19 मार्च खिलाफत-दिवस उपवास और हड़ताल करके राष्ट्रीय शोक-दिवस के रूप में मनाया जाएगा। फिर 6 से 13 अप्रैल के बीच सत्याग्रह सप्ताह मनाया जाएगा। 6 अप्रैल को चौबीस घंटे का उपवास रखा जाएगा। 7 बजे सायं सारे भारत में सार्वजनिक सभाएं करके रौलट अधिनियम के रद्द किए जाने की कामना की जाएगी। और 13 अप्रैल को देश भर में केवल उपवास और प्रार्थना होगी। मार्च के अंतिम दिन महात्मा ने सिंहगढ़ के एकांतवास में बिताए। सरला देवी यहां उनके साथ थीं।

महात्मा सरला देवी के चेहरे के तेज से प्रभावित थे और सरला महात्मा की कीर्ति की आभा से। महात्मा ने अपनी पत्रिका नवजीवन में सरला देवी के लेख छापने शुरू कर दिए थे। महात्मा के बहुत कहने पर सरला देवी ने एक लेख भेजा जिसका नाम था-'बंधु'। इस लेख में सरला देवी ने पूछा था- 'कौन है यह अभिजात बंधु, जिसे अभिजात्य से मुक्त होने पर ही पाया जा सकता है? क्या वह मेरी आंतरिक संपूर्णता है?' (जो) संपूर्ण है उसे किसी बाह्य बंधु की आवश्यकता नहीं होती। फिर वे बताती हैं कि अगर होती है तो वह बाह्य बंधु किस तरह का होता है। इस लेख की महात्मा ने बहुत तारीफ की। उन्होंने कहा कि इस लेख के कारण ही यह अंक 'उत्तम' हो गया। और पाठकों को बार-बार सलाह दी कि वह ये लेख पढ़ें। लेकिन बहुत से पाठकों को सरला के भाव समझ नहीं आए। इस लेख में से 'दो-तीन अर्थ' निकाले जा सकते थे। महात्मा ने फिर अलग से एक लेख लिखकर सरला देवी के आध्यात्मिक मनोभावों की व्याख्या की। महात्मा ने समझाया कि 'उनके पति जिस समय जेल में थे, उस समय उनकी जो विह्वल दशा थी, उसे मैंने देखा। मैंने देखा कि उन्हें किसी तरह भी शांति न थी। ऐसे समय मित्र जितनी सांत्वना दे सकता है उतनी मैं देने का प्रयत्न कर रहा था। लेकिन मुझे स्पष्ट दिखाई दे रहा था कि उनका मन अशांत था।'[47]

महात्मा ने यह लेख सिंहगढ़ में सरला देवी की मौजूदगी में ही लिखा था। वह 26 से 30 मार्च तक यहीं थे। सिंहगढ़ के मनोरम वातावरण में वह अपनी राजनीतिक थकान मिटाने आए थे। इस दौरान उन्होंने एस्थर को एक भी पत्र नहीं लिखा। वापस लौटते वक्त उन्होंने ट्रेन से एस्थर को पत्र लिखा जिसमें उन्होंने पूछा कि वह डेनमार्क के लिए कब रवाना हो रही है। सिंहगढ़ से महात्मा बंबई पहुंचे। महात्मा बंबई गए तो सरला देवी उनके साथ थी। जलियावाला कांड के विरोध में उन्होंने बंबई में उपवास रखा तो सरला देवी ने उनकी जी जान से सेवा की। बंबई में महात्मा के अगर कोई सबसे निकट था तो वह सरला देवी थीं। महात्मा ने बंबई से अपने बेटे देवदास को चिट्ठी लिखी और बताया कि सरला देवी उनके साथ हैं।

महात्मा अपने परिवार के सदस्यों और मित्रों से सरला देवी को ठीक से परिचित कराना चाहते थे। उसी पत्र पर चार लाइनें सरला देवी ने भी देवदास को लिखीं। बंबई में एक सप्ताह बिताने के बाद महात्मा साबरमती आश्रम लौट आए। एस्थर तब दक्षिण भारत में थी। वक्त ने गांधीजी को बदल दिया था। उन्होंने एस्थर के विवाह के बारे में 'वस्तुस्थिति' स्वीकार कर ली थी। महात्मा ने उसे लिखा-'मैं उसके विरुद्ध कुछ नहीं कहूंगा। तुम वही करो जो करने की प्रेरणा तुम्हें ईश्वर दे।' लेकिन महात्मा डॉ. मेनन से मिलना चाहते थे। उन्होंने लिखा-'तुम जिनके प्रति स्वयं को समर्पित करना चाहती हो मेरे लिए तो यही इस बात का पर्याप्त प्रमाण है कि वह कोई सामान्य युवक नहीं है।'[48]

महात्मा को खबर मिली थी कि मणिलाल डॉक्टर और उसकी पत्नी जयकुंवर यानी जेकी को फीजी से निर्वासित कर दिया गया। मणिलाल डॉक्टर को गांधीजी ने 1912 में फीजी भेजा था। जेकी तीन साल बाद फीजी गई थी। इन पांच वर्षों में महात्मा के बेटे मणिलाल के साथ अपने अंतरंग शारीरिक संबंधों को भूल कर जेकी अपने वैवाहिक जीवन में व्यस्त हो गई थी। उसकी दो संतानें भी हुईं। पूरा परिवार फीजी में रह रहा था। अब देशद्रोह के आरोप में उन्हें देश निकाला दिया जा रहा था। महात्मा ने इस विषय पर एक लेख नवजीवन में लिखा। इस लेख में उन्होंने जेकी का परिचय डॉक्टर की 'वीरांगना और सुसंस्कृता पत्नी' के रूप में दिया।[49]

यह वही जेकी थी जिसके बारे में महात्मा ने पांच साल पहले कहा था कि 'वह झूठी, पाखंडी और बुरी भावनाओं वाली औरत है।' सत्य को ईश्वर के निकट मानने वाले गांधीजी के यह वचन असत्य थे। नवजीवन के पाठक न जेकी के बारे में जानते थे न उसके बारे में पांच साल पुराने गांधीजी के विचारों के बारे में। शायद महात्मा पुरानी बातें विस्मृत कर जेकी को माफ कर चुके थे। निश्चित तौर पर महात्मा में बदलाव आ रहा था। इन बदलावों के पीछे अगर कोई था तो वह सरला देवी थीं।

अपनी बंबई यात्रा के दौरान महात्मा ने स्वदेशी आंदोलन का आह्वान किया था। वह चाहते थे कि विदेशी वस्त्रों का बहिष्कार कर हिंदुस्तान की जनता खादी पहने। लेकिन उनकी बात का असर आभिजात्य परिवारों में नहीं हो रहा था। खुद सरला देवी कीमती रेशमी साड़ियां पहनती थीं। एक दिन सरला देवी ने महात्मा से खादी की साड़ी और चोली पहनने की इच्छा जाहिर की। तब तक खादी का इस्तेमाल साड़ी और चोली के रूप में कभी नहीं हुआ था। महात्मा के लिए यह अविश्वसनीय था। उन्होंने खास आर्डर देकर सरला देवी के लिए खद्दर की साड़ी और चोली बनवा दी। यह दुनिया की संभवत: पहली खद्दर की आधुनिक और फैशनेबुल साड़ी और चोली थी। बंबई में श्रीमती जाईजी जहांगीर पेटिट ने कवि

चौधरी के सम्मान में एक बड़ा कार्यक्रम आयोजित किया था। इसमें सरला देवी 'खादी की साड़ी और चोली' पहनकर आईं। सरला को खादी में देख महात्मा की खुशी का कोई ठिकाना नहीं था। खुद सरला देवी के मामा गुरुदेव रवींद्र नाथ टैगोर ने सरला देवी से कहा- 'अगर इस साड़ी में तुम्हें कुछ अटपटापन नहीं लगता तो तुम इसे पहनकर कभी भी और किसी भी भोज में जा सकती हो, तुम्हें यह खूब जंचेगी।' खुद महात्मा ने लिखा- 'वे खद्दर की साड़ी में भी उतनी ही फुर्तीली और सुंदर लग रही थीं जितनी अपनी बढ़िया चमकीली रेशमी साड़ियों में लगती थीं।' [50]

उन्होंने नवजीवन में खादी पर लिखे एक लेख में सरला देवी की तारीफों के पुल बांध दिए। वह अकसर कहा करते थे — 'स्वदेशी आंदोलन को सबसे ज्यादा लाभ तो श्रीमती सरला देवी ने ही पहुंचाया।' वह नवजीवन और यंग इंडिया में छपे अपने लेखों की प्रति सरला देवी को डाक से भेज देते। साथ में भजन की कुछ पक्तियां भी होती- 'मोरी लागी लगन गुरु-चरनन की। चरन बिना मुझे कछु नहीं भावै।'[51]

लगातार दौरों और काम के अतिरिक्त बोझ से महात्मा की तबियत बिगड़ गई थी। डॉक्टरों ने सलाह दी थी कि हवा बदलने के लिए वह किसी मनोरम जगह चले जाएं। महात्मा ने फिर सिंहगढ़ जाने का फैसला किया। सिंहगढ़ एक खूबसूरत जगह थी। महात्मा अपने साथ डॉ. जीवराज मेहता, महादेव देसाई, स्वामी आनंद, प्रभुदास, बालकृष्ण के अलावा सरला देवी के छोटे बेटे दीपक को भी साथ लाए थे। सरला के बड़े बेटे जगदीश की शादी 19 मई, 1920 के दिन तय हो गई थी। महात्मा चाहते थे कि पिछली बार की तरह सरला देवी भी उनके इस विश्रामवास में उनके साथ रुकें। लेकिन बेटे की शादी की तैयारियों में व्यस्तता का हवाला देते हुए सरला देवी लौट आईं।

सरला देवी महात्मा के दिलो-दिमाग पर हावी थीं। उनका बेटा दीपक सिंहगढ़ का ऐतिहासिक किला घूमना चाहता था। उसके लिए ऊंची चढ़ाई थी। डॉक्टर मेहता ने महात्मा को यह चढ़ाई चढ़ने की इजाजत नहीं दी। लेकिन महात्मा नहीं माने। लेकिन उन पर 'कुछ ऐसा नशा छाया हुआ था' कि उन्हें लगा कि 'मैं यह कर सकूंगा।' पर वह यह नहीं कर सके। आधा फर्लांग चलने के बाद ही उनकी जांघ में असहाय दर्द उठा। वह वहीं बैठ गए। महात्मा लौटे और फिर सो गए। सोकर उठते ही उन्होंने सरला देवी को पत्र लिखा-'अभी-अभी मैं दो सपने देखकर उठा हूं। एक तुम्हारे बारे में था और दूसरा खिलाफत के बारे में। तुम दो ही दिन में लौट आई, इससे मुझे बड़ी खुशी हुई। मैंने पूछा कि 'इतनी जल्दी कैसे आ गई' तुमने कहा, 'यह तो पंडितजी की युक्ति थी मुझे अपने पास बुला लेने की। जगदीश की शादी अब भी बहुत दूर ही है इसलिए मैं वापस आ गई।' जगने

पर पता चला कि यह तो एक स्वप्न था। फिर मैं निराश होकर सो गया।' [52]

इस मनोरम वातावरण में महात्मा सरला देवी को अपने पास बुलाना चाहते थे। लेकिन वह जानते थे कि बेटे की शादी में व्यस्तता के कारण वह नहीं आ सकती। फिर भी उन्होंने लिखा कि 'अगर शादी निपट गई हो या मुल्तवी हो गई हो, तो मैं आशा करता हूं कि तुम भी मंडल में शामिल होकर इसे अपने संगीत तथा हास्य से मुखरित करोगी।' महात्मा ने देखा कि उनका पत्र लंबा होता जा रहा है। उन्होंने लिखा-'इस तरह तो मैं लिखता ही चला जाऊंगा। लेकिन अब बंद करना चाहिए। यह भय तो नहीं है कि तुम उकता जाओगी, लेकिन मुझे और काम भी करने हैं।'[53] अगले दिन महात्मा ने फिर सरला देवी को पत्र लिखा। उन्होंने सरला देवी को बताया कि वह दर्द के कारण कितनी तकलीफ में हैं। महात्मा ने फिर कहा कि 'अगर पखवाड़े-भर में जगदीश का विवाह सम्पन्न या स्थगित हो जाए तो तुम इस सीमा का निर्वाह करके आ जाओ।' पांव में दर्द के कारण महात्मा सुबह जग नहीं पाए थे। उन्होंने सरला देवी को लिखा-'मैंने सूर्योदय नहीं देखा। तुम यहां होतीं तो मैं जानता हूं कि सूर्यदेव के रथ का आगमन देखने को अवश्य ही मुझे बाहर खींच ले जातीं।'

लेकिन महात्मा जानते थे कि सरला देवी नहीं आएंगी। दरअसल उच्च मध्यवर्गीय परिवार में पली और फिर ब्याही सरला देवी के लिए आश्रम का जीवन कष्टदायक था। आश्रम का एक नियम था। यहां रहने वाले प्रत्येक व्यक्ति को काम करना पड़ता था। यह काम बहुत छोटे स्तर के होते थे। ऐसे काम सरला ने हमेशा अपने नौकरों से कराए थे। इसलिए आश्रम में ऐसे काम करने में उन्हें संकोच होता था। इसलिए सरला देवी पिछली दफा बेटे के विवाह की तैयारियों का वास्ता देकर दो दिन में ही वापस लौट गईं। महात्मा ने सरला देवी को लिखा- 'और अब तुमसे एक चीज मांगूंगा। मैं जानता हूं, तुमने मुझे बहुत-कुछ दिया है। लेकिन जैसे-जैसे प्राप्त होता गया है, वैसे-वैसे भूख भी बढ़ती गई है। तुमने कहा कि आश्रम में काम करने में तुमको संकोच होता है। क्या तुम वहां घरेलू काम-काज करना शुरू करके इस संकोच के भाव से छुटकारा पाने की कोशिश नहीं करोगी? अगर सिर्फ मेरी ही खातिर तुम ऐसा करो तब भी कोई हर्ज नहीं।'[54]

राजनीतिक सरगर्मियों से दूर सिंहगढ़ के इस एकांत इलाके में महात्मा के पास सरला देवी के बारे में सोचने का बहुत वक्त था। इस एकांतवास में वह हजार प्रयासों के बावजूद सरला देवी को अपने दिलो-दिमाग से दूर नहीं कर पा रहे थे। वह पूरी बेचैनी और शिद्दत से सरला देवी के पत्र का इंतजार करते जो अकसर नहीं आता था। लेकिन इसके लिए महात्मा सरला देवी को दोष नहीं देते। वह यह कहकर दिल को बहला लेते कि 'यह तो कमबख्त डाक की ही कारस्तानी है।' बिस्तर पर पड़े-पड़े महात्मा सरला देवी के बारे में सोचा करते थे। जब

सोचते हुए थक जाते तो सरला देवी को खत लिखने लगते। ऐसे ही एक पत्र में उन्होंने लिखा- 'तुम्हारी याद अब भी बहुत आती है, नींद में भी। फिर अजब नहीं कि पंडितजी तुम्हें भारत की महाशक्ति कहते हैं। तुमने उन पर जादू कर रखा होगा। अब वही जादू तुम मुझ पर आजमा रही हो। लेकिन दो कोयलों के कूकने से ही ऐसा नहीं माना जा सकता कि वसंत आ गया। यदि तुम सचमुच महाशक्ति हो तो मनसा, वाचा और कर्मणा भारत की दासी बनकर भारत को अपना दास बना लोगी।'[55]

चौधरानी सरला देवी
(1872-1945)

भारत सरला देवी का दास बना हो या नहीं लेकिन देश को जगाने के अपने पहले ही असहयोग-अभियान के दौरान महात्मा सरला देवी के दास बन चुके थे। महात्मा सरला देवी को सिंहगढ़ बुलाते रह गए लेकिन वह नहीं आईं। इस एकांत और रमणीय वातावरण में महात्मा को किसी अंतरंग साथी की कमी खल रही थी। उन्होंने उसी दिन एस्थर को पत्र लिखा। एस्थर को डेनमार्क जाने के लिए जहाज का टिकट लेने बंबई आना था। महात्मा ने उसे लिखा कि अगर टिकट के लिए बंबई रहना जरूरी न हो तो वह यहां सिंहगढ़ चली आए। उन्होंने उसे यह भी बताया कि 'सिंहगढ़ पूना से 13 मील है और तांगे वाले वहां से कम-से-कम पांच रुपया भाड़ा लेते हैं। कभी-कभी इससे कुछ अधिक भी।'[56]

महात्मा के बताए रास्ते पर चलते हुए एस्थर सिंहगढ़ आ गई। वह यहां दो दिन ठहरी। ये दो दिन पुराने दिनों को याद करते हुए बीत गए। महात्मा को आश्रम लौटना था। वह एस्थर को सिंहगढ़ छोड़कर लौट आए। 19 मई को एस्थर फैरिंग डेनमार्क जाने वाले जहाज बर्लिन पर सवार हो गई। महात्मा उसे अंतिम बार मिलने बंबई आने वाले थे लेकिन ऐन मौके पर उनका कार्यक्रम स्थगित हो गया। भारत छोड़ते वक्त एस्थर बहुत उदास थी। इस उदासी का कारण उसका अकेलापन था जो जहाज में आकर और गहरा गया था। यह उसका एकांतवास था। वह सोचने पर मजबूर थी कि आखिर महात्मा किस तरह की शुद्ध आत्मा हैं। क्या वह कोई रहस्य हैं? या छलावा?

एस्थर के विदा होने के बाद महात्मा का सारा ध्यान सरला देवी में केंद्रित हो गया था। स्वदेशी आंदोलन के बहाने महात्मा को सरला देवी का साथ मिल

गया था। वह जहां जाते सरला देवी को साथ ले जाते। सरला खद्दर की साड़ी और ब्लाऊज में उनके साथ सार्वजनिक कार्यक्रमों में शिरकत करतीं। इसमें किसी को आपत्ति होने का सवाल भी नहीं था। महात्मा ने अपनी पत्नी कस्तूरबा को सार्वजनिक समारोहों में ले जाना पहले ही छोड़ दिया था। हैदराबाद नागरिक संघ की तरफ से आयोजित एक कार्यक्रम में यह बात उन्होंने एक भाषण में कह भी दी कि— 'मैं भारत के अपने भ्रमण में सरला देवी को साथ रखता हूं क्योंकि उन्होंने स्वदेशी के मेरे सिद्धांतों को कस्तूरबा से भी अधिक अच्छी तरह समझ लिया है।'[57]

महात्मा ने अपने भाषण में सरला की तुलना अपनी पत्नी कस्तूरबा से यूं ही नहीं की थी। महात्मा के मुताबिक 'वह अब बूढ़ी हो चली थीं।' वह सरला को अपनी 'आध्यात्मिक पत्नी' मानने लगे थे। हालांकि यह रहस्य उन्होंने अपने बहुत करीब दोस्तों से ही बांटा था। ऐसे ही उनके एक दोस्त थे हरमन कैलेनबैक । हरमन एक जर्मन वास्तुकार थे, जो दक्षिण अफ्रीका में गांधीजी के सहयोगी रहे थे। महात्मा ने हरमन कैलेनबैक को 'लोअर हाउस' और अपने को 'अपर हाउस' कहना नहीं छोड़ा था। अपनी सारी निजी बातें महात्मा लोअर हाउस से बांटते। सरला देवी के बारे में भी उन्होंने हरमन को बताया। उन्होंने लोअर हाउस को लिखे पत्र में लिखा-'अभी मैं देवदास और एक दूसरे विश्वस्त साथी (सरला देवी) के साथ यात्रा कर रहा हूं। उसे देखोगे तो उस पर मुग्ध हो जाओगे। बात यह है कि इस महिला से मेरा बहुत घनिष्ठ संपर्क हो गया है। वह अकसर यात्रा में मेरे साथ रहा करती है। उसके साथ मेरे संबंधों को किसी परिभाषा में नहीं बांधा जा सकता। मैं उसे अपनी आध्यात्मिक पत्नी कहता हूं। एक मित्र ने हमारे संबंधों को बौद्धिक विवाह कहा है। मैं चाहता हूं तुम उससे मिलो। मैं अपने लाहौर और पंजाब के निवास-काल में कई महीने उसी के घर ठहरा था। श्रीमती गांधी आश्रम में हैं। वे वृद्ध तो काफी हो गई हैं, लेकिन बहादुर पहले की तरह हैं। तुमने उनके गुण-दोष-सहित उन्हें जिस रूप में देखा था, अब भी वे वैसी ही हैं।'[58]

सरला देवी सत्याग्रह आश्रम आईं। सरला देवी के लिए महात्मा ने आश्रम के नियम तोड़ दिए। आश्रम में आने वाले हर मेहमान को आश्रम के भोजनालय में ही खाना खाना होता था। लेकिन सरला देवी के लिए यह नियम टूट गया। सरला ने महात्मा के साथ उनके बिस्तर पर ही खाना खाया। ऐसा आश्रम में पहले कभी नहीं हुआ था। आश्रमवासी हतप्रभ थे। बाद में मगनलाल गांधी ने महात्मा के इस बर्ताव पर सवाल भी उठाए। उनका कहना था कि ऐसी क्या जल्दी थी? महात्मा और सरला देवी 'ठीक जगह पर बैठकर खाते तो क्या अधिक समय लगने की संभावना थी? और लगे भी तो ऐसी क्या उतावली थी?' मगनलाल को लगा कि महात्मा में 'जो कट्टरता पहले थी, वह अब जाती रही।' उनमें 'जो तेज पहले

था वह तेज अब जाता रहा।' महात्मा ने सफाई दी कि सरला देवी तो उस दिन अकेली ही भोजन करने वाली थीं। इसलिए उन्होंने वहीं भोजन किया।' मगन को लिखे पत्र में महात्मा ने यह भी स्वीकार किया कि 'उनका असली तेज जाता रहा।' उन्होंने माना कि उनका 'सुंदरतम काल चला गया। अब तो मेरे विचारों से जो-कुछ लिया जा सकता है, वही लेने को रह गया। मैं जो आदर्श आचरण वाला था, सो खत्म हो गया। मेरी ऐसी दयाजनक स्थिति है। इसमें अतिशयोक्ति नहीं है।'[59]

महात्मा को अपनी 'दयाजनक स्थिति' का आभास हो गया था। असहयोग आंदोलन ने देश को भले जगा दिया था। लेकिन सविनय अवज्ञा का उनका प्रयोग नाकाम हो चुका था। महात्मा के सत्याग्रह और सविनय अवज्ञा आंदोलन के लिए देश की जनता मानसिक रूप से कतई तैयार नहीं थी। उन्होंने इस आंदोलन की घोषणा 1919 के फरवरी अंत में की और मार्च-अप्रैल में ही उसके दुष्परिणाम सामने आ गए। 13 अप्रैल को जलियावाला बाग कांड हुआ और 18 अप्रैल को यह आंदोलन उन्हें वापस भी लेना पड़ गया। दरअसल यह भी महात्मा के प्रयोग का एक हिस्सा था। वह सविनय अवज्ञा और सत्याग्रह के बीच का फर्क समझते थे। लेकिन वह दक्षिण अफ्रीका की तरह हिंदुस्तान की जनता की नब्ज टटोलना चाहते थे। जैसा कि उन्होंने उपद्रव जांच कमेटी के सामने स्वीकार भी किया था। इस हड़ताल के दो मकसद थे। पहला मकसद था जनता और सरकार दोनों का ध्यान आकर्षित करना। दूसरा मकसद था जो लोग सविनय अवज्ञा करने वाले हैं, उन्हें अनुशासन की शिक्षा देना। भारत के मन को समझने के लिए कोई ऐसा प्रभावशाली तरीका अपनाने के अलावा उनके सामने और कोई उपाय नहीं था। उन्होंने कहा- 'अगर मैंने सिर्फ उपवास की ही बात कही होती तो मुझे यह नहीं मालूम हो पाता कि कितने लोगों ने उपवास किया और केवल प्रार्थना करने को कहा होता तो यह नहीं मालूम हो पाता कि कितने लोगों ने प्रार्थना की। इस बात का अंदाज कर पाने का समुचित साधन हड़ताल ही थी कि मैं अपने सिद्धांत को कहां तक कार्यान्वित कर सकता हूं।'[60]

अपने प्रयोगों की जांच के लिए उन्होंने कई बार खुद को खतरे में डाला था। बिना किसी तैयारी के उन्होंने देश को सत्याग्रह के हवाले कर दिया। हर आदमी गांधी नहीं हो सकता था। हंटर कमीशन के सामने महात्मा की गवाही से यह साफ हो गया। खुद महात्मा ने कहा कि वह पूर्ण सत्याग्रही नहीं हैं। कमीशन ने उनसे पूछा-फिर आप यह अपेक्षा कैसे कर सकते हैं कि एक साधारण आदमी सत्याग्रह को समझ और क्रियान्वित कर पाएगा। जैसा कि महात्मा ने खुद कहा कि 'सत्याग्रह आंदोलन हिमालय जैसी भूल थी।' इस भूल के बावजूद महात्मा ने पहले केवल दो महीने के लिए सविनय अवज्ञा आंदोलन स्थगित किया। उन्हें उम्मीद थी कि अगले दो महीने में देश की जनता उनके इस प्रयोग को समझने में

सफल हो जाएगी। लेकिन वह गलती पर थे। इसलिए दो महीने बाद भी वह इस आंदोलन को फिर से शुरू करने का साहस नहीं जुटा सके।

एक छोटी-सी प्रेम कहानी का अंत

महात्मा और सरला देवी के बीच 'आध्यामिक रोमांस' के बादल बहुत जल्दी छंटने वाले थे। महात्मा सरला देवी के प्रेम में और गहरे गिरते जा रहे थे। महात्मा और सरला देवी की जीवन शैली, उनके पालन-पोषण और संस्कारों में लंबा फासला था। सरला देवी महात्मा के राजनीतिक प्रभामंडल को देखकर उनके करीब आई थीं। वह एक बेहद महत्त्वाकांक्षी महिला थीं। अन्य शक्तिशाली और अभिमानी स्त्रियों की तरह पुरुषों पर अपना एकाधिकार चाहती थीं। वह चाहने लगी थीं कि सार्वजनिक तौर पर उसकी पहचान महात्मा की 'आध्यात्मिक पत्नी' के रूप में बनें। लेकिन हिंदुस्तान में अपने राजनीतिक कैरियर की शुरुआत में महात्मा किसी विवाद में फंसना नहीं चाहते थे। वह सरला देवी को सार्वजनिक रूप से 'स्वदेशी प्रचारक' के रूप में पेश करना चाहते थे। यह एक तरह से खादी के प्रचार के लिए मॉडलिंग करने जैसा था। हालांकि वह अपने दिल की गहराइयों में सरला देवी के प्रति अपने प्रेम को छुपाए रखना चाहते थे। पर सरला देवी जैसी महिला के लिए यह संभव नहीं था। अपने जमींदार पति के आलीशान घर में उनका दम घुटता था। संत की छवि वाले महात्मा गांधी के साथ घूमने-फिरने पर सरला देवी के पति ने कभी सार्वजनिक रूप से कोई सवाल नहीं उठाया। सच तो यह था कि ऐसा करने का साहस भी उनके पति रामभज दत्त चौधरी में नहीं था। जब सरला देवी ने अपने छोटे बेटे दीपक को महात्मा के आश्रम भेजा था तो सरला देवी की सास ने इस पर सख्त एतराज जताया था। रामभज दत्त चौधरी भी इस फैसले से खुश नहीं थे। लेकिन महात्मा जानते थे कि-'सरला देवी जो करती हैं उस पर वे कोई आपत्ति नहीं करते।' महात्मा के साथ देशाटन कर उन्होंने बहुत कुछ सीख लिया था। उनकी राजनीतिक महत्त्वाकांक्षा ने एक बार फिर सिर उठा लिया। लेकिन महात्मा अपनी सीमाओं में बंधे थे। उन्होंने सरला की इच्छाओं पर लगाम लगाने की कोशिश की। सरला लाहौर से आगे बढ़कर देश की राजनीति में महात्मा का साथ देना चाहती थीं। पर महात्मा इसके लिए तैयार नहीं थे। वह सरला देवी को सलाह देते कि— 'बहुत विस्तृत क्षेत्र में काम न करके एक स्थान पर खूब जमकर काम' करो। सरला देवी कहती उसने अपना सब कुछ तो महात्मा पर न्यौछावर कर दिया, बदले में उसे क्या मिला। जवाब में महात्मा कहते- 'तुम अपने महान समर्पण का पुरस्कार मांगती हो। समर्पण तो स्वयं ही अपना पुरस्कार है।'

सरला देवी में गुस्सा और तल्खी बढ़ती जा रही थी। वह किसी लगाम से काबू में आने वाली महिला नहीं थीं। वह महात्मा को पत्र लिखतीं। हालांकि उसके पत्र 'निराशा, शंका और संदेह से भरे हुए' होते। इस शंका की वजह भी थी। बा

को सरला देवी के बारे में पूरी खबर थी। सरला देवी से महात्मा की करीबी को लेकर कस्तूरबा परेशान थीं। महात्मा के इस नए संबंध से उनके करीबी भी आहत थे। मथुरादास त्रिकम जी इनमें से एक थे। वह गांधीजी की सौतेली बहन के पौत्र थे। समाजसेवी, लेखक और गांधीजी के अनुयायी के रूप में प्रसिद्ध मथुरादास बंबई कांग्रेस कमेटी के मंत्री भी थे। उन्होंने महात्मा के इस नए संबंध पर सवाल उठाए। उन्होंने इन सबके लिए सरला देवी को ही जिम्मेदार ठहराया। महात्मा को लेकर सरला देवी से उनकी तीखी नोंकझोक भी हुई। सरला देवी ने इसकी शिकायत महात्मा से की तो उन्होंने साफ कह दिया कि मेरा दावा है कि-'मैंने अपने साथियों के रूप में अपने से श्रेष्ठ व्यक्तियों को ही चुना है।' वह अपने साथियों को छोड़ने के लिए किसी कीमत पर तैयार नहीं थे। उन्होंने सरला देवी से कहा कि-'मुझे और (अगर तुम सच्चे अर्थों में मेरी हो तो) तुम्हें उनका स्नेह और सौहार्द कायम रखने के लिए, उनका उपयुक्त पात्र बनने के लिए सब-कुछ दे देना चाहिए। अगर किसी सवाल पर झुका नहीं जा सकता तो वह है सिद्धांत का सवाल। उसके लिए तो हमें सब तरह का और सब कुछ त्याग कर देने को तैयार रहना चाहिए। लेकिन मैं ऐसा सच्चा और नि:स्वार्थ प्रेम प्राप्त करने के लिए सारी दुनिया न्यौछावर कर दूंगा। उनका प्यार ऊपर उठाता है, सही रास्ते पर कायम रखता है। मैं उनका आश्रय हूं, वे मेरे अवलम्ब हैं। तुम्हें उनके उत्साह और चौकसी पर गर्व होना चाहिए। वे कोई खतरा मोल नहीं लेना चाहते और इसमें वे सही हैं। मैं और तुम उनकी हर उचित अपेक्षा को पूरा करने के लिए कर्त्तव्य-बद्ध हैं। तभी हमारा मिलन शुभ होगा।'[61]

सरला देवी को लिखे पत्रों में महात्मा अपने लिए 'लॉ-गिवर' शब्द का प्रयोग करते जिसका अर्थ था-विधि प्रणेता। महात्मा उसे किस विधान की बातें समझाते थे यह कभी साफ नहीं हुआ लेकिन सरला देवी अब महात्मा के उपदेशों से ऊबने लगी थीं। जबकि महात्मा कहते- 'जब तक तुम्हारा व्यवहार स्कूल में पढ़ने वाली लड़कियों-जैसा है तब तक मैं तुम्हें उपदेश के अलावा और दूं भी क्या? अगर मेरा प्यार सच्चा है तो जब तक तुम, जिस आदर्श को तुमने योग्य मानकर स्वीकार किया है, उसे अपने आचरण में नहीं उतारतीं तब तक यह प्यार उपदेशों के रूप में ही प्रकट होगा।' दरअसल महात्मा उसे वह बनाना चाहते थे जो वह नहीं थी। न हो सकती थी। उसकी आदतें, उसकी विचारधारा, उसकी जीवन शैली सब अलग थी। इसलिए अपने बदलाव पर संदेह करना सरला देवी के लिए स्वाभाविक था। मलमल और रेशम छोड़कर खद्दर की साड़ी पहनने का फैसला उसके अंत:करण से जागृत नहीं हुआ था। वह सिर्फ महात्मा को अपनी ओर आकर्षित करने का स्वांग था। महात्मा को यह समझ में आने लगा था। वह खुद दुखी और निराश थे। यह आध्यात्मिक प्रेम के टूटने की तकलीफ थी। वह समझ रहे थे कि सरला देवी का समर्पण 'लाचारी का समर्पण' है। बंबई लौटते

वक्त उन्होंने सरला देवी को अपनी तकलीफों से भरा खत लिखा- 'लाचारी का समर्पण किसी भी आत्माभिमानी व्यक्ति के लिए अशोभनीय है। और अगर मेरे संपर्क में आकर तुम इस सीधे-से सत्य को भी नहीं समझ पाईं तो मैं तुम्हारे प्रेम का योग्य पात्र नहीं हूं। क्योंकि अगर मेरा जीवन तुम्हें इतना भी नहीं सिखा पाया तो मैं किसी काम का आदमी नहीं हूं। असीम आत्मसमर्पण और सत्यनिष्ठा के अतिरिक्त मुझमें और कोई गुण नहीं है। सभी ने मुझमें दो गुण लक्ष्य किए हैं, और अगर तुम मेरे जीवन में इतनी गहराई तक उतरने के बाद भी उन्हें नहीं देख पाई हो तो अवश्य ही मुझमें कोई खामी होगी। मेरी ये जो सबसे मूल्यवान निधियां हैं, उनके अलावा मैं तुम्हें और दे भी क्या सकता हूं? इसलिए तुम्हें मेरे उपदेशों का बुरा नहीं मानना चाहिए बल्कि जिस प्रेम-भाव से मैं तुम्हें उपदेश देता हूं उसी प्रेमभाव से तुम उन्हें स्वीकार करो। अगर मैं तुम्हारा 'लॉ-गिवर' (विधि-प्रणेता) हूं और फिर भी यदि मैं तुम्हारे लिए हमेशा नियमों का विधान नहीं करता तो कम-से-कम तुम्हें वे बातें तो समझाऊंगा ही जो शाश्वत महत्त्व की या जो देश के लिए, जिसके लिए हम जीते हैं और जिसे इतना अधिक प्यार करते हैं, सर्वोपरि महत्त्व की हैं।'[62]

1920 का क्रांतिकारी वर्ष गुजरने की दहलीज पर था। सरला देवी को लेकर महात्मा के करीबी रिश्तेदारों में असंतोष बढ़ता जा रहा था। महात्मा के बेटे देवदास ने गांधीजी और सरला देवी को करीब से देखा था। उन्हें तब तक एहसास हो चुका था कि उनके पिता सरला देवी के प्रेम में हैं। भले ही उनका ये प्रेम आध्यात्मिक स्तर पर हो लेकिन यह प्रेम कस्तूरबा के लिए तकलीफदेह साबित हो रहा था। इस बात को महात्मा के करीबी महादेव देसाई और राजगोपालाचारी भी महसूस कर रहे थे। राजगोपालाचारी ने इस बारे में महात्मा को कई व्यक्तिगत पत्र भी लिखे। इन पत्रों में उन्होंने समझाया कि महात्मा गलत राह पर हैं।

अब महात्मा को भी लगने लगा था कि वह कहीं गलत हैं। वह सरला देवी के साथ अपने संबंधों में एक तरह का खिंचाव महसूस कर रहे थे। महात्मा और सरला देवी के बीच दूरी बढ़ती जा रही थी। सरला के पत्रों में तीखापन भी बढ़ता जा रहा था। उसकी बातों में तंज होता। वह कहतीं -'आप तो महात्मा हैं और मैं पापी।' महात्मा कहते-'प्रेमियों और मित्रों के बीच न कोई अधम होता है और न महात्मा। हम सब समान हैं, लेकिन बराबरी के पुरुषों और स्त्रियों में कोई बुद्धिमान होता है और कोई निर्बुद्धि। और सच तो यह है कि किसे मालूम कि कौन अधिक बुद्धिमान है? तुम मुझे इस भ्रम में रहने दो कि मैं तुमसे अधिक बुद्धिमान हूं और इसलिए तुम्हें सिखाने-समझाने के लिए योग्य हूं।' महात्मा सरला देवी के कई पत्रों का जवाब भी नहीं देते थे। उन्होंने खुद को पूरी तरह राजनीतिक कार्यों में झोंक दिया था। सरला देवी के लिए उनके पास बहुत वक्त नहीं था। लेकिन सरला देवी को अपनी जिंदगी से अलग फेंक देने की हिम्मत भी वह नहीं जुटा पाए थे। बस

एक 'विश्वास' था जिसने सरला देवी को महात्मा से जोड़ रखा था। उन्होंने सरला देवी को लिखा-'मैं भगवान से प्रार्थना करता रहता हूं कि वह तुम्हारे मन में विनय और पश्चात्ताप की भावना उत्पन्न करे।'[63]

सरला देवी को भी लगने लगा था कि महात्मा उससे दूर होते जा रहे हैं। उसका प्रेम उनके जीवन पर भार बनता जा रहा है। महात्मा समझाते कि 'तुम्हारे प्रति मेरा प्रेम मुझे भार नहीं लगता। वह तो मेरे जीवन के बड़े-से-बड़े सुखों में से है।' महात्मा अभी भी मानते थे कि सरला देवी का हृदय 'निर्मल' है। वह कहते-'अगर मेरा प्रेम तुम्हारे अच्छे-से-अच्छे गुणों को निखार कर उद्घटित नहीं कर देता, अगर वह तुम्हें आज की अपेक्षा अधिक अच्छा और अधिक पवित्र नहीं बनाता तो उसका कोई मतलब ही नहीं रह जाता। मैं अपने इस प्रयत्न में तुम्हारे साथ कड़ा व्यवहार करते दिखूं तब भी तुम बुरा न मानना। खैर; अभी तो मैं तुम्हें परख रहा हूं और कोशिश यही करूंगा कि कोई ऐसा व्यवहार न करूं जो तुम्हें बुरा लगे।'[64]

लेकिन परखने का वक्त बहुत जल्दी खत्म हो गया। यह खत लिखने के दो दिन बाद ही महात्मा ने सब कुछ खत्म कर दिया। उन्हें सरला देवी का एक पत्र मिला जिसमें सरला ने उनकी पूरी विचारधारा पर ही सवाल उठा दिया। सरला देवी का मानना था कि उनके असहयोग का आधार घृणा है जो उनके निजी जीवन पर भी हावी हो रहा है। सरला देवी ने लिखा था-'यदि आप घृणा को त्याग देते तो मैं आपको और भी अधिक प्यार करती।' महात्मा को लगा कि अब वक्त आ गया है जब सारी बातें साफ हो जाएं। सरला देवी ने अपने खत में 'अपनी स्थिति स्पष्ट कर दी' थी। महात्मा भी बहुत दिनों से अपने मन को खोलकर सरला देवी के सामने रख देना चाहते थे। उन्होंने सरला देवी से कहा भी था कि वह बहुत जल्द एक लंबा पत्र उसे भेजेंगे। आज वह दिन आ गया था। उन्होंने लिखा- 'मैं घृणा की समस्त शक्तियों को इकट्ठा करके उनको एक सही दिशा में मोड़ रहा हूं।' महात्मा ने स्वीकार किया कि सरला देवी और उनके बीच आध्यात्मिक पति-पत्नी का रिश्ता महज एक छलावा था। उन्होंने सरला देवी से पूछा- 'क्या तुम मेरी वैसी आध्यात्मिक पत्नी हो? क्या हममें वैसी उत्कृष्ट शुद्धता है, वैसा पूर्ण एकीकरण, वैसा पूर्ण आत्मिक संविलय, वैसी आदर्शों की समानता, वैसी आत्मविस्मृति, वैसी उद्देश्य-निष्ठा और वैसा पारस्परिक विश्वास है? जहां तक मेरा संबंध है, मैं तो स्पष्ट कह सकता हूं कि मेरे लिए तो यह केवल एक आकांक्षापात्र है। मैं तुम्हारे साथ ऐसे साहचर्य के अयोग्य हूं। मुझमें जितनी वैचारिक शुचिता है, उससे कहीं अधिक ऊंची शुचिता की आवश्यकता है।' महात्मा ने यह भी लिखा कि-'मैं तुम्हारे साथ उस तरह का पवित्र संबंध रखने के अयोग्य इसलिए भी हूं कि मुझे तुमसे बहुत अधिक शारीरिक लगाव है। शारीरिक लगाव से यहां मेरा मतलब यह है कि मेरे मन पर तुम्हारी दुर्बलताओं का बहुत अधिक प्रभाव पड़ता है।'

इन सारी आत्मस्वीकृतियों के बाद महात्मा ने नतीजा निकाला कि दरअसल उनका और सरला देवी का संबंध भाई-बहन का संबंध है। उन्होंने साफ कह दिया कि-'मुझे तुमसे भाई के समान नम्र अनुरोध करना होगा और ऐसे ठीक शब्द चुनने की सावधानी रखनी होगी, जैसाकि मैं अपनी सबसे बड़ी बहिन को समझाने के लिए करता हूं। मुझे पिता, पति, मित्र, और गुरु सभी का काम स्वयं नहीं करना चाहिए। मैंने जिस बड़े पत्र की बात कही थी, वह यही है। मेरे हृदय के उत्कटतम प्रेम समेत, तुम्हारा एल. जी.।'[65]

मतलब साफ था। महात्मा सरला देवी से किनारा करने का फैसला कर चुके थे। प्रेम के बीच की आध्यात्मिक दीवार ढह चुकी थी। बहुत थोड़े समय में ही एक प्रेम कहानी का अंत हो गया। महात्मा के सामने उनका संघर्ष और उनकी दुनिया इंतजार कर रही थी।

संदर्भ

चंपारन और नीली आंखों वाली मिस एस्थर

1. खंड 15 : 11 जनवरी, 1917, पेज 314
2. खंड 15 : 15 अप्रैल, 1917, पेज 360
3. खंड 15 : 17 अप्रैल, 1917, पेज 368
4. खंड 15 : 2 मई , 1917, पेज 386
5. खंड 15 : 26 मई , 1917, पेज 438
6. खंड 15 : 13 मई, 1917, पेज 394
7. खंड 15 : 11 जून, 1917, पेज 470
8. खंड 15 : 17 जून, 1917, पेज 477
9. खंड 16 : 4 अक्टूबर, 1917, पेज 57
10. खंड 16 :12 दिसम्बर, 1917, पेज 170
11. खंड 16 : 13 जनवरी, 1917, पेज 201
12. खंड 17 : 22 जून, 1918, पेज 91,
13. खंड 17 : 30 जून, 1918, पेज 119 देखें-फुटनोट
14. खंड 17 : 10 जनवरी, 1919, पेज 275
15. खंड 17 : 10 जनवरी, 1919, पेज 274

जलियावाला बाग और लाहौर की लगन

16. महात्मा गांधी: ए ग्रेट लाइफ इन ब्रीफ, वीसेंट शीन, पब्लिकेशन डिवीजन पेज 98
17. खंड 17 : 10 अप्रैल 1919, पेज 443
18. खंड 17 : 11 अप्रैल, 1919, पेज 445
19. खंड 18 : 22 अगस्त, 1919, पेज 336
20. खंड 18 : 22 अगस्त, 1919, पेज 337
21. खंड 19 : 17 अक्टूबर, 1919, पेज 62 फुटनोट
22. खंड 19 : 24 अक्टूबर, 1919, पेज 79
23. खंड 19 : 28 अक्टूबर, 1919, पेज 95, ट्रिब्यून, 30-10-1919
24. खंड 19 : 4 नवंबर, 1919, पेज 121
25. खंड 19 : 7 दिसंबर, 1919, पेज 176

26. खंड 19 : 9 जनवरी, 1920, पेज 235
27. खंड 19 : 13 जनवरी, 1919, पेज 348
28. खंड 19 : 7 दिसंबर, 1919, पेज 176
29. खंड 19 : 16 जनवरी, 1920 या उसके बाद, पेज 358-359
30. खंड 19 : 16 जनवरी, 1920, पेज 359 फुटनोट
31. खंड 19 : 23 जनवरी, 1920, पेज 371
32. खंड 19 : 25 जनवरी, 1920, पेज 381
33. खंड 19 : 25 जनवरी के बाद, 1920 के बाद पेज 385
34. खंड 19 : 27 जनवरी 1920, पेज 391, नवजीवन, 1-2-1920
35. खंड 19 : 27 जनवरी, 1920, पेज 392, नवजीवन, 1-2-1920

तलवार की धार पर प्यार

36. खंड 19 : 31 जनवरी या उसके पश्चात् 1920, पेज 399-400
37. खंड 19 : 1 फरवरी, 1920, पेज 404-405
38. खंड 19 : 1 फरवरी,1920, पेज 406
39. खंड 19 : 1 फरवरी,1920, पेज 407
40. खंड 19 : 4 फरवरी,1920, पेज 417
41. खंड 19 : 5 फरवरी,1920, पेज 418
42. खंड 19 : 8 फरवरी,1920, पेज 425
43. खंड 19 : 12 फरवरी,1920, पेज 433
44. खंड 19 : 22 फरवरी,1920, पेज 455
45. खंड 19 : 27 फरवरी, 1920, पेज 466
46. खंड 19 : 14 मार्च, 1920, पेज 508

सत्याग्रह की बरसी और आध्यात्मिक पत्नी

47. खंड 20 : 30 मार्च, 1920 के पूर्व, पेज 207
48. खंड 20 : 15 अप्रैल, 1920, पेज 230
49. खंड 20 : 21 अप्रैल,1920, पेज 253, यंग इंडिया, 21-4-1920
50. खंड 20 : 28 अप्रैल, 1920, पेज 275, यंग इंडिया, 28-4-1920
51. खंड 20 : 29 अप्रैल, 1920, पेज 279
52. खंड 20 : 30 अप्रैल, 1920, पेज 282
53. खंड 20 : 30 अप्रैल, 1920, पेज 283
54. खंड 20 : 1 मई, 1920, पेज 290
55. खंड 20 : 2 मई, 1920, पेज 300
56. खंड 20 : 2 मई, 1920, पेज 301
57. खंड 21 : 25 जुलाई, 1920, पेज 99, बांबे सीक्रेट एबस्ट्रैक्ट्स, 1920, पृष्ठ 1143
58. खंड 21 : 10 अगस्त, 1920, पेज 148, महादेव देसाई की हस्तलिखित डायरी से
59. खंड 20 : 4 मई, 1920, पेज 313
60. खंड 19 : 9 जनवरी, 1920, पेज 239

एक छोटी-सी प्रेम कहानी का अंत

61. खंड 21 : 23 अगस्त, 1920, पेज 218-219
62. खंड 21 : 24 अगस्त, 1920, पेज 221-222
63. खंड 22 : 4 दिसंबर,1920, पेज 61
64. खंड 22 : 14 दिसंबर,1920, पेज 102 महादेव देसाई की हस्तलिखित डायरी
65. खंड 22 : 17 दिसंबर, 1920, पेज 137-138 महादेव देसाई की हस्तलिखित डायरी

अध्याय–3

मोहन और मीरा

सविनय अवज्ञा और सत्याग्रह के अपने नाकाम प्रयोगों के बाद महात्मा के मन में एक नए प्रयोग का खाका तैयार हो रहा था। यह प्रयोग असहयोग का था। 1 अगस्त 1920 को असहयोग आंदोलन शुरू हो गया। इसी दिन महात्मा ने 'केसरे हिंद' का वह गोल्ड मेडल वायसराय को लौटा दिया जो उनके काम से खुश होकर ब्रिटिश हुकूमत ने उन्हें दिया था। महात्मा ने दक्षिण अफ्रीका में मिले जुलू युद्ध और बोअर युद्ध के वे पदक भी लौटा दिए जो उन्हें उनके ब्रह्मचर्य व्रत की याद दिलाते थे। इसी दिन लोकमान्य गंगांधर तिलक दुनिया से विदा हो गए। तिलक का जाना हिंदुस्तान की एक युगांतकारी दुर्घटना थी। जैसा की रोमां रोला ने 'महात्मा' पर लिखी अपनी किताब में कहा–'लोकमान्य तिलक सच्चे मायनों में पूरे देश के नेता थे। इस असाधारण शक्ति सम्पन्न आदमी को बुद्धि, साहस और चरित्र की तिहरी गरिमा ने लौह–शृंखला ने बांध रखा था। उनमें गांधीजी से अधिक समझदारी थी।' तिलक की साफ मान्यता थी कि राजनीति साधुओं के लिए नहीं है। वह कहते कि आजादी के लिए अगर सत्य की कुर्बानी देनी पड़े तो बेशक दी जाए। वह मानते थे कि राजनीति में सब कुछ जायज है। लेकिन गांधीजी सत्य के लिए स्वतंत्रता की बलि देने को तैयार थे। ऐसा उन्होंने कई बार किया भी। सत्य के प्रयोग करते वक्त उन्होंने पूरे हिन्दुस्तान को एक प्रयोगशाला में तब्दील कर दिया। इस प्रयोग ने गांधीजी के महात्मापन को चाहे और विराट भले बना दिया हो लेकिन आजादी को कई साल पीछे ढकेल दिया।

रोला गंभीर सवाल उठाते हैं कि '1920 में अगर तिलक की असमय मृत्यु न होती तो क्या होता?' तिलक की राजनीति से गांधीजी के गहरे मतभेद थे। बावजूद इसके गांधीजी ने उनके सार्वभौम रूप के सामने सिर झुकाए रखा था। पर तिलक की मौत के बाद पूरी कांग्रेस और करोड़ों हिंदू और मुसलमान जनता के सामने उम्मीद की बस एक किरण थी– मोहनदास कर्मचंद गांधी जिसे वे महात्मा के नाम

से जानते थे। तिलक की मौत पर महात्मा ने नवजीवन में लिखा भी– 'फ्रांस में कहावत है राजा मर गए, राजा चिरंजीवी रहें। यानी राजा तो मरता ही नहीं राजतंत्र एक मिनट के लिए भी ठहरता नहीं है।'[1]

महात्मा चाहते थे कि कांग्रेस भी खिलाफत का साथ दे। महात्मा की बात टालने की हिम्मत अब शायद किसी में नहीं थी। एक मसीहा की बात टालने का क्या मतलब होता है यह कांग्रेसी अब तक समझ चुके थे। दिसंबर 1920 में नागपुर में कांग्रेस का सालाना अधिवेशन हुआ। सत्याग्रह के आंदोलन के बावजूद हुकूमत एक इंच आगे नहीं खिसकी थी। जलियावाला बाग कांड में किसी को सजा नहीं मिली थी। फिर खिलाफत का नया सवाल पैदा हो गया था। पूर्ण अहिंसात्मक असहयोग का डंके की चोट पर ऐलान हो गया। असहयोग में धरना, प्रदर्शन, व्रत, उपवास और हड़ताल की बात नहीं थी। इसमें सरकारी पदों से इस्तीफे, सरकारी समारोह का बायकाट, सरकारी स्कूलों का बहिष्कार, अंग्रेजी अदालतों और अंग्रेजी कपड़ों का बहिष्कार। महात्मा को लगा कि इस प्रयोग में सरकार और जनता के बीच सीधे टकराव की कोई गुंजाइश नहीं बचती है। इसमें असहयोगकर्ता को बहुत योग्य होने की जरूरत भी नहीं जिसे लेकर सर सितलवाड ने गवाही में बवंडर खड़ा कर दिया था।

इसमें कोई शक नहीं कि असहयोग आंदोलन चल निकला था। असहयोग और खिलाफत आंदोलन ने एक–दूसरे को परस्पर मदद दी। अंग्रेजों के खिलाफ हिंदू और मुसलमान अब एक थे। कांग्रेस अब सही मायनों में जनता का प्रतिनिधित्व कर रही थी। उनका नेता अब एक ऐसा आदमी था जो अगर भीड़ में घिरा न हो तो उन्हें कोई भी चंपारन का साधारण किसान समझकर बिना नमस्ते किए आगे बढ़ सकता था। अब वह सही अर्थों में महात्मा बन चुके थे। उनका नाम सुदूर गांवों तक फैल चुका था। बुर्जुआ समझे जाने वाले कांग्रेस नेता अब खुद किनारे हट गए थे। सुरेंद्रनाथ बनर्जी सर का खिताब पा चुके थे। लॉर्ड सिंह बिहार और उड़ीसा के पहले गवर्नर बन चुके थे।

बदलाव की लहर अंग्रेजी हुकूमत की तरफ से भी थी। वायसराय लॉर्ड चेम्सफोर्ड जिन्होंने महात्मा के असहयोग आंदोलन को 'हद दर्जे की बेवकूफी' कहा था उन्हें वापस बुला लिया गया। अप्रैल, 1921 में भारत के नए वायसराय लॉर्ड रीडिंग आ गए। पद संभालते ही वायसराय ने महात्मा से मिलने की इच्छा जताई। कुर्सी संभालते ही महात्मा से मुलाकात की यह परंपरा अंतिम वायसराय तक जारी रही थी। खैर, इस मुलाकात की तैयारी लॉर्ड लंदन से ही कर आए थे। मुलाकात के लिए वायसराय ने मदनमोहन मालवीय को मध्यस्थ बनाया था। वायसराय और महात्मा में अच्छी बात हुई। महात्मा सामने बैठे व्यक्ति को सम्मोहित करना जानते थे। उनका व्यक्तित्व इतना विराट हो चला था कि बड़ा से बड़ा लॉर्ड चाहे वह

किसी बड़ी अंग्रेजी फौज का सेनापति क्यों न रहा हो इस अधनंगे इंसान के आगे आ कर बौना पड़ जाता था। महात्मा गांधी लंदन में रहने वाले हर उस परिवार के लिए किंवदंती बन गए थे जिसके घर का कोई सदस्य भारत से जुड़ा हो। खास कर बच्चे और युवा इस महात्मा के किस्से सुनने में आनंद और गौरव महसूस करते थे। लॉर्ड रीडिंग भी अपने बेटे को महात्मा के किस्से पत्र लिखकर सुनाते। अपनी पहली मुलाकात के बारे में रीडिंग ने अपने बेटे को लिखा- 'उनकी शक्ल-सूरत में कोई अनोखी बात नहीं। लेकिन जब वह बात करते हैं तो अलग असर होता है। वह स्पष्टवादी हैं। अंग्रेजी में अपने विचारों को बहुत सलीके से पेश करते हैं। उनके हर शब्द का कोई गंभीर अर्थ होता है। उनकी हर बात में निष्कपटता है बशर्ते वह बात राजनीतिक मामलों पर न हो।'[2]

वायसराय ने महात्मा को जितना सरल आदमी समझा उतना सरल उन्हें नहीं पाया। महात्मा असहयोग पर किसी भी तरह के समझौते के लिए राजी नहीं थे। बहिष्कार चल रहा था। विदेशी वस्त्रों से लेकर विदेशी पदवियों तक का। सरकारी खिताब लौटाए जा रहे थे। स्कूलों की जगह विद्यापीठ स्थापित हो रहे थे। पंडित मोतीलाल नेहरू, देशबंधु चितरंजन दास, बाबू राजेंद्र प्रसाद, आसफ अली, राजगोपालाचारी जैसे नामचीन वकील वकालत छोड़ कांग्रेस के सक्रिय कार्यकर्ता बनते जा रहे थे।

असहयोग हिंदुस्तानी जनता के लिए नई चीज नहीं थी। घर में नाराज पत्नियों के असहयोग का अनुभव सबको था। इसका परिणाम भी वह जानते थे क्योंकि अंततः झुकना उन्हीं को पड़ता था। इसलिए घर के बाहर आंदोलन कर रहे मर्दों को भी लगता कि अंग्रेज सरकार भी वैसे ही झुकेगी जैसे घरों में उन्हें अपनी पत्नी के आगे झुकना पड़ता है जब वह खाना बनाने से इंकार कर देती है। महात्मा इसे अंग्रजी में 'पैसिव रेजिस्टेंस' कहते थे।

यह 'पैसिव रेजिस्टेंस' रंग ला रहा था। पूरे देश को लग रहा था कि अब मंजिल दूर नहीं। खुद महात्मा भी अपने इस प्रयोग से पहली बार उत्साहित थे। सितंबर 1921 के कलकत्ता कांग्रेस सम्मेलन में उन्होंने यहां तक कह दिया कि अगर असहयोग आंदोलन सही ढंग से चला तो इस साल के अंत तक स्वराज आ जाएगा। उन्होंने कहा- 'साल के अंत के पहले स्वराज पाने का मुझे इतना पक्का विश्वास है कि 31 दिसंबर, 1921 के बाद स्वराज पाए बिना मैं जिंदा रहने की कल्पना नहीं कर सकता।' महात्मा का यह बयान अखबारों में छपा और करोड़ों जनता को लगा कि एक महात्मा खुद कह रहा है स्वराज अब दूर नहीं। हालांकि अकेले सुभाषचंद्र बोस ने कहा कि 'यह नासमझी ही नहीं बचकानापन भी है।'

इसी बीच 17 नवंबर, 1921 को प्रिंस ऑफ वेल्स हिंदुस्तान आए। कांग्रेस ने इस युवराज के बहिष्कार का ऐलान किया था। असहयोग हड़ताल में बदल

गया। विरोध जुलूस निकलने लगे। स्वराजियों ने उन पर हमला किया जो युवराज के स्वागत समारोह में जा रहें थे। ब्रिटिश हुकूमत के लिए यह अपमानजनक था। बंबई में आंदोलनकारियों और पुलिस में झड़प हो गई। गोली चली। 53 लोग मरे और करीब 400 घायल हो गए। बंबई में दंगा जारी था। जनता के इस हिंसक रवैए के विरोध में महात्मा पांच दिन के प्राश्चियत उपवास पर बैठ गए।

बंबई की इस हिंसात्मक घटना के बाद महात्मा ने फिर आंदोलन वापस लेने का मन बना लिया। उन्होंने 'यंग इंडिया' में लिखा- 'पिछले दिनों जो स्वराज मैंने देखा उसकी बदबू से मेरी नाक फट रही है।' उन्होंने माना कि जनता की भावनाओं के ज्वार-भाटे पर नियंत्रण रख पाना उनके लिए असंभव प्रतीत हो रहा है। असहयोग का असर हो रहा था। जनता में पहली बार स्वराज को लेकर उम्मीद जन्मी थी। कांग्रेस आंदोलन वापस लेने के पक्ष में नहीं थी। हां, महात्मा को पूर्ण अहिंसा का वातावरण देने का आश्वासन जरूर दिया गया। महात्मा मान गए क्योंकि उन्हें भी लग रहा था कि स्वराज अब दूर नहीं है। 31 दिसंबर, 1921 की तारीख भी खुद उन्होंने तय की थी। लेकिन यह तय घड़ी तो सामने ही खड़ी थी। मोतीलाल नेहरू, देशबंधु, लाला लाजपत राय, डॉ. किचलू, मुहम्मद अली, शौकत अली सब महत्त्वपूर्ण नेता जेल की सलाखों के पीछे थे। महात्मा अकेले बाहर खड़े थे।

अहमदाबाद में दिसंबर, 1921 के कांग्रेस के सालाना अधिवेशन के संचालन के लिए कोई बड़ा नेता तक नहीं बचा था। जेल की सलाखों के पीछे रहते देशबंधु चितरंजन दास कांग्रेस के अध्यक्ष चुने गए। सरोजनी नायडू को उनका लिखा भाषण पढ़ना पड़ा।

जनता 'स्वराज' का बेसब्री से इंतजार कर रही थी। लेकिन 'स्वराज' आने का नाम नहीं ले रहा था। 'स्वराज' कैसे आएगा यह तो खुद शायद महात्मा को नहीं पता था। उन्होंने शायद ही किसी सहयोगी से इसकी चर्चा की हो। उनके पास कोई नई रणनीति नहीं थी न कोई जादू की छड़ी थी जिसे हवा में घुमा कर वह स्वराज ले आते। सब जानते थे कि गांधीजी एक मामूली वकील से 'महात्मा' बने थे। लेकिन एक आस्था थी जो उन्हें भरोसा दिलाती कि कुछ शुभ होने वाला है। खुद पं. नेहरू ने आत्मकथा में लिखा कि 'महात्मा कुछ भी साफ नहीं बताते थे।' लेकिन फिर भी कांग्रेस के नेता उन्हें 'महात्मा' मानकर उनका यकीन करते थे। अकेले सुभाषचंद्र बोस थे जिन्हें 'महात्मा' पर यकीन नहीं था। अभी कुछ समय पहले अपनी पहली मुलाकात में उन्होंने 'महात्मा' की योजना जाननी चाही थी। लेकिन उन्हें कोई साफ जवाब नहीं मिला। बोस ने लिखा-'उनकी वास्तविक आशा क्या थी मैं समझने में असमर्थ था। मुझे लगा कि वह अपनी गुप्त योजनाओं को समय से पहले बताना नहीं चाहते या फिर उन योजनाओं के बारे में वह खुद स्पष्ट धारणा नहीं बना पाए हैं। जो सरकार पर दबाव बना सके।'[3]

महात्मा को बाहर अकेला पाकर सरकार ने दमनचक्र तेज कर दिया। गिरफ्तारियां इतनी बढ़ गईं कि जेल छोटी पड़ने लगी। स्वराज को लेकर ऐसा जुनून अंग्रेजों ने पहले कभी नहीं देखा था। लेकिन जिस तरह युवराज अपमानित हुए उससे अंग्रेज अफसर आहत थे। सब कुछ थम-सा गया था। फरवरी 1922 को महात्मा ने वायसराय लॉर्ड रीडिंग को चेतावनी दी कि दमन चक्र बंद कर नेताओं को जेल से रिहा करें वरना बारदोली में सामूहिक सविनय अवज्ञा आंदोलन शुरू हो जाएगा। लॉर्ड रीडिंग तैयार बैठे थे। उन्होंने जवाबी खत में महात्मा को लिखा-'इस दमन चक्र के लिए खुद बंबई के दंगे, डराने-धमकाने वाले कांग्रेसी स्वयंसेवक दोषी हैं। सरकार हालात पर काबू पाने के लिए जो ठीक होगा करेगी।' मतलब साफ था जो आपको करना है करिए।

महात्मा के पास कोई दूसरा चारा नहीं बचा था। उन्हें भरोसा था कि गुजरात के बारदोली जिले की जनता उनके कहे पर चलेगी और इस सविनय अवज्ञा आंदोलन के दौरान हिंसा नहीं होगी। हालांकि वह जानते थे कि इस छोटे से जिले में चलने वाले आंदोलन से सरकार का कुछ बिगड़ने वाला नहीं है। लेकिन दूसरा कोई चारा नहीं बचा था। स्वराज का सपना दिखाने वाला नायक हताश खड़ा था। लेकिन अभी बिजली गिरनी बाकी थी।

बिजली गोरखपुर जिले के चौरी-चौरा कस्बे में गिरी। बिहार जाने वाली रेल पटरी के करीब बसे इस कस्बे को शायद कोई कभी जान न पाता अगर यहां की जनता जुलूस निकालते वक्त हिंसक न हुई होती। 5 फरवरी, 1922 को कांग्रेस का एक जुलूस थाने के सामने से निकल रहा था। किसी सिपाही से मामूली विवाद हुआ और एक राउंड फायरिंग भी। जुलूस दंगाइयों में बदल गया। गुस्साई भीड़ को 21 सिपाहियों और एक थानेदार को थाने में बंद कर लिया। नाराज भीड़ ने थाने में आग लगा दी। थाने के अंदर बंद सारे पुलिसवाले जलकर खाक हो गए। इनमें एक थानेदार का नन्हा बच्चा भी शामिल था।

महात्मा के लिए यह पीड़ादायक क्षण थे। सत्याग्रह की पराजय वह पहले देख चुके थे। यह उनके असहयोग की पराजय थी। बेशक इस पराजय के लिए अकेले जिम्मेदार वह नहीं थे। लेकिन जनता से महात्मा बनने की उम्मीद नहीं की जा सकती थी। उफान के इस माहौल में वह ऐसे अमांगलिक कृत्य करने के लिए अभिशप्त है। महात्मा के पास अब आंदोलन वापस लेने के अलावा कोई दूसरा चारा नहीं बचा था।

महात्मा की हालत एक ऐसे जादूगर की हो चली थी जिसकी जादुई शक्ति किसी ने छीन ली हो। कांग्रेस के जेल में बंद नेता सकते में थे। जिस स्वराज के लिए वह सलाखों के पीछे थे वह स्वराज उनके हाथ से फिसलता दिख रहा था। पं. मोतीलाल नेहरू, लाला लाजपत राय, देशबंधु। सब के सब गुस्से में थे।

सुभाषचंद्र बोस ने गुस्से में लिखा– 'डिक्टेटर का फरमान मान लिया गया। लेकिन कांग्रेस के कैंप में विद्रोह के हालात पैदा हो गए। यह सबके समझ के बाहर की चीज थी कि महात्मा चौरी चौरा की एक विच्छिन्न घटना का इस्तेमाल कर सारे देश के आंदोलन का गला क्यों घोंट रहे हैं। जब जनता का जोश पूरे उबाल पर है तब पीछे हटने का हुक्म देना इस देश के दुर्भाग्य के अलावा और कुछ नहीं।' जेल में बंद सभी बड़े कांग्रेस नेताओं ने महात्मा के इस फैसले के खिलाफ उन्हें चिट्ठी लिखी। महात्मा की तरफ से चिट्ठी का जवाब आया–'कैदी नागरिक दृष्टि से मृत होते हैं। इसलिए उन्हें नीति तय करने का कोई हक नहीं।'

महात्मा पर श्रद्धा रखने वाले फ्रांसीसी लेखक रोमां रोला ने अपनी किताब 'महात्मा गांधी' में लिखा– 'यह बड़ा ही खतरनाक है कि पहले पूरे राष्ट्र को एकता में पिरो कर एक आंदोलन के लिए तैयार किया जाए और जैसे ही आंदोलन शुरू हो उसे तुरंत स्थगित भी कर दिया जाए। इससे राष्ट्र का उत्साह भंग होता है और गति शक्ति टूट जाती है। तेजी से भागती हुई कार को एकदम से रोक दिया जाए तो ब्रेक भी टूट जाएंगे और इंजन भी बंद हो जाएगा।'[4]

बेशक यह समय रीडिंग सरकार के लिए खुशी मनाने का था। यह वक्त था जब महात्मा के हिस्से अपयश आया था। उनके सिर एक जिंदा आंदोलन को तोड़ने का पाप था। हालांकि उसके जन्मदाता भी वही थे। लेकिन पिता के बर्ताव से उनकी संतानें कभी खुश नहीं रहीं। यहां भी वही कहानी थी। जब महात्मा लोकप्रियता के शिखर पर थे तब ब्रिटिश हुकूमत की हिम्मत नहीं थी कि उन्हें वह गिरफ्तार कर सके। लेकिन अब वह बात नहीं थी। राजद्रोह के अपराध में महात्मा 13 मार्च को गिरफ्तार कर लिए गए। कोई हलचल नहीं हुई। महात्मा को 'महान आत्मा' समझने वाली जनता दुखी जरूर थी। लेकिन यह दुख सिर्फ उस मासूम आस्था का था जिन्होंने महात्मा के नेतृत्व में स्वराज का सपना देखा था। वह सब जो टूट कर बिखर चुका था। स्वराज अभी मीलों दूर था। महात्मा और उन पर आस्था रखने वाली हिंदुस्तान की प्रजा को अभी कई कुर्बानियां देनी थीं।

अहमदाबाद के सेशन जज मि. ब्रूम फील्ड की अदालत में ऐतिहासिक मुकदमा चला। महात्मा और 'यंग इंडिया' के मुद्रक शंकरलाल बैंकर पर तीन राजद्रोहात्मक लेख लिखने का आरोप था। महात्मा ने खुद कठोर से कठोर सजा की पेशकश की। महात्मा के लिए नतमस्तक जज ने लोकमान्य तिलक का दृष्टांत देते हुए महात्मा को छह साल की सजा सुनाई। फैसले के अंत में जज ने कहा कि 'अगर बाद में सरकार इस सजा को कम करना उचित समझे तो मुझसे ज्यादा कोई भी प्रसन्न नहीं होगा।' लेकिन इस पूरे घटनाक्रम से अगर कोई सबसे ज्यादा खुश था तो वह वायसराय लॉर्ड रीडिंग थे। उन्होंने महात्मा की कथा को आगे बढ़ाते हुए अपने बेटे को लिखा– 'गिरफ्तारी से छह महीने पहले गांधीजी ने जो

कुछ किया उससे उनकी राजनैतिक प्रतिष्ठा पर पानी फिर गया।'

20 मार्च, 1922 को महात्मा यरवदा की सेंट्रल जेल में कैद कर लिए गए। जनता की तरफ से कोई प्रतिक्रिया नहीं हुई। आंदोलन की भ्रूण हत्या हुई थी। किसी अंग्रेज ने लिखा महात्मा की गिरफ्तारी पर 'एक कुत्ता भी नहीं भौंका।' हालांकि महात्मा ने गिरफ्तारी से पहले ही कह दिया था कि मूक और पूर्ण अहिंसा के सिवाय कोई प्रदर्शन न किया जाए। जनता प्रदर्शन करने के मूड में भी नहीं थी। जेल में दो साल के भीतर ही उन्हें आंत्र-शोथ ने घेर लिया। उन्हें पूना के अस्पताल लाया गया। यहां उनका ऑपरेशन हुआ। महात्मा कमजोर पड़ गए थे। अब वह ब्रिटिश हुकूमत के लिए इतना बड़ा खतरा भी नहीं रह गए थे। डॉक्टरों की सिफारिश पर उन्हें जेल से 12 जनवरी, 1924 को रिहा कर दिया गया। महात्मा जेल से निकले तो उनके सामने दूसरा नजारा था। कांग्रेस टूट कर बिखर चुकी थी। सी.आर. दास और मोतीलाल नेहरू कांग्रेस से अलग होकर स्वराज दल बना चुके थे। मुस्लिम लीग बनकर तैयार हो गई थी। इसकी प्रतिक्रिया में लाला लाजपत राय हिंदू महासभा की स्थापना में जुटे थे। हर तरफ सांप्रदायिक दंगे और हिंसा थी। महात्मा के प्रिय स्वामी श्रद्धानंद इसी दंगे का शिकार हो चुके थे। इन दंगों के चलते जेल से निकलते ही महात्मा ने 21 दिन के उपवास की घोषणा कर दी।

महात्मा अब थक चुके थे। यह थकान मानसिक ज्यादा थी। उनकी बीमारी और देश के माहौल ने उन्हें तोड़ दिया था। महात्मा ने देखा कि अहिंसा के उनके विचार और उपदेश दो साल में ही लोग भूल गए। यरवदा जेल से रिहा होने के बाद महात्मा 11 मार्च से 28 मई, 1924 तक बंबई के जुहू में ठहरे थे। 29 मई को वह सत्याग्रह आश्रम पहुंच गए। जेल से आने के बाद गांधीजी ने अप्रैल, 1924 के पहले सप्ताह में यंग इंडिया और नवजीवन का संपादन संभाल लिया था। राजनीतिक उपदेशों से वह थक चुके थे। अब वह अपने विचारों को लिखना चाहते थे। इसीलिए उनका झुकाव इन दोनों साप्ताहिक पत्रिकाओं की ओर हुआ। इसी लिए महात्मा ने हर सोमवार और बुध को मौन रखना भी शुरू किया था। मौन व्रत इसलिए ताकि वह अपने मित्रों को पत्र लिखने का वक्त निकाल सकें।

फिर ब्रह्मचर्य की ओर

अहमदाबाद में नदी किनारे बसा महात्मा का सत्याग्रह आश्रम चल निकला था। लड़के लड़कियों की पढ़ाई के लिए यहां राष्ट्रीय शाला थी। महात्मा गांधी की कीर्ति सुनकर लोग अपने बच्चों को महात्मा के सान्निध्य में भेजना चाहते थे। आश्रम में भीड़ बढ़ रही थी। आश्रम में लड़कियां ज्यादा हो गईं तो शिक्षकों ने प्रस्ताव रखा कि उन्हें अब लड़कों से अलग कर दिया जाए। शुरू में महात्मा इसके पक्ष में नहीं थे। लेकिन दक्षिण अफ्रीका में महात्मा ब्रह्मचर्य पर काम कर चुके थे। टॉलस्टॉय

फार्म और फिनिक्स आश्रम में महात्मा ने व्यावहारिक ब्रह्मचर्य पर प्रयोग किए थे। टॉलस्टॉय आश्रम में महात्मा ने लड़के-लड़कियों को एक साथ स्नान करने तक की छूट दी थी। इसके परिणाम भयानक निकले। आश्रम में युवा लड़कों ने आश्रम की युवतियों के साथ नाजायज हरकतें की थीं। खुद महात्मा के बेटे विवाहित जेकी से 'शारीरिक संबंध' बनाने के आरोपों में घिरे थे और इसे लेकर खासा हंगामा हुआ था। महात्मा के प्रयोग विफल रहे थे। अब उन्हें महसूस हो रहा था कि लड़कियों और लड़कों को साथ पढ़ाना कितना जोखिम भरा काम है। उन्हें लगा कि इस बारे में उन्हें कोई नियम बनाना पड़ेगा। उन्होंने पहला नियम बनाया कि लड़के और लड़कियां भले साथ रहें लेकिन वह भूल से भी एक-दूसरे को छुए नहीं। उनका मानना था कि 'बड़े लड़कों के साथ बड़ी लड़कियों के स्पर्श से विषय-वासना जागृत हो उठने की बड़ी संभावना रहती है। इसलिए यह सावधानी रखने की बड़ी जरूरत है कि इस तरह का स्पर्शदोष कभी न होने पाए।'

महात्मा ने आश्रम में इस विषय पर बाकायदा भाषण दिया। उन्होंने लड़के लड़कियों के अभिभावकों से कहा कि-'मैं जो अभी इक्यावन बरस का बूढ़ा होने पर भी इतना जोर दिखा रहा हूं, इसका कारण सिर्फ वीर्य रक्षा ही है।' उनका मानना था कि— 'जिसने एक बार भी विषय-भोग कर लिया है, उसके लिए वीर्य की रक्षा करना बहुत ही कठिन हो जाता है। इसलिए तुम शुरू से ही विषय-भोग में न पड़ना। जिन्हें ऐसा लगता हो कि हमारी इन्द्रियां जाग गई हैं उन्हें वहीं उनको दबा देना चाहिए। और जिनकी नहीं जागी हों उन्हें इसके लिए कोई खास परिश्रम नहीं करना पड़ेगा। उन्हें सचेत रहना चाहिए कि इंद्रियां जागने न पाएं।' महात्मा का स्पष्ट मानना था कि 'जो वीर्य की रक्षा करेंगे, वे ही देशसेवक बन सकेंगे।'[5]

आश्रम में ब्रह्मचर्य के नियम कठिन थे। आश्रम के मुताबिक ब्रह्मचारी किसी स्त्री या पुरुष पर कुदृष्टि न डाले इतना काफी नहीं था। आश्रम में मन से भी काम वासना के बारे में चिंतन करने पर रोक थी। विवाहितों को अपनी पत्नी या अपने पति के साथ भी विषय-भोग करने की अनुमति नहीं थी। उन्हें कहा गया था कि वह पति-पत्नी आपस में दोस्ती का संबंध रखें। अपनी पत्नी या दूसरी स्त्री का अथवा अपने पति या दूसरे पुरुष का विकारमय स्पर्श या उसके साथ विकारमय बातचीत या अन्य ऐसी कोशिश भी ब्रह्मचर्य भंग होने की परिभाषा में आती थी। हालांकि बहुत से दंपति इन नियमों को तोड़ते पाए गए थे।

भारत आने के बाद राजनीतिक गहमागहमी के बीच महात्मा को अपने इस प्रिय और महत्त्वपूर्ण विषय पर विचार करने का ज्यादा मौका नहीं मिला। सत्य और अहिंसा। भारत की राजनीतिक पृष्ठभूमि में महात्मा यह दोनों प्रयोग करके देख चुके थे। सत्य और अहिंसा का विचार पूरे देश में फैल चुका था। अब ब्रह्मचर्य की बारी थी। महात्मा ब्रह्मचर्य को केवल अपने आश्रम तक सीमित रखने के पक्ष में नहीं थे।

महात्मा ने 1906 में ब्रह्मचर्य व्रत लिया था। ब्रह्मचर्य को लेकर अपने विचारों की चर्चा उन्होंने अपने निकट मित्रों से ही की थी। यह विचार अभी सार्वजनिक नहीं हुए थे। वह ब्रह्मचर्य संबंधी अपने विचारों को सत्य और अहिंसा की तरह प्रचारित करना चाहते थे। इसलिए नवंबर, 1921 में उन्होंने अपनी पत्रिका 'नवजीवन' में एक लेख छापा था 'ब्रह्मचर्य का पालन कैसे करें'। इधर जेल से बाहर आने के बाद वह फिर इस विषय पर कुछ लिखना चाहते थे। लेकिन यह कठिन कार्य था। भारत की रूढ़िवादी जनता को ब्रह्मचर्य का पाठ पढ़ाना आसान नहीं था। ब्रह्मचर्य का विचार भारत में ही जन्मा था। भारत ने संभोग से लेकर समाधि तक की यात्रा देखी थी। यहां तो काम वासना के प्रतीक खजुराहो जैसे साक्षात् मंदिर खड़े थे। लेकिन ब्रह्मचर्य की साधना यहां साधु-संतों और महात्माओं की विरासत थी। आम जनता के लिए ब्रह्मचर्य का कोई दबाव नहीं था। बाल ब्रह्मचारी रहने वाले लोग समाज को स्वीकार्य थे लेकिन भारत की सामाजिक संरचना में उनके लिए बहुत अधिक सम्मान नहीं था। हां, वह ब्रह्मचारी अगर सांसारिक जीवन से मुख मोड़ ले तो थोड़ा सम्मान उसके हिस्से जरूर आ जाता था।

ऐसे समाज को महात्मा जगाना चाहते थे। ब्रह्मचर्य पर लिखने की उनकी अपनी वजहें थीं। अगली 2 अक्टूबर को वह पूरे पचपन साल के होने जा रहे थे। बाहरी वासनाओं पर महात्मा विजय पा चुके थे लेकिन आंतरिक वासनाएं उन्हें हमेशा की तरह परेशान करती थीं। जगाते वक्त उन्हें यह हमेशा खयाल रहता कि वह ब्रह्मचर्य के व्रत से बंधे हैं लेकिन सोते वक्त हमेशा ऐसा नहीं होता था। मानवीय दुर्बलताएं और वासनाएं सोते हुए महात्मा की तपस्या भंग कर देती थीं। अंतर्मन के इस युद्ध में महात्मा को स्वप्नदोष का भी शिकार होना पड़ जाता था। यह महात्मा के लिए खतरनाक बात थी। इसलिए वह जानते थे कि इस विषय पर लिखना बहुत आसान नहीं है। लेकिन इस विषय में उनके निजी अनुभव इतने गहरे थे कि वह उसे पाठकों के साथ बांटना चाहते थे। इस बारे में पाठकों के पत्र भी उन्हें मिल रहे थे।

ऐसे ही एक पत्र में किसी ने उनसे जानना चाहा था कि ब्रह्मचर्य का अर्थ क्या है? क्या उसका पूर्ण पालन संभव है? अगर संभव हो तो क्या आप उसका पूर्ण पालन करते हैं। महात्मा ने इस लेख में अपने अनुभवों के बारे में गुजराती में लिखा-'...मुझे जरा भी शंका नहीं कि इस प्रकार के ब्रह्मचर्य का मन, वचन और कर्म से पूरी तरह पालन करना संभव है। मुझे यह कहते हुए दुख होता है कि मैं ब्रह्मचर्य की इस पूर्ण अवस्था तक अभी पहुंच नहीं पाया हूं। किंतु मैं उस अवस्था तक पहुंचने का प्रयत्न निरंतर करता रहता हूं और मैंने इस शरीर के द्वारा उस स्थिति तक पहुंचने की आशा छोड़ी नहीं है। मैंने काया पर तो काबू पा लिया है। मैं जागृत अवस्था में सावधान रह सकता हूं। मैं वाणी में संयम का पालन करना

भी ठीक-ठीक सीख गया हूं। किंतु अभी विचारों पर काबू पाना बहुत-कुछ बाकी है। मेरे मन में जिस समय जिस बात का विचार करना हो उस समय उसके सिवा दूसरे विचार भी आते हैं। इससे विचारों में परस्पर द्वंद्व चला ही रहता है। फिर भी मैं जागृत अवस्था में अपने विचारों का एक-दूसरे से टकराना रोक सकता हूं। मेरी ऐसी स्थिति कही जा सकती है कि गंदे विचार मेरे मन में कभी नहीं आ पाते। परंतु निद्रावस्था में विचारों पर मेरा यह नियंत्रण कम होता है। नींद में अनेक प्रकार के विचार आते हैं; अकल्पित सपने भी दिखते हैं और कभी-कभी इसी देह से की हुई क्रियाओं की वासना भी जागृत होती है। वे विचार जब गंदे होते हैं तब स्वप्नदोष भी हो जाता है।'[6]

इस लेख में महात्मा ने यह भी माना कि उनके 'पापयुक्त विचार क्षीण होते जा रहे हैं, परंतु उनका नाश नहीं हो पाया है।' महात्मा मानते थे कि पूर्ण ब्रह्मचारी सभी रोग व्याधियों से मुक्त हो जाता है। इस सिद्धांत के तहत उन्होंने पूरी बेबाकी से स्वीकार किया कि अगर विचारों पर भी वह नियंत्रण प्राप्त कर लेते तो उन्हें 'पसली में दर्द, पेचिश और आंत्र-शोथ' जैसे रोग पिछले दस सालों में नहीं होते।

'नवजीवन' में ब्रह्मचर्य पर छपे इस लेख का जबरदस्त असर हुआ। महात्मा के भक्तों के लिए यह कल्पना करना कठिन था कि महात्मा को अब तक 'दूषित स्वप्न' आते हैं। उनका 'वीर्य-स्खलन' होता है। एक साहब ने तो महादेव देसाई को पत्र लिख कर बताया कि महात्मा के इस लेख ने उनके 'जीवन में भूचाल' ला दिया है। उन्होंने बताया कि जब वह अपने मित्रों के साथ इंग्लैंड में थे तो तमाम 'प्रलोभनों' के बावजूद उन लोगों ने अपने चरित्र को पवित्र रखा था। लेकिन गांधीजी का लेख पढ़ने के बाद उनके एक मित्र की हालत यह है कि वह पूरी तरह हिम्मत हार चुका है। उसका कहना है कि 'इतना भगीरथ प्रयत्न करने पर भी जब गांधीजी की यह हालत है तब फिर हम किस गिनती में हैं? ब्रह्मचर्य पालन करने के ये सारे प्रयत्न तब तो व्यर्थ हैं। गांधीजी की आत्म स्वीकृति से मेरा दृष्टिबिंदु सर्वथा बदल गया है। मुझे तो अब तुम डूबा ही समझो।' पत्र में उस व्यक्ति ने यह भी बताया कि महात्मा का लेख पढ़ने के बाद उसका 'निष्कलंक मित्र' 'कलंकित' हो गया है। उसने सवाल उठाया कि-'यदि कोई कर्म-सिद्धांत के अनुसार इस युवक के अध:पतन को कुछ दोष गांधीजी पर लगाए तो आप या गांधीजी क्या कहेंगे?' महादेव ने यह पत्र महात्मा को दिया। महात्मा ने जवाब में लिखा...यदि मैं पूर्ण ब्रह्मचारी न होने पर भी वैसा होने का दावा करूं तो उससे संसार की बड़ी हानि होगी, क्योंकि उससे ब्रह्मचर्य कलंकित होगा, सत्य का सूर्य अस्त हो जाएगा। ...लेखक के वे मित्र तो, जो स्वप्नदोषों की मेरी स्वीकृति के बाद पीछे हटे हैं, कभी आगे बढ़े ही न थे। उन्हें झूठा नशा था, वह उतर गया।[7]

महात्मा के इस लेख के बाद उनके पास काम वासना के संबंध में तरह-तरह की जिज्ञासाओं से भरे पत्र आने लगे। मसलन किसी ने उनसे पूछा कि 'क्या स्त्री संभोग के मुकाबले स्वप्नदोष में ज्यादा कमजोरी आती है?' महात्मा इन जिज्ञासाओं का किसी यौन मनोवैज्ञानिक की तरह जवाब भी देने लगे। उन्होंने कहा-'स्त्री-संग की अपेक्षा स्वप्नदोष से ज्यादा कमजोरी आती है, ऐसा मानना बहुत बड़ी भूल है। दोनों ही बातें कमजोरी के कारण होती हैं और अनेक बार स्त्री-संग से ज्यादा कमजोरी पैदा होती है। लेकिन रिवाज के कारण हम स्त्री-संग से पैदा होने वाली कमजोरी को देख नहीं सकते और स्वप्नदोष से मन पर चोट लगती है, इसलिए जितनी कमजोरी सचमुच होती है, उसकी अपेक्षा हम उसे ज्यादा मान लेते हैं। स्त्री-संग करने के बावजूद स्वप्नदोष होता है, यह बात आपके ध्यान से बाहर न होगी। इसलिए यदि आप ब्रह्मचर्य के महत्त्व को स्वीकार करते हों और उसका पालन करना चाहते हों तो सतत प्रयत्न करने के बावजूद जो स्वप्नदोष हो, उसकी चिंता न करके ब्रह्मचर्य का पालन करते जाएं।'[8]

किन्ही सेवकराम करमचंद ने महात्मा से पूछा कि 'क्या किसी भी हाल में स्वप्नदोष पर विजय प्राप्त नहीं किया जा सकता।' महात्मा ने जवाब दिया-'स्वप्न-दोष को पूर्णत: बन्द करना सर्वथा संभव है। मुझे इसमें पूर्ण सफलता तो नहीं मिल पाई है; पर मैं जानता हूं कि ऐसा सर्वथा संभव है। मैं बहुधा महीनों तक इससे मुक्त रहा हूं। और मुझे ऐसा भी याद है कि एक बार तो मुझे एक वर्ष से अधिक काल तक स्वप्नदोष नहीं हुआ। स्वप्नदोष से मुक्ति की उस अवस्था में विघ्न कैसे आया, उसकी एक लंबी कहानी है। ये स्वप्नदोष न तो स्वाभाविक है और न स्वास्थ्यप्रद। ये वास्तव में स्वास्थ्य के पूर्ण विकास में बाधक होते हैं और जब मनुष्य का मस्तिष्क हर प्रकार की वासना से पूर्णत: मुक्त रहता है तब स्वप्न में वीर्यपात तो हो ही नहीं सकता। सभी मनुष्य ऐसी स्थिति प्राप्त कर सकते हैं। परंतु इस स्थिति को प्राप्त करने के लिए सतत और कष्टकर प्रयास दरकार है।'[9]

मिस स्लेड से मीरा

जेल से छूटने के बाद महात्मा का अधिक वक्त आश्रम में अपने मित्रों को चिट्ठी-पत्री भेजने में बीतता था। सरला देवी चौधरानी से महात्मा के संबंध लगभग खत्म हो चुके थे। एस्थर फैरिंग 1 जुलाई, 1921 को डॉ. मेनन से शादी कर चुकी थी। बाद में दोनों डेनमार्क से लौटकर तमिलनाडु में कन्याओं का एक स्कूल चलाने लगे थे। इस स्कूल का नाम उन्होंने सेवा मंदिर रखा था। 1924 में डॉ. मेनन ने ईसाई धर्म स्वीकार कर लिया था। महात्मा से उसका पत्र-व्यवहार लगभग खत्म हो चुका था। इधर महात्मा देश की मूल राजनीतिक धारा से भी अलग-थलग पड़ गए थे। फिर भी देश के कोने-कोने से उनके लिए आमंत्रण आते थे। संस्थाएं चाहती थीं कि

महात्मा उनके कार्यक्रम में हिस्सा लें। वह यथा संभव अपनी बात कहने इन कार्यक्रमों में जाने भी लगे थे। लेकिन इन दिनों महात्मा राजनीतिक तौर पर एक नाकाम नेता माने जाने लगे थे। ऐसे में भागलपुर में 1 अक्टूबर, 1925 को मारवाड़ी अग्रवाल सभा के एक अधिवेशन में अध्यक्ष ने उनसे सामाजिक और धार्मिक मसलों पर कुछ कहने का अनुरोध किया। यह बात महात्मा को नागवार गुजरी। उन्होंने कहा–'...इसके माने यह हो सकते हैं कि मैं इस समय किसी राजनीतिक विषय की चर्चा न करूं। कुछ लोगों का कहना है कि मैं राजनीति से अलग हो गया हूं; और मेरा दिमाग फिर गया है। फिर भी किसी को यह कहने का साहस नहीं हुआ कि मेरे मन में किसी चीज का डर समा गया है। यहां राजनीति या सविनय अवज्ञा पर कुछ कहना मेरे लिए जरूरी नहीं है।'[10]

लेकिन महात्मा की ख्याति सात समंदर पार फैले दूर देशों में फैल चुकी थी। मशहूर फ्रांसीसी लेखक रोमां रोला की नई किताब 'महात्मा गांधी' एकाएक चर्चा में आ गई थी। विदेशियों के लिए भारत हमेशा चौंकाने वाला मुल्क रहा है। ऐसे देश में एक अनोखे महात्मा का अवतरण अपने आप में एक दिलचस्प बात थी। उथल-पुथल से भरी दुनिया में बहुत लोग महात्मा के व्यक्तित्व और विचारधारा की तरफ आकर्षित हो रहे थे। इन्हीं में एक थी इंग्लैंड में जन्मी मेडलिन स्लेड। खुद स्लेड का जीवन महात्मा की जिंदगी से कम रोमांचकारी नहीं था।

तब वह उन्नीस की थी। इसे खतरनाक उम्र कहते हैं। लड़कियां युवती बनने की राह पर होती हैं। अध्यात्म और अलौकिकता जीवन में पहली बार दस्तक देती है। सारी दुनिया अच्छी लगती है। ये पेड़, पौधे, जंगल, घास, पहाड़, नदी और समंदर। दादा पादरी थे और उनके पर दादा सेनापति। सर जान स्लेड जिन्हें लोग 'छोटा सेनापति' कहते। उनके बारे में किंवदंती थी कि उन्होंने दो विवाह किए। दूसरा विवाह तब जब वह साठ साल के थे और उनकी दुल्हन केवल सोलह साल की। दिलचस्प मेल था। पर दादा 80 साल के हुए तो उन्हें बेटी हुई। गर्टड नाम था। इन्हें स्लेड ने देखा था। वृद्धावस्था में भी वह सुंदर थीं। सुसंस्कृत भी। वे अविवाहित रहीं। लंबी यात्राओं का शौक था। मातृभाषा की तरह ही वह फ्रेंच और इटालियन बोलती थीं। क्या यही आगे चलकर स्लेड की प्रेरणा बनी थी?

तेरह साल की उम्र में वह पहली दफा घोड़े पर बैठीं। स्लेड के लिए यह रोमांचक अनुभव था। घोड़े की सवारी और शाम को थक कर घर लौटना। तब से वह घोड़ों के मोहपाश में बंध गईं। हिंदुस्तान आकर भी उसने एक घोड़ा पाला। जिसने अंत तक उसका साथ निभाया। काली आंखों वाली गोरी स्लेड 15 की हुई और उसके पिता एडमिरल हो गए। उन्हें ईस्ट इंडिया स्टेशन का प्रधान सेनापति नियुक्त कर भारत भेजा गया। दो साल के लिए। स्लेड भारत आईं और उसने यहां का सामाजिक जीवन देखा और जीया। वह इंग्लैड लौटीं। फिर संगीत और अध्ययन

की तरफ मुड़ गईं। संगीतकार बिथोवन की दिवानी तो वह थीं ही। स्लेड उनके बारे में कुछ और जानना चाहती थी। इसी खोज में उसे बीथोवन के जीवन पर आधारित उपन्यास 'जीन क्रिस्टोफर' मिला। गांधीजी से जुड़ने की भूमिका बननी यहीं से शुरू हुई। उपन्यास के लेखक थे-रोमां रोला। इस लेखक की कलम में जादू था। किसी के जीवन को कागज पर शब्दों में उतारने की कला रोला खूब जानते थे। स्लेड रोला के कलम की दीवानी हो गई। वह जल्द से जल्द रोला से मिलने के लिए बेताब हो गई। रोला फ्रेंच लेखक थे। वे अंग्रेजी नहीं बोलते। इसलिए स्लेड ने तय किया कि पहले वह फ्रेंच सीखेंगी। और बहुत जल्द उसने फ्रेंच सीख ली कामचलाऊ जिससे वह रोला से बात कर सके। वह स्वीट्जरलैंड पहुंच गईं। पहली मुलाकात हुई फिर दूसरी। बातचीत में भारत का जिक्र आया और रोला ने गांधीजी पर लिखी अपनी पुस्तक के बारे में कुछ बताया। रोला ने स्लेड से पूछा ''तुमने कभी 'महात्मा गांधीजी' के बारे में सुना है?'' स्लेड ने कहा ''नहीं।'' रोलां बोले- 'वह दूसरे ईसा हैं।' स्लेड ने ये शब्द अपने पास सहेज कर रख लिए। बात यहीं खत्म हो चुकी थी।

यूरोप से लौटते वक्त किताबों के एक स्टाल पर स्लेड ने रोला की प्रसिद्ध पुस्तक 'महात्मा गांधीजी' देखी। वह किताब उसने खरीदी और शाम तक पढ़ भी डाली। अब वह महात्मा की दीवानी बन चुकी थीं। उन्हें लगा कि महात्मा उसे आवाज दे रहे हैं। उन्होंने पी एंड ओ जहाज में एक भारत के लिए अपना टिकट भी बुक करा लिया। लेकिन उन्हें लगा कि वह जल्दबाजी कर रही हैं। गांधीजी के करीब पहुंचना इतना आसान नहीं। पहले उन्हें गांधीजी के लायक बनना होगा। रोला की किताब उन्हें बता चुकी थी कि गांधीजी क्या चीज हैं। वह कठोर साधना मांगते हैं। साधना यानी मांसाहार छोड़ना। सिगरेट और शराब को अपने जीवन से विदा करना। हिंदी सीखना। सख्त बिस्तर पर सोना जिस पर नींद भी मुश्किल से आती है। इस साधना में रसोई से लेकर रुई कातना तक शामिल है। चरखा ही वह रास्ता है जिसके पहिए के सहारे वह गांधीजी के आश्रम तक पहुंच सकती हैं। स्लेड दोबरा पी एंड ओ कंपनी गईं और उन्होंने अपना टिकट एक साल के लिए आगे बढ़वा लिया।

1924 के अंतिम महीनों में स्लेड ने अखबारों में पढ़ा कि महात्मा हिंदू-मुस्लिम एकता के लिए 21 दिन का उपवास रख रहे हैं। इस खबर ने स्लेड को बेचैन कर दिया। उन्होंने गांधीजी को एक पत्र लिखा जिसमें उपवास की सफलता की कामना करते हुए उन्होंने रोला की किताब का जिक्र किया और गांधीजी से अपने परिचय की अब तक की कहानी लिख दी। साथ में एक 20 पौंड का चेक भी भेजा। यह पैसा उसने अपनी प्रिय हीरे की पिन बेच कर जुटाया था। यह पिन स्लेड को उनके नाना ने 21वें जन्मदिन पर भेंट की थी। उसे हैरत और सर्वाधिक खुशी तब हुई जब पत्र व्यवहार में कुशल गांधीजी ने उसके पत्र के जवाब में पोस्टकार्ड भेजा।

इस पोस्टकार्ड में भारत आने का न्यौता था। इससे भी महत्त्वपूर्ण वह दस्तखत था जिसमें 'एम.के. गांधीजी' लिखा था।

हिंदुस्तान की तरफ कूच करने की घड़ी करीब आ गई। स्लेड कातने-बुनने में महारत हासिल कर चुकी थीं। उन्होंने खुद एक ऊनी गुलबंद तैयार किया। भारत की ओर चलते वक्त वह पेरिस में रोमां रोला से मिलना नहीं भूलीं। रोला, जिसने उन्हें जिंदगी की नई राह दिखाई थी। विदाई के वक्त रोला के शब्द थे- 'तुम कितनी खुशनसीब हो स्लेड!'

25 अक्टूबर, 1925 पी एंड ओ का भव्य जहाज उसे समंदर की यात्रा कराता हुआ हिंदुस्तान की सरजमीं पर ले आया। इस बारह दिन के सफर में उसका मन गांधीजी के रहस्यमय आश्रम की कल्पनाओं में भटक रहा था। बंबई बंदरगाह पर गांधीजी के मित्र उसके स्वागत में खड़े थे। वह दादा भाई नौरोजी से मिलीं। तब तक गांधीजी का सबसे छोटे बेटे देवदास उन्हें लेने आ गए। देवदास ने उन्हें एक रात आराम की सलाह दी लेकिन स्लेड उसी रात अहमदाबाद के लिए निकल जाना चाहती थीं। महादेव देसाई, वल्लभभाई पटेल और यंग इंडिया के संपादक स्वामी आनंद स्टेशन पर उसके स्वागत के लिए खड़े थे। मोटर साबरमती नदी के उस पार बढ़ गई। अगल-बगल हरियाली और बीच में कुछ इमारतें। हर तरफ अपूर्व शांति थी। स्लेड की अधीरता बढ़ती जा रही है। अंत में वह अपनी मंजिल पर पहुंच गईं। लेकिन क्या सच में यह उनकी मंजिल थी?

मोटर साबरमती आश्रम में इमली के पेड़ के नीचे आकर एक बड़े दरवाजे के करीब रुकी। 33 साल की स्लेड समेत सब ईंट की पगडंडी पर चलते-चलते एक बगीचे तक पहुंचे। बागीचे के बीच एक छोटा-सा घर था। स्लेड का हाथ किताबों से भरे बक्से को उठाते-उठाते थक गया था। उन्होंने वह छोटा बक्सा सरदार पटेल को थमा दिया। स्लेड को भीतर जाने का इशारा हुआ। वह जैसे ही भीतर दाखिल हुई सामने उसे एक लंबी किंतु दुबली आकृति दिखी। आंखों पर गोल चश्मा और पक्का गेहुंआ रंग। 56 साल की काया उनके सामने खड़ी मुस्करा रही थी। बेशक वह महात्मा गांधी थे। स्लेड ने पहचाना। स्लेड ने हिंदुस्तानी परंपरा के अनुसार अपने घुटने जमीन पर टेक के गांधीजी के पैरों को स्पर्श किया। गांधीजी ने अपने दोनों हाथों से उन्हें उठाया। वे बोले 'उठो, तुम मेरी बेटी बनकर रहोगी।' गांधीजी सफेद बिछौने पर रखी एक छोटी मेज के पीछे बैठ गए। स्लेड सामने फर्श पर। यहां सिर्फ बापू की चर्चा थी। आश्रम में गांधीजी महात्मा नहीं बापू थे। बापू यानी गुजराती में पिता। स्लेड सोचने लगीं। कितना अनोखा शब्द है बापू। जितने अनोखे गांधीजी खुद हैं। बापू ने कहा-'चलो बा से मिलाऊं, वह शायद रसोई में हैं।' पीछे स्लेड थीं। बापू ने चौके में बा से मुस्कराते हुए कुछ गुजराती में कहा। स्लेड समझ नहीं सकीं। उन्होंने अनुमान लगाया कि बापू ने कहा कि- 'मेम है, तुम्हें इससे बात करने

के लिए अंग्रेजी सीखनी होगी।' बा ने पहले स्लेड की तरफ देखा फिर उसके पांव की ओर। बोलीं–'आप कैसी हैं?' फिर वह स्लेड के जूतों की ओर देखने लगीं। स्लेड को थोड़ा असहज लग रहा था। बापू समझ गए। बोले–'बा तुम्हारे जूतों की तरफ देख रही है। भारत में हमारा रिवाज है कि रसोई में आने से पहले जूते बाहर उतार लें!' स्लेड थोड़ी शर्मिंदा हुई। एक साल के प्रशिक्षण में यह तो किसी ने उसे बताया ही नहीं था। वह दौड़ते हुए वापस बरामदे में आईं। जूते उतारे। फिर वापस चौके में आ गईं। गांधीजी खड़े मुस्करा रहे थे। और बा... ?

महादेव ने स्लेड को उनका कमरा दिखाया। महादेव देसाई महात्मा के प्रियतम शिष्यों में एक थे। लंबा कद, सुंदर चेहरा, होठों के ऊपर घनी मूंछें। वह महात्मा के प्रतिभावान सचिव थे। स्वभाव से बेहद कोमल महादेव को गुजराती के अलावा बंगला, मराठी, अंग्रेजी और हिंदी में कमाल की महारत हासिल थी। महात्मा का उन पर अटूट विश्वास था। स्लेड को आश्रम में बसाने की जिम्मेदारी महात्मा ने उन्हीं को सौंप दी। शुरू में स्लेड के लिए आश्रम रोमांचकारी था। जमीन पर सोने का अभ्यास उसने अपने देश में शुरू कर दिया था। सुबह उठने का भी। बहुत जल्द वह आश्रम के नियमों से बंधने लगी। इस काम में उसे कोई दिक्कत भी महसूस नहीं हो रही थी। उसे लग रहा था सब कुछ एक सपने जैसा है जो हैरतनाक ढंग से सच हो रहा है।

रोमां रोला को भी स्लेड की पूरी चिंता थी। स्लेड के भारत पहुंचने से पहले उन्होंने महात्मा को लिखा था '...मुझे भरोसा है कि आप उसे अपने अत्यन्त कट्टर और निष्ठावान शिष्यों में से एक पाएंगे। उसकी आत्मा, उत्कृष्ट शक्ति और उत्कट श्रद्धा से परिपूर्ण है। वह स्पष्ट और ईमानदार है। आपके मकसद के लिए इससे अधिक नि:स्वार्थ और श्रेष्ठ आत्मा यूरोप में नहीं है। ईश्वर करे वह अपने साथ हजारों यूरोपवासियों का प्यार और मेरी श्रद्धा वहन करे।'

इस पत्र के जवाब में महात्मा ने लिखा– 'आपने मुझे क्या निधि भेजी है। मैं इस महान धरोहर के योग्य बनने की कोशिश करूंगा। वह पूर्व और पश्चिम को मिलाने वाला पुल बने, इस मामले में मैं उसे पूरी सहायता देने में कोई कसर नहीं छोड़ूंगा। स्वयं अपूर्ण होने के कारण मैं किसी को शिष्य नहीं बना सकता। वह मेरे साथ सह–अन्वेषक की तरह रहेगी। उम्र में और इसलिए शायद आत्मिक अनुभव में बड़ा होने के कारण उसके पिता कहलाने के गौरव में आपके साथ भागीदार होना चाहता हूं।[11]

मेडलिन स्लेड बहुत जल्द आश्रम के बच्चों में लोकप्रिय हो गईं। वह विदेशी थीं इसलिए आश्रम में उसके प्रति सबका एक स्वाभाविक आकर्षण था। महात्मा के आश्रम में और कई विदेशी महिलाएं आ चुकी थीं। लेकिन स्लेड आश्रमवासियों के बीच उन्हीं की तरह रहने लगी थीं इसलिए सबका कौतूहल और बढ़ गया था।

आश्रम में ज्यादातर महिलाएं और बच्चे गुजराती और हिंदी भाषी थे। उन्हें मेडलिन स्लेड शब्द का उच्चारण करने में असुविधा होती थी। महात्मा कई दिनों से सोच रहे थे कि इस युवती का कोई हिंदुस्तानी नाम होना चाहिए। जब खुद को वह हिंदुस्तानी संस्कृति में ढालने को उत्सुक है तो नाम पश्चिमी क्यों रहे। लेकिन नाम क्या हो? महात्मा के मन में मीरा का नाम आया। मीराबाई की भक्ति से महात्मा प्रभावित थे। हालांकि उन्होंने यह नाम सरोजनी नायडू को दिया था। अपने पत्रों में वह सरोजनी को मीराबाई का ही संबोधन देते थे। लेकिन यह नाम उन्हें स्लेड के लिए ज्यादा उपयुक्त लगा। वजह महात्मा के प्रति स्लेड की अपार भक्ति थी। स्लेड मीरा बन गईं। जल्द ही यह नाम आश्रम में सबकी जबान पर चढ़ गया।

एक दिन मीरा महात्मा के पलंग के किनारे बैठी तकली कात रही थीं। वह महात्मा का मौन दिन था। मीरा ने महात्मा से पूछा 'क्या मैं उपवास के दौरान आपकी कुछ सेवा नहीं कर सकती।' महात्मा ने मुस्कराते हुए मीरा को एक पुर्जा थमा दिया जिसमें लिखा था- 'हां, तुम इस सप्ताह मेरे लिए 'यंग इंडिया' का संपादन कर सकती हो।' वह बोली, 'यदि आप गंभीरतापूर्वक कह रहे हैं तो मुझे यह चुनौती स्वीकार है।' महात्मा ने लिखा-'... और भारत का वृद्ध पुरुष एक अंग्रेज लड़की से मात खा गया।'[12]

मीरा आश्रम के वातावरण को समझने की कोशिश कर रही थीं। उनके आश्रम में देश के अधिकांश प्रांतों के लोग थे। सब अपने में अनूठे। आश्रम में मीरा को एक छोटे भारत की झलक मिलती थी। हालांकि उसने अभी भारत के बारे में सिर्फ सुना था। आश्रम की महिलाएं मीरा को अजनबी निगाहों से देखतीं। मीरा उनके लिए फिरंगी मेम थी। उनमें कोई आपसी संवाद नहीं था जबकि भारत की स्त्रियां स्वभाव से ज्यादा बातूनी होती हैं। संवादहीनता के कारण मीरा उनके लिए रहस्यमयी होती जा रही थी। मीरा को यह समझते देर नहीं लगी कि यहां अधिकांश औरतें आश्रम में सिर्फ अपने पतियों के कारण रहती हैं। आश्रम जीवन को लेकर उनके मन में कोई श्रद्धा नहीं है। वह महात्मा से नहीं बल्कि अपने पतियों से बंधी हैं। आश्रम में रहने का अर्थ था पति-पत्नी के शारीरिक संबंधों की तिलांजलि। सब चाहे-अनचाहे ब्रह्मचर्य व्रत से बंधे थे। चूंकि पत्नियां जबरदस्ती इस व्रत से बंधी थीं इसलिए उनमें कुंठा जागृत होना स्वभाविक था। बच्चे भी यहां थे क्योंकि उनके माता-पिता आश्रम में रहते थे।

मीरा की अधिकांश बातचीत महात्मा से होती या महादेव से। मीरा को हिंदी पढ़ाने का काम भी महादेव को सौंपा गया था। महात्मा जब बाहर के दौरे पर होते तो मीरा महादेव से घुलमिल जातीं। महादेव का सौम्य और हंसमुख स्वभाव उसे प्रभावित करता। महादेव ने कौतूहलवश मीरा से फ्रेंच सीखना शुरू कर दिया। मीरा ने ही उत्साहित होकर महात्मा से कहा कि महादेव को उन्होंने एक घंटा फ्रेंच सिखाई।

महात्मा को यह अच्छा नहीं लगा। उन्होंने महादेव से पूछा-'तुमने फ्रेंच किसलिए सीखना शुरू किया है? फ्रेंच विदुषी कुमारी स्लेड यहां आई है इसलिए? या तुम रोमां रोला के ग्रन्थों को फ्रेंच भाषा में पढ़ना चाहते हो? या हमारे पास फ्रेंच में आये पत्र पढ़ने के लिए?'[13] महादेव देसाई इतने सारे सवालों से हक्का-बक्का थे। इस बारे में दोनों के बीच लंबी बातचीत हुई और अंत में फैसला हुआ कि महादेव मीरा से फ्रेंच नहीं सीख सकते। यह वक्त की बर्बादी होगी। यहां सीखने तो मीरा आई हैं। साबरमती में आश्रम जीवन स्लेड की कल्पना से कहीं अधिक कठिन था। लेकिन परेशानी केवल शारीरिक श्रम की नहीं थी। असल दिक्कत उसे आश्रम के माहौल से थी। न जाने उसे क्यों लग रहा था कि 'आश्रम धमाके से फटने वाले बारूद से बना है।' वह बापू से मिलतीं। उनसे बातें करती। स्लेड ने बापू को अपने जीवन का एक-एक सच बता दिया। वह भूलें भी बताईं जो वह जाने-अनजाने में कर चुकी थीं। आश्रम में शामिल होने वाले सभी के बारे में महात्मा सब कुछ जान लेना चाहते थे। बिलकुल वैसे जैसे कोई मनोचिकित्सक अपने पास आने वाले हर मरीज की हर बात जान लेना चाहता है। इससे इलाज में मदद मिलती है।

लेकिन उस दिन कुछ अनोखा घट गया। हर आश्रमवासी के चेहरे पर एक अजीब-सा सन्नाटा था। बापू के कमरे में लोग आ-जा रहे थे। सबके चेहरे उदास थे। खुद बापू भी खिन्न और चिंतित थे। बापू के कमरे में कई घंटे बैठक चली। स्लेड को कुछ समझ में नहीं आया। वहां सब गुजराती में बात करते थे। स्लेड ने अंग्रेजी जानने वाले एक आश्रमवासी से पूछा ये माजरा क्या है। स्लेड को बताया गया कि 'आश्रम के कुछ लड़के 'चारित्रिक दोष' करते पकड़े गए हैं।' मामला समलैंगिकता का था। मनोचिकित्सक सिगमैंड फ्रायड लड़कपन की समलैंगिकता को स्वाभाविक मानता है। वह मानता है कि यौन विकास की यह सीढ़ी लड़के-लड़कियों को स्वाभाविक तौर पर सहवर्गीय प्रेम की तरफ ले जाती है। आश्रम में भी लड़के और लड़कियां अपने-अपने वर्ग में रहते थे। लड़के-लड़कियों के मिलने पर नजर रखी जाती थी क्योंकि दक्षिण अफ्रीका के फिनिक्स आश्रम में कई दुर्घटनाएं हो चुकी थीं। एक ही वर्ग में रहने के कारण उनमें परस्पर गहरी मित्रता हो जाती है और बहुत जल्द वह प्रतिकूल स्थितियों यानी समलैंगिक यौन आकर्षण में फंस जाते हैं। हालांकि अधिकांश मामलों में यह आकर्षण अल्पकालिक होता है।

लेकिन सत्याग्रह आश्रम में यह पहली और अनोखी घटना थी। नैतिकता के छप्पर से बने इस आश्रम में सदाचार से विचलित होने की छोटी-सी घटना भी बवंडर खड़ा करने के लिए काफी थी। स्लेड के लिए यह चौंकने वाली बात थी। आश्रम में चारित्रिक दोष? बैठक के अंत में बापू ने एक सप्ताह के उपवास की घोषणा कर दी। उन्होंने लड़कों के दुराचरण का खुद प्रायश्चित करने का फैसला किया था।

स्लेड ने लिखा- 'इस अनुभव ने मेरी नाड़ियों को इतना ज्यादा उत्तेजित कर दिया कि मानसिक तनाव को नियंत्रण में रखना मुश्किल हो गया।'[14]

महात्मा ने अपने इस उपवास के बारे में लिखा- 'इस उपवास का जनता के साथ कोई संबंध नहीं है। मैं सत्याग्रह आश्रम नाम की एक बड़ी संस्था चला रहा हूं। जिन मित्रों को मुझ पर विश्वास है उन्होंने मुझे केवल उसके मकानों के लिए ही दो लाख से अधिक रुपये दिए हैं। वे उसके सालाना खर्च के लिए प्रतिवर्ष कम-से-कम 18,000 रुपये देते हैं। वे यह रकम इस आशा से देते हैं कि मैं व्यक्तियों का चरित्र निर्माण कर रहा हूं। आश्रम में सयाने स्त्री और पुरुष रहते हैं। लड़के-लड़कियां भी हैं। लड़कियों को यथासंभव अविवाहित रहने का प्रशिक्षण दिया जाता है। आश्रम में स्त्रियों और लड़कियों को जितनी स्वतंत्रता प्राप्त है, जहां तक मेरा खयाल है, उतनी स्वतंत्रता अन्यत्र नहीं होती। आश्रम मेरी एकमात्र और सर्वश्रेष्ठ कृति है। उसमें निष्पाप परिणामों से दुनिया मेरी कीमत आंकेगी। मेरी मर्जी के खिलाफ आश्रम में कोई भी स्त्री या पुरुष, लड़की या लड़का नहीं रह सकता। मेरा विश्वास है कि वहां भारतवर्ष के कुछ उत्तम चरित्र के लोग रहते हैं।'[15]

दक्षिण अफ्रीका की घटना के दोहराव पर महात्मा दुखी थे। महात्मा ने लिखा- 'मैंने दक्षिण अफ्रीका में उपवास ही किए थे और मेरी राय में उनका परिणाम भी अच्छा निकला था।' महात्मा भूल रहे थे। दक्षिण अफ्रीका में उनके उपावस के बावजूद स्थितियां नहीं सुधरी थीं। लेकिन फिर भी महात्मा ने कहा 'यदि मैं अपने प्राण देकर भी उन्हें पवित्र बना सकता हूं तो इस प्रकार प्राण त्याग करने में मुझे आनंद मिलेगा।' महात्मा को लग रहा था कि चारित्रिक दोष में पकड़े गए लड़के इससे सबक लेंगे। महात्मा खुद उपवास रखकर उन्हें भावनात्मक रूप से घेर रहे थे।

महात्मा के उपवास की घोषणा बाकायदा 'यंग इंडिया' में छपी। यह पढ़कर किसी ने महात्मा को पत्र लिखा जिसमें उसने कहा कि 'आपके उपवास और प्रायश्चित तथा साथ ही आपकी प्रार्थना में कुछ कमी है, इसलिए उनका उपयुक्त प्रभाव नहीं पड़ता। त्याग को प्रभावशाली बनाने के लिए उसका विज्ञापन नहीं करना चाहिए, बल्कि उसे सर्वथा मौन रहकर गुप्त रूप से करना चाहिए।' शास्त्र कहते हैं कि 'सद्‌गुणों को छिपाना चाहिए और पापों को प्रकट करना चाहिए।'

महात्मा ने जवाब दिया-'इस कथन में बहुत-कुछ सच्चाई है। मेरे कुछ उपवासों, प्रायश्चितों और प्रार्थनाओं का उद्‌देश्य जनता को प्रभावित करना था, इसलिए उनकी घोषणा करनी पड़ी। किंतु मेरे सामने एक बहुत बड़ी कठिनाई है। जब मैं जनता से कुछ छिपाना भी चाहता हूं तो भी मैं उसे छिपा नहीं पाता।'

महात्मा ने आगे लिखा-''मैं कितना भी क्यों न चाहूं कि मेरा यह उपवास मेरे जीवन का अंतिम उपवास हो, लेकिन मेरे अंतर से यह आवाज आ रही है कि मुझे अभी ऐसी अनेक तपश्चर्याओं से होकर गुजरना होगा; और कौन कह सकता

है कि आगे आने वाले उपवास इससे अधिक कष्टप्रद न होंगे? मैं सर्वथा गलती पर भी हो सकता हूं; तब संसार मेरी मृत्यु के बाद मेरी समाधि-शिला पर यह लिख सकेगा 'मूर्ख, तूने अपनी करनी का उचित फल पाया'!"[16]

समय बीतने के साथ आश्रम फिर सामान्य हो गया। आश्रमवासी स्लेड के उच्चारण में परेशानी अब खत्म हो गई थी। सब आश्रम में उन्हें अब 'मीराबेन' कह कर बुलाते। आश्रम में नदी तट पर दो कमरे थे। यह गांधीजी के कमरों के सबसे निकट थे। आसपास कोई इमारत नहीं थी। इन दो कमरों में से एक कमरा मीरा को मिला। दूसरे कमरे में छोटेलाल जैन रहते थे। ये उन दिनों की बात है जब गांधीजी ने 'सत्य के प्रयोग' नामक अपनी आत्मकथा लिखनी शुरू की थी। वे गुजराती में इसे लेख के रूप में लिखते। महादेव इसका अंग्रेजी अनुवाद करते। मीरा एक-एक अध्याय का अंग्रेजी अनुवाद पढ़ती, उसे ठीक करती और 'यंग इंडिया' में छपने के लिए भेज देती। 29 नवंबर, 1925 से 4 फरवरी, 1929 के 'यंग इंडिया' में 'आत्मकथा' अथवा 'मेरे सत्य के प्रयोग' पहली बार धारावाहिक रूप से प्रकाशित हुआ था।

बापू का आश्रम से कहीं बाहर जाना मीरा के लिए असह्य हो जाता। कांग्रेस के सालाना अधिवेशन में जाने से पहले महात्मा हर साल दस दिन के लिए विनोबा भावे के वर्धा स्थित आश्रम में जाया करते थे। वहां वे आराम करते। इस बार भी जाने की तैयारी थी। मीरा सोच में पड़ी थी कि महात्मा उन्हें साथ ले जाएंगे या नहीं। उस साल अधिवेशन कानपुर में होना था। और महात्मा मीरा को साथ ले जाने के लिए राजी हो गए थे।

इस यात्रा में मीरा ने पहली बार महसूस किया कि इस देश के लिए महात्मा क्या हैं! रेलवे स्टेशनों पर भीड़ का रेला महात्मा के दर्शनों के लिए पागलों की तरह टूट पड़ता। महात्मा गांधीजी की जय के नारों के साथ पूरा रेलवे स्टेशन दहल उठता था। महात्मा को करीब से देखने की उत्सुकता उत्तेजना में बदल जाती। स्लेड ने नेताओं के प्रति जनता की ऐसी दीवानगी अपने देश में नहीं देखी थी। महात्मा क़ी इस लोकप्रियता ने मीरा को बुरी तरह प्रभावित किया था। उसके लिए यह गर्व की बात थी कि वह एक ऐसे आदमी के साथ है जिसके पीछे भीड़ पागल है। मीरा ने लिखा- 'फिर मैं बापू की प्रतिक्रिया देखने के लिए उनकी ओर निहारती। वह पूरी तरह शांत और स्थिर होकर बैठे रहते। हाथ जोड़कर लोगों के प्रणाम को स्वीकार करते। लेकिन उनके मुख पर कठोर मुद्रा छाई रहती। इसका मुझ पर और भी ज्यादा प्रभाव पड़ता। एक ओर उमड़ता लहराता मानव समुद्र और दूसरी ओर बापू की शांत, छोटी-सी कठोर मूर्ति।'[17]

मीरा ने महसूस किया कि महात्मा अपने सार्वजनिक जीवन में दूसरे व्यक्ति हो जाते थे। उनकी भाव मुद्रा में थोड़ी कठोरता आ जाती जो अमूमन उनके आश्रम

के जीवन में नहीं पाई जाती थी। यह कठोरता क्या सिर्फ एक आवरण थी। मीरा समझ नहीं पातीं। इतने कम दिनों में मीरा गांधीजी के बहुत करीब आ चुकी थीं। मीरा ने लिखा–'जब मैं बापू से जुदा होती थी, मुझे मर्मांतक पीड़ा हुआ करती; और अगर वियोग लंबा होता तो अंत में मेरा स्वास्थ्य गिर जाता था।'[18]

जवाब में महात्मा लिखते– 'मैं जानता हूं तुम्हें वियोग का दुख है। तुम उससे छुटकारा पा लोगी, क्योंकि उससे छुटकारा पाना ही है। यह थोड़े दिन का वियोग उस लंबे वियोग की तैयारी है, जिसे मृत्यु लाती है। असल में वियोग ऊपरी ही है। मृत्यु हमें एक–दूसरे के और भी निकट लाती है। क्या शरीर बाधा नहीं है –यद्यपि वह परिचय का साधन भी है?'[19]

एस्थर की तरह महात्मा के बगैर मीरा का मन आश्रम में नहीं लगता था। वह समय काटने के लिए अहमदाबाद चली जातीं। अहमदाबाद में महात्मा के करीबी उद्योगपति मित्र सेठ अम्बालाल साराभाई रहते थे। उनकी बहन अनसूया बेन साराभाई भी महात्मा पर जान छिड़कती थीं। दक्षिण अफ्रीका से लौटने के बाद सेठ अम्बालाल के मिल के मजदूरों ने 1918 में हड़ताल की थी। इस हड़ताल में महात्मा ने मजदूरों का साथ दिया था। और तो और अनसूया बेन भी अपने भाई के खिलाफ हड़ताल में शामिल हो गईं। मजदूरों की मांगों को लेकर महात्मा ने उपवास किया। सेठ अम्बालाल को अपने मित्र के प्राणों की रक्षा के लिए झुकना पड़ा था। इस घटना से महात्मा खुद भी आहत हुए थे लेकिन दोनों की दोस्ती और गहरी हो गई। मीरा अहमदाबाद आती तो अनसूया बेन उसे स्वादिष्ट व्यंजन बनाकर खिलातीं। महात्मा को जब यह पता चला तो वह मीरा से नाराज हुए। आश्रम में अस्वाद व्रत और अहमदाबाद के आलीशान महल में व्यंजन। उन्हें लगता कि कहीं मीरा सादे जीवन से भटक न जाए। मीरा आश्रम में यूरोपीय कपड़ों में रहती हालांकि वे सफेद खादी के ही थे। उन्हें स्लेड ने लंदन में बनवाए थे। गांधीजी को इस वेषभूषा से कोई ऐतराज नहीं था। उल्टा वह इस बात के खिलाफ थे कि मीरा भारतीय कपड़े पहने। लेकिन मीरा ने एक दिन नीली किनारी वाली सफेद साड़ी पहन ली। यह साड़ी उसे अनसूया बेन ने पहनना सिखाई थी। मीरा यही साड़ी पहने अहमदाबाद से आश्रम आ गईं। साड़ी में मीरा को देख महात्मा नाराज हो गए। वे बोले– साड़ी ही पहननी है तो नीली किनारी क्यों? पूरी सफेद साड़ी क्यों नहीं? लेकिन गांधीजी को मीरा का साड़ी पहनना कभी पसंद नहीं आया।

यह प्रकरण अभी खत्म नहीं हुआ था कि मीरा ने बापू के आगे दो प्रस्ताव और रख दिए। एक बाल कटवाने का और दूसरा ब्रह्मचर्य व्रत का। गांधीजी को लगा कि अभी उसे इन दोनों में किसी की जरूरत नहीं। पर मीरा नहीं मानी। जिद के आगे गांधीजी झुके। उन्होंने मीरा को बाल कटवाने की इजाजत दे दी बशर्ते आश्रम की बाकी महिलाओं को एतराज न हो। आश्रम की महिलाओं को एतराज

था। वे नहीं चाहती थीं कि बाल छोटे करा कर मीरा बाकी महिलाओं से अलग दिखें। फिर भी मीरा 'बाल छोटे' कराने की जिद पर अड़ी रहीं। अंत में गांधीजी ने कहा 'ब्रह्मचर्य व्रत लेने से पहले तुम उसे लिख डालो। ताकि मैं देख सकूं कि तुमने ब्रह्मचर्य की गहराई को समझा है या नहीं। क्योंकि ब्रह्मचर्य केवल स्त्री-पुरुष संबंधी संयम नहीं। इसमें सब तरह का आत्म संयम भी शामिल है।' मीरा ने लिखा-'बापू ने सहमति दी। 'ब्रह्मचर्य व्रत की न कोई विधि हुई। न कसम दिलाई गई। 'बापू ने सीधे-सादे ढंग से अपने ही हाथों से मेरे बाल काटे। मैं आशीर्वाद लेने उनके पैरों पर गिर पड़ी। तो उन्होंने मेरी पीठ पर प्यार भरी चपत लगा दी।'[20]

गलत राह पर संतानें

मीरा ने ब्रह्मचर्य व्रत ले लिया था। लेकिन महात्मा की खुद की संतानें दूसरे रास्ते पर जा रही थीं। बड़े बेटे हरिलाल बहुत पहले ही महात्मा से बहुत दूर जा चुके थे। हरिलाल की पत्नी गुलाब का देहांत अक्टूबर, 1918 में हो चुका था। उनके चारों बच्चों को बा संभाल रही थीं। हरिलाल शराब पीने लगे थे। महात्मा ने हरिलाल की आर्थिक मदद बंद कर दी थी। बाप-बेटे में संबंध दिन-ब-दिन बिगड़ते जा रहे थे। उधर महात्मा के दूसरे बेटे मणिलाल ने नई मुसीबत खड़ी कर दी। वह जनवरी, 1927 में दक्षिण अफ्रीका से स्वदेश लौटे थे। बड़ी मुश्किल से मणिलाल जेकी को भूल पाए थे। जेकी के अपने पति के पास फीजी जाने के बाद मणिलाल बहुत दिनों तक उसके संपर्क में रहे। लेकिन इसी बीच दक्षिण अफ्रीका में ही वह एक मुस्लिम लड़की फातिमा के प्रेम में पड़ गए। फातिमा के परिवार से महात्मा के करीबी संबंध थे। स्वभाव से भावुक मणिलाल फातिमा से शादी करना चाहते थे। मणिलाल का दावा था कि प्रेम जाति-धर्म के बंधनों से बाहर है। प्रेम का कोई धर्म, कोई मजहब नहीं। मणिलाल की मुस्लिम प्रेमिका ने भी महात्मा को पत्र लिखकर आश्वासन दिया कि वह भी मणिलाल के बिना रह नहीं सकती। लेकिन महात्मा के लिए यह बड़ा झटका था। वह कल्पना भी नहीं कर सकते थे कि आसमान से गिरने के बाद उनका बेटा इस तरह खजूर पर अटक जाएगा। हिंदू-मुस्लिम एकता का संदेश उन्होंने खिलाफत आंदोलन में दिया था। वह ईश्वर और अल्लाह को एक मानते थे। लेकिन वह हिंदू और मुसलमान में आपसी सहभोज और विवाह संबंधों में यकीन नहीं करते थे। जैसा कि एम.आर.ए. बेग ने उन पर खुला आरोप लगाया कि 'महात्मा की हिंदू-मुस्लिम एकता और भ्रातृ-भाव का गुणगान छलावे के सिवा कुछ नहीं।'[21]

फातिमा से विवाह के संबंध में मणि ने अपने भाई रामदास को पत्र लिखा था। रामदास ने वह पत्र महात्मा के पते पर भेज दिया। महात्मा ने अपने बेटे मणिलाल गांधी को 3 अप्रैल, 1926 को भेजे पत्र में लिखा- 'रामदास को लिखा

तुम्हारा पत्र मिला। 'फ' का भी। मुझे यह शंका तो थी ही; 'ज' ने कुछ इशारा किया था। तुम स्वतंत्र हो, इसलिए तुम्हारे ऊपर अपनी राय जबरदस्ती तो नहीं लाद सकता। लेकिन एक मित्र के रूप में लिखता हूं। तुम्हारी यह इच्छा धर्म-विरुद्ध है। तुम हिंदू-धर्म का पालन करो और 'फ' इस्लाम धर्म का, तो यह एक म्यान में दो तलवार वाली बात हुई, या फिर तुम दोनों ने धर्म को छोड़ दिया। और फिर तुम्हारी संतान किस धर्म का पालन करेगी? किसकी छाया में पले-बढ़ेगी? 'फ' केवल तुमसे विवाह करने के लिए अपना धर्म बदले तो वह धर्म नहीं, अधर्म है। धर्म ऐसी वस्तु नहीं जो वस्त्र की तरह अपनी सुविधा के लिए बदला जा सके। धर्म के लिए तो मनुष्य विवाह छोड़ देता है, घर-संसार छोड़ देता है, देश छोड़ देता है, लेकिन किसी के लिए धर्म नहीं छोड़ा जा सकता। तब क्या 'फ' अपने पिता के घर मांसाहार नहीं करेगी? यदि नहीं करेगी तो यह धर्म बदलने के समान ही है। समाज की दृष्टि से भी यह विवाह अनुचित है। तुम्हारे इस विवाह-संबंध से हिंदू-मुस्लिम के प्रश्न को भारी धक्का पहुंचेगा। दोनों समाजों में बेटी-व्यवहार इस प्रश्न का उपयुक्त समाधान नहीं है। तुम मेरे पुत्र हो, यह बात तुम नहीं भुला सकते, समाज भी नहीं भुला सकता। तुम यदि यह संबंध करते हो तो तुमसे सेवा नहीं हो सकती और मुझे तो ऐसा लगता है कि तुम 'इंडियन ओपीनियन' चलाने के लिए भी अयोग्य हो जाओगे। विवाह के बाद तुम्हारा भारत में आकर बसना तो फिर मैं असंभव ही मानता हूं। बा से मैं अनुमति नहीं मांग सकता, वह देगी भी नहीं। उसके लिए तो सारा जीवन एक कड़वा घूंट हो जाएगा। इस संबंध में तुमने केवल क्षणिक सुख का ही विचार किया है। अंतिम सुख को तुमने स्थान नहीं दिया है। शुद्ध प्रेम तो भाई-बहन का ही होता है; इसमें तो विषय-सुख ही प्रधान है। तुम मूर्छा से जागो, ऐसी मेरी इच्छा है। जहां तक मैं समझा हूं, रामदास और देवदास भी, स्वतंत्र रूप से विचार करने पर, इसी निर्णय पर पहुंचे हैं। बा के सामने इस संबंध में बात करने की मेरी हिम्मत नहीं हुई। भगवान तुम्हें सच्ची राह दिखाए!'[22]

अंतर्धार्मिक विवाह को लेकर महात्मा के दोहरे मापदंड थे। शुरू में वह एस्थर फैरिंग और डॉ. मेनन के विवाह के खिलाफ थे। लेकिन बाद में उनके विचार बदल गए। छह साल पहले वह डॉ. मेनन से मिले थे। मेनन ने उनके साथ आश्रम में चार दिन बिताए थे। तब एस्थर डेनमार्क में थी। मेनन ने महात्मा को बताया कि उस पर दबाव डाला जा रहा है कि वह एस्थर से शादी करने के लिए हिंदू से ईसाई बन जाए। महात्मा ने एस्थर को पत्र लिखा-'मैं इसे तुम दोनों ही के लिए अशोभनीय मानता हूं। अपना-अपना धर्म दोनों के लिए सर्वोपरि होना चाहिए। यह कोई यंत्र नहीं है कि जब चाहा उसमें परिवर्तन कर दिया। इसलिए मेरी तो यह राय है कि तुम दोनों को अपना-अपना धर्म कायम रखना चाहिए।'

यह सलाह देते वक्त महात्मा ने नहीं सोचा था कि तब 'एक म्यान में दो तलवारें कैसे रहेंगी।'

महात्मा ने एस्थर को ऐसे विवाह से होने वाली संतान के बारे में भी राय दी थी। उन्होंने कहा था-और यदि तुम लोग अपना वंश आगे चलाना तय करते हो, तब फिर बच्चों के धर्म का क्या होगा? ईश्वर से डरने वाले हर व्यक्ति के लिए यह बहुत अहम सवाल है। मुझे तो इसका एक यही हल दिखाई पड़ता है कि तुम लोग शादी तो करो, पर तुम दोनों के संबंध वासना-रहित रहें। लेकिन तुम दोनों को ईश्वर जैसी प्रेरणा दे, वैसा ही करना।'[23]

महात्मा के इस सख्त इंकार से मणिलाल को धक्का लगा। फातिमा भी साफ कह चुकी थी कि अगर उसके पिता राजी नहीं हुए तो यह विवाह संभव नहीं है। संबंध टूट गया। थककर मणिलाल ने अपने विवाह का जिम्मा महात्मा पर छोड़ दिया। उन्होंने मणिलाल के लिए आश्रमवासिनी तारा की बड़ी बहन सुशीला को चुना। वह रिश्ते में किशोरलाल की भतीजी लगती थीं। सुशीला 19 साल की थी। वह गुजराती, मराठी, हिंदी और अंग्रेजी जानती थी। दक्षिण अफ्रीका में मणि के प्रेम प्रसंग को महात्मा ने सुशीला से छिपाया नहीं था। तय हुआ कि दक्षिण अफ्रीका से लौटने के बाद मार्च में मणि और सुशीला का विवाह हो जाएगा। महात्मा ने मणि को भारत बुला लिया। लेकिन खत में यह भी लिख दिया कि यहां आओ तो जेब में यह नोटिस लेकर न आना कि 'पंद्रह दिन के भीतर मेरा विवाह कर दें, मुझे अगले जहाज से अफ्रीका जाना है।'

इससे पहले मणि का मन बदले महात्मा यह शादी जल्द से जल्द करा देना चाहते थे। वह 32 साल के हो चुके थे। महात्मा मणिलाल की शादी के इंतजाम में जुट गए। उन्होंने मणिलाल को प्रतिज्ञा-पत्र की वह प्रति भेजी जो विवाह के दौरान पढ़ी जाती है। महात्मा चाहते थे कि विवाह के बाद उनके बेटे के जीवन का भटकाव खत्म हो जाए। उन्होंने साफ कर दिया कि उनका इरादा 'मणि या उसकी पत्नी को संन्यासी बनाने का नहीं है।' लेकिन महात्मा चाहते थे कि 'मणि मर्यादा में रहकर विषय-सुख में लिप्त रहे।' उन्होंने लिखा-'मैं इसका विरोधी नहीं हूं। इतना कहने के बावजूद तुम स्वतंत्र हो और अपनी इच्छा के अनुसार व्यवहार करो। मैं तुम पर तनिक भी दबाव न डालूंगा।' लेकिन उन्होंने सुशीला को लिखा-'विवाह भोग के लिए नहीं, संयम के लिए है, इस बात को आजकल तो लोग बिलकुल ही भूल गए हैं। आदमी-स्त्री-पुरुष-जब विकारवश होते हैं तब उस विकार को नियमित रखने, उसे मर्यादा में बांधने के लिए विवाह-संबंध करते हैं। हममें और पशुओं में यही भेद है। इस तरह यद्यपि विवाह विषय-भोग का अवसर देता है तथापि शास्त्र में यह कहा गया है कि दंपति का धर्म है कि वे विषय-भोग को उत्तरोत्तर कम करते जाएं।'[24]

महात्मा समझते थे कि यह सब बातें वर-वधू को सिर्फ समझाई भर जा सकती हैं उन्हें काम वासना पर अंकुश लगाने के लिए मजबूर नहीं किया जा सकता है। कम-से-कम वह अपने बेटे मणि को अच्छी तरह जानते थे।

गांधीजी ने मणि के होने वाले ससुर नानाभाई इ. मशरूवाला को अकोला में होने वाले विवाह समारोह में बेहद सादगी रखने की सलाह दी। महात्मा ने अपने 28 फरवरी, 1927 के पत्र के अंतिम हिस्से में लिखा-'(पुनश्चः) मैंने मणिलाल को लिखा है कि यदि बन सके तो वह चंद दिन अकोला में रहे। यदि वह वहां रहेगा तो कदाचित् दोनों को अलग से एक कमरा देने की आवश्यकता होगी। विवाह के तुरंत बाद वे दोनों थोड़े दिन साथ रहें, यह शायद आवश्यक है।'[25]

और 6 मार्च, 1927 को अकोला में मणिलाल की शादी हो गई। मणि अकोला में रुके नहीं। इस शादी में नवदंपति के साथ महात्मा और बा के अलावा तीसरा बेटा रामदास, महादेव देसाई और वह पंडितजी थे जिन्होंने शादी कराई। अगले दिन अकोला से लौटते वक्त महात्मा ने ट्रेन में ही मीरा को पत्र लिखा जिसमें उन्होंने बताया कि 'सब कुछ शांति और सादगी से निपट गया। शादी में कोई भेंट नहीं ली गई और कोई खर्च नहीं किया गया।' एक मायने में महात्मा ने अपने बेटे की नाव को जीवन के बंदरगाह में ठिकाने लगा दिया था।

मीरा इस समय दिल्ली में थीं। करीब एक साल साबरमती आश्रम में रहने के बाद मीरा कताई सीखने और हिंदी पढ़ने के लिए दिल्ली के कन्या गुरुकुल भेज दी गईं। यह दिसंबर 1926 की घटना है। अब वह गांधीजी से दूर थीं लेकिन खतों के जरिए बहुत पास। मीरा के खत बहुत प्यारे होते। गांधीजी ने तो बाकायदा उन खतों को 'प्रेम पत्र' का नाम दे दिया था। यह आर्यसमाजियों का आश्रम था। सत्याग्रह आश्रम से एकदम अलग। स्वामी श्रद्धानंद इस आश्रम से जुड़े थे। दंगों में उनकी हत्या हो गई। गुरुकुल पर इसका बुरा प्रभाव पड़ा। गुरुकुल की लड़कियों में महात्मा के प्रति श्रद्धा नहीं थी। स्वामी की हत्या के बाद इन लड़कियों के मन में मुसलमानों के प्रति एक खास तरह की कट्टरता आ गई। ये लड़कियां ईसाइयों को भी इसी निगाह से देखती थीं। मीरा ईसाई थीं। लड़कियों की चुभती नजर से वह बच न सकीं। मीरा ने यह बात महात्मा को पत्र में बताई। महात्मा ने जवाब दिया-'मनुष्य जाति के तमाम दोषों के बावजूद तुम्हें उनसे प्रेम तो करना ही है। आश्रम आखिकार साबरमती में नहीं, बल्कि खुद तुम्हारे अपने मन में है।'[26]

लंबे वियोग में इन प्रेम पत्रों ने बापू और मीरा के बीच एक 'अटूट रिश्ता' कायम कर दिया। एक दिन ऐसी घटना घटी जिसने बापू को अंदर तक हिला दिया। बापू को गुरुकुल स्वर्ण जयंती के मौके पर आना था। मीरा खुश थीं कि वह बापू को इतने दिन के 'विरह' के बाद फिर देख पाएंगी। शाम को बापू की प्रार्थना सभा थी। मीरा ने बापू को देखा और विह्वल हो गईं। भावुकता में वह बगीचे में फूट-फूट

कर रोने लगीं। उधर से कोई आया तो वह पेड़ के पीछे छुप गईं। कार्यकर्ता ने मीरा को 'रोते हुए' देख लिया। वह घबराया और सारी बात उसने बापू को बता दी। बापू अशांत हो गए। प्रार्थना सभा के बाद बापू ने मीरा को बुलाया। पूछा 'ये सब क्या है?' उन्होंने मीरा को समझाया और कहा कि अब उन्हें 'वियोग की आदत डाल लेनी चाहिए।'[27]

मीरा को आगे की पढ़ाई के लिए रेवाड़ी के भगवद्भक्ति आश्रम जाना था क्योंकि बापू मार्च, 1927 में कई राजनीतिक कार्यों में व्यस्त थे। वह हर जगह मीरा को साथ लेकर नहीं जा सकते थे। बापू और मीरा ने साथ गुरुकुल छोड़ा। लेकिन रास्ते में वह उनसे अलग हो गईं। अलग होते वक्त पहली बार भावावेश में मीरा ने होश खो दिए। उसने महात्मा का हाथ अपने हाथों में जकड़ लिया और अपने शरीर को उन पर छोड़ दिया। महात्मा औचक बैठे रह गए। भावनाओं का तूफान थमने के बाद मीरा थोड़ी होश में आई। आंसुओं से महात्मा के नंगे कंधे भीग रहे थे। महात्मा उस समय कुछ नहीं बोले। मीरा जब रेवाड़ी जाने के लिए गाड़ी पर बैठीं तो गांधीजी के वियोग में फूट-फूट कर रो रही थीं।

अगले ही दिन रेवाड़ी में मीरा को बापू का तार मिला। यह तार बापू ने मीरा से अलग होते ही आगे कहीं भरतपुर के बाद गाड़ी से भेजा गया था-'आज की जुदाई दुखपूर्ण थी, क्योंकि मैंने देख लिया कि मैं तुम्हें पीड़ा पहुंचा रहा हूं। फिर भी यह अनिवार्य था। मैं चाहता हूं कि तुम संपूर्ण स्त्री बनो।' मीरा के लिपटने को महात्मा भूल नहीं पाए थे। उन्होंने आगे लिखा-...तुम्हें मेरे शरीर से मोह हरगिज नहीं होना चाहिए। शरीर रहित आत्मा तो हमेशा तुम्हारे साथ ही है।' उन्हें लग रहा था कि प्रेम और मोह से वशीभूत मीरा का अपने ऊपर से नियंत्रण हटता जा रहा है। उन्होंने मीरा को चेताया-'चाहे कुछ भी हो तुम्हें अपना व्यक्तित्व अवश्य कायम रखना चाहिए। जहां आवश्यक हो, मेरी बात तुम्हें नहीं माननी चाहिए, क्योंकि यह संभव है कि तुम्हारे प्रति पूरा प्रेम होने पर भी मैं तुम्हारे बारे में गलत खयाल बना लूं। मैं नहीं चाहता कि तुम यह समझो कि मुझसे कभी भूल हो ही नहीं सकती।'[28]

छोटेलाल जैन एकांत प्रिय व्यक्ति थे। बहुत कम लोगों ने उन्हें बोलते हुए सुना था। बापू से आकर्षित होकर आश्रम में आए थे। मेहनती और लगनशील। क्रांतिकारी थे। छोटी उम्र में किसी बम कांड में पकड़े गए थे। अब मीरा उनकी पड़ोसी बन गई थीं। मीरा ने लिखा-'उनके कुछ मित्रों में सुरेंद्रजी थे; और स्त्री होने पर भी मुझे वह सहन कर लेते।' वह बीमार पड़े। उन्हें टायफायड हुआ। एक रात वह बिस्तर से उठे और 11 से 2 बजे के बीच मगनवाड़ी कुएं में कूद कर अपनी जान दे दी। उन्होंने आत्महत्या क्यों की यह कोई न जान सका। गांधीजी ने 'हरिजन सेवक' में लिखे अपने लेख 'एक मूक साथी की मृत्यु' में कहा कि उन्हें किसी से अपनी

सेवा कराना पसंद नहीं था। वे बीमार पड़े। 6-7 दिन भी सेवा कराना उन्हें असह्य लगा। इसलिए उन्होंने जान दे दी।

छोटेलाल की आत्महत्या का रहस्य कभी खुल कर सामने नहीं आया। महात्मा ने उसकी मौत का जो कारण बताया था वह किसी के गले नहीं उतर रहा था। गोरे अफसर को गोली मारकर फांसी के तख्ते पर चढ़ने के सपने देखने वाला ये वीर ऐसे मरेगा यह किसी ने नहीं सोचा था। फिर यह सवाल भी उठा कि महात्मा के आश्रम में कोई आत्महत्या कैसे कर सकता है।

छोटेलाल मीरा के पड़ोसी थे। मीरा के स्वभाव में परिवर्तन आ रहा था। वह गूंगी गुड़िया नहीं थीं। महात्मा के करीब होने का उसे एहसास था। इसका वह फायदा भी उठाती थीं। वह चाहती थीं कि आश्रम में सब इस बात को स्वीकार करें कि वह बापू के कितना करीब हैं। इस भावना ने उन्हें कठोर बना दिया था। मीरा के आश्रम में स्वभाव की तसवीर उनके ही गुरु रोमां रोला के मित्र प्रिवा दंपति ने खींची जो भारत भ्रमण पर आए थे।

जैसा कि प्रिवा ने लौटकर रोमां को बताया कि 'मीरा जितनी कट्टर हैं सबके सामने वह अपना महत्त्व भी जाहिर करती फिरती है। गांधीजी को वह लगातार किसी अति की तरफ ढकेल रही है। अपनी अहिंसा में भी वह भीतर-भीतर हिंसा से प्रेरित है। उसके गुरु ने अगर अहिंसा के बजाय हिंसा का रास्ता चुना होता तो मीरा की उस अंतर्निहित हिंसा का रूप न जाने और कितना बढ़ा होता। गांधीजी के दाएं हाथ महादेव देसाई के साथ हमेशा उसका झगड़ा रहता। ये विद्वान ब्राह्मण सज्जन और स्वाभिमानी हैं। मीरा जब मालकिन की तरह उन पर हुक्म चलती हैं तो उनसे रहा नहीं जाता। मीरा उन्हें हुक्म देती यह कीजिए, ऐसा कीजिए। महादेव बोलते नहीं करूंगा। पलट कर मीरा कहती-'करना पड़ेगा।' महादेव कहते-'हरगिज नहीं करूंगा।' वह धड़ाम में फाटक बंद कर अंदर चले जाते। जरा देर बाद ही लौट आते और अपने गुस्से पर शर्मिंदा होते। लेकिन मीरा को किसी तरह का पछतावा नहीं होता। एक अहंकार उसके माथे पर हमेशा छाया रहता। उसका अहंकार चूर करना सिर्फ महात्मा ही जानते थे। वे मीरा को पहचानते थे इसीलिए थोड़ा कठोर भी हो जाते थे। एक दिन तो प्रिवा की आंखों के सामने ही गांधीजी ने मीरा को कठोर वचन कह डाले। मीरा रो-रोक कर लोटपोट हो गई। प्रिवा दंपति ने उसे दिलासा देने की कोशिश की। इस पर मीरा ने कहा-'नहीं, उन्होंने ठीक ही किया। मैं इसी के लायक हूं।'[29]

छोटेलाल की आत्महत्या के पांच दिन बाद ही मीरा के पास एक तार आया। तार महादेव का था। संदेश था कि बापू का रक्तचाप अचानक बहुत बढ़ गया है। उन पर लकवे का मामूली आक्रमण हुआ है। महात्मा 'मस्तिष्क की नसों की संज्ञा शून्यता' से बाल-बाल बचे थे। वह आंशिक रूप से लकवे का भी

शिकार हो गए थे। यह बहुत ज्यादा काम करने से स्नायुओं की थकान के कारण हुआ है। उन्हें गर्मी के आने वाले महीनों में पूरा आराम करने की सलाह दी गई थी। सारे कार्यक्रम रद्द कर दिए गए। अजीब संयोग था कि इसी दौरान लंदन से खबर आई की जलियावाला कांड के खलनायक जनरल डायर को भी लकवे ने जकड़ लिया है। महात्मा को एक मित्र ने पत्र लिखा कि 'यह जनरल डायर के कर्मों का फल है।' महात्मा को यह सुनकर अच्छा नहीं लगा। उन्होंने कहा कि 'जिन्हें हम पवित्र समझते हैं वह भी तो रोग का शिकार होते हैं।' महात्मा खुद लकवे का शिकार हुए थे। इसका क्या कारण हो सकता था? महात्मा यह मानते थे कि विकार के बिना रोग नहीं होता। 'विकार हैं और वे अपना प्रभाव दिखाते ही रहते हैं।'

डॉक्टरों ने उन्हें स्वास्थ्य लाभ के लिए दक्षिण भारत जाने की सलाह दी। वहां की जलवायु बापू की सेहत के लिए अनुकूल थी। महात्मा की बीमारी की खबर से मीरा घबरा गई। उसने लिखा कि अब वह कुछ दिन उसे पत्र न लिख कर अपनी सेहत पर ध्यान दें। जवाब में महात्मा ने लिखा–'तुमने तो मुझे पत्र लिखने की जिम्मेदारी से मुक्त कर दिया, मगर मैं स्वयं तुम्हें हर सोमवार को पत्र लिखने के सुख से वंचित नहीं होना चाहता। प्रेम पत्र लिखना एक मनोरंजन है। वह कोई ऐसा काम नहीं है, जिसे टालने के लिए कोई बहाना ढूंढ़ना पड़े। अभी कमजोरी तो है, मगर तबीयत पहले से अच्छी है।'[30]

महात्मा स्वास्थ्य लाभ के लिए 19 अप्रैल, 1927 को मैसूर के नंदी हिल्स आ गए। यहां उन्हें अपने अगले दो महीने बिताने थे। मीरा भी महात्मा के पास नंदी हिल्स आना चाहती थीं। सच तो यह था कि ऐसे अवसर पर महात्मा भी मीरा की निकटता चाहते थे। उनकी इच्छा भी हुई कि वह मीरा को 'तुरंत तार देकर नंदी चली आने को' कहें लेकिन उन्होंने अपने को 'रोक' लिया। पर उन्होंने मीरा को लिखा कि 'फिर भी अगर वियोग असह्य हो उठे तो तुम्हें मेरे उत्तर की या कहने की प्रतीक्षा किए बिना ही यहां आ जाना चाहिए।'[31]

हर साल राष्ट्रीय सप्ताह 6 से 13 अप्रैल तक होता था। यह सप्ताह जलियावाला बाग कांड की दुखद स्मृति में मनाया जाता था। सत्याग्रह आश्रम में इन दिनों आश्रमवासी उपवास रखते थे। लेकिन मानसिक परेशानी के इस दौर में मीरा अंतिम दो दिन उपवास रखना भूल गईं। मीरा ने अपनी किताब में ऐसा ही लिखा। हालांकि यह हैरत की बात है कि पांच दिन लगातार उपवास रखने वाला व्यक्ति आखिरी दो दिन को कैसे भूल सकता है। सप्ताह तो सात दिन का ही होता है। बहरहाल महात्मा ने अपने इस पत्र में लिखा कि उनसे भी 'मूर्खतापूर्ण भूल' हो गई। जब वह काम में व्यस्त थे तभी उन्हें भी उपवास रखना चाहिए था। अगर ऐसा होता तो वह बीमार न पड़ते। उन्होंने पत्र में आगे लिखा–'मगर शैतान हमारे

पीछे हमेशा लगा रहता है, और वह हमें, जब हम सबसे कमजोर हालत में होते हैं, आ पकड़ता है। उसने मुझे दुर्बल और ढीला पाया और धर दबाया।'[32]

मैसूर के इस नंदी हिल्स पर महात्मा की सेवा के लिए बा और उनके पुत्र देवदास के अलावा कई करीबी कार्यकर्ता मौजूद थे। महात्मा हर दूसरे दिन मीरा को पत्र लिखते। लेकिन मीरा के लिए यह काफी नहीं था। हिंदी सीखने में मीरा की दिलचस्पी लगभग खत्म होती जा रही थी। वह चाहती थीं उड़ कर बापू के पास पहुंच जाएं। बापू अस्वस्थ थे। सेवा के बहाने ही मीरा उनके करीब आना चाहती थीं। लेकिन महात्मा इसके लिए राजी नहीं थे। एक मामूली-सी मानसिक दुर्बलता के लिए कोई अपने सारे काम छोड़ें? यह विचार ही उन्हें परेशान करने वाला था। लेकिन वह मीरा को भी कहते-'अगर तुम अत्यधिक भावुक हो उठो और इससे तुम्हारे स्नायुओं पर दबाव पड़ता रहे, तो तुम्हें अपनी पढ़ाई समाप्त न होने पर भी आ जाना चाहिए।' मीरा जानती थी कि यह बात महात्मा उनका दिल रखने के लिए कहते हैं। अगर वह सब कुछ छोड़कर उनके पास चली आई तो वह बहुत नाराज होंगे। वह अजीब धर्म संकट में थीं। महात्मा की बातें उसकी समझ में आती थीं लेकिन वह इन बातों को आत्मसात नहीं करना चाहती थीं। वह कहतीं— 'बुद्धि से समझ लेने पर भी हृदय ने मेरा साथ छोड़ दिया था।' महात्मा उनसे कहते कि यहां उनकी देखभाल के लिए उन्हें आने की जरूरत नहीं है। महात्मा ने कहा-'मैं अपनी जरूरत के अनुसार नई नर्सें तैयार कर लेता हूं।' महात्मा का मीरा के प्रति लगाव नितांत आध्यात्मिक हो चला था। लेकिन मीरा दुनियावी प्रेम में फंसी थी जिसके केंद्र में सिर्फ शरीर रहता है। वह महात्मा के वैयक्तिक संपर्क में रहना चाहती थीं। महात्मा ने लिखा-'मैं जीवित रहूं या मर जाऊं, तो भी तुम मेरे संपर्क में हो और रहोगी। और मैं तुम्हें ऐसी ही बनाना चाहता हूं।'[33]

मीरा जिस आश्रम में थीं वहां उन्हें नए अनुभवों का साक्षात्कार हुआ। इस आश्रम में भांग का प्रचलन शुरू हो गया था। आश्रम के महाराज ने मीरा को न्यौता दिया कि वह आकर देखे कि भांग कैसे तैयार की जाती है। मीरा ने इस निमंत्रण को स्वीकार कर लिया। महात्मा के मुताबिक यह निमंत्रण स्वीकार करना वैसा ही था जैसाकि एक शराब तैयार करने वाले कारखाने में ब्रांडी तैयार होते देखने का निमंत्रण स्वीकार करना। जैसा कि मीरा ने बापू को लिखा कि आश्रमवासियों ने भांग जबरन उसके गले में उतार दी थी। मीरा ने शुद्धीकरण के लिए उपवास भी रखा। महात्मा ने मीरा को लिखा- 'मैं स्त्री, पुरुष दोनों के लिए यह नितांत असंभव मानता हूं कि वे भांग के नशे में डूबकर वासनापूर्ण उद्वेगों से मुक्त रह सकें। वे बाहरी तौर पर शारीरिक नियंत्रण भले ही रख सकें, यद्यपि भांग के अपने अनुभव से तो मुझे ऐसा लगता है कि जब मैं भांग के नशे में होता था, उस वक्त कोई भी

आदमी या औरत मेरे साथ कोई भी खिलवाड़ कर सकता था।'[34] यहां महात्मा का मतलब शारीरिक खिलवाड़ से था।

इस घटना के बाद मीरा ने रेवाड़ी का भगवदभक्ति आश्रम छोड़ दिया। महात्मा मैसूर के निकट नंदी हिल्स में 19 अप्रैल से 4 जून तक ठहरे थे। महात्मा भी नंदी हिल्स छोड़कर बंगलौर में कुमार पार्क आ गए थे। तय हुआ था कि मीरा हिंदी सीखने के लिए अब विनोबा के वर्धा आश्रम जाएंगी। वर्धा आश्रम को भी सत्याग्रह आश्रम की एक शाखा के रूप में जाना जाता था। वर्धा का माहौल मीरा के अनुकूल था। खुली हवा और प्राकृतिक सौंदर्य हमेशा से मीरा को अपनी ओर खींचता था। मीरा ने यहां अपना मन लगाने की कोशिश की। आश्रम में बिच्छुओं का आतंक था।

मीरा अपने आश्रम जीवन के बारे में हर बात लिखकर बापू को भेजतीं। इस पत्र में वह बातें भी होतीं जो किसी स्त्री के लिए नितांत वैयक्तिक होती हैं। मीरा ने अपने मासिक धर्म के बारे में भी बापू को लिखा। विनोबा के आश्रम में रजस्वला स्त्री के साथ अछूत जैसा वर्ताव किया जाता था। बापू इसके खिलाफ थे। यह नियम साबरमती आश्रम में नहीं था। महात्मा ने मीरा को लिखा- '...अब मासिक-धर्म के बारे में। तुम्हें शायद मालूम होगा कि इस अवधि में आश्रम में स्त्रियां अलगाव नहीं बरततीं। लेकिन मुझे नहीं मालूम कि ठीक-ठीक क्या करना चाहिए। इस मामले में वास्तव में स्त्रियां ही सहायता कर सकती हैं क्योंकि वे ही कह सकती हैं कि इस हालत में क्या चीजें जरूरी हैं। मुझे लगता है कि इस हालत में स्त्रियों को अस्पृश्य मानने का कारण पुरुष द्वारा अपनी वासना पर नियंत्रण रख पाने की असमर्थता है। सिर्फ वासना को तुष्ट करने की दृष्टि से रजस्वला स्त्री का स्पर्श वर्जित करने से शायद काम नहीं चला, लेकिन जब यह तय कर दिया गया कि स्त्री का इस अवस्था में किसी भी तरह से स्पर्श न किया जाए और यह एक धार्मिक नियम बन गया तब शायद पुरुष इस निषेध का पालन करने लगा।'[35]

बापू और मीरा के बीच ये पत्र भावनाओं के एक पुल का काम करते। मीरा अपने पत्रों में अपने मन की सारी भावनाएं उड़ेल देतीं। महात्मा के पत्रों में लिखे जादुई शब्द मीरा को अंदर तक हिला देते थे। वर्धा में मीरा को मलेरिया ने दबोच लिया। बुखार 105 डिग्री तक पहुंच गया। बापू के लिए यह चिंता की बात थी। लेकिन मीरा जल्दी ही बीमारी से उबरने लगी थीं। मीरा ने उलाहना दिया कि उसकी बीमारी के दौरान बापू ने उन्हें पत्र भी नहीं लिखा। महात्मा जवाब दिया- 'मेरी आत्मा तुम्हारी तरफ ही लगी रही तुम्हारी ही चौकसी करती रही। मैं जानता था कि मैं तुम्हें रोज एक तार भेजूं तो तुम्हें अच्छा लगेगा। लेकिन मैंने सोचा कि मुझे नहीं भेजना चाहिए। इन दिनों काम की इतनी भीड़ रही है कि पत्र लिखना लगभग असंभव ही हो गया।'[36]

मेडेलिन स्लेड उर्फ मीराबेन को चरखे की बारीकियाँ समझाते हुए महात्मा गांधी

प्रेम में डूबे महात्मा के ये पत्र मीरा पर जादू का काम करते थे। बापू ने मीरा को पूना भेज दिया। वर्धा के मुकाबले पूना से दक्षिण भारत की दूरी कुछ आधी हो जाती है। अब मीरा बापू से ज्यादा दूर नहीं थीं। वह बापू से मिलने के लिए बेचैन हो गईं। लेकिन वह जानती थी कि अगर वह बापू के पास गईं तो वह बहुत नाराज होंगे। लेकिन मीरा की ज्यादा बेचैनी बढ़ गई। उन्हें लगा वह बापू को एक बार देख लें।

मीरा बापू को बिना बताए पूना उनके पास पहुंच गईं। यह सितंबर के अंतिम हफ्ते की बात है। मीरा को देखकर महात्मा बिफर पड़े। उन्होंने सबके सामने मीरा को खरी-खोटी सुनाई। वह बहुत दिनों बाद क्रोधित हुए थे। उन्होंने मीरा से कहा कि वह तुरंत साबरमती आश्रम चली जाए। खुद महात्मा के सहयोगियों को उनका यह बर्ताव अच्छा नहीं लगा। बाद में अपने कठोर बर्ताव पर बापू खुद दुखी हुए। बापू ने मीरा को साबरमती पत्र लिखा- 'यहां पहुंचने पर मैं तुम्हें प्रेम संदेश भेजे बिना न रह सका। तुम्हें भेजने के बाद मुझे बहुत दुख हुआ। मैंने तुम्हारे साथ बहुत कठोरता की लेकिन मैं दूसरा व्यवहार नहीं कर सकता था। मुझे ऑपरेशन करना था इसलिए मैं कठोर बन गया। आशा है अब सब काम शांति से चलेगा और तुम्हारी सारी कमजोरी चली गई होगी।'[37] अगले दिन बापू ने फिर मीरा को बेहद भावुक पत्र भेजा- 'यह सिर्फ यही बताने के लिए लिख रहा हूं कि तुम्हारा खयाल मेरे दिल से

हट नहीं सकता। सख्त ऑपरेशन के बाद हर डॉक्टर ठंडक पैदा करने वाला मरहम लगाता है। यह मेरा मरहम है।'[38]

इस घटना के बाद मीरा की तरफ से कोई प्रतिक्रिया महात्मा तक नहीं पहुंची थी। महात्मा खुद परेशान थे। उन्होंने रात मीरा का सपना देखा। सपने में उन्हें आश्रम से खबर मिली कि मीरा को बेहोशी का दौरा पड़ा है। मगर खतरे की कोई बात नहीं। उनके आश्रम के सहयोगी उन्हें कह रहे हैं कि 'आपको चिंता करने की जरूरत नहीं। जो-कुछ इंसान कर सकता है, वह सब हम कर रहे हैं।' महात्मा की नींद खुल गई। तब उन्हें यह जानकर राहत मिली कि वह एक सपना था।

अगली ही सुबह मीरा का एक पत्र और पोस्टकार्ड बापू को मिला। यह पत्र उसने साबरमती आश्रम जाते वक्त रेल में लिखा था। पत्र में मीरा ने लिखा था कि वह अपमानित महसूस कर रही है। बापू ने जवाब भेजा-'तुम्हारे पत्र के लिए जितना उत्सुक इस बार रहा हूं, उतना कभी नहीं रहा था, क्योंकि उस गंभीर ऑपरेशन के बाद मैंने तुम्हें बहुत ही जल्दी भेज दिया था। मगर तुम्हें भेज देना उस ऑपरेशन का ही एक भाग था। बेचारा आणा! वह भी मुझसे कहता है कि तुम उदास थीं। वह चाहता है कि मैं तुम्हें तसल्ली दूं। जमनालाल जी कहते हैं कि मुझे तुम्हें अपने साथ रखना चाहिए था। खैर, तुम्हें उन सबके डर झूठे साबित कर देने हैं और बिलकुल स्वस्थ और प्रसन्न रहना है।'[39]

नींद में दो बार स्खलन

दिसंबर, 1927। मीरा से बापू का भावनात्मक लगाव बढ़ता जा रहा था। गांधीजी के जीवन का यह वो दौर था जब वह ब्रह्मचर्य के प्रयोग से जूझ रहे थे। काम वासना के खिलाफ उनके मन में एक जंग चल रही थी जो नि:संदेह अंग्रेजों से लड़ाई से ज्यादा कठिन थी। वह अपने मानसिक विकारों से लड़ रहे थे। वह खुद कहते थे कि 'काम बिच्छू है। वह कब डंक मार देगा, कुछ कहा नहीं जा सकता। वह तो अनंग है, इसलिए हम उसे देख नहीं सकते। हम चाहें तो भी उसे पकड़ नहीं सकते। इसीलिए ब्रह्मचारी को निरंतर जागरूक रहना पड़ता है।'[40]

यह वह दौर था जब स्वप्नदोष महात्मा के जीवन की एक बड़ी चुनौती बन गया था। कम उम्र में विवाह के कारण उन्हें 'हस्तमैथुन की समस्या' नहीं थी। लेकिन स्वप्नदोष से वह कभी नहीं बच पाए। नवंबर, 1927 के अंतिम दिनों में उन्हें 'दो बार नींद में स्खलन हुआ'। महात्मा खुद मानते थे कि 'स्वप्नदोष मानसिक विकारों के कारण ही होता है।' गांधीजी जब तक दक्षिण अफ्रीका में थे इस विकार से मुक्त थे। गांधीजी ने अपने एक मित्र हरजीवन कोटक को लिखे एक पत्र में कहा- 'लेकिन भारत लौट आने और दूध पीना शुरू करने के बाद मेरा ये दोष बढ़ गया।

दूध के अलावा इसके अन्य कारण भी हैं। यहां के वातावरण से बीते दिनों की याद ताजी हो गई।'[41]

हरजीवन कोटक और उनकी पत्नी शारदा साबरमती आश्रम में बहुत पहले आ गए थे। कोटक दंपति बापू के पुराने साथी थे। आश्रम में ब्रह्मचर्य पालन में हरजीवन को काफी कठिनाइयों का सामना करना पड़ रहा था। बाद में हरजीवन को बापू ने खादी का काम करने के लिए कश्मीर भेज दिया था। हरजीवन भी महात्मा की तरह ब्रह्मचर्य के संघर्ष से जूझ रह थे।

अपने 11 दिसंबर, 1927 के एक अन्य पत्र में कोटक से गांधीजी ने अपनी पीड़ा विस्तार में लिखी–'पिछले 15 दिनों में मुझे नींद में दो बार स्खलन हो चुका है। मुझे वह स्वप्न याद भी नहीं। हस्तमैथुन की बुराई मुझमें कभी थी ही नहीं। इस स्खलन का कारण मेरे शरीर का निर्बल होना तो है ही; किंतु मैं जानता हूं कि मेरे मन के भीतर कहीं विकार भरे हुए हैं। जागृत अवस्था में तो मैं उन विकारों को अपने वश में रख सकता हूं किंतु जो वस्तु विष की तरह शरीर में भरी हुई है वह बलपूर्वक अपना मार्ग बना लेती है। मुझे इसका दुख तो है पर कोई घबराहट नहीं है। मैं सतर्क रहता हूं। शत्रु को दबा भी देता हूं किंतु उसे देश निकाला नहीं दे पाया हूं। यदि मैं सच्चा हूं तो उसे अवश्य निष्कासित कर सकूंगा। सत्य का तेज वह सह नहीं सकेगा।'

महात्मा ने इस पत्र में आगे लिखा– 'यदि तुम्हारे बारे में भी यही बात हो तो मेरे अनुभव से लाभ उठाना। मानसिक विकार स्वभाव में तो अपनी पत्नी के प्रति हो चाहे परस्त्री के प्रति, एक ही है। वह परिणाम में अलग-अलग है। हम फिलहाल इस शत्रु के बारे में विकार रूप में विचार कर रहे थे। इसलिए यह जान लो कि अपनी पत्नी के प्रति मेरे जैसा विषयी शायद ही होगा। इसीलिए मैंने अपनी दयनीय स्थिति तुम्हारे सामने रखकर तुम्हें हिम्मत बंधाई है। बा आज मेरे लिए मां के समान है। लगातार प्रयत्न करने और भगवान की दया से ही यह संभव हो सका है। किंतु उस अपवित्र जीवन के उत्तराधिकार में बचे अवशेष मुझे पीड़ित करते रहते हैं और मैं उन्हें पीड़ित करता रहता हूं कि यदि ईश्वर की कृपा हुई तो मैं इस जीवन में ही उन पर विजय पा लूंगा।'[42]

बा को महात्मा पहले ही अपनी मां मान चुके थे फिर वह कौन से 'मानसिक विकार' थे जो बापू को परेशान कर रहे थे? महात्मा खुद यह पहेली सुलझा नहीं पा रहे थे। महात्मा इसे अपने पिछले अपवित्र जीवन का परिणाम बताते थे। लेकिन उनका वर्तमान जीवन? क्या वह सचमुच अपने वर्तमान से मुक्त थे? बीमारी से उठने के बाद महात्मा ने पूरा समय दक्षिण भारत के दौरे में बिताया। वह श्रीलंका तक पहुंच गए थे। 1927 के अंतिम महीने दक्षिण भारत में ही बीते थे। मीरा का भी मन आश्रम में नहीं लग रहा था। वह खादी के काम से बिहार चली आई थी।

महात्मा की जेब कट गई

महात्मा अपने तीसरे बेटे रामदास गांधी की शादी के मौके पर साबरमती आश्रम आए थे। 27 जनवरी, 1928 को रामदास का निर्मला से विवाह हुआ। निर्मला को आश्रम के लोग प्यार से नीमू कहते थे। नीमू मीरा के साथ रेवाड़ी के भगवद्भक्ति आश्रम में रह चुकी थीं। रामदास के प्रति बापू का खास लगाव था। रामदास और देवदास हमेशा से ही बापू और बा के पास रहे थे। विवाह के बाद प्रार्थना सभा में बापू ने रामदास के लिए कहा कि उनके इस लड़के ने उन्हें 'कभी नहीं ठगा।' अपनी भूलें, अपनी गलतियां कभी नहीं छिपाईं। 'गर्व से उनकी छाती फूल उठी, स्वर गद्गद् हो आया।' उन्होंने रामदास की तरफ देखते हुए कहा– 'तुमने अपने दोष मेरे सामने कबूल किए हैं, मगर मैं उनसे कभी शंकित नहीं हुआ, क्योंकि तुम्हारी स्पष्ट स्वीकारोक्ति ने मेरी आंखों में तुम्हारे दोष धो दिए हैं। मुझे इसका हर्ष है कि तुम्हें सारी दुनिया भले ही ठगे, पर तुम किसी को ठगने वाले नहीं हो। मैं चाहता हूं कि तुम ऐसे ही भोले, ऐसे ही सच्चे बने रहो।'[43]

लेकिन सबसे छोटे बेटे देवदास के साथ ऐसा नहीं था। बापू के दक्षिण भारत दौरे में वह महात्मा के साथ थे। देवदास राजगोपालाचारी की बेटी लक्ष्मी के प्रेम में पड़ गए। राजाजी अपनी बेटी लक्ष्मी को देवदास के हाथों में सौंपने के लिए कतई राजी नहीं थे। महात्मा का भी मानना था कि 'लक्ष्मी राजाजी की आज्ञा के बिना एक कदम भी आगे नहीं रखेगी। वह तो आनंद विभोर है जबकि देवदास दीवाना बनकर लक्ष्मी के नाम की माला जपता रहता है और कष्ट पा रहा है। यदि वह इतना प्रेम ईश्वर से करता तो साधुओं में गिना जाता और उच्च कोटि का सार्वजनिक कार्यकर्ता बनता। किंतु देवदास भी प्रकृति के विरुद्ध कैसे जा सकता है। उसे मेरी आज्ञा माननी है किंतु उसकी आत्मा उसके विरुद्ध जाती है। ऐसा लगता है कि वह यह मान बैठा है कि लक्ष्मी के साथ उसका विवाह मैं नहीं होने देता। इससे वह मुझसे चिढ़ा रहता है। इस स्थिति से उसे कैसे उबारा जाए यह फिलहाल मुझे सूझ ही नहीं रहा है।'[44]

'साबरमती आश्रम' स्थापित हुए अब तेरह साल हो चले थे। महात्मा और उनका आश्रम अब तक पूरे देश में लोकप्रिय हो गया था। जनता महात्मा को 'साबरमती का संत' कहती थी। लेकिन इस आम जनता के लिए यह कल्पना करना कठिन था कि महात्मा का साबरमती आश्रम चोरों से परेशान था। आश्रम में एक बार डकैती हो चुकी है और एक बार सेंध लग चुकी है। करीब पचास डाकू साबरमती आश्रम में घुस आए थे। डाकुओं ने आश्रम के चर्मालय में दूसरे कार्यकर्ताओं के साथ सुरेंद्र और शंकर को पीटा। डकैती के दो दिन बाद आश्रम के भंडार में सेंध लगाई गई।

इन्तहा तब हो गई जब सूरत जाते वक्त एक जेबकतरे ने महात्मा की जेब साफ कर दी। एक मजेदार घटना थी। बापू के साथ कल्याण जी और मीठू बहन भी थे। ये लोग वे काठियावाड़ मेल से बंबई जा रहे थे। ट्रेन आधी रात के बाद सुबह से कुछ देर पहले वहां पहुंचने वाली थी, इसलिए तीनों स्टेशन के बाहर अपनी गाड़ी में प्रतीक्षा करते हुए बैठे रहे। महात्मा ने अपने मित्र शंकरन को लिखे पत्र में इस मजेदार घटना का किस्सा सुनाया- 'जैसा कि स्वाभाविक था, हम कभी-कभी झपकी भी ले लेते। हालांकि मच्छर और खटमल पंद्रह-बीस मिनट से ज्यादा देर तक हमें उस सुखद स्थिति में नहीं रहने देते थे। जब ट्रेन आई तो मैं जल्दी से गाड़ी से बाहर आया लेकिन जेब में घड़ी के लिए हाथ डाला तो ऐनक की खोली गायब देखकर मैं चकित रह गया। घड़ी और जंजीर मैं उसी खोली में रखता था। ऐसा लगता है कि जब कुछ देर के लिए मुझे झपकी लग गई थी, उसी समय अंगुलियों की सफाई दिखाने वाले महानुभाव-वर्ग के किसी पक्के अनुभवी सदस्य ने मुझ पर अपनी कला का प्रयोग किया। उस स्नेह-भेंट के साथ बहुत-सी स्मृतियां जुड़ी होने के कारण और विशेष कर पिछले दो वर्षों से वह जितनी अच्छी तरह काम देती आ रही थी उसकी वजह से उसे खोकर मुझे बड़ा दुख हुआ।'[45]

लड़कियों के कंधे पर हाथ

वर्ष 1928 साबरमती आश्रम के लिए यह दौर सनसनीखेज था। आश्रम के बारे में स्थानीय अखबारों ने कई आपत्तिजनक खबरें छापीं। खुद आश्रमवासियों से बापू को कहना पड़ा कि ''आश्रम का जीवन इतना आदर्श नहीं कि इसका नाम 'सत्याग्रह आश्रम' रखा जाए।'' अन्य बातों के अलावा सबसे चर्चित मुद्दा बापू का जवान लड़कियों के कंधे पर हाथ रखकर चलने का था।

महात्मा आश्रम में युवा लड़कियों के कंधे पर हाथ रखकर चलते थे। यह सिलसिला साबरमती के सत्याग्रह आश्रम के प्रारंभ से ही चल रहा था। आश्रम की लड़कियों में होड़ रहती कि महात्मा किस दिन किस लड़की के कंधे का सहारा लेंगे। कंधे का सहारा देने वालों में मीरा भी थीं। धीरे-धीरे आश्रम के लोगों को यह आपत्तिजनक लगने लगा। बाहर के लोगों ने भी इस प्रयोग पर सवाल उठाए।

लड़कियों के कंधे पर हाथ रखकर चलने को लेकर सबसे पहले बालकृष्ण भावे ने एतराज जताया था। बालकृष्ण भावे विनोबा भावे के भाई थे। विनोबा जैसे विनायक से विनोबा बने वैसे ही बालकाबा बालकृष्ण बन गए। भावे बंधुओं में सबसे छोटे भाई का नाम शिवाजी भावे था। तीनों भाई महात्मा से जुड़े थे। बाल कृष्ण भावे ने इस बारे में गांधीजी को लंबा पत्र लिखा था। उनका कहना था कि युवा लड़कियों के कंधे पर हाथ रख कर चलना आपत्तिजनक है। इस चलन के व्यवहार

की कोई जरूरत भी नहीं। हिंदू परंपरा में पुत्री का स्पर्श पिता के लिए भी वर्जित है। फिर इस प्रयोग का संदेश गलत जा रहा है। महात्मा ने जवाब दिया–'...जिन लड़कियों के कंधे पर हाथ रखकर मैं चलता हूं, उनके प्रति निर्विकार रहूं इसमें तो मुझे ज्ञान की कोई आवश्यकता नहीं जान पड़ती। कोई पिता अपनी अनेक सयानी लड़कियों के प्रति निर्विकार होते हुए भी किसी और तरह से उनके प्रति जड़ भी हो सकता है। यहां तक कि अन्य स्त्रियों के प्रति उसके मन में विकार भी भरा हो सकता है। यह सर्वथा स्वाभाविक बात है कि आश्रम की लड़कियों के प्रति मेरे मन में पितृभाव हो। कई वर्ष के प्रयास से इस गुण को मैं अपने में विकसित कर सका हूं। और इस प्रकार अधिकतर स्त्रियों के प्रति निर्विकार होते हुए भी मैं यह दावा नहीं कर सकता कि स्त्री–मात्र के प्रति मैं सदा ही निर्विकार रहता हूं। यह ठीक है कि फिलहाल मेरी स्थिति ऐसी है किंतु जब तक मैं सभी प्रकार के विकारों से छुटकारा नहीं पा लेता तब तक मैं भविष्य के बारे में निश्चित नहीं हो सकता। मैंने स्वयं को न तो कभी ज्ञानी माना और न ऐसा अनुभव ही किया है। किंतु मुझे अपने अज्ञान का प्रतिदिन अनुभव होता है। लड़कियों के कंधे पर हाथ रखने में मुझे कभी कोई दोष दिखाई नहीं दिया क्योंकि मैं जानता हूं कि वे मेरे लिए बेटियों के समान ही हैं। अत: यह कहना भी ठीक नहीं कि मेरे इस तरह के व्यवहार से उन्हें कोई हानि पहुंची है। बल्कि मुझे तो लगता है कि इस घनिष्ठता के कारण मैं उनके हृदय की गहराई तक पहुंच सका हूं और वे पुरुष के प्रति और भी निर्विकार भाव से व्यवहार करना सीख सकी हैं।'[46]

महात्मा ने बताया कि उन्होंने इस सवाल पर सामाजिक दृष्टि से भी विचार किया है। हिंदू समाज में मान्यता है कि पिता पुत्री का स्पर्श करते हुए भी डरे। लेकिन महात्मा को ये विचार बकवास लगते थे। उनके अनुसार 'यह विचार ब्रह्मचर्य का शत्रु है।'

गांधीजी ने यह प्रयोग अगस्त, 1928 के अंतिम हफ्तों में बंद कर दिया। जैसा कि बालकृष्ण भावे को लिखे अपने इस पत्र में गांधीजी ने आगे कहा– 'फिर भी पिछले तीन हफ्ते से सयानी माने जाने वाली लड़कियों के कंधे पर हाथ रखना मैंने लगभग बंद कर दिया है। क्योंकि जो बात तुम्हारे मन में उठी वही बात अन्य आश्रम वासियों के मन में भी उठी थी। ऐसे मामलों में मेरा कोई आग्रह नहीं है। कंधे पर हाथ रखना कोई सिद्धांत की बात तो हो ही नहीं सकती। इसलिए जैसे ही ये बात उठी मैंने तुरंत सबसे सलाह मशविरा किया और कंधे पर हाथ रखना छोड़ दिया। इससे लड़कियों के मन पर कुछ आघात पहुंचा है। किंतु उन्हें बहुत कुछ समाधान हो गया है और समय बीतने के बाद उनका रहा सहा दुख भी जाता रहेगा। मेरी तरह लड़कियों के कंधे पर हाथ रखकर चलने का अनुकरण किसी को कदापि नहीं करना चाहिए।'

भावे को लिखे पत्र में महात्मा ने 'अधिकतर' शब्द का प्रयोग किया था। उन्होंने कहा था- 'और इस प्रकार अधिकतर स्त्रियों के प्रति निर्विकार होते हुए भी मैं यह दावा नहीं कर सकता कि स्त्री-मात्र के प्रति मैं सदा ही निर्विकार रहता हूं।' यानी कुछ स्त्रियां थीं जिन्हें लेकर महात्मा के मन में विकार आते रहे थे। इसी पत्र में आगे उन्होंने 'स्त्री मात्र के प्रति निर्विकार न रह पाने' का सत्य भी स्वीकार किया था। जबकि महात्मा इससे पहले कह चुके थे कि 'बाहरी वासनाओं पर उन्होंने विजय पा ली है लड़ाई अब आंतरिक वासनाओं की है।'[47]

साबरमती आश्रम पर पाप की छाया

साबरमती आश्रम लगातार अखबारों की सुर्खियों में आ गया। लगातार ऐसी घटनाएं हो रही थीं जिससे आश्रम की पवित्रता पर सवाल खड़े होने लगे थे। घटनाएं भले भयानक न हों लेकिन अखबार वाले इन घटनाओं को नमक-मिर्च लगाकर छाप रहे थे। अखबार वालों के लिए यह बड़ी खबर थी कि सत्य, अहिंसा और ब्रह्मचर्य के पुजारी के आश्रम में ऐसा कुछ चल रहा है जिसकी कल्पना करना भी अविश्वसनीय है।

बात इतनी नहीं थी लेकिन यह भी सच था कि सत्याग्रह आश्रम अपने आदर्शों पर खरा नहीं उतर रहा था। यह बात महात्मा भी जानते थे। महात्मा ने तर्क दिया कि 'सत्याग्रह आश्रम' का बाहरी स्वरूप निरंतर उद्यम और उद्योग रहा है। इसलिए उसे सत्याग्रह आश्रम के बदले 'उद्योग मंदिर' नाम दिया जाए। तय हुआ कि सत्याग्रह आश्रम अपने सारे काम 'उद्योग मंदिर' को सौंप दे और अपने अस्तित्व के लिए आवश्यक, प्रार्थना करने का जो छोटा-सा खुला मैदान है, उसे रख ले।

सत्याग्रह आश्रम का नाम बदलकर 'उद्योग मंदिर' हो गया। लेकिन नाम बदल जाने से आश्रम के लोग भी बदल जाएंगे यह सोचना गलत साबित हुआ। आने वाले दिनों में इस मंदिर में ऐसी घटनाएं हुईं जो महात्मा की अपनी कल्पना से भी बाहर थीं।

आश्रम के महान व्रतों में चौथा व्रत था आस्तेय। यानी चोरी न करना। इस व्रत के पालन के लिए इतना ही काफी नहीं था कि दूसरे की वस्तु उसकी अनुमति के बिना न ली जाए। महात्मा के मुताबिक जो वस्तु जिस उपयोग के लिए हमें मिली हो, उसके अलावा उसका अन्य किसी प्रकार से उपयोग करना या जितने समय के लिए मिली हो उससे अधिक समय तक उसका उपयोग करना भी चोरी है। इस व्रत के मूल में सूक्ष्म सत्य तो यह छिपा था कि परमात्मा प्राणियों की नित्य की आवश्यक वस्तुएं ही नित्य उत्पन्न करता और देता है। मनुष्य को छोड़कर अन्य कोई प्राणी संग्रह नहीं करता। वह सिर्फ आज की चिंता करते हैं। कल के

भोजन की चिंता वह अगला दिन निकलने के बाद करते हैं। वह भी भूख लगने पर। वे उससे तनिक भी अधिक पैदा नहीं करता। इसलिए अपनी कम-से-कम जरूरतों से अधिक जो-कुछ भी मनुष्य लेता है वह चोरी करता है।

दिलचस्प बात थी कि ऐसे उच्च आदर्शों के सिद्धांतों वाले आश्रम में लंबे अरसे से चोरियां हो रही थीं। लेकिन चोर पकड़ के बाहर था। एक दिन आश्रम के मंत्री छगनलाल जोशी ने एक चोर को रंगे हाथों पकड़ लिया। यह चोर कोई और नहीं महात्मा का अपना सगा भतीजा छगनलाल गांधी था। बापू के चाचा खुशालचंद बापा ने अपने बड़े बेटे की जिम्मेदारी बैरिस्टर मोहनदास गांधी को सौंपी थी। कई अर्थों में गांधी ने उसे पाल-पोस कर बड़ा किया था। छगनलाल के भाई मगनलाल को तो महात्मा अपने साथ दक्षिण अफ्रीका ले गए थे। महात्मा ने जब भारत में सत्याग्रह आश्रम की स्थापना की तब भी मगन उनके साथ थे। छगनलाल की पत्नी काशी भी यहीं आश्रम में रहती थीं।

महात्मा ने मीरा को लिखा- 'तुम्हें यह जानकर दुख होगा कि छगनलाल गांधी की यह पोल खुली है कि वह पिछले कई वर्षों से छोटी-छोटी चोरियों का बाकायदा धंधा चला रहा था। अपना भेद खुलने पर उसने जालसाजी करके अपना अपराध छिपाने की कोशिश की थी। लेकिन अब उसने अपना अपराध स्वीकार कर लिया था। लेकिन अपराध स्वीकार करने से वह बदल नहीं गया है। आश्रम में उसको अपना जीवन भार हो गया था और दो दिन हुए वह राजकोट चला गया। वहां भी उसे शांति मिलने की बहुत कम संभावना है। यह जानकारी मेरे जीवन की शायद सबसे बुरी घटना है। फिर भी इससे मैं विचलित नहीं हुआ हूं। मैंने अपने ऊपर कोई प्रायश्चित भी नहीं थोपा है। और सारी बस्ती को इस दुखद घटना की सूचना देने के अलावा मैंने इस बुरे कार्य के बारे में और कुछ नहीं किया है। मैंने उसे यह सलाह बेशक दी है कि उसका यह कर्तव्य है कि उसके पास जो-कुछ भी है उसे वह वापस कर दे।'[48]

महात्मा ने आश्रम की पवित्रता भंग होने की घटनाओं का जिक्र 'नवजीवन' में किया। उन्होंने 'नवजीवन' में एक लेख छापा 'मेरा दुख, मेरी शर्म'। इस लेख में उन्होंने विस्तार से तीन घटनाओं का ज़िक्र किया। उन्होंने कहा-'पाप छुपाया नहीं जा सकता। मेरे पास तो छुपाने के लिए कुछ है ही नहीं। मंदिर में जो पाप प्रकट हुए हैं उनकी खबर उससे संबंध रखने वालों को दे देना उचित है और आवश्यक है।' पहली घटना छगनलाल गांधी से जुड़ी थी। दूसरी घटना उनकी पत्नी कस्तूरबा गांधी से जुड़ी थी। आश्रम में लोग भेंट स्वरूप बा को कुछ रुपए आदि दे जाते। आश्रम का नियम था कि कोई निजी भेंट स्वीकार नहीं होगी। अगर कोई प्रेम में भेंट देता है तो उसे दफ्तर में जमा करना जरूरी था। लेकिन बा ऐसा नहीं करती थीं। वह कुछ पैसे बचाकर अपने पास रख लेतीं। एक बार आश्रम में चोर आया

तो यह भेद खुला। बा की चोरी पकड़ी गई। बा ने कहा कि वह आगे से ऐसा नहीं करेंगी और बात आई गई हो गई। लेकिन कुछ दिन पहले आश्रम आए एक श्रद्धालु ने बा को चार रुपए की भेंट दी। बा ने उसे दफ्तर में जमा कराने के बजाय अपने पास रख लिया। एक आश्रमवासी ने यह देख लिया। लेकिन तब कुछ नहीं बोला। छगनलाल की चोरी खुलने के बाद उसने बा की शिकायत आश्रम प्रभारी छगनलाल जोशी से की। जोशी भी हतप्रभ रह गए। वह डरते-डरते बा के पास गए और बा को वह रुपए लौटाने पड़े। महात्मा ने इसके लिए बा को चोरी का जिम्मेदार ठहराया। बा डर गईं। उसने प्रतिज्ञा की कि अगर दोबारा उसने कोई पाप किया तो वह 'महात्मा और उनके आश्रम दोनों का त्याग कर देगी।' महात्मा ने इसे 'सच्चा पश्चाताप' मानते हुए बा को माफ कर दिया। तीसरी घटना एक विधवा के बारे में थी जिसके आश्रम में ही रहने वाले एक अनाथ नौजवान से यौन संबंध स्थापित हो गए थे। दोनों को आश्रम छोड़ना पड़ा था। महात्मा ने अपने लेख में लिखा- 'जिस आश्रम में ब्रह्मचर्य पालन के लिए भगीरथ प्रयत्न किए जाते हैं, उसमें इस तरह की गंदगी, ऐसी सड़न का दिखाई देना बड़ा करुणाजनक है। यही है आश्रम, यही है मंदिर!' महात्मा ने आगे लिखा कि उनके 'हृदय की गहराई में छुपी हुई अनेक कमजोरियां ही इस तरह फोड़ों के रूप में फूट पड़ती हैं। आश्रम में जो पाप होते हैं, वे मेरे पापों की प्रतिध्वनियां हैं।' उन्होंने कहा कि वह अपने 'पापों' को नहीं जानते। 'लेकिन अनन्त विचार-जगत में कितने पाप करके मैं आसपास की हवा को गंदी करता होऊंगा, कौन जानता है?'

महात्मा ने इस लेख के अंत बड़े नाटकीय अंदाज से किया-'महात्मा' पद मुझे हमेशा शूल के समान चुभा है, आज तो मैं उसे अपने लिए एक गाली समझ रहा हूं। लेकिन मैं कहां जाऊं, क्या करूं? निकल भागूं? आत्महत्या करूं? भूखों मरूं? आश्रम में ही गड़ जाऊं? सार्वजनिक काम के लिए अथवा अपने पेट के लिए एक भी कौड़ी लेने से इंकार करूं? इनमें से कोई बात ऐसी नहीं जिसे अभी करने की इच्छा हो, हिम्मत भी नहीं है।'[49] भारी मन से महात्मा फिर भारत भ्रमण पर निकल गए। अब आश्रम में उनका मन नहीं लगता था। इन घटनाओं से आहत थे। उन्होंने मीरा को लिखा- 'आश्रम की बात तो तुम जानती ही हो। ये घटनाएं मुझे मेरे काम से विरत नहीं कर सकी हैं। मन के अंतराल में कोई चीज अनुभव होती है, लेकिन वह स्वाभाविक है। इन बातों के उद्‌घाटन से मेरे विचार में आश्रम का लाभ ही होगा। पापाचारों के चलते रहने पर आश्रम भ्रष्ट था। इन बातों का भंडाफोड़ होने से हमें लाभ ही हुआ है।'[50]

1929 की गर्मियों में महात्मा हिमालय की यात्रा पर निकल गए। उनका ठिकाना कौसानी था। अल्मोड़ा जिले का पहाड़ियों से घिरा यह स्थान प्राकृतिक सौंदर्य को अपनी बाहों में समेटे हुए था। महात्मा यहां मीरा को साथ लाए थे। पहाड़ की

इस चोटी पर एकांत में एक छोटा-सा आश्रम था। इस आश्रम से सूर्योदय देखने सैलानी आज भी आते हैं। सूर्य की पहली किरण पड़ते ही दूर बर्फीली पहाड़ी पर सोना पिघल कर बिखर जाता है। यहां आज भी गांधी आश्रम है और एक सुंदर संग्रहालय भी।

यहां महात्मा दस दिन रुके थे। यहीं उन्होंने गीता पर अपनी किताब 'अनासक्ति योग' लिखी। इस यात्रा में महात्मा की देखभाल का जिम्मा मीरा के ही पास था। बापू के नहाने से लेकर खाने तक का इंतजाम वही देखतीं। उनके कपड़े, जो न के बराबर थे-वही धोतीं। बापू की सेवा में वह निहाल थीं। वह एक बार फिर महात्मा के करीब आ गई थीं। मीरा के लिए यह सपने जैसी बात थी। भावनाएं फिर उफान लेने लगी थीं। बापू के करीब रहकर मीरा की 'इच्छाएं' फिर जागृत हो गई थीं। उनका मन करता कि वह बापू के हाथ-पांव दबाए। यह भावनाएं उस समय चरम पर पहुंच गईं जब एक बार मीरा ने महात्मा से उनके 'पांव चूमने' की इच्छा जाहिर की। महात्मा चौंके थे। उनके शरीर के प्रति मीरा की यह आसक्ति उन्हें परेशानी में डालने वाली थी। हिमालय से महात्मा मैदान की ओर बढ़े। इस यात्रा के दौरान महात्मा ने कई बार महसूस किया कि मीरा 'सहज' नहीं हैं। वह अपने 'अंदर की वासनाओं से मुक्त' नहीं हो सकी हैं। मीरा चाहती थीं कि बापू उसे हमेशा अपने साथ रखें। वह बार-बार आश्वासन देतीं कि अब उनसे कोई भूल नहीं होगी। लेकिन महात्मा के करीब आते ही यह आश्वासन टूट जाता। बापू ने मीरा को चेतावनी दी कि वह उनसे अलग रहकर 'अनासक्ति योग' की साधना करें। मीरा को धक्का लगा। उन्होंने बापू को उल्टा चेतावनी दी कि अगर उन्होंने उसे खुद से दूर किया तो उसके पास 'आत्महत्या' के सिवा कोई चारा नहीं बचेगा। इससे बापू बहुत नाराज हुए। मीरा ने माफी मांगी। और उनसे यह भी कहा कि इस बात पर अब कोई चर्चा न हो। लेकिन मीरा की यह हरकत महात्मा को अंदर तक कहीं छू गई थी। महात्मा ये बातें उन्हें बोलकर शायद नहीं समझा पाते। उन्होंने मीरा को लिखा- 'यह ठीक ही है कि तुम नहीं चाहती कि जो हुआ उसके बारे में कल मैं तुमसे कुछ कहूं। वैसे यह ठीक है। लेकिन कल तुमने जो दृश्य उपस्थित किया उसे देखकर मैंने अपने विचारों को लिख डालना तो सोचा ही था। वही मैं कर रहा हूं। वह दृश्य मेरे कथन की पुष्टि करता है। सहज भाव से कही मेरी बात पर कोई भी व्यक्ति आत्महत्या की नहीं सोच सकता था। यह सही है कि तुम, कभी-कभी मेरे साथ दौरों में रहना चाहती हो और अपना काम छोड़ कर कम-से-कम चार महीने में एक बार आश्रम आना चाहती हो। अपनी इन इच्छाओं को तुम अपनी कमियां भी मानती हो। मैं यह सब समझ सकता हूं किंतु मैं जब यह कहता हूं —इसे मैं सच भी समझता हूं -कि ये इच्छाएं खुद बीमारी तो नहीं हैं लेकिन इनसे ऐसी बीमारी के लक्षण जरूर प्रकट होते हैं जिसकी जड़ें

गहरी हैं और जिन पर अभी कोई ध्यान नहीं दिया गया है, तो तुम परेशान क्यों हो जाती हो। अगर तुम ऐसी नहीं हो जैसा मैंने बताया है तो उक्त रोग की तरफ मेरे द्वारा तुम्हारा ध्यान खींचे जाने पर तुम्हें प्रसन्नता होनी चाहिए और तुम्हें साहस के साथ उसे दूर करने की कोशिश करनी चाहिए। इसके बजाय तुम्हारे तो हाथ-पांव बिलकुल ढीले ही पड़ गए। इस पर मुझे चिंता है, खेद है। इस रोग को बुतपरस्ती कहते हैं। यदि ऐसा न हो तो मेरे साथ रहने की ऐसी बेचैनी क्यों। ऐसे पैरों को छूने या चूमने का क्या अर्थ है जो एक-न-एक दिन ठंडे हो जाएंगे? शरीर में क्या धरा है?।'[51]

महात्मा ने फिर मीरा को कुछ समय के लिए अपने से दूर कर दिया। मीरा को अभी बहुत सारी परीक्षाएं देनी थीं। इम्तहान तो महात्मा को भी देना था। वह जिस कठिन साधना-पथ पर चल रहे थे उस रास्ते पर हर घड़ी एक परीक्षा थी। महात्मा खुद इन परीक्षाओं से जूझ रहे थे।

जेपी, तुम दूसरी शादी कर लो

महात्मा के ब्रह्मचर्य के प्रयोग ने उनके कई साथियों के गृहस्थ जीवन को लगभग उजाड़ दिया। समाजवादियों के मसीहा-जयप्रकाश नारायण भी उनमें से एक थे। प्यार से उन्हें लोग बाद में जेपी कहने लगे। जेपी गंगा और सरयू के संगम पर सिताबदियारा में जन्मे थे। बताते हैं कि बिहार के एक सूबेदार सिताबराय ने यह जगह बसाई थी। देवकी नंदन बाबू यहीं के दबंग कायस्थ थे। अंग्रेजों ने उन्हें दारोगा बना दिया था। लेकिन बेऔलाद होने का दुख उन्हें खाए जा रहा था। आरा जिले के हरसू ब्रह्मदेव के मंदिर में मनौती मानकर उम्र के तीसरे दौर में देवकी बाबू पिता बने। बेटे का नाम हरसूदयाल रखा। 1902 ई. में दशहरे के दिन हरसूदयाल के घर जयप्रकाश नारायण का जन्म हुआ था। मां फूलरानी फूल से इस बेटे को देख फूली न समाई।

जयप्रकाश पढ़ने में तेज थे। उम्र से बड़े वकील भतीजे शंभूशरण के साथ वह पटना पढ़ने आ गए। अंग्रेजों की संगत में उनका रंग-ढंग सब अंग्रेजी हो गया था। सिर पर हैट से लेकर बूट तक अंग्रेजी थे। एक दिन शंभूशरण जयप्रकाश को राजेंद्र बाबू के घर लाए। तब तक राजेंद्र बाबू काफी नाम कमा चुके थे। यहीं बृज किशोर बाबू से उनकी मुलाकात हुई। बृज किशोर पक्के कांग्रेसी थे। महात्मा को चंपारन लाने वाले वही थे। बृज किशोर की बेटी थीं प्रभावती। एकदम बेटे की तरह पली-बढ़ी थीं। जयप्रकाश को देखते ही बृज किशोर ने उसे अपना दामाद बनाने का सपना पाल लिया। हिंदुस्तान में रिश्ते ऐसे ही जोड़े जाते हैं। और शहनाई बज गई। लेकिन प्रभावती बिहार की उन दूसरी लड़कियों में नहीं थीं जिनके जीवन का मकसद अपने पति की सेवा टहल में बिता देना होता है। परिवार के राजनीतिक माहौल का उन पर गहरा असर था। देश की गुलामी का मतलब भी उन्हें पता था।

जयप्रकाश जैसे विद्धान पति के साथ ने उन्हें बौद्धिक रूप से और संपन्न कर दिया था।

माहौल गर्म था। जलियावाला कांड और फिर असहयोग आंदोलन के दौर में जयप्रकाश अपने कॉलेज का लीडर बन गए और बागी भी। सबसे पहले उन्होंने अपने हैट और अंग्रेजी बूट को जलती आग के हवाले किया। बदले में गांधी टोपी पहनी और लंबा खादी का कुर्ता। अब वह नेता बन चुके थे ।

लेकिन असहयोग आंदोलन ठहर गया। जयप्रकाश के पास अब ज्यादा काम नहीं था। आगे की पढ़ाई के लिए वह अमेरिका जाना चाहते थे। 15 साल की पत्नी को छोड़कर सात समंदर पार जाने का खयाल किसी को पसंद नहीं आया। लेकिन 22 साल का नौजवान जिद पर आ गया था। घर वालों ने प्रभावती पर दबाव डाला कि वही उन्हें रोक सकती हैं। लेकिन प्रभावती ने जयप्रकाश को रोकने से इंकार कर दिया। उन्होंने कहा कि 'वह उन औरतों में नहीं जो पति के पांव की बेड़ियां बन जाती हैं।' जयप्रकाश जल्दी वापस लौटने का वादा करके 16 मई, 1922 को अमेरिका के लिए रवाना हो गए। पहले 'जेनस' जहाज उन्हें जापान ले गया। फिर 'तैयोमारू' जहाज अमेरिका।

अमेरिका में खाली जेब पढ़ाई संभव नहीं थी। जयप्रकाश ने केलिफोर्निया विश्वविद्यालय में दाखिले के साथ सूखे फलों की पैकिंग का काम शुरू किया। इसमें मजदूरी कम थी तो उन्होंने मांस की पैकिंग का काम चालू कर दिया। इतना भी काफी नहीं पड़ता वह इतवार के दिन अमीर अमेरिकियों के घर के फर्नीचर पर पालिश करने लगे लेकिन यह सब धंधे भी मिलकर उन्हें इतना पैसा नहीं देते कि वह सुकून से अपनी पढ़ाई जारी रख सकें।

तब उनके दोस्तों ने उन्हें एक नए धंधे में लगाया। कुछ दोस्तों ने मिलकर 'हिमालय हबर्स' के नाम से सौंदर्य प्रसाधन तैयार किया। ये अमेरिकी लड़कियों को बेवकूफ बनाने का बेहतरीन धंधा था। शिकागो में हब्शी और गोरे लोगों की वर्ण संकर प्रजातियां ज्यादा थीं। ये प्रजाति आधी काली-आधी गोरी होतीं। इन्हें 'मलाट' कहा जाता था। जयप्रकाश इन्हीं को यह हबर्स बेचते। एक दिन उन्होंने एक मलाट युवती को ढेर सारी हिमालयन हबर्स बेंची। पैसा मांगा तो युवती ने कहा कि घंटे भर बाद आकर घर से ले लेना। जयप्रकाश तय वक्त पर युवती के घर पहुंचे। युवती ने दरवाजा खोला। उन्हें अंदर बैठाया। चाय-पानी पूछने के बाद उसने शरारत भरे अंदाज में पूछा-'...क्या चाहिए? केवल पैसे लोगे या कुछ और?'

जयप्रकाश वहां से जान बचाकर भागे। उन्होंने यह धंधा ही छोड़ दिया। जैसे तैसे यहां उन्होंने सात साल गुजारे। एम.ए. किया। 'सोशल वेरिएशन' पर एक शोध किया। जयप्रकाश ने अध्ययन के बाद नतीजा निकाला कि कैसे समाज बनते और बिगड़ते हैं। आगे पी.एच-डी का इरादा था। लेकिन मां की तबियत खराब होने

की खबर सुन कर वापस लौटना पड़ा। वापस लौटे तो जेब खाली थी। थर्ड क्लास का टिकट लेकर वह आस्ट्रेलियन जहाज से कोलंबो आए। यहां से मद्रास और कलकत्ता होते हुए पटना। सात साल में जयप्रकाश का नाम भी छोटा हो गया था–जेपी। वह पूंजीपतियों के देश अमेरिका से अगर कोई चीज साथ लेकर आए थे तो वह समाजवाद था। यह छोटा-सा नाम हिंदुस्तान के नौजवानों के खून में क्रांति का संचार करने के लिए काफी था। लेकिन अभी काफी लंबा सफर तय करना बाकी था।

जयप्रकाश के अमेरिका रवानगी के साथ प्रभावती महात्मा के साबरमती आश्रम आ गई थीं। कच्ची उम्र में महात्मा की संगति ने उन्हें दूसरी प्रभा बना दिया था। महात्मा के ब्रह्मचर्य व्रत ने उन्हें सबसे ज्यादा प्रभावित किया था। आश्रम की लड़कियों में वह सबसे ज्यादा गंभीर रहने वाली लड़की थी। शुरुआती दिनों में आश्रम में उनकी दिनचर्या महात्मा की सेवा में बीत जाती थी। जैसा कि प्रभावती ने अपनी अप्रैल–मई, 1929 की डायरी में लिखा–'4 बजे उठी। दातून, प्रार्थना, नित्यकर्म, स्नानादि, नाश्ता। बापू के साथ टहली। बापू के कपड़े धोए। बापू के लिए स्नान का पानी रखा। खाना तैयार किया। भोजन किया। बापू के पांव में घी लगाया। बापू का सामान ठीक किया। थोड़ी देर बापू के पास बैठी।...बापू के साथ गीता सीखी। दफ्तर ठीक किया। चरखा ठीक किया। सूत भिगोया। डाक पढ़ी। अमेरिका पत्र लिखा। बापू के साथ घूमने गई। खाना बनाया। भोजन किया। बर्तन थोए। बापू के सोने के लिए बिस्तर आदि ठीक किए। प्रार्थना की। बापू के पैर में घी लगाया, पैर दबाया। रोजनिशी लिखी। 10 बजे सोई।'[52]

अमेरिका से नवंबर, 1929 में जेपी लौटे तो प्रभावती उनकी अगवानी करने वर्धा आश्रम से अपने गांव सिताबदियारा पहुंच गई थीं। 23 नवंबर, 1929 को प्रभा ने अपनी डायरी में जेपी के बारे में केवल चार शब्द अंकित किए — '4-30 बजे जयप्रकाश आए।' अब वह बदल चुकी थीं। प्रभा ने जेपी के सामने दो शर्तें रखीं। एक शर्त 'ब्रह्मचर्य व्रत' की थी। लेकिन महात्मा के दबाव में जेपी इसके लिए तैयार हो गए थे। पूरी अनिच्छा के साथ। प्रभा की दूसरी शर्त इससे भी ज्यादा परेशान करने वाली थी। प्रभा ने साफ कह दिया था कि वह महात्मा के साथ रहकर उनकी सेवा में रहेंगी। जेपी के सामने यह परेशानी भरा प्रस्ताव था। अगर ब्रह्मचर्य व्रत लिया है तो पति-पत्नी साथ रहे यह जरूरी नहीं। वे सिर्फ नाम के पति-पत्नी रहेंगे। सेवा का सुख भी बेटी के रूप में प्रभा महात्मा को देगी। जेपी को लगा कि यहां अमेरिका से ज्यादा कठिन स्थिति है। जेपी ने महात्मा को तुरंत चिट्ठी लिखी कि उनकी प्रभा कहां है। यह वह प्रभा तो नहीं। यह प्रभा तो वैराग्य चाहती है। प्रभा ने भी सारी बातें लिख कर महात्मा को भेज दीं। वह फिर आश्रम आना चाहती थीं। महात्मा आश्रम में नहीं थे। वह जनवरी के पहले हफ्ते वर्धा पहुंचने वाले थे।

उन्होंने प्रभावती को लिखा–'जब आ सको तब आ जाना।' उसी दिन महात्मा ने जेपी को लिखा–'प्रभावती के वैराग्य के बारे में मिलने पर बहस करेंगे।'[53]

प्रभा साथ रहकर भी जेपी के साथ नहीं थीं। महात्मा के ब्रह्मचर्य व्रत ने उन्हें हिस्टीरिया का मरीज बना दिया था। अधिकांश वक्त वह बीमार रहने लगीं। महात्मा चाहते थे कि प्रभा आश्रम आ जाएं। उनका आश्रम से दूर रहना ही उनके दुख का कारण है। महात्मा ने जेपी को लिखा–'हिस्टीरीया में तो मैंने कइयों को स्थानांतरण करने से ही आराम पाते हुए देखा है। प्रभावती के लिए तो दो गुना कारण थोड़े समय के लिए वहां का वायुमंडल छोड़ने का है। दर्द है और उसका धर्मसंकट भी है। स्वतंत्र वायुमंडल में अपना हृदय को पहचान लेवे तो उसको पता चलेगा कि क्या कर्तव्य है। तुम्हारे सामने कठिन समस्या स्त्री स्वातंत्र्य की है। यदि प्रभावती को इतनी ही स्वतंत्रता है जितनी तुम, तो प्रभावती को अपने स्वतंत्र विचार करने का मौका दे देना आवश्यक है।'[54]

अक्टूबर, 1930 में जेपी की मां चल बसीं। प्रभा जेपी के साथ आ गईं। लेकिन दोनों एक-दूसरे से दुखी थे। जेपी की अपनी दैहिक जरूरतें थीं। लेकिन प्रभा का मन उचट चुका था। वह किसी कीमत पर जेपी के साथ सामान्य वैवाहिक जीवन जीने को तैयार नहीं थीं। यह बात जेपी ने महात्मा को लिखी। महात्मा का जवाब आया–'...तुम्हारे दुख को मैं समझ सकता हूं। मैंने यहां बहुत सोचा। प्रभावती को, जब तक बीमार है कुछ भी नहीं कहना चाहिए। यदि वह विकारवश रहे तब तो अच्छी होने के बाद कोई प्रश्न नहीं उठता है। अगर विकारवश न होए तो उसकी रक्षा करना तुम्हारा पवित्र कर्तव्य समझता हूं। तुम्हें कहने की आवश्यकता नहीं कि जितनी स्वतंत्रता पुरुषों को है उतनी स्त्रियों को होनी चाहिए।'

प्रभावती (1906-1973)

महात्मा ने जेपी को सलाह दी अगर वह काम वासना के बिना नहीं रह सकते तो दूसरी शादी कर लें। उन्हें ऐसी स्थिति में पत्नी त्याग को धर्म बताया। महात्मा ने जेपी को आगे लिखा–'...मेरा दृढ़ अभिप्राय है कि दंपति में एक विकारवश होने से दूसरा या दूसरी को विकारवश होने का कोई धर्म नहीं है। परंतु जिसे विकार पैदा हुआ है उसका शांत हो जाने का धर्म है। इसी में से शायद ज्यादा स्त्री करने की प्रथा की उत्पत्ति हुई। जैसे बीमार पत्नी के साथ पति संग करेगा तो अनीति समझी जाएगी वैसे ही जब पत्नी की विषय भोग की इच्छा नहीं है, उसके साथ संग करना भी अनीति है। इसलिए मेरा तो दृढ़ विश्वास है कि यदि प्रभावती को विकार नहीं है तो उसको मुक्ति देनी चाहिए और तुम्हें दूसरी शादी

करनी चाहिए। इसमें मैं अधर्म नहीं मानता। तुम्हारी भोगेच्छा को बलात्कार से कैसे रोका जाए? तुम तो भोगेच्छा को आवश्यक और आत्मा के लिए लाभदायी मानते हो। ऐसे अवसर पर दूसरी शादी करने में मैं किसी दृष्टि में बुरी चीज नहीं समझता। मेरा खयाल है कि तुम्हारे ऐसा करने से समाज को एक अच्छा दृष्टांत मिलेगा। कई नवयुवक अपनी पत्नी पर बलात्कार रहते हैं। कई वेश्यागमन करते हैं। कई इससे भी ज्यादा अनीति करते हैं। यहां तो प्रभावती ने कुमारी का जीवन पसंद किया है। तुम्हें ब्रह्मचर्य की इच्छा नहीं है इसलिए तुम प्रभावती की इच्छा के रक्षक बनते हो और अपने लिए दूसरी स्त्री ढूंढते हो। इस योजना में मुझे कहीं भी बुराई प्रतीत नहीं होती। यदि दूसरी स्त्री का खयाल भी तुम्हें नहीं है तो प्रभावती के लिए तुम्हें ब्रह्मचर्य का पालन करना चाहिए। और प्रभावती से तुम्हारा सचमुच ऐसा प्रेम है तो अनुभव से तुम देखोगे कि तुम्हारे विकार प्रभावती के निकट शांत हो जाएंगे। अब मैंने तो मेरा अभिप्राय तुम्हारे सामने रख दिया है। धर्म जो रास्ता बताए वैसा करो और ऐसा करने की भगवान तुमको शक्ति दे।'[55]

लेकिन जेपी दूसरा विवाह करने के पक्ष में नहीं थे। वह अपनी प्रभा वापस चाहते थे। वह चाहते थे कि प्रभा वापस लौट आएं। लेकिन महात्मा अपनी बात पर अड़े थे। वह चाहते थे कि जेपी प्रभा को उन्हें दे दें। उनके मुताबिक प्रभा विवाह के लिए नहीं बनी थीं। वह ब्रह्मचारिणी है। हालांकि महात्मा खुद तय नहीं कर पाए थे कि प्रभा वाकई निर्विकार है। उन्होंने जेपी को लिखा-'...प्रभावती अगर अपने को धोखा नहीं देती है तो निर्विकार है। ऐसा प्रतीत होता है। यहां तक तुम्हारे साथ रहते हुए भी विकारवश नहीं होती है। और अधिक बीमार रहती है। इसलिए मुझे लगता है कि प्रभावती को मुक्ति देनी चाहिए। डॉ. जीवराज ने प्रभावती को देखा था। वह भी कहते हैं कि यदि पति-पत्नी संबंध अशक्य हों तो उन्हें अलग ही रहना चाहिए। यदि ऐसा करोगे तो प्रभावती को मासिक खर्च देने की आवश्यकता ही नहीं रहेगी। मेरी तो इच्छा है कि उसे शीघ्र मेरे पास भेज दो।'[56]

जेल से रिहाई के बाद महात्मा पर्णकुटी पूना आ गए। लेकिन अब एक आंदोलन में जेपी को जेल हो गई। बिहार में प्रभा का मन नहीं लगता था। प्रभावती को महात्मा ने अपने पास बुला लिया। जयप्रकाश तब नजदीक की जेल में थे। पटना में बिहार सोशलिस्ट पार्टी तैयार हो रही थी। यह वहां के कांग्रेसियों का ही एक संगठन था। जेपी इसे खड़ा करने में लग गए। उन्होंने महात्मा को समझाना चाहा कि प्रभा उनके नए काम में उनकी मददगार साबित हो सकती हैं। वह प्रभा को पटना भेज दें। महात्मा ने जवाब में लिखा-'...प्रभावती के साथ तुम्हारी रहने की इच्छा स्वाभाविक है। इस हालत में मैं उसे वर्धा रखना नहीं चाहता हूं। मैं अवश्य मानता हूं कि प्रभावती बिहार में सेवा कर सकती है। लेकिन प्रभावती ऐसा नहीं मानती है। उसे इतना आत्मविश्वास नहीं है। वह अगर बिहार रहने की उत्तमता समझ जाए

तो अच्छा ही है। अब मार्ग साफ है। जहां चाहो प्रभा को बुला लो। दोनों मिलकर कुछ फैसला करो। मुझे उसमें कुछ भी नहीं कहना है। मैं तो जहां कहो वहां सलाह दे सकता हूं। हां, कोई एक-दूसरे पर बलात्कार न करे। तुम दोनों के आदर्श में भेद पाता हूं। प्रभावती के आदर्श बनने में मेरा हाथ है, सही उसका दुख मुझे नहीं है। लेकिन तुम्हारा प्रेम अगर उसे तुम्हारे आदर्श की ओर खींच जाए तो मैं राजी हूंगा। मेरी जिम्मेदारी कम होगी। तुमको संतोष होगा। तुम्हारा जीवन नीरस बन रहा है, यह मुझे दुख ही है।'[57]

महात्मा जेपी से कहते कि वह प्रभा को भूल क्यों नहीं जाते। इस बात पर जेपी ने आपत्ति जताई तो महात्मा ने जेपी को लिखा-''...तुम्हारे दुख से मुझे दुख हुआ है। 'भूल जाने' का मतलब तुमने उलटा समझा है।'' जेपी कहते कि महात्मा अगर चाहें तो प्रभा उन्हें वापस मिल सकती है। इस पर बापू कहते- '...मेरे लिए धर्मसंकट है। प्रभा मुझे अथवा आश्रम को छोड़ना नहीं चाहती, मैं कैसे उसको निकाल दूं? मैं चाहता हूं कि प्रभा तुम्हारे पीछे घूमे और तुम दोनों में जो अंतर पड़ गया है सो दूर हो जाए लेकिन यदि प्रभा कुछ आदर्श रख सकती है तो तुम्हारे और उसके आदर्श ही में अंतर है। उसमें मेरी जिम्मेदारी तो है ही। मेरे साथ रही और मेरी बातों ने, मेरे आचार ने उस पर असर डाला। अब मैं नहीं जानता क्या करना उचित है।'[58]

वक्त बीत रहा था। साल बीत गए। प्रभा बदलती जा रही थीं। जेपी का मन बहुत उदास रहता। प्रभा उसके पास होते हुए भी नजदीक नहीं होतीं। जेपी को लगता कि प्रभा के मन में उनके लिए न कोई प्यार है, न सम्मान। उन्हें लगता कि प्रभा का व्यवहार सबके प्रति बदल गया है। जेपी इसके लिए महात्मा को जिम्मेदार मानने लगे थे। वह चाहते थे कि प्रभा महात्मा से अपने सारे संबंध तोड़ लें और पूरी तरह वापस आ जाएं। जेपी ने यह बात जमनालाल से कही। जमनालाल ने महात्मा को जेपी की व्यथा सुनाई। महात्मा ने जेपी को चिट्ठी लिखी-'...लेकिन मेरे संपर्क से प्रभा की पिता भक्ति और पति प्रेम में कुछ न्यूनता नहीं आई। हां, प्रभा तुमको भोग सुख नहीं देती है, क्योंकि नहीं दे सकती और यह चीज उसमें स्वभाव सिद्ध है। मेरे पास आई उससे पहले ही वह निर्विकार थी। यह बात हम तो उसकी जबान से ही जान सकते हैं। उसने मुझको यही बात बार-बार बड़ी दृढ़ता से कही है। अब मुझे कहो मैं क्या करूं? यदि ऐसा चाहोगे कि प्रभा न मेरे पास आए और न मुझको पत्र लिखे तो तुम्हारे संतोष के कारण ऐसे प्रतिबंध को भी स्वीकार कर लूंगा।'[59]

इस बातचीत के बाद प्रभा कुछ समय के लिए जेपी के साथ ही रहने लगीं। नवंबर, 1936 में महात्मा बनारस आए। प्रभावती से मिले। प्रभावती बहुत दुबली हो गई थीं। महात्मा ने जेपी से कहा कि वह कुछ महीनों के लिए प्रभा को वर्धा भेज

दें। पर जेपी नहीं माने। प्रभा का बुरा हाल था। एक तो कमजोरी ऊपर से हिस्टीरिया जैसी बीमारी। एक दिन तो प्रभा बेहोश हो गईं। उन्होंने महात्मा को अपने दुख की सारी खबर दी। प्रभा महात्मा को लिखे पत्रों को सार्वजनिक होने देना नहीं चाहती थीं। वह चाहती थीं कि महात्मा पत्र पढ़ने के बाद उसे नष्ट कर दें। महात्मा ने समझाया कि-'...तुझे अपने प्रयत्नों से शांति प्राप्त करनी होगी। तू किसलिए अपने पत्र फाड़ डालने के लिए लिखती है? तेरे पत्रों में क्या कोई गोपनीय बात होती है। लेकिन चूंकि तू ऐसा कहती है, इसलिए मैं उन्हें फाड़ डालता हूं। लेकिन तू इस संकोच को छोड़ दे। जो तेरे मन में हो वह मुझे नि:संकोच होकर लिख।'[60]

प्रभा दुखी थीं। उन्होंने गुस्से में महात्मा को पत्र लिखा। कहा 'मैं थक गई हूं। आश्रम आपके पास आना चाहती हूं।' सेगांव से महात्मा ने प्रभा को लिखा '... पिता जी के पास कोई काम न हो और जयप्रकाश तुझे भेज सकता हो, तब तो तुझे यहां चली ही आना है। तेरा स्थान अन्ततः यही है। तेरे लिए काम तो यहां है ही। इससे ज्यादा तू क्या चाहती है। अकारण क्यों दुखी होती है?'[61]

प्रभा महात्मा की शरण में आना चाहती थीं। लेकिन जेपी राजी नहीं थे। उन्हें लगता प्रभा के जीवन की सारी अशांति का कारण महात्मा का आश्रम है। लेकिन प्रभा का मन तो वहीं था। आश्रम के शांत वातावरण में जहां न कोई घुटन थी न अशांति।

संदर्भ

1. खंड 21 : 8 अगस्त, 1920, पेज 137, नवजीवन, 8-8-1920
2. रीडिंग मार्चेस ऑफ : रूफस इजाक्स, फर्स्ट मार्चेस ऑफ रीडिंग जिल्द 2 पेज 99
3. सुभाषचंद्र बोस, दि इंडियन स्ट्रगल 1920-1934, लंदन 1935, पेज 68
4. रोमां रोला : महात्मा गांधी, लंदन, 1942 पेज 132

फिर ब्रह्मचर्य की ओर

5. खंड 20 : 20 जुलाई, 1920, पेज 479, साबरमती, शरद् अंक 1922
6. गांधी साहित्य-9 , आत्मसंयम, सस्ता साहित्य मंडल प्रकाशन 1960 पेज 61
7. खंड 34 : पेज 281, नवजीवन, 14-2-1926,
8. खंड 34 :19 मार्च, 1926, पेज 424
9. खंड 35 : 2 जुलाई,1926, पेज 500
10. खंड 33 : 1 अक्टूबर, 1925 पेज 50
11. रोमां रोला एंड गांधीजी कॉरेस्पांडेंस, पेज 50-51
12. खंड 33 : 24 नवंबर, 1925 या उससे पूर्व, पेज 268
13. खंड 33 : 26 नवंबर, 1925, पेज 281-283 , यंग इंडिया, 26-11-1925
14. एक साधिका की जीवन यात्रा,मीराबेन नवजीवन प्रकाशन मंदिर, अहमदाबाद,पेज 78
15. यंग इंडिया, 3-12-1925
16. खंड 33 : 30 नवंबर, 1925, पेज 292

17. जीवन यात्रा, मीराबेन, पेज 80
18. बापू के पत्र मीरा के नाम, अनु. रामनारायण चौधरी, नवजीवन प्रकाशन मंदिर, संस्करण 1951, पेज 11
19. खंड 35 : 15 मई, 1926, पेज 260
20. जीवन यात्रा, मीराबेन, पेज 88

गलत राह पर संतानें

21. एमआरए बेग : मुस्लिम डायलमा इन इंडिया, पेज 60
22. खंड 35 : 3 अप्रैल, 1926, पेज 12-13
23. खंड 21 : 2 सितंबर, 1920, पेज 255
24. खंड 38 : 28 फरवरी, 1927, पेज 250
25. खंड 38 : 28 फरवरी, 1927, पेज 249
26. खंड 38 : 3 जनवरी, 1927, पेज 6
27. जीवन यात्रा, मीराबेन, पेज 101
28. बापू के पत्र मीरा के नाम, पेज 26,
29. रोमां रोला : महात्मा गांधी : जीवन और दर्शन, पेज 159
30. बापू के पत्र मीरा के नाम, पेज 28
31. खंड 38 : 25 अप्रैल, 1927, पेज 384
32. बापू के पत्र मीरा के नाम,पेज 32
33. बापू के पत्र मीरा के नाम, पेज-39
34. खंड 38 : 3 जून, 1927, पेज 585
35. खंड 39 : 25 जुलाई, 1927, पेज-325
36. बापू के पत्र मीरा के नाम, पेज 49-50
37. बापू के पत्र मीरा के नाम, पेज 51
38. बापू के पत्र मीरा के नाम, पेज 51
39. बापू के पत्र मीरा के नाम, पेज 52

नींद में दो बार स्खलन

40. खंड 40 : 5 सितंबर 1927, पेज 27
41. खंड 40 : 10 नवंबर 1927, पेज 396
42. खंड-41 : 11 दिसंबर 1927, पेज 24

महात्मा की जेब कट गई

43. खंड 41 : 27 जनवरी, 1928, पेज 166
44. खंड 40 : 28 नवंबर, 1927, पेज 523
45. खंड 42 : 21 जुलाई, 1928, पेज 288

लड़कियों के कंधे पर हाथ

46. खंड 43 : 10 सितंबर, 1928, पेज 2
47. खंड 43 : 10 सितंबर, 1928, पेज 2

साबरमती आश्रम पर पाप की छाया

48. खंड 45 : 1 अप्रैल, 1929, पेज 326
49. खंड 45 : 7 अप्रैल, 1929, पेज 344-345 नवजीवन, 7-4-1929
50. खंड 45 : 15 अप्रैल, 1929, पेज-393

51. खंड 46 : 24 जून, 1929, पेज 161–162

जेपी, तुम दूसरी शादी कर लो

52. प्रभावती की डायरी से, महिला चर्खा समिति, पटना।
53. खंड 48 : 4 दिसंबर, 1929, पेज 54
54. खंड 50 : 27 नवंबर, 1930, पेज 261
55. खंड 50 : 21 नवंबर, 1930, पेज 241, मूल पत्र से : जयप्रकाश नारायण पेपर्स सौजन्य : नेहरू स्मारक और संग्रहालय।
56. खंड 53 : 25 अगस्त, 1931, पेज 314
57. खंड 64 : 20 जुलाई, 1934, पेज 212
58. खंड 65 : 2 दिसम्बर, 1934, पेज 450
59. खंड 68 : 16 अप्रैल, 1936, पेज 408–409
60. खंड 73 : 25 अप्रैल, 1938, पेज 136
61. खंड 73 : 20 जून, 1938 के पश्चात् पेज 271

अध्याय–4

प्रेमा का प्रेम

महात्मा के प्रेम में स्लेड सचमुच मीरा बन चुकी थीं। उनकी भक्ति के आगे खुद महात्मा भी लाचार हो चले थे। मीरा को अपने से दूर भेजकर एक खास तरह की व्याकुलता वह खुद भी महसूस करते। लेकिन इसके अलावा उनके पास कोई दूसरा चारा भी नहीं बचा था। तभी महात्मा के आश्रम जीवन में प्रेमा आ गईं। प्रेमा कंटक बहुत जल्द महात्मा की अंतरंग शिष्याओं में एक बन गई थीं। वह युवा और खूबसूरत थीं। बचपन से प्रेमा ने महात्मा को अपने नायक के रूप में देखा था। लेकिन उमर की चौबीस सीढ़ियां लांघते–लांघते प्रेमा साठ साल के महात्मा पर आसक्त हो गई। उनके बोलचाल के लहजे, फर्राटेदार अंग्रेजी और खास बंबईया अंदाज से महात्मा खुद प्रभावित हुए बिना नहीं रह सके। महात्मा ने प्रेमा की आंखों में पढ़ा कि वह उन्हें दीवानगी की हद तक चाहती हैं। प्रेमा गांधीजी को किस रूप में चाहती थीं यह वह अंत तक खुद नहीं जान पाईं। प्रेमा ने शादी न करने के लिए अपने पिता से बगावत भी की। उन्हें घर छोड़ना पड़ा। बाद में प्रेमा के प्रेम ने उनको महात्मा की सबसे 'विश्वसनीय शिष्या' बना दिया।

प्रेमा का पारिवारिक जीवन बड़े उतार–चढ़ाव से गुजरा था। दस महीने की अभी दूध पीने की उम्र में प्रेमा की मां चल बसीं। प्रेमा दस साल अपनी नानी के घर रहीं। फिर पिता के पास आ गईं। पिता पहले ही दो विवाह कर चुके थे। पांच भाइयों में वह अकेली बहन थीं। इसलिए सबकी लाडली बन गईं। शादी की उम्र हुई तो पिता और भाइयों का दबाव बढ़ गया। लेकिन प्रेमा शादी के लिए तैयार नहीं थीं। वह आजन्म ब्रह्मचारिणी रहना चाहती थीं। इसकी एक मनोवैज्ञानिक वजह थी। वह यह कि उस उम्र में प्रेमा 'स्त्री–पुरुष के संभोग से घृणा' करती थीं। प्रेमा ने एक जगह लिखा 'सोलह साल की उम्र हुई तब एक बार भागवत पढ़ रही थी। उसमें कपिल–देवहूति संवाद पढ़ा। तब मुझे पता चला कि बच्चे कैसे पैदा होते हैं। मुझे याद है कि उस समय मेरे शरीर के रोंगटे खड़े हो गए थे। मैंने अपने जन्म

की कल्पना की। अपने शरीर के प्रति और अपने माता-पिता के प्रति एक तरह की घृणा मन में पैदा हो गई। जीवन गंदा लगा था। यह घृणा बहुत सालों तक बनी रही। ऐसा याद आता है कि जीवन में तीन चीजों से घृणा रही। 1. स्त्री-पुरुष संभोग, 2. वितंडावाद और 3. चुनाव।'[1]

बंबई के मारवाड़ी स्कूल में उस दिन प्रेमा ने महात्मा को पहली बार इतना करीब से देखा था। वह मंत्रमुग्ध थीं। पहली बार उन्होंने महात्मा को कावजी जहांगीर हाल में देखा था। तब वह विल्सन कॉलेज में पढ़ती थीं। सन् 1924 में जेल से छूटने के बाद बंबई म्युनिसिपैलिटी ने उन्हें यहां मानपत्र देने के लिए आमंत्रित किया था। तब वह उन्हें दूर से केवल एकटक देखती रही थी। पर आज वह उसके पास से गुजरे थे। यह उसकी कल्पना से परे की बात थी। कोई नौ साल पहले महात्मा दक्षिण अफ्रीका से लौटे थे। तब वह सिर्फ नौ साल की थी। बातों-बातों में तब उसने पहली बार 'बैरिस्टर गांधी' का नाम सुना था। दक्षिण अफ्रीका में उनकी जंग के किस्से सुने थे। तभी एक मराठी मासिक में पहली बार उनकी तसवीर देखी थी। काठियावाड़ी पोशाक में गांधीजी। सादा लिबास और चेहरे में एक तेज और ऊर्जा। तब ज्यादा लोग उन्हें नहीं जानते थे। लेकिन 1919 में बैरिस्टर गांधी हिंदुस्तानी जनता के लिए 'गांधीजी' बन गए और वह उनकी पुजारिन।

लेकिन आज उसके आराध्य उसके सामने खड़े थे। प्रेमा के पास। वह उनके और नजदीक जाना चाहती थी। उन्हें छूना चाहती थी। 18 साल की इस लड़की के मन में इस महात्मा के प्रति ये कैसा आकर्षण है। वह समझ नहीं सकी। वह उनके एक 'स्पर्श के लिए बेचैन' हो गई थी। पर कोई मौका नहीं था। उनका गुजराती भाषण खत्म हुआ। सभा विसर्जित होने को थी। उसकी बेचैनी और बढ़ गई। अब वे भी उठेंगे और चले जाएंगे। लेकिन उसने देखा वह उठे नहीं। व्यासपीठ पर पालथी मार कर बैठ गए। एक श्रद्धालु आया। एक थैली उनके पांव पर रखी और उनके चरण स्पर्श कर आगे बढ़ गया। फिर दूसरा श्रद्धालु आगे बढ़ा। उसने भी महात्मा के चरणों में थैली रखी और आगे बढ़ गया। आशा की एक किरण उसकी आंखों के सामने दिखी और विलुप्त हो गई। वह मंत्र मुग्ध सी उन्हीं श्रद्धालुओं की कतार में हो ली। उसके पास थैली नहीं थी। प्रेमा ने लिखा-'लेकिन एक आना था। मेरे लिए लाख रुपए के बराबर। उनके चरण छूने की इच्छा थी लेकिन पैर पालथी में दबे थे। बिना किसी संकोच के मैंने अपनी उंगुली से उनके घुटने को छुआ। उन्होंने चौंक कर मेरी ओर देखा। प्रणाम का जवाब दिया और दूसरी ओर देखने लगे। उन्हें क्या पता था कि उन्हें छूकर एक दिल अपूर्व गौरव से खिल उठा था। उस पवित्र स्पर्श से मेरे सारे शरीर में बिजली दौड़ गई। और आनंद में मस्त होकर मैं घर लौटी।'[2]

पारिजात के फूल

प्रेमा घर लौट तो आई पर इस छोटी-सी घटना ने उसे नए जीवन की राह दिखा दी। कालेज की पढ़ाई खत्म करने तक वह पूर्ण युवती बन चुकी थीं। घर पर शादी का दबाव था। पिता से रोज झगड़े होने लगे। एक दिन नाराज पिता ने कहा मेरी बात न माननी हो तो इस घर में तुम्हारे लिए कोई जगह नहीं। प्रेमा ने घर छोड़ दिया। ट्यूशन किया और लेडीज हास्टल में रहकर एम.ए. की पढ़ाई पूरी करने लगीं। हॉस्टल की संचालिका कृष्णाबाई थीं। महात्मा से उनका परिचय था। कांग्रेस की कार्यकर्त्रियां उन्हें जानती थीं। प्रेमा के लिए गांधीजी और उनके आश्रम तक पहुंचने का यही रास्ता आसान लगा। प्रेमा सार्वजनिक जीवन में उतरीं। बंबई प्रांत और बंबई शहर युवक परिषद समिति की सदस्या चुनी गईं। नरीमान अध्यक्ष थे। इसी बीच बारडोली का आंदोलन शुरू हो गया। गुजराती महिला मणि बेन कापड़िया से परिचय हो गया। उनके साथ प्रेमा बारडोली आ गईं। यहां से प्रेमा को साबरमती पहुंचना था। साबरमती यानी गांधीजी का पवित्र आश्रम।

प्रेमा ने लिखा-'हम साबरमती सुबह पहुंचे। रिमझिम-रिमझिम पानी बरस रहा था। सपने की तरह वह आश्रम जो बरसों से मन में बसा था, वह अब प्रत्यक्ष होने वाला था। मेरे जीवन के आदर्श पुरुष से भेंट होने वाली थी। उनसे बातचीत का मौका मिलने वाला था। दिल खुशी से उछल रहा था। आश्रम में गंगा बहन झवेरी नाम की एक महिला थी। जिनसे मणि बेन से अच्छा परिचय था। हमने प्रात: कर्म पूरे किए। मालूम हुआ कि बापू सुबह की सैर को निकले हैं। मैं उनके दर्शनों के लिए उतावली थी। मैंने कहा हम उनके पीछे ही क्यों न चलें? आश्रम की बहनें राजी हो गईं। हम छोटा-सा जुलूस बनाकर पीछे चल दिए। अभी थोड़ी दूर ही चले थे कि महात्मा लौटते हुए दिखाई दिए। उन्होंने काला कंबल ओढ़ रखा था। उनके साथ एक बहन छतरी लेकर चल रही थी। गंगा बेन ने बताया कि 'यह बहन जयप्रकाश बाबू की पत्नी प्रभावती देवी हैं।' महात्मा उनके कंधे पर हाथ रखे चल रहे थे। मैं अधीर और बावली हो गई। सबको छोड़कर आगे दौड़ गई। थोड़ा आगे बढ़ी तो ठिठक गई। कुछ खयाल हुआ और संकोच से खड़ी रह गई। सामने महात्मा थे। मुस्कराते हुए यह सब देख रहे थे और पीछे बहनें हंस रही थीं। 'कैसे रुक गईं आगे दौड़ो?' शायद गंगा बेन ने कहा था। महात्मा पास आ गए मैंने दौड़कर उनके चरण कमलों पर सिर रख दिया। उस सुखद स्पर्श से कृतज्ञता का अहसास हुआ। फिर खड़े होकर मैंने हाथ जोड़े और आंसओं से भींगी आंखें उनके मुख मंडल पर टिका कर मन में कहा-'अजि म्यां ब्रह्म पाहिलें।' आज मैंने ब्रह्मा का साक्षत्कार किया-नहीं उसके साथ अद्वैत भाव का भी अनुभव किया!! बहनें पास आईं। गंगा बेन हंसते-हंसते कुछ इस तरह बोलीं 'कैसी पागल लड़की है! महात्मा ने मुझसे

हालचाल पूछा। मैंने बारडोली और सरदार पटेल का समाचार सुनाया। हम अंग्रेजी में बातचीत कर रहे थे। मैंने महात्मा से अलग से खास बातचीत का समय मांगा। महात्मा ने कहा 'शाम को घूमने जाते वक्त मुझसे मिलना।' महात्मा से बातचीत करने का पहली बार सौभाग्य मिला। मैं खुश वापस आ गई।'[3]

आश्रम में महात्मा के साथ इस नाटकीय भेंट से प्रेमा को उम्मीद बंध गई थी। वह गांधीजी की नजरों में आ गई थीं। दोपहर भर आश्रम में घूमीं। फिर गुजरात विद्यापीठ गईं। यहीं आचार्य काका साहब कालेलकर से उसकी पहली मुलाकात हुई। काका साहब विद्वान थे। महात्मा के आश्रम के लिए जमीन उन्हीं ने पसंद की थी। वह आश्रम के संस्थापक सदस्यों में थे। गांधीजी उन्हें बहुत मानते थे। वे मराठी जानते थे इसलिए प्रेमा को उनसे बात करने में आसानी हुई। संकोच का पर्दा हटते ही प्रेमा ने उन्हें बता दिया कि वह आश्रम क्यों आई हैं। उनका मकसद आश्रम में रहना है। काका साहब ने कह दिया की यह फैसला तो महात्मा ही कर सकते हैं। प्रेमा यह बात जानती थीं। इसीलिए उन्हें शाम का इंतजार था। महात्मा ने उन्हें वक्त दिया था।

लेकिन शाम ढलने के साथ प्रेमा की उम्मीद भी ढलती मालूम हुई। शाम की सैर में कई लोग महात्मा को घेरे खड़े थे। उसमें कुछ लड़कियां भी थीं। ऐसे में बातचीत कैसे होती। सब बारी-बारी से महात्मा से बात कर रहे थे। प्रेमा की भी बारी आई। प्रेमा ने बहुत संकोच से अपना जीवन परिचय दिया और आश्रम में दाखिले का प्रस्ताव रख दिया। लेकिन महात्मा इतने आसान नहीं थे। न ही आश्रम में प्रवेश इतना आसान था। महात्मा ने कहा 'यहां शारीरिक श्रम करना पड़ेगा, सफाई करनी होगी। रसोई बनानी होगी।' लेकिन प्रेमा भी आसानी से पीछा छोड़ने वाली नहीं थी। उसने कहा 'मुझे आदत है। घर पर भी काम करती हूं।' महात्मा ने कहा 'सुबह चार बजे उठना होगा।' प्रेमा ने कहा 'कोई दिक्कत नहीं।' महात्मा ने कहा 'पाखाना सफाई करनी होगी।' 'यहां के पाखाने मैंने देखे हैं। मुझे घृणा नहीं होगी।' महात्मा मुसीबतें बताते गए। प्रेमा जवाब देती गई। अंत में गांधीजी हारे। 'तुम अवंतिका बाई गोखले को जानती हो?' जी हां प्रेमा ने कहा। 'उनसे मिलकर आश्रम के बारे में पूछ लेना।'

प्रेमा आक्रामक थी। पहली परीक्षा में पास होने के बाद उसका आत्मविश्वास बढ़ गया था। संकोच जाता रहा। उसने महात्मा की आंखों में देखते हुए कहा 'आप कहते हैं तो पूछ लूंगी। पर मुझे जरूरत नहीं। मैंने सत्याग्रह की तालीम पाने के लिए आश्रम में भर्ती होने का निर्णय लिया है।' महात्मा की आवाज नरम पड़ गई। कहने लगे 'आश्रम में दाखिला मिलने में तुम्हें दिक्कत नहीं होगी, लेकिन पूरी तरह विचार करने के बाद आगे कदम बढ़ाना!'

प्रेमा जानती थीं कि उन्हें आश्रम में सत्याग्रह की तालीम से ज्यादा प्रिय

महात्मा का साथ है। वह महात्मा के करीब रहना चाहती थीं। यही उनका ध्येय था। महात्मा तब अंतरराष्ट्रीय धर्म परिषद् के सम्मेलन में हिस्सा लेने यूरोप जाने वाले थे। प्रेमा को यह मालूम था। प्रेमा ने यह कहने में जरा भी संकोच नहीं किया कि 'मैं तो जल्द से जल्द यहां आना चाहती हूं लेकिन मेरी इच्छा है कि जिस समय मैं आऊं, आप भी यहां रहें।' यूरोप से वापस आने में कुछ महीने तो लगेंगे ही। महात्मा बोले 'मैं यहां न रहूं तो भी क्या? और लोग तो रहेंगे यहां। तुम आकर रह सकती हो।' प्रेमा ने साफ इंकार करते हुए कहा 'नहीं, यह नहीं हो सकता। मैं तो आपके आने के बाद ही आऊंगी। थोड़े महीने बाद मेरी परीक्षा है। परीक्षा देकर आ जाऊंगी।' महात्मा को कहना पड़ा 'जैसी तुम्हारी इच्छा। तुम जब भी आओगी, आश्रम के दरवाजे तुम्हारे लिए खुले ही रहेंगे।'[4]

प्रेमा महात्मा पर अपना जादुई असर छोड़ कर लौट आईं। महात्मा यूरोप न जा सके। अप्रैल, 1929 में उन्होंने एम.ए. की परीक्षा दी। और इसी बीच महात्मा को वहीं से 'रंगीन कागज पर सुंदर अक्षर बनाकर' पहला पत्र लिखा। उन्हें अपनी मुलाकात याद दिलाई। महात्मा ने बताया कि वह आंध्र प्रदेश जाने वाले हैं। मई में लौटेंगे। प्रेमा आश्रम आने के लिए बेताब थीं। महात्मा आंध्र से 25 मई, 1929 को बंबई आए। प्रेमा दूसरे ही दिन महात्मा के साथ ही आश्रम आ गईं। वह रेलगाड़ी में महात्मा के साथ बैठना चाहती थीं। लेकिन महात्मा के डिब्बे में बड़ी भीड़ थी। महात्मा ने उन्हें अलग महिला डिब्बे में बैठने को कहा। वे 26 मई को साथ अहमदाबाद रेलवे स्टेशन पर उतरे। स्टेशन से आश्रम तक वह मोटर पर महात्मा के साथ ही गईं।

प्रेमा को आश्रम के हृदयकुंज में रहने को एक कमरा दिया गया। लेकिन प्रेमा महात्मा का सान्निध्य चाहती थीं। उन्होंने देखा कि महात्मा खुले आसमान के नीचे खाट डाल कर सोते हैं। प्रेमा ने भी अपनी खाट उनसे कुछ दूरी पर बिछा ली। और तब से वह बाहर ही सोने लगीं। रोज सुबह उठते ही महात्मा का दर्शन सबसे पहले होता था। पहली रात ही सोने से पहले महात्मा ने प्रेमा से बातचीत की। बातचीत आश्रम में प्रेमा को क्या करना है, को लेकर थी। इसके कुछ दिन बाद ही गांधीजी सफर पर जाने वाले थे। जाने से पहले एक रात उन्होंने प्रेमा को अपने पास बुलाया और देर तक बात करते रहे। वह प्रेमा के व्यक्तिगत जीवन के बारे में सब कुछ जान लेना चाहते थे !

बातों-बातों में प्रेमा ने बताया कि उन्हें 'सत्याग्रही सैनिक' बनना है। गांधीजी उसे आश्रम के बारे में समझा रहे थे। प्रेमा आश्रम के बारे में नहीं समझना चाहती थीं। 'मुझे सत्याग्रह संस्कार चाहिए, जबकि आप दूसरी ही बात कर रहे हैं। आप मुझे कहां ले जा रहे है?' महात्मा बोले 'मैं तुम्हे सत्याग्रह के मार्ग पर ले जा रहा हूं।' प्रेमा ने कहा 'लेकिन मुझे कोई बड़ा और जबरदस्त काम

करना है।' गांधीजी हंसते हुए बोले 'फिलहाल तुम सबसे जबरदस्त काम यह करोगी कि सो रहो।'[5]

जैसा कि स्वाभाविक था वह बहुत जल्द महात्मा की प्रियतम शिष्याओं में एक हो गईं। महात्मा प्रार्थना के वक्त, व्यक्तिगत बातचीत और पत्रों में प्रेमा की तारीफ करने लगे। आश्रम में आने के बहुत दिनों बाद एक दिन प्रेमा ने गांधीजी पर ताना मारा 'महात्मा, यहां ज्यादातर लड़कियां कहती हैं कि हमें बापू यहां ले आए। कोई अपने पति के साथ आया कोई भाई या पिता के साथ। केवल मैं ही ऐसी थी जो कुत्ते के बच्चे की तरह आपके पीछे-पीछे दौड़ी चली आई। लेकिन आपने कैसा बर्ताव किया। पहली ही भेंट में मेरे प्रति अविश्वास दिखाया और मुझे मुसीबतें बताने लगे। लेकिन अब तो विश्वास हुआ ना।'

महात्मा हंसते-हंसते बोले 'तेरी बात सच्ची है। मुझे पहले तो विश्वास ही नहीं हुआ। मुझे लगा कि यह बंबई की पढ़ी-लिखी लड़की है। अंग्रेजी बघारती है। आश्रम में आने की बात करती है। लेकिन आएगी नहीं। आएगी भी तो उसे आश्रम जीवन अच्छा नहीं लगेगा। यह आश्रम में टिकेगी नहीं। लेकिन तू सच्ची निकली। मैं अपनी हार स्वीकार करता हूं।'[6]

आश्रम में प्रेमा महात्मा के सबसे करीब थीं। महात्मा प्रेमा के यहां आने के बाद पहली बार आश्रम के बाहर गए। प्रेमा उदास हुईं। जाते-जाते वह प्रेमा को पत्र लिखने की नसीहत दे गए। गांधीजी बाहर गए और एक रात प्रेमा ने एक विचित्र सपना देखा। उन्होंने देखा कि महात्मा आसन पर पालथी मारे बैठे हैं। उनकी गोद में वह बच्ची बन कर लेटी हैं। महात्मा के वक्ष स्थल से दूध बह रहा है। वह सीधा उसके मुंह में गिर रहा है। वह दूध पी रही है। महात्मा कह रहे हैं 'पी, पी और पी।' दूध से उसका पेट भर गया। फिर भी दूध बह रहा है। महात्मा और दूध पीने का आग्रह कर रहे हैं। प्रेमा उस दुग्ध प्रवाह में डूब गई। वह घबराकर नींद से जाग गई।[7]

अगले दिन प्रेमा ने यह सारी बातें महात्मा को पत्र में लिख दीं। छोटा-सा जवाब आया- 'तुम्हारा पत्र मिला। स्वप्न सात्तिवक और राजस भी होते हैं। तुम्हारा स्वप्न सात्विक कहलाएगा। उसका अर्थ यह है कि तुम अपने आपको मेरे पास सुरक्षित समझती हो।' महात्मा के इस जवाब में अगर प्रेमा को किसी बात पर आपत्ति हुई तो वह उसके लिए 'बहन' के संबोधन पर। महात्मा सफर से लौटे। मौका मिलते ही प्रेमा ने उनसे अपने मन की बात कह दी। 'आप मुझे बहन क्यों बुलाते हैं। मैं तो कितनी छोटी हूं आपसे। मुझे बिलकुल अच्छा नहीं लगता।' महात्मा हंसे और बोले- 'मेरी इच्छा हो तो मैं तुम्हें प्रेमा कहकर बुलाऊं, प्रेमली कहूं या प्रेमी कहूं!' [8]

आश्रम के हृदयकुंज में पारिजात के कई पेड़ थे। प्रेमा के मन में आया इन फूलों का हार बनाकर महात्मा को पहनाना चाहिए। एक सुबह वह उठीं और पारिजात के फूल इकट्ठे किए। उनकी माला बनाई और एक टोकरी में पत्तों के नीचे छिपा

कर महात्मा के पास आ गईं। महात्मा कुछ लिख रहे थे। वह दरवाजे पर खड़ी रही। महात्मा ने प्रेमा को देखा और पूछा, 'कैसे आना हुआ प्रेमली।' प्रेमा बोली 'मैंने पारिजात के फूलों का हार बनाया है आपके लिए। पहनाने की इच्छा है।' महात्मा ने पूछा, 'आज क्या है?' जवाब नहीं सूझा। प्रेमा बोली, 'पवित्र दिन?' महात्मा निरुत्तर हो गए। महात्मा कुछ देर सोचने लगे। फिर बोले 'अच्छा, ऐसा कर मुझे हार पहना दे। लेकिन मैं इसे वापस कर दूंगा। उसके दो टुकड़े करना। आश्रम में जो दो बीमार भाई हैं। उन्हें एक-एक टुकड़ा दे देना। भक्तिप्रेम की परिणति सेवा में होनी चाहिए।'

आश्रम में रोज शाम को लड़कियां महात्मा के साथ घूमने जातीं। महात्मा ने नियमों में कुछ संशोधन के बाद लड़कियों के कंधे पर फिर हाथ रखकर घूमना शुरू कर दिया था। आश्रम की लड़कियों में होड़ रहती कि महात्मा आज किसके कंधे पर हाथ रखकर घूमेंगे। हालांकि इन लड़कियों में प्रेमा नहीं होतीं। एक दिन किसी लड़की ने प्रेमा को चिढ़ाया कि महात्मा 'आपके कंधे पर हाथ नहीं रखते।' प्रेमा ने चिढ़कर कहा 'क्यों नहीं रखेंगे? मैं तुम्हारी तरह जबरन बीच में नहीं घुसती।' तब एक लड़की ने बताया कि आश्रम का नियम है। बापू 16 साल से बड़ी उम्र की लड़कियों के कंधे पर हाथ नहीं रखते। प्रेमा तब 24 साल की हो चुकी थी। यह नियम महात्मा ने नहीं आश्रम के मंत्री छगनलाल जोशी ने बनाया था। प्रेमा ने इसकी शिकायत महात्मा से की। महात्मा ने हंसते हुए कहा कि 'अगर तुझे मेरे कंधे पर हाथ रखना है तो छगनलाल भाई से इजाजत लेकर आ।' प्रेमा के स्वाभिमान को धक्का लगा। वह गुस्से से बोलीं 'आपके हाथ की मुझे ऐसी क्या गरज है कि मैं छगनलाल भाई से इजाजत लेकर आऊं।' 'तुझे हाथ न रखना हो तो दूसरी बात है।' महात्मा बोले। बात वहीं खत्म हो गई। लेकिन पूरी तरह नहीं। महात्मा ने कच्चे आहार का प्रयोग किया। तबियत खराब हो गई। महात्मा को पेचिश शुरू हो गई। रात लालटेन लेकर वह पाखाना जाने निकले। प्रेमा जाग रही थीं। महात्मा को गुसलखाने गए बहुत देर हो गई। प्रेमा किसी अप्रिय घटना से डर गईं। कुछ देर बाद महात्मा लालटेन लेकर बाहर नकले। वह कांप रहे थे। प्रेमा ने उनसे लालटेन मांगी। उन्होंने लालटेन दी। और महात्मा का कमजोर शरीर प्रेमा पर गिर गया। प्रेमा ने उन्हें संभाला। सहारा दिया। गांधीजी ने कहा 'जवानी में मेरे शरीर में पठान जैसी ताकत थी।' प्रेमा ने पलट कर पूछा-'मैं आपको दोनों हाथों में उठाकर ले चलूं।' महात्मा ने जल्दी से कहा-'नहीं, नहीं मैं चलूंगा।'[9]

प्रेमा के कंधे के सहारे वह बिस्तर तक पहुंचे। थोड़े दिन वह बिस्तर पर ही रहे। फिर धीरे-धीरे टहलने लगे। प्रेमा के कंधे का सहारा लेकर। इस घटना के बाद प्रेमा महात्मा के और करीब आ गईं। आश्रम की दूसरी लड़कियां प्रेमा से जलने लगीं। वह बड़बड़ाई 'ये तो आश्रम का नियम भंग हो गया।' लेकिन महात्मा

ने कहा 'देखती नहीं हो? मैं बीमार हूं। मुझे सहारा चाहिए। यहां नियम क्या हो सकता है?'[10]

फिर महात्मा प्रेमा के कंधे पर हाथ रखकर घूमने लगे। यही नियम बन गया। मौन के दिन भी प्रेमा उन्हें सहारा देने के लिए उनके साथ होतीं। वह उनकी अनुगामिनी बन गईं। महात्मा का हाथ कंधे पर होने से वह गर्व महसूस करती थीं। एक शाम महात्मा का हाथ प्रेमा के कंधे पर था। प्रेमा ने महात्मा के हाथों को 'सहलाते' हुए कहा कि 'जिस हाथ ने अंग्रेजी साम्राज्य का सिंहासन हिला दिया वह हाथ मेरे कंधे पर है, यह कैसी हृदय को उत्फुल्ल कर देने वाली बात है। और मैंने हर्षोन्माद में उनके कोमल, पवित्र हाथों को चूम लिया।' यह सुनकर महात्मा मुस्कराए। बोले-'हम कितने महान हैं।' प्रेमा ने आगे लिखा- ऐसा दरबारी रौब दिखाकर, छाती फुलाकर और सिर ऊंचा करके कदम से कदम बढ़ाते हुए पूज्य महात्माजी चलने लगे।'[11]

महात्मा उन्हें 'द ओनली फेथफुल' यानी 'एकमात्र वफादार' कहने लगे। गांधीजी अधिकांश सफर में रहते। कई राज्यों में उनके कार्यक्रम लगते। महात्मा जाते तो प्रेमा उनके वियोग में उदास हो जातीं। मीरा की कहानी दोहराई जा रही थी। महात्मा के बगैर उसका आश्रम में मन नहीं लगता। यहां वह घरेलू महिला-सी जिंदगी बसर कर रही थीं। पर प्रेमा गांधीमय हो गई थीं। उन्होंने लिखा-'महात्मा का साथ तो एक अद्‌भुत अमृत रसपान था। लेकिन जब वह यात्रा पर जाते तब भी-'ज्यां ज्यां नजर मारी ठरे यादी भरी त्यां आपनी।' यानी जहां-जहां मेरी नजर ठहरती है वहां-वहां आपका स्मरण ही भरा होता है।

महात्मा कई-कई दिनों के लिए देशाटन पर निकल जाते। एस्थर और मीरा की तरह प्रेमा को भी बापू के बिना आश्रम नहीं भाता था। प्रेमा ने लिखा अगर महात्मा आश्रम में नहीं रहेंगे तो वह आश्रम छोड़ देंगी। महात्मा ने जवाब दिया 'अगर उसे आश्रम में कुछ भी मिला हो तो उसे न छोड़ने का निश्चय करके वह स्वयं अपनी, आश्रम की और मेरी शोभा बढ़ाना।' उन्होंने कहा- 'तुम जिस रास्ते पर चल रही हो उसी में आत्म शुद्धि है। इस बारे में कभी शंका मत करो।' लेकिन प्रेमा का मन नहीं माना। वह आश्रम में ऊब रही थीं। उसने महात्मा को पत्र लिखकर कुछ दिन के लिए बंबई जाने की इच्छा व्यक्त की। लेकिन प्रेमा के पास पैसे नहीं थे। उसने महात्मा को पत्र लिखा। इस प्रेम भरे पत्र में पैसे और बंबई जाने की इच्छा के अलावा प्रेमा ने लिखा कि 'वह महात्मा के जाल में फंस गई हैं।'

तब सितंबर, 1929 में गांधीजी आगरा आए थे। यहां आगरा कॉलेज और सेंट जान्स कालेज के छात्रों को दिए अपने भाषण में कहा 'जब तुम अपने ऊपर प्रभुत्व स्थापित कर लोगे तथा अपनी वासनाओं पर काबू रखना सीख लोगे, तब तुम्हारे मुंह से निराशा की वाणी नहीं निकलेगी। इसके कुछ दिन बाद उन्होंने प्रेमा को पत्र

लिखा–'...यह बात बिलकुल सच है कि मेरे जाल में जो भी कोई आ जाए उसे फंसा लेने की ही मेरी इच्छा रहती है। किसी के जाल में फंसकर हमारा सत्यानाश हो सकता है। लेकिन मेरे जाल में फंसे एक भी व्यक्ति का सत्यानाश हुआ हो ऐसा मैं नहीं जानता। इसलिए अपना धंधा चालू रखता हूं।'

साबरमती के संत के आश्रम में व्यभिचार की घटनाएं लगातार घट रही थीं। आश्रम के एक साथी ने आश्रम की ही एक स्त्री से संबंध बना लिए। ऐसा संदेह था। वह साथी इस स्त्री को अपनी बहन बताता था। घटना के उजागर होने के साथ ही महात्मा को पता चला कि वह स्त्री उसकी सगी बहन नहीं। महात्मा ने इस मामले की जांच शुरू करा दी। महात्मा तब उत्तर प्रांत के दौरे पर थे। उन्होंने उत्तर प्रदेश के गोंडा जिले से आश्रम के मंत्री छगनलाल जोशी को लिखा– 'पर-स्त्री और पर-पुरुषों के संबंध में बहुत गलत अफवाहें उड़ती हैं, इसका हमें अनुभव है। यह सही है कि कई बार ये संबंध मलिन भी सिद्ध हुए हैं; किंतु उससे हमारे डर जाने का कोई कारण नहीं है। ऐसा तो इस संसार में हुआ ही करता है। इसलिए हमारा कर्तव्य तो यही है कि हम प्रत्येक किस्से की तटस्थता से जांच करें। और जब तक शंका करने का सबल कारण न मिले तब किंतु निर्दोष को दोषी ठहराने के जोखिम के बजाय धोखा खाने का जोखिम उठाना हमेशा ज्यादा अच्छा है। तुम इस बात का ध्यान रख कर अपना निर्णय करना।'

उधर मीरा महात्मा से दूर थीं। वह पटना के सदाकत आश्रम में थीं। लेकिन वह दूर रहकर भी महात्मा को दुख पहुंचा रही थीं। उसे दिन-रात सिर्फ बापू का ही खयाल रहता। मीरा के पत्रों में सिर्फ बापू की सेहत की चिंता रहती। उत्तर प्रदेश की यात्रा में महात्मा बहुत व्यस्त हो गए थे। दिन-रात भूल गए। मीरा को यह पता चला तो उनसे रहा नहीं गया। मीरा के बढ़ते मोह से महात्मा भी चिंतित थे। लेकिन क्या करते? महात्मा ने बांदा से मीरा को और परेशान करने के लिए एक प्यार भरी डांट भरा पत्र लिखा– '...मुझे दिन-भर तुम्हारा खयाल आता रहा है। चूंकि अब तुम मुझसे दूर हो, इसलिए तुम्हें दुख पहुंचाने का मुझे और भी अधिक दुख हो रहा है। आज तक ऐसा कोई जालिम नहीं हुआ, जिसे दूसरों पर किए गए जुल्म की कीमत न चुकानी पड़ी हो और किसी प्रेमी ने कभी पीड़ा पहुंचा कर कम पीड़ा नहीं सही। मेरा यही हाल है। मैंने जो कुछ किया वह अनिवार्य था। यह जरूर है कि अगर मुझे क्रोध न आता तो अच्छा होता, लेकिन जिन्हें मैं बहुत ज्यादा चाहता हूं, उनके प्रति मैं कठोर भी बहुत ज्यादा रहता हूं।'[12]

लेकिन मीरा से नहीं रहा गया। वह महात्मा के पास आ गईं। दिसंबर के जाड़े में महात्मा दिल्ली आए थे। मीरा भी उनके साथ थीं। वह फिर सब कुछ भूलकर महात्मा की सेवा में जुट गईं। महात्मा का मन सदा की तरह पाप और पुण्य पर चिंतन कर रहा था। उन्हें लगता कि ऊपर उठने और नीचे गिरने में बहुत बारीक

रेखा है। जीवन का हर क्षण निरीक्षण जरूरी है। दिन निकलने से पहले महात्मा न जाने किस उधेड़-बुन में आश्रम की महिलाओं को कर्तव्य की याद दिलाने लगे। इस मानसिक अंतर्द्वंद्व के बीच महात्मा शायद इस बहाने खुद को खबरदार कर रहे थे। उन्होंने आश्रम की महिलाओं को संदेश लिख डाला-

'बहनों, दिल्ली में सुबह की प्रार्थना के बाद यह पत्र लिख रहा हूं। ठंड इतनी कड़ाके की है कि मीराबहन के पैर ठिठुर गए हैं और वह बिस्तर में घुसकर पास ही पड़ी है। लेकिन लाहौर में तो यहां से भी ज्यादा सर्दी है। मगर मुझे ठंड की बात नहीं लिखनी है। मुझे तो हमारे अपने कर्तव्य के बारे में लिखना है। अभी तो इतना ही लिखना है कि जो अपने स्वार्थ का विचार करेंगे वे जरूर गिरेंगे। जो सेवा-परायण रहेंगे, उन्हें गिरने के लिए समय ही कहां मिलेगा? मेरा सदा यह अनुभव रहा है कि जो लोग भी गिरे हैं, वे सत्य से विमुख रहे हैं या विमुख हुए हैं। पाप-कर्म के लिए अंधेरे की जरूरत होती है। वह ज्यादातर छिपकर ही होता है। ऐसे मनुष्य भी देखने में आते हैं जिन्होंने शर्म छोड़ दी है और जो खुल्लमखुल्ला पाप-कर्म करते हैं; और कुछ ऐसे भी हैं जो पाप को पुण्य मानते हैं। हम ऐसों की बात तो नहीं करते। हमारे बहुत से काम रुक गए हैं इसका एक कारण, जैसा कि मैंने ऊपर कहा है, स्वार्थ है और उस स्वार्थ में हमारे और समाज के पतन की संभावना छिपी हुई है। इस पर सोचना, मनन करना और इस दृष्टि से सभी अपने-अपने जीवन का निरीक्षण करना।'[13]

दांडी कूच और प्रेमा का पागलपन

जनवरी, 1930 में महात्मा साबरमती आश्रम लौट आए थे। मीरा और प्रेमा भी उनके साथ आश्रम में थीं। असहयोग और चौरी चौरा की घटना के बाद महात्मा राजनीतिक रूप से खामोश हो गए थे। जेल से निकलने के बाद उन्होंने अपना पूरा वक्त भारत भ्रमण और आश्रम में बिताया था। कांग्रेस बाहर अपना काम कर रही थी। लेकिन कांग्रेस के कमांडर अब तक महात्मा ही थे। महात्मा को लगा कि अब फिर जागने का वक्त आ गया है। उन्होंने अचानक फिर अवज्ञा आंदोलन छेड़ने का ऐलान कर दिया। यंग इंडिया के एक लेख में बाकायदा इसकी घोषणा की गई थी। इस सत्याग्रह में ब्रिटिश हुकूमत के सामने 11 शर्तें रखी गई थीं। चौंकाने वाली बात यह थी कि इन 11 शर्तों या मांगों में स्वराज या आजादी की मांग नहीं थी। जबकि कुछ दिन पहले ही कांग्रेस ने लाहौर में महात्मा की मौजूदगी में पूर्ण स्वाधीनता का प्रस्ताव पास किया था। कांग्रेस के नेताओं को इस पर एतराज था लेकिन बोलता कौन?

अब सवाल आंदोलन शुरू करने का था। यह भी महात्मा को ही तय करना था। महात्मा के मांगपत्र में नौवीं मांग नमक कानून को लेकर थी। नमक पर सरकारी

इजारेदारी थी और जनता को इस पर टैक्स देना पड़ता था। महात्मा को लगा कि नमक ऐसा मुद्दा है जो हर घर में चर्चा का विषय बनेगा। उन्होंने ऐलान किया कि वह 12 मार्च, 1930 को नमक कानून के खिलाफ आंदोलन छेड़ेंगे। वह करीब दो सौ मील की पैदल यात्रा कर समुंद्र के किनारे दांडी जाएंगे और नमक का कानून तोड़ेंगे। यह काम वह खुद और उनके चुने हुए साथी करेंगे। अगर वह गिरफ्तार हो गए तो यह सत्याग्रह देशव्यापी सत्याग्रह बन जाएगा। लेकिन फिर हिंसा हो गई तो? यह सवाल कांग्रेसियों को परेशान कर रहा था। लेकिन वक्त के साथ महात्मा थोड़ा बदल चुके थे। जैसा कि जवाहरलाल नेहरू ने आत्मकथा में लिखा–'उन्होंने हमें यह तो कुछ–कुछ बता ही दिया था कि अब उनकी विचार–पद्धति में थोड़ा फर्क आया है और जब सविनय भंग हो जाएगा, किसी एकाध हिंसात्मक घटना से उसका बंद किया जाना जरूरी नहीं होगा।'[14]

नमक कानून तोड़ने का प्रस्ताव साबरमती आश्रम में तय हुआ था। युवा जवाहरलाल नेहरू अपने वृद्ध हो चुके पिता मोतीलाल नेहरू के साथ यहां आए थे। सब कुछ तय हो चुका था। आश्रम के कमरे से विदाई के वक्त मीरा वहां खड़ी थीं। पं. मोतीलाल नेहरू उनकी तरफ देखकर मुस्कराए। विदाई के वक्त उन्होंने शेक्सपीयर की कुछ लाइनें पढ़ीं–'वैन शैल वी मीट अगेन? इन थंडर, लाइटिंग आर इन रेन। यानी हम तीनों फिर कब मिलेंगे? गर्जन, बिजली या वर्षा में?'

महात्मा 12 मार्च को सत्याग्रह आश्रम से निकलकर पद यात्रा करते हुए कराड़ी पहुंचने वाले थे। अफवाह हुई कि 11 मार्च की रात ही गांधीजी गिरफ्तार कर लिए जाएंगे। रात भर में वहां लोगों की भीड़ रही। प्रेमा रात भर सो न सकीं। भोर में तीन बजे प्रेमा महात्मा के कमरे में पहुंचीं। वे अपनी खाट पर बैठे दातून कर रहे थे। प्रेमा ने लिखा- 'वे गिरफ्तार नहीं हुए और अब कूच होगी ही। जिसके आनंद में डूबकर मैं उनके पास गई और मैंने अपना सिर उनकी पीठ पर रखकर कहा 'महात्मा आप पकड़े नहीं गए। इसलिए अब कितना आनंद आएगा।' वे हंसे। 'पागल!' इतना ही कहा।'

नमक सत्याग्रह के लिए कूच पर जाने की तैयारी थी। जवाहरलाल नेहरू ने राष्ट्रीय झंडे के बिल्ले बनाकर कार्यकर्ताओं को बांटे थे। महात्मा दर्जी के सिलाए हुए कपड़े नहीं पहनते थे। इसलिए उन्हें किसी ने बिल्ला नहीं दिया। लेकिन प्रेमा को लगा कि सेनापति की छाती पर भी बिल्ला होना चाहिए। वह दौड़ती हुई महात्मा के पास पहुंची। वहां दो–तीन आदमी थे। प्रेमा ने कहा कि यह बिल्ला मैं आपकी छाती पर लगाना चाहती हूं। ओढ़ने की धोती पर लगा लें। महात्मा प्रेमा का आग्रह टाल नहीं सके। प्रेमा ने लिखा 'मेरी भावनाएं भी उद्दीप्त हो गईं। जरा भी विवेक रखे बिना प्रेमवश होकर मैंने अपने उन प्रियदर्शी नेता को दोनों हाथों में बांध लिया।'[15] इस अप्रत्याशित आलिंगन से महात्मा झेंप गए थे। 'पागल! हंसते–हंसते महात्मा ने

प्रेमा को दूसरी बार वही उपाधि दी।' महात्मा इस घटना को भूल नहीं पाए। वह दांडी कूच पर निकल चुके थे। अगले ही दिन 13 मार्च को उन्होंने प्रेमा को पत्र लिखा- 'तू पागल तो है ही, लेकिन तेरा पागलपन मुझे प्यारा लगता है।'[16]

प्रेमा बुरी तरह महात्मा के प्रेम में थी। भावातिरेक में वह कई बार महात्मा से लिपट जाती। प्रेमा के शारीरिक होने से कई बार महात्मा भी झेंप जाते। ऐसे नाजुक वक्त में वह उसे 'पागल' कहकर बात टाल देते। युवा लड़कियों के ऐसे औचक आलिंगनों का महात्मा पर क्या असर होता था इसका ब्यौरा उन्होंने कहीं नहीं दिया। भावातिरेक के ऐसे आलिंगनों में निर्विकार रहने की बात भी महात्मा ने कहीं नहीं लिखी। लेकिन महात्मा ऐसे स्पर्श को गलत नहीं मानते थे। उनके हिसाब से 'ब्रह्मचारी रहने का अर्थ यह नहीं कि मैं किसी स्त्री को स्पर्श न करूं, अपनी बहन का स्पर्श न करूं। पर ब्रह्मचारी होने का अर्थ यह है कि स्त्री का स्पर्श करने से किसी प्रकार का विकार उसी तरह उत्पन्न न हो जिस तरह कागज को स्पर्श करने से नहीं होता। मेरी बहन बीमार हो और उसकी सेवा करते हुए, उसका स्पर्श करते हुए ब्रह्मचर्य के कारण मुझे हिचकना पड़े तो वह ब्रह्मचर्य तीन कौड़ी का है। जिस निर्विकार दशा का अनुभव हम मृत शरीर को स्पर्श करके कर सकते हैं उसी का अनुभव जब हम किसी सुंदर युवती का स्पर्श करके कर सकें तभी हम ब्रह्मचारी हैं।'[17]

लेकिन ऐसे स्पर्श विकार रहित ही होंगे, यह कौन तय करेगा। महात्मा ने भले अपने विकारों पर विजय प्राप्त कर ली हो लेकिन क्या 24 साल की उम्र में प्रेमा सभी विकारों से मुक्त थी? यह एक कठिन सवाल था। नमक कानून तोड़ने के लिए महात्मा हाथ में लाठी लिए आगे बढ़ते जा रहे थे। पीछे उनकी फौज थी बिना किसी शस्त्र के। सड़क के दोनों तरफ भीड़ महात्मा के इंतजार में पलकें बिछाए खड़ी रहती। सबको लगता कि उनका महात्मा लाठी लेकर आजादी मांगने निकला है। गांधीजी ने ऐलान कर दिया था कि 'नमक कर वापस नहीं हुआ तो आश्रम नहीं लौटूंगा।' आचार्य प्रफुल्लचंद राय जैसे लोग महात्मा के इस ऐतिहासिक कूच को हजरत मूसा की उस यात्रा से जोड़ रहे थे जब उन्हें उनके साथियों के साथ देश छोड़कर निकलना पड़ा था। दांडी यात्रा को लेकर देश भर में गजब का रोमांच था। सोया हुआ देश एक बार फिर जाग गया था। हर तरफ चर्चा थी कि आगे क्या होगा। 6 अप्रैल को महात्मा ने देश भर में नमक का कानून तोड़ने का आह्वान किया था। चौबीस दिन पैदल चलने के बाद 5 अप्रैल को महात्मा अपने चुनिंदा सत्याग्रहियों के साथ दांडी पहुंच गए। उन्हें 5 अप्रैल की देर रात चुपचाप गिरफ्तार कर लिया गया। ऐसी गिरफ्तारियां रात के अंधेरे में ही की जाती हैं। उन्हें मोटर लारी से रेलवे स्टेशन लाया गया। यहां मौजूद लंदन टेलीग्राफ के संवाददाता अशमीद बार्टीलेट ने लिखा-'एक ईश्वर दूत की गिरफ्तारी क्या छोटी बात है।

सच्चे–झूठे की भगवान जाने लेकिन इसमें कोई शक नहीं कि गांधी आज करोड़ों हिंदुस्तानियों की नजर में महात्मा और दिव्य पुरुष हैं। कौन कह सकता है कि सौ साल बाद तीस करोड़ भारतीय उसे अवतार मानकर नहीं पूजेंगे?"[18]

गिरफ्तारी के तुरंत बाद इस बार फिर हिंसा भड़क उठी। देश भर में हड़ताल सत्याग्रह हुए। शोलापुर में नाराज भीड़ ने चौरी–चौरा की तरह आधा दर्जन पुलिस चौकियां फूंक दी। पुलिस को गोली चलानी पड़ी। 25 मरे और करीब 200 लोग घायल हुए। पुलिस का दमन चक्र शुरू हो गया। देश भर में गोलियां चलीं। असेंबली में एससी मित्र के एक सवाल के जवाब में होम मेंबर हेग ने जो आंकड़े दिए उसके मुताबिक अप्रैल से मई के बीच मद्रास में 3 मरे 6 घायल, करांची में 2 मरे 6 घायल, कलकत्ता में 8 मरे 59 घायल, चटगांव में 12 मरे 2 घायल, पेशावर में 30 मरे 33 घायल, सीमा प्रांत में 17 मरे 37 घायल हुए। [19]

लेकिन इस बार हिंसा भड़कने के बावजूद आंदोलन वापस न लेने का फैसला तो पहले ही हो गया था। महात्मा यरवदा जेल में आ गए थे। लेकिन पत्रों से उन्हें आश्रम का हाल मिल रहा था। आश्रम में व्यभिचार के किस्से बदस्तूर जारी थे। आश्रम के मंत्री छगनलाल जोशी को लिखे एक पत्र में व्यभिचार में फंसी एक महिला के बारे में सलाह दी– 'मैं जहां तक समझ पाया हूं, वहां तक मेरी राय है कि ... को स्वतंत्रता दे देनी चाहिए। संभव है कि वह दूसरा विवाह न करे। पर उसे मन–ही–मन अपना स्वतंत्र हो जाना अच्छा लगेगा। यदि अब भी वह व्यभिचार में पड़ी हो तो दूसरी ऐसी स्त्रियों की तरह ... इसे भी शुद्ध नहीं बना सकता।' (नोट–पहचान छुपाने के इन लोगों के नाम यहां नहीं दिए जा रहे।)[20]

मीरा के आश्रम आने के कोई चार साल बाद प्रेमा का आगमन हुआ था। प्रेमा उम्र में मीरा से छोटी थी और तेज भी। देखते–देखते प्रेमा ने बापू पर एक तरह से अपना कब्जा जमा लिया। आश्रम में प्रेमा और मीरा के संबंध कभी मधुर नहीं रह सके। मीरा शांतिप्रिय थीं। वह अपने काम से काम रखती थीं। लेकिन प्रेमा के साथ ऐसा नहीं था। दांडी कूच से कुछ समय पहले की बात है। हृदय कुंज के बाड़े तक जाने के लिए एक दरवाजा मीरा के आवास से होकर जाता। वहां लोगों के बार–बार आने जाने से मीरा को परेशानी होती। मीरा ने बापू से कहकर वह दरवाजा बंद करा दिया। प्रेमा और बाकी लोगों को यह बुरा लगा। लेकिन महात्मा से कहे तो कौन। अंत में प्रेमा ने ही यह शिकायत महात्मा से की। लेकिन महात्मा ने मीरा का समर्थन किया और प्रेमा को भला–बुरा कहा। प्रेमा गुस्से से चली गईं। बाद में महात्मा ने प्रेमा को समझाया। उन्होंने कहा कि 'मीरा को मैंने जितना रुलाया है किसी और को नहीं। इसलिए उसके प्रति मेरा मोह ज्यादा है।'[21] बाद में मीरा को जब इस हंगामे का पता चला तो उसने बंद दरवाजा खुलवा दिया।

पैगंबर की खुराक और देवदास का प्रेम

महात्मा जेल में थे। प्रेमा आश्रम संभालने लगीं। आश्रम में महात्मा की गैर मौजूदगी ने उसे और भी कुंठित कर दिया था। आश्रम में उसके झगड़े शुरू हो गए। उन्हें गुस्सा ज्यादा आता। छोटे बच्चों को मारती-पीटतीं। बुजुर्गों को भी डांट देतीं। प्रेमा की शिकायतें शुरू हो गईं। एक दिन तो प्रेमा ने हद कर दी। हॉस्टल की एक लड़की से मैत्री नाम की एक दूसरी लड़की का झगड़ा हो गया। दरअसल हॉस्टल की उस लड़की को मिर्गी के दौरे पड़ते थे। मैत्री ने उस पर व्यंग्य किया। लड़की रोती हुई प्रेमा के पास आई। प्रेमा ने मैत्री को डांटा। मैत्री ने उससे भी बदतमीजी से बात की। प्रेमा का पारा और चढ़ गया। वह गुस्से में मैत्री से बोलीं 'फिर ऐसे व्यंग्य शब्द तेरे मुंह से निकले तो मुंह पर चप्पल से मारूंगी।' इस घटना से आश्रम में हंगामा मच गया। बात महात्मा तक पहुंची। वह बोरसद में थे। नारायणदास काका के साथ प्रेमा और विरोधी खेमा महात्मा के पास पहुंचा। महात्मा ने प्रेमा को माफी मांगने के लिए कहा। प्रेमा ने इंकार कर दिया। दूसरे दिन सब आश्रम लौट आए। प्रेमा के कुछ विरोधी वहीं रुक गए। उन्होंने प्रेमा के बाहरी आचरण पर भी सवाल उठाए। ये मामला गंभीर था। तब महात्मा जेल से छूट चुके थे। वह यात्रा पर थे। उन्हें वापस आश्रम आना पड़ा। उन्होंने आश्रमवासियों, बच्चों और मेहमानों के बीच प्रेमा पर लगे सारे आरोप दोहराए। प्रवचन भी दिया। प्रेमा इस घटना से आहत हुई। उसे शर्मिंदगी महसूस हुई। महात्मा बाहर जाने को हुए तो उसने हमेशा की तरह उनके पांव भी नहीं छुए। वह कई दिनों तक न महात्मा से मिली न बात की और न ही उन्हें कोई पत्र लिखा।

बाद में महात्मा ने उन्हें बहुत मनाया, बहलाया और समझाया। अंत में प्रेमा मान गईं। यह पहली बार का गुस्सा था। इसके बाद दो मौके और भी आए जब प्रेमा की महात्मा से बातचीत बंद हो गई। लेकिन यह ज्यादा दिन नहीं चला। दोनों एक-दूसरे से इस तरह प्रभावित थे कि एक-दूसरे से हमेशा के लिए अलग नहीं हो सकते थे।

आश्रम में प्रेमा का आतंक जारी था। आश्रम के मंत्री छगन जोशी ने महात्मा को लिखा कि प्रेमा बहन 'बहुत जहरीली हैं।' लेकिन महात्मा यह मानने को राजी नहीं थे। उन्होंने जोशी को लिखा-'प्रेमा बहन के बारे में तुम जिस निष्कर्ष पर पहुंचे हो वह मुझे ठीक नहीं लगता। उसके जैसी निर्मल, परिश्रमी और निर्विकार स्त्रियां हमारे पास कितनी हैं? उसे बच्चों से असीम प्रेम है। उसमें दोष तो अवश्य हैं, लेकिन हममें से दोषरहित कौन है? ईसा मसीह का एक महावाक्य है : 'तुममें जो व्यक्ति निर्दोष है वह इस महिला को सबसे पहले पत्थर मारे।'[22]

गांधीजी 26 जनवरी, 1931 को यरवदा जेल से बिना शर्त रिहा हुए थे।

पहले गोलमेज सम्मेलन के बाद हुकूमत थोड़ी नर्म हुई थी। वह अब शांति वार्ता चाहती थी। इस बीच पं. मोतीलाल नेहरू गंभीर रूप से बीमार पड़ गए। लखनऊ में जांची गई एक्स-रे रपट उनके खिलाफ गई थी। इलाहाबाद के स्वराज भवन में 6 फरवरी, 1931 को उनका निधन हो गया था। दाह-संस्कार में महात्मा और मीरा मौजूद थे। गंगा के किनारे पं. मोतीलाल नेहरू के शरीर को आग की लपटों में जलते मीरा ने अपनी आंखों से देखा था। मीरा ने देखा कि विदेश से पढ़ाई कर लौटे पं. मोतीलाल नेहरू के काबिल बेटे जवाहरलाल कैसे जाड़े के इस मौसम में आधी रात को पवित्र गंगा के बर्फ से ठंडे पानी में खड़े अपने पिता की आत्मा की शांति के लिए ईश्वर से प्रार्थना कर रहे हैं।

महात्मा ने अखबारों को जारी संदेश में लिखा-'मेरी दशा किसी विधवा की दशा से भी बदतर है। वह तो निष्ठापूर्ण जीवन द्वारा अपने पति के गुणों को अपना सकती है। मैं कुछ भी नहीं अपना सकता। मोतीलाल जी के चले जाने से मैंने जो कुछ खोया है, उसे कभी पूरा नहीं किया जा सकता है।' सचमुच महात्मा की हैसियत 'एक लाचार विधवा-सी' हो गई थी। महात्मा ने वायसराय लार्ड इर्विन से खुद पत्र लिखकर मुलाकात का वक्त मांगा। महात्मा एक साधारण इंसान की हैसियत से लॉर्ड इर्विन से मुलकात चाहते थे। पत्र 14 फरवरी को लिखा गया। 17 फरवरी को वायसराय से पहली मुलाकात तय हो गई।

महात्मा 17 फरवरी, 1931 की सुबह वायसराय भवन पहंचे। महात्मा और इर्विन के बीच चार घंटे से चल रही बातचीत किसी ठोस नतीजे पर नहीं पहुंच रही थी। दोपहर के खाने का वक्त हो गया। गांधीजी को वायसराय ने दावत पर बुलाया था। लेकिन गांधीजी ने साफ कह दिया कि वह 'दूध और खजूर' ही खाएंगे। आजकल यही उनके खाने का भोजन है। मीरा खाना टोकरी में रख लाई थीं। लेकिन उसे बाहर रोक दिया गया था। फिर उसे भीतर बुलाया गया। सामने सोफे पर बापू बैठे थे। आराम कुर्सी पर वायसराय। उनके गृह सचिव मि. इमर्सन हाथ में पेंसिल लिए खड़े थे। मीरा ने एक कोना देख टोकरी खोली। मीरा के हाथ में एक जेल का कटोरा था। एक चम्मच। कटोरे में मीरा ने पहले खजूर डाला फिर गरम दूध। दूध भी बकरी का रहा होगा। क्योंकि यह उनके ब्रह्मचर्य व्रत के माफिक था। मीरा ने कटोरा बापू के हाथों थमा दिया। वायसराय सब कुछ फटी हुई निगाहों से देख रहे थे। महात्मा के बारे में वह किस्से कई बार सुन चुके थे। लेकिन इन किस्सों से उनका यह पहला साक्षात्कार था। एक विशुद्ध अंग्रेज शासक के लिए यह नाटकीयता की पराकाष्ठा थी। वायसराय पूछे बिना न रह सके। 'ये आप क्या खा रहे है?'

बापू ने मुस्करा कर कहा 'पैगंबर की खुराक।' इस पर वायसराय उठे और बरतन में झांकने लगे। बापू ने कटोरे को चम्मच से बजाते हुए कहा 'और ये मेरा

जेल का बर्तन। दक्षिण अफ्रीका का यह बर्तन अब तक महात्मा का साथ दे रहा था। दूध खजूर खाते-खाते गांधीजी ने समझौते का मसौदा लिखवाया। पेंसिल से लिखते वक्त मि. इमर्सन ने कहा 'मि. गांधी आप बहुत बढ़िया मसौदा तैयार कर सकते हैं।' बापू ने धीरे से जवाब दिया-'ऐसी मेरी ख्याति है।' दूध और खजूर खत्म हुआ। मीरा ने टोकरी बंद की। वे दोनों वायसराय को सलाम कर वापस आ गए। वायसराय इस जाते हुए फक्कड़ मसीहा को देख रहे थे।

पहले दिन की बातचीत कुछ खास सफल नहीं रही थी। इस बातचीत में तीन मध्यस्थ थे। सर तेज बहादुर सप्रू, पं. श्रीनिवास शास्त्री और डॉ. एमआर जयकर। वायसराय भवन से महात्मा लौट आए थे। रात हो चली थी और महात्मा बरामदे में सोए थे। मीरा थोड़ी दूर लेटी थीं। उन्होंने देखा कि तीन परछाइयां महात्मा के पास आईं। यह सप्रू,शास्त्री और जयकर थे। वे वायसराय का प्रस्ताव लेकर आधी रात को महात्मा की प्रतिक्रिया जानना चाहते थे। हालात की गंभीरता देख मीरा ने महात्मा को जगाया। फिर चर्चा शुरू हो गई। तीनों परछाइयां रात के अंधेरे में लौट गईं। महात्मा फिर सो गए। बापू अपने छोटे बेटे देवदास और राजा राजगोपालाचारी की छोटी बेटी लक्ष्मी दोनों के प्रेम को लेकर चिंतित थे। एक गुजराती वैश्य और दूसरी मद्रासी ब्राह्मण। इस अंतरजातीय विवाह के लिए न गांधीजी तैयार थे और न राजाजी। इस मोर्चे पर भी बापू की लड़ाई जारी थी। मीरा ने लिखा- 'एक तरफ यह महान राजनीतिक नाटक चल रहा था तब एक शांत और गंभीर प्रणय व्यापार भी परदे के पीछे चलरहा था।'

कांग्रेस कार्यसमिति का सदस्य होने के नाते राजाजी भी दिल्ली में ही थे। बहुत विचार के बाद तय हुआ कि दोनों के प्रेम की स्थिरता की परीक्षा ली जाए। दोनों पांच साल अलग रहें। प्रेम होगा तो जिंदा रहेगा। सिर्फ शारीरिक आकर्षण हुआ तो प्रेम समय के साथ अपने आप विदा हो जाएगा। दोनों युवा प्रेमी इस पांच साल की जुदाई के लिए राजी थे। लक्ष्मी पांच साल के लिए अपने पिता के साथ मद्रास जाने वाली थीं। इससे पहले देवदास की इच्छा थी कि वह उन्हें एक बार देख पाएं उससे बातचीत कर सके। गांधीजी और राजाजी कार्यसमिति की बैठकों में व्यस्त थे। रह गईं बा। उनके खून में अभी भी पुराने ढंग की कट्टरता मौजूद थी। लेकिन देवदास से उन्हें बहुत लगाव था। वह उनका उदास चेहरा देख नहीं सकती थीं। मीरा ने लिखा-'चूंकि देवदास जानते थे कि बा को उन दोनों को अकेले में एक साथ छोड़ना पसंद नहीं होगा। इसलिए उन्हें तरकीब सूझी कि जब तक वायसराय भवन में चर्चाएं चलें तब तक दोनों बापू के खाली बरामदे में बैठें। मुझसे कहा गया कि मैं पास वाले कमरे में रहूं। और दरवाजा खुला रखा जाए। यह प्रबंध बा ने मान लिया। दोनों युवा प्रेमी एक-दूसरे के आमने-सामने बैठ गए। उनकी पीठें बरामदे के खंभों से लगी थीं।'[23]

भगत सिंह को फांसी और गांधीजी के चुटकुले

भारतीय इतिहास का यह वह नाजुक दौर था जब लाहौर षड्यंत्र केस में मि. सैंडर्स की हत्या के कारण भगतसिंह, और उनके दो नौजवान साथी राजगुरु और सुखदेव को फांसी की सजा सुना दी गई थी। पूरा देश इस सजा से आंदोलित था। महात्मा वायसराय से मिलने गए तो देश को उम्मीद बंधी कि बापू इन देश भक्तों की सजा कम कराने के लिए वायसराय से कुछ बात करेंगे। लेकिन महात्मा ने अपने वृतांत में इस बात का जिक्र नहीं किया कि वायसराय से उनकी पहली मुलाकात में भगत सिंह और उनके साथियों पर कोई बात हुई। हां, इसमें मीरा पर वायसराय से हुई बात का जिक्र जरूर था। जैसा कि वायसराय से अपनी मुलाकात के वृतांत में महात्मा ने लिखा–'मीरा बहन की बात तो शुरू में और अंत में हुई। अंत में तो मैंने यह कहा कि वह मेरा खाना बनाकर राह देख रही होगी। पहले तो मैंने यह कहा कि आपके साथ अपने संबंध को किस प्रकार तोड़ सकता हूं? मेरे कितने ही अंग्रेज मित्र हैं। कु. स्लेड जाने किस कुटुंब की, कहां की लड़की है और वह मेरे परिवार की बन गई है। एंड्रयूज केपटाउन में बैठा तार कर रहा है कि सुलह करो। मैं एंड्रयूज को किस तरह छोड़ सकता हूं? होरेस एलेक्जेंडर भी पत्र लिखकर सुलह न करने को कहता है और यों लिखकर बाद में माफी मांगता है। क्या ये सब ऐसे संबंध हैं जिन्हें मैं तोड़ सकूं? अंत में यदि हम सहयोग न कर सकें तो इन्हें समाप्त करना ही होगा।'[24]

लेकिन वायसराय लॉर्ड इर्विन ने महात्मा से मुलाकात के अपने वृतांत में इस प्रकरण का जिक्र किया– '...अंत में उन्होंने भगत सिंह के मामले का उल्लेख किया। उन्होंने मृत्यु दंड न देने का आग्रह नहीं किया। यद्यपि किसी भी परिस्थिति में प्राण हत्या के खिलाफ होने के कारण वे स्वयं फांसी की सजा के विरुद्ध थे। उनका ऐसा विचार था कि इससे शांति स्थापना में मदद मिलेगी। लेकिन उन्होंने मौजूदा परिस्थितियों में उस सजा को मुल्तवी करने की मांग जरूर की। मैंने इतना कह देना काफी समझा कि मृत्युदंड की तारीख के बारे में चाहे जो निर्णय हो, मुझे नहीं लगता कि सजा बदलने के पक्ष में उनके पास कोई ऐसा तर्क था जिसे इतने ही जोरदार ढंग से किसी अन्य हिंसक अपराध के मामले में न पेश किया जा सकता हो। वायसराय केवल दया के आधार पर सजा घटाते या माफ करते हैं, राजनीतिक उद्देश्य से नहीं।'[25]

लॉर्ड इर्विन के लिए भी यह बात हैरत की थी कि नमक जैसी मामूली चीज पर देश भर में तूफान खड़ा कर देने वाले महात्मा तीन देशभक्तों की सजा माफ करने के सवाल पर इतने खामोश क्यों थे। देश की 30 करोड़ की जनता की भावनाओं से जुड़ा यह मामला 'फार ग्रांटेड' नहीं लिया जा सकता था। अगले दिन

महात्मा फिर वायसराय से मिलने पहुंचे। भगत सिंह और उनके साथियों पर बात करने का कोई मुद्दा नहीं था। असल मुद्दा नमक-कर, लगान वसूली मुल्तवी करना और धरना था।

अधिक समय बातचीत इसी पर घूमती रही। फिर चुटकुले बाजी शुरू हो गई। महात्मा ने खुद अपने वृतांत में लिखा– '...ये दो चुटकुले तो सार्वजनिक रूप से कहीं नहीं कहे जा सकते। अब तीसरा : मैंने भगत सिंह की बात की। मैंने कहा : 'हमने जो बात की है उसके साथ इसका कुछ संबंध नहीं है और शायद मेरा इस बात का जिक्र करना भी अनुचित माना जाएगा किंतु आजकल के वातावरण को ज्यादा अनुकूल बनाना हो तो आपको चाहिए कि फिलहाल भगत सिंह की फांसी को मुल्तवी कर दें।' वायसराय को यह बहुत अच्छा लगा।'

वायसराय : 'आपने यह बात इस तरह मेरे सामने रखी इसके लिए मैं बहुत आभारी हूं। सजा कम करना कठिन काम है। किंतु उसे (फांसी को) मुल्तवी करने की बात पर तो जरूर विचार किया जाना चाहिए।'

'मैंने भगत सिंह के बारे में कहा, वह बहादुर तो हैं ही पर उसका दिमाग ठिकाने नहीं है, इतना जरूर कहूंगा। फिर भी मृत्युदंड बुरी चीज है क्योंकि वह ऐसे व्यक्ति को सुधरने का अवसर नहीं देती। मैं तो मानवीय दृष्टिकोण से यह बात आपके सामने रख रहा हूं और देश में नाहक तूफान न उठ खड़ा हो, इसलिए सजा मुल्तवी कर देने का इच्छुक हूं। मैं तो उसे छोड़ दूं किंतु कोई सरकार उसे छोड़ देगी ऐसी आशा मुझे नहीं है। आप मुझे इस विषय में कुछ जवाब न दें तो भी मुझे बुरा नहीं लगेगा।'[26]

जाहिर है इस मसले पर इतनी अ-गंभीर बातचीत का वायसराय पर कोई असर नहीं पड़ने वाला था। वह समझ गए थे भगत सिंह के मामले में महात्मा का क्या रुख है। महात्मा के रुख का मतलब था पूरी कांग्रेस का रुख। और कांग्रेस का मतलब तीस करोड़ हिंदुस्तानी जनता। कुछ सिरफिरे थे जो हल्ला मचा रहे थे। लेकिन उन्हें ठीक किया जा सकता था। वायसराय के सिर से एक बहुत बड़ा बोझ उतर गया था।

महात्मा के यह वृतांत महादेव देसाई की हस्तलिखित डायरी में पाए गए। महात्मा और वायसराय के बीच हुई यह बातचीत उस समय भले सार्वजनिक न हुई हो लेकिन लोग समझ रहे थे कि इस मामले को महात्मा गंभीरता से नहीं ले रहे। इसे लेकर उनका विरोध भी शुरू हो गया था। दिल्ली की एक सार्वजनिक सभा में महात्मा का भाषण था। उन्हें सुनने कोई पचास हजार की भीड़ एकत्र थी। सभा में महात्मा को एक 'लाल' पर्चा दिया गया, जिसमें उनसे बहुत-से प्रश्न पूछे गए थे। कुछ सवाल भगत सिंह और उनके साथियों को दी जाने वाली फांसी और उस पर महात्मा के रवैए को लेकर थे। सभा में यंग इंडिया के कुछ नौजवान यह लाल पर्चे बांट रहे थे।

महात्मा ने अपने भाषण में कहा- 'मैं आपको बता दूं कि भगत सिंह और बाकी लोग रिहा क्यों नहीं किए गए हैं। हो सकता है कि यदि आप समझौते की बातचीत कर रहे होते तो आप वायसराय को ज्यादा अच्छी शर्तों के लिए राजी कर लेते, परंतु कार्यसमिति के लोग तो इससे ज्यादा प्राप्त नहीं कर सकते थे। उन्होंने आगे कहा-'यंग इंडिया' समझौते का समर्थन करे और इसकी सारी शर्तों को पूरा करे और यदि ईश्वर ने चाहा और हमारे उपर्युक्त स्थिति पर पहुंचने तक भगत सिंह और दूसरे लोग जीवित रहे तो वे फांसी के तख्ते पर लटकने से ही नहीं बच जाएंगे परंतु रिहा भी कर दिए जाएंगे। परंतु मैं 'यंग इंडिया' को एक चेतावनी दे दूं। इन चीजों को मांगना आसान है, पाना नहीं। आप उन लोगों की रिहाई की मांग करते हैं जिन्हें अहिंसा के आरोप में फांसी की सजा दी गई है। यह कोई गलत बात नहीं है। मेरा अहिंसा-धर्म, चोर-डाकुओं और यहां तक कि हत्यारों को भी सजा देने के पक्ष में नहीं है। भगत सिंह जैसे बहादुर आदमी को फांसी पर लटकाने की बात तो दूर रही, मेरी अंतरात्मा तो किसी को भी फांसी के तख्ते पर लटकाने की गवाही नहीं देती है। परंतु मैं आपको बता दूं कि आप भी जब तक समझौते की शर्तों का पालन नहीं करते, उन्हें बचा नहीं सकते। यह काम आप अहिंसा द्वारा नहीं कर सकते।'[27]

आखिर समझौता हो गया जो इतिहास में गांधी-इर्विन पैक्ट के नाम से मशहूर हुआ। और इसके ठीक 18 दिन बाद 23 मार्च, 1931 को भगत सिंह और उनके नौजवान साथियों राजगुरु और सुखदेव को फांसी के तख्ते पर लटका दिया गया। भगत सिंह अंग्रेजी हुकूमत से माफी मांगने को तैयार नहीं थे। उन्होंने सजा कम करने की अर्जी देने तक से इंकार किया था। महात्मा भी जानते थे कि भगत सिंह अहिंसा के पुजारी नहीं थे लेकिन उनका धर्म हिंसा भी नहीं था। बस उनका रास्ता अलग था। महात्मा से बिलकुल अलग। वह बहादुर इंसान थे। भगत सिंह ने अपने आखिरी पत्र में लिखा-'मैं तो लड़ते हुए गिरफ्तार हुआ हूं। मुझे फांसी नहीं दी जा सकती। मुझे तोप से उड़ा दो, गोली से मारो।'

इस सबके बावजूद महात्मा यह भी जानते थे कि वायसराय के पास फांसी की सजा रद्द करने के पूरे अधिकार हैं। लेकिन उनकी तरफ से इस बारे में कोई गंभीर प्रयास नहीं हुए। खुद भगत सिंह के परिवार वाले फांसी से एक दिन पहले महात्मा से मिले थे। उन्होंने महात्मा से विनती की थी कि 'वह कुछ करें।' जन भावनाओं के उफान को देखते हुए ठीक फांसी की तारीख को महात्मा ने एक पत्र वायसराय को जरूर लिखा। जिसकी शुरुआत ही इस वाक्य से हुई कि 'आपको यह पत्र लिखना आपके प्रति क्रूरता करने-जैसा लगता है; पर शांति के हित में अंतिम अपील करना आवश्यक है। यद्यपि आपने मुझे साफ-साफ बता दिया था कि भगत सिंह और अन्य दो लोगों की मौत की सजा में कोई रियायत किए जाने

की आशा नहीं है, फिर भी आपने मेरे शनिवार के निवेदन पर विचार करने को कहा था। डॉ. सप्रू मुझसे कल मिले और उन्होंने मुझे बताया कि आप इस मामले से चिंतित हैं और आप कोई रास्ता निकालने का विचार कर रहे हैं। यदि इस पर पुन: विचार करने की कुछ गुंजाइश हो, तो मैं आपका ध्यान निम्न बातों की ओर दिलाना चाहता हूं। जनमत, वह सही हो या गलत, सजा में रियायत चाहता है। जब कोई सिद्धांत दांव पर न हो तो लोकमत का मान करना हमारा कर्तव्य हो जाता है। प्रस्तुत मामले में स्थिति ऐसी है कि यदि सजा हल्की की जाती है तो बहुत संभव है कि आंतरिक शांति की स्थापना में सहायता मिले। यदि मौत की सजा दी गई तो नि:संदेह शांति खतरे में पड़ जाएगी। मैं आपको यह सूचित कर सकता हूं कि क्रांतिकारी दल ने मुझे यह आश्वासन दिया है कि यदि इन लोगों की जान बख्श दी जाए तो यह दल अपनी कार्यवाहियां बंद कर देगा। यह देखते हुए मेरी राय में मौत की सजा को, क्रांतिकारियों द्वारा होने वाली हत्याएं जब तक बंद रहती हैं, तब तक तो मुल्तवी कर देना एक लाजमी फर्ज बन जाता है। राजनीतिक हत्याओं के मामलों में इससे पहले भी तरह दी जा चुकी है। यदि ऐसा करने से बहुत-सी अन्य निर्दोष जानें बचाई जा सकती हों तो उनका बचाना लाभदायक होगा। हो सकता है कि इससे क्रांतिकारी की आतंकपूर्ण कार्यवाहियां लगभग समाप्त हो जाएं। चूंकि आप शांति-स्थापना के लिए मेरे प्रभाव को, जैसा भी वह है, उपयोगी समझते प्रतीत होते हैं, इसलिए अकारण ही मेरी स्थिति को भविष्य के लिए और ज्यादा कठिन न बनाइए; यों ही वह कुछ सरल नहीं है। मौत की सजा पर अमल हो जाने के बाद तो वह कदम वापस नहीं लिया जा सकता। यदि आप यह सोचते हैं कि फैसले में थोड़ी भी गुंजाइश है, तो मैं आपसे यह प्रार्थना करूंगा कि इस सजा को, जिसे फिर वापस नहीं लिया जा सकता, आगे और विचार करने के लिए स्थगित कर दें। यदि मेरी उपस्थिति आवश्यक हो तो मैं आ सकता हूं। यद्यपि मैं बोल नहीं सकूंगा, पर मैं सुन सकता हूं और जो-कुछ कहना चाहता हूं, वह लिख कर बता सकूंगा। दया कभी निष्फल नहीं जाती।[28]

उसी दिन अपने पत्र (सी. डब्ल्यू. 9344) में, जिस पर 'गोपनीय' लिखा था, वायसराय ने यह उत्तर दिया, 'मैंने आपकी हर बात पर दुबारा बड़े गौर से विचार किया है और मैं आपका काम कदापि और कठिन नहीं बनाना चाहूंगा, खास कर वर्तमान हालात में। लेकिन मुझे लगता है कि उन कारणों से, जिन्हें बातचीत के दौरान मैंने आपको पूरी तरह समझाने की कोशिश की थी, मुझे किसी तरह ऐसा नहीं लगता है कि आप जो-कुछ करने का अनुरोध कर रहे हैं, उसे करना ठीक होगा।'[29]

भगत सिंह और उनके साथियों की फांसी पर लटकाए जाने से देश भर में गुस्से की लहर फैल गई थी। नाराज भीड़ कभी भी हिंसा पर उतर सकती थी।

तब महात्मा ने एक वक्तव्य जारी किया। वक्तव्य में उनकी भाषा बदली हुई थी। उन्होंने सारा दोष सरकार के सिर मढ़ा। वक्तव्य का मजमून था 'भगत सिंह और उनके साथी फांसी पाकर शहीद बन गए हैं। ऐसा लगता है मानो उनकी मृत्यु से हजारों लोगों की निजी हानि हुई है। इन नवयुवक देशभक्तों की याद में प्रशंसा के जो शब्द कहे जा सकते हैं, मैं उनके साथ हूं।'[30]

गांधी–इर्विन समझौता शहीदों की लाश पर हुआ था। इर्विन से बातचीत में महात्मा ने भगत सिंह को एक बार भी 'देशभक्त' कह कर संबोधित नहीं किया था। बल्कि उन्होंने कहा था–'उसका दिमाग ठिकाने नहीं है।' लेकिन सार्वजनिक वक्तव्य में भगत सिंह अब 'देशभक्त' हो गए थे। और फांसी के वक्त इन शहीदों की नाक से निकले खून से आजादी की इबारत लिखे जाने की बात कही जा रही थी।

इस घटना के ठीक दो दिन बाद करांची में कांग्रेस का अधिवेशन हुआ। महात्मा इससे बचना भी नहीं चाहते थे। इसीलिए उन्होंने वायसराय से पहले ही कहा था कि 'भगत सिंह और उनके साथियों को फांसी देनी है तो करांची के अधिवेशन के बाद देने के बजाय पहले ही दे दी जाए ताकि देश को पता चल जाए कि वस्तुत: उसकी क्या स्थिति है और लोगों के दिलों में छूटी आशाएं नहीं बंधेगी।'[31]

वायसराय भी मान गए वह इस मुसीबत से जल्द से जल्द छुटकारा पाना चाहते थे। उन्होंने तय तारीख से एक दिन पहले ही भगत सिंह और उसके दोस्तों को फांसी पर लटका दिया। जिससे महात्मा बचना चाहते थे अब वही सामने था। नौजवानों का एक दल ने तो उन पर हमला करने की तैयारी कर ली थी। करांची से पहले सक्खर स्टेशन पर जैसे ही ट्रेन रुकी वहां मौजूद आक्रोशित छात्रों का दस्ता भगत सिंह की तसवीर लिए उस डिब्बे की ओर बढ़ा जिसमें महात्मा बैठे थे। बा और मीरा बेन महात्मा के साथ थीं। छात्रों के अचानक हमले से वे घबरा गईं। छात्र महात्मा के डिब्बे में घुसने की कोशिश कर रहे थे। सारे दरवाजे भीतर से बंद थे। दो अन्य कार्यकर्ता दरवाजे को पकड़े हुए थे। सुरक्षा का कोई इंतजाम नहीं था। मीरा को लगा जैसे कोई पीछे टायलट की खिड़की से अंदर घुसने की कोशिश कर रहा है। मीरा उधर भागीं। वह अंदर घुस चुका था। दूसरा लड़का खिड़की तोड़ कर सिर के बल अंदर घुसने में लगा था। मीरा ने उसके बाल पकड़ कर उसे बाहर ढकेला। पीछे नहीं हटा तो मीरा ने दूसरे हाथ के अंगूठे से उसके गले की सांस की नली दबा दी। वह पीछे हटा। डिब्बे में टायलेट से अंदर घुस आया लड़का कुछ कहना चाहता था। लेकिन इस दहशत में कोई उसे सुनने को तैयार नहीं था। तभी ट्रेन चल पड़ी। मीरा ने तब जाकर राहत की सांस ली।

लेकिन मुसीबत अभी खत्म नहीं हुई थी। स्टेशन पर विरोध की आशंका को देखते हुए महात्मा वल्लभभाई पटेल के साथ करांची से 12 मील पहले ही ट्रेन से उतर गए। लेकिन वहां भी उनके स्वागत के लिए काले झंडे उनका इंतजार कर रहे थे। महात्मा करांची पहुंचे तो यहां भी उनका स्वागत नौजवानों ने विरोधी नारों से किया। नौजवानों ने महात्मा को काले कपड़े से बने फूल और वह राख भेंट की जो इन तीन शहीदों की लाशों को जलाने के बाद बची रह गई थी। नौजवान नारे लगा रहे थे 'गांधीवाद का नाश हो, गांधी वापस जाओ।'

24 मार्च को लाहौर की प्रेस वार्ता में महात्मा से सवाल पूछे गए-

सवाल : क्या भगतसिंह और उसके साथियों को फांसी की सजा दिए जाने के कारण समझौते के संबंध में आपकी स्थिति में कुछ फर्क पड़ता है?

महात्मा : मेरी व्यक्तिगत स्थिति में तो बिलकुल कोई फर्क नहीं पड़ता, किंतु यह अत्यधिक उत्तेजक घटना है। मैं यह मानता हूं कि इस सजा को रद्द करना समझौते का अंग नहीं था और जहां तक मेरा संबंध है, शर्तों के बाहर दी गई कोई भी उत्तेजना मुझे उस मार्ग से नहीं डिगा सकती जो मैंने समझौता करते समय तय किया था।

सवाल : क्या आप ऐसी सरकार को क्षमा करना अविवेकपूर्ण मानते हैं जो हजारों लोगों की हत्या के लिए जिम्मेदार है?

महात्मा : मुझे ऐसा कोई भी उदाहरण याद नहीं आता जहां क्षमा करना अविवेकपूर्ण हो।

सवाल-परंतु आज तक किसी भी देश ने इस प्रकार की क्षमा नहीं दिखाई जैसी क्षमा भारत ब्रिटेन के प्रति दिखा रहा है?

महात्मा : इससे मेरे जवाब में कोई अंतर नहीं पड़ता। जो व्यक्तियों के संबंध में सत्य है, वही राष्ट्रों के लिए भी सत्य है। क्षमाशीलता की कोई सीमा नहीं है। निर्बल क्षमा नहीं कर सकता। क्षमा बलवान का ही भूषण है।[32]

करांची के अधिवेशन में फिर महात्मा को नाराज नौजवानों का विरोध झेलना पड़ा। उन्होंने यहां भगत सिंह और उनके साथियों की फांसी पर लंबा भाषण दिया। यह भाषण कोरी भावुकता की चाशनी में लपेटा गया था। वे नौजवानों से कह रहे थे कि आप चाहे तो बदले में मेरी जान ले लें। महात्मा को गांधीवाद मुर्दाबाद का नारा नागवार गुजरा था।

उन्होंने कहा-'...यदि वे मुझे मारना चाहें, तो भले मार डालें, पर गांधीवाद को वे नष्ट नहीं कर सकते। यदि सत्य को मिटाया जा सकता है तो गांधीवाद को भी मिटाया जा सकता है। अगर अहिंसा नष्ट हो सकती है, तो गांधीवाद भी नष्ट हो सकता है। क्योंकि सत्य और अहिंसा के लिए स्वराज्य प्राप्त करने के सिवा गांधीवाद और है ही क्या? क्या सत्य और अहिंसा द्वारा प्राप्त स्वराज्य को नामंजूर करेंगे?'

महात्मा का लंबा भाषण खत्म होने को था कि किसी ने उनसे सवाल किया- 'आपने भगत सिंह को बचाने के लिए क्या किया?'

महात्मा ने कहा- 'मैं अपना बचाव करने के लिए नहीं बैठा था, इसलिए मैंने आपको विस्तार से यह नहीं बताया कि भगत सिंह और उनके साथियों को बचाने के लिए मैंने क्या-क्या किया। मैं वायसराय को जिस तरह समझा सकता था, उस तरह से मैंने समझाया। समझाने की जितनी शक्ति मुझमें थी, सब मैंने उन पर आजमा देखी। भगत सिंह की परिवार वालों के साथ निश्चित आखिरी मुलाकात के दिन, अर्थात् 23 मार्च को सवेरे मैंने वायसराय को एक रवानगी खत लिखा। उसमें मैंने अपनी सारी आत्मा उडेल दी थी, पर सब बेकार हुआ। आप कहेंगे कि मुझे एक बात और करनी चाहिए थी : सजा को घटाने के लिए समझौते में एक शर्त रखनी चाहिए थी। ऐसा हो नहीं सकता था। और समझौते वापस ले लेने की धमकी देना तो विश्वासघात कहा जाता। कार्य-समिति इस बात में मेरे साथ थी कि सजा घटाने की शर्त समझौते की शर्त नहीं हो सकती। इसलिए मैं इसकी चर्चा तो सुलह की बातों से अलग ही कर सकता था। मैंने उदारता की आशा की थी। मेरी वह आशा सफल होने वाली न थी, पर इस कारण समझौता तो कभी नहीं तोड़ा जा सकता। और मनुष्य की शक्ति-भर प्रयत्न मैंने अकेले ने ही नहीं किया। पूज्य पंडित मालवीय जी और डॉक्टर सप्रू ने भी अपनी शक्ति-भर प्रयत्न कर देखा।'[33]

महात्मा की जरा भी इच्छा नहीं थी कि करांची की कांग्रेस में शहीद भगत सिंह और उनके साथियों की शहादत के प्रति कोई सम्मान जताया जाए। वह नहीं चाहते थे कि कांग्रेस इन शहीदों के समर्थन में कोई प्रस्ताव पास करे। लेकिन दबाव इतना था कि कांग्रेस को शहीदों के पक्ष में प्रस्ताव पारित करना पड़ा। महात्मा मजबूर थे। जैसा कि बाद में उन्होंने लंदन के साउथ वेस्ट में रहने वाले अपने एक अंग्रेज मित्र सर डार्सी लिंडसे को लिखा-

'भगत सिंह और उनके साथियों की फांसी को अनदेखा करना असंभव था। मैं समझता हूं कि उन्हें फांसी देना सर्वथा अविवेकपूर्ण था। फांसी ने उनको शहीद बना दिया। मेरे मन में तनिक भी संदेह नहीं है कि फांसी ने उनके जीवन को एक ऐसे आलोक से मंडित कर दिया है जो अन्यथा संभव नहीं था। इसलिए कांग्रेस के सामने बस एक ही मार्ग रह गया था। कांग्रेस एक ऐसा प्रस्ताव पास करने पर विवश हो गई थी जिसमें हत्या के प्रयासों और उन पर दी जाने वाली फांसियों की भी निंदा की जाए और साथ ही उनके ऐसे प्रयासों को प्रेरणा देने वाली वीरता और बलिदान संबंधी उनकी भावना की सराहना भी की जाए। पर मैं आपकी इस बात से बिलकुल सहमत हूं कि इस प्रस्ताव से राजनीतिक हत्या को किसी बड़े पैमाने पर निश्चय ही अविवेकपूर्ण समर्थन मिला है।'[34]

भगत सिंह और उसके साथियों को बचाने के लिए महात्मा ने क्या-क्या किया इसका एक ब्योरा भारत सरकार के गृह सचिव एच.डब्लू.एमर्सन और उनके बीच हुई मुलाकात से और भी अधिक साफ हो जाता था। यह मुलाकात भगत सिंह की फांसी से ठीक चार दिन पहले हुई थी। इस बातचीत का ब्योरा एमर्सन ने लिखत-पढ़त में रखा। एमर्सन के मुताबिक दोनों के बीच फांसी प्रकरण पर यह बातचीत हुई- '...फिर मैंने उनसे पूछा कि क्या उन्होंने समाचार-पत्रों में यह खबर देखी है कि सपरिषद् गवर्नर-जनरल ने भगत सिंह की ओर से प्रस्तुत दया की प्रार्थना अस्वीकार कर दी है। उन्होंने बताया कि वे उसे देख चुके हैं और उसके परिणामों के बारे में आशंकित हैं। फांसी देने की तारीख तो मैंने उन्हें नहीं बताई, पर यह समझाया कि वह करांची-कांग्रेस से पहले दी जाए या उसके बाद, इस प्रश्न पर सरकार ने बहुत ही गंभीरता से विचार किया है। इन दोनों तरीकों को अपनाने में जो कठिनाइयां हैं, उन्हें सरकार समझती है; पर उसका यह विचार है कि फांसी को स्थगित रखना दंडित व्यक्तियों के प्रति अनुचित होगा, और जब दंड-परिवर्तन पर विचार नहीं हो रहा है तो यह भ्रम रहने देना कि उस पर विचार हो रहा है, गांधीजी के प्रति भी उचित नहीं होगा। वे इससे सहमत थे कि दोनों विकल्पों में से प्रतीक्षा न करना ही बेहतर है। यद्यपि बहुत गंभीरतापूर्वक नहीं, पर उन्होंने सुझाया कि दंड-परिवर्तन का तीसरा रास्ता ही बेहतर रहता। इस मामले में वे कोई विशेष चिंतित नहीं लगते थे। मैंने उन्हें बताया कि यदि हम बिना किसी उपद्रव के इस स्थिति में से पार हो जाते हैं, तो हमें अपने को भाग्यशाली समझना चाहिए। मैंने उनसे कहा कि अगले कुछ दिनों में दिल्ली में सभाएं और उग्र भाषण न हों, इसके लिए जो भी कुछ किया जा सकता है, वह उन्हें करना चाहिए। उन्होंने जो कुछ किया जा सकता है, करने का वायदा किया।'[35]

अगले ही दिन एमर्सन को पता चला कि भगत सिंह की फांसी के विरोध में सुभाषचंद्र बोस दिल्ली में 20 मार्च को एक विरोध सभा कर रहे हैं। घबराए एमर्सन ने महात्मा को चिट्ठी लिखी-'भगत सिंह आदि की फांसी को लेकर उत्तेजना पैदा होने का जो खतरा है, उस पर कल रात हमारी बातचीत हुई थी। उस संदर्भ में चीफ कमिश्नर ने मुझे अब यह सूचना दी है कि शहर में यह सूचना प्रचारित की गई है कि सुभाषचंद्र बोस आज सायं 5.30 बजे एक विरोध-सभा में भाषण देंगे। इस विषय में आपकी कठिनाइयों को मैं पूरी तरह समझता हूं और, मेरा खयाल है, आप सरकार की कठिनाइयों को समझते हैं और यह भी जानते हैं कि उसकी इच्छा इस समय, जहां तक संभव हो, निवारक कार्रवाई से बचने की है। पर यदि उत्तेजना बढ़ती है तो वह कार्रवाई अनिवार्य हो सकती है। यदि आज शाम सभा हुई, और खास कर यदि वहां उत्तेजनात्मक भाषण दिए गए, तो यह प्रायः निश्चित

है कि भावना भड़केगी। इसे रोकने में और ऐसे हालात पैदा न होने देने में, जिन पर नियंत्रण न रहने से गंभीर परिणाम हो सकते हैं, यदि आप कुछ सहायता कर सकें, तो सरकार उसे बहुत ही सराहेगी।'[36]

लौटती डाक से महात्मा का जवाब आया– 'प्रिय मि. एमर्सन, आपका जो पत्र अभी–अभी मिला, उसके लिए धन्यवाद। आपने जिस सभा का उल्लेख किया है, उसके बारे में मुझे मालूम था। मैंने पहले से ही यथासंभव पूरी सावधानी बरत ली है और आशा करता हूं कि कोई भी ऐसी–वैसी घटना नहीं होगी। मेरा सुझाव है कि वहां पुलिस की शक्ति का प्रदर्शन होता न जान पड़े और सभा में किसी प्रकार का हस्तक्षेप भी न किया जाए। निःसंदेह जनता खिन्न है। उसे अपनी खिन्नता इस तरह सभाओं आदि द्वारा व्यक्त करने देना अच्छा होगा।'[37]

महात्मा ब्रिटिश हुकूमत के किसी निष्ठावान सलाहकार की तरह अफसरों को हिदायत दे रहे थे कि वे क्या करें? वह जानते थे कि यह बेहद संवेदनशील मामला है। इस मामले को लेकर अगर हिंसा भड़क उठी तो उनकी बरसों की मेहनत पर पानी फिर जाएगा। वह किसी कीमत पर भगत सिंह और उनके साथियों को नायक की भूमिका में नहीं देखना चाहते थे।

महात्मा ने शहीद भगत सिंह और उनके साथियों की जान बचाने में उदासीनता क्यों बरती? क्यों इस मामले में वे कोई विशेष चिंतित नहीं लगते थे। यह सवाल गांधी प्रेमियों और आजादी के इतिहासकारों के लिए अबूझ पहेली–सा बना रहा है। क्या बात सिर्फ अहिंसा तक थी। अगर भगत सिंह और उनके साथियों ने हिंसा की थी तो इन्हें दी जाने वाली फांसी हिंसा नहीं थी। इस फांसी के लिए महात्मा की चुप्पी क्या अप्रत्यक्ष रूप से हिंसा का एक रूप नहीं थी। अहिंसा में विश्वास करने वाले महात्मा फांसी की सजा के खिलाफ थे। फिर उन्होंने इस मुद्दे को पूरी आस्था से क्यों नहीं उठाया। जबकि वह जानते थे कि क्षमा का दूसरा कोई विकल्प नहीं है। क्या महात्मा नहीं समझते थे कि भगत सिंह की फांसी की सजा खत्म करने के लिए अगर वह अपनी चिर–परिचित जिद पर उतर आते तो वह सफल होते? क्या वह नहीं समझ रहे थे कि यह अस्थायी समझौता भगत सिंह जैसे देशभक्त नौजवान से ज्यादा कीमती नहीं है। इस मामले में बहुत संकीर्णता से सोचने वाले आलोचकों के मन में सवाल उठा कि क्या महात्मा भगत सिंह को मिल रहे आपार जनसमर्थन से ईर्ष्या करने लगे थे? कांग्रेस का इतिहास लिखते वक्त खुद महात्मा के करीबी और उनके अनन्य भक्त डॉ. पट्टाभि सीतारमैया ने लिखा–'यह कहना अतिशयोक्ति न होगा कि यह वह समय था जबकि भगत सिंह का नाम भी भारतवर्ष में उतना ही जाना जाता था और उतना ही लोकप्रिय था जितना कि गांधीजी का।' [38]

नमक की कीमत

करांची से लौटकर महात्मा साबरमती आश्रम पहुंचे। नमक कानून तोड़ने के लिए दांडी यात्रा पर निकलते वक्त साबरमती आश्रम की प्रार्थना सभा में महात्मा ने प्रतिज्ञा ली थी कि नमक कर वापस न लिया तो वह आश्रम नहीं लौटेंगे। लेकिन महात्मा ने यह प्रतिज्ञा तोड़ दी। वह बगैर स्वराज लिए वापस आश्रम आए। किसी ने उनसे कहा कि आपकी प्रतिज्ञा का क्या हुआ? तो महात्मा का जवाब था–'मेरा दृढ़ विश्वास है कि आश्रम न लौटने की अपनी प्रतिज्ञा पर मैं आज भी डटा हुआ हूं और वह बिलकुल भंग नहीं हुई है। आश्रम में न जाने का मतलब है, वहां स्थायी रूप से न रहना। मौका पड़ने पर बीमार को देखने भी न जाना, ऐसा अर्थ न कभी था और न होना चाहिए। दूसरे, लड़ाई के ही सिलसिले में वहां जाना पड़े, तो भी न जाया जाए, ऐसा भी अर्थ नहीं था और न है। मैं अपनी सुविधा के लिए, अपने स्वार्थ के लिए अवश्य वहां नहीं जा सकता।'

उन्होंने आगे लिखा– 'सच तो यह है कि मैं अहमदाबाद आते-जाते आश्रम में ठहरूं, तो उसे भी मैं प्रतिज्ञा-भंग नहीं मानूंगा। पर इससे लोगों में बुद्धिभ्रम पैदा होगा, इसलिए वहां रहने का विचार छोड़ दिया, और अब अनुभव से पता चलता है कि मैंने ऐसा करके ठीक ही किया। प्रतिज्ञा का अर्थ करने में हमें लकीर का फकीर नहीं बनना चाहिए। अक्षर पर जोर देने के बजाय उसकी भावना की परीक्षा करनी चाहिए। प्रतिज्ञा का अर्थ करने का स्वर्ण नियम यह है : एक से अधिक अर्थ निकलते हों तो अपने लिए सुविधाजनक अर्थ का त्याग करना और कष्टदायक अर्थ निकलता हो तो कष्ट सहकर भी उस अर्थ पर डटे रहना। इसलिए सेवा का लाभ उठाने के लिए आश्रम में रहना ठीक नहीं है; वहां इसलिए नहीं जाना चाहिए। भूख लगी हो, और आश्रम पास हो, इस कारण मैं वहां खाने के लिए नहीं जा सकता। जब तक कहीं दूसरी जगह से खाने को न मिले उस वक्त तक भूख को सहन किया जाए।'[39]

इधर गांधी-इर्विन का अस्थायी समझौता सिर्फ एक मजाक बनकर रह गया था। जिन 11 सूत्री मांगों को लेकर महात्मा दांडी यात्रा पर निकले थे उनमें से एक भी शर्त लॉर्ड इर्विन ने नहीं मानी थी। यहां तक की सरकार ने उस नमक से कर तक नहीं हटाया जिसे हटाने के लिए महात्मा दांडी यात्रा पर यह कहकर निकले थे कि अगर नमक से कर नहीं हटा तो वापस आश्रम नहीं लौटेंगे।

नमक के बारे में गांधी-इर्विन के बीच लिखित अस्थायी समझौते के बिन्दु बीस में साफ कहा गया था कि –'नमक-व्यवस्था से संबंधित मौजूदा कानून के उल्लंघनों को सरकार क्षमा नहीं कर सकती, और न वह देश की वर्तमान वित्तीय अवस्थाओं में नमक-अधिनियमों में ठोस परिवर्तन ही कर सकती है।'[40] समझौते

में समुद्र के किनारे रहने वाले गरीबों को बस इतनी इजाजत थी कि वह घरेलू इस्तेमाल के लिए नमक बनाएं लेकिन उसे गांव के बाहर बाजार में बेचने की कोशिश हरगिज न करें।

समझौते के तहत सारे राजनीतिक कैदी रिहा कर दिए गए सिवाय उनके जो गांधीजी के रास्ते पर चलने को राजी नहीं थे जिन्होंने महात्मा के शब्दों में 'हिंसा का पाप' किया था। इनमें गदर पार्टी के वे दर्जनों क्रांतिकारी थे जो 1915 से जेल की सलाखों के पीछे कैद थे। क्रांतिकारियों पर लाहौर, दिल्ली, चटगांव, बंबई, कलकत्ता और अन्य स्थानों पर षड्यंत्र के दर्जनों मुकदमे चल रहे थे। समझौते में इन मुकदमों को जारी रखने पर सहमति बनी थी। उन पुलिस वालों और सैनिकों को रिहा नहीं किया गया जिन्होंने अपने हमवतनों पर गोली चलाने से इंकार कर दिया था। बदले में आंदोलन एक बार फिर बंद कर दिया गया।

महात्मा गोलमेज सम्मेलन में हिस्सा लेने के लिए तैयार हो गए थे। गांधी-इर्विन समझौते की शर्तें बहुत कमजोर डोर से बंधी थीं। कांग्रेस ने जिस पूर्ण स्वराज का दावा लाहौर में किया था वह पूर्ण स्वराज दूर-दूर तक नजर नहीं आ रहा था। बातचीत अगर सफल भी हो जाती तब भी एक अधूरा और टूटा-फूटा स्वराज भारत के हाथ आता। जैसा कि खुद महात्मा के अपने खास अंग्रेज दोस्त रेजीनाल्ड्स रेनॉल्ड्स ने गांधीजी द्वारा गोलमेज परिषद् में भाग लिए जाने की मंजूरी को असंगत बताते हुए महात्मा से पूछा था कि 'तब फिर पूर्ण स्वतंत्रता संबंधी लाहौर के प्रस्ताव का अर्थ ही क्या बच रहता है।' उन्होंने कहा 'शासनारूढ़ दल भारत के साथ कभी न्याय नहीं करेगा; करेगा तो उसे अपनी सत्ता से हाथ धोना पड़ेगा। ऐसा नहीं मानना चाहिए कि सत्ता का 'हृदय-परिवर्तन' हो गया है।' इसलिए गांधीजी का परिषद् से भाग लेना अपने 'जन्मसिद्ध अधिकार से समझौता' करना है। नौजवान नेता जवाहरलाल नेहरू के भी कुछ ऐसे ही विचार थे। लेकिन महात्मा के अंतरात्मा की आवाज सबसे ज्यादा शक्तिशाली थी। यह वह आवाज थी जो सिर्फ और सिर्फ महात्मा को सुनाई देती थी।

लेकिन इस पूरे ड्रामे का असल 'एंटी-क्लाइमेक्स' अभी बाकी था। वायसराय बदल गए थे। 17 अप्रैल, 1931 को लॉर्ड विलिंगडन ने नए वायसराय का पद संभाला। अगले दिन लॉर्ड इर्विन की विदाई हो गई। जिस वायसराय ने क्रांतिकारी नौजवानों को फांसी पर लटकाया था उसे विदाई देने खुद महात्मा बंबई तक आए थे। नए वायसराय के आते ही गांधी-इर्विन के महान समझौते की चिंदियां उड़ने लगीं। ले-देकर इस समझौते में कांग्रेस को इतनी छूट मिली थी कि 'वह शराब की दुकानों के सामने धरना देकर मद्यपान विरोधी भाषण' दे सकते थे। या 'विदेशी माल की दुकानों के सामने शांतिपूर्ण ढंग से प्रदर्शन' कर सकते थे। अब यह करना भी मुश्किल हो गया था। धरने पर बैठे कांग्रेसियों की गांधी टोपी देखकर पुलिसवाले

लाठी भांजना शुरू कर देते। पूर्वी गोदावरी के वादपल्ली कस्बे में पुलिस वालों ने सिर्फ इसलिए गोली चला दी क्योंकि आम जनता मना करने के बावजूद 'एक मोटर की छत पर महात्मा की तसवीर रखकर उसकी पूजा कर रही थी।' गोली कांड में चार मरे कई घायल हुए।

नए वायसराय चालाक किस्म के आदमी थे। आंदोलनकारियों को बेवकूफ बनाने की कला वह लंदन से सीखकर आए थे। कांग्रेस अपनी शिकायत लेकर उनके सामने पहुंचती तो वह ऐसे दिखाते जैसे उसे कुछ पता ही न हो। वह उनके सामने ही अफसरों को बुलाकर डांटते-फटकारते। और कांग्रेसियों के जाने के बाद वह उनकी पीठ थपथपाते। गांधी-इर्विन समझौता टूटकर सड़कों पर बिखर रहा था। क्या इसी समझौते के लिए महात्मा ने भगत सिंह और उसके साथियों को फांसी के फंदे पर झूल जाने दिया था? पता नहीं सच क्या था। लेकिन जैसा कि पट्टाभि सीतारमैया ने लिखा-'जुलाई के पहले सप्ताह में गांधीजी के दिल में यह संदेह पैदा हो गया कि क्या सब कुछ टूट और गिर तो नहीं रहा?'[41]

लेकिन सवाल प्रतिष्ठा का था। इस समझौते को लेकर महात्मा बहुत आगे जा चुके थे। अस्थायी समझौते के टूटने का मतलब था एक बेकार की कवायद जिसकी देश को भारी कीमत चुकानी पड़ी थी। समझौता बनाए रखने की कोशिश जारी रखते हुए महात्मा ने 27 अप्रैल को भारत सरकार के गृह सचिव एच. डब्ल्यू. एमर्सन को पत्र लिखा-

'...समझौते की भंग न होने देने में मुझे आपकी सहायता की जरूरत है। मैं लॉर्ड इर्विन को वचन दे चुका हूं कि समझौता भंग न होने देने की दृष्टि से मैं ऐसा कोई भी काम, जिसे न करना मेरे लिए अशोभनीय न हो, नहीं करूंगा। लेकिन ताली दोनों हाथों से ही बजती है। मैं यह मानते हुए आश्वस्त हूं कि आप भी यदि आपसे बन पड़ा तो अपनी ओर से इस समझौते को, जिसे आपने बिलकुल ही उचित संज्ञा देते हुए, सज्जनों का करार, कहा है, भंग नहीं होने देंगे।'[42] लेकिन हालात सुधरने का नाम नहीं ले रहे थे। समझौते के बावजूद प्रांतीय सरकारों का दमन जारी था। बारडोली में जबरन लगान वसूली की जा रही थी। महात्मा ने अचानक दूसरे गोलमेज सम्मेलन में जाने से इंकार कर दिया।

लंदन जाने को लेकर और भी कई सारे मतभेद थे। एक बड़ा मतभेद डॉ. अंसारी को लंदन ले जाने को लेकर था। डॉ. अंसारी महात्मा के प्रिय मुस्लिम नेताओं में एक थे। वह मुसलमानों के सबसे बड़े दल राष्ट्रीय मुस्लिम दल के नुमाइंदे भी थे। महात्मा ने गोलमेज सम्मेलन के प्रतिनिधि के तौर पर तीन नाम दिए थे। मदन मोहन मालवीय, सरोजनी नायडू और डॉ. अंसारी। पूर्व वायसराय लॉर्ड इर्विन का वादा था कि यह तीनों लंदन जाएंगे। लेकिन नए वायसराय ने इस फेहरिस्त में से डॉ. अंसारी का नाम हटा दिया। जैसा कि पहले बताया गया कि वायसराय लॉर्ड

विलिंगटन शातिर किस्म के आदमी थे। वह नहीं चाहते थे कि गोलमेज सम्मेलन में गांधीजी की पसंद का कोई मुस्लिम नेता भारत के मुसलमानों की नुमाइंदगी करे। वह यह संदेश देना चाहता था कि भारत के मुसलमान पूर्ण स्वराज के खिलाफ हैं। महात्मा इस चाल को समझते थे इसलिए उन्होंने ऐन मौके पर वायसराय को लिख दिया 'वह लंदन नहीं जाएंगे। बेहतर होगा इसकी सूचना प्रधानमंत्री को दे दी जाए।'

महात्मा के इस फैसले से अंग्रेजी हुकूमत और कांग्रेस दोनों को झटका लगा था। गोलमेज सम्मेलन में देश के भविष्य के संविधान पर चर्चा होनी थी। पहली बार देश की जनता का प्रतिनिधित्व का दावा करने वाली कांग्रेस सीधा लंदन की हुकूमत से सीधी रू-ब-रू होती। लेकिन सारी उम्मीदों पर पानी फिर गया था। पर ऐसे मामलों में महात्मा बातचीत का एक चोर दरवाजा हमेशा खुला रखते थे। हिंदुस्तानी नेताओं का गुस्सा ठंडा करने के लिए अंग्रेजों के पास के खूबसूरत और ठंडी जगह थी-शिमला। महात्मा समेत बड़े कांग्रेसी नेताओं को शिमला बुलाया गया। सरकारी प्रतिनिधियों ने समझौते पर नए सिरे से बातचीत शुरू की। तीन बातें तय हुईं। एक, गोलमेज सम्मेलन में गांधीजी कांग्रेस के प्रतिनिधि की हैसियत से हिस्सा लेंगे। दो, गांधी-इर्विन समझौते का पालन दोनों पक्ष करेंगे। सरकार कोशिश करेगी कि प्रांतीय सरकारें समझौते का गंभीरता से पालन करें। तीन, बारडोली लगान वसूली के प्रकरण पर उच्च स्तरीय जांच चलेगी। इस बातचीत में डॉ. अंसारी के लंदन जाने वाला सवाल हवा हो गया था। लंदन जाने वाली टीम से डॉ. अंसारी पहले ही बाहर थे। गर्मी के इन दिनों में शिमला की हवा ने अपना काम कर दिखाया था। लंदन जाने का रास्ता साफ हो गया था। हिंदुस्तानी नेता खुश थे।

संदर्भ

1. बापू के पत्र कुमारी प्रेमा बहन कंटक के नाम, नवजीवन प्रकाशन मंदिर, संस्करण जनवरी 1961, पेज 188
2. प्रेमा कंटक के नाम, पेज 19

पारिजात के फूल

3. प्रेमा कंटक के नाम, पेज 26
4. प्रेमा कंटक के नाम, पेज 28
5. प्रेमा कंटक के नाम, पेज 36
6. प्रेमा कंटक के नाम, पेज 29
7. प्रेमा कंटक के नाम, पेज 37
8. प्रेमा कंटक के नाम, पेज 38
9. प्रेमा कंटक के नाम पेज 43
10. प्रेमा कंटक के नाम पेज 44
11. प्रेमा कंटक के नाम पेज 45

12. बापू के पत्र मीरा के नाम- पेज 80
13. खंड 48: 23 दिसंबर,1929, पेज-139

दांडी कूच और प्रेमा का पागलपन

14. नेहरू, एन आटोबायोग्राफी, पेज 209-210
15. प्रेमा कंटक के नाम, पेज 9
16. प्रेमा कंटक के नाम, पेज 9
17. खंड 30 : 12 फरवरी, 1925, पेज 273
18. कांग्रेस का इतिहास, खंड-1, डॉ. पट्टाभि सीतारमैया, सस्ता साहित्य मंडल, नई दिल्ली, संस्करण 1948 पेज 314
19. लेजिस्लेटिव असेंबली की बहस, पेज 236 14 जुलाई 1930, जिल्द चार अंक 6
20. खंड-51 : 15 जनवरी, 1931, पेज 30
21. प्रेमा कंटक के नाम, पेज 72

पैगंबर की खुराक और देवदास का प्रेम

22. खंड 53 : 25 जुलाई, 1931, पेज 142
23. मीराबेन, द स्पिरिट्स पिल्ग्रिमेज, पेज 139

भगत सिंह को फांसी और गांधीजी के चुटकुले

24. खंड 51 : 17 फरवरी, 1931,पेज 155
25. खंड 51 : 18 फरवरी, 1931, पेज 162
26. खंड 51 : 18 फरवरी, 1931,पेज 166
27. खंड 51 : 7 मार्च, 1931, पेज 251
28. खंड 51 : 23 मार्च, 1931 पेज 319-320, सौजन्य : इंडिया ऑफिस लाइब्रेरी
29 खंड 51 : 23 मार्च, 1931 पेज 320 फुटनोट, सौजन्य : इंडिया ऑफिस लाइब्रेरी
30. खंड 51 : 23 मार्च, 1931, पेज-322-323
31. कांग्रेस का इतिहास, खंड 1, डॉ. पट्टाभि सीतारमैया-पेज-352
32. खंड 51 : 26 मार्च, 1931, पेज 333
33. खंड 51 : 26 मार्च, 1931, पेज 340
34. खंड 52 : 8 मई, 1931, पेज 82
35. अंग्रेजी (सी. डब्ल्यू. 9363) की फोटो-नकल से, सौजन्य : इंडिया ऑफिस लायब्रेरी; तथा बांबे सीक्रेट एब्सट्रेक्ट्स : गृह विभाग विशेष शाखा फाइल सं. 750 (57) से भी। खंड 51 : 19 मार्च, 1931, पेज 497
36. अ. भा. कां. स. फाइल सं. 16-बी, 1931 व वही, खंड 51 : पेज 504-505
37. अ. भा. कां. कमेटी फाइल संख्या 16-बी, 1931 व वही, खंड 51 : 20 मार्च, 1931, पेज300
38. कांग्रेस का इतिहास, खंड 1, डॉ. पट्टाभि सीतारमैया, पेज 364

नमक की कीमत

39. खंड 51 : पेज 462-463, नवजीवन 26-4-1931
40. खंड 51 : पेज 492, नवजीवन 12-3-1931
41. कांग्रेस का इतिहास-जिल्द-5, डॉ. पट्टाभि सीतारमैया, पेज-376
42. खंड 51 : 27 अप्रैल 1931, पेज 475 अ. भा. कां. क. फाइल संख्या 16-बी, 1931 से; सौजन्य, नेहरू स्मारक संग्रहालय तथा पुस्तकालय यंग इंडिया 20-8-1931 से भी

अध्याय–5

लंदन में महात्मा

मीरा के पास उदासी के बहुत ढेर से कारण थे। प्रेमा कंटक बापू के आश्रम जीवन में नई मेहमान बनकर आ चुकी थीं। उन्होंने साबरमती आश्रम संभाल लिया था। बापू अपनी भावनाएं उससे भी बांटने लगे थे। लेकिन मीरा अपने प्रेम, अपनी भक्ति और समर्पण का कोई भी मौका नहीं छोड़तीं। मीरा के अपने प्रति व्यक्तिगत प्रेम प्रदर्शन से बापू खुद परेशान रहने लगे थे। वह मीरा के साथ भी रहना चाहते थे और साथ नहीं भी। उन्हें लगता कि कहीं कुछ गलत हो रहा है। कुछ ऐसा हो रहा है जो नहीं होना चाहिए था। अजीब-सा द्वंद्व था। बापू के मन में एक ज्वालामुखी था जो एक दिन फट ही पड़ा।

मीरा अभी-अभी बुखार और छोटी चेचक से उबर पाई थी। जून की गर्मी मीरा के लिए तकलीफदेह थी। लेकिन बापू की शीतल छाया के आगे गर्मी कुछ नहीं। गांधी गुजरात के बोरसद क्षेत्र आए थे। मीरा साथ आई। लेकिन उसे लगा-'बापू को मेरे साथ होने से बेचैनी हो रही है। और वे चाहते हैं कि मैं साबरमती आश्रम वापस चली जाऊं। वे अकसर छोटी-छोटी बातों पर मुझसे चिढ़ जाते। और एक दिन जब वह सचमुच उखड़ गए, तो मैंने उनसे कहे बिना ही चले जाने का निर्णय कर लिया। जब मैंने यह सुझाव रखा तो उन्होंने मान लिया। और मैं साबरमती के लिए विदा हो गई।'[1]

आश्रम छोड़ने के बाद मीरा ने बापू को एक बहुत मार्मिक पत्र लिखा। मीरा ने 'आत्मकथा' में लिखा-'संघर्ष बहुत कठिन था। मैं स्वयं भी बहुत व्याकुल थी क्योंकि मुझे लगा कि बापू व्याकुल हैं। यह ऐसे अवसरों में से एक था जब मैं किसी प्रकार अपने को उनसे दूर कर सकी थी।'

इसके जवाब में मीरा के पास बापू का प्रेम भरा पत्र आया-'तुम दिमाग में बसी हो। इधर-उधर देखता हूं, तुम्हारी याद आती है। चरखा खोलता हूं तो तुम्हारा खयाल आता है। इसी तरह और बातों में भी। लेकिन इससे क्या फायदा? तुमने

सही बात की है। तुमने अपना घर, अपने सगे-संबंधी और ऐसा सब कुछ त्याग दिया, जिसकी लोग आकांक्षा करते हैं। लेकिन तुम्हारा ये त्याग मेरी व्यक्तिगत सेवा के लिए नहीं है। मैं जो काम कर रहा हूं, उसके लिए है। तुम सारे समय अपने प्रेम का अपव्यय मुझ पर ही व्यक्तिगत रूप से करती हो। मैंने अपने आप को तुम्हारे प्रेम के दुरुपयोग का अपराधी माना है। इसलिए छोटी-छोटी बातों से तुम पर गुस्सा आ जाता है। अब तुम मेरे पास नहीं हो इसलिए मेरा वह गुस्सा मुझी पर उतर रहा है- इस खयाल से कि मैं तुम पर इतनी बुरी तरह क्यों चिढ़ जाता था। परंतु तुम्हारी सेवा स्वीकार करके मैं सारे समय दुखी रहता था। तुम खुशी से मेरे ध्येय की सेवा करोगी, तो सचमुच मेरी ही सेवा करोगी। आनंद मनाओ बच्चों आनंद मनाओ, अब व्यर्थ दुखी मत हो।'[2]

इस प्यार भरे खत ने मीरा के दिल को छू लिया था। उसका सारा गुस्सा रफूचक्कर हो गया। बापू में यही खासियत थी। कोई ज्यादा दिन उनसे नाराज नहीं रह सकता था। मीरा के लिए ये कठिन दिन थे। बापू पास नहीं थे। और लंदन में उनकी मां आखिरी सांसें ले रही थीं। इसी बीच जुलाई, 1931 में गोलमेज सम्मेलन के लिए गांधी के लंदन जाने की योजना बन चुकी थी। इस यात्रा में बापू खुद मीरा को साथ ले जाना चाहते थे। लेकिन बापू ने मीरा को लंदन जाने का प्रलोभन अलग अंदाज में दिया- '...सच्चा प्रेम वह है जो शरीर के बजाय उसके भीतर रहने वाली आत्मा के प्रति रखा जाए। और यह अनुभव करें कि असंख्य शरीर में रहने वाली आत्माएं एक ही हैं। अब तुम समझ जाओगी कि मैं तुम्हें इस वक्त लंदन जाने का प्रलोभन क्यों नहीं दे रहा। लेकिन तुम जानती हो कि ऐसा करने की स्वतंत्रता तुम्हें है, अगर तुम्हारा प्रेम तुम्हें उधर जाने को मजबूर करता है। अगर तुम्हें वहां जाने की प्रबल प्रेरणा हो जाए, तो इसमें कोई बुराई नहीं है।'[3] महात्मा के साथ लंदन जाने का निमंत्रण पाकर मीरा को कितनी खुशी हुई इसका अंदाज लगाया जा सकता था।

अब लंदन जाने के लिए सिर्फ जहाज पकड़ने की देरी थी। महात्मा की निजी टीम में महादेव देसाई, प्यारेलाल, देवदास गांधी का नाम था। मीरा का नाम अलग से जोड़ा गया था। महात्मा की निजी सेवा के लिए प्यारेलाल काफी थे। फिर भी महात्मा मीरा को साथ ले आए थे। इस निर्णय के पीछे उनका अपना सख्त बर्ताव था जिसके कारण मीरा पिछले आठ महीनों में टूट-सी गई थीं। सरोजनी नायडू और मदन मोहन मालवीय के नाम पर तो सरकार ने अलग से मंजूरी दी थी। महात्मा की तमाम और अंतिम समय तक की कोशिशों के बावजूद सरकार की ओर से डॉ. अंसारी का लंदन आने का न्योता नहीं मिला था। मीरा को अब भी भरोसा नहीं हो रहा था कि वह इस यात्रा में महात्मा के साथ हैं।

आखिर में 29 अगस्त, 1931 को एसएस राजपूताना के उस आखिरी जहाज पर गांधीजी के साथ चढ़ने वालों में महादेव, प्यारेलाल और देवदास के साथ मीरा

भी शामिल थीं। यह यात्रा शनिवार को शुरू हुई थी। शनिवार के दिन को हिंदुस्तानी बहुत शुभ नहीं मानते खासतौर से समुद्री यात्राओं के लिए। बंबई के इस बंदरगाह पर उन्हें विदा करने हजारों की भीड़ एकत्र थी। एक मकान के छज्जे पर खड़े होकर महात्मा ने हिंदुस्तान की जनता को यकीन दिलाया—'मैं कांग्रेस द्वारा दिए गए आदेश का पालन करूंगा। मैं किसी को धोखा नहीं दूंगा, न अंग्रेजों को और न अन्य किसी को, और भारत के करोड़ों लोगों को धोखा देने का तो सवाल ही नहीं उठता। यदि मैं आपको धोखा दूं तो मुझे मार डालना भी हिंसा नहीं होगी। मेरी अंग्रेजों से या मुसलमानों से या किसी से भी कोई शत्रुता नहीं है।'[4]

लंदन से खाली हाथ

महात्मा इंग्लैंड में 12 सितंबर, 1931 की सुबह दाखिल हुए तो फोकस्टोन नामक जगह पर ब्रिटिश हुक्मरान के नुमाइंदे वहां पहले से उनका इंतजार कर रहे थे। प्रधानमंत्री के दफ्तर से संदेशा आया था कि आगे लंदन तक की यात्रा महात्मा मोटर से करेंगे लेकिन अकेले। बाकी लोग ट्रेन से ही लंदन पहुंचेंगे। संदेश महात्मा को पसंद नहीं आया था लेकिन वह उनका अपना देश नहीं था जहां वह हर तरह की जिद करने के लिए आजाद हों। वे इस देश के मेहमान थे। मामला कूटनीतिक था। प्रधानमंत्री नहीं चाहते थे कि महात्मा सार्वजनिक स्वागतों की मालाएं पहने लंदन में दाखिल हों और सम्मेलन शुरू होने से पहले ही गांधीजी दबाव बनाने की स्थिति में आ जाएं। मौके की नजाकत को देखते हुए महात्मा मोटर पर बैठने को तैयार हो गए। वह ब्रिटिश सरकार के आतिथ्य का दुरुपयोग नहीं करना चाहते थे।

लंदन में किंग्सले हाल की छत पर बने कमरों में बापू और मीरा ठहर गए। बाकी तीनों लोग महादेव, प्यारेलाल अैर देवदास गांधी नाइट्स ब्रिज के किराए के मकान में रुके। क्योंकि उन्हें यहां दफ्तर का काम भी करना था। यहां एक दिलचस्प घटना घटी। लंदन में हर साल गर्मी के शुरू में घड़ियां एक घंटा आगे रखी जाती हैं। लेकिन गांधीजी ने कहा कि वह अपनी घड़ी आगे नहीं बढ़ाएंगे। उनके सारे दैनिक कार्यक्रम उनकी घड़ी के अनुसार होंगे। यानी बापू की प्रात:कालीन प्रार्थना मध्य रात्रि तीन बजे होगी। बापू ने कहा कि वह प्रार्थना करके फिर सो रहेंगे। बाकी सभी लोग नाइट्स ब्रिज में सोते थे। यानी जागना सिर्फ मीरा को पड़ता। वह इसके लिए सहर्ष तैयार थी। उसे रोज रात ठीक तीन बजे बापू को जगाना होता। 3.15 पर दोनों सुबह की प्रार्थना करते। पौने चार बजे बापू फिर सोने के लिए लेट जाते और मीरा अपने कमरे में वापस आ कर अपनी घड़ी में पौने पांच बजे का अलार्म लगा देती। यह इंतजाम भी सिर्फ एक दिन हो पाया था। मीरा ने लिखा 'इस रात से अच्छी कोई और रात नहीं बीती। और कुछ तो निश्चित रूप में बहुत खराब थी।'[5]

गोलमेज सम्मेलन का यह अधिवेशन 7 सितंबर से 1 दिसंबर, 1931 तक चलना था। इसमें कुल 112 प्रतिनिधि शामिल हुए थे। 20 ब्रिटिश सरकार के, 23 देशी राज्यों के और 69 ब्रिटिश भारत के। गांधीजी दूसरे अधिवेशन में कांग्रेस के एकमात्र प्रतिनिधि के रूप में शामिल हुए थे। प्रधानमंत्री रैज्जे मैकडॉनल्ड राउंड टेबिल काउंसिल के अध्यक्ष थे। 7 सितंबर से गर्म बातचीत का ऐसा दौर शुरू हुआ कि लगा कभी खत्म नहीं होगा। अल्पसंख्यकों, देसी रजवाड़ों और अंग्रेज अफसरों में परस्पर इतनी गलतफहमियां थीं कि पहले दिन से ही लगने लगा कि भारत में सिर्फ समस्याएं ही समस्याएं हैं। कोई एक-दूसरे से संतुष्ट नहीं।

सम्मेलन में भारत के भविष्य की नई रूपरेखा तय होनी थी बशर्ते सभी लोग उसके प्रारूप पर राजी हों। यह संभव नहीं था। अंग्रेज गलतफहमियां फैलाने का अपना काम कर रहे थे। वह चाहे लंदन के अंग्रेजी अखबार हों या अफसर। महात्मा के परम मित्र पूर्व वायसराय लॉर्ड इर्विन ने सेंट्रल हॉल में एक भाषण में कह दिया कि वे यह जानते थे कि 'महात्मा पूर्ण स्वाधीनता पर जोर नहीं देंगे।' महात्मा से पूछा गया कि 'क्या यह सच है?' महात्मा को इसका खंडन करना पड़ा। उन्होंने कहा- 'इसके विपरीत, यदि मेरी स्मृति मुझे धोखा नहीं दे रही है तो मैंने उन्हें बता दिया था कि मैं पूर्ण स्वाधीनता पर जोर दूंगा।' उन्होंने कहा- 'पूर्ण स्वाधीनता का अर्थ मेरे लिए राष्ट्रीय सरकार है।'

सम्मेलन में कांग्रेस पूर्ण स्वराज हासिल करने आई थी। अंग्रेज बस यही चीज थी जो देना नहीं चाहते थे। सम्मेलन की बहसों में महात्मा गांधी ने साफ कहा कि 'कांग्रेस पूर्ण राजनीतिक स्वतंत्रता चाहती है। इसके लिए जरूरी है कि देश की अपनी सेना हो और स्वदेशी सरकार का विदेशी और आर्थिक मामलों और पूरा नियंत्रण हो। ब्रिटिश हुकूमत भागीदार होकर साथ रह सकती है हुक्मरान बनकर नहीं। अंग्रेज हिंदुस्तान छोड़कर चले जाएं ऐसा कोई आग्रह नहीं। लेकिन मालिक-गुलाम का रिश्ता नहीं चलगा।' इस पर अंग्रेज प्रतिनिधियों का कहना था कि 'आप लोग हुकूमत चलाने के काबिल नहीं हैं। आपके हाथों में 30 करोड़ की जनता का भविष्य सुरक्षित नहीं रह सकता।' राज चलाना अंग्रेजों को आता है। महात्मा अंग्रेजों को समझाते कि उनकी सोच का तरीका कितना गलत है। 20 अक्टूबर, 1931 को चौथम हाउस की सभा में उन्होंने ब्रिटिश प्रतिनिधियों से कहा-'आप अपने को भारतीयों की स्थिति में रखकर सोंचे। कल्पना कीजिए कि आप सब भारत में रह रहे हैं और भारतीय लोग ग्रेट ब्रिटेन में। अब मान लीजिए ब्रिटिश द्वीप समूह में रहने वाले भारतीय आप से कहें कि 'आप लोग अपना शासन आप चलाने लायक नहीं हैं; हमें देखना होगा कि आप अपनी सेना की व्यवस्था खुद कर सकते हैं अथवा नहीं या आपके यहां से हमारे हट जाने पर चीन, तिब्बत, अफगानिस्तान या रूस से जो आक्रमणकारी आप पर टूट पड़ेंगे उनसे आप अपनी

रक्षा कर सकते हैं अथवा नहीं।' इस पर आपका उत्तर यही तो होगा कि 'हम अपना फायदा-नुकसान खुद देख लेंगे या कम-से-कम वैसी कोशिश तो करेंगे।' ज्यादा-से-ज्यादा यही तो होगा कि भारतीय लोग एक राष्ट्र के रूप में दुनिया से मिट जाएंगे। महात्मा आगे बोले- 'लॉर्ड सैलिसबरी ने कहा भी था कि अंग्रेज लोग गलतियां करते हुए और उनसे सबक लेते हुए सफलता की मंजिल तक पहुंचने की कला जानते हैं। फिर अंग्रेज भारतीयों को ही गलती करने के अधिकार से वंचित क्यों रख रहे हैं?' ब्रिटिशों के सामने महात्मा अपनी बात बेहद तर्कपूर्ण ढंग से रखते। वे यहां की जनता को बताते कि ब्रिटिश राज भारत को कितना महंगा पड़ रहा है।

लंबी और थकाऊ बहसों के बावजूद गोलमेज सम्मेलन नाकाम रहा। एक दिसंबर को सम्मेलन के पूर्ण अधिवेशन में प्रधानमंत्री और सम्मेलन के अध्यक्ष मैग्मे मैकडोनाल्ड ने इस बात की घोषणा, कि वह 'इतनी लंबी और थकाऊ' बातचीत के बाद भारत को क्या देने जा रहे हैं। सम्मेलन में ब्रिटिश हुकूमत ने जो कुछ भारत को देना चाहा था उसमें कुछ नया नहीं था। पिछले साल के गोलमेज सम्मेलन के अंत में ब्रिटिश सरकार भारत को जो नया संविधान देने का विचार कर रही थी, उसकी मोटी-मोटी बातें भी यही थीं। यह बात भी इस नए घोषणा पत्र में पढ़ी गई। हुकूमत ने कांग्रेस को फिलहाल 'पूर्ण स्वराज' देने से साफ मना कर दिया था। ब्रिटेन के राजा की सरकार भारत के शासन का दायित्व केंद्रीय और प्रांतीय विधान-सभाओं को देने के लिए तैयार थी लेकिन साथ में इस सरकार ने संक्रांति-काल और विशेष परिस्थितियों के बहाने सत्ता पर काबिज रहने का इंतजाम भी कर लिया था। पूर्ण स्वराज को टालने के लिए वह पहले ऐसे उपाय खोजना चाहती थी-'अल्पसंख्यक समुदायों की राजनीतिक स्वतंत्रता तथा अधिकारों को सुरक्षा प्रदान करने के लिए जरूरी हों।'

प्रधानमंत्री मैकडोनाल्ड ने अपनी घोषणा में कहा—'संक्रांति-काल की आवश्यकताओं को पूरा करने के लिए जिन वैधानिक उपायों की व्यवस्था की जाएगी, उनके संबंध में इस बात का खयाल रखना महामहिम की सरकार का बुनियादी कर्तव्य होगा कि सुरक्षित अधिकारों की रचना इस प्रकार की जाए और उनका प्रयोग इस तरह से किया जाए जिससे नए संविधान के माध्यम से अपना शासन स्वयं चलाने के लिए पूर्ण दायित्व प्राप्त करने की दिशा में भारत की प्रगति के मार्ग में कोई बाधा उपस्थित न हो।'

प्रधानमंत्री की संक्षिप्त और औपचारिक घोषणा के बाद महात्मा गांधी को धन्यवाद प्रस्ताव पेश करना था। महात्मा का धन्यवाद प्रस्ताव दिलचस्प था। उन्होंने कहा- '...इस समय उस महत्वपूर्ण घोषणा के संबंध में, जिसे हमने अभी सुना है, कुछ कहने की आशा हममें से किसी से नहीं की जाती—मुझसे तो और भी नहीं।

अपनी सभा की कार्यवाही का शोभनीय तथा शिष्ट ढंग से संचालन करने वाला अध्यक्ष सदा धन्यवाद का पात्र होता है-चाहे उस सभा के सदस्य सभा द्वारा किए निर्णयों या खुद अध्यक्ष के निर्णयों से सहमत हों या नहीं।'

अंत में अध्यक्ष के धन्यवाद भाषण में एक चेतावनी थी। उन्होंने कहा-'और यह याद रखिए कि हम सब एक ही मकसद को पूरा करने के लिए चुने गए लोग हैं, हम वफादारी के एक ही धागे से बंधे हुए हैं—भारत के प्रति वफादारी के धागे से आप हमारे साथ कंधे-से-कंधा मिलाकर खड़े रहना और विचारों का आदान-प्रदान करते रहना न भूलें।'[6]

अब साफ हो गया था कि हिंदुस्तानियों के लिए वफादारी का धागा तोड़ना इतना आसान नहीं है। यह धागा जो अब 35 करोड़ की जनता के लिए एक बंधन बन गया था। पूर्ण स्वराज अभी कोसों दूर था। महात्मा यह बात समझ गए थे। अब वापस लौटने की तैयारी थी-खाली हाथ।

लंदन से महात्मा सीधा पेरिस पहुंचे। यहां उनकी रोमां रोला से लंबी मुलाकात तय थी। यह खबर पेरिस में आग की तरह फैल चुकी थी। यहां के लोग महात्मा गांधी को लेकर अजीब तरह के पागलपन का शिकार थे। उन्हें लगता कि यह हिंदुस्तानी महात्मा उन योगी साधुओं की तरह है जो सब जानता है। हाथ की लकीरें पढ़कर बता सकता कि भविष्य में उस व्यक्ति का क्या होने वाला है। हर आदमी महात्मा से मिलने के लिए दीवाना था। रोमां खुद भी परेशान हो गए। हद तब हो गई जब इटली की एक महिला ने रोला को पत्र लिखकर महात्मा से यह जानना चाहा था कि 'आगे खुलने वाली लॉटरी के आखिरी दस नंबर कौन से होंगे।' कुछ दीवाने रोला से यह अनुमति लेना चाहते थे कि क्या वह महात्मा के कमरे की खिड़की के नीचे खड़े होकर गांधीजी को सुनाने के लिए वायलन बजा सकते हैं। दूध व्यापारियों की यूनियन भारत के इस राजा की सेहत का जिम्मा लेना चाहती थी। जापानी मूर्तिकार ताकजा यहां महात्मा का स्केच बनाने के लिए पहले ही आ चुका था। रोमां ने लिखा- 'प्रेस वालों ने उनके घर के आसपास तंबू डाल दिए थे क्योंकि शहर के होटलों के सारे कमरे पहले से ही बुक थे। लोजान की पुलिस अलग हैरान-परेशान थी क्योंकि दुनिया भर के पागल यहां एक अद्भुत व्यक्ति को देखने के लिए कुछ भी कर गुजरने को तैयार थे।' आखिर महात्मा यहां पहुंच गए। बारिश के धुंधलके में आकाश और कैमरों की चमकती बिजली के बीच रोला ने पहली बार महात्मा को देखा। रोला के ही चमत्कारिक शब्दों में जैसा कि उन्होंने बाद में अपने एक अमेरिकी मित्र को पत्र में लिखा था-

'वह छोटा-सा आदमी जिसकी आंखों पर चश्मा लगा था और दांत नदारद थे, अपने सफेद लबादे में लिपटा हुआ। मगर उसकी सारस जैसी पतली टांगें नंगी थीं। उसका घुटा हुआ सिर जिस पर थोड़े से मोटे बाल थे, खुला और मुंह से भीगा

हुआ। वह मेरे पास सूखी हंसी लिए एक अच्छे कुत्ते की तरह मुंह फाड़े हंसता हुआ आया। और उसने एक बांह मेरी कमर में डालकर मेरे कंधे पर गाल रख दिया। उसकी भूरे रंग की खोपड़ी मेरे गाल से लग गई। यह सोचकर आनंद होता है कि वह संत डोमिनी और संत फ्रांसिस का चुंबन था। बाद में मीरा यानी कुमारी स्लेड आई जिसका विशाल आकार था और डीमीटर जैसी गर्वीली चाल थी। अंत में तीन हिंदुस्तानी आए। एक तो गांधीजी का छोटा लड़का देवदास था, जिसका मुंह गोल व प्रसन्न था। वह सुशील है और उसे अपने नाम के बड़प्पन का जरा भी एहसास नहीं। और लोग मंत्री व शिष्य थे। ये दोनों युवक दिल और दिमाग के दुर्लभ गुणों वाले महादेव देसाई और प्यारेलाल थे।'[7]

यह पत्र न्यूयार्क के अखबार 'द नेशन' में छप गया। इस पत्र में रोला ने बापू की तुलना कुत्ते से कर डाली थी। अखबार में पत्र छपने पर रोला ने बापू से माफी भी मांगी। लेकिन मीरा के मुताबिक बापू ने ये बात हंसकर उड़ा दी। बाद में रोमां ने भी इस उपमा को अपनी किताब से निकाल दिया।

अब वापसी का वक्त था। महात्मा अपने साथियों के साथ एस. एस. 'पिलसना' जहाज से वापस अपने देश लौट रहे थे। रोमां के मित्र प्रिवा दंपति भी महात्मा के साथ थे। महात्मा अपने पीछे पूरी एक दुनिया छोड़ कर आए थे। ऐसी दुनिया जो उनके रास्ते से एकदम अलग है। यूरोप के इस अप्रत्याशित दौरे से लौटते वक्त उन्होंने बार-बार महसूस किया कि यूरोप के लोग जो बनावटी जीवन जी रहे हैं वह उसे ज्यादा दिन कायम नहीं रख सकते। उन्हें यह जीवन बहुत भौतिकतावादी और उलझा हुआ लगा।

जहाज 28 दिसंबर, 1931 को बंबई पहुंचा। उन्होंने हिंदुस्तान और यहां की हुकूमत को वैसा ही पाया जैसा वह इसे छोड़ गए थे। एक अफरातफरी भारत में उनका इंतजार कर रही थी। सरकार का दमन चक्र तेज हो चुका था। हुकूमत ने जवाहरलाल नेहरू और अब्दुल गफ्फार खां को गिरफ्तार कर लिया था। लंदन छोड़ने के बाद पेरिस में महात्मा ब्रिस्टल ईवनिंग न्यूज के रिपोर्टर को कहकर आए थे कि इंग्लैंड को मेरा आखिरी संदेश यही होना चाहिए : 'अलविदा और खबरदार! मैं यहां शांति की खोज में आया था। अब युद्ध की आशंका लेकर लौट रहा हूं। मैं युद्ध नहीं चाहता, लेकिन लगता है कि परिस्थितियां मुझे उसी ओर ढकेल रही हैं। आश्चर्य नहीं कि भारत लौटने के महीने-भर-के अंदर मैं जेल में होऊं।'

महात्मा सही थे। बंगाल संयुक्त प्रांत और सीमावर्ती क्षेत्रों में सरकार असाधारण आर्डिनेंस लाकर अपना इरादा जाहिर कर चुकी थी। सीमावर्ती प्रांत में चली गोलियां कई जानें ले चुकी थीं। दमन चक्र फिर चालू हो गया था। बड़े पैमाने पर गिरफ्तारियां जारी थीं। कांग्रेस के पास एक बार फिर सविनय अवज्ञा आंदोलन छेड़ने के कोई दूसरा चारा नहीं बचा था। लंदन से गांधीजी जिस मूड में

लौटे थे उससे साफ था कि वह शांत नहीं बैठने वाले। प्रधानमंत्री मैकडोनाल्ड भी चुप बैठने वालों में नहीं था। उसने इस बार पहले ही हमले की तैयारी कर ली थी। वह महात्मा के भारत पहुंचने से पहले ही वायसराय को सारे जरूरी निर्देश दे चुका था। आंदोलन शुरू करने से पहले महात्मा एक बार वायसराय से मिलना चाहते थे। लेकिन वायसराय के पास मुलाकात का वक्त नहीं था। आंदोलन शुरू होने से पहले ही उसे कुचलने की कार्रवाई शुरू हो गई। पाबंदी के आर्डिनेंस पूरे देश में लागू कर दिए गए। देसी अखबार, राष्ट्रीय स्कूल कॉलेज सब बंद करने के निर्देश जारी हो गए। कांग्रेसियों की धरपकड़ शुरू हो गई। महात्मा के खिलाफ भी एक वारंट जारी हो गया। पत्रकार वेरियर एल्विन महात्मा के साथ ही था। महात्मा ने एल्विन से कहा था कि वह उनके साथ रहे और अपने देश को बताए कि यहां हिंदुस्तानियों के साथ कैसा बर्ताव हो रहा है। वेरियर एल्विन ने अपनी किताब में बंबई के मणि भवन में महात्मा की 4 जनवरी, 1932 की सुबह हुई गिरफ्तारी का आंखों देखा हाल कुछ यूं लिखा–'...पुलिस आ गई। हम चौंके; और मैंने जो दृश्य देखा उसे मैं कभी भूल नहीं सकूंगा–बापू के बिस्तर के पैताने पूरी वर्दी में लकदक एक पुलिस कमिश्नर और नींद भरी आखें मलते हुए बापू– थोड़ी उलझन में, कुछ बुढ़ाए–से कुछ नाजुक–से और चेहरे पर नींद की खुमारी लिए थोड़े दयनीय–से दिखते बापू। 'मिस्टर गांधी, आपको गिरफ्तार करना मेरा फर्ज है।' स्वागत भरी, एक सलोनी मुस्कान बापू के चेहरे पर खिल उठी; और अब वे तरुण तथा सबल दिख रहे थे, आत्मविश्वास से भरे–पूरे। उन्होंने इशारे से बतलाया कि उनका मौन चल रहा है। कमिश्नर मुस्कराया और बड़ी शिष्टता से बोला : 'मैं चाहता हूं कि आप आधे घंटे में तैयार हो लें।' तीन बजकर पांच मिनट हुए थे। बापू ने अपनी घड़ी पर नजर डाली। कमिश्नर बोल उठा, 'ओ, वही आपकी मशहूर घड़ी', और दोनों ठठाकर हंस पड़े। बापू ने एक पेंसिल उठाई और लिख दिया : 'मैं आधे घंटे में आपके साथ चलने को तैयार हो जाऊंगा।' कमिश्नर ने बापू के कंधे पर अपना हाथ इतने स्नेह से रखा कि मुझे लगा जैसे गले मिल रहा हो; बाद में मेरी समझ में आया कि वह गिरफ्तारी का औपचारिक संकेत था।[8]

एल्विन ने अपने इस आंखों देखे हाल में मीरा का जिक्र नहीं किया। लेकिन इस गिरफ्तारी के दौरान प्रिवा पूरे गौर से मीरा को देख रहे थे। बाद में लौटकर प्रिवा ने रोमां को बताया–'बंबई में पुलिस जब गांधी को गिरफ्तार करने आई तो क्रोध से मानो मीरा की दोनों आंखें जल उठीं। वह पुलिसवालों से अपमानजनक शब्दों का बर्ताव करने से नहीं चूकी।'[9]

यरवदा जेल में

महात्मा पूना के यरवदा जेल ले आए गए। इस जेल को उन्होंने मंदिर का नाम

दिया। महात्मा यरवदा मंदिर में 5 जनवरी, 1932 से 23 अगस्त, 1933 तक कैद रहे। उनके पीछे वल्लभभाई पटेल भी जेल चले गए थे। वह बापू के साथ थे। महादेव देसाई को भी महात्मा ने अपने साथ ही रखा था। मीरा बंबई में दामोदर दास के घर और प्रेमा सत्याग्रह आश्रम में थी। मीरा और प्रेमा दोनों बेचैन थीं। दोनों बापू के वियोग में थीं।

पहले सत्याग्रह फिर लंदन की थकानपूर्ण बैठकों से महात्मा थक गए थे। उन्हें लंबे आराम की जरूरत थी। इस काम के लिए जेल के एकांत से बेहतर जगह और कोई नहीं थी। जेल में मित्रों को महात्मा से मुलाकात की इजाजत थी। मीरा ने सुना तो वह खुश हो गई। वह खुश थीं कि अब जेल में वह महात्मा से मिलने आ सकती हैं। लेकिन महात्मा ने अपने अंदाज में मना कर दिया। उन्होंने हमेशा की तरह कहा– 'मेरी तरफ से कोई प्रतिबंध नहीं है। मैं सिर्फ चेतावनी देता हूं कि हम गरीब लोग हैं और इसलिए प्रेम की खातिर मिलने आने में किफायत करनी चाहिए।' मीरा लिखती रही कि महात्मा उसे उनसे मिलने जेल आने दें। लेकिन महात्मा इसके लिए तैयार नहीं थे। 8 अप्रैल, 1932 का लिखा मीरा का चौबीस पन्ने का भावुक पत्र महात्मा को मिला। बापू से दूर रहकर मीरा दुखी थी। वह उनके पास रहकर उनकी सेवा करना चाहती थी। महात्मा इस परिस्थिति को हमेशा टालते। मीरा के मार्मिक पत्र का एक अंश महादेव भाई ने अपनी डायरी में छापा है– '...बापू, आपकी ज्यादा–से–ज्यादा सेवा कैसे की जाए, यह विचार एक क्षण को भी मेरे मन से हटता नहीं है। मैं सोचती हूं, प्रार्थना करती हूं और अपने मन को समझाती हूं, पर आपको जब हम से दूर किया जाता है, जैसे कि जब आपको जेल भेज दिया जाता है, तो एक अन्त:प्रेरणा मुझे आपके ध्येय की बाह्य सेवा में पूरी शक्ति से जुट जाने को प्रेरित करती है।' इस लंबे पत्र में मीरा ने अंत में लिखा– 'आपके सिवा मुझे दुनिया में और किसी बात का खयाल नहीं है, चिंता नहीं है, लालसा नहीं है –आप ही ध्येय हैं, आप ही आदर्श हैं।'[10]

पत्र को पढ़कर महात्मा भी बहुत भावुक हो गए थे। उन्होंने जवाब लिखा– '...तुम अपने बारे में जो–कुछ कहती हो, उसे मैं समझता हूं और उसकी कद्र करता हूं। मैं तुम्हें आश्वस्त कर दूं कि जब मैं बाहर जाऊंगा, तुम निश्चय ही मेरे साथ रहोगी और निजी सेवा का अपना पहले वाला काम संभालोगी। मैं बिलकुल साफ देखता हूं कि तुम्हारे पास आत्मविस्तार का केवल यही रास्ता है। मैं पहले की तरह तुम्हें किसी भी प्रकार कुंठित करने का दोषी नहीं बनूंगा।' उन्होंने आगे लिखा– '...अब से मेरी तरफ से किसी हस्तक्षेप की आशंका करने की तुम्हें जरूरत नहीं है। फिर तुम से ज्यादा प्रेम से मेरी सेवा और कौन कर सकता है?'

महादेव ने लिखा– 'बस इस आखिरी वाक्य में बापू की हार,प्रेम के वश खाई हुई हार है। मीरा बहन के जितनी प्रेमपूर्ण सेवा किसी ने नहीं की थी। यह अक्षरश:

सही है। शंकरलाल जब बापू के साथ थे तब उनकी सेवा अपूर्व थी। कृष्णदास जी की सेवा में जो सावधानी दिखती थी वह उनके निर्मल प्रेम का परिणाम थी। मगर मीरा बहन की सेवा में कुछ और ही मिठास है क्योंकि इसमें अपने आपको मिटा डालने की बात है और दिन-रात बापू की ही निष्ठा-अव्यभिचारी भक्ति।'[11]

गांधीजी के बगैर मीरा का बाहर मन नहीं लग रहा था। ध्यान बंटाने के लिए गांधीजी ने मीरा को एक नया काम दिया था। वह सविनय अवज्ञा आंदोलन से जुड़े अधिकृत समाचारों का साप्ताहिक बुलेटिन कई देशों में भेजने लगी। सरकार के लिए यह अपराध था। मीरा को बंबई छोड़ने का नोटिस जारी कर दिया गया। मीरा ने इंकार किया, इसलिए उन्हें गिरफ्तार करके मुकदमा चलाया गया और तीन महीने की 'ए' श्रेणी में सादी कैद की सजा दी गई। उन्हें बंबई के आर्थर रोड की महिला जेल में भेज दिया गया। जेल में उन्हें दो हत्यारी औरतों के साथ रखा गया था। एक ने अपने नवजात शिशु की हत्या की थी। उसकी साड़ी पर खून के छींटे अभी तक मौजूद थे। दूसरी बीस वर्षीय साफ-सुथरी लड़की थी जिसने अपने पति को मौत के घाट उतारा था। मीरा ने दूसरी के साथ रहना ज्यादा पसंद किया। जेल में बंद होने का सदुपयोग मीरा ने अध्ययन में किया। महाभारत, रामायण और उपनिषद वह पहले पढ़ चुकी थीं। वेद मंत्रों में उसे बीथोवन के संगीत की ध्वनि सुनाई देती थी। मीरा ने लिखा- 'रामायण और महाभारत की नल दमयंती की कथा में अपने प्रियतम के प्रति स्त्री की भक्ति की कल्पना का मुझ पर गहरा असर पड़ा। विवाह की मेरी कल्पना सदा से अत्यंत पवित्र रही है। जिसका मैंने अपने ह्रदय में चुपचाप पोषण किया था। वह प्रियतम के प्रति संपूर्ण समर्पण का और प्रियतम के साथ एकरूप होकर आत्माभिव्यक्ति करने का आदर्श था। और अब मुझे उसी आदर्श के अद्‌भुत प्रतीक सीता और दमयंती मिल गए।'[12]

इधर प्रेमा महात्मा को चिट्ठियां लिखती रहीं। महात्मा भी उसे हर पत्र का जवाब भेजते। इसी बीच आश्रम में एक घटना घटी जिसने प्रेमा को अंदर तक हिला दिया। महात्मा चेचक के टीके के खिलाफ थे। मेघ जी के तीन बच्चे थे। इनमें से एक को गांधीजी की सलाह पर उसके माता-पिता ने चेचक का टीका नहीं लगवाया था। उस बच्चे की चेचक से मौत हो गई। इसके बाद आश्रम में दो बच्चे और चेचक से चल बसे। इस घटना से महात्मा भी बड़े दुखी हुए थे।

प्रेमा ने इस बारे में महात्मा से सवाल किया था। महात्मा ने जवाब भेजा- '...अगर मैं दावा करूं कि माया मुझे बांध नहीं सकती, तभी तो मुझे मेघ जी के बारे में तुम्हारे प्रश्न का जवाब देने की जरूरत होगी न? माया के पाश से छूटने का प्रयत्न करते हुए भी हम कोमलता और सेवाभाव न छोड़ें। कोई मर जाएगा तो क्या होगा, यह विचार मूर्खता का है, माया का नहीं। मरना सबको है, यह एक बार जान लेने के बाद उसका विचार क्या करना? और फिर हम तो नटवर के

हाथ में स्वेच्छा से कठपुतली बने हैं; इसलिए कुछ और कहने-सुनने का सवाल नहीं रहता। उसे जैसे नचाना होगा वैसे नचाएगा। मूल बात तो नाचने की ही है न? जिसे सदा ही नाचने को मिले, उसे दूसरा क्या चाहिए?'[13]

इस कैद में महात्मा पर बहुत पाबंदियां थीं। वह किसी राजनीतिक व्यक्ति से न जेल में मिल सकते थे और न ही उसे कुछ लिख सकते थे। महात्मा के नाम जेल में आने वाले सभी पत्र सेंसर किए जाते थे। महात्मा का हर पत्र पहले जेलर पढ़ता था फिर उसे आगे डाक से भेजता था। मीरा की तीन महीने की सजा पूरी हो गई थी। गिरफ्तारी देने से ठीक एक दिन पहले मीरा महात्मा से मिलने जेल आई थी। आर्थर रोड जेल से छूटने के बाद भी मीरा ने पहला फैसला महात्मा से मुलाकात करने का किया था। लेकिन मीरा को बाहर ही रोक लिया गया। जेल के मेजर भंडारी ने महात्मा को बताया कि उन्हें निर्देश दिया गया है कि 'यदि मीरा बाई (स्लेड) गांधीजी से मिलना चाहें तो वे उन्हें रोक दें।' यह सुनकर महात्मा बहुत नाराज हुए। उन्होंने उसी दिन बंबई प्रेसीडेंसी के जेल-महानिरीक्षक कर्नल ई.ई. डायल को लिखा-'... कल यदि उन्हें सरकार पहले ही सूचित कर देती कि उन्हें मुझसे मिलने की इजाजत नहीं दी जाएगी तो शिष्टता होती। लेकिन शायद यह एक छोटी-सी बात है। मेरे लिए सबसे अधिक महत्त्व की बात जो है वह यह कि आश्रम के किसी भी व्यक्ति को अभी तक मुझसे मिलने की मनाही नहीं की गई है; तब केवल एक मीराबाई को ही क्यों रोका जाए।'

उन्होंने आगे लिखा- 'यदि मैं मीराबाई से नहीं मिल सकता तो मैं नहीं समझता कि अन्य मिलने वालों से मुलाकात की इजाजत का और लाभ उठाना मेरे लिए कहां तक उचित होगा। यह कहने की जरूरत नहीं कि मैं मीराबाई से या किसी भी अन्य मिलने वाले से राजनीति पर चर्चा नहीं करता। यदि ऐसा करना संभव हो तो तो भी मुझे जेल के अंदर से आंदोलन का संचालन करने की रंच मात्र भी इच्छा नहीं है। सभी मुलाकातें सुपरिंटेंडेंट की उपस्थिति में होती हैं। इसलिए यदि सरकार को मेरी या मीराबाई की भावनाओं का जरा भी खयाल है तो मैं आशा करता हूं कि वह अपने निर्णय पर पुन: विचार करेगी और उन्हें पहले की तरह मुझसे मिलने के लिए आने की अनुमति प्रदान करेगी। क्या आप कृपया यह पत्र सरकार के सामने रखेंगे और शीघ्र निर्णय का अनुरोध करेंगे?'[14]

फिर महात्मा ने मीरा को बताया कि यह सुनकर उन्हें 'पहला विचार' तो यही आया कि अगर वह उनसे नहीं मिल सकते तो किसी से नहीं मिलेंगे। लेकिन बाद में उन्होंने यह इरादा बदलकर सरकार को चेतावनी दी कि वह अपने निर्णय पर फिर से विचार करें। महात्मा ने मीरा को लिखा- 'आशा है, इस अप्रत्याशित निर्णय का तुम्हारी तबीयत पर खराब असर नहीं हुआ होगा।'

महात्मा ने यह पत्र डाक से भेजने के लिए जेल सुपरिंटेंडेंट को दिया।

सुपरिंटेंडेंट ने कहा कि मीरा का एक पत्र आपके नाम आया है जिसे अभी वह भिजवा रहे हैं। इसमें मीरा ने लिखा कि 'जेल में आपसे न मिलने देना मेरे लिए एक आघात जैसा था।' महात्मा ने इसी पत्र में पुनश्चः जोड़ते हुए लिखा- '...इस समय मैं और कुछ नहीं लिखूंगा। असल में यह आघात-जैसी कोई चीज नहीं है। अपने को ईश्वर के हवाले कर देने के बाद आघात की गुंजाइश ही कहां रह जाती है? इसलिए कष्ट सहने में खुशी मानो।'

लेकिन सरकार ने महात्मा का आग्रह मानने से इंकार कर दिया। सरकार का कहना था कि चूंकि कैद होने से पहले मीरा आंदोलन का संचालन कर रही थी, इसलिए वह गांधीजी से नहीं मिल सकतीं। गांधीजी ने सरकार के इस फैसले के विरोध में डायल को फिर पत्र लिखा जिसमें उन्होंने कहा कि -'अगर मीराबाई किसी भी समय सविनय अवज्ञा आन्दोलन को सक्रिय प्रोत्साहन देने में सक्रिय रूप से लगी हुई थी या इस समय लगी हुई हो, तो मेरी पत्नी और मेरे दो लड़के भी तो उसमें सक्रिय भाग ले रहे थे। फिर भी यदि वे जेल में न होते तो मैं मानता हूं कि मेरे परिवार के सदस्य होने के नाते उन्हें मुझसे मुलाकात की अनुमति दी जाती। जैसा कि मैं सरकार को लिखे अपने पिछले पत्रों में स्पष्ट कर चुका हूं, मैंने अरसा हुआ अपने परिवार के सदस्यों और अन्य लोगों में भेद करना छोड़ दिया है। मेरे साथी भी मेरे परिवार के उसी प्रकार सदस्य हैं जिस प्रकार परिवार के तथाकथित सदस्य। इसलिए जब तक सरकार अपने निर्णय पर पुनर्विचार नहीं करती तब तक मैं प्रति सप्ताह मुलाकातियों से मिल सकने के सुख से अपने को वंचित रखूंगा। मैंने आत्म-त्याग के इस नियम को पिछले शनिवार से लागू कर दिया है। वस्तुतः मीराबाई के मामले में सरकार ने जो निर्णय दिया है, उसके तहत आश्रमवासियों में से कौन मुझसे मिले और कौन न मिले इसका निर्णय करने की जिम्मेदारी अपने ऊपर लेना मेरे लिए कठिन होगा।' और महात्मा ने सचमुच जेल में मुलाकातियों से मिलना छोड़ दिया। हालांकि महात्मा का यह निर्णय उनके मित्रों को जरूरी और उचित नहीं लगा।

जैसा कि महात्मा ने सरकार को लिखा था कि अरसा हुआ उन्होंने परिवार के सदस्यों और अन्य लोगों में भेद करना छोड़ दिया है। लेकिन इसी बीच बेटे देवदास की बीमारी ने महात्मा को कठिनाई में डाल दिया। देवदास के भेजे गए एक तार में संदेश आया था कि गोरखपुर की जलवायु बहुत खराब है।...' बापू समझ गए कि देवदास ने जलवायु का जिक्र इस उम्मीद से किया है कि वे उसका गोरखपुर से तबादला कराने की कोशिश करें। सरदार पटेल ने तुरंत कहा कि 'उसका तबादला किसी बेहतर जगह कर दिया जाना चाहिए।' बापू ने कहा,'हां, लेकिन यदि हम चाहते हैं तो तबादले की अर्जी हमें देनी चाहिए और मेरा ऐसा करने का कोई विचार नहीं है। हरिलाल दक्षिण अफ्रीका की सबसे खराब जेल में

था, लेकिन उसने अपना तबादला खुद करवाया था, मेरे जरिए नहीं।' सरदार ने कहा, 'लेकिन हम लोग यहां कैदी नहीं हैं। भारत की परिस्थितियां भिन्न हैं। हमें अर्जी देनी चाहिए।' बापू आखिर मान गए और उन्होंने संयुक्त प्रांत के गवर्नर सर मैलकम हेली को अपने बेटे के लिए सिफारिशी तार भेजा–

'तीन महीने से ऊपर हुए मेरे पुत्र देवदास पर सविनय अवज्ञा सत्याग्रही के नाते दिल्ली और मेरठ में मुकदमा चलाया गया था और सजा होने के कुछ दिन बाद उसका तबादला गोरखपुर जेल में किया गया था। गोरखपुर की जलवायु में मलेरिया बहुत होता है। बिना किसी साथी के उसका इतनी दूर-दराज के जेल में ले जाए जाने का कारण अज्ञात है। वह इसी छह तारीख से आंत्र-ज्वर से पीड़ित है हालांकि उसकी हालत सुधरती प्रतीत होती है। अनुरोध है कि उसे अधिक स्वास्थ्यकर और निकटतर स्थान पर भेज दिया जाए, हो सके तो देहरादून में पंडित जवाहरलाल के पास रख दिया जाए जिनके साथ उसकी घानिष्ठ मैत्री है या यदि यहां तबादला संभव हो तो मेरे पास यरवदा में भेज दिया जाए।'[15]

जेल के दिन मजे से कट रहे थे। यरवदा जेल में अखबार आते थे। उनमें खबरें भी खूब होती थीं। वल्लभभाई पटेल और महात्मा उस पर चर्चा करते थे। महादेव ने अपनी डायरी में एक दिलचस्प घटना का जिक्र किया। एक मशहूर महिला ने विधवा होने के बाद किसी दूसरे मशहूर सज्जन से शादी कर ली थी। उस सज्जन के मरने के बाद यह महिला क्या फिर विवाह करेगी? महादेव ने पूछा था। पटेल ने व्यंग्य में कहा– 'अब इस घोड़े को कौन घर में बांधेगा? उसे तो सभी जानते हैं। अब वह शादी करने की इच्छा भी नहीं करेगी।' बापू वहीं बैठे सब कुछ सुन रहे थे। वह भी इस बहस में शामिल हो गए। कहने लगे– 'मुझे याद है एक 64 साल की औरत ने विवाह किया था। मिसेज ओ उसका नाम था। मैं उसे जानता था। उसने शादी के बाद मुझे लिखा– अब मैं मिसेज ओ नहीं मिसेज पी हूं। इस औरत ने सिर्फ एक साथी बनाने के लिए शादी की थी। महादेव बोले– 'गेटे ने 76 साल की उम्र में एक 16 साल की लड़की से शादी करने की इच्छा प्रकट की थी। लड़की के मां-बाप को चोट पहुंची। उन्होंने इंकार कर दिया।' पटेल बोले– 'गेटे था इसलिए चोट ही पहुंची और उन्होंने इंकार कर दिया। मैं होता तो उसे गरम लोहे से दाग लगाता। और उससे कहता कि तुम्हारी अकल मारी गई है और वह दाग लगाने से ही ठिकाने आएगी। इस प्रकरण पर महात्मा चुप थे।'[16]

गांधीजी को बड़े बेटे हरिलाल की खबरें मिल रही थीं। इसी ने उन्हें सबसे ज्यादा दुखी किया था। देवदास को गांधीजी ने लिखा– 'हरिलाल की लाल प्याली रोज भरी रहती है। पीकर इधर-उधर भटकता है। भीख मांगता है। बली और मनु को धमकाता है। इसमें भी नियत रुपया ऐंठने की रहती है। मुझे भी बड़ी अद्‌भुत धमकियों के पत्र लिखे हैं। मुझे दुख नहीं होता दया आती है, हंसी भी आती है।'

महात्मा ने आगे लिखा–'मैं एक स्त्री के साथ खेलता था, तो हरिलाल अनेकों के साथ खेलता है। फर्क सिर्फ मात्रा का है प्रकार का नहीं। इसलिए मुझे प्रायश्चित करना चाहिए। प्रायश्चित का अर्थ है आत्म शुद्धि। वह बीरबहूटी की गति से हो रही है।'[17]

तू देवी नहीं, तुझे मासिक धर्म होता है

उधर आश्रम में महात्मा के बगैर प्रेमा के लिए यह कठिन समय था। मानव जीवन को लेकर उनके मन में बहुत सारे सवाल थे। इनमें ज्यादातर सवाल स्त्री–पुरुष के संबंधों को लेकर होते। आश्रम में हर उम्र के बच्चे थे। प्रेमा ने महसूस किया कि यह बच्चे अपनी उम्र से पहले ही बड़े हो रहे हैं। काम वासना को लेकर उनके मन में कई जिज्ञासाएं हैं। एक लड़की तो बचपन से आश्रम में पली–बढ़ी थी। जब उस लड़की ने महात्मा के सामने अपनी शादी कराने की जिद की पेशकश तो ब्रह्मचर्य व्रत से बंधे महात्मा भी चौंके थे। उन्होंने अपने किसी मित्र को लिखा–'पंद्रह वर्ष की अल्पायु में और शरीर से दुर्बल, विवाह की मांग करे, यह कैसी विचित्र बात है? पंद्रह वर्ष की लड़की में किसलिए विकार पैदा हों? लेकिन हमारा वातावरण ही मलिन है। बचपन से ही लड़के और लड़कियों को विकार का प्याला पिलाया जाता है। ऐसे बच्चों को विकारवश होने का धर्म सिखाने के लिए मैं तो तनिक भी तैयार नहीं हूं।'

प्रेमा आश्रम में सबसे बड़ी उम्र की नवयुवती थी। आश्रम के बच्चे विषय वासना के बारे में उनसे सवाल पूछते। छोटी–छोटी लड़कियां उससे मासिक धर्म के बारे में जिज्ञासाएं करतीं। आश्रम के पशु–पक्षी तो किसी ब्रह्मचर्य व्रत से नहीं बंधे थे। 'उनकी प्रेम लीलाएं खुलेआम चलती थीं।' प्रेमा ने महात्मा से पूछा था–'बच्चे पक्षियों को संभोग करते देखते हैं। फिर सवाल करते हैं। उन्हें क्या जवाब दिया जाए?'

महात्मा ने लिखा–'...पक्षियों में संभोग की क्रिया बालकों ने देखी और उसे जानने की इच्छा उनके मन में हुई तो मैं उनकी जिज्ञासा को अवश्य शांत करूंगा तथा उससे ब्रह्मचर्य का पाठ सिखाऊंगा। पक्षी, पशु और मनुष्य के बीच के भेद को बताऊंगा। जो स्त्री–पुरुष इसी तरह का आचरण करते हैं वे मनुष्य–देह प्राप्त करने पर भी पशु–पक्षी के समान ही हैं। इसमें निंदा की अथवा भर्त्सना की कोई बात नहीं है, यह तो वस्तुस्थिति है। पशुत्व से छुटकारा पाने के लिए ही मनुष्य की देह और बुद्धि हमें मिली है।'

लेकिन महात्मा को शंका थी कि प्रेमा काम संबंधी इन गूढ़ बातों का ज्ञान कैसे दे पाएगी जबकि अब तक यह तय नहीं कि वह खुद इन वासनाओं से मुक्त है? हालांकि प्रेमा का दावा था कि उसे काम वासना से घृणा है। लेकिन आश्रम

के बच्चों के बहाने सही वह इस विषय में दिलचस्पी लेने लगी थीं। महात्मा ने इसी पत्र में आगे चेतावनी लिखी– '...तुझमें यह कला होनी चाहिए। तुझमें आत्मविश्वास होना चाहिए कि तेरे ज्ञान देने से लड़कियों में विकार उत्पन्न नहीं होंगे। विकार का शमन करने के लिए ही तू उन्हें यह ज्ञान दे रही है, इस बात की उन्हें प्रतीति होनी चाहिए। यदि तुझमें विकारों के उत्पन्न होने की संभावना है तो इस बात का ध्यान रखना कि विषय-वासना-संबंधी जानकारी देते समय तेरे मन में विकार उत्पन्न न हों।'[18]

आश्रम अपनी रफ्तार से चल रहा था। आश्रम की एक और छोटी लड़की अपने ही शिक्षक के प्रेम में पड़ गई। महात्मा को पता चला तो उन्होंने उसे समझाया कि वह जिस प्रेम की बात कर रही है वह विकार है। महात्मा ने उस लड़की को लिखा– 'तू लिखती है कि तेरा मन ठिकाने नहीं, इसलिए पत्र नहीं लिखेगी। यह भी विकार की निशानी है। विकार का ठीक अर्थ समझने की जरूरत है। क्रोध करना भी एक विकार ही है। मन में अनेक प्रकार की इच्छाओं का उठना भी विकार है। इसलिए यह पहनूं, यह ओढ़ूं, यह खाऊं, यह न खाऊं, यह भी विकार ही है; और विवाह करने की इच्छा हो या विवाह की इच्छा तो न हो किंतु बराबरी के लड़कों का संग अच्छा लगे, उनके साथ गुप्त बातें अच्छी लगें, उन्हें छूना अच्छा लगे, उनसे हंसी-मजाक करना अच्छा लगे, तो यह भी विकार है। यह अंतिम विकार एक भयंकर विकार माना जाता है।'[19]

महात्मा की अजीब-सी स्थापना थी कि निर्विकार स्त्रियों को मासिक धर्म नहीं होता। साबरमती आश्रम में लड़के-लड़कियों को सभी काम खुद करने पड़ते थे। भारी कचरा गाड़ी तक लड़कियों को खींच कर आश्रम के बाहर ले जानी पड़ती थी। प्रेमा इस काम में आगे रहतीं। मासिक धर्म के समय भी प्रेमा भारी काम करती थीं। इससे उनकी कमर में दर्द शुरू हो गया। बाद में प्रेमा ने इस दर्द की दवा किसी डॉक्टर से बंबई जा कर ली। लेकिन सात-आठ महीने उसे काफी कष्ट सहना पड़ा। प्रेमा ने अपने मासिक धर्म और उस समय उठने वाले दर्द के बारे में बापू को बताया। महात्मा की धारणा थी कि –'स्त्रियों में जब तक इनमें से कोई भी विकार रहेगा, तब तक स्त्री को मासिक-धर्म होता रहेगा। पुरुषों को वह नहीं होता, किंतु दूसरा कुछ तो होता ही है। इस अर्थ में मीरा बहन को भी विकार-रहित नहीं कहा जा सकता। इसी से उसे अभी तक मासिक-धर्म होता है। इस रूप में वह कोई पाप नहीं करती। वह तो बहुत ऊंची पहुंच गई है। वह अपने तमाम विकारों को दूर करने के लिए संघर्ष कर रही है। पुरुष-संग-रूपी इच्छा का विकार तो उसके मन से बिलकुल चला गया है। मगर उसमें क्रोध है, राग है, अनेक इच्छाएं हैं। इन सबको रोकने की भी वह कोशिश करती है।'[20]

प्रेमा ने गांधीजी की बात पर डॉक्टर से भी सलाह ली कि कहीं उनका मासिक

धर्म होना अप्राकृतिक तो नहीं? डॉक्टर ने साफ कहा कि ऐसा नहीं है। 'ब्रह्मचर्य और मासिक धर्म दो अलग बातें हैं। हां, अपवाद स्वरूप यह संभव है कि जनन शक्ति, इंद्रिय और गर्भाशय का उपयोग न होने पर स्त्री का मासिक धर्म बंद हो जाए। लेकिन तब स्त्री का पुरुष में रूपांतरण शुरू हो जाता है। उसे मूंछे आ जाएं वगैरह।'[21]

खुद महात्मा और प्रेमा के संबंधों में भक्ति और प्रेम का घालमेल था। महात्मा ने कई बार प्रेमा को पुत्री के रूप में स्वीकारा। प्रेमा बापू के 'बहन' के संबोधन पर नाराज हो चुकी थीं। फिर भी वह हर साल महात्मा की कलाई पर राखी बांधती थी। प्रेमा कंटक गांधीजी को 'बापूजी' न कहकर 'महात्माजी' कहती थी। उसका कहना था कि 'बापू शब्द का प्रयोग मैं अपने पिता के लिए करती हूं, और एक शब्द दो का द्योतक कैसे हो सकता है?' लेकिन गांधीजी कहते-'शिष्या बनने के लिए तुझे काल्पनिक महात्मा बनाना पड़ेगा। जो इस नाम से प्रसिद्ध है वह महात्मा तो है ही नहीं।'

दोनों अपने आपसी रिश्ते को कभी परिभाषित नहीं कर सके। प्रेमा महात्मा को दलीलें देती कि 'प्रेम को आलंबन चाहिए, प्रेम को स्पर्श की जरूरत होती है, क्योंकि वह मानव स्वभाव के लिए सहज होता है।'[22] लेकिन महात्मा उसकी इस भावना का 'उर्ध्वीकरण' करने की कोशिश करते। बाद में प्रेमा ने माना कि 'प्रेम और भक्ति दोनों में थोड़ा भेद है। प्रेम में विकार दोष रूप में पैदा हो सकते हैं। भक्ति तो शुद्ध प्रेम है। जिसमें विकार हो वह भक्ति ही नहीं।... केवल मन के लिए ही आलंबन की जरूरत नहीं रहती, शरीर तथा इंद्रियों के लिए भी आलंबन की आवश्यकता रहती है।'[23]

लेकिन प्रेमा की भक्ति में कोई विकार नहीं था यह साबित करना कठिन है। प्रेमा ने अपनी बात बहुत बार महात्मा को समझाने की कोशिश की। पर वह नाकाम रही। वह तर्क देती-'भक्तजन आंख, कान, जीभ, स्पर्श सभी इंद्रियों द्वारा ईश्वर की प्रतीति का मधुर अनुभव लेने की लालसा रखते हैं। इसलिए स्पर्श में दोष नहीं। उसके पीछे की भावना में दोष हो सकता है। ऐसा मेरा मत था और है। यह बात मैं महात्मा के सामने रखना चाहती थी। लेकिन मेरी छोटी उमर और कच्चे अनुभव, इन दोनों के कारण मेरी दलील का कोई मूल्य नहीं आंका जाता था। इसमें महात्मा का कोई दोष नहीं था। उस समय यही स्वाभाविक परिणाम था।'[24]

प्रेमा ने लिखा- 'मैंने बहुत बार देखा था कि महात्मा छोटे बच्चों के साथ खेलते हैं, उन्हें पुचकारते हैं लेकिन कभी उन्हें चूमते नहीं। विनोबा का मत था कि चूमना गंदी चीज है। मां को अपने बच्चे को भी नहीं चूमना चाहिए। महात्मा के ऐसे विचार हैं या नहीं? या यह संयम की परिणति है। यह जानने की इच्छा से एक दिन मैंने उनसे पूछा महात्मा जी आपने जीवन में कभी बच्चों को चूमा है? वे हंसे

और कहने लगे, 'अरे चूम-चूम के थक गया हूं!' [25] जैसा कि प्रेमा ने कहा था कि वह स्त्री-पुरुष संभोग से घृणा करती थीं। लेकिन काफी चिंतन के बाद प्रेमा यह मानने को राजी हो गई कि प्रजजन के लिए संभोग ठीक है लेकिन बाकी जीवन संयमित होना चाहिए। गांधीजी के ब्रह्मचर्य जीवन का बीज मंत्र यही था। लेकिन प्रेमा ने आजन्म ब्रह्मचर्य का व्रत लिया था।

प्रेमा 25 साल की हो गईं। लेकिन उनका दावा था कि उन्हें कभी किसी 'पुरुष के साथ की जरूरत महसूस नहीं हुई।' इन छोटी लड़कियों में 16 साल की उम्र में ही काम विकार कैसे उत्तेजित हो सकता है? कॉलेज जीवन में प्रेमा ने सेक्स पर कोई तीन किताबें पढ़ी थीं। उन्होंने बाद में फ्रायड को भी पढ़ा। फ्रायड के विचार उन्हें अतिरंजित लगे थे। उसी तर्ज पर उन्होंने महात्मा को एक पत्र में लिखा- किसी भी पुरुष के साथ एक बिस्तर पर सोकर मैं दूसरे दिन सुबह निर्दोष बालक जैसी ही जगूंगी।[26]

महात्मा को प्रेमा की यह बात पसंद नहीं आई थी। उन्होंने प्रेमा को जवाब लिखा-'यह ब्रह्मचारिणी को शोभा न देने वाला अभिमान है।' उन्होंने प्रेमा को लिखा- '...तुझमें जो ब्रह्मचर्य होगा उसका कितना क्षय हो रहा है, इसका क्या तुझे ज्ञान है? तेरे ब्रह्मचर्य में न्यूनता तो है ही। तेरे लिए स्वाभाविक क्या है? तू विकार को जानती ही न हो तो क्या तू कोई देवी है? देवी के लक्षण भिन्न होते हैं। तू देवी नहीं है। तुझे रोग हो ऐसा मैं जानता नहीं, क्योंकि तुझे मासिक धर्म होता है। जांच करके देखना और मुझे लिखना।'[27]

हिन्दुस्तान में वापसी 1915 : महात्मा गांधी और कस्तूरबा

महात्मा के अलावा और भी लोग थे जो जेल में खुशी-खुशी रह रहे थे। इनमें एक बिल्ली भी थी। उसे बिन मांगे ही महात्मा का साथ मिला था। यरवदा जेल में एक बिल्ली महात्मा और पटेल से हिलमिल गई थी। महात्मा उसे 'स्मार्ट लिटिल गर्ल' कहते। वह प्रेमा जैसी नटखट थी। इसलिए उसका नाम उन्होंने उसके कॉलेज की याद बनाए रखने के लिए प्रेमा ही रख छोड़ा था। इस बिल्ली के बारे में महात्मा प्रेमा और मीरा दोनों को लिखते रहते। बिल्ली ने जेल में छोटे-छोटे बच्चे भी दिए थे। महात्मा का जेल में खाली वक्त इन्हीं से कटता था। बिल्ली और उसके बच्चों को भूख लगती तो वह खास तरह की आवाज निकालते। पटेल या कभी महात्मा उन्हें कुछ खिलाते। तब कहीं जा कर वह कहीं शांत होते। जब कभी वह गुस्से में होते तो जेल में रखे

चरखे से तोड़-फोड़ शुरू कर देते। महात्मा ने जीव-जन्तुओं से प्रेम करने वाली मीरा को बताया था कि बिल्ली-मां को शाकाहार का शौक है। उसे दाल, चावल और खास कर तरकारियां बहुत पसंद हैं।

लेकिन महात्मा के बगैर 'स्मार्ट लिटिल गर्ल' प्रेमा आश्रम को कभी 'अपना' नहीं समझ सकीं। प्रेमा की दिलचस्पी का केंद्र केवल महात्मा थे। महात्मा बाहर होते तो प्रेमा वियोग में तड़पतीं। महात्मा को लंबे-लंबे पत्र लिखतीं। सच तो यह था कि आश्रम के प्रति प्रेमा का लगाव भी केवल महात्मा की वजह से था। महात्मा इस तथ्य को जानते थे। इसीलिए महात्मा प्रेमा को आश्रम के करीब खींचने की कोशिश करते। वह समझाते कि आश्रम को 'अपना' समझो! लेकिन प्रेमा इसके लिए राजी नहीं थी। वह लिखती 'आप मुझे प्रिय हैं इसलिए 'आपका' आश्रम मुझे प्रिय है। आश्रम का स्वतंत्र रूप में मेरे हृदय में कोई स्थान नहीं।'[28]

प्रेमा महात्मा को लिखे पत्र में पूछती कि 'कब आएंगे?' महात्मा भी उसे बेहद रूमानी जवाब भेजते-'तू पूछती है कब आऊंगा? अगर अपनी आंखों से काम ले। तो तू मुझे देखे बिना न रहे। मेरी आत्मा तो वहीं बसती है। शरीर भले ही यहां रहे। यह भी बिलकुल संभव है कि शरीर वहां रहे तब भी मैं वहां न हूं? इस सत्य को तू देख बाकी माया को भूल जा।'[29]

महात्मा को आश्रम से प्रेमा की शिकायतें मिलती रहतीं। महात्मा भी प्रेमा को लेकर परेशान और चिंतित रहते। वह जानते थे कि प्रेमा की बोली में जहर है। प्रेमा इस बात से सहमत नहीं थीं। महात्मा भी मानते थे कि वह प्रेमा के लिए पक्षपात करते हैं। वह उसके गुणों को ज्यादा महत्त्व देते हैं। प्रेमा भी इन शिकायतों और सफाइयों से आजिज आ चुकी थीं। बीच में तो उसने महात्मा से पत्र-व्यवहार भी बंद कर दिया था। प्रेमा तो आश्रम छोड़ने तक को तैयार हो गई थीं लेकिन महात्मा ने उसे समझाया कि अभी वह रुक जाएं। जब वह आश्रम में हों तब इस विषय पर बेहतर बात हो सकती है। प्रेमा को बार-बार लगता कि महात्मा उसे अपने जाल में फंसा रहे हैं। वह बार-बार अपनी यह भावनाएं महात्मा के आगे पत्र में जाहिर करती।

महात्मा ने नाराज होकर लिखा-'... मैं किसी को अपने जाल में फंसाना नहीं चाहता। सब मेरे ही पुतले बन जाएं, तो मेरा क्या हाल होगा? ऐसी कोशिश को तो मैं बेकार समझूंगा। लेकिन मैं शायद किसी को फंसाने का प्रत्यन भी करता हूं, तो मुझे क्यों आत्मविश्वास खोना चाहिए? तू तो सावधान है ही, ऐसा तेरे पत्र से साबित होता है। हां, यह सच है कि तुझे मेरे जाल में फंसने का डर हमेशा रहा करता है। यह बुरा चिह्न है। निश्चय करने के बाद ये डर किसलिए। अथवा क्या यह संभव नहीं कि फंसना शब्द का अर्थ भी हम एक न करते हों?'[30]

बात लगातार बिगड़ती जा रही थी। प्रेमा ने यहां तक आश्रम छोड़ने का फैसला कर लिया। उसने मई 1933 में महात्मा को लिखा-'मैं आश्रम में अधिक रहूंगी तो

आपको मेरी ओर से कष्ट ही हुआ करेगा। इसलिए मुझे हमेशा के लिए आश्रम से जाने दीजिए।'[31]

मुश्किल में मीरा

मीरा आर्थर रोड जेल में एक साल की सजा काट रही थीं। इस जेल के एक तरफ धोबी घाट था दूसरी तरफ कचरे का मैदान। इस कचरे में मुर्दा जानवर फेंके जाते थे। जो सड़ने के साथ बदबू करने लगते। जेल के सामने एक अस्पताल था जिसमें चेचक और मलेरिया के मरीज अंतिम अवस्था में आते थे। महामारी के कारण रोज यहां से दर्जनों अर्थियां निकलतीं। इस जेल का बुरा हाल था। गंदगी और बदबू जेल का अनिवार्य हिस्सा थी। वातावरण दम घोंटने वाला था। अधिकांश कैदी रोग से ग्रस्त थे। मीरा जैसी संवेदनशील महिला के लिए यह जेल लगभग नरक थी। वह ऐसे वातावरण की कभी आदी नहीं थी। जेल की तो कभी नहीं। मीरा ने जेल की बदहाली और अपने गिरते स्वास्थ्य का जिक्र अपने पत्रों में किया था। महात्मा ने मीरा का एक पत्र सलंग्न कर बंबई सरकार के गृह सचिव को एक पत्र लिखा जिसमें उन्होंने मीरा की जेल बदलने की सिफारिश की। महात्मा जानते थे कि ऐसी सिफारिश गलत है। किसी कैदी को अपनी जेल बदलने की मांग करने का हक नहीं होता। उसे जिस हालत में रखा जाए, उसी हाल में रहना पड़ता है। लेकिन फिर भी महात्मा ने गृह सचिव को पत्र लिखा–'सरकार उन्हें मुझसे ज्यादा अच्छी तरह जानती है। आप देखेंगे कि उन्हें किसी ऐसे स्थान पर भेजे जाने का कितना भय है, जो मुझसे उन्हें ज्यादा दूर कर दे। अच्छा होता कि वह इतनी संवेदनशील न होतीं, लेकिन उनकी संवेदनशीलता को ध्यान में रखना जरूरी है क्योंकि उसका उनके शरीर पर बहुत जल्दी प्रभाव पड़ता है। इसलिए मेरा सुझाव है कि उन्हें तबादला करके इसी जेल के महिला खंड में भेज दिया जाए। इस खंड के बारे में मैंने सुना है कि वह खुला हुआ है, उसमें काफी जगह है, और आर्थर रोड जेल के मुकाबले वह ज्यादा ठंडा है। उसमें वह निश्चय ही ज्यादा प्रसन्न रहेंगी। एक नाजुक और व्यक्तिगत मामले को लेकर सरकार से कुछ कहते हुए मुझे दुख होता है। लेकिन मैं यह आशा करता हूं कि सरकार को शायद इस बात से खुशी भी हो सकती है कि मैं इस मामले को उनके ध्यान में लाया। शीघ्र निर्णय किया जाए तो मैं आभार मानूंगा।'[32]

महात्मा के इस पत्र को सरकार ने गंभीरता से लिया और दो हफ्ते के अंदर ही मीरा को आर्थर रोड की जेल से हटा दिया गया। महात्मा चाहते थे कि मीरा का तबादला यरवदा जेल के महिला खंड में हो। लेकिन यह बात बंबई सरकार ने नहीं मानी। फिर भी महात्मा सरकार के कृतज्ञ थे। साबरमती की इस नई जेल में मीरा को खुला वातावरण मिला था। यहां के अधीक्षक, जेलर सब हिंदुस्तानी थे। सबकी महात्मा में बड़ी श्रद्धा थी। इस जेल में बंदरों का आतंक था। वह दिन भर

जेल में धमाचौकड़ी करते रहते। मीरा का जीव-जन्तुओं से प्रेम था। उछलते-कूदते बंदरों को देख उसका वक्त कट जाता। वह उनकी गतिविधियों को बड़े गौर से देखती। महात्मा को लिखे उसके पत्रों के विषय अब यही जीव-जन्तु होते।

महात्मा भी इसमें रस लेने लगे थे। उसके एक पत्र के जवाब में महात्मा ने लिखा-'...मैं देखता हूं कि तुम फिर पशु-पक्षियों के साथ का आनंद लूट रही हो। पता नहीं क्यों मुझे मेंढक बहुत ही असहाय जीव प्रतीत होते हैं। वे न दौड़ सकते हैं, न उड़ सकते हैं और इसलिए आसानी से चालाक बिल्ली के शिकार बन जाते हैं। और अपनी असहाय अवस्था में वे हमारी ओर कितनी कातर दृष्टि से देखते हैं। उधर, बंदर पर मुझे कभी दया नहीं आती। वह बड़ा सूझ-बूझ वाला और शैतान प्राणी है और उसे हमें छकाने में मजा आता है। उसमें कृतज्ञता-जैसी चीज ही नहीं है। और फिर भी, मुझे लगता है हमारा यह सब सोचना या तो कल्पना है या अज्ञान।'

साबरमती जेल में सब ठीक था लेकिन जून-जुलाई की गर्मी ने मीरा को बेहाल कर दिया। बापू ने अपने पत्र में इस गर्मी से राहत का उपाय बताया-'... किसी भी हालत में जब गर्मी बहुत सताए तब अगर गीली चादर लपेट लोगी तो तुम्हें तुरंत ठंडक हो जाएगी। चादर कैसे लपटेना है यह तो तुम्हें आता ही है। अपने बिछौने की चादर लो। उसे ठंडे पानी में डुबो लो। अच्छी तरह निचोड़ लो ताकि पानी न रह जाए। चादर पर नंगी लेट जाओ और उसे अपने चारों ओर लपेट लो। पैरों से गर्दन तक कंबल ओढ़ लो। पांच मिनट या आराम मालूम हो तो अधिक देर तक उसमें रहो। ठिठुरन मालूम नहीं होनी चाहिए। जैसे हो तो तुरंत बाहर निकल आना चाहिए। जिससे बड़ी ताजगी और ठंडक आती है। जरूरत हो तो इस तरह चादर अकसर लपेट सकती हो। खुद परीक्षा करके देख लो।'[33] यह उपाय मीरा के लिए काफी कारगर साबित हुआ।

आश्रम में वासना

आश्रम के एक और लड़का-लड़की प्रेम में पड़ गए। लड़का महात्मा और आश्रम के मंत्री नारणदास गांधी का प्रिय था। और आश्रम में आने से पहले लड़की का इतिहास बहुत अच्छा नहीं था। महात्मा उसे अपनी लड़की मानने लगे थे। प्रेमा आश्रम की ऐसी हरकतों पर खास नजर रखती थीं। उन्हें शक हुआ। प्रेमा ने यह बात नारणदास को भी बताई लेकिन बुजुर्गवार प्रेमा की बातों को कभी गंभीरता से लेते ही नहीं थे। दोनों में प्रेम परवान चढ़ता गया। दोनों छुप-छुप कर मिलते। जबकि आश्रम में स्त्री-पुरुषों को एकांत में मिलने पर रोक थी। एक-दूसरे को प्रेम पत्र लिखते। लड़का प्रेम पत्र में लड़की से प्रेम और विवाह की बातें करता। लेकिन उसकी बातें कोरी वासनाओं में डूबी होतीं। एक दिन लड़की बीमार पड़ी और गलती से उसका पत्र लड़की के बजाय उसकी मुंहबोली मौसी के हाथ पड़ गया।

बवंडर मचना ही था। मौसी वह प्रेमपत्र लेकर बापू के पास यरवदा जेल तक पहुंच गईं। महात्मा बुरी तरह आहत हुए। तो लड़के ने सफाई दी कि वह पत्र में ऐसी बातें लिखकर 'लड़की की परीक्षा' ले रहा था। महात्मा समझ रहे थे कि यह तर्क कोरी बकवास है। आश्रम में जो कुछ हुआ उसके लिए महात्मा ने खुद को जिम्मेदार माना। उन्हें दुख इस बात का हो रहा था कि वह दोनों को समझ नहीं सके। महात्मा का पक्का भरोसा था कि 'जो व्यक्ति सत्य, अहिंसा और ब्रह्मचर्य का पालन करता है उसके निकट असत्य छिपा नहीं रह सकता। विकारी व्यक्ति को वह तुरंत पहचान लेता है और हिंसा उसकी सान्निध्य में शांत हो जाती है।' लेकिन यहां ऐसा नहीं हुआ। उन्हें लगा वह परीक्षा में फेल हो गए। उन्हें लगने लगा कि अनजाने में जरूर उनके अंदर कहीं 'असत्य, हिंसा और विकार छिपे हुए हैं।'

लेकिन इस घटना से उन्होंने सबक ले लिया। उन्होंने आश्रम के नियम और सख्त कर दिए। आश्रम में एक-दूसरे को लिखे जाने वाले पत्रों पर भी पहरे लगा दिए गए। उन्होंने एक पत्र आश्रम के मंत्री नारणदास गांधी को लिखा- '... लड़के और लड़कियां सावधान हो जाएं। जो अपने मन में विकार उत्पन्न हुआ देखें वे कह दें। इसमें लज्जा का कोई कारण नहीं है। मुझे अपने बिस्तर में सर्प दिखे तो इसमें मेरा दोष नहीं माना जाएगा। देखने के बाद मुझे उसे दूर करना चाहिए। विकार शरीर में पाया जाने वाला सर्प ही है, वह दिखे तो प्रकट करने में शर्म की कोई बात नहीं है, बल्कि वह तो धर्म है। उसे रखना और उसका पोषण करना ही पाप है। उसका त्याग धर्म है।'[34]

घटना के दो दिन बाद महात्मा ने आश्रम के सभी बालकों और बालिकाओं के नाम संदेश भेजा जिसमें कहा गया था कि-'यदि तुम अच्छे बनना चाहते हो, सत्य का पालन करना चाहते हो तो निम्न नियमों का पालन करना :

1. किसी को कोई बात छिपानी नहीं चाहिए और न किसी के साथ गुप्त रूप से बातचीत करनी चाहिए।
2. किसी को किसी के साथ एकांत में नहीं मिलना चाहिए।
3. लड़कों को लड़कियों से मित्रता नहीं करनी चाहिए क्योंकि यह स्वाभाविक नहीं है। लड़की को लड़की के साथ मित्रता करने के बजाय लड़के के साथ मित्रता की इच्छा क्यों करनी चाहिए।
4. आश्रम में रहने वाले लड़के-लड़कियां सगे भाई-बहनों के समान हैं। जिस प्रकार भाई-बहनों में विवाह नहीं हो सकता उसी प्रकार से जो लोग एक ही समय आश्रम में साथ रहते हैं उनमें आपस में विवाह नहीं हो सकता। भाई-बहन का आपसी संबंध दोस्ती का नहीं है। यह तो एक निर्मल संबंध है। यह संबंध सारी दुनिया के साथ रखा जा सकता है। भाई-बहन एकांत कभी नहीं चाहते। भाई-बहन के बीच कुछ भी गुप्त नहीं होता।

5. किसी भी बालक या बालिका के मन में जरा भी विकार आ जाए तो उसे तुरंत अपने गुरुजनों से कह देना चाहिए। मैं चाहता हूं कि तुम स्वेच्छा से उपर्युक्त नियमों का पालन करो।'[35]

इसी दिन लिखे एक पत्र में महात्मा ने न जाने किस रौ में बहकर प्रेमा से ब्रह्मचर्य की भीख मांगी थी- '...तू देखती है कि मेरी आशाएं राख होती जा रही हैं ...और...के बारे में तो क्या कहूं? उनके बारे में मुझे शंका हो ही नहीं सकती थी। उन पर मैंने आशाओं का पहाड़ चुना था, परंतु वह रेत की बुनियाद पर खड़ा था।'[36]

आश्रम में ब्रह्मचर्य का प्रयोग भरभरा कर गिर रहा था। महात्मा के आश्रम में लड़के-लड़कियां साथ रहकर ब्रह्मचर्य की साधना कर रहे थे। महात्मा जानते थे कि वह आग और विस्फोटक को एक साथ रखकर जोखिम उठा रहे हैं। लेकिन उनका मानना था कि आश्रम एक ऐसा स्थान बने जहां लोग रोज के 'सामान्य प्रलोभनों के बीच ब्रह्मचर्य से रहने के लिए अपने आपको प्रशिक्षित कर सकें।' इस घटना के बाद मीरा ने महात्मा को सुझाव दिया कि वह इस प्रयोग में और उदारता बरतें। आश्रम के स्त्री-पुरुष को आश्रम से दूर कहीं सह-जीवन जीने के लिए भेजें। वे अगर अलग रहकर भी पथ-भ्रष्ट न हुए तो सच्चे ब्रह्मचारी होंगे। लेकिन यह और अधिक खतरनाक प्रयोग था। महात्मा जानते थे कि ऐसे प्रयोग के आगे 'एक नारणदास के अलावा शायद कोई भी आश्रमवासी नहीं टिक पाएगा।'

इस घटना के लिए मीरा ने कुछ हद तक प्रेमा को भी जिम्मेदार माना था। महात्मा ने मीरा को लिखा- '...प्रेमा के प्रति तुम्हारा रुख शायद बिना जरूरत ही इतना सख्त है। उसमें बड़ी-बड़ी खामियां हैं सही, लेकिन इस घटना में बेचारी का बिलकुल कोई हाथ नहीं था। उसके कायित ब्रह्मचर्य पर मुझे किंचित् भी शंका नहीं और उसमें सत्यवादिता तो इतनी है कि उसे मुंह-फट बना देती है। बाह्य नियमों के पालन में वह बहुत ज्यादा पाबंद रहती है। हां, उसकी जुबान बुरी है। उस पर काबू पाने की वह कोशिश कर रही है। खैर, ऐसा कोई व्यक्ति है ही नहीं, जो आश्रम को नारणदास की अपेक्षा अधिक अच्छे ढंग से चला सके। उसे आश्रम को अपनी योग्यता के अनुसार अच्छे-से-अच्छे ढंग से चलाने को मुक्त छोड़ देना चाहिए।'[37]

संदर्भ

1. जीवन यात्रा, मीराबेन, पेज 143
2. मीराबेन, द स्पिरिट्स पिल्ग्रिमेज, यात्रा, पेज 143-144
3. खंड 53 : 6 जुलाई 1931, पेज 31
4. हिंदू, 29-8-1931 खंड : 53, पेज 346

लंदन से खाली हाथ

5. जीवन यात्रा, मीराबेन, पेज 155

6. इंडियन राउंड टेबल कांफ्रेंस (सेकेंड सेशन) : प्रोसीडिंस ऑफ द प्लेनरी सेशंस, पेज 289-300, वही, खंड 54 : पेज 265-270
7. बापू के पत्र मीरा के नाम, पेज 153 व रोमां रोला- महात्मा गांधी- पेज-100
8. ट्राइबल वर्ल्ड ऑफ वेरियर एल्विन, पेज 65-68, खंड 54 : पेज 517 परिशिष्ट-3
9. रोमां रोला : महात्मा गांधी : जीवन और दर्शन, पेज 159

यरवदा जेल में

10. डायरी ऑफ महादेव देसाई, भाग-1, नवजीवन प्रकाशन मंदिर 1948, पृष्ठ 83
11. डायरी ऑफ महादेव देसाई, भाग-1, नवजीवन प्रकाशन मंदिर 1948, पृष्ठ 86
12. जीवन यात्रा, मीरा, पेज 196
13. खंड 55 : 21 मार्च, 1932 पेज-147-148
14. बांबे सीक्रेट एक्स्ट्रैक्ट्स : होम डिपार्टमेंट, स्पेशल ब्रांच, फाइनल सं. 800 (40) (2), भाग-1, पेज 95। खंड 55 : 18 मई, 1932, पेज-385-386
15. बॉम्बे सीक्रेट एक्स्ट्रैक्ट्स, होम डिपार्टमेंट, स्पेशल ब्रांच, फाइल नं. 800 (40)(3), भाग 1, पेज 283। 18 जून, 1932, खंड 56 : पेज 15
16. महादेव भाई की डायरी-1, नवजीवन प्रकाशन मंदिर, दिसंबर 1948, पेज-241, 23 जून 1932
17. महादेव भाई की डायरी, भाग-1 पेज 240-241, 23 जून 1932

तू देवी नहीं, तुझे मासिक धर्म होता है

18. वही, महादेव भाई की डायरी, भाग-1, पेज 242-243, 23 जून 1932
19. महादेव भाई देसाई की डायरी, भाग-2, पेज 17-18, खंड 57: 11 सितंबर,1932, पेज-20
20. खंड 57 : 11 सितम्बर, 1932, पेज-20
21. प्रेमा के नाम, पेज 190
22. प्रेमा कंटक के नाम ,पेज 131
23. प्रेमा कंटक के नाम पेज 131
24. प्रेमा कंटक के नाम, पेज 132
25. प्रेमा कंटक के नाम, पेज 133
26. प्रेमा कंटक के नाम, पेज 189
27. प्रेमा कंटक के नाम, पेज 190
28. प्रेमा कंटक के नाम, पेज 131
29. प्रेमा कंटक के नाम, पेज 92
30. प्रेमा कंटक के नाम, पेज- 173
31. प्रेमा कंटक के नाम, पेज 204

मुश्किल में मीरा

32. बांबे सीक्रेट एक्स्ट्रैक्ट्स, होम डिपार्टमेंट, स्पेशल ब्रांच, फाइल नं. 800 (40) (3), भाग-4, पेज 29-31, खंड 59 : 6 फरवरी, 1933, पेज 217
33. मीरा के नाम, पेज 223

आश्रम में वासना

34. खंड 60 : 22 मार्च, 1933, पेज 145-147
35. खंड 60 : 26 मार्च, 1933, पेज 201-202
36. खंड 60 : 26 मार्च, 1933, पेज 204
37. खंड 60 : 6 अप्रैल, 1933, पेज 325

अध्याय–6

ऐतिहासिक उपवास और ठहरा हुआ गर्भ

यरवदा जेल में महात्मा के पास दो पत्र नीला नागिनी के नाम से आए थे। इन पत्रों में कई दिलचस्प बातें थीं जिससे महात्मा प्रभावित हुए थे। 'नीला नागिनी' 24 साल की अमेरिकी युवती नीला क्रैम कुक का हिंदुस्तानी नाम था। इन मोहतरमा के बारे में महात्मा को बताया गया कि वह 'अत्यंत कामुक और झूठी औरत है।' जब वह 17 साल की थीं तब ग्रीस में उसका विवाह निकोलस से हुआ था। उसका एक बेटा भी था। नीला ने जिसका नाम सायरस रखा था। खराब चाल–चलन के कारण उसके पति ने उसे छोड़ दिया था। 1932 में नीला का तलाक हुआ। वह अमेरिका के एक बोहेमियन परिवार में पली–बढ़ी थी जहां ईसा मसीह का नाम तक नहीं लिया जाता। ईसाई धर्म में उसकी कोई दिलचस्पी नहीं थी लेकिन सेवा में उसकी रुचि जरूर थी। उसके पिता जॉर्ज क्रैम कुक लेखक और रंगशालाओं के सज्जाकार थे। वह स्वयं नाटकों में अभिनय करती थी। नृत्य आदि जानती थी। वह भगवान शिव से प्रभावित थी। नटराज उसके आराध्य थे। कश्मीर आकर उसने हिंदू धर्म अपना लिया था। उसने अपना हिंदू नाम 'नीला नागिनी' रखा था। वह अपने बेटे को अपने साथ भारत लाई थी।

महात्मा के संपर्क में नीला उनके अस्पृश्यता आंदोलन के दौरान आई। महात्मा तब यरवदा जेल में थे। वह एक हरिजनों की बस्ती में उनके लिए काम कर रही थी। युवक उसे आकर्षित करते थे। वासना उसके लिए जीवन की सबसे सुखद वस्तु थी। वह नए–नए युवकों के संपर्क में आती। और उन पर अपना सब कुछ न्यौछावर कर देती। यह सब खबरें जेल में बंद महात्मा तक पहुंच रही थीं। महात्मा ने उसे समझाया कि 'अपने कर्मों से वह उस धर्म को, जिसे उसने अपना लिया है, जबरदस्त क्षति पहुंचा रही है और इससे हरिजन–कार्य को हानि पहुंच रही है तथा वह अपने इर्द–गिर्द एकत्रित युवकों का चरित्र भी दूषित कर रही है।' नीला ने सुधरने की कसम खाई और हरिजन सेवा के लिए बंगलौर चली आई।

लेकिन यहां भी उसका मन नहीं लग रहा था। नीला के दो पुराने आवारा दोस्त उसके साथ काम करने के बहाने दलित बस्ती में आना चाहते थे। नीला ने महात्मा से इस बारे में पूछा तो उन्होंने साफ इंकार कर दिया। महात्मा ने अपने सहयोगी बी.के. रामचंद्र राव को लिखा–'बेहतर यही है कि पुराने साथियों में से कोई भी उसके साथ न रहे–चाहे वे कितने भी अच्छे कार्यकर्ता रहे हों।'[1]

नीला के रोमांचक किस्से जेल के भीतर और बाहर गांधीवादियों के बीच चर्चा का विषय बने हुए थे। तब तक दलितों के मुद्दे पर महात्मा ऐतिहासिक उपवास का ऐलान कर चुके थे। हिंदू धर्म और वर्ण व्यवस्था को लेकर देश में एक नई बहस छिड़ गई थी। मदन मोहन मालवीय से लेकर राजगोपालाचारी और बाबा साहब अंबेडकर तक इस बहस में जोर–शोर से हिस्सा ले रहे थे। ऐसे में महात्मा नीला को लेकर चिंतित थे। नीला के बारे में सुनकर कहने लगे–'कैसा हिंदू धर्म है? एक तरफ यह स्त्री हिंदू बन गई है। इसके बारे में सब बातें सच हो तो यह पाखंड की पुतली है और हिंदू नौजवान इसके पीछे पागल बने फिरते हैं, दूसरी तरफ हिंदू धर्म के शिखर पर विराजमान मालवीय जी हैं। तीसरी तरफ अंबेडकर और चौथी तरफ मेरे उपवास का ढिंढोरा पीटते राजाजी!'[2]

वह नीला के पत्रों को कई बार पढ़ चुके थे। वह उससे मिलने के लिए बेताब हो गए। उन्होंने नीला को लिखा–'...मैं स्वीकार करता हूं कि मैं बहुत बेवकूफ हूं और केवल पत्रों से लोगों को नहीं समझ सकता। उन्हें समझने के लिए उन्हें देखना और उनसे बात करना मेरे लिए जरूरी है, और तुमने अपने बारे में इतना ज्यादा लिखा है कि हो सके तो मैं तुम्हें जरूर जानना चाहूंगा। लेकिन साथ ही मैं यह भी नहीं चाहता कि जो बड़ा काम तुम वहां कर रही हो उसकी कीमत पर तुम यहां आओ। तुम्हें यहां तभी आना चाहिए जब तुम्हें अपने काम से कुछ दिनों के लिए फुर्सत मिल सके।'[3]

और इसके बाद दोनों के बीच पत्र–व्यवहार का सिलसिला तेज हो गया। नीला खुद तो नहीं आई लेकिन उसने अपना पत्र एक युवक दिवाकर सिंह के हाथों यरवदा जेल भेजा। इस पत्र में उन्हें 'उन्माद की गंध' आई। पत्र में 24 साल की इस महिला ने महात्मा के लिए 'माई रेवर्ड सन' यानी प्रिय पुत्र का संबोधन किया था। महात्मा ने जवाब दिया 'मैं अपनी मां को बरसों पहले खो चुका था। मैं बहुत तेजी से बेटियां और बहनें बना रहा हूं। लेकिन मां मुझे नहीं मिली है। उम्र कोई बाधा नहीं है। यदि तुम मेरे मन में अपने प्रति माता–जैसा आदर–भाव पैदा कर सको तो इससे ज्यादा खुशी मुझे और किसी चीज से नहीं होगी।' पत्रवाहक दिवाकर ने खुद को नीला का मित्र बताया था। दिवाकर से मिलकर महात्मा को बहुत निराशा हुई। वह उन्हें 'असंतुलित मन' का लगे थे। दिवाकर इलाहाबाद की भंगी बस्तियों में सफाई का आंदोलन चलाना चाहते थे। लेकिन महात्मा उन्हें संदेह

की निगाह से देख रहे थे। इस बीच महात्मा को नीला के काले जीवन की कहानी सुनने को मिल चुकी थी। किसी प्रतिष्ठित व्यक्ति ने महात्मा को पत्र लिखकर नीला को 'चरित्रहीन' बताया था। उस व्यक्ति ने महात्मा को सचेत किया कि वह नीला के 'हाथ में नहीं खेलें।' लेकिन इसके बावजूद महात्मा ने नीला से मिलने का इरादा नहीं बदला। उन्होंने ये सारी बातें नीला को बताईं और अंत में लिखा- 'तुम सब काम छोड़कर चुपचाप पूना आ जाओ, अपना सामान स्टेशन पर छोड़ो, और किसी भी दिन सुबह 9 बजे के बाद मेरे पास आओ ताकि मैं तुम्हें आमने-सामने देख सकूं और तुमसे कुछ सीधे सवाल पूछ सकूं।'[4]

नीला यरवदा जेल में महात्मा से मिलने आई। महादेव भाई ने अपनी डायरी में लिखा-'उसकी पोशाक में उसके हाव-भाव में जरा भी छिछोरापन नहीं लगा। उसका सौंदर्य भी मोहक, आकर्षक या उत्तेजक नहीं था। बल्कि सरल, शांत और आंखों को ठंडा करने वाला था।' महात्मा को देखकर वह बहुत निराश हुई क्योंकि वह उसकी सोच से ज्यादा बदसूरत थे। नीला की इच्छा हुई कि वह फौरन वहां से लौट जाए। लेकिन महात्मा ने उसे अपने करीब बैठा लिया। दोनों में बातचीत शुरू हुई। महात्मा ने पूछा- 'मेरे लिए पुत्र का संबोधन क्यों?' नीला ने सीधा और सपाट जवाब दिया-'मेरी इच्छा मां बनने की है। मैं न जाने कब से सबको अपना बच्चा मानने की कोशिश कर रही हूं। बंगलौर में तो तमाम युवक मुझे मां कहकर पुकारते हैं। आपको पत्र लिखते वक्त जी में आया कि आपको भी पुत्र का संबोधन दूं।'

महात्मा बोले- 'लेकिन मां ही क्यों लड़की क्यों नहीं? लड़की में आगे बढ़ने की गुंजाइश रहती है। मां तो प्रेम और ज्ञान की संपूर्णता है। और फिर दुनिया की मां बनने के लिए तो अपार ज्ञान और प्रेम चाहिए।' नीला ने कहा-'मैंने उस ज्ञान और प्रेम का दावा नहीं किया। मैं तो बालक बनने की भी इच्छा रखती हूं।' महात्मा बोले-'मां और बालक एक साथ?' नीला चुप हो गई। उसके पास इस बात का जवाब नहीं था।

महात्मा के पास उनके प्रतिष्ठित मित्र 'बी' का एक पत्र और आया था। संपूर्ण गांधी वाङ्मय में नाम छुपाने के लिए संकेत अक्षर 'बी' का ही इस्तेमाल किया गया है। जबकि नीला के लिए हर जगह 'नी' संकेताक्षर का प्रयोग किया गया। इस पत्र में बी ने फिर नीला के बारे में कुछ आपत्तिजनक जानकारियां दी थी। उन्होंने बताया था कि 'आग से खेलना नीला का शौक रहा है। और वह फिर वही काम कर रही है।' महात्मा ने यह पत्र नीला को पढ़ाया। महात्मा ने नीला से पूछा कि जब वह 'आग से खेल' रही थी तो क्या 'बी' उससे 'अछूते' रहे थे। नीला ने साफ कहा कि 'नहीं'। जबकि 'बी' का दावा था कि नीला के साथ रहते हुए वह 'किसी तरह की पाशविक वासना से प्रभावित' नहीं हुआ। महात्मा ने

'बी' को लिखा-'किसी भी व्यक्ति के लिए, जब तक कि वह बिलकुल नपुंसक या देवता न हो, यह असंभव है; और मेरा खयाल है कि तुम इन दो में से एक भी नहीं हो। यदि तुम सच्चे मनुष्य बनना चाहते हो, तो तुम्हें इस आत्म-प्रवंचना से मुक्त होना चाहिए। तुम बच्चे नहीं थे, और न नी. थी।'[5]

महात्मा और नीला में और बातें हुईं। और अंत में नीला ने महसूस किया वह महात्मा के जाल में फंस चुकी है। नीला अब से पहले ऐसे किसी 'बौद्धिक और आध्यात्मिक पुरुष' के संपर्क में नहीं आई थी। महात्मा ने पूछा अब क्या करोगी? नीला बोली-'आप कहेंगे तब तक यही रहूंगी।' महात्मा ने उसे लक्ष्मी दास को बुलाया और कहा वह नीला को लेडी विट्ठलदास के पास ले जाएं।

महात्मा नीला से प्रभावित हुए थे। महादेव ने अपनी डायरी में लिखा-'ये स्त्री कमाल की बुद्धि रखती है। उसने गणित का गहरा अध्ययन किया है। मैंने पूछ लिया-किसलिए? तो कहने लगी कि मुझे सप्रमाणता का अध्ययन कला के सिलसिले में करना पड़ता है। और गणित के बिना सप्रमाणता की कल्पना भी नहीं की जा सकी। बोली कि वह संगीत शास्त्र भी जानती है। सभी ग्रीक नाच जानती है। मगर वहां के धार्मिक थिएटरों के सिवा कहीं नहीं नाची। जैसी अंग्रेजी बोलती है वैसे ही ग्रीस। उसने उपनिषदों के मैक्समूलर के अनुवाद पढ़े हैं। 'जब पूछा तुमने महाभारत पढ़ा? तो बोली दत्त की तीन जिल्दें पढ़ी हैं यह सब 23 साल की उम्र में।'[6]

नीला रोज महात्मा से मिलने यरवदा जेल आती। महात्मा उससे पुलिसिया अंदाज में पूछताछ करते। उसके बीते जीवन के बारे में। मर्दों से उसके संभोग संबंधों के बारे में। नीला पूरी बेबाकी से उनके सवालों के जवाब देती। यह सब देखकर खुद महादेव भाई को अजीब-सा लग रहा था। उन्होंने अपनी डायरी में लिखा-'नीला नागिनी की जांच अभी तक हो रही है। काका से मैंने कहा बापू को इस जीवन में बहुत-सी नापसंद बातें करनी पड़ रही हैं। छुटपन में डॉक्टरी की पढ़ाई करनी थी। मगर जीते प्राणियों को चीरना पड़े इसलिए भागे। यही काम-जीते को चीरने का-उन्हें आज अनिच्छा से करना पड़ रहा है। यह देखिए नीला की जीते-जी चीरफाड़ ही हो रही है न?'[7]

नीला के चारित्रिक चीरफाड़ का सिलसिला कई दिन चला। महात्मा बिलकुल निर्दयी होकर सवाल पूछते और नीला बेहया बनकर जवाब देती। बीच में तो एक बार महात्मा ने कहा-'मुझे तुम्हारा विश्वास होता। और मैं यह मानता कि तुम नादान और निर्दोष हो और मेरा तुम पर काबू होता, तो अभी मैंने तुम्हें दो-चार चांटे रसीद कर दिए होते। मगर मैं जानता हूं तुम पर कोई असर नहीं होता।' महादेव भाई ने अपनी डायरी में लिखा-'और भी स्तर खुले। बापू स्तब्ध हो गए। इस स्त्री की कितनी बात सच मानी जाए यह एक प्रश्न बन गया, और कहां तक उससे बहस की जाए, यह भी प्रश्न बन गया।'[8]

नीला और महात्मा के बीच हुई बातें सुनकर सब हतप्रभ थे। नीला ने अपना दिल खोलकर सामने रख दिया था। खुद महात्मा को लगा कि इस लड़की ने तो 'सड़ने' में कोई कसर बाकी नहीं रखी है। लेकिन नीला भी अजब थी। उसने अपने सारे पाप महात्मा के सामने बयान कर दिए थे। वह भी लिखकर। वह महात्मा के सामने रोई भी। जबकि महादेव देसाई ने बाद में महात्मा को बताया कि जब नीला यह सब लिख रही थी तब पागलों की तरह हंसती जा रही थी। तब महादेव को उसे कहना पड़ा कि 'तुम्हारे बंगलौर पहुंचने से यह तार आ जाए कि नीला पागल हो गई तो मुझे अचरज नहीं होगा।' महात्मा बोले-'ठीक कहा। मुझे भी आश्चर्य नहीं होगा।' वल्लभ भाई पटेल ने महात्मा से कहा-'बापू यह तो काजल की कोठरी में हाथ डालने वाली बात हुई। वह सुधर नहीं सकती। इसके लिए संस्कार चाहिए।'[9]

नीला का चरित्र देख महादेव भाई को एक साथ विदेशी साहित्य की कई नायिकाओं की याद आ गई। जैसा कि हिंडस ने लिखा है। उसकी कहानी की नायिका कॉलेज की छात्रा है अपनी एक दोस्त को लिखते हुए वह कहती है अब हमारे बीच जरा भी प्रेम नहीं रहा। सिर्फ काम संबंध ही है। लड़कियां लड़कों के साथ एक सप्ताह के लिए, महीने भर के लिए या कभी-कभी तो एक रात के लिए ही आसानी से संबंध जोड़ सकती हैं। जो ऐसे शरीर संबंध के सिवाय प्रेम के नाम पर किसी और बात की अपेक्षा रखती हैं, उनकी मूर्ख के तौर पर हंसी होती है। ऐसी ही 'मून आन द राइट' नाम के एक उपन्यास में 'तानिया' नाम की नायिका बहुत थोड़े अरसे में 22 शादियां करती है और अंत में निराश होकर आत्महत्या करने की कोशिश करती है। लेकिन अंत में वह एक गंवार और निर्दोष किसान के निष्ठापूर्ण प्रेम से मुक्ति प्राप्त करती है।

तो क्या अब महात्मा नीला के मुक्तिदाता बनने जा रहे थे। नीला को हर पल वासनाएं आमंत्रण देती थीं। जैसे उस दिन वह महात्मा से मिलने जेल आ रही थी। शास्त्री जी साथ में थे। रास्ते में डाकिए ने बताया कि नीला के नाम एक मनीआर्डर आया है। नीला का मन भटका कि मनीआर्डर ले ले। लेकिन शास्त्री ने टोका-'तुमने भूतपूर्व संबंधों को मिटा देने का फैसला किया है। फिर ऐसे संबंधों की भेंट क्यों लेना चाहती हो?' नीला बोली- 'क्या यह ईश्वर की तरफ से भेजी गई मदद नहीं हो सकती?' शास्त्री ने कहा-'यह भी हो सकता है कि ईश्वर कदम-कदम पर तुम्हें लालच देकर तुम्हारी परीक्षा ले रहा हो?' नीला घबरा गई। बोली 'तो फिर यह रुपए हरगिज नहीं लिए जा सकते।'

नीला महात्मा के आश्रम में रहना चाहती थी। लेकिन महात्मा इसके लिए राजी नहीं हो रहे थे। वह यकीन नहीं कर पा रहे थे कि नीला वाकई सुधर गई है। इसकी वजह नीला का अजीबोगरीब बर्ताव था। एक दिन महात्मा ने उससे

कहा भी कि 'तुम पर विश्वास नहीं जमता।' नीला का तुरंत जवाब था-'कैसे जम सकता है? मैं तो आपको धोखा दे रही हूं। मैंने अभी आपको पूरा सत्य बताया ही नहीं है।'

नीला पहेली बनती जा रही थी। पूना से हरिजन बस्ती में काम करने के लिए वह बंगलौर आ गई। उसके पीछे हरिजन बस्ती में सेवारत युवक फिर मंडराने लगे। एक ने तो नीला से खुद को 'आध्यात्मिक पति' बताकर बहकाना शुरू कर दिया। नीला फिर बहकने लगी। लेकिन उसने महात्मा को पत्र लिखकर सब कुछ साफ-साफ बता दिया। उसने उस युवक का पत्र भी महात्मा को भेज दिया और पूछा- 'आध्यात्मिक पति और पत्नी का संबंध तो वासना से परे है न।'

लेकिन कभी सरला देवी को अपनी 'आध्यात्मिक पत्नी' मानने वाले महात्मा ने 17 मार्च, 1933 को खत लिखकर नीला समझाया कि-'...आध्यात्मिक पति एक ही है, सभी स्त्री-पुरुषों का सच्चा साथी और मित्र एक ही होता है और वह है ईश्वर, जिसे मैं पूरी तरह से सत्य के रूप में जानता हूं। एक ईश्वर ही है, जिसके तईं कोई लिंग भेद नहीं होता। दैहिक विकारों से मुक्त तो केवल ईश्वर ही है। अन्य सभी प्रकार के विवाहों में न्यूनाधिक मात्रा में वासना का अंश होता ही है, दोनों पक्ष चाहे कितने ही उच्चादर्शों से प्रेरित क्यों न हों। मानवता की सेवा के निमित्त अपने आपको अर्पित कर देने वाले स्त्री-पुरुषों के लिए अनन्य संबंध जैसी कोई चीज होती ही नहीं। इसलिए यदि तुम मेरी बात मानो तो इस तरह एक-के-बाद-दूसरे गलत काम के चक्कर में मत पड़ो। फिलहाल तो लगता है कि तुम ऐसे ही चक्कर में पड़ी हुई हो। तुमने वचन दिया है कि तुम किसी के साथ कोई भी अनन्य या गुप्त या बिलकुल निजी संबंध नहीं रखोगी। तुम केवल अपने उद्देश्य या कार्य के प्रति समर्पित हो, अन्य किसी के भी प्रति नहीं।'.

नीला से महात्मा ने इस बारे में लंबी पूछताछ की। इस पूछताछ से महात्मा ने यह नतीजा तो निकाल लिया कि ये नवयुवक नीला के साथ अभी शारीरिक संपर्क स्थापित नहीं कर पाए हैं। लेकिन इस फेर में जरूर लगे हैं।

महात्मा ने अगले दिन 18 मार्च को एक लंबी चिट्ठी उस मनचले युवक को भी लिखी- '...नी के साथ काफी देर तक बातचीत करने से मेरे मन पर कुछ ऐसी छाप पड़ी है कि उसके असर में आने वाले तुम और तुम्हारे युवा साथियों ने उसके संपर्क से सचमुच कोई लाभ नहीं उठाया, बल्कि तुम अपने और उसके पतन में सहायक ही बने। उसने मुझे तुम्हारा एक पत्र दिखाया था। मुझे तुम्हारे पत्र में प्रयुक्त अनुचित आत्मीयता-भरा संबोधन और उसमें कही गई बातें भी अच्छी नहीं लगीं। मुझे बड़ी आशंका है कि तुमने उसके साथ ऐसा स्वच्छंद व्यवहार किया है जैसा कि आत्मसंयमी युवकों को किसी अजनबी के साथ करना कदापि शोभा नहीं देता। ...नी ने बतलाया है कि तुम उसके साथ ऐसे आध्यात्मिक विवाहों या

आध्यात्मिक मैत्रियों की बातें करते रहे हो, जो लगभग वैवाहिक संबंध ही हैं। यह आग से खिलवाड़ के अतिरिक्त और कुछ नहीं। यह एक अत्यंत प्रच्छन्न वासना की ही अनुगूंज है। इसलिए मैं बड़ी उत्कटता के साथ तुम और अन्य युवकों से आग्रह कर रहा हूं कि आग से खिलवाड़ करना बंद कर दो, और चेतन या अवचेतन रूप से ...की नैतिक प्रगति में बाधक मत बनो; इधर हाल ही में तो उसने समझना शुरू किया है कि उसका पिछला जीवन कितना अनैतिकतापूर्ण था। तुमको यह समझ लेना चाहिए, उसका स्वभाव ऐसा है कि उसे सहज ही किसी बात पर राजी किया जा सकता है। वह तो अब तक इतना भी नहीं समझ पाई है कि वह पहले जो भी कर रही थी, वह घोर मिथ्याचार और अनैतिकता ही थी। आशा है कि तुम मेरे पत्र का कोई गलत अर्थ नहीं लगाओगे।'

लेकिन इस घटना ने महात्मा को नीला के प्रति और उदार बना दिया। उन्हें लगा इस मोड़ पर नीला फिसल सकती थी। लेकिन संभल गई। उन्होंने नीला को बहादुर सत्यवक्ता की पदवी दी। नीला ने अपने किए पर फिर पश्चाताप किया और एक भावुक-सा पत्र महात्मा को भेज दिया। महात्मा पिघल गए। उन्होंने नीला को लिखा- 'सत्य तुम्हें चारों तरफ से घेर ले और तुम्हें भर दे-बापू।'

महात्मा ने पहली बार उसे 'बापू' लिखा वरना अब तक अपने पत्र के अंत में वह 'हृदय से तुम्हारा' ही लिखते थे। महात्मा जेल से नीला को रोज खत लिखने लगे। वह लिखते-'पाप का ही दूसरा अर्थ असत्य है। इसलिए मैं चाहता हूं कि तुम अपनी पहरेदार खुद बनो।' महात्मा के आश्रम में रहने के लिए व्याकुल नीला एक बार फिर अपने को बदलने में जुट गई।

अब नीला पर गांधीवाद का भूत सवार हो गया । उसने अपने जीवन के हर पाप का कच्चा चिट्ठा लिखकर बंगलौर के अखबारों में छपने के लिए दे दिया। लेकिन अखबारों ने यह सब छापने से इंकार कर दिया। नीला ने यह मजमून एपीआई को भेज दिया। उसने अपनी मकान मालकिन को अपने बारे में सब कुछ बता दिया। घर की मालकिन ने उसे माफ कर दिया। महात्मा इन बातों से प्रभावित हुए। महात्मा के पास यह प्रश्न अब तक विचाराधीन था कि नीला को आश्रम में रखा जाए या नहीं। वह अपने हाथ से खाना बनाने लगी। महात्मा को पत्र लिखकर पूछती कि रोटी कितनी बड़ी बनाऊं? उसकी मोटाई क्या हो? चकला किस चीज का बनाया जाए आदि। यह सब नीला के लिए किसी तपश्चर्या से कम नहीं था। लेकिन महात्मा की परीक्षा आसान नहीं थी।

नीला को आश्रम में रखने को लेकर महात्मा ने अपने साथियों के साथ विमर्श किया। सरदार पटेल से लेकर महादेव देसाई तक कोई उसे आश्रम भेजने को तैयार नहीं था। सबके दिमाग में एक ही सवाल था जिसका जीवन भोग-विलास में बीता हो वह अपने को एकाएक बदल कैसे सकता है। नीला का इतिहास जानने के बाद

आश्रम प्रभारी छगनलाल जोशी उसे आश्रम में रखने की हिम्मत नहीं जुटा पा रहे थे। उनका मानना था कि 'उसकी बुद्धि अपक्व है, अवलोकन-शक्ति कच्ची है, मन व्यवस्थित नहीं है और स्मरण-शक्ति भी दुर्बल है। उसका मन बहुत-सारी चीजों में घूमता है इसलिए उसमें एकाग्रता की शक्ति बहुत कम है।'

महात्मा ने महादेव भाई से पूछा तो उनका जवाब था-'उसमें असाधरण शक्ति है इसलिए वह बदल गई हो तो कोई हैरत की बात नहीं है। पर उसकी आंखों में मैं अभी तक पहले के विकार देखता हूं।'

महात्मा ने कहा-'यह तो उसका स्वभाव है।' महादेव बोले-'हां पर वह बना हुआ है।' महात्मा सरदार पटेल से बोले-'पर कोई दूसरा विकल्प भी तो सोचिए। इस लड़की का क्या करुं? आश्रम न भेजूं तो कहां निकाल दूं। इससे यह सब कराने के बाद मैं उसे न रखूं तो क्या करुं? और आश्रम में कितने गिरे हुए आदमी मौजूद हैं। यह आपको पता है? आपसे क्या-क्या कहूं? किस-किस की बात कहूं। यह स्त्री कहती है कि उसने ऐसा किया है, मेरे लिए इतना काफी है। बाद में वह नहीं निभा सकी और आश्रम उसके लिए असह्य हो गया तो वह चली जाएगी। यह स्त्री भूखों मरने वाली नहीं है, जहां भी जाएगी वहीं रास्ता निकाल लेगी।'

नीला का बेटा सायरस पांच साल का हो गया था। वह सारी बातें समझने लगा था। नीला भी अब उसे वक्त देने लगी थी। नीला उसे महात्मा के बारे में बताती। वह पूछता 'महात्मा जी को कब देखूंगा?' एक दिन नीला उसे महात्मा से मिलाने जेल ले आई। सायरस देखते ही बापू से लिपट गया। उसकी बोली तोतली थी। कहने लगा-'आप गुरु हैं, मैं गुरु हूं और नीला भी गुरु है।' थोड़ी देर ठहर कर सायरस ने एक ऐसा सवाल पूछा कि महात्मा भी निरुत्तर हो गए। उसने पूछा-'आप अच्छे आदमी हैं। फिर भी आपको जेल में बंद कर रखा है?' नीला कहने लगी 'इस सवाल का जवाब मैं भी नहीं दे पाती हूं। इससे कहती हूं सरकार ने आपको बंद कर रखा है। तो पूछता है सरकार कौन है?' इतने में सायरस फिर पूछ बैठा-'पर सरकार कौन है?'

सरकार क्या है यह आज तक कोई नहीं जान पाया। सरकार चलती है लेकिन चलती हुई कभी नहीं दिखती। सरकार से सिर्फ लड़ा जाता है। इस लड़ाई का कोई अंत नहीं है। महात्मा भी इस सरकार से लड़ ही रहे थे। सायरस ने महात्मा से फूल मांगे। महात्मा ने मंगवा दिए। नीला ने उन्हें गूंथकर एक हार बना दिया। इस हार को उसने नन्हें सायरस के सिर पर बांध दिया। फूलों का ताज पहनकर सायरस अकड़ कर बोला-'देखो मैं बच्चों का राजा बन गया?' वहां मौजूद सब लोग हंसने लगे। बापू मां बेटे का प्यार देखकर विह्वल हो उठे।

आखिर अप्रैल के अंतिम दिनों में नीला का आश्रम जाना तय हो गया। महात्मा ने नारणदास गांधी को लिखा कि वह साबरमती स्टेशन पर एक छोटी बैलगाड़ी

भेज दें जो नीला और उसके पांच साल के लड़के को आश्रम तक ले आए। चलते वक्त महात्मा ने उसे शिक्षा दी कि उसे 'कोई भी कदम जल्दी या उतावलेपन में नहीं उठाना चाहिए।' वह उसे सत्य की महिमा समझाते। 'जब तक सत्य तुम्हारे लिए एक स्वाभाविक वस्तु नहीं बन जाता है, तब तक तो तुम्हें जीवन कठोर लगेगा ही और तुम्हें ऐसे अनुभव भी होंगे जो निराशाओं जैसे लगेंगे। जब मनुष्य सत्य से आप्लावित हो जाता है तब उसके लिए निराशा-जैसी कोई वस्तु रह ही नहीं जाती। तब तो उसके मन में सत्य का आलोक भर जाता है और फिर उससे उसका समस्त जीवन आलोकित हो उठता है।' उन्होंने नीला को मंत्र दिया-'तुम्हारा ईश्वर अर्थात् सत्य के अतिरिक्त और कोई मार्गदर्शक नहीं होना चाहिए। मैं नहीं चाहता कि तुम आगे भी किसी के जादू में रहो।'[10]

नीला ने भी वादा किया कि '... मैं हर कठिनाई को झेलकर आपके बताए रास्ते पर चलती रहूंगी। सिवा सत्य के, जिसका रूप यह सुंदर और विस्तृत ब्रह्माण्ड है, मेरे लिए इस धरती पर या स्वर्ग में भी अब और कोई गुरु नहीं है।' उधर नीला के दोस्त दिवाकर इलाहाबाद की गंदी बस्तियों के सफाई अभियान में जुट गए थे। यह जानकारी उसने महात्मा को दी। महात्मा ने दिवाकर को बताया कि नीला के जीवन में कितना बदलाव आ गया है। उसे अपने पहले के जीवन पर सच्चा पश्चाताप हुआ है। महात्मा ने दिवाकर को बताया कि 'अब उसने हरिजनों के सुख-दुख को ही अपना सुख-दुख बना लिया है, मौज की जिंदगी बिलकुल छोड़ दी है और वह चीतलदुर्ग के निकट एक हरिजन गांव में प्रसिद्धि से कोसों दूर यथासंभव हरिजनों के जैसा जीवन व्यतीत कर रही है तथा जो कुछ खाने-पीने को दे दिया जाता है उसी पर गुजारा कर रही है।'[11]

आश्रम में गुप्त रोग

नीला को इस शर्त पर आश्रम में रहने की मंजूरी दी गई थी कि यहां आकर वह एक नए और पवित्र जीवन की शुरुआत करेगी। पर यह बड़ा कठिन काम था। महात्मा चाहते थे कि नीला संन्यासिनी बन जाए। लेकिन नीला का रूप-सौंदर्य इसमें बाधक था। महात्मा ने उसे सलाह दी कि वह अपने 'सिर के बाल मुड़वा' दे। महात्मा ने तर्क दिया कि 'यदि तुम अपने सिर के बाल कटवाने के लिए आसानी से तैयार हो जाओ तो फिर मुझे उन्हें साफ रखने के लिए कोई लंबे-चौड़े उपाय बताने की जरूरत नहीं रह जाती।' महात्मा चाहते थे कि आश्रम की दूसरी लड़कियां भी मीरा की तरह अपने बाल कटवा लें। लेकिन आश्रम की अधिकांश लड़कियां इसके लिए राजी नहीं थीं। लेकिन आश्रम की दूसरी लड़कियों की तरह नीला को भी अपने बालों से मोह था। उसने बाल मुड़वाने के लिए साफ मना कर दिया। पर बाद में वह मान गई। यह बात नीला के बेटे को भी नागवार गुजरी थी। महात्मा

ने पांच साल के सायरस से पूछा- 'मैंने सुना है नीला के बाल कटवा देना तुझे अच्छा नहीं लगा। क्यों?' सायरस बोला-'क्योंकि लड़कियां बाल नहीं कटवातीं।'

नीला के पहनावे को लेकर भी महात्मा के मन में कई शंकाएं थीं। आश्रम में वह चोली और घाघरा पहनती थी। पर यह काफी नहीं था। महात्मा चाहते थे कि नीला इसके ऊपर एक चोगा भी पहने। नीला को यह सब बंदिशें पसंद नहीं थीं। उसने आश्रम में देखा था कि कई महिलाएं कितने कम कपड़े पहनती हैं कि उनका अधिकांश बदन नग्न रह जाता है। यह बात नीला ने जब महात्मा को लिखी तो उनका जवाब था-'स्त्रियों के बारे में तुम्हारी बात काफी तर्कसंगत है, लेकिन दुर्भाग्यवश हम तर्क के अनुसार ही नहीं चलते। जिन स्त्रियों को तुम खुले बदन देखती हो, यहां मैं उनका इतिहास नहीं बताऊंगा, किंतु तुम शीघ्र ही समझ जाओगी कि तुम इन बहनों के साथ स्पर्धा नहीं कर सकतीं।'[12]

नीला अपने पत्रों में ऐसी बातें लिखती जो बापू को पसंद आतीं। महात्मा को यकीन हो चला था कि अब वह पहले वाली नीला नहीं रह गई। लेकिन यह महात्मा का भ्रम था। महात्मा के एक मित्र डॉ. हीरालाल शर्मा कुछ दिनों के लिए आश्रम रहने आए। पेशे से वह चिकित्सक थे। आश्रम आते ही उन्होंने आश्रम के मरीजों का इलाज शुरू कर दिया। उनके साथ उनकी चार साल की लड़की भी थी। महात्मा ने डॉ. शर्मा को निर्देश दिए थे कि वह 'आश्रम की हर चीज पर आलोचनात्मक दृष्टि से गौर करके' उसके बारे में अपने विचार उन्हें लिखा करें।[13]

डॉ. शर्मा की 'आलोचनात्मक दृष्टि' आश्रम वासियों को भारी पड़ने लगी थी। आश्रम में लोग उसके पास इलाज के लिए आते थे। अपनी कई गुप्त बातें भी उसे बताते थे। आश्रम में इलाज के दौरान डॉ. शर्मा ने पाया कि कई आश्रमवासी यौन जनित रोगों से पीड़ित हैं। यह चिंता की बात थी। डॉ. शर्मा ने यह बात महात्मा को भी बताई। महात्मा ऐसे 'गुप्त रोग' वाले मरीजों का नाम जानना चाहते थे लेकिन 8 मई से शुरू होने वाले अपने ऐतिहासिक उपवास के चलते वह दूसरे राजनीतिक कामों में व्यस्त थे।

डॉ. शर्मा मुंहफट किस्म के आदमी थे। महात्मा के सर्वाधिक प्रिय शिष्य परशुराम ने इसकी शिकायत यरवदा जेल आ कर की। उनका कहना था कि डॉक्टर शर्मा दवा करने के बजाय आश्रम की आलोचना का काम अधिक करते हैं और आलोचना भी गंदी। उनका कहना था कि डॉ. शर्मा के मन में आश्रम के संबंध में कुछ विशेष पूर्वाग्रह रहे हैं। परशुराम के मुताबिक वह सबसे कहा करते थे कि 'आश्रम के लोगों की मनोदशा गुलामों की-सी है।' वे सभी महात्मा जैसे 'ओल्ड फूल' की 'जी-हजूरी' करने वाले हैं। वह परशुराम से कहते कि 'तुम प्रेमा के वश में हो और उसकी हर बात मानते हो। उन्होंने प्रेमा का नाम 'हर एक्सेलेंसी' रखा है और उसके पीठ पीछे बात करते समय उसे इसी नाम से संबोधित करते हैं।'[14]

यह आजादी की लड़ाई के इतिहास का नाजुक दौर था। महात्मा जेल में थे लेकिन उनके शिष्यों ने देश भर में अस्पृश्यता के खिलाफ आंदोलन शुरू कर दिया था। इस सवाल पर महात्मा किसी की सुनने को तैयार नहीं थे। उन्हें लगता कि यह आंदोलन नहीं एक यज्ञ है। और यज्ञ में आत्मशुद्धि बहुत जरूरी है। इस यज्ञ में शामिल सभी कार्यकर्ता आत्मशुद्धि के लिए उपवास करें यह संभव नहीं। इसलिए महात्मा ने तय किया कि वह आत्मशुद्धि के लिए 21 दिन का उपवास करेंगे। महात्मा के लिए उपवास अपनी बात मनवाने का एक हथियार मात्र था। उन्हें लगा कि शायद 16 करोड़ सवर्ण जनता इस उपवास से थोड़ा पिघल जाए। महात्मा के उपवास की खबर फिर जंगल में आग की तरह फैली। पिछले उपवास की मियाद अंग्रेजी हुकूमत के हाथ थी। लेकिन इस बार उपवास के 21 दिन तय थे। 64 साल का आदमी कैसे 21 दिन तक बिन खाए-पिए रहेगा। यह प्रश्न देश भर के लिए फिर चिंता का कारण बन गया था।

ऐतिहासिक उपवास और ठहरा हुआ गर्भ

उपवास की खबर फैलते ही महात्मा के पास फिर तारों का सिलसिला शुरू हो गया। इसमें एक तार मीरा का भी था। उसमें लिखा था : 'मैं स्तंभित रह गई हूं। परंतु जानती हूं कि यह ईश्वर की आवाज है, इसलिए वेदना के बीच भी मैं प्रसन्न हूं। हार्दिक कामनाएं और प्रेम लिख रही हूं।' इस उपवास को लेकर महात्मा की अपने मित्रों से फिर लंबी बहस छिड़ गए। इस उम्र में 21 दिन के उपवास का सीधा मतलब था-आत्महत्या की कोशिश। राज गोपालचारी महात्मा से मिलने तुरंत जेल आए। उपवास को लेकर दोनों में दिलचस्प बहस हुई। राजगोपालाचारी ने पूछा-' किंतु हिंदू-धर्म आत्मघात को मान्य नहीं बताता।' महात्मा ने जवाब दिया-' मैं नहीं जानता, किंतु महादेव मुझसे कहते थे कि गंगा में डूबकर मरने की प्रथा थी।' यह लंबी बहस भी महात्मा का इरादा बदल नहीं पाई।

महात्मा के उपवास को लेकर देश चिंतित था। लेकिन महात्मा नीला और आश्रम को लेकर चिंतित थे। एक नई समस्या पैदा हो गई थी। आश्रम में आकर पता चला कि नीला गर्भवती है। इसमें कोई हैरत की बात नहीं थी। बंगलौर में नीला ने कई मर्दों से शारीरिक संबंध बनाए थे। लेकिन जिस दौरान यह गर्भ ठहरा नीला एक हरिजन पुरोहित के संपर्क में थी। नीला ने यह बात महात्मा को गोलमोल तरह से बताई थी। उपवास पर बैठने से ठीक एक दिन पहले 7 मई को उन्होंने आश्रम प्रबंधक नारणदास को लिखा-'...यदि गर्भ रहा ही हो तो मुझे अच्छा लगेगा। इससे उसकी परीक्षा होगी और हमारी भी। यदि उसका मन साफ हो गया हो तो उसे आश्रय देना हमारा कर्तव्य है।' उन्होंने नारणदास से कहा-'उपवास के दौरान मुझे आश्रम की चिंता नहीं करनी है। वह तो तुम्हें करनी है। तुम्हें जो ठीक लगे सो करना।'[15]

यह सिर्फ नारणदास गांधी को पता था कि महात्मा ने अपने इस ऐतिहासिक उपवास को नीला के पाप के साथ भी जोड़ दिया था। उन्होंने उपवास के पहले ही दिन नारणदास को लिखा– 'यदि कोई चीज नी. को सहारा दे सकती है तो यही उपवास दे सकता है। और यदि उसे वहां भेजकर मैंने भूल की है तो मेरी भूल को भी यही उपवास धोकर साफ कर सकता है।'[16]

जिस दिन महात्मा का उपवास शुरू हुआ उसी दिन सरकार ने महात्मा को जेल से रिहा कर दिया। अंग्रेज सरकार नहीं चाहती थी कि उपवास के दौरान जेल में कोई दुर्घटना हो जाए। बाद में शिमला में विधानसभा में सरकार ने कहा भी था कि गांधीजी को छोड़ने का निर्णय इसलिए लिया गया कि 'यह साफ दिखाई दे रहा था कि गांधीजी ने आत्महत्या करने का निश्चय कर लिया है। सरकार उन्हें जेल में मरने देना नहीं चाहती थी और उनके जीवन को बचाने के लिए उन्हें जबरदस्ती खिलाने का आदेश देने को भी वह तैयार नहीं थी।' विधानसभा में गृहमंत्री ने यह आरोप भी लगाया था कि 'गांधीजी दो असंगत नीतियों को एक-साथ मिलाना चाहते हैं, वे जान-बूझकर कैदी बनना चाहते हैं और साधारण व्यक्ति की तरह सामाजिक कार्य करने की पूरी स्वतंत्रता भी चाहते हैं।'

फिर सरकार के पास महात्मा को कैद में रखने का उनके पास कोई मकसद भी नहीं रह गया था। अंग्रेज देख रहे थे कि महात्मा कुछ महीने तक आजादी के लिए आंदोलित जनता को दूसरी तरफ हांक कर ले जा रहे हैं जहां उनकी सरकार को कोई खतरा नहीं है। बदले में महात्मा ने अंग्रेज सरकार की थोड़ी मदद और कर दी। सरदार वल्लभभाई पटेल,जवाहरलाल नेहरू,खान अब्दुल गफ्फार खां आदि अभी जेल में थे। खुद महात्मा बाद में इस बात को लेकर शर्मिंदा थे कि वे अपने साथियों को जेल ले गए और स्वयं उपवास रखकर बाहर आ गए। उन्होंने अगले ही दिन एक सार्वजनिक वक्तव्य जारी कर सविनय अवज्ञा आंदोलन छह महीने के लिए स्थगित कर दिया। महात्मा ने सीधा-सा तर्क दिया– 'मैं इस रिहाई से खुश नहीं हूं। रिहाई का फायदा उठाकर सत्याग्रह आंदोलन का संचालन या मार्गदर्शन कैसे कर सकता हूं।'[17]

यरवदा जेल से निकलकर महात्मा पर्णकुटी आ गए थे। उपवास का दूसरा ही दिन था लेकिन महात्मा का मन आश्रम और नीला में अटका था। आश्रम में एक दूसरी समस्या खड़ी हो गई थी। आश्रम में डॉ. शर्मा को देखकर नीला चौंक गई थी। नीला के साथ 'आग का खेल' खेलने वाले नवयुवकों की फेहरिस्त में डॉ. शर्मा भी शामिल थे। यह बात नीला ने महात्मा को बताई। डॉ. हीरालाल शर्मा सुंदर कद काठी के आदमी थे। उन्हें देखकर कामुक नीला की वासना फिर जाग गई। यह बात भी नीला ने महात्मा को लिखी। महात्मा नीला के इस सत्य से प्रभावित हुए। यह सब सुनकर महात्मा ने डॉ. शर्मा को दिल्ली चले जाने के लिए

चिट्ठी लिखी, लेकिन नीला के आश्रम पहुंचने की खबर सुनकर वह भी वापस आश्रम आ गए। इस बात पर महात्मा ने नाराजगी भी जाहिर की थी। उन्होंने डॉ. शर्मा को स्पष्ट निर्देश दिए थे कि आश्रम में वह 'नीला की दवा न करे, उसका स्पर्श न करे, उसके साथ बात न करे।' उन्होंने नारणदास को निर्देश दिए कि वह इस बात का खयाल रखे। यही बात उन्होंने नीला को भी लिखी। उन्होंने नीला से यह भी पूछा कि-'क्या उसकी उपस्थिति से और उसे देखकर तुममें वही भावनाएं जागती हैं जिनका तुमने बयान किया है। यदि जागती हैं तो मुझे देखना होगा कि क्या किया जा सकता है। लेकिन मैं उसे इस भावना के बारे में लिख रहा हूं ताकि वह सावधान रह सके। आशा है कि तुम इस बात का बुरा नहीं मानोगी।'[18]

महात्मा ने इस बारे में हीरालाल शर्मा को भी एक पत्र लिखा- '...आप नी की जीवनी जानते हैं। मैंने उसे आश्रम भेजा है कि यदि संभव हो सके तो उसे उसकी कुटेवों से बचाया जा सके। उसने मुझे बताया कि जब वह आप से मिली तो उसकी पाशविक वासना जाग उठी। इसका यह अर्थ मानना जरूरी नहीं है कि इसमें मैंने आपका कोई दोष देखा है। यदि किसी औरत के मन में किसी मर्द को देखकर कामुकता जाग जाए तो वह कर ही क्या सकती है? ऐसी सहज पवित्रता बहुत कम लोगों को ही सुलभ है कि उनके साथ कभी कोई ऐसा मौका न आए कि उन्हें देख कर कोई नितांत पतित औरत भी कामवश न हो। इसलिए मैं आप पर कोई दोष डालने के लिए यह नहीं लिख रहा हूं, बल्कि यह चेतावनी देने के लिए लिख रहा हूं कि आप उससे कुछ भी प्रयोजन न रखें।'

महात्मा अब नहीं चाहते थे कि डॉ. शर्मा आश्रम में रहें। वह डॉ. शर्मा की कई शिकायतें सुन चुके थे। इसी पत्र में उन्होंने डॉ. शर्मा को आगे लिखा- '...आश्रम को पसंद न करते हों तो आपको वहां से हट जाना चाहिए, भले ही आप वहां कुछ मरीजों का इलाज क्यों न कर रहे हों। यदि आश्रम के प्रति आप में एक अरुचि पैदा हो गई है तो आपके वहां रहने का उद्‌देश्य ही पूरी तरह विफल हो गया। मरीजों के लिए आपको वहां रखना तो मेरा बहुत ही स्वार्थी होना होगा।'[19]

लेकिन असल समस्या नीला के गर्भ में ठहरा शिशु था। हालांकि अभी यह भी तय नहीं था कि नीला वाकई गर्भवती है या नहीं। नीला को मासिक धर्म नहीं हुआ था इसी आधार पर उसे आशंका थी कि उसके गर्भ में शिशु आ गया है। नीला गर्भपात करना चाहती थी लेकिन महात्मा गर्भपात के विरोधी थे। महात्मा ने उसे 'गर्भपात न करवाने की नैतिक आवश्यकता' को समझाया था। लेकिन अगले महीने मासिक धर्म के दौरान नीला को मामूली रक्तस्राव हुआ। नीला ने यह बात महात्मा को बताई और उम्मीद जताई कि शायद वह गर्भवती नहीं है। महात्मा ने उसे लिखा- '...फिलहाल मासिक धर्म की न्यूनता के आधार पर तो मुझे कोई बहुत आशा नहीं बंधी है। इसलिए गर्भ ठहर जाने की मेरी आशंका पूरी तरह नहीं गई

है। इस दशा में मैं चाहता हूं कि तुम इससे घबराने के बजाय इसे ईश्वर का वरदान समझो। यदि गर्भ स्थित नहीं हुआ है तो इसे भी हम वरदान ही मानेंगे और सोचेंगे कि बाल-बाल बच गए। दोनों ही परिस्थितियों में इसे अंतिम और अविस्मरणीय चेतावनी मानना है।'[20]

मार्गरेट स्पीगल उर्फ अमला

इस दौरान महात्मा के निकट संपर्क में आने वाली दूसरी विदेशी महिला थीं-डॉ. मार्गरेट स्पीगल। मार्गरेट 35 साल की एक जर्मन महिला थीं। जब जर्मनी में यहूदियों के विरुद्ध आंदोलन शुरू हुआ तब वह भारत आ गई थीं। वह एक आश्रम में हरिजन सेवा-कार्य का प्रशिक्षण प्राप्त कर रही थीं। गांधीजी ने बाद में उसका भारतीय नाम 'अमला' रख दिया था। पौराणिक साहित्य में अमला धन की देवी लक्ष्मी का दूसरा नाम है। महात्मा के मुताबिक उनका 'चरित्र का गठन' हो चुका था। वह 'विदुषी' थीं। उनकी 'स्मरण-शक्ति' अच्छी थी। किंतु महात्मा उन्हें 'मंदबुद्धि और जिद्दी' मानते। महात्मा को लगता है कि उन्होंने 'पवित्र जीवन' व्यतीत किया है।

मार्गरेट पहले पत्रों के जरिए महात्मा से जुड़ी थी। वह महात्मा की विचारधारा से प्रभावित होकर भारत आई थी। उसने बताया कि बापू ने उसके जीवन में कितना बड़ा परिवर्तन किया है। उनका प्रेमी नाटकों में काम करता था। सेवा-कार्य के लिए उसने अपने प्रेमी को छोड़ दिया। मार्गरेट का दावा था कि ऐसा महात्मा के कारण ही संभव हो सका। वह आदमी 'आंखों में आंसू लेकर उससे अलग' हो गया। मार्गरेट ने महात्मा को लिखा कि-'आपकी पवित्र अहिंसा और आपकी आध्यात्मिक शक्ति से मुझे इतना सहारा मिला कि मैं उसे आश्वासन देने लायक बल संग्रह कर सकी। और जब वह आंसू भरी आंख से गया, तब मुझे लगा कि सब ठीक हुआ। अब हम दोनों अपने-अपने कर्तव्य की तरफ मुड़ रहे हैं। अब कुछ भी हो जाए, मैं उससे दोबारा मिलूं या न मिलूं, इसकी मुझे चिंता नहीं। मेरा खयाल है ईश्वर ने हमारे बीच फिर प्रकाश की ज्योति प्रकट की है। उसी में मुझे सच्चा जीवन मिला है।'[21]

मार्गरेट भी महात्मा से पहली दफा यरवदा जेल में ही मिली थी। महात्मा को देखते ही उनके पैरों पर गिर गईं। बोली-'मैं झूठ बोलकर आई हूं। मैंने यहां आने का गलत कारण बताया। मेरे पासपोर्ट की मियाद भी 8 जुलाई को पूरी हो रही है। हे बापू, मैं व्रत लूं। मुझे आश्रम भेज देंगे? मेरे लिए तो आप परमेश्वर हैं। मुझे हिंदुस्तानी बना लीजिए। किसी की दत्तक पुत्री बना लीजिए। नहीं तो मुझे किसी ब्रह्मचर्य की प्रतिज्ञा वाले के साथ ब्याह दीजिए।' महात्मा खिलखिला कर हंसने लगे।

मार्गरेट नीला को पसंद नहीं करती थी। न ही नीला की वेशभूषा को। जेल में मार्गरेट ने एक दिन सायरस को महादेव भाई के कंधे पर खेलता

देखा तो चिढ़ गई। उसने सायरस की बांह पकड़कर उसे नीचे फेंक दिया। महात्मा ने उसे डांटा। कहा–'ये क्या तरीका है। यह बच्चा है कि पत्थर।' बददिमाग मार्गरेट ने जवाब दिया वह अपने कुत्ते के साथ भी ऐसा ही बर्ताव करती है। महात्मा ने कहा– 'कुत्ते और बच्चे में कुछ तो फर्क होगा?' उसने जवाब दिया–'मैं अपने कुत्तों को भी बच्चा मानती हूं। महात्मा बोले–'सोचता हूं तुम्हारी शादी करा दूं। ब्रह्मचारी से नहीं बल्कि बच्चे पैदा करने वाले से तभी तुम्हें पता चलेगा बच्चा क्या होता है।'

मार्गरेट का बर्ताव पागलों की तरह था। एक पत्र में उसने महात्मा के लिए 'पागल' शब्द का संबोधन कर दिया। बाद में उसने इसके लिए सात बार माफी मांगी। लेकिन महात्मा को उसके पागलपन में भी एक पद्धति दिखती थी। वह कहते–'मार्गरेट सच्ची है जो दिल में आता है बक देती है।' मार्गरेट का सारा ड्रामा महात्मा के आश्रम रहने के लिए था। वह जानती थी कि अगर ऐसा न हुआ तो उसे देश छोड़कर वापस जाना पड़ेगा। इसके लिए वह हर जतन करती। एक पत्र में उसने महात्मा से कहा–'आपने ईश्वर के प्रति मेरी श्रद्धा नष्ट कर दी है। मैं उपवास करूंगी और मर जाऊंगी। अपने वसीयतनामे में मैं अपनी सारी चीजें आश्रम के लिए और अपना शरीर सासून अस्पताल के लिए छोड़ जाती हूं।'

पूणे में मार्गरेट को भी नीला के साथ सर्वेंटस ऑफ इंडिया सोसाइटी में रखा गया था। यहां के प्रभारी कोदंड राव थे। मार्गरेट की हरकतों से वह भी परेशान थे। एक दिन वह महात्मा से मिलने जेल आए तो महात्मा ने उनसे मजाक किया– 'आप औपचारिक मुलाकात करने आए हैं या शोक प्रकट करने? या फिर एक पागल को रखने के लिए मुझसे माफी मंगवाने आए हैं।'

मार्गरेट की पागलपन वाली हरकतें जारी थीं। एक दिन तो महात्मा ने उसे तमाचा रसीद कर दिया। बोले–'मेरे पास दो विचित्र लड़कियां आ गई हैं। एक पाप में डूबी हुई है दूसरी पागल है। जो और भी बुरी है।' जवाब में मार्गरेट बोलीं–'हां बापू।' महात्मा उसके भोलेपन से विभोर हो गए। कहने लगे 'तुम ऐसी हो कि मेरी कोई भी उदासी अपने विचित्र व्यवहार से दूर कर देती हो।' मार्गरेट ने होटल में रुकने की बात की तो महात्मा ने उसके सारे पैसे अपने पास रखवा लिए। उससे गले में पड़ा सोने का हार भी निकालने के लिए कहा गया। मार्गरेट ने कहा–'इसके लिए सुनार के पास जाना होगा।' इस पर महात्मा बोले–'इतना सुनार तो मैं हूं ही कि एक पल में इसे निकाल दूं। फिर तुम कहोगी कि मेरा पिता प्रेमी ही नहीं होशियार भी है।'[22]

आश्रम आने के लिए मार्गरेट ने उसी तरीके का इस्तेमाल किया जो तरीका महात्मा अकसर इस्तेमाल करते थे। उसने उपवास का ऐलान कर दिया। खाना पीना छोड़ दिया। महात्मा ने सुना तो परेशान हो गए। आखिर में महात्मा ने उसे भी

हरिजन सेवा की तालीम देने के लिए आश्रम भेजने का निर्णय सुना दिया। मार्गरेट ने अपनी पहली लड़ाई जीत ली थी।

आश्रम में महिलाओं के वस्त्रों को लेकर महात्मा हमेशा सतर्क रहते थे। प्रेमा बंबई के कॉलेज की आधुनिक छात्रा रही थी। आश्रम में तीन साल से ज्यादा रहने के बावजूद फैशन के प्रति उनका लगाव छूट नहीं पाता था। एक बार प्रेमा ने महात्मा से पूछा था– 'सादे जीवन की सीमाएं क्या हैं? अपनी साड़ी पर कसीदाकारी करना, फैशनेबल ब्लाउज़ पहनना, हाथ या गले में फूलों की माला पहनना, सुंदर चप्पलें पहनना, आदि बातों में कला रसिकता मानी जाए या आश्रम के सिद्धांतों का उल्लंघन?' महात्मा का जवाब था– 'इसमें सबके लिए कोई एक नियम नहीं हो सकता। प्रत्येक के मन पर निर्भर है। परंतु कला के बहाने सादगी का त्याग नहीं किया जा सकता।'

जर्मन मार्गरेट भी वस्त्रों के प्रति सचेत रहती थी। खादी में उनकी कोई खास रुचि नहीं थी। मार्गरेट के आश्रम आने से कुछ दिन पहले महात्मा ने आश्रम के मंत्री नारणदास को एक पत्र में लिखा–'...मुझे तो नी. की पोशाक प्रिय है। मैंने ही उसे वह पोशाक सुझाई थी। उसे सिलाई अच्छी आती है। वह मन लगाए तो बहुत–कुछ कर सकती है। मार्गरेट को वह पोशाक पसंद नहीं आई। फिलहाल चाहे तो किसी बहन की मोटी साड़ी पहनकर देखे। मोटी साड़ी के नीचे पेटीकोट–जैसी किसी चीज की जरूरत नहीं है। मोटी साड़ी के नीचे मेरी तरह चड्ढी भी पहने तो काफी है। या मीरा बहन की तरह स्कर्ट, चोली और मोटी ओढ़नी काम में लाए। मीरा बहन ने खादी की ठीक बचत की है। स्कर्ट पोशाक तो नहीं ही है। उसके नीचे चड्ढ़ी पहननी ही चाहिए। अब तुम मार्गरेट का मार्गदर्शन कर सकोगे।'[23]

मार्गरेट के कपड़ों को लेकर महात्मा को अच्छी खासी जद्दोजहद करनी पड़ी थी। 'पेटीकोट' शब्द का अनुवाद बताने के लिए उन्होंने ऑक्सफोर्ड शब्दकोश की मदद ली। जैसा कि महात्मा ने मार्गरेट को लिखा–''तुम्हारी खातिर मैंने 'पेटीकोट' शब्द को ऑक्सफोर्ड शब्दकोश में देखा और पाया कि मैंने उसका सही प्रयोग किया था। भारतीय महिला की स्कर्ट उसकी साड़ी का वह हिस्सा है जो कमर से नीचे रहता है और पेटीकोट को ढांकता है। 'वेलास्ट' शब्द का ठीक प्रयोग किया गया था। शब्दकोश देखो। अभी मेरे पास इतना समय नहीं है कि मेरा जो अभिप्राय है उसके दृष्टांत तुम्हें दूं। यदि तुम स्वयं उन्हें खोज लो तो अच्छा होगा।''

अमला महात्मा के करीब आती जा रही थी। उसके पत्रों में कोरी भावुकता होती। वह खुद को महात्मा की शिष्या बतातीं और अपने गुरु पर जान छिड़कती थीं। वह कहतीं आप मुझे 'अजनबी' समझते हैं। 'मैं आपके लिए पराई हूं।' महात्मा उसके पत्रों को 'मूर्खतापूर्ण' और 'बकवास' बताते। वह अमला को 'असंतुलित, शक्की और अतिभावुक' मानते। वह अमला से कहते तुम मेरी बेटी हो और कुछ

नहीं। और कुछ हो भी नहीं सकती। उन्होंने अमला से कहा 'मेरा सिर्फ एक ही शिष्य है, वह बहुतों के बराबर है, और वह शिष्य खुद मैं हूं।'

उधर प्रेमा को लेकर महात्मा आश्रम में असंतोष जारी था। खुद प्रेमा भी परेशान थी। आश्रम से लगातार प्रेमा की शिकायतें उन तक पहुंच रही थीं। संवेदनशील प्रेमा भी इन सबसे दुखी थी। वह जानती थी कि इतने नाजुक वातावरण में उसकी वजह से महात्मा कितने कष्ट में हैं। महात्मा देश की आजादी के बारे में सोचें, अस्पृश्यता आंदोलन पर विचार करें या फिर उसकी शिकायतों का मुकदमा निपटाएं। प्रेमा ने अपनी किताब में लिखा-'श्रम, अनिद्रा, जिम्मेदारी आराम और चिंतन के लिए समय न मिलने से मेरा जीवन यंत्रवत होने लगा था।' उसने शारीरिक व मानसिक शांति के लिए महात्मा से एक महीने की छुट्टी भी मांगी थी लेकिन उसे छुट्टी नहीं मिली। दोनों विदेशी युवतियों का खयाल रखने की जिम्मेदारी उसी को दी गई थी। आश्रम में अपने खिलाफ बने माहौल से प्रेमा घबरा गई थी। उसने उपवास शुरू कर दिया। लेकिन महात्मा के उपवास की खबर सुनकर उसने तीन दिन में ही अपना उपवास छोड़ दिया। उसने महात्मा को भावुक होकर लिखा-'मैं आश्रम में अधिक रहूंगी तो मेरी ओर से आपको कष्ट ही होगा। इसलिए मुझे हमेशा के लिए आश्रम छोड़ने दीजिए।'

महात्मा ने जवाब भेजा-'तेरा हृदयद्रावक पत्र मिला। तुझे मैं किस प्रकार संतोष दूं? तुझे जाने देना मेरे लिए बहुत कठिन है। मैंने तो तुझ पर आशा का मेरु बांधा है। परंतु जिसका श्रेय आश्रम में रहने से सिद्ध न हो उसके आश्रम में रहने का आग्रह करूं, तो मैं स्वार्थी बनता हूं और आश्रम का पतन होता है।' आखिर में महात्मा ने लिखा-'तू जो निर्णय करेगी उसे मैं स्वीकार करूंगा। अंतिम निर्णय मैं नहीं करूंगा, वह तो तुझे करना है।'[24]

देवदास की शादी

इस बीच महात्मा के बेटे देवदास और राजगोपालाचारी की बेटी लक्ष्मी की शादी की तारीख 16 जून को तय हो गई। अपने वादे के मुताबिक वे पांच साल इंतजार नहीं कर सके। यह प्रेम विवाह था जो औपचारिक तरीके से पूना के एक सादे समारोह में हो रहा था। देवदास जब दिल्ली में थे तब से उनकी खबर महात्मा को मिल रही थी। राजगोपालाचारी वहां दिल्ली में अस्पृश्यता-निवारण के लिए कानून बनवाने में विधानसभा के सदस्यों से बातचीत कर रहे थे। देवदास उनकी पूरे मनोयोग से मदद कर रहे थे। महात्मा को जब यह पता चला तो उन्हें अच्छा लगा। देवदास और लक्ष्मी के स्नेहिल संबंधों के बारे में जो उन्हें रिपोर्ट मिल रही थी वह उनके लिए सुखद थी। उन्हें लगने लगा था कि यह विवाह शुरू में जिसके वह खिलाफ थे, 'बहुत सुखपूर्ण सिद्ध' होना चाहिए। महात्मा ने एक पत्र में मीरा

को बताया–'...लक्ष्मी भी निखरती जा रही है। ऐसा लगता है कि यह एक शुद्ध प्रेम का मामला है जिसके पीछे उच्चादर्श है। देवदास को राजाजी की सेवा सदा से ही प्रिय रही है। उन्हें वह अपना अंग्रेजी का शिक्षक मानता है। उनसे अच्छा शिक्षक उसे नहीं मिल सकता था।'[25]

देवदास और लक्ष्मी का विवाह के कानूनी रजिस्ट्रेशन भी कराया गया था। इसे लेकर महात्मा के मित्रों ने इसकी आलोचना भी की थी। लेकिन महात्मा ने अपनी ओर से सफाई दे दी। उन्होंने कहा–'लौकिक, सामाजिक तथा नागरिक परिणामों की दृष्टि से इस तरह के विवाहों में, जिन्हें प्रतिलोम विवाह कहा जाता है, धार्मिक रस्म का कोई महत्त्व नहीं होता और उन्हें कोई वैध नहीं मानता। सर हरि सिंह गौड़ के कहने पर, इन सब बातों को बचाने के लिए सिविल मैरेज का कानून पास किया गया था। उसके अनुसार एक हिंदू को यह घोषित करना जरूरी नहीं होता कि वह हिंदू नहीं है; बल्कि इसके विपरीत वह अपने–आपको हिंदू घोषित कर सकता है, ऐसा वह करता भी है, और फिर भी इस तरह के विवाह के रजिस्ट्रेशन का हक मांगता है। फिर उस विवाह को कानून की नजरों में भी मान्यता मिल जाती है। रजिस्ट्रेशन की बात उन्होंने खुद नहीं सोची। लेकिन राजाजी ने ऐसे विवाहों में माता–पिता का यह कर्तव्य माना कि ऐसी परिस्थितियों में बच्चों को जितनी हो सके उतनी सुरक्षा मुहैया कर दी जाए, ताकि प्रतिकूल परिणामों से बचा जा सके। महात्मा इस बात से सहमत हो गए।'

देवदास के करीबी मित्र ही 16 जून के इस विवाह समारोह में शामिल हुए थे। महात्मा ने किसी को न्यौता नहीं दिया था। सिर्फ बा, महादेव देसाई और महात्मा के करीबी संगी समारोह में शामिल थे। समारोह के बारे में महादेव देसाई ने लिखा : 'गांधीजी ने वर और वधू से कुछ शब्द कहे।' बोलने के लिए आवश्यक शक्ति समेटने में गांधीजी को पांच मिनट से कुछ अधिक ही समय लगा।' देवदास से उन्होंने अपनी बात गुजराती में कही और वधू से हिंदी में। महात्मा ने स्वीकार किया कि यह विवाह धर्म के नियमों के विरुद्ध बिलकुल नहीं है।'[26]

महात्मा और राजगोपालाचारी के कई संयुक्त मित्र इस विवाह में शामिल थे। उन्होंने अपने आशीर्वाद के साथ नए जोड़े को उपहार भी दिए। इन तोहफों में लक्ष्मी के लिए महंगी रेशमी साड़ियां भी थीं। जो लौटा दी गई थीं।[27]

उधर नीला महात्मा को प्रसन्न करने में लगी थी। महात्मा का मानना था कि पूर्ण ब्रह्मचारिणी को मासिक धर्म नहीं होता। इसकी चर्चा वह प्रेमा से कर चुके थे। नीला को भी यह पता था। आश्रम में आने के बाद नीला का दावा था कि अब उसे मासिक धर्म के दौरान कम रक्तस्राव होता है। नीला नागिनी ने महात्मा को उत्साहित होकर यह बात लिखी कि वह ब्रह्मचर्य व्रत में सफल होती दिख रही है। उसका मासिक धर्म अनियमित होता जा रहा है। बहुत जल्द मासिक धर्म

बंद भी हो जाएगा। नीला की चिट्ठी पढ़कर महात्मा नाराज हुए। उन्होंने उसे जवाब लिखा–'...मासिक धर्म की कमी का तुम जो अर्थ गढ़ रही हो, उसके विरुद्ध मैं तुम्हें चेतावनी देना चाहता हूं। मुझे आशंका है कि इस कमी का अर्थ तुममें किसी मानसिक स्वस्थता का अंकुरित होना नहीं है। तुम अभी यौन–भावनाओं से मुक्त नहीं हो और जब तक तुम मनसा–वाचा–कर्मणा उनसे मुक्त नहीं हो, तब तक मासिक धर्म की अनियमितता या कमी को किसी अंदरूनी गड़बड़ी का ही लक्षण मानना चाहिए। मुझे लगता है कि साधारण रूप से कहें तो उस स्थिति तक पहुंचने में तुम्हें काफी समय लगेगा जो मासिक धर्म का प्रवाह समाप्त करने के साथ–साथ पूर्ण स्वास्थ्य का लक्षण भी हो।'[28]

29 मई को महात्मा ने अपना उपवास छोड़ा। इन 21 दिनों में उन्होंने अन्न का एक अंश भी नहीं लिया। वह सिर्फ पानी पर जीवित थे। उनके लिए यह पानी सिंहगढ़ से लाया गया था। जहां उन्होंने 13 साल पहले अपना वक्त सरला देवी के साथ गुजारा था। ऐतिहासिक महत्त्व के कारण महात्मा यहां के जल से आकर्षित हुए थे। सकुशल उपवास खत्म करने के बाद महात्मा के सामने सवाल था कि अब क्या करें?

साबरमती आश्रम को अलविदा

उपवास के दौरान प्रेमा भी उनसे मिलने पर्णकुटी आई थीं। सत्याग्रह बंद करने और कांग्रेस कमेटियां भंग करने के बाद महात्मा का अगला कदम और अधिक चौंकाने वाला था। यह कदम था–साबरमती आश्रम भंग करना। उस आश्रम को उजाड़ना जिसे पिछले 18 सालों से महात्मा ने अपने पसीने से सींचा था। महात्मा ने आश्रम भंग करने का निर्णय भी अचानक और चुपचाप लिया था। 18 जुलाई को पूना में प्रेस से बात करते हुए महात्मा ने कहा था कि वह साबरमती केवल आश्रम में लोगों से मिलने जा रहे हैं। यदि मैं गिरफ्तार होने से पहले आश्रम नहीं गया तो इसका मुझे दुख रहेगा। चाहे आज या चाहे कुछ दिनों बाद मेरा गिरफ्तार होना निश्चित है। 21 जुलाई को उन्होंने आश्रम पहुंचने से पहले ही जमनालाल बजाज को पत्र लिखकर बताया कि वह आश्रम की आहुति देने के संबंध में बातचीत कर रहे हैं। लगभग निश्चित ही है। आज निश्चय हो जाएगा। और फिर जुलाई के अंत तक आश्रम का त्याग तय हो गया।

महात्मा का आश्रम बंद होना एक बड़ी और प्रतीकात्मक घटना थी। हालांकि बाहरी गतिविधियों के तौर पर आश्रम में बिजली से चलने वाले यंत्रों के बगैर ग्रामोद्योग के रूप में खादी का उत्पादन होता था। आश्रम में गोशालाएं चलती थीं और थोड़ी बहुत खेती होती थी। महात्मा ने अंदाज लगाया था कि 'आश्रम की अचल संपत्ति लगभग 360,000, रुपए थी और चल संपत्ति का अंदाजन, 2,00,000 रुपए से ऊपर।'

महात्मा की मंशा थी कि आश्रम सरकार के हवाले कर दिया जाए। सरकार अगर न लेना चाहे तो उसे प्रकृति के हवाले कर दिया जाए। महात्मा आश्रम क्यों खत्म करना चाहते हैं यह सबकी समझ से बाहर था। क्या महात्मा का आश्रम से मोह-भंग हो चुका था? क्या वह आश्रम को वह रूप नहीं दे पाए थे, जो देना चाहते थे? या आश्रम की गतिविधियां और उससे जुड़ी अफवाहें महात्मा को परेशान कर रही थीं। सच क्या था यह कोई नहीं जानता था।

महात्मा ने प्रेस को आश्रम भंग करने का कारण बताया-'संघर्ष में भाग लेने वाले सैकड़ों या हजारों लोग अपना सब-कुछ गंवा चुके हैं। ग्रामवासियों ने बहादुरी से जो कष्ट सहे हैं, उनकी कहानी सुनने के बाद मुझे लगा कि मेरी ओर से कोई सख्त कार्यवाही जरूरी है। ऐसी क्या चीज थी जिसका मैं त्याग कर सकता था। इस पृथ्वी पर ऐसी कोई चीज मेरे पास नहीं है जिसे मैं अपनी कह सकूं। परंतु मेरे पास कुछ चीजें ऐसी हैं जो, जो-कुछ मेरा माना जा सकता है, उससे अधिक मूल्यवान हैं। इन मूल्यवान चीजों में आश्रम शायद सबसे अधिक मूल्यवान है।' महात्मा से पूछा गया कि फिर आश्रम की बहुत-सी गतिविधियों का क्या होगा, गांधीजी ने कहा- 'यह ऐसा प्रश्न है जिसका उत्तर देना कुछ कठिन है। परंतु, आम तौर पर मैं यह कह सकता हूं कि यदि ये गतिविधियां सच्ची थीं और भारत की कुछ वास्तविक आवश्यकताओं को पूरा करती थीं, तो ये आश्रम के भंग हो जाने के बाद भी जीवित रहेंगी।'[29]

इस समय आश्रम में कुल 107 लोग रह रहे थे। इनमें 42 पुरुष, 31 स्त्रियां, 12 लड़के और 22 लड़कियां थे। इनका क्या होगा? महात्मा ने पहले से सोच रखा था। नीला नागिनी , डॉ. स्पीगल और एक और अंग्रेज डंकन ग्रीनलीज़ यहां हरिजन सेवा के लिए आए थे। इनको महात्मा वर्धा के आश्रम भेज रहे थे। सत्याग्रहियों को छोड़ बाकी लोगों के उनके घर वापस भेजा जा रहा था। प्रेमा भी सत्याग्रही बन गईं। 31 जुलाई को पर्णकुटी में सत्याग्रह करते वह गिरफ्तार कर ली गई थीं। उन्हें 6 महीने की कैद की सजा सुनाई गई। वह 22 जनवरी, 1934 को रिहा हुई। 26 जनवरी, 1934 को प्रेमा दूसरे सत्याग्रह में गिरफ्तार हुई। फिर छह महीने की सजा हुई और वह जुलाई तक कैद में रहीं। इससे पहले ही महात्मा ने सत्याग्रह आंदोलन वापस ले लिया। प्रेमा समेत जेल में बंद सारे सत्याग्रही फिर छूट गए। उधर महादेव देसाई बेलगांव जेल में बंद अनासक्ति योग पर किताब लिखने में मशगूल हो गए। देवदास मुल्तान चले गए और प्यारेलाल नासिक । बा और मीरा के अलावा कुछ कार्यकर्ता महात्मा के साथ ही घूम रहे थे। जेल से छूटकर प्रेमा ने महात्मा से पूछा-'क्या करूं, कहां जाऊं?' महात्मा ने कहा-'सत्याग्रह आश्रम तो बंद हो चुका है। वह फिर शुरू होने वाला नहीं। मैं भी अन्यत्र रहूंगा। तुम सब अपने भावी जीवन के बारे में फैसला करने को स्वतंत्र हो।' महात्मा ने आखिरकार प्रेमा को आजाद कर दिया था।

सत्याग्रह बंद था। प्रेमा के पास करने को कुछ नहीं था। महात्मा उसे साथ रखने को तैयार नहीं थे। अब प्रेमा किसी गांव में रहकर ग्राम-सेवा करना चाहती थीं। उन्होंने अपने मित्र धुरंदर को लिखा कि 'महाराष्ट्र में सामाजिक सेवा का कोई काम हो तो वो बताएं।' धुरंधर ने प्रेमा को शंकर देव का नाम बताया। शंकर देव महाराष्ट्र प्रांतीय कांग्रेस के अध्यक्ष थे। शंकर देव खुद महाराष्ट्र में एक आश्रम बनाकर ग्राम-सेवा करना चाहते थे। उन्हें साथियों की तलाश थी। शंकर देव बंबई आने वाले थे। धुरंधर ने कहा- 'मिलना चाहो तो आकर उनसे मिल लो।' प्रेमा तैयार हो गईं। वह बंबई आईं। धुरंधर ने प्रेमा का शंकर देव से परिचय कराया। प्रेमा शंकर देव से प्रभावित हुई थीं। वह नए आश्रम में काम करने को तैयार हो गई। अब आश्रम के लिए जगह खोजनी थी। पूना से कोई 19 मील दूर सासवड़ गांव में आश्रम की जगह पसंद की गई। वहां आश्रम के लिए एक पुराना मकान मिल गया था। 5 अगस्त, 1934 को प्रेमा अपनी नई कर्मभूमि में आ गईं। प्रेमा को आश्रम संचालन का अनुभव था ही। वह सत्याग्रह आश्रम में तीन साल काम कर चुकी थी। आश्रम को उसने बड़े करीब से देखा था। बहुत जल्द इस नई जगह में वह रच-बस गईं।

अब बचीं मीरा। आश्रम भंग होने की घोषणा हो चुकी थी। लेकिन महात्मा अभी आश्रम में ही थे। मीरा जेल के अंतिम दिन गिन रही थीं। एक दिन मीरा को जेल अधीक्षक ने मुलाकाती कक्ष में बुलाया। मीरा ने पहले मना कर दिया। कहा- 'मुझे महात्मा को साप्ताहिक पत्र लिखना है अभी मुझे किसी से नहीं मिलना।' जेलर ने हंसते हुए कहा- 'महात्मा से भी नहीं। वह खुद यहां आए हैं।' मीरा के पांव तले जैसे जमीन खिसक गई। उसे महात्मा ने इस तरह किसी चौंकाने वाली मुलाकात के बारे में नहीं बताया था। वह पूरे डेढ़ साल बाद बापू को देखने जा रही थीं। मुलाकाती कमरे में उन्होंने डरते हुए बापू को देखा तो वह मुस्करा कर उसका स्वागत करने की मुद्रा में खड़े थे। मीरा की आंखें भर आईं। वह पांव छूने के लिए नीचे झुकीं तो महात्मा ने उसकी पीठ पर धप लगा दी। उपवासों से महात्मा दुबले हो गए थे। लेकिन मीरा को लगा उनकी आत्मा 'उज्जवल और दीप्तिमान है।'

वासनामयी स्पर्श

जेल में मीरा से मिलकर महात्मा साबरमती आश्रम आए। उन्होंने उसी 30 जुलाई, 1933 की रात मीरा को लिखा-'आशा है तुम इस मुलाकात के बाद बहुत ज्यादा उत्तेजित नहीं हुई होगी।' 1 अगस्त को महात्मा साबरमती आश्रम हमेशा के लिए छोड़कर पद यात्रा पर निकलने वाले थे। लेकिन इससे पहले आश्रम में एक घटना घट गई। साबरमती आश्रम में मार्गरेट स्पीगल यानी अमला समेत चौंतीस आश्रमवासी

उनके साथ ही थे। आश्रम की अंतिम शाम भावुकता में किसी बात पर अमला महात्मा से लिपट गईं। महात्मा ने अमला के उन्नत उरोजों का रगड़ता हुआ एक असहज दबाव अपने शरीर पर महसूस किया था। महात्मा ने उसे जोरदार थप्पड़ रसीद किया। अमला अलग हटी और रोने लगी। महात्मा उठकर चले गए। महात्मा को इस जर्मन महिला का यह 'दैहिक स्पर्श' कुछ अजीब लगा था। वह जानते थे कि मार्गरेट 'वासनाओं से मुक्त' नहीं है। क्योंकि ऐसा पहली बार नहीं हुआ था। महात्मा ने कई बार महसूस किया था कि यह जर्मन अत:वासिनी जरूरत से ज्यादा शारीरिक होने की कोशिश करती है। लेकिन इस बार मार्गरेट की हिम्मत कुछ ज्यादा बढ़ गई थी। महात्मा को स्त्री स्पर्श से परहेज नहीं था। पर अमला की हरकतें वासनामयी होती थीं। और यह घटना तो एक पराकाष्ठा थी। उसी शाम महात्मा गिरफ्तार कर लिए गए। अगले दिन साबरमती के सेन्ट्रल जेल पहुंच कर उन्होने मार्गरेट को कड़ा पत्र लिखा-'तुम्हें अपने विचित्र और परेशानी में डाल देने वाले तौर-तरीके बिलकुल छोड़ देने चाहिए। भावुकता का प्रदर्शन सच्ची लगन का लक्षण नहीं है। सच्ची लगन तो चुपचाप काम करती रहती है। यदि तुम ध्यान नहीं लगाओगी और ठीक तरह से अपने हाथों से काम लेना नहीं सीखोगी, तो तुम हरिजन-कार्य के लिए उपयुक्त नहीं हो पाओगी। तुम्हारी कताई बहुत भद्दी है। आशा है कि मैं जैसा महसूस करता हूं मेरे वैसा ही कहने या लिखने का तुम बुरा नहीं मानोगी। शुद्ध स्नेह को कभी-कभी कठोर होने की जरूरत पड़ती है।'[30]

चार ही दिन के भीतर वह फिर छोड़ दिए गए। महात्मा जानते थे कि उन्हें फिर गिरफ्तार होना है। हिंदुस्तान के परिवेश में नीला और मार्गरेट जैसी आसानी से भटक जाने वाली युवतियों को भाग्य के भरोसे छोड़ना ठीक नहीं था। महात्मा ने अपने चारों योरोपीय मित्रों मिस मेरी बार, नीला, डॉ. मार्गरेट स्पीगल और मि. डंकन ग्रीनलीज को विनोबा के वर्धा आश्रम भेज दिया।

14 अगस्त को उन्हें फिर गिरफ्तार कर लिया गया। महात्मा इस बार फिर अनशन पर बैठ गए। महात्मा चाहते थे कि उन्हें जेल से अस्पृश्यता के खिलाफ कार्यक्रम चलाने की सुविधा मिले। लेकिन सरकार इसके लिए तैयार नहीं थी। महात्मा ने जेल में खाना-पीना छोड़ दिया। लेकिन इस बार उनकी हालत गंभीर थी। पांचवें दिन उन्हें पूना के सैसून अस्पताल में कैदी की हैसियत से भर्ती किया गया। इस बीच मीरा को जेल से छुट्टी मिल गई। वह सीधा पूना पर्णकुटी आ गईं। यहां देखा बा और बाकी कार्यकर्ता उदास खड़े थे। सबका कहना था कि 'बापू अब बचेंगे नहीं।' बा को महात्मा से अस्पताल में मिलने दिया गया था। बकौल मीरा बा ने अस्पताल से लौटकर बताया कि 'बापू अवसान की तैयारी कर रहे हैं।' पर मीरा को दृढ़ विश्वास था कि— 'महात्मा अभी मरेंगे नहीं।'

महात्मा के प्राण संकट में देख सरकार ने उन्हें रिहा कर दिया। महात्मा ने

अस्पताल में संतरे का जूस पीकर उपवास तोड़ा। वह एंबुलेंस से पर्णकुटी लाए गए। वह बिस्तर पर थे। वह काफी कमजोर हो चुके थे। शरीर में सिर्फ चमड़ी बची थी। गाल अंदर धंस गए थे। दरअसल इस समय वह टूट चुके थे। महात्मा को सामान्य होने में कई महीने लग गए। मीरा उनकी सेवा करती रहीं।

गांधीजी के दोस्तों को उनकी चिंता थी। ब्रिटिश संसद के कंजर्वेटिव दल के सदस्य एच.के.हेल्स ने लिखा था : 'जीवन की इस ढलती शाम में आपको चाहिए कि आप हर कीमत पर जेल के बाहर ही रहें। आपका एक-एक घंटा बहुमूल्य है। अन्य किसी भी व्यक्ति के मुकाबले में आपका महीनों बंदी रहना, वह भी ऐसे समय में जब आपकी सलाह इतनी जरूरी है, मुझे तो पाप-जैसा लगता है।' उन्होंने प्रार्थना की थी कि 'इस बार यदि अपने लिए नहीं, तो अपने मित्रों की खातिर बंदी होने का लोभ संवरण कीजिए।' महात्मा ने जवाब दिया-'मैं आपको विश्वास दिलाता हूं कि अपने को नाहक कैद करवाने की मुझे कोई इच्छा नहीं है। फिर भी यदि शांति की खोज करते हुए गिरफ्तारी मेरे हिस्से में आती है, तो मैं उसे प्रसन्नतापूर्वक स्वीकार करूंगा।'

उपवास के बाद महात्मा काफी कमजोर हो गए थे। मार्गरेट वर्धा आश्रम के नए माहौल में मन लगाने की कोशिश कर रही थीं। साबरमती आश्रम की आपत्तिजनक घटना वह भूल नहीं पाई थीं। इस बीच जेल के पांच दिन के उपवास में महात्मा मरते-मरते बचे थे। वह रिहा होकर पर्णकुटी में थे। इस घटना के छब्बीसवें दिन बाद मार्गरेट का एक पत्र पर्णकुटी पूना में महात्मा को मिला जिसमें उस दिन के आचरण के लिए अमला खुद को शर्मिंदा महसूस कर रही थी।

महात्मा ने जवाब लिखा-'...तुम्हें अब पिछली बातें भूल जाना चाहिए, जो सामने है उस पर ध्यान देना चाहिए। तुमने कैसा आचरण किया है, इस बात की बिलकुल चिंता न करो। इस बारे में मैं सब-कुछ भूल चुका हूं और मैं समझता हूं कि वैसा आचरण अत्यधिक प्रेम के कारण हुआ। अनैतिकता की उसमें कोई बात नहीं थी।'[31]

इसके बाद मार्गरेट ने कई पत्र महात्मा के पास भेजे। लेकिन कमजोर हो चुके बापू के पास उसके हर पत्र का जवाब देने का न वक्त था न शक्ति। अमला खुद को भयभीत महसूस करतीं। उसे लगता कि उस दिन की वासनामयी घटना के लिए महात्मा उसे कभी माफ नहीं कर सकते। अमला को बापू के स्वास्थ्य की भी चिंता रहती। महात्मा ने उसे समझाया भी कि-'मेरे प्रति अपने मन का भय छोड़ देना चाहिए। आश्रम में मैंने जो-कुछ भी कहा और किया था वह शुद्ध प्रेमभाव से और तुम्हारे भले के लिए कहा और किया गया था। मैं जो-कुछ कहता हूं यदि तुम्हें उसमें विश्वास है तो तुम मुझसे क्यों डरो? इसलिए तुम्हें मुझसे कतराने या मुझसे भय करने की जरूरत नहीं है। ब्लड-प्रेशर होने के बावजूद मैं ठीक-ठाक हूं।'[32]

आखिर भाग गई नीला

नीला नागिनी वर्धा आश्रम में थी। महात्मा से उसका पत्र-व्यवहार लगातार कम होता जा रहा था। वर्धा के इस नए आश्रम में आकर वह सहज नहीं हो पाई थी। पुरानी 'अतृप्त वासनाएं' उसे फिर घेरने लगी थीं। आश्रम का कठोर जीवन उसे अब 'असहज' लगने लगा था। बात करने के लिए उसके पास कोई नहीं था। प्रेमा अंग्रेजी जानती थीं। उसकी भावनाएं भी समझती थीं। लेकिन वह भी चली गई थीं। साबरमती आश्रम में कई लड़कियां थीं। उनसे उसके अच्छे संबंध बन गए थे। लेकिन यहां कोई नहीं था जो उसे समझ सकता। पुरुषों की संगत उसे पसंद थी। लेकिन इस आश्रम में वह भी नहीं थे जो उससे बात करते। आश्रम में वह 'विक्षिप्त' होती जा रही थी। वह अजीब-अजीब हरकतें करने लगी थी। कभी 'बेवजह चीखने चिल्लाने' लगती कभी 'जोर-जोर से रोने लगती'। एक पत्र में उसने महात्मा को लिखा भी कि वह पागल होती जा रही है। आश्रम प्रभारी अमृतलाल ठक्कर भी महात्मा के हमउम्र थे। प्यार से सब उन्हें ठक्कर बापा कहते थे। उन्हें नीला का बर्ताव अजीब लगता। एक दिन वह प्रार्थना के बाद आश्रम से बिना किसी को बताए भाग गई। अपना सामान और रुपया-पैसा तक नहीं ले गई। परेशान ठक्कर बापा ने महात्मा को तुरंत तार देकर नीला के लापता होने की सूचना दी। महात्मा को भी झटका लगा। उन्होंने ठक्कर बापा को लिखा-'मैं नी. के बारे में क्या लिखूं? मुझसे जो हो सकता था वह मैंने उसके लिए किया। मेरा खयाल है उसने ईमानदारी के साथ अपनी वासनाओं पर काबू पाने का प्रयत्न किया। लेकिन अपने इन प्रयत्नों में वह नाकामयाब रही और अंततः भाग गई।' यदि वह कहीं डूब मरती है तो मुझे आश्चर्य अथवा दुख न होगा। उन्होंने ठक्कर बापा को सलाह दी कि '...अब उसके पीछे तुम्हें अपना समय नष्ट नहीं करना है। लेकिन यदि वह बेकार तुम्हारे रास्ते में आए तो उसके लिए पुलिस को सूचित कर दें, हालांकि मेरा खयाल है ऐसा वह शायद ही करेगी।'[33]

नीला के इस तरह आश्रम से भाग जाने की खबर अखबारों ने चटखारे लेकर छापीं। विदेशी नीला का इतिहास काफी चर्चित रहा था। अखबारों के लिए वह हमेशा खबर थी। एक खबर आई कि नीला सत्तर की गति से कार चलाते वक्त दुर्घटनाग्रस्त हो गई। लेकिन उसे मामूली चोटें आई हैं। फिर खबर मिली कि वह नई दिल्ली के किसी बड़े होटल में जैनट गैनर के नाम से रह रही है और उसने खुद को हालीवुड की एक मशहूर अभिनेत्री बताया। नीला का महत्त्व इसलिए भी बढ़ गया था क्योंकि वह महात्मा से जुड़ गई थी। महात्मा उसे सुधारने के लिए आश्रम लाए थे। उन्हें लगता कि आश्रम का पवित्र वातावरण उसके सारे पाप धोकर उसे बदल देगा। लेकिन जैसा कि महात्मा ने खुद कहा- 'लेकिन जो कई वर्षों से बेलगाम रहा हो वह एकाएक कैसे बदल सकता है?'

अखबारों में छपी खबरों में नीला के साथ डॉ. हीरालाल शर्मा का नाम भी जोड़ा गया था। डॉ. शर्मा एक बार जब आश्रम में आए तो उन्हें देखकर ही नीला की काम वासना जाग गई थी। यह बात नीला ने महात्मा को बताई थी। महात्मा ने नीला के संबंध में डॉ. शर्मा से भी बात की। उन्हें लगा वासना की डोर से बंधी नीला कहीं उन्हीं के पास न पहुंच गई हो। लेकिन डॉ. शर्मा ने इस बात से न सिर्फ साफ इंकार किया बल्कि महात्मा से सलाह भी ली कि 'अखबारों में छप रही खबरों का वह क्या करें?' महात्मा ने उन्हें सलाह दी कि 'वे उस पर ध्यान देना ही छोड़ दें।'

नीला क्रैम कुक उर्फ नीला नागिनी
(1908-1982)

गलतफहमियां भी बढ़ रही थीं। ऐसे में महात्मा ने अखबारों को नीला के बारे में एक सार्वजनिक वक्तव्य जारी कर दिया-'मुझे जनता को यह बताते हुए दुख होता है कि लगभग दस दिन हुए, श्रीमती नीला अकस्मात् वर्धा आश्रम से गायब हो गई हैं। इधर कुछ समय से उनका दिमाग गैर-मामूली ढंग से असंतुलित हो गया था। माता-पिता, भाई या बहन जितना प्यार दे सकते हैं उतना प्यार उनको दिया गया था, लेकिन स्पष्ट है कि उनका विगत भयावह जीवन उनके ऊपर हावी होकर रहा।'

महात्मा को लग रहा था कि बहुत संभव है कि वह अब फिर कहीं अपना पुराना 'अविचारपूर्ण, असत्यमय और भ्रष्ट जीवन' बिता रही हो। महात्मा ने बेझिझक लिखा कि वह 'यह सूचना नवयुवकों को यह चेतावनी देने के उद्देश्य' से दे रहे हैं ताकि 'वे उनको लुभाने की कोशिश न करें और न उनके लुभाने में आएं।' महात्मा ने कहा- 'मैं चाहूंगा कि उनके संपर्क में आने वाले लोग उनको कोई आर्थिक मदद न दें। वह अपना विवेक खो चुकी हैं और अगर कोई लोकोपकारी संस्था उनकी जिम्मेदारी अपने ऊपर ले ले तो उनका उद्धार हो जाएगा।'[34]

आंदोलन में अपवित्रता

महात्मा का अस्पृश्यता के खिलाफ चल रहा आंदोलन भी पवित्र नहीं रह गया था। महात्मा मानते थे कि 'अस्पृश्यता-निवारण केवल धार्मिक वस्तु है।' उसमें कार्य करने वाले 'सेवक और सेविकाएं पवित्र होने चाहिए।' उन्हें लगता कि उनकी पवित्रता के बिना करोड़ों व्यक्तियों के 'हृदय परिवर्तन' की बात बेमानी है। लेकिन व्यवहार में कुछ और चल रहा था। नीला के साथ जिसने संभोग कर उसे गर्भवती

किया वह एक हरिजन पुरोहित था। अस्पृश्यता के खिलाफ चल रहे अभियान के दौरान उसने नीला की उन्मुक्तता का फायदा उठाया था। एक और हरिजन सेवक ने महात्मा को पत्र लिखकर एक किस्सा बताया। उस हरिजन सेवक ने लिखा- 'स्थानीय हरिजन सेवा संघ के अध्यक्ष के साथ एक सेविका और मैं एक गांव को जा रहे थे। हम लोग बैलगाड़ी में थे। रास्ते में अध्यक्ष और सेविका विनोद कर रहे थे; इस बीच सेविका थक गई और विनोद करती हुई वह अध्यक्ष की गोद में सो गई। मुझे कुछ आघात लगा। गांव से लौटते हुए हम एक रेलवे स्टेशन पर गए। वापसी में हमें बैलगाड़ी से नहीं जाना था। स्टेशन से हमें शहर के लिए गाड़ी पकड़नी थी। गाड़ी आने में देर थी। अध्यक्ष और सेविका एक बैंच पर बैठ गए। मैं थोड़ी दूर जमीन पर बैठा था। चांदनी रात थी। दोनों की हरकतें देखने का मेरा मन हुआ। मुझे उनमें कुछ मलिनता दिखाई दी। मेरी इच्छा उनकी अधिक परीक्षा लेने की हुई। मैंने नींद का ढोंग करने का निश्चय किया। अध्यक्ष से कहा, 'गाड़ी आने में अभी देर है। यदि आप अनुमति दें तो मैं सो जाऊं; मैं थक गया हूं। गाड़ी आने पर मुझे उठा दीजिए।' अध्यक्ष यह सुनकर खुश जान पड़े। उन्होंने मुझे सोने की अनुमति दी। मैंने सोने का ढोंग किया। अध्यक्ष ने मेरी परीक्षा भी की। मेरा जवाब न मिलने पर वह निश्चिंत हो गए। बाद का तो कहना ही क्या? अध्यक्ष और सेविका एक झाड़ी के पीछे गए। थोड़ी देर में दोनों वापस आ गए। गाड़ी समय पर आई। उन्होंने मुझे जगाया।'[35]

घटना का ब्यौरा देकर हरिजन सेवक ने महात्मा से जानना चाहा था कि-वह क्या करे? लेकिन महात्मा ने जो न्याय किया उसकी उम्मीद इस हरिजन सेवक को भी नहीं थी। महात्मा ने लिखा-'उपर्युक्त सेवक ने अपने साथी और सरदार की परीक्षा करने जाकर एक बहुत बड़ा अपराध किया है।' महात्मा का मानना था कि 'जब उस सेवक को अध्यक्ष के आचरण में मलिनता की गंध आई थी उसे उसी समय अध्यक्ष को बता देना चाहिए था और उसे विनयपूर्वक सावधान कर देना चाहिए था। इसके विपरीत उसने तो अंतिम परीक्षा तक करने की इच्छा करके अध्यक्ष की स्थिति को विषम बना दिया।'[36]

महात्मा की नजर में हरिजन सेवक ने एक अपराध और किया कि उसने उन दोनों को एकान्तवास और दैहिक संपर्क में आने का लालच दिया। महात्मा ने अपने लेख में आगे लिखा कि 'हम सब नित्य अनेक प्रकार के प्रलोभनों के बीच रहते हैं, लेकिन भाग्य से हम उनसे बच निकलते हैं। प्रलोभनों में फंसने का संयोग मिलने पर भी उनमें न फंसने वाले लोग करोड़ों में एक-दो ही मिलते हैं।'

महात्मा ने उस सेवक पर भी संदेह खड़ा कर दिया। उन्होंने कहा कि इस बात की क्या गारंटी कि 'अध्यक्ष को जो संयोग प्राप्त हुआ था यदि स्वयं सेवक को वैसा ही संयोग मिला होता तो वह प्रलोभन में न फंसता।' महात्मा ने लिखा-'इसी

से अनुभवी लोगों ने कहा है कि हमें कभी लालच को न्योता नहीं देना चाहिए और न किसी को लालच में डालना ही चाहिए। अब हमने देखा कि इस न्याय से सेवक ने अध्यक्ष को लालच में डालने का अपराध किया है। लालच में डालने के बाद भी वह दोनों को बचा सकता था। जब उसको यह विश्वास हो गया था कि मलिनता बढ़ती जा रही है तब उसे नींद का ढोंग छोड़कर दोनों को सावधान करके उन्हें बचा लेना चाहिए था। यदि वह ऐसा करता तो नींद का ढोंग रचने का दोष उसने किया बहुतांश में उससे वह बच जाता।'[37]

महात्मा की नजर में सारा अपराध शिकायतकर्ता का था। उन्होंने हरिजन सेवा संघ के अध्यक्ष और उस सेविका को माफ कर दिया था। इसी दौरान 'नेशनल कॉल' नाम के अखबार ने छापा कि नीला को भगाने के पीछे डॉ. हीरालाल शर्मा का हाथ है क्योंकि वह उस पर गलत निगाह रखते थे। महात्मा तुरंत डॉ. शर्मा के बचाव में आ गए। उन्होंने ठक्कर बापा को लिखे एक पत्र में कहा कि 'नेशनल कॉल' ने डॉ. शर्मा के बारे में जो-कुछ कहा है वह 'झूठ और द्वेषपूर्ण है।' उसने नीला के साथ कुछ गलत नहीं किया। नीला खुद नहीं जानती कि साबरमती में जब उसने डॉ. शर्मा को देखा तो उसकी 'वासना क्यों भड़क' उठी। नीला ने डॉ. शर्मा को 'दोषमुक्त' कर दिया था। महात्मा ने लिखा-'बहुत से पुरुष स्त्रियों को देखकर उत्तेजित हो उठते हैं और उसी प्रकार बहुत-सी स्त्रियां भी पुरुषों को देखकर अकसर उत्तेजित हो उठती हैं, और सदा स्वच्छंदता का जीवन व्यतीत करने वाली नी. के लिए उत्तेजित हो जाना स्वाभाविक ही है।'[38]

महात्मा ने खुद अपने अनुभव के आधार पर लिखा था कि 'बहुत-सी स्त्रियां भी पुरुषों को देखकर अकसर उत्तेजित हो उठती हैं।' अमला का उदाहरण तो उनके सामने ही था। हालांकि महात्मा अब खुद भी इस घटना से उबरना चाहते थे। ठक्कर बापा को लिखे पत्रों में वह इस विषय पर कोई बात नहीं करते। नीला की कोई खोज-खबर नहीं थी। वह कहां है, किसके साथ है। कैसी है? लेकिन ठक्कर बापा को नीला की चिंता थी। उन्होंने महात्मा से कहा कि 'अगर आप नीला से कोई मतलब रखना नहीं चाहते हैं तो न रखें। लेकिन उसका पता लगाना आश्रम का कर्तव्य है।' महात्मा ने कहा- '...मैं उसे वापस पाने को उत्सुक हूं। लेकिन वह इतनी बौरा गई कि हो सकता है बिलकुल न लौटे।'

इसके बाद महात्मा ने नीला की तलाश में हरिजन में एक अपील छापी-'मेरी आयु जितनी ज्यादा होती जाती है उतना ही ज्यादा मैं इस बात को अनुभव करता हूं कि मैं आनंद का जो सुख भोगता हूं- और जिससे मेरे मित्रों को इतनी ईर्ष्या होती है-वह उन दुखद प्रसंगों के बावजूद कायम है जो मेरे हिस्से पड़े हैं, और ऐसे प्रसंग कम नहीं आए हैं। सबसे ताजा दुखद प्रसंग नीला का लापता होना है।' महात्मा ने लिखा कि नीला का 'पश्चात्ताप सच्चा' था। उसने अपने अतीत के खिलाफ बहुत

संघर्ष किया लेकिन वर्धा आने पर यह संघर्ष उसके लिए बहुत भारी पड़ रहा था। वह धीरे-धीरे 'विक्षिप्त' होती जा रही थी और उसका 'आत्मनियंत्रण' छूटता जा रहा था। इससे पहले, वर्धा से लिखे अपने एक पत्र में उसने संकेत किया था कि 'वह शायद पागल हो जाएगी।'

नीला के गायब होने की अखबारी खबरों को महात्मा ने मनगढ़ंत बताया। उन्होंने अपील की कि 'उसके संपर्क में जो लोग आएं यदि वे उसका पता मुझको सूचित करेंगे और यह लेख उसको दिखा देंगे, तो मैं उनका आभार मानूंगा।'[39]

नीला का कहीं पता नहीं था। बाद में मालूम चला कि नीला फरवरी, 1934 में अमेरिका वापस लौट गई। जाते वक्त वह महात्मा से मिली भी नहीं। वक्त के साथ महात्मा भी उसे भूल गए।

साबरमती आश्रम के बाद महात्मा बेघर हो गए थे। वह विनोबा के सत्याग्रह आश्रम आ गए। यह आश्रम वर्धा में था। मार्गरेट स्पीगल यानी अमला भी यहीं आ गई थीं। महात्मा के प्रति उसका लगाव बढ़ता जा रहा था। महात्मा को विचित्र और परेशानी में डाल देने वाली हरकतें उसने भले छोड़ दी हों लेकिन महात्मा के बिना उसका मन नहीं लगता था। वह महात्मा से कहती कि उसकी 'प्रकृति' की मांग है कि वह उनके करीब रहे। लेकिन महात्मा उससे दूर रहना चाहते थे। वह जानते थे कि अमला उन्हें कभी भी किसी भी कठिनाई में डाल सकती हैं। महात्मा जानते थे कि अमला 'अपने-आपको' और उन्हें 'धोखा' दे रही है। वह उससे पूछते- 'क्या अब तुम मुझे बताओगी कि तुम्हारी प्रकृति की क्या मांग है? यदि उसकी यही मांग हो कि तुम मेरे पास रहो, तो इसे संतुष्ट नहीं किया जा सकता।'[40]

महात्मा की इन बातों से अमला घबरा जाती थीं। उसे लगता कि कहीं महात्मा उसे अपने जीवन से बेदखल न कर दें। लेकिन महात्मा उसे दिलासा देते। वह सलाह देते अमला को कि, 'स्वाभाविक ढंग से रहना, सोचना, और बोलना चाहिए।' महात्मा कहते-'यदि तुम्हें मुझसे प्यार है तो मुझसे भय नहीं होना चाहिए।'[41]

महात्मा कुछ दिनों के लिए वर्धा आश्रम आते फिर देश के दौरे पर निकल जाते। उनके पास अपने काम और अपनी व्यस्तताएं थीं। अमला महात्मा से प्यार चाहती थी। लेकिन उसे बार-बार लगता कि उसका अतीत उसका शत्रु है। महात्मा उनसे घृणा करते हैं। वह केवल दया है जिसके चलते महात्मा ने उसे शरण दी है। महात्मा उसे समझाते कि 'घृणा मैं संसार में किसी से नहीं करता। तुमने ऐसा कुछ नहीं किया जिससे मैं घृणा करूं। इसके विपरीत, तुमने ऐसा बहुत कुछ किया है, जिसके कारण मैं तुम्हें प्यार करूं।' लेकिन अमला को महात्मा की यह बातें केवल दिलासा देने वाली लगतीं। अमला की आदर्श मीरा स्लेड थी। वह महात्मा के सबसे करीब थी। अमला महात्मा की जिंदगी में मीरा की जगह लेना चाहती

थी। वह मीरा बनना चाहती थी। लेकिन महात्मा कहते–'तुम मीरा जैसी क्यों बनना चाहती हो? वह सर्वगुणसंपन्न नहीं है। सर्वगुणसंपन्न कोई नहीं है। ईश्वर ने तुम्हें कुछ दिया है, उसी के अनुरूप नेक बनने की तुम्हें कोशिश करनी चाहिए। कोई दो आदमी संसार में एक–जैसे नहीं होते। लेकिन बनना चाहें तो नेक सभी बन सकते हैं।'[42]

पर यह बातें अमला को बहुत धीरज नहीं बंधा पातीं। उसका मन अशांत था। वर्धा आश्रम में वह संतुष्ट नहीं थी इसलिए वह साबरमती आश्रम चली आई थी। लेकिन यहां भी उसका मन नहीं लग पा रहा था। महात्मा उससे पूछते– 'क्या तुम बता सकती हो कि तुम क्या करना चाहती हो?' वह चाहती थी कि वह हमेशा महात्मा के पास रहे। वह फिर वर्धा आना चाहती थी। लेकिन महात्मा ने मना कर दिया। उसे लगता कि महात्मा उसे अपने से दूर फेंकना चाहते हैं। महात्मा उसे समझाते 'तुम्हें मैं अपने से दूर नहीं रखना चाहता। मैं तो, जहां तक मुझसे बन पड़ता है, तुम्हें खुश रखना चाहता हूं।'[43]

महात्मा के बिना अमला की हालत दिन–ब–दिन बिगड़ती जा रही थी। वह अकसर बीमार रहती। उसकी हरकतें सबको परेशानी में डालने वाली होती। आश्रम के प्रबंधकों से उसका झगड़ा होता। वह नियंत्रण में तभी रहती जब महात्मा उसके करीब होते। जैसा कि महात्मा ने अपने एक पत्र में मीरा को लिखा–'अमला हमेशा–जैसी पगली है। लेकिन मेरे साथ वह दूसरी जगहों से ज्यादा अच्छी तरह रहती है।'[44]

अमला और हरिलाल

अमला 37 साल की हो चली थी। काम वासना ने उसका पीछा नहीं छोड़ा था। उसकी समस्या की वजह यही थी। उसका ब्रह्मचर्य ओढ़ा हुआ था। उम्र के इस पड़ाव पर पहुंचकर अमला के मन में विवाह की तीव्र इच्छा जागृत हो गई। एक–दो नहीं बल्कि 'उसे बारह बच्चों की मां बनने का शौक' था। जैसा कि महात्मा ने नारणदास को लिखा–'मुझे बड़ी आशंका है कि वह (अमला)कहीं पागल ही न हो जाए। जरा भी ठिकाने पर नहीं आती। सूखती चली जा रही है। अब शादी के बारे में उतावली कर रही है। देखता हूं, उसके मन में विकार आते रहते हैं। विकारों को दबाने के प्रयत्न में वे इस तरह उत्कट होकर फूट निकले हैं।'[45]

महात्मा के सबसे बड़े बेटे हरिलाल गांधी भी पोरबंदर में इसी समस्या से जूझ रहे थे। पत्नी गुलाब की मौत हुए 17 साल बीत चुके थे। वह खुद 47 साल के हो गए थे। यानी अमला से ठीक दस साल बड़े। उन्होंने महात्मा से इस उम्र में दूसरी शादी की इच्छा जाहिर की थी। उन्होंने लिखा था—'मैं एकाकी जीवन बिताते थक गया हूं। मुझे जीवन साथी चाहिए। मेरी पुनर्विवाह की इच्छा है।'

जवाब में महात्मा ने उन्हें लिखा–'तुझे यदि कोई साथी ही चाहिए और यदि वह पत्नी ही होनी चाहिए तो यदि तू किसी योग्य विधवा की तलाश कर ले तो इसमें मैं बिलकुल दोष नहीं मानूंगा।'[46]

अमला और हरिलाल दोनों वैवाहिक सुख की खोज में थे। महात्मा ने अपने बेटे के लिए किसी योग्य पात्रा को खोजने की जिम्मेदारी महादेव देसाई को दी। हरिलाल जैसे बिगड़े बेटे के लिए वधू खोजना आसान नहीं था। अमला शादी के लिए इच्छुक थी फिर चाहे वह कोई भी क्यों न हो। महात्मा के बेटे से विवाह की बात उसे रोमांचक लगी। उन्होंने एक पत्र हरिलाल को लिख दिया जिसमें विवाह का प्रस्ताव था।

महात्मा के लिए अब मुश्किल में फंसने का समय था। वह जानते थे कि यह विवाह हर तरह से बेमेल है। उन्होंने इस विवाह में बाधाएं खड़ी करनी शुरू कर दी। उन्होंने हरिलाल को लिखा–'अमला के पत्र को लेकर जल्दबाजी करने की कोई जरूरत नहीं है।' मुझे लगता है, तुझे यह विचार छोड़ना पड़ेगा। उसे साफ लिख देना चाहिए कि जो बच्चे होंगे उनका पालन-पोषण सादगी से होगा और जो आजीविका भगवान देंगे, वह वर्धा में ही होगी। साथ ही तू यदि विषय भोग में पड़े या शराब पिए, तो वह तुझे तुरंत छोड़ सकेगी। लेकिन यह तभी जब तुझे उससे शादी करनी हो। अमला के पत्र को मैं अच्छा पत्र मानता हूं। किंतु जिस रूप में वह अपने पत्र में प्रकट होती है, वैसी मैं उसे नहीं जानता था। इससे मेरी सलाह है कि तेरे बिना वह रह ही नहीं सकेगी, ऐसी वृत्ति यदि उसमें पैदा न हो, तो उसके साथ सुखी नहीं होगा। तू अधीर नहीं हुआ, यह अच्छा ही है। धीरज धरकर, जो उचित हो सो करना।'[47]

यह रिश्ता नहीं हो सका। हरिलाल ने इसके लिए बापू को जिम्मेदार ठहराया। उन्होंने फिर शराब पीना शुरू कर दिया। जून, 1935 में हरिलाल फिर राजकोट चले आए। अमला भी शांति निकेतन चली आईं। वह यहां जवाहरलाल नेहरू की बेटी इंदिरा को फ्रांसीसी भाषा सिखा रही थी। वह शांति निकेतन में शिक्षिका बन गई थीं। अमला यहां ज्यादा खुश थीं। जिस सुख-चैन की तलाश में वह भारत आई थीं वह उन्हें महात्मा के आश्रम में नहीं मिला था। उलटा वह अपना चैन खो चुकी थीं। लेकिन शांति निकेतन के उन्मुक्त वातावरण में वह दूर आकाश में उड़ रही थीं। मानो उन्हें पंख मिल गए हों। अब वह खुली हवा में सांस ले सकती थी। शांति निकेतन में अमला के हाथ-पांव फटने लगे थे तब महात्मा ने उन्हें लिखा था– 'सर्दी से हाथ-पांव फटने का एक ही इलाज है और वह यह कि उन्हें गर्म रखा जाए; यहां तक कि खुली हवा में व्यायाम भी न किया जाए।'[48] महात्मा को जैसे खुली हवा से नफरत थी। अमला कुछ साल शांति निकेतन रही फिर जर्मनी लौट गई। अपनी गुमशुदा यादों के साथ।

वर्धा आश्रम एक तरह से 'कन्या आश्रम' बन गया था। यहां इस समय चालीस से अधिक लड़कियां थीं। नए आश्रम में भी महात्मा लड़कियों के कंधे पर हाथ रखने के प्रयोग को छोड़ नहीं पाए थे। साबरमती आश्रम में मंत्री छगनलाल भाई ने नियम बना दिया था कि महात्मा 16 साल की उम्र से ऊपर की लड़कियों के कंधे पर हाथ नहीं रखकर घूमेंगे। इस कानून को प्रेमा के कारण शिथिल करना पड़ा। प्रेमा ने अपने प्रेम और कथित भक्ति से आश्रम के इस कानून को टूटने पर मजबूर कर दिया। साबरमती आश्रम में यह प्रथा चलती रही। वर्धा के नए आश्रम में भी यह प्रयोग जारी रहा। लेकिन तब तक विरोध ज्यादा बढ़ गया था। वर्धा आए गांधीजी के दो मित्रों ने बताया कि इस प्रथा से दूसरों के आगे गलत उदाहरण पेश हो रहे हैं। एक मित्र ने यूनिवर्सिटी के 'एक चालाक छात्र' का किस्सा सुनाया। एक छात्र अपनी हमउम्र लड़की से 'हर किस्म की छूट लेता' था। लोगों को कारण बताता कि वह लड़की उसकी 'सगी बहन' के समान है। इसलिए उसका प्रेम प्रदर्शन शारीरिक हो जाता है। कोई उस पर अपवित्रता का आरोप लगाता तो वह नाराज हो जाता। इस बहाने वह युवक उस लड़की से क्या-क्या छूट लेता है, यह कहा नहीं जा सकता। गांधीजी ने सब ध्यान पूर्वक सुना।

गांधीजी ने अपने लेख में लिखा 'मेरे प्रत्येक आचरण को हजारों स्त्री-पुरुष सूक्ष्मता से देखते हैं। क्योंकि मैं जो प्रयोग कर रहा हूं, उसमें अखंड जागृति की आवश्यकता है। जिन कामों का मुझे दलील से बचाव करना पड़े, वे काम मुझे नहीं करने चाहिए। मेरे उदाहरण कोई भी मनुष्य अनुसरण कर सकता है, ऐसी धारणा मेरी कभी नहीं थी। इस युवक के उदाहरण ने मुझे सावधान कर दिया है। मैंने इसे चेतावनी समझा है। और आशा रखी है कि जिन्होंने मेरे उदाहरण के असर से या उसके बिना भूलें की हैं वे वापस सन्मार्ग पर मुड़ेंगे।'[49]

विरोधों के चलते 12 सितंबर, 1935 को वर्धा आश्रम में गांधीजी ने इस प्रथा को भारी मन से बंद करने की घोषणा की। लेकिन गांधीजी इस घोषणा पर भी अडिग न रह सके।

फिर वीर्य स्खलन

1935 के अंतिम महीने की बात है। गांधीजी थक गए थे। उनकी तबियत खराब हुई। वजन बढ़ गया था लेकिन 65 साल का शरीर कमजोर हो गया था। इधर कई महीने से उनका रक्तचाप बहुत ऊंचा रहने लगा था। उनके सिर के पिछले हिस्से में हमेशा कुछ दर्द रहता था। मालिश करने से दर्द दूर हो जाता था, लेकिन 2-3 घंटे के अंतराल के बाद फिर शुरू हो जाता। डॉक्टर जीवराज ने जांच की तो पता चल पाया कि उनका रक्तचाप ऊपर 200 से भी अधिक और नीचे 120 था। डॉक्टरों ने कम-से-कम दस हफ्ते आराम की सख्त हिदायत दी। वह दिन भर बिस्तर पर

पड़े रहते। इसी बीच उन्हें वीर्यपात हुआ। वे तब बंबई में थे। यह वीर्यपात जागृत अवस्था में हुआ। इस घटना का जिक्र उन्होंने पहली बार एक लेख में किया। ये लेख 1-3-1936 को 'हरिजन बंधु' में छपा था।

इस लेख को पढ़ने के बाद प्रेमा विचलित हो गईं। प्रेमा ने महात्मा और आश्रम को बेहद करीब से देखा था। महात्मा का सार्वजनिक जीवन राजनीति के इर्दगिर्द था। जनता से वे सत्य और अहिंसा की बात करते। लेकिन आश्रम में वह सबको ब्रह्मचर्य का पाठ पढ़ाते। प्रेमा ने लिखा-'आश्रम में और बाहर के समाज में सेवक-सेविकाओं के जीवन चरित्र प्रसंग आंखों में आने लगे, तब बेचैनी होने लगी।'[50]

अब महात्मा के स्वप्नदोष के प्रसंग ने उन्हें डरा दिया था। उन्होंने आचार्य भागवत से स्वप्नदोष पर चर्चा की। भागवत सासवड़ आश्रम के संचालक थे। वह पूना के राष्ट्रीय महाविद्यालय के अध्यापक थे। आचार्य का मत था कि 'ऐसा सबको होता है।' लेकिन प्रेमा ये मानने को तैयार नहीं थी। महात्मा पिछले छत्तीस साल से ब्रह्मचर्य व्रत का पालन कर रहे थे। इसलिए उन्हें स्वप्नदोष नहीं हो सकता। आचार्य भागवत इसे मानने को तैयार नहीं थे। उन्होंने प्रेमा को उकसाया कि वह खुद इस बारे में महात्मा से बात कर सकती है। गांधीजी नंदी दुर्ग में थे तब उन्हें प्रेमा का इस बाबत पत्र मिला। महात्मा ने जवाब लिखा-'मुझे वीर्य स्खलन तो हमेशा हुए हैं। दक्षिण अफ्रीका में वर्षों का अंतर पड़ता होगा। यहां महीनों का अंतर होता है। स्खलन होने की चर्चा मैंने अपने दो-चार लेखों में की है। यदि मेरा ब्रह्मचर्य स्खलन रहित होता तो आज मैं दुनिया के सामने बहुत अधिक वस्तुएं रख सकता। लेकिन जिसने 15 वर्ष की आयु से लेकर 30 वर्ष की आयु तक भले अपनी स्त्री के साथ ही विषय भोग किया, वह ब्रह्मचारी बनने पर वीर्य को सर्वथा रोक सके, यह मुझे लगभग असंभव जान पड़ता है। जिसकी संग्राहक शक्ति 15 साल तक दिन-प्रतिदिन क्षीण होती रही हो, वह एकाएक शक्ति प्राप्त नहीं कर सकता। उसका मन व शरीर दोनों दुर्बल बन चुके होते हैं। इसलिए मैं अपने आपको अपूर्ण ब्रह्मचारी मानता हूं। परंतु जहां पेड़ नहीं होते वहां अरंड ही प्रधान होता है, मेरी हालत यही है। यह मेरी अपूर्णता दुनिया ने जान ली है।'[51]

गांधीजी स्वप्नदोष के लिए फिर अपने को माफ कर लेते। लेकिन जागृत अवस्था में वीर्यपात गांधीजी के लिए तकलीफदेह था और शर्मनाक भी। गांधीजी ने इसी पत्र में प्रेमा को आगे लिखा-'मेरे सारे स्खलन स्वप्न में हुए थे। उन्होंने मुझे सताया नहीं। उन्हें मैं भूल सका हूं। परंतु बंबई का अनुभव तो जागृत अवस्था में हुआ। उस इच्छा की पूर्ति करने की तो वृत्ति बिलकुल नहीं थी। मूढ़ता जरा भी नहीं थी। शरीर पर मेरा पूरा काबू था। परन्तु कोशिश करते हुए भी इंद्रियां जागृत रहीं। यह अनुभव नया था और अशोभनीय था। इसका कारण मैंने बताया वही

है। (बेकार पड़े खाते रहने से शरीर में विकार पैदा होते हैं।) वह कारण दूर होने पर इंद्रियों की जागृति बंद हो गई। यानी जागृत अवस्था में बंद हो गई।' गांधीजी आगे लिखते हैं– 'मेरी अपूर्णता के बावजूद एक वस्तु मेरे लिए सुसाध्य रही। वह यह कि मेरे पास हजारों स्त्रियां सुरक्षित हैं। मेरे जीवन में ऐसे अवसर आए हैं जब अमुक स्त्रियों को उनमें विषय वासना होते हुए भी उन्हें या यूं कहें ईश्वर ने बचाया है। मैं सौ फीसदी मानता हूं कि यह ईश्वर की ही कृति थी। इसलिए इस बात का मुझे कोई भी अभिमान नहीं। मेरी यह स्थिति मौत तक कायम रहे, यही ईश्वर से प्रार्थना रहती है।'[52]

इस पत्र में गांधीजी ने स्वीकार किया कि काम वासना के प्रभाव में वह कई स्त्रियों के बहुत करीब चले गए। या स्त्रियां उनके करीब आ गईं। लेकिन ईश्वर ने उन्हें बचाया। गांधीजी के लेख और प्रेमा के पत्र में कुछ विरोधाभासी बातें सामने आईं। गांधीजी ने 1899 में ब्रह्मचर्य व्रत का पालन शुरू करने की बात की। तब वह तीस साल के थे। लेख में गांधीजी लिखते हैं कि 'ब्रह्मचर्य की मेरी परिभाषा में शरीर की ही नहीं बल्कि विचार व वाणी की शुद्धि का भी समावेश होता है। शारीरिक शुद्धि तो मैं ईश्वर की कृपा से पालन कर सका हूं। पिछले 36 सालों के सतत प्रयत्न-काल में मानसिक शुद्धि भी एक बार खतरे में पड़ी थी। वैसे ही मनोविकार का दर्शन इस बीमारी के दिनों में एक बार ही मुझे हुआ और मैं कांप उठा।'[53] उन्होंने प्रेमा को लिखा-'निर्दोष अर्थात् स्वप्न रहित नींद के लिए जागृत अवस्था में हमारे आचार-विचार निर्दोष होने चाहिए। निद्रावस्था जागृतावस्था की स्थिति को जांचने का दर्पण है। भावना को गलत मार्ग पर जाने से रोकने की शक्ति हम सबमें होती ही है। यह उत्कृष्ट प्रयत्न है।'

मीरा का एकांतवास

मीरा फिर अकेली हो गई थी। बापू राजनीतिक गतिविधियों में व्यस्त थे। बापू के कांग्रेस से मतभेद चल रहे थे। वे कांग्रेस को अपने ढंग से चलाना चाहते थे। कांग्रेस उन्होंने लगभग छोड़ दी थी। उनके पास मीरा के लिए वक्त नहीं था। बापू वैसे भी मीरा से दूर रहना चाहते थे क्योंकि उनका मानना था कि मीरा उनके मोहजाल में फंसी है। मीरा की मौजूदगी बापू को परेशान करती। उनका रक्तचाप बढ़ जाता। बापू अशांत हो जाते। 1934 के अंत में मीरा यूरोप से लौटते ही बापू से मिली। बापू तब वर्धा के आश्रम में थे। जेल से छूटने के बाद महात्मा ने 1934 में ग्रामोद्योग संघ की स्थापना की थी। इसका केंद्र वर्धा में था। फिर वह 29 जनवरी, 1935 को मगनवाड़ी चले आए। यह भी वर्धा में ही था। मगनवाड़ी बापू ने अपने प्रिय भतीजे मगनलाल के नाम से बसाया था। मगनलाल ही साबरमती आश्रम के संस्थापक रहे थे। वह अभी हाल में ही दिवंगत हुए थे। यहां ग्रामोद्योग संघ की नींव डाली गई। जगह का

नाम मगनवाड़ी रखा गया। मीरा भी साथ आकर रहने लगी। वर्धा के पास ही एक जगह थी सिंदी। एक शाम बापू ने घोषणा कर दी कि वह सिंदी जाकर अकेले ही रहेंगे। बापू का स्वास्थ्य ठीक नहीं था। उस पर सिंदी गांव का कठिन जीवन। मीरा जानती थी कि बापू ने उसकी वजह से ही सिंदी में अकेले रहने का फैसला किया है। मीरा ने प्रस्ताव रखा कि वह ही सिंदी जाकर रहेंगी। बापू यहीं वर्धा आश्रम में रहें। बापू इसके लिए राजी हो गए। यह 1936 के शुरुआती महीनों की बात है। मीरा सिंदी जरूर चली गई। लेकिन यहां वह ज्यादा दिन नहीं टिक सकी। बापू से पूछकर मीरा ने वर्धा से पांच मील पूर्व में एक नया गांव तलाश किया जिसका नाम सेगांव था। आगे चलकर यह गांव सेवाग्राम के नाम से प्रसिद्ध हुआ।

लेकिन मीरा को यह सब बिलकुल अच्छा नहीं लग रहा था। मीरा ने लिखा– 'मेरे भीतर एक जबरदस्त संघर्ष चल रहा था। मेरी सबसे बड़ी लालसा यह थी कि मैं किसी गांव में बापू के साथ रहूं। साबरमती के समय से ही देहात में रहने की मेरी इच्छा रही थी। लेकिन यही कशमकश चल रही थी कि देहात में रहूं या बापू के साथ रहूं। अब मुझे आशा हो चली थी कि दोनों इच्छाएं पूरी होने का वक्त आ गया है। परंतु परिस्थिति बहुत दुखद हो गई। अगर सेगांव में रहने का अर्थ यह हो कि मुझे सदा बापू से अलग रहना पड़े, तो मेरा स्वास्थ्य और ज्ञानतंतु इसे बरदाश्त नहीं कर सकते थे। पहले ही इस भार से मेरी तंदुरुस्ती गिर रही थी। इस भार को लोगों ने यह कहकर और बढ़ा दिया कि अगर मैं सेगांव में स्थायी तौर पर नहीं रहूंगी, तो बापू का रक्तचाप बढ़ जाएगा।'[54]

जब बापू को मीरा की इस उधेड़बुन का पता चला तो वह नाराज हुए। उन्होंने साफ कहा कि 'अगर तुम सेगांव नहीं रह सको तो मैं खुद वहां चला जाऊंगा। लेकिन जाऊंगा उन्ही शर्तों पर जो मैंने सिंदी के लिए सोची थी– यानी अकेला रहूंगा और किसी पुराने साथी को साथ नहीं रखूंगा। तुम्हें पास के किसी गांव में जाना होगा।' मीरा ने लिखा –'इससे मेरा दिल लगभग टूट गया, लेकिन मैंने किसी तरह काम चलाया।'

लेकिन सचमुच मीरा का काम चल नहीं पाया। बापू की तबियत बिगड़ गई थी। वह करीब ही आराम के लिए विनोबा के आश्रम आ गए। यह आश्रम सेगांव से कोई चार मील दूर था। मीरा की इच्छा हुई कि वह चुपके से बापू को एक बार देख ले। वह आश्रम की उस इमारत तक पहुंच गई जहां बापू ठहरे थे। मीरा ने लिखा 'जब मैं छत पर जाने वाली सीढ़ियों के नीचे पहुंची तो वहां खड़े आदमी ने मेरा रास्ता रोक दिया। जब मैंने विरोध किया तो उसने कहा कि मुझे आपको रोकने का आदेश है। इन शब्दों से मुझपर जैसे बिजली गिर गई। मैं दीवार के सहारे खड़ी हो गई और मेरे गालों पर आंसुओं की धारा बह चली।'[55]

इस घटना को मीरा बरसों नहीं भूल सकी। बापू को इसका पता नहीं चला। मीरा को चेतावनी मिली कि अगर बापू को पता चल गया कि वह आश्रम आई थी

तो उनका रक्तचाप फिर बढ़ जाएगा। हताश मीरा वापस सेगांव लौट आईं। कुछ दिनों बाद जमनालाल बजाज ने सेगांव आकर मीरा से कहा कि वह 5 या 10 मिनट के लिए बापू से मिल सकती हैं। मीरा ने लिखा–'मैं अधमरी–सी खेतों को पार करती हुई गई और बापू के कमरे में पहुंची। जमनालाल जी मेरे साथ बापू के कमरे में गए और जेल सुपरिंटेंडेंट की तरह बैठे रहे।'[56]

मीरा ने अब तक समझ लिया था कि बापू अब उनके हाथ से जा रहे हैं। बापू के लोग उन्हें बापू के करीब नहीं आने देंगे और खुद बापू भी। ये मार्च, 1936 की बात है। मजबूरन अकेली मीरा को एक घोड़े से दोस्ती करनी पड़ी। यह घोड़ा मीरा ने स्थानीय लोगों की मदद से खरीदा था जो टट्टू से थोड़ा ही बड़ा था। मीरा उसका पूरा ध्यान रखतीं। जल्दी ही दोनों घनिष्ठ दोस्त बन गए। मीरा ने इसका नाम सजीला रखा। वह रात को अकेले सजीला पर सवार होकर सड़कों पर घूमतीं। घोड़े मीरा की पुरानी पसंद थे। रात में घुड़सवारी एक जादू था जिसका वह आनंद लेती। बापू को पता चला तो उन्होंने लिखा–'मेरे लिए यह बड़ी ख़ुशी की बात है कि तुम्हें सजीला के रूप में एक वफादार और समझदार साथी मिल गया। पर मुझे तुम्हारे रात के साहसों से डर लगता है।'

मुन्नालाल गंगादास शाह। करीब तीस साल के उस युवक का यही नाम था। कॉलेज में वह जब घुटने तक धोती, आधी बांह का कुर्ता और गांधी टोपी पहनकर निकलते तो लोग उन्हें 'छोटा गांधी' कहते थे। वह महात्मा से बुरी तरह प्रभावित थे। 1 अप्रैल, 1936 को महात्मा सेगांव घूमने आए थे। अगले दिन मुन्नालाल सेगांव आ गए। यहां उन्हें इतना अच्छा लगा कि उन्होंने महात्मा से सेगांव में रहने की इच्छा प्रकट की। महात्मा ने कहा 'मीरा से पूछ लो, वह राजी हो तो मुझे कोई हर्ज नहीं'। मीरा तैयार हो गईं। महात्मा को 4–5 जून को नंदी हिल जाना था। उन्होंने साफ कह दिया कि वह सेगांव में रहेंगे पर शर्त यह है कि मीरा उनसे दूर किसी अलग गांव में रहे। मीरा इसके लिए भी तैयार हो गईं। उन्होंने अपने लिए बरौड़ा की सीमा पर एक कुटिया तैयार कर ली। इधर सेवाग्राम में दो नवयुवक बलवंत सिंह और मुन्नालाल सेगांव को महात्मा के रहने की जगह बनाने में जुट गए। मीरा ने बलवंत को महात्मा के लिए घर बनाने का काम सौंपा और मुन्नालाल को सड़क बनाने का। खुद मीरा अपने प्रिय घोड़े सजीला पर सवार होकर काम का निरीक्षण करतीं। यहां महात्मा की दो बकरियां थीं और मीरा की एक गाय। तीनों इनसे निकलने वाले दूध का मजा लेते। 16 जून, 1936 को महात्मा यहां आ गए। शर्त के मुताबिक मीरा को सेगांव छोड़ना पड़ा। अपने घोड़े सजीला को लेकर वह अपनी दूसरी कुटिया में चली गईं।

ग्राम सेवा के लिए सेगांव में महात्मा अकेले रहना चाहते थे। यहां बा के अलावा उन्हें किसी को साथ रखने की इच्छा नहीं थी। बा भी महात्मा की इस इच्छा से बहुत खुश थी। लेकिन ऐसा नहीं हो सका। धीरे–धीरे यहां भी एक पूरा परिवार

बस गया। बलवंत और मुन्नालाल तो यहां थे ही। बाद में प्यारेलाल और उनकी बहन सुशीला भी यहां आ गई। फिर प्रभावती, राजकुमारी अमृता कौर वगैरह। महात्मा खुद कहते–'यह आश्रम नहीं मेरा परिवार है। यह शिव की बारात या कहो पागलखाना है जिसका मैं सरदार हूं।'

लेकिन घोड़े का साथ भी बहुत दिन तक मीरा को बांध नहीं पाया। महात्मा के आने से सेगांव अब सेवाग्राम बन गया था। मीरा उनसे दूर थी। हालात अजीब हो गए थे। मीरा बापू के साथ रहतीं तो बापू बीमार पड़ जाते। मीरा बापू से अलग रहती तो मीरा खुद बीमार पड़ जातीं। इन बीमारियों से कई बार मीरा की जान जाते-जाते बची।

मीरा का मन यहां से उचट चुका था। वह फिर यूरोप जाना चाहती थीं। वहां विश्वयुद्ध की जमीन तैयार हो रही थी। वहां जाकर मीरा हिटलर के खिलाफ अहिंसात्मक आंदोलन छेड़ना चाहती थीं। लेकिन बापू ने इस प्रस्ताव में ज्यादा दिलचस्पी नहीं दिखाई। कहा 'व्यवस्था हो सके तो जरूर जाना चाहिए।' अभी मीरा इस उधेड़बुन में थीं कि नवंबर, 1937 में बापू ने मीरा को उत्तर पश्चिम सीमांत प्रांत भेज दिया। वहां बादशाह खान थे। उन्हें मदद की जरूरत थी। मीरा पेशावर चली गईं। बापू ने सेगांव, वर्धा से मीरा को पेशावर खत भेजा–'तुम्हारी रोज की डाक एक ऐसी घटना है, जिसकी मैं तीव्रता से प्रतीक्षा करता हूं। मेरा हृदय और आत्मा तुम्हारे साथ है। आत्मा तुम्हारे चारों तरफ मंडरा रही है। तुम्हें हार नहीं माननी चाहिए।...तुम्हें अपना स्वास्थ्य कायम रखना चाहिए और वहीं रहाना चाहिए। वहीं से मतलब सीमा प्रांत से है। मैं तुम्हारी मौत का जोखिम उठाने के लिए तैयार हूं, परंतु यह नहीं चाहूंगा कि तुम जिंदा रहने को सेगांव लौट आओ।'[57]

बापू नहीं चाहते थे कि मीरा उनके पास वापस आए। वह चाहते थे कि उनकी आत्मा मीरा के पास रहे शरीर नहीं। क्या शरीर से वह घबराते थे? या उन चर्चाओं से जो गांधीजी और मीरा के संबंधों को लेकर निकल पड़ी थीं। सच क्या था यह मीरा भी नहीं समझ पाई। या शायद समझना नहीं चाहती थीं।

संदर्भ

1. खंड 60 : 18 अप्रैल, 1933, पेज 466
2. महादेव भाई की डायरी तीसरा भाग, पेज 137
3. खंड 59 : 18 जनवरी, 1933, पेज 51-52
4. खंड 59 : 12 फरवरी, 1933, पेज 263
5. खंड 60 : 23 अप्रैल, 1933, पेज 543
6. महादेव भाई की डायरी तीसरा भाग पेज 161
7. महादेव भाई की डायरी तीसरा भाग, पेज 166
8. महादेव भाई की डायरी तीसरा भाग, पेज 170

9 महादेव भाई की डायरी तीसरा भाग, पेज 173
10. खंड 60 : 23-24 मार्च, 1933, पेज 161
11. खंड 60 : 14 अप्रैल, 1933, पेज 424

आश्रम में गुप्त रोग

12. खंड 60 : 12 अप्रैल, 1933, पेज 401
13. खंड 60 : 19 अप्रैल, 1933, पेज 476
14. खंड 61 : 5-6 मई, 1933, पेज 99

ऐतिहासिक उपवास और ठहरा हुआ गर्भ

15. खंड 61 : 7 मई, 1933, पेज 124
16. खंड 61 : 8 मई, 1933, पेज 129
17. खंड 61 : 8 मई, 1933, पेज-134
18. खंड 61 : 9 मई, 1933, पेज-141
19. खंड 61 : 9 मई, 1933, पेज-142-43
20. खंड 60 : 14 अप्रैल, 1933, पेज 424

मार्गरेट स्पीगल उर्फ अमला

21. महादेव भाई की डायरी तीसरा भाग, पेज 186
22. महादेव भाई की डायरी तीसरा भाग, पेज 282
23. खंड 61 : 5 मई, 1933, पेज 85-86
24. खंड 61 : 3 मई, 1933 पेज 74, प्रेमा के नाम-204

देवदास की शादी

25. खंड 59 : 9 फरवरी 1933, पेज 230
26. हिंदू, 17-6-1933; हिंदुस्तान टाइम्स, 17-6-1933, खंड : 61, 16 जून, 1933, पेज 183
27. खंड 61 : 26 जून, 1933, पेज 201
28. खंड 61 : 20 जून, 1933 पेज 191-192

साबरमती आश्रम को अलविदा

29. बांबे क्रॉनिकल, 26-7-1933; हिंदू, 25-7-1933, खंड : 61, 25 जुलाई, 1933, पेज 28

2

वासनामयी स्पर्श

30. खंड 61 : 1 अगस्त, 1933, पेज 328
31. खंड 61 : 26 अगस्त, 1933, पेज 372
32. खंड 61 : 16 सितंबर, 1933, पेज 437

भाग गई नीला

33. खंड 62 : 12 अक्टूबर, 1933 पेज 19
34. अमृतबाजार पत्रिका, 18-10-1933 खंड : 62, 17 अक्टूबर, 1933, पेज 38

आंदोलन में अपवित्रता

35. खंड 62 : 8 अक्टूबर, 1933, पेज 1, हरिजनबंधु, 8-10-1933
36. खंड 62 : 8 अक्टूबर, 1933, पेज 1-2, हरिजनबंधु, 8-10-1933
37. खंड 62 : 8 अक्टूबर, 1933, पेज 2, हरिजनबंधु, 8-10-1933
38. खंड 62 : 25 अक्टूबर, 1933, पेज 84
39. हरिजन, 27-10-1933 खंड : 62, पेज 92

40. खंड 62 : 2 दिसंबर, 1933, पेज 272
41. खंड 62 : 15 दिसंबर, 1933, पेज 319
42. खंड 64 : 4 जून, 1934, पेज 41
43. खंड 64 : 14 जुलाई, 1934, पेज 181
44. खंड 64 : 16 अगस्त, 1933, पेज 315

अमला और हरिलाल

45. खंड 64 : 8 सितंबर, 1934, पेज 440
46. खंड 65 : 19 सितंबर, 1934, पेज 29
47. खंड 66 : 22 अप्रैल, 1935, पेज 524
48. खंड 66 : 16 जनवरी, 1935, पेज 101
49. लेख- 'एक त्याग' हरिजन बंधु 22-9-35

फिर वीर्य स्खलन

50. प्रेमा कंटक के नाम, पेज 259
51. प्रेमा कंटक के नाम, पेज 260
52. प्रेमा कंटक के नाम, पेज 261
53. प्रेमा कंटक के नाम, परिशिष्ट-2, प्रभुकृपा के बिना सब मिथ्या है, पेज 365

मीरा का एकांतवास

54. मीरा के नाम, पेज 237
55. जीवन यात्रा, मीरा, पेज 228
56. जीवन यात्रा, मीरा, पेज 228
57. मीरा के नाम, 29-12-1938, पेज 265-266

अध्याय–7

गांधी और गंदे सपने

सारे आंदोलन ठप पड़े थे। 1936–1937 में कांग्रेस की कमान युवा जवाहरलाल नेहरू के हाथ में थी। महात्मा कांग्रेस से नाता तोड़ने के बावजूद कांग्रेस का एक अटूट हिस्सा थे। कांग्रेस उनकी गुलाम थी। वह कांग्रेस के सभी निर्णयों को आसानी से बदल सकते थे। आश्रम की तसवीर भी अब बदल गई थी। मीरा और प्रेमा के जाने के बाद महात्मा के व्यक्तिगत काम प्यारेलाल देखने लगे थे। महादेव देसाई भी उनकी मदद करते थे।

'शेखचिल्ली' की सूरत से मिलते-जुलते प्यारेलाल नैयर 1920 में बापू से पहली बार लाहौर में मिले थे। यह वह दौर था जब महात्मा लाहौर में सरला देवी के करीब आए थे। तब प्यारेलाल कॉलेज में पढ़ते थे। उनके पिता डिप्टी कलेक्टर थे। प्यारेलाल हर वक्त दूसरी दुनिया में खोया रहते। ज्योतिषियों ने पहले ही भविष्यवाणी कर दी थी कि 'यह लड़का राजा बनेगा या फकीर।'

पहली ही मुलाकात में बापू ने उसे पसंद कर लिया। यानी अब साफ हो गया कि वह फकीर ही बनेगा। प्यारेलाल के घर वाले यह कभी नहीं चाहते थे कि उनका बेटा महात्मा गांधी से जुड़े। उनका खानदान सरकारी नौकरी से जुड़ा रहा था। पिता की इच्छा थी कि प्यारेलाल इंडियन सिविल सर्विस में आएं। लेकिन ऐसा नहीं हुआ। प्यारेलाल महात्मा के साथ सक्रिय आंदोलन में जुट गए। बेवा मां चिंतित हो गईं। उन्होंने महात्मा से मिलने का फैसला किया। तब महात्मा और प्यारेलाल लाहौर में थे। महात्मा ने मां तारा को वहीं बुला भेजा। मां छोटी बेटी सुशीला को लेकर लाहौर पहुंचीं। दो दिन बीत गए। काम में व्यस्त महात्मा और प्यारेलाल मां से नहीं मिले। फिर बातचीत हुई। महात्मा ने मां को बहुत समझाया। ताना भी दिया। कहा–'तुमने खुद और अपनी बेटी को विदेशी कपड़े पहना रखे हैं। इस समय देश को प्यारेलाल की जरूरत है।' युवा प्यारेलाल ने भी मां के साथ आने से मना कर दिया। अंत में थककर मां ने करुण स्वर में महात्मा से कहा–'अच्छा चार-पांच

साल साथ रख लीजिए। फिर वापस कर दीजिएगा मेरे प्यारे को। पति रहा नहीं। अब बस यही एक सहारा है। मेरे अंधेरे घर का चिराग।'[1]

और महात्मा उन्हें साबरमती ले आए थे। वह महात्मा के लिखने-पढ़ने का काम देखने लगे। इस काम में वह इतना मशगूल रहते कि उन्हें अपनी फिक्र नहीं रहती। उनके कुर्ते इतनी जगह से फट जाते कि उसे सिलना मुश्किल होता। कई दफा तो महात्मा ने खुद उनके कुर्ते पर पैबंद लगाए। प्यारेलाल भी भावुक स्वभाव के थे।

वर्धा आश्रम में प्रार्थना होती। साथ में कीर्तन भी। इस आश्रम में महात्मा को अगर कहीं कोई कमी खटकती तो वह संगीत की थी। महात्मा ने उस समय के प्रसिद्ध संगीतकार पं. विष्णु दिगंबर शास्त्री को पत्र लिखकर उनसे एक योग्य संगीतज्ञ की मांग की। पं. शास्त्री ने अपने योग्य शिष्य पं.नारायण मोरेश्वर खरे को आश्रम भेज दिया। पं. खरे के कंठ में साक्षात सरस्वती निवास करतीं। आश्रम में पं. खरे जब भजन गाते तो पूरा वातावरण पवित्र हो जाता। रामायण का पाठ करते वक्त पं. खरे की आंखों से निर्झर बहते नीर को आश्रम में सबने देखा था। पं. खरे अपनी पत्नी लक्ष्मीबहन खरे को भी साथ आश्रम लाए थे। साथ में उनकी भतीजी थी योगा! सुंदर और बेहद मासूम। आध्यात्मिकता और किताबों में डूबे रहने वाले प्यारेलाल इसी से दिल के तार जोड़ बैठे।

योगा से जान-पहचान बढ़ी। वह खुद सादे स्वभाव की लड़की थी इसलिए प्यारेलाल की सादगी से वह बहुत प्रभावित नहीं थीं। हां, प्यारेलाल की विद्वता ने उन्हें जरूर प्रभावित किया था। प्यारेलाल उन्हें देश-दुनिया की वह तमाम सारी बातें बताते जो उनकी पहुंच से बाहर थीं। आश्रम में वह घंटों प्यारेलाल की बातें सुनतीं। उनसे तर्क करती। प्यारेलाल को यह सब अच्छा लगता।

प्यारेलाल हर वक्त कुछ सोचते रहते। न खाने की फिक्र रहती न पीने की। एक बार प्यारेलाल किसी काम से वर्धा गए थे। लौटते वक्त सेवाग्राम का रास्ता भूल गए। रात हो गई तो वहीं ज्वार के खेत में सो गए। सुबह चार बजे आश्रम में प्रार्थना की घंटी ने उनकी आंख खोली। तब घंटी की आवाज ने उन्हें आश्रम तक पहुंचाया। यह घटना सुनकर योगा खूब हंसी। हमेशा खामोश रहने वाली योगा का इस तरह खुल कर हंसना प्यारेलाल को बहुत भाता था। प्यारेलाल को यकीन हो चला था कि 'योगा भी उनके प्रेम में है।'

तब उन्होंने एक दिन महात्मा को अपने दिल की बात कह सुनाई। एक बार महात्मा को यकीन नहीं हुआ। वह समझ नहीं पाए कि 'यह विशुद्ध प्रेम है या इस उम्र का शारीरिक आकर्षण।' महात्मा ने योगा से बात की। उसका मन टटोलना चाहा। लेकिन योगा के मन में उन्हें 'कुछ नहीं दिखा'।

प्यारेलाल चाहते थे कि इस बारे में महात्मा योगा से बात करें। लेकिन महात्मा को लगता की अभी वक्त नहीं आया है। पर प्यारेलाल के अधीर मन के पास वक्त

नहीं था। उन्होंने खाना-पीना छोड़ दिया। महात्मा के हथियार का इस्तेमाल कर वह उपवास पर बैठ गए। महात्मा मजबूर हो गए। वह खुद सीधे इस मामले में नहीं पड़ना चाहते थे। उन्होंने जमनालाल बजाज को मध्यस्थ बनाया। जमनालाल पूरे आश्रम में गांधीजी के पांचवें पुत्र के नाम से प्रसिद्ध थे। उन्होंने पहले पं. खरे और उनकी धर्मपत्नी लक्ष्मी से बात की। अभिभावकों ने सब कुछ योगा पर छोड़ दिया। आश्रम में जमनालाल अकेले में योगा का मन टटोल रहे थे-

'विवाह के बारे में तुम क्या सोचती हो योगा?'

'अभी सोचा नहीं।'

'अच्छा प्यारेलाल भाई के बारे में तुम्हारे क्या विचार हैं?'

योगा चुप रहीं।

'तुम्हें पता है न कि प्यारेलाल तुम्हें पसंद करते हैं?'

'हां।' योगा धीमे से बोलीं।

'और तुम?'

'मैंने कभी उनके बारे में ऐसा नहीं सोचा। कोई विचार कभी आया ही नहीं मन में।'

'तो तुम्हारे मन में कोई और है?'

'नहीं।' योगा ने साफ कहा।

'फिर प्यारेलाल से विवाह करने में तुम्हें कोई आपत्ति है भला?'

'हां।' फिर कुछ रुककर योगा पूरे आत्मविश्वास से बोली 'मुझे महाराष्ट्रियन पति चाहिए!'

योगा की दृढ़ता देखकर जमनालाल भाई आगे कुछ नहीं पूछ पाए। उन्होंने पंडितजी से बात की। कहीं कोई दबाव तो नहीं। पंडितजी बोले 'अपने बच्चों पर दबाव कैसा? संस्कारों का दबाव हो तो मैं नहीं कह सकता!'

बात खत्म हो गई। जमनालाल ने बातचीत का पूरा ब्योरा महात्मा को दिया। महात्मा उदास हो गए। उन्होंने पूछा 'कहीं जाति का बंधन तो नहीं?' जमनालाल ने बताया कि 'नहीं, योगा के मन में कोई बंद दरवाजा नहीं। वह सारी खिड़कियां खुली रखती हैं।' महात्मा जवाब से संतुष्ट हुए। उन्होंने दूर उदास बैठे प्यारेलाल को लिखा-'तुम्हारी कल्पना की योगा का तुमने वरण किया। वह यह योगा नहीं। वह निमित्त रूप भले बन गई है। उसके चिंतन से तुम्हारी आत्मा अधिक शुद्ध हो गई है, यह लाभ तो हुआ है ही। काल्पनिक योगा का चिंतन तुम्हें सब प्रकार से भय और लालच से मुक्त करे, लेकिन इस शरीरी योगा को उस काल्पनिक हस्ती के साथ तनिक भी न मिलना।'[2]

लेकिन प्यारेलाल शरीरी योगा को खोने के लिए राजी नहीं थे। वह दुख के सागर में डूब गए। प्यारेलाल कॉलेज स्क्वायर, कलकत्ता में थे। उन्होंने खुद को

महात्मा और उनके आश्रम से दूर कर लिया। महात्मा ने फिर समझाया कि 'तुम्हारे प्रेम को प्रतिदान की जरूरत नहीं। तुम्हारा प्रेम भले पूर्णता तक पहुंच गया हो लेकिन वह पूर्ण प्रेम एक अपूर्ण मनुष्य में पैदा हुआ है। योगा को भूल जाओ। वह तुम्हारे लिए नहीं। योगा को तुम्हारी फकीरी नहीं जमेगी। तुम मेरे पास लौट आओ।'

लेकिन प्यारेलाल नहीं लौटे। उन्हें लगता कि योगा की न के पीछे पंडितजी का हाथ है। वह पंडितजी के दबाव में उनसे शादी से इंकार कर रही है। प्यारेलाल कहते कि 'मैं अपने ह्दय को जानता हूं, योगा के ह्दय को भी। वह मेरे साथ है लेकिन मर्यादाओं में बंधी खामोश है।'

आश्रम अजीब से वातावरण में घिर गया था। पंडितजी ने योगा के लिए आश्रम में ही एक ब्राह्मण खोज लिया था। रामचंद्र जगन्नाथ सोमण। इंदौर में जन्में इस युवक की पढ़ाई-लिखाई बंबई में हुई थी। स्वभाव से वह सरल और मिलनसार थे। हाईस्कूल के बाद ही वह महात्मा के असहयोग आंदोलन से जुड़ गए। बाद में गुजरात विद्यापीठ में वह पढ़ाने लगे। इन दिनों वह गांधी सेवा संघ से जुड़कर वर्धा में ही रहने लगे थे। वह योगा से मिले थे। योगा उन्हें पसंद थीं। प्यारेलाल को दोनों की सगाई की खबर मिली तो वह उपवास पर चले गए। लेकिन यह उपवास भी सोमण और योगा के परिणय को नहीं रोक पाया। नवदंपति को आशीर्वाद देने महात्मा को आना ही था। प्यारेलाल टूट चुके थे लेकिन अभी टूट कर बिखरे नहीं थे।

मीरा को अपने से दूर भेजने के बाद महात्मा अकेले हो गए थे। फिर प्यारेलाल ने योगा को लेकर उन्हें मुश्किल में डाल दिया था। अपने बेटे को लेकर तारा नैयर पहले दुखी थीं। महात्मा सुशीला को भी आश्रम में रखना चाहते थे। प्यारेलाल के कारण ही उनकी छोटी बहन सुशीला महात्मा से जुड़ी थी। बारह साल की उम्र से ही उसने महात्मा और आश्रम को करीब से देखा था। पहली बार वह 1929 की गर्मियों की छुट्टी में साबरमती आश्रम आई थी। मां बड़ी मुश्किल से सशर्त मानी थी। शर्त यह थी कि वह आश्रम में कोई व्रत नहीं लेगी। आश्रम की दुनिया निराली थी। वहां ज्यादातर लोग मराठी बोलते या गुजराती। संकोची और शर्मीली सुशीला आश्रम में घूमते-फिरते लोगों को बस ताकती रहती। वह किसी से बात करने में घबराती। एक दिन कुछ दर्शनार्थी आश्रम देखने आए। बापू ने सुशीला से कहा कि वह इन्हें आश्रम घुमा दे। सुशीला बिन कुछ कहे उठी। तभी महात्मा ने पूछा-'सुशीला क्या तूने पूरा आश्रम घूमा है?' सुशीला ने नहीं में सिर हिला दिया। महात्मा बहुत नाराज हुए। बोले 'कोई अंग्रेज लड़की होती तो पहले ही दिन सबसे पहले वह पूरा आश्रम घूमती और चारों तरफ के वातावरण से परिचित हो जाती। लेकिन तुम लोग केवल किताबी कीड़े हो।' महात्मा ने किसी और को आश्रम दिखाने के लिए बोल दिया। बेचारी सुशीला का बाल मन आहत हुआ। वह आश्रम में भी हमेशा अपने भाई की तरह किताब लिए बैठी रहती। छुट्टियां खत्म हुईं। सुशीला वापस लाहौर आ गई।

सुशीला ने दिल्ली के लेडी हार्डिज मेडिकल कॉलेज में दाखिला लिया। मेडिकल में स्नातक परीक्षा पास करने के बाद सुशीला सेवाग्राम आश्रम पहुंची। गांव में हैजा का प्रकोप फैला। सुशीला जी-जान से मरीजों की सेवा में जुट गईं। महात्मा ने कहा तुम पूरे गांव को अस्पताल समझना और हर झोपड़ी को वार्ड। प्रकोप खत्म होते ही सुशीला फिर लौट आईं। लेकिन इस बार आश्रम उनके दिलो-दिमाग पर हावी था। उन्हें लाहौर की जिंदगी बनावटी लगने लगी थी। उन्होंने तय किया कि अब वह यहां खादी ही पहनेंगी। मां तारा समझ गई कि उनकी बेटी पर भी महात्मा की छाया पड़ गई। वह नाराज हुईं। लेकिन वह असहाय थीं। सुशीला खादी पहनने लगीं। इसके बाद सुशीला का आश्रम आने-जाने का क्रम तेज हो गया।

महात्मा उन पर अपना पूरा स्नेह बरसाते थे। लेकिन अब सुशीला युवा हो चली थीं। वह पहले जैसी संकोची नहीं रहीं। उन्नीस वर्ष की भरपूर आयु की यह लड़की अपनी बातों से आश्रम में सबका मन मोह लेती। महात्मा ने तारा नैयर से सुशीला को मांगा था। जैसे कभी महात्मा बुद्ध ने यशोधरा से राहुल की भिक्षा मांगी थी। तारा ने बेहद मायूस शब्दों में लगभग रोते हुए महात्मा से कहा था 'एक तो गया दूसरी को भी ले जाओगे।' महात्मा को यह शब्द तीर की तरह लगे थे। प्यारेलाल को उनकी संगत ने क्या दिया? क्या साधु पुरुष की संगत यह हाल बनाती है। कितना तेजस्वी था प्यारेलाल। अब कैसा हो गया है? प्रेम की नाकामी ने उसे कितना कमजोर बना दिया है। महात्मा ने निश्चय किया 'प्यारेलाल का जीवन पटरी पर आ जाए तो सुशीला को अपनाने लायक बनूंगा।'[3]

लेकिन यह नहीं हो सका। दिसंबर, 1937 में महात्मा बीमार पड़ गए। तब वह कलकत्ते में थे। 7 दिसंबर को बंबई पहुंचे और जुहू में ठहरे। वह यहां एक महीने रुके। महात्मा के जुहू प्रवास के अंतिम दिन चक्रवर्ती राजगोपालाचारी ने उनसे पूछा-'लेकिन आप बोलते-बोलते इतने आवेश में क्यों आ जाते हैं?' महात्मा बोले-' क्योंकि गीता का वीतराग होने का पाठ सीखना अभी शेष है। मुझमें बराबर यह इच्छा रहती है कि जिसके बारे में भी बोलूं, जिसके सामने भी बोलूं उसमें सत्य-सौ फीसदी सत्य-ही प्रकट हो।'[4]

कलकत्ते की काली रातें

महात्मा का इलाज कर रहे डॉ. बी.सी. राय का मानना था कि वापस आश्रम लौटते वक्त उनके साथ कोई डॉक्टर रहे तो अच्छा है। डॉ. सुशीला नैयर तब कलकत्ते में ही थीं। वह आल इंडिया इंस्टीट्यूट ऑफ हाईजीन एंड पब्लिक हेल्थ में अध्ययन कर रही थीं। एक महीने की छुट्टी दिलाकर महात्मा सुशीला को साथ सेगांव ले आए। सुशीला महात्मा की सेवा में लग गईं। सुशीला की सेवा महात्मा के लिए व्यसन बन गईं। महात्मा के सारे निजी कार्य सुशीला खुद करतीं।

महात्मा को नहलाने से लेकर उनकी मालिश तक। रात में भी सुशीला महात्मा के साथ ही सोती, एक बिस्तर पर ।

महिलाओं और युवा लड़कियों के साथ एक बिस्तर पर सोना महात्मा ने कब शुरू किया यह स्पष्ट नहीं हुआ। सुशीला के आश्रम आने से पहले महिलाओं के साथ सोने या उनसे नंगे बदन मालिश कराने का जिक्र महात्मा ने अपने पत्रों में नहीं किया। मालिश के दौरान महात्मा कई बार लड़कियों को अपनी पीठ पर लेटने के लिए भी कहते। उन्होंने इसे प्राकृतिक चिकित्सा का एक हिस्सा बताया। स्लेड यानी मीरा से लेकर अमला और सरला देवी से लेकर प्रेमा तक। लीलावती से लेकर प्रभावती और अमतुल सलाम से लेकर राजकुमारी अमृता कौर तक। ये सब महात्मा के बहुत करीब रहीं। यह महिलाएं आश्रम और महात्मा के एकांतवासों में भी उनकी साहचर्य रहीं। लेकिन महात्मा के साथ रात में इन महिलाओं के सोने की बात सार्वजनिक रूप से कभी प्रकट नहीं हुई। महात्मा ने लड़कियों के कंधों पर हाथ रखने की प्रथा को जरूर एक प्रयोग का नाम दिया। लेकिन महिलाओं के साथ सोने को लेकर किसी प्रयोग की बात महात्मा ने शुरुआती दौर में नहीं की। धीरे-धीरे जब यह बात आश्रम के बाहर निकली तो महात्मा ने इसे अपनी सेवा बताया। यह बातें जब महात्मा के करीबियों में चर्चा और आलोचना का कारण बन गईं तो महात्मा ने इन्हें पहली बार जून 1938 में प्रयोग का नाम दिया।

अप्रैल, 1938 में महात्मा का फिर कलकत्ते जाने का कार्यक्रम बना था। कांग्रेस कार्यसमिति की बैठक थी। नजरबंदों और राजनीतिक कैदियों की रिहाई के बारे में महात्मा को ख्वाजा नजीमुद्दीन से बात करनी थी। मौलाना आजाद और 'अमृत बाजार पत्रिका' के संपादक तुषारकांति घोष से मिलने के अलावा और भी कई काम थे। महात्मा साथ में सुशीला और प्रभावती को ले गए। जयप्रकाश नारायण ढाका गए थे। वापसी में कलकत्ते से उन्हें प्रभावती को ले जाना था। कार्यक्रम यही बना था। इन दिनों महात्मा मानसिक कष्ट में थे। पुरी मंदिर में हरिजनों को जाने से रोका गया था। महात्मा इससे नाराज थे। बा की इच्छा थी कि पुरी दर्शन कर आएं। लेकिन महात्मा ने उन्हें वहां जाने से रोका। बा नहीं मानीं। बा और दुर्गा देसाई वहां गए। महात्मा इस घटना से आहत थे। यह एक कारण था। मानसिक कष्ट की वजहें और भी थीं। महात्मा के शरीर ने आत्मा की आवाज का साथ देना छोड़ दिया था। उन्हें रातों में ऐसे सपने आने लगे जिसकी वह कल्पना भी नहीं कर सकते थे। 4 अप्रैल, 1938 की रात उन्हें 'एक गंदा स्वप्न' आया। इस बात का जिक्र उन्होंने अगले ही दिन बृजकृष्ण चांदीवाल को एक पत्र में किया। बृजकृष्ण दिल्ली के प्रतिष्ठित चांदीवाल परिवार से जुड़े थे। छोटी उम्र ही उनकी पत्नी गुजर गईं। लेकिन ब्रह्मचर्य व्रत के चलते बृजकृष्ण ने दूसरी शादी का इरादा नहीं बनाया। वह महात्मा

के आश्रम आ गए। ब्रह्मचर्य व्रत से प्रभावित होकर वह महात्मा के और करीब आ गए थे। महात्मा ने कहा–'...मेरे पर इतना विश्वास रखकर क्या करोगे? मैं कोई पूर्ण पुरुष नहीं हूं। न निर्विकार हूं। देखो कल ही रात्रि को मुझे गंदा स्वप्न आया। यह कोई अच्छी बात न मानी जाए ऐसे आदमी के निकट बैठने से क्या आशा रखते हो?'[5]

1919 से ही रौलट-अधिनियम के विरोध में हर साल 6 अप्रैल का दिन सत्याग्रह-दिवस, उपवास और प्रार्थना-दिवस के रूप में मनाया जाता था। महात्मा भी उपवास पर थे। 6 अप्रैल, 1938 की रात महात्मा के 'सिर के पिछले हिस्से में दर्द' उठा। सुशीला ने हलकी मालिश की। थोड़ा आराम मिला। अगले दिन भी तबीयत भारी थी। ऊपर का रक्तचाप 154 से बढ़कर 170 तक जा पहुंचा। यह सब चल रहा था। लेकिन 7 अप्रैल की इस रात तो गजब ही हो गया।

उस रात महात्मा की आंख थोड़ी देर से लगी थी। सुशीला और प्रभावती पास ही सोए थे। महात्मा की बंद आंखों में एक स्वप्न आया। स्वप्न में काम कलाओं के कुछ अश्लील दृश्य थे। महात्मा को लगा उनकी इंद्रियां उत्तेजित हो रही हैं। इससे पहले वह स्खलित हों उनकी आंख खुल गई। महात्मा पसीने से तर हो गए। वह उठे और छत पर टहलने लग गए। इस हफ्ते यह दूसरी घटना थी। अगले दिन उन्होंने सुशीला और प्रभावती से रात की घटना बताई। महात्मा ने कहा कि 'अब वह उन दोनों की सेवाएं नहीं लेंगे।' दोनों बहुत निराश हुईं। उन्होंने महात्मा से कहा यह संभव नहीं। यह प्रयोग ही आपको संभालेगा। आप में हमारी पूर्ण श्रद्धा है। बारह घंटे से पहले ही महात्मा ने अपना विचार बदल दिया। 'सेवा लेना जारी रखा।'[6]

लेकिन दो दिन बाद 9 अप्रैल, 1938 को एक नई घटना हो गई। महात्मा को मोहम्मद अली जिन्ना से बंबई में मिलना था। लेकिन महात्मा ने कार्यक्रम बदल दिया। उन्होंने सुबह मि. जिन्ना को तार भेजा– '19 के आसपास सम्भवत: दिल्ली में हूंगा। समय और शक्ति बचाने के लिए मैं बंबई के बजाय आपसे दिल्ली में मिलूंगा। यदि आप सहमत हों तो मौलाना मेरे साथ होंगे।' रात में बीस साल की सुशीला महात्मा के साथ सोई थी। उसने करवट ली और महात्मा जाग गए। महात्मा ने देखा कि 'उनकी सांसें तेज' हो गई थीं। वह असहज थीं। महात्मा को 'उसमें विकार के लक्षण' दिखाई दिए। महात्मा ने उसे अलग किया। वह उठी और 'शौचालय की ओर भागीं'।[7] महात्मा ने इस कृत्य के लिए सुशीला को खूब सुनाया। सुशीला शर्मसार थीं। वह वहीं रोने लगीं।

इस घटना के बाद युवा सुशीला आत्मग्लानि में डूब गईं। वह खुद नहीं समझ सकीं यह क्या हो गया। उन्होंने बाद में अपने एक पत्र में महात्मा को सफाई दी– 'जो कुछ भी हुआ वह उसकी मूर्छा में हुआ। इसके लिए वह जिम्मेदार नहीं।' लेकिन फिर भी इस घटना ने उसे भीतर तक हिला दिया था। यह घटना अकेली

नहीं थी। आश्रम में महादेव देसाई और सुशीला करीब आ गए थे। उनके बीच भी कुछ ऐसा हुआ कि ब्रह्मचर्य का नियम भंग हुआ। महात्मा के लिए यह पीड़ादायक था। महात्मा अपनी परिधि में आई किसी स्त्री का ध्यान अपने से दूर होता नहीं देख सकते थे। मीरा जब पहली दफा आश्रम आई थीं तो महादेव देसाई से उसकी नजदीकी बढ़ी थी। महादेव देसाई ने मीरा से फ्रेंच सीखना चाहा था लेकिन इसके लिए उसे महात्मा से फटकार सुननी पड़ी थी। अब सुशीला के साथ वही कहानी दोहराई जा रही थी। उन्होंने दोनों को बुलाकर समझाया। महादेव देसाई और सुशीला दोनों आहत हुए। दोनों खुद को महात्मा से आंखें मिलाने का साहस नहीं कर पा रहे थे।

14 अप्रैल को महात्मा का ज्यादा समय दिल्ली की ट्रेन में बीता। महात्मा अकसर ट्रेन में अपने मित्रों को पत्र लिखा करते थे। उन्हें रेजिनाल्ड रेनॉल्ड्स की याद आई। 2 मार्च, 1930 को वाइसराय लॉर्ड इर्विन को लिखा गांधीजी का पत्र लेकर गए थे, इसलिए गांधीजी उन्हें प्यार से 'अंगद' कहते थे। लेकिन रेनाल्ड्स इन दिनों मुश्किल में थे। वह एथेल मैनिन नाम की महिला के प्रेम में थे। वह विवाहित थीं। रेनाल्ड्स से शादी करने के लिए उसने अपने पति से तलाक ले लिया था। महात्मा को यह बात अच्छी नहीं लगी थी। उन्होंने रेनाल्ड्स को लिखा-'...तुमने एक विवाहित स्त्री को विषय-लालसा से युक्त प्रेम किया, इसे क्या तुमने ठीक माना था, या तुम यह कहते हो कि यद्यपि वह गलत था फिर भी तुम अपने को रोक न सके और चूंकि तुम गिर गए, तुम्हारे सामने एक ही सम्माननीय रास्ता था कि विवाह कर लेते। यदि जानना संभव हो तो मुझे यह जानने की जरूरत इसलिए है कि मैं यह देखना चाहता हूं कि हम दोनों एक-दूसरे से कितनी दूर हट गए हैं और हमारा पथ-प्रदर्शन कौन-सा जीवन-दर्शन करता है। तुम सत्य के अन्वेषक हो, यह तथ्य हमारे बीच संबंध बनाए रखने के लिए काफी है।'[8]

ट्रेन के इस सफर के दौरान महात्मा बीच में कानपुर रुके। इसी दौरान कहीं एकांत के क्षणों में उनकी 'इंद्रियां जागृत' हो गईं। वह 'स्खलित' हुए 'एकदम जागृत अवस्था' में। उन दिनों कुछ ही लोग थे जिनसे महात्मा अपनी बहुत निजी बातें बांटते। एक मीरा, दूसरा कृष्णचंद्र और तीसरे अमृतलाल टी. नानावटी।

गुजरात विद्यापीठ के स्नातक रहे अमृतलाल टी नानावटी दरअसल काका साहब के शिष्य थे। सेवाग्राम में महात्मा के साथ रहे थे। वह इस आश्रम के पहले व्यवस्थापक थे। पक्के ब्रह्मचारी। उन्होंने आजीवन विवाह नहीं किया। श्री नानावटी को महात्मा ने लिखा-'भगवान करे तुम हमेशा 18 या 22 वर्ष के बने रहो। लेकिन मेरी ऐसी स्थिति कैसे हो सकती है? तुम विकार को जानते ही नहीं हो, मैं तीस वर्ष तक विकार ग्रस्त ही रहा और उसे तृप्त करने की कोशिश करता रहा। इसके अलावा हाल ही में मुझे ऐसा अनुभव हुआ है जिससे लगता है कि मैं विकारों पर

विजय नहीं पा सका हूं। पिछले पचास वर्षों के जीवन में मुझे जागृत अवस्था में वीर्यपात होने की बात स्मरण नहीं आती। स्वप्न में अथवा भोगेच्छा से जो वीर्यपात होने की बात मैं यहां नहीं कर रहा हूं। लेकिन मुझे ऐसी दीन और हीन स्थिति से होकर गुजरना पड़ा कि लाख प्रयत्न करने के बावजूद मैं पूर्ण जागृत अवस्था में भी स्राव को रोक नहीं सका। मुझे लगता है कि मैं मन-ही-मन जिस निराशा का अनुभव करता रहता था, उसके पीछे यही कारण था। इस स्राव के बाद से मेरी बेचैनी का पार नहीं है। मैं कहां हूं, मेरा स्थान कहां है। विकारी पुरुष अहिंसा और सत्य का प्रतिनिधि कैसे बन सकता है? यह प्रश्न लगातार मेरे मन में उठते रहते हैं। क्या मैं तुम सब लोगों का संगी होने लायक हूं। क्या मुझमें तुम सब लोगों का मार्गदर्शन करने की योग्यता है? मेरे हृदय में यह मंथन होता रहता है। ईश्वर को जब जवाब देना होगा, तब देगा। निर्बल के बल राम ही हैं न?...।'[9]

यहां फिर महात्मा की याददाश्त ने धोखा दे दिया। उन्होंने श्री नानावटी को लिखा कि 'पिछले 50 वर्षों के जीवन में मुझे जागृत अवस्था में वीर्यपात होने की बात स्मरण नहीं आती।' जबकि अभी दो साल पहले बंबई प्रवास के दौरान महात्मा 'स्खलित' हुए थे, वह भी 'जागृत अवस्था' में। जैसा कि उन्होंने प्रेमा को लिखा था-'मेरे सारे स्खलन स्वप्न में हुए थे। उन्होंने मुझे सताया नहीं। उन्हें मैं भूल सका हूं। परंतु बंबई का अनुभव तो जागृत अवस्था में हुआ।'[10]

'स्खलित' होने के अपने अनुभव के बारे में महात्मा ने मीरा को अगले ही दिन लिखा-'...उस अपमानजनक,मलिन और कष्टदायक अनुभव ने मुझे झकझोर दिया और मुझे लगा कि मेरे काल्पनिक स्वर्ग से, जहां अपनी मलिन अवस्था में रहने का मुझे कोई अधिकार न था, ईश्वर ने मुझे नीचे फेंक दिया।'[11]

दिल्ली पहुंचकर उन्होंने मि. जिन्ना को फिर तार भेजा कि वह बंबई वापस जाते वक्त एक दिन के लिए वर्धा रुकें। वहीं बात हो जाएगी। लेकिन अपने अड़ियलपन के लिए मशहूर मि. जिन्ना का जवाबी तार आया कि 'यह संभव नहीं। पूर्व निर्धारित 25 तारीख को बंबई में ही मिलेंगे। मैं आपसे अकेले मिलना चाहता हूं।' प्यारेलाल और सुशीला वहीं दिल्ली रुक गए। दोनों दुखी और उदास थे। सबसे ज्यादा आहत सुशीला थीं।

16 अप्रैल को आश्रम लौटते वक्त महात्मा लगातार पिछले दिनों बीते घटनाक्रम के बारे में सोच रहे थे। 7, 9 और 14 अप्रैल की घटनाओं को लेकर एक के बाद एक विचार सामने आ जा रहे थे। ब्रह्मचर्य विखंडित हुआ। आंशिक रूप से सही। इसके लिए जिम्मेदार कौन है? महात्मा को अब लग रहा था कि यह काम आसान नहीं। 'यह कोशिश चंद्रमा की पहाड़ियों पर चढ़ने जैसी है।' महात्मा सबसे ज्यादा आहत 14 अप्रैल की घटना से थे। लेकिन वह सुशीला को भूल नहीं पा रहे थे। ट्रेन में ही उन्होंने सुशीला को लिखा-'हाल में तू मेरे स्वप्न में भी स्थान रखती

है। इसे मोह कहूं कि प्रेम कहूं? कुछ भी हो तू मेरे लिए एक बड़ा प्रश्न बन गई है।'[12]

इधर महात्मा परेशान थे उधर मीरा उन्हें और चिढ़ा रही थीं। वह महात्मा को बार-बार बता रही थीं कि इस नए प्रयोग में कहां-कहां फिसलन है। मीरा के साथ दूसरा ही मनोविज्ञान काम कर रहा था। मीरा महात्मा के करीब का स्थान खो चुकी थीं और अब बाकी लड़कियों से महात्मा की करीबी उसके बर्दाश्त के बाहर थी। हालांकि वह यह बात जाहिर होने देना नहीं चाहती थीं। लेकिन उनकी चिट्ठियों में इस तरफ खतरनाक इशारे होते। उन्होंने महात्मा के इन नए प्रयोग के बाबत कुछ तीखी बातें लिखीं।

खुद मुश्किल के दौर से गुजर रहे महात्मा असहाय महसूस कर रहे थे। जिन मीरा को उन्होंने कभी ब्रह्मचर्य का पाठ पढ़ाया था उसी से अपने चक्रव्यूह से निकलने का रास्ता पूछ रहे थे। उन्होंने मीरा को लिखा-'...तुम मुझे स्पष्ट शब्दों में लिखना कि ब्रह्मचर्य संबंधी धारणा अनुकूल बैठाने के लिए मुझे निश्चित रूप से क्या परिवर्तन करने चाहिए। क्या मुझे सुशीला की सेवा से अपने आपको वंचित रखना होगा? उदाहरणार्थ क्या मुझे लीलावती या अमतुल सलाम से मालिश नहीं करानी चाहिए? क्या तुम यह कहना चाहती हो कि मुझे कभी लड़कियों के कंधे का सहारा नहीं लेना चाहिए? कहने की जरूरत नहीं कि अपनी इस भीषण निराशा से उबरने का तुम स्पष्ट शब्दों में जो भी उपाय बताओगी, उससे मुझे कोई दुख नहीं होगा।'[13]

महात्मा ने इन घटनाओं का जिक्र राजकुमारी अमृत कौर से भी किया। वह अमृत से भी ऐसी सेवाएं लेते रहे थे। राजकुमारी अमृत कौर का जन्म सन् 1887 में हुआ था। यह स्वर्गीय राजा हरनाम सिंह की इकलौती कन्या थी। स्व. राजा साहब कपूरथला के महाराजा के सगे काका थे। राजकुमारी ने आठ वर्ष तक विलायत में शिक्षा पाई। वह सन् 1928 से स्त्रियों के आंदोलनों में भाग लेती आ रही हैं। इन दिनों वह अखिल भारतीय महिला मंडल की अध्यक्षा थीं। राजकुमारी ने भी ब्रह्मचर्य का व्रत लिया था। 1935 में वह महात्मा के संपर्क में आईं। वह भी महात्मा की निजी सेवा में लग गईं। अमृत ने इसे महात्मा की 'दुर्बलता और विश्वास में कमी बताया।' महात्मा ने अमृत को लिखा-'...हम सब यही आशा करें कि निराशा के इस अंधकूप से मैं और भी अधिक दृढ़ और शुद्ध होकर निकलूं। अभी तक तो संकट खत्म होने के आसार दिखाई नहीं देते। अभी भी अंधकार है।'

महात्मा ने आगे लिखा-'मेरी मौजूदा हालत से परेशान नहीं होना। मेरे लिए कामेंद्रियों पर वश पाना सबसे कठिन रहा है। मैं इससे निरंतर जूझता रहा हूं। यह चमत्कार ही है कि मैं अभी तक इससे कैसे बचा हुआ हूं। आज मैं जो संघर्ष कर रहा हूं, हो सकता है कि वह अंतिम हो और होना भी चाहिए।'[14]

उधर मीरा का जवाबी पत्र आ गया था। उस पत्र में वैसा ही तंज था जैसे

हमेशा उसके पत्रों में रहता था। मीरा ने महात्मा को याद दिलाया कि 'एक रात जब आप लीलावती के साथ एक बिस्तर पर सो रहे थे तो आपका हाथ लीला की गर्दन में था।' इस घटना को बहुत रंग देकर लिखा गया था। महात्मा को मीरा का पत्र पढ़कर थोड़ा बुरा जरूर लगा। पर उन्होंने मीरा को लिखा—'...तुम्हारा पत्र बड़ा काम का है। मैं उसे आदर्श पत्र मानता यदि तुमने उसमें उतना रंग न पूरा होता जितना कि आमतौर पर तुम्हारे पत्रों में होता है। लेकिन तुम्हारे पत्र की विवेचना करने का मेरे पास समय नहीं है। तुम्हारे निज अनुभव ने मेरा मन पक्का कर दिया है। मुझे अपने व्यवहार को बदलना होगा। मैं काफी हद तक तुम्हारे सुझावों पर अमल करूंगा। मुझे कौन-सा रास्ता अख्तियार करना चाहिए, इस बारे में मैं रोज मगजपच्ची करता हूं। परिवर्तन का क्या रूप होगा, इस बारे में मैं अभी निश्चित रूप से कुछ नहीं कह सकता।'

महात्मा ने फिर लीलावती के बारे में सफाई दी। उन्होंने आगे लिखा-'तुमने जो कुछ कहा है, उसके बारे में मुझे कुछ भी याद नहीं है। किंतु एक बार मुझे ऐसा लगता है कि मैंने उसकी गर्दन में बांह डाली थी। जब मैंने उससे सबेरे पूछा तो उसने कहा कि उसे किसी स्पर्श का ज्ञान नहीं। फिर भी उस दिन से मैंने उससे कहा कि वह मुझसे कुछ दूरी पर सोया करे। तुमने जिस घटना का जिक्र किया है उसके बारे में और जानकारी देना। भविष्य में भी तुम्हारे मन में जो सुझाव आएं उनके बारे में मुझे लिखती रहना। मैं अपने प्रयोग को रोकूंगा तो नहीं लेकिन उसमें सुधार की गुंजाइश है।[15]

महात्मा अभी तक यह मानने को राजी नहीं थे कि जागृत अवस्था में स्खलन का कारण युवा स्त्रियों के साथ उनका सोना और जागना है। इसी पत्र में उन्होंने लिखा-'मेरी समस्या यह है : 14 अप्रैल के उस भयावह अनुभव का कारण क्या नारी संपर्क था अथवा उसका कारण कुछ और था।'[16]

महात्मा वापस वर्धा की ओर रवाना हो गए। पहुंचते ही उन्होंने मि. जिन्ना को खबर दी कि अब वह 28 को बंबई पहुंच रहे हैं। स्थितियां तेजी से बदल रही थीं। कायदे आजम यानी मि. जिन्ना कांग्रेस से पूरी तरह अलग हो चुके थे। वह मुसलमानों पर से कांग्रेस खासकर महात्मा का असर पूरी तरह खत्म कराना चाहते थे। इस काम में मुस्लिम लीग के एक कारिंदे नवाबजादा लियाकत अली खां मि.जिन्ना की मदद कर रहे थे।

लियाकत अली का साफ मानना था कि 'महात्मा गांधी दोहरा किरदार निभाने वाले लीडर हैं।' वह कांग्रेस का 'चवन्निया मेंबर' न होते हुए भी पूरी कांग्रेस को 'तानाशाह' की तरह चला रहे हैं। आम इंसानों के बजाय वह हमेशा फायदे की स्थिति में रहते हैं। उस जमाने में दो जहीन दिमागों में आपसी जंग चल रही थी। महात्मा ने मि. जिन्ना को लिखा-'आप उम्मीद रखते हैं कि मैं कांग्रेस और देश भर

के अन्य हिंदुओं की तरफ से बोल सकूंगा। लेकिन मुझे लगता है कि मैं इस कसौटी पर पूरा नहीं उतर सकूंगा। आप जो अर्थ लेते हैं, उस अर्थ में मैं न तो कांग्रेस का प्रतिनिधित्व कर सकता हूं और न हिंदुओं का। किंतु एक सम्मानजनक समझौता कराने के लिए उनके ऊपर मेरा जितना भी नैतिक प्रभाव हो सकता है, उस सबका मैं इस्तेमाल करुंगा।'

महात्मा की इन घुमावदार बातों से लियाकत अली को समझ में नहीं आता कि कब महात्मा अपनी ओर से बोल रहे हैं और कब कांग्रेस की ओर से। महात्मा कहा करते थे कि 'कांग्रेस कोई हिंदू संस्था नहीं है।' उनका चालाकी भरा तर्क रहता कि 'क्या किसी हिंदू संस्था का अध्यक्ष मौलाना बन सकता है।'

यह वह दौर था जब देश की राजनीति तेजी से करवट बदल रही थी। मि. जिन्ना मुसलमानों का एक बड़ा नेता बनकर उभर रहे थे। कांग्रेस हिंदू-मुसलमान के खाने में बंट रही थी। मि. जिन्ना ने मुसलमानों पर कांग्रेस के अत्याचार की फेहरिस्त तैयार की थी। अब उनका प्रचार शुरू हो गया था। 'इस्लाम खतरे में है। हिंदुस्तान के मुसलमान मुस्लिम लीग के झंडे के नीचे एकजुट हों।' मुसलमानों में सांप्रदायिक भावना भड़क रही थी। राजनीति में जिन्ना का असर बढ़ रहा था। मुस्लिम लीग ने बीस मार्च, 1938 को एक प्रस्ताव पास कर कांग्रेस के मुसलमानों पर हुए अत्याचारों की जांच के लिए एक कमेटी बना दी। कमेटी के अध्यक्ष सीमांत प्रांत की मीरपुर रियासत के राजा मुहम्मद मेंहदी बनाए गए।

अप्रैल, 1938 में सीमा प्रांत में राजनीतिक उथल-पुथल हो रही थी। महात्मा वहां खुद जाना चाहते थे। लेकिन सुशीला के साथ अपने संबंधों को लेकर महादेव भाई अशांत थे। महात्मा ने उन्हें कटघरे में खड़ा कर दिया था। रो-रोकर महादेव भाई ने अपना बुरा हाल कर लिया था। महात्मा महादेव को सीमा प्रांत भेजना चाहते थे। लेकिन वह खुद अशांत थे। आश्रम में जो घटनाएं घट रही थीं वह निश्चित ही शुभ नहीं कही जा सकतीं। आश्रम में अपना स्थान खोने से मीरा त्रिया चरित्तर पर उतर आई थीं। महात्मा ने उन्हें दूध से मक्खी की तरह अपनी जिंदगी से अलग कर दिया था। अब सुशीला उनकी जगह ले रही थीं। मीरा प्रतिशोध की आग में जल रही थीं। इस घटना ने उन्हें बहाना दे दिया था। उन्होंने महात्मा और सुशीला के संबंधों के बारे में कुप्रचार शुरू कर दिया था। महात्मा ने मीरा के बारे में सुशीला को लिखा कि 'वह मेरे और तुम्हारे बारे में बातें करके जहर फैलाती रहती है।' महात्मा ने मीरा को सख्त हिदायत दी कि वह उनके और सुशीला के बारे में किसी से कोई बात न करें।

अपने दुख से दुखी सुशीला अपनी मां के पास चली गई थीं। महादेव भाई को लेकर उसे बार-बार एहसास हो रहा था कि 'उससे पाप हो गया।' दबाव की राजनीति में माहिर महात्मा ने उन्हें समझाना शुरू किया। महात्मा ने उन्हें लिखा-'...

न तू देवी थी, न महादेव देव था। यह भ्रम यदि सर्वथा नष्ट हुआ है तो भविष्य उज्ज्वल है। मैं तुम दोनों को भोला भी समझता हूं। फर्क इतना है कि तूने विकार का अनुभव नहीं किया है। महादेव ने तो काफी किया ही है। विवाहित है ना? लेकिन सूक्ष्म काम का नाम ही अनंग है। उसके हमले का तुम दोनों को ज्ञान नहीं था। तू अपने सिर पर खामखा दोष ओढ़ लेती है। अनंग ने तेरा कब्जा अवश्य लिया था, लेकिन तुझे उसका पता ही नहीं था। महादेव असावधान अवश्य रहा। लेकिन इसका भी उसे पता नहीं था। मुझको न दुख तूने दिया है न महादेव ने। जब तक तेरी बुद्धि को चीज स्वीकार न करे उसका स्वीकार हरगिज न किया जाए। भले मुझे या किसी को कितना ही दुख क्यों न हो। मेरी सलाह है अब भूतकाल को भूल जा, वर्तमान धर्म का पालन करती हुई प्रसन्नचित्त हो जा और मुझे निश्चिंत कर।'[17]

इस घटना ने सुशीला को तोड़कर रख दिया था। महात्मा ने उसे लाख समझाना चाहा कि 9 अप्रैल की रात जो कुछ भी हुआ सब सुशीला की 'मूर्छा में' हुआ जैसा कि उसने खुद कहा है। महात्मा सुशीला को लेकर काफी चिंतित थे। उन्होंने प्यारेलाल को भी सुशीला के पास दिल्ली भेज दिया। महात्मा ने कहा– 'मूर्छित मनुष्य जो करता है वही सुशीला ने किया। शौच जाने के अलावा उसने जो किया, वह सब मैं असत्य आचरण में गिनूंगा। उसे मूर्छा होने का दोष एक बार स्वीकार कर लेने के बाद उस पर अन्य दोष मढ़ना नहीं चाहिए। उस रात का किस्सा उसे मूर्छा होने की पुष्टि करता है, इसलिए उस बात का अधिक महत्त्व नहीं है।'[18]

गांधीजी की कुटिया या 'रावण का महल'

सेगांव से महात्मा बंबई दौरे पर आए। वह जुहू की विश्राम वाटिका में रुके थे। यहां महात्मा को उनके कुछ करीबी मित्रों ने मीरा के पत्र दिए। मीरा ने इन पत्रों में महात्मा के प्रति चिंता के अलावा उनकी शिकायत भी की गई थी। इस पत्र में ब्योरा था कि सेगांव के आश्रम में महात्मा कैसे अर्ध नग्न स्त्रियों के साथ सोते हैं जो जरा भी शालीन नहीं लगता। महात्मा ने मीरा के ये तीनों खत अपने पत्र के साथ नत्थी करके प्यारेलाल के पास भेजे। उन्होंने लिखा–'...बुकपोस्ट से आज मीरा बहन के तीन पत्र भेज रहा हूं। दोनों भाई-बहन उन्हें पढ़कर और सोचकर लिखो कि तुम पर उनका क्या असर हुआ? तुलसीदास ने रावण के महल का वर्णन किया है, उसी तरह मीरा बहन का वर्णन है ना? रावण बेहोश है और अनेक रानियां नग्न-निर्वस्त्र जैसी हालत में आसपास पड़ी हैं। यह पढ़ कर हंसा और रोया भी। मैं कैसा रहा होऊंगा? मीरा बहन की अतिशयोक्ति को अलग करके उसमें जो था उसका असर मुझ पर हुआ और मैंने लिखा कि मैं अपने आचरण में परिवर्तन करूंगा। यदि उन स्पर्शों का परिणाम 14 तारीख की यातना होगी तो? नहीं होगी यह कहने का स्पष्ट

कारण अभी तक मुझे नहीं मिला है। क्या मेरे स्पर्श से वह सब महिलाएं कलुषित हुईं? मैं ऐसा होऊंगा तो असल में ऐसा ही हूं क्या? यदि ऐसा है तो जिन महिलाओं और नवयुवकों ने मेरे सान्निध्य से, स्पर्श से शांति प्राप्त की, उसे क्या माना जाए? वह सब क्या भ्रम ही है? ऐसा ही है तो दुनिया में मेरा क्या स्थान है? महादेव और सुशीला का दोष देखने वाला मैं कौन होता हूं? क्या यह नहीं हो सकता अपने ही दोष उस पर लादता होऊं? ऐसे मुझसे तुमने क्या पाया? क्या सिर्फ निराशा? तुम सबका मार्गदर्शन करने के लिए क्या यह ठीक माना जाएगा? इस तरह के विचार आ जा रहे हैं। ऐसे तूफान में अपनी शांति बनाए हुए हूं। मेरी नजर तुम पर है। तुम दुरुस्त रहोगे तो शायद मैं आत्मविश्वास पा सकूं।... मेरा वारिस मेरे से बढ़कर होगा तभी मैं शोभान्वित माना जाऊंगा। फिलहाल तो मैं तुम्हें, महादेव और सुशीला इत्यादि को अपने से बढ़कर ही देख रहा हूं। इसका मतलब यह नहीं कि किसी भी मामले में तुम्हारा मार्गदर्शन ही नहीं कर सकता। इसका अर्थ यही है कि 14 तारीख का अनुभव मेरी सामान्य विकारयुक्त दशा का सूचक होगा, तो यह कहना ही होगा कि जिन परिस्थितियों में जहां तुम सब टिके रहे होगे, उनमें मैं क्या भस्मीभूत नहीं हो जाता? अब लंबा नहीं करुंगा।'[19]

लेकिन नई दिल्ली के 21, राजा बाजार स्क्वायर में सुशीला बेचैन थीं। महात्मा का कोई पत्र, कोई वाक्य, कोई वचन उसके घाव पर मरहम नहीं लगा पा रहा था। वह बार-बार अपने पत्र में 9 की रात की घटना का जिक्र करतीं और महात्मा से कहतीं कि वह उनकी 'सेवा के योग्य नहीं।' महात्मा चाहते थे कि प्यारेलाल सुशीला को साथ लेकर आश्रम लौट आए। जल्द-से-जल्द। पर सुशीला इसके लिए तैयार नहीं थीं। सुशीला के एक पत्र के जवाब में महात्मा ने लिखा-'...9 की रात के बारे में तू लिखती है वह मुझे मान्य है। तेरा बयान असत्य है ऐसी बात है ही नहीं। सीप में रजत देखने वाले तीनों काल सत्य हैं, लेकिन जो सीप को जानता है वह तो सीप ही देखेगा ना? अनंग हमसे क्या-क्या नहीं करता। इसका मतलब यह भी नहीं है कि मैं सही और तेरी ही भ्रमणा थी। सच मान की मैं मानता हूं कि मेरी भ्रमणा हो सकती है। इसलिए तू निजी मान्यता पर कायम रह सकती है, रहने का धर्म है। 'भजनावली' में श्लोक हैं उनका मनन कर।... हम शायद 20 को यहां से निकलेंगे। तेरा खत फाड़ डाला है। महादेव आजकल नहीं पढ़ता। मैं लिखता हूं सो देखता है। उसका दुख तो चलता ही है। यह उसके स्वभाव में है। काल अपना काम करेगा। ईश्वर का एक नाम काल भी है।'[20]

दौरे से लौटकर महात्मा फिर सेगांव आश्रम पहुंच गए थे। महात्मा किसी भी हाल में सुशीला को मनाना और वापस अपने पास बुलाना चाहते थे। पांच दिन बाद महात्मा ने सुशीला को इस विषय में फिर समझाया कि 9 की रात जो हुआ, हो सकता है उन्होंने ही उसे गलत समझा हो।

उन्होंने सुशीला को लिखा-'...अब 9 की रात का इतना कष्ट क्यों उठाती हो? मेरी यातना मेरे छुपे हुए विकारों से क्यों न हो? यह नहीं सही। मेरी भ्रमणा से क्यों न हो? मैंने ईश्वरत्व का दावा नहीं किया है। तेरी गलती हो सकती है तो मेरी क्यों नहीं? दोनों की कल्पना ही है ना? न तूने कोई अनुभव किया है न मैं तेरे हृदय को जान सकता हूं। दोनों के हृदय का स्वामी ईश्वर ही है। वही हमारे हृदयों को जानता है। इसलिए मेरी तो धर्म पिता के नाते से तुझे आज्ञा है तू अपने व्यवहारों को पूर्णतया निर्दोष मान और अपनी व्यथा को भूल जा। मेरी व्यथा के लिए मेरी कल्पना ही कारण हैं। उसे भूल जा। माफ कर ऐसे तो कैसे कहूं?'[21]

सुशीला किसी बात से सहमत नहीं थी। समस्या जटिल होती जा रही थी। महात्मा मानते थे कि 9 की रात की घटना के बारे में सुशीला की बात सही भी हो सकती है कि 'जो कुछ हुआ' वह 'मूर्छा' में हुआ। लेकिन साथ में महात्मा यह भी मानते थे कि हो सकता है सुशीला समझ नहीं पा रही है कि 'सब कुछ मूर्छावस्था में ही हुआ।' महात्मा खुद नहीं समझ पा रहे थे कि ये सब क्या हो रहा है। वह चाहते थे कि प्यारेलाल उसे समझाए क्योंकि वह सुशीला को जितना समझाने का प्रयास करते वह उतनी व्यथित हो जाती।

इस असमंजस की स्थिति में महात्मा ने प्यारेलाल को लिखा—'...मेरी मनोदशा तो तुम समझते हो ना? 9 की रात के बारे में मैंने साफ कहा है कि सुशीला का कहना मैं सौ फीसदी मानता हूं, लेकिन उसकी मान्यता सही न भी हो, यह भी जरूर कहा है। उतने ही अंश में मेरी मान्यता सही न भी हो, यह भी मानता हूं। मैं एक कदम आगे भी जा रहा हूं। सुशीला अपनी निर्दोष बुद्धि की गवाह है, मेरे पास निर्दोष बुद्धि का दावा भी नहीं है। मैं तो कबूल करने को तैयार हूं कि मेरी बुद्धि दोषयुक्त हो सकती है। क्या यह नहीं हो सकता कि मेरी विकारी बुद्धि ने मुझे जगाया हो और सिर्फ निर्दोष बालिका में और उसके कार्य में मैंने अपने विकारों का दर्शन किया हो? जहां यह संभव है वहां सुशीला क्यों दुखी है? मेरे विकार के लिए, मेरी भ्रमणा के लिए, मेरी अपूर्णता के लिए वह क्यों दुख पाए? इन सब शंकाओं को मैं स्वीकार करता हूं फिर सुशीला क्यों व्यथित होती है? मैं उस पर कोई इल्जाम नहीं लगाता। यदि तुम मेरी दलील समझे हो तो अपनी भाषा में अपनी शैली में सुशीला को समझाकर शांत करो। मेरी खातिर शांत हो जाए यह नहीं मांग रहा हूं। अशांत होने के लिए लेश मात्र कारण भी नहीं है यह उसकी बुद्धि कबूल करेगी तभी मैं शांत हो सकता हूं।'

महात्मा अपने बर्ताव से दुखी थे। उन्होंने आगे लिखा-'मुझे कुछ ऐसा लगने लगा है कि इन सब मामलों के पीछे मैंने ही शैतान का काम करके निर्दोष काम में दोष दिखाकर सुशीला, महादेव और तुम्हें महाव्यथा में डाल दिया है। मतलब एक तरफ तो मैं अपने काम के नशे में शांत हो जाता हूं और दूसरी ओर जब भी

अवकाश मिलता है, तब 14 के दिन की और 9 की रात्रि की घटना का पृथक्करण भी करने लगता हूं। अभी तक उसकी थाह मिली नहीं है। मिलेगी या नहीं, यह भी नहीं जानता। जैसा कि राजकुमारी कह रही है, ईश्वर के प्रति मेरे विश्वास की परीक्षा हो रही है। यदि सुशीला शांत नहीं हो सकेगी तो मेरे लिए वह भयानक बात होगी, यह मैं देख रहा हूं। लेकिन (शांत) नहीं हो सकती है तो तुम भी क्या कर सकते हो और वह भी क्या कर सकती है? मैंने जो किया होगा वही भरूंगा।'[22]

दो दिन बाद बा सेवाग्राम आईं। सुशीला ने बापू का सारा सामान उनके साथ आश्रम भेज दिया। सामान देखकर महात्मा घबरा गए। उन्हें लगा कि प्यारेलाल और सुशीला ने उनका त्याग कर दिया। परेशान महात्मा ने प्यारेलाल को पत्र लिखा- '...मैं किंकर्तव्यविमूढ़ बन गया हूं, दिशा दिखाई नहीं देती। निर्णय नहीं कर सकता। इसमें मेरी मदद कौन करेगा? इसलिए ईश्वर से याचना कर रहा हूं कि वह मेरा मार्गदर्शन करे या मुझे उठा ले। तुम्हारा कार्यक्रम समझा। तुम, प्रकाश, सत्या या सुशीला के लिए भी अपना वहां रहना जब तक जरूरी समझे तब तक रहना। मेरा पूर्ण त्याग मत करो। बा के शब्दों ने मुझे भड़का दिया है।'[23]

महात्मा अपराधबोध से ग्रस्त थे। उन्हें लग रहा था कि सुशीला के जीवन में प्रवेश करके उन्होंने उसका 'जीवन खट्टा' कर दिया है। सुशीला पर लगाए गए इल्जामों को उन्होंने अपनी 'विकृत मनोदशा' का सूचक माना। सुशीला ने महात्मा के पत्रों को पढ़ना और उनके जवाब भेजना बंद कर दिया था। महात्मा भी सुशीला को पत्र लिखने की हिम्मत नहीं जुटा पा रहे थे। वह प्यारेलाल के जरिए ही सुशीला से बात कर रहे थे। प्यारेलाल को पत्र भेजने के बाद उसी दिन नई डाक आई। इसमें सुशीला के दो पत्र थे। सुशीला ने लिखा था कि 'आप मुझे पहचानते हैं और मैं भी आपको पहचानती हूं, जब यह आत्मविश्वास आ जाएगा तब मेरी वियोग यातना की अवधि भी खत्म हो जाएगी।' सुशीला ने लिखा वह उनकी सेवा के योग्य नहीं। महात्मा में आशा की किरण जगी। उन्होंने लिखा—'...तू अयोग्य पुत्री नहीं है। तूने मुझे क्या कष्ट दिया है। मेरे स्वप्न में भी ऐसा खयाल नहीं आया। मैं अयोग्य पिता तो सिद्ध हो ही चुका हूं। मैंने क्या तुझको कम कष्ट दिया है? तेरे निर्दोष कर्म में दोष देखने वाला अपराधी तो मैं हूं ना? उसी क्षण से मैंने तुझको गंवाया।... मैं तो नहीं कर सकता। ईश्वर तेरा कल्याण करे।[24]

इसके बाद 30 मई के पत्र में महात्मा ने फिर स्वीकार किया कि सारा दोष उन्हीं का है। पूरे प्रकरण पर उन्होंने नतीजा निकाला उसे एक चिट्ठी की शक्ल में प्यारेलाल को लिख डाला-'...सुशीला की दृढ़ता से मेरी आंखें खुल गई हैं। मैंने अपना संदेह महादेव पर लादा। 14 तारीख को महादेव ने जो शब्द मुझसे कहे वे ही सच्चे थे। उसके बाद उसने जो कुछ लिखा और कहा, वह सिर्फ मेरे असर में आकर कहा और किया। इसलिए वह सब मुझे मिटा देना चहिए। इस तरह मेरे सामने

दोनों की निर्दोषता साफ निकल आई है। मेरे प्रेम में वहम भरा था। इसलिए मैंने शुद्ध सोने को पीतल के रूप में देखा। अपने विकार मैंने उन दोनों पर लाद दिए। यह मेरी अक्षमता सुशीला की यातनाओं का कारण है। मुझमें ऐसा अधमता कहां से आई यह मुझे ढूंढ़ना होगा। सुशीला ने खुद को अयोग्य मानकर मेरा त्याग किया है इसमें तो मेरी अधमता नहीं देखने का उसका आग्रह काम कर रहा है। परिणाम तो अच्छा ही है। मैं सुशीला को स्पर्श करने योग्य भी अपने को नहीं मानता।'

अब महात्मा प्रायश्चित के बारे में सोचने लगे। उन्होंने प्यारेलाल को आगे लिखा- ...यदि मैंने सुशीला को अनजाने में भी कष्ट दिया है तो मुझे स्त्री जाति की सेवा लेने का क्या अधिकार? उपवास से मेरा प्रायश्चित नहीं होगा। दूसरी यातनाओं से भी नहीं होगा। प्रायश्चित करना है तो एक ही तरह से हो सकता है। स्त्री मात्र का तमाम स्पर्श त्याग करके दूर से जितना हो सके उतनी उनकी सेवा करना। मैं अपनी व्याख्या का ब्रह्मचारी किसी भी प्रकार नहीं रहा हूं।'[25]

विपत्ति की इस आंधी ने सच में महात्मा की आंखें खोल दी थीं। वह अपने ही बनाए मकड़जाल में फंसा महसूस कर रहे थे। तब उन्होंने अपने ब्रह्मचर्य जीवन के बारे में कई महत्त्वपूर्ण फैसले किए।

महात्मा ने प्रण किया था कि— 'बा को छोड़कर किसी स्त्री को सेवा में नहीं लूंगा जिसमें कुछ भी शरीर स्पर्श आता है।' इस घटना के बाद महात्मा को पहली बार अपनी गलती का एहसास हुआ। पहली बार उन्होंने माना कि वह गलत थे, उनका प्रयोग गलत था। जैसा कि उन्होंने अपने इन फैसलों की जानकारी देते हुए सुशीला को लिखा-'एक शोध और किया है। ऐसा कहकर, मैं स्त्रियों का स्पर्श कर सकता हूं लेकिन दूसरा कोई नहीं, मैंने भयानक गलती की है और कितने वर्षों की यह गलती रही!! मुझे जानना चाहिए था कि इसमें तो कोई शास्त्रीय प्रयोग था ही नहीं। इसमें मेरा भयंकर अहंकार था। सब साथियों में मैंने अपने को ही ब्रह्मचर्य की मर्यादाएं तोड़ने का अधिकारी माना। जब तक मैं दूसरे साथियों का स्त्री स्पर्श बर्दाश्त करने के लिए तैयार नहीं हूं तब तक मुझे स्पर्श करने का तनिक भी अधिकार नहीं है। एक-दो दिन में सब ठीक कर लूंगा, ऐसी उम्मीद है। भूल दर्शन के लिए तेरी दृढ़ता ही धन्यवाद पात्र है।'[26]

सुशीला और महादेव को करीब आता देख महात्मा ने दोनों के लिए कुछ नियम बना दिए थे। इन नियमों का मकसद था महादेव और सुशीला को परस्पर दूर रखना। पर अब महात्मा खुद शर्मिंदा थे। उन्होंने सुशीला को लिखा- 'जो मर्यादाएं मैंने तेरे और महादेव के लिए बना रखी थीं अब तो मेरी दृष्टि में उसकी कोई आवश्यकता नहीं रहती। मर्यादा रखने की मेरी योग्यता कहां? और जब मैं स्वीकार करता हूं कि मैंने जो दोषारोपण किया वह मेरे दोषों का प्रतिबिंब था न कि तुम्हारे या महादेव का, तब मेरी बनाई हुई मर्यादा का स्थान भी कहां? जहां तक मेरा इस

किस्से से संबंध है, गुनहगार मैं हूं। न तू, न महादेव। यह सब तटस्थ पूर्वक लिख रहा हूं।'[27]

अपने ब्रह्मचर्य प्रयोग को लेकर महात्मा जैसे गहरी नींद से जागे थे। उन्होंने सुशीला से कहा–'मेरे लिए तूने देवी का काम किया है। तू इतनी दृढ़ न रहती तो मेरी आंख खुलने वाली नहीं थी। मेरी भ्रम निद्रा में मैं अब तक सोता ही रहता और जैसा मीरा बहन ने ठीक कहा है मैं हाथ घिसते-घिसते मर जाता। ईश्वर ने मुझको तेरे ही मार्फत सावधान किया है। बचाया है कैसे कहूं। तू भले ही मुझे बेटी के रूप में मिली। काम तो मां का किया है। मेरा तो नहीं, तेरा पुण्य शायद भाई को बचाएगा।... मेरी फिकर न की जाए। मैं कुशल हूं।'[28]

अगले दिन महात्मा ने दिल्ली तार भेजकर प्यारेलाल और सुशीला दोनों को बुलाया। उन्होंने कहा–'मेरा अनुरोध है तुम दोनों रवाना हो जाओ। तुम जब चाहोगे तब जा सकते हो।' आगे उन्होंने चेतावनी दी 'यदि तुम फिर भी नहीं आए तो मेरी स्थिति खतरे में डाल दोगे।' इस तार के बावजूद दोनों नहीं आए।

गंदे सपने का प्रायश्चित

इस बीच आश्रम में यह घटनाएं अफवाहें बन गईं। आश्रम में ज्यादातर लोगों को 7, 9 और 14 अप्रैल को हुए हादसों का पता नहीं था। प्यारेलाल और सुशीला आश्रम से क्यों चले गए? महादेव को अचानक सीमांत प्रदेश क्यों भेज दिया गया? महात्मा दुखी क्यों हैं? वह अब वैसे हंसते नहीं। पहले जैसे बात नहीं करते। हमेशा काम में डूबे रहते हैं। वे उदास क्यों हैं? इस बीच महात्मा ने अपने ब्रह्मचर्य की नाकामी के बारे में अखबारों में वक्तव्य भी जारी किया था। यह सब क्या हो रहा है। क्या महात्मा पतन की राह पर हैं?

तरह-तरह की अफवाहों को विराम देने के लिए महात्मा ने 2 जून को आश्रमवासियों के नाम एक पर्चा ड्राफ्ट किया। यह पर्चा आश्रम के नोटिस बोर्ड पर चस्पा कर दिया गया- 'आश्रमवासियों के लिए' 2 जून, 1938।

पिछले 7 अप्रैल से मेरी व्यथा चल रही है। उस रात को मुझे गंदा सपना आया। स्राव होने से पहले जाग गया। लेकिन लज्जित हुआ। उस रात इस अनुभव के बाद शायद ही नींद आई होगी। अशांत हुआ। छत पर चलकर कुछ शांति मिली। मन में लगा कि सुशीला, प्रभावती जो मेरी चारपाई के पास सो रही हैं मैं उनसे सेवा लेने योग्य नहीं हूं। मैंने प्रार्थना के बाद या पहले दोनों को अपनी बीती सुनाई और सेवा बंद करने के बारे में कहा। लेकिन सेवा नहीं लेने की बात सुनकर दोनों अस्वस्थ हो गईं। और बारह घंटे बीतने से पहले ही मैंने अपना विचार बदल दिया। सेवा लेना जारी रखा। लेकिन मेरी व्यथा शांत नहीं हुई। 14 को अलग प्रकार

का लेकिन मुझे लज्जित करने वाला अनुभव हुआ और मेरी व्यथा बहुत अधिक बढ़ गई। मैंने अपने बर्ताव में कोई बाहरी फेरबदल नहीं किए। जाने-अनजाने मन अपनी तैयारी कर ही रहा था। इस बवंडर में फंसा था, उसी समय श्री झीणा से मिलना था। उस प्रसंग के बारे में कुछ लिखने का धर्म समझा। लिखा और उसमें मैंने अपनी लज्जा की तरफ इशारा किया। मैं आत्मविश्वास खो बैठा। मेरा ब्रह्मचर्य लज्जित हुआ। बहुत मंथन के बाद कल मैंने यह निश्चय किया। फिलहाल जब तक मैं दूसरों के ऐसे स्पर्श सहन करने के लिए तैयार न हो जाऊं, तब तक वह सेवा जिसमें मेरे स्पर्श की आवश्यकता है, स्पष्ट रूप से अनिवार्य सिद्ध न हो जाए स्त्रियों से वह सेवा न लूं। स्पष्ट है कि मजाक में या प्यार से स्पर्श करना ही नहीं है। यह फेरबदल मेरे लिए अति महत्त्व का है। स्त्री के निर्दोष स्पर्श में दोष ही नहीं है ऐसी मान्यता से मेरे पूरे जीवन का निर्माण हुआ है। ब्रह्मचर्य का व्रत लेने से पहले और उसके दौरान अनेक स्त्रियों को मजाक में या प्यार से स्पर्श किया है। उसका गलत असर हुआ है, यह मैंने अनुभव नहीं किया या किसी स्त्री को विकारवश होते नहीं देखा। लेकिन 7 अप्रैल के अनुभव के बाद एक शंका उत्पन्न हुई। ब्रह्मचर्य पालन का सतत् प्रयत्न करने पर भी मैं निर्विकार क्यों नहीं हुआ? मेरी विचार शुद्धि, मन-शुद्धि उत्तरोत्तर क्यों नहीं बढ़ी? इतना कह सकता हूं कि दक्षिण अफ्रीका में मैं जितनी निर्विकारिता का अनुभव करता था, उतनी हिंदुस्तान में नहीं कर सका। क्या मैं स्त्रियों के स्पर्श को पहचान नहीं सकता, इसलिए इस तरह मेरा मार्ग अवरुद्ध हुआ है? इसका जवाब कौन देगा? ईश्वर स्वयं आकर इसका जवाब न दे जाए तो मेरे लिए एक ही मार्ग बाकी है—मैं स्पर्श का त्याग करके मन को पहचानने और जीतने का प्रयत्न करूं। और तो कल मुझे यह बात दीपक जैसी स्पष्ट हो गई कि मैंने जो छूट ली थी, वह छूट मेरी जिंदगी में दूसरे साथियों को लेने की मनाही करना यह बहुत दोषपूर्ण था। मुझे समझ में नहीं आता कि मैंने इतने वर्षों तक इस चीज को कैसे चलने दिया? मुझे लगता है कि उस पाबंदी के मूल में मेरा स्वाभिमान था, दोष था। यदि मेरा प्रयोग अत्यंत भयानक था तो मुझे वह प्रयोग करना नहीं चाहिए था। और यदि वह करने योग्य था, तो मुझे अपनी शर्तों के अनुसार सब साथियों को भी उक्त प्रयोग करने के लिए प्रोत्साहित करना चाहिए था। मेरा प्रयोग ब्रह्मचर्य की सर्वमान्य मर्यादाओं का उल्लंघन था। यह उल्लंघन करने का अधिकार तो शुक देव जैसे मनसा-वाचा और कर्मणा तीनों काल में निर्विकार रहने वाले मुनि को ही हो सकता है। इस तरह विचार करते-करते मैं कल उपरोक्त निर्णय पर पहुंचा। डाह्या भाई और अन्य लोगों को साबरमती में जो कड़वे अनुभव हुए उनका जिम्मेदार मेरा वह प्रयोग था, ऐसी मेरी मान्यता है। ऐसे कितने अनाचारों के लिए मेरा आचरण जिम्मेदार होगा, यह कौन कह

सकता है। अहिंसा का पाठ पूर्ण रूप से वही सिखा सकता है जो पूर्ण ब्रह्मचर्य का पालन कर सकता है। मैं तो अहिंसा का स्वयंनिर्मित सेनापति हूं? ऊपर के तराजू में तोला नहीं जा सकता, इतनी मेरी अहिंसा लूली चलती है तो क्या आश्चर्य? फिर भी मेरे अपूर्ण ब्रह्मचर्य ने भी अहिंसा को ठीक आधार दिया है। यह मानता हूं तब तक अहिंसा का प्रयोग जारी रखूंगा। दूसरे आचरण भी जैसा चल रहा है वैसा ही रखूंगा। भविष्य मुझे कहां ले जाएगा, यह कौन कह सकता है? मेरी प्रबल इच्छा तो यही है कि ईश्वर के हाथ में कच्चे धागे की तरह रहकर वह जैसा खींचेगा वैसे खिंचवाने दूं। साथियों को इतना कहने का मेरा स्पष्ट धर्म था। किसी भी साथी को कुछ कहना है, कुछ विचारदोष उसे दिखाई दे तो मुझे बताएगा यह मान लेता हूं।'[29]

इस पर्चे ने महात्मा के शुभचिंतकों को फिर मौका दिया कि वह उन्हें समझाएं की महात्मा कितने गलत रास्ते पर हैं। आश्रम में लगभग सभी महात्मा के इन प्रयोगों के खिलाफ थे। महात्मा के हमउम्र साथी अकसर ब्रह्मचर्य पर बहस करते थे। ये तमाम आशंकाएं वे महात्मा से पहले ही जता चुके थे। लेकिन महात्मा भी धुन के पक्के थे। सेगांव आश्रम में महात्मा ने मुन्नालाल शाह से ब्रह्मचर्य पर बहुत बार लंबी चर्चाएं की थीं।

महात्मा ने शाह के आगे स्वीकार किया कि 'स्त्रियों से स्पर्श का उन पर नकारात्मक असर हुआ।' उन्होंने कहा-'...अपने अनुभव (14 अप्रैल के स्खलन) से मैं चौंका हूं या चौंका था। उसका कारण यह था कि मेरी समझ में नहीं आ रहा था कि मुझे क्या करना चाहिए। अब बात समझ में आ गई है। इसलिए डर का कारण नहीं रह जाता। बात समझ में आ गई है, यह कहने में ऐसा कोई आशय नहीं कि मुझे जो कड़वा अनुभव हुआ उसका एक कारण या एकमात्र कारण स्त्रियों का स्पर्श था। किंतु यह तो मुझे दिन के प्रकाश की तरह स्पष्ट हो गया है कि जो बात मैं दूसरों में सहने के लिए तैयार नहीं था, वह मुझे भी नहीं करनी चाहिए थी। अब चूंकि इस आदत का त्याग कर दिया है इसलिए पता चल जाएगा कि मेरी प्रगति को स्त्रियों का स्पर्श ही रोक रहा था या कोई और कारण था। इसलिए स्पर्श त्याग की पूरी परीक्षा करने के लिए फिलहाल तो स्पर्श का पूरा-पूरा त्याग चलते ही रहना चाहिए। इसमें कम या ज्यादा का सवाल नहीं उठता। आशा है इतने से तुम सब समझ जाओगे।'[30]

महात्मा ने 2 जून का पुर्जा पत्र के साथ नत्थी कर प्यारेलाल को भेज दिया। महात्मा ने प्यारेलाल और सुशीला को दो दिन में दो-दो पत्र लिखे। सुशीला की चिंता थी कि महात्मा स्त्री स्पर्श त्याग कर चुके हैं। अब वह आश्रम लौटी भी तो महात्मा उससे सेवाएं नहीं लेंगे। लेकिन महात्मा हर कीमत पर सुशीला की वापसी

चाहते थे। उन्होंने प्यारेलाल को लिखा कि वह खुद आएगी तो 'स्त्री-सेवा का त्याग किया है फिर भी उसे गले लगाऊंगा।' उन्होंने बताया कि 'सुशीला आना चाहे तो उसका स्थान तो जहां पहले था, उससे भी ऊंचा है। मुझसे डरकर भागकर कहां जाओगे?'[31] सारे गिला-शिकवे दूर हो चुके थे। सुशीला ने उनसे कहा था 'वह उनके पास दौड़कर आना चाहती है', यह बात अलग है कि उसे लगता 'अब वह महात्मा के पास का स्थान खो चुकी है।' फिर भी वह आश्रम आना चाहती है लेकिन प्यारेलाल अभी इसके लिए तैयार नहीं। प्यारेलाल गुस्से में था। उन्हें लग रहा था कि उनका जीवन तबाह हो गया है। उनके साथ उनकी बहन का जीवन भी बर्बादी की राह पर है। इसके लिए महात्मा नहीं बल्कि खुद वह और सुशीला जिम्मेदार हैं। यह बात वह बार-बार सुशीला को समझाते। मानसिक रूप से घायल सुशीला का मन फिर बदल जाता। वह किसी निश्चय पर नहीं पहुंच पा रही थी। महात्मा अब किसी भी स्त्री का स्पर्श नहीं करेंगे। इसके लिए वह खुद जिम्मेदार है। जब महात्मा ने ही उसका त्याग कर दिया है तो अब बचा ही क्या?

महात्मा ने जवाब में सुशीला को 'मूढ़ बाला' का संबोधन देते हुए लिखा- 'तेरी मूढ़ता की कोई सीमा है। मैंने हमेशा के लिए त्याग कहां किया है? मुझे कहां चढ़ाती है। तू मुझे जो स्थान देती है वह मेरा स्थान नहीं। मैं चाहता हूं सही। तुम्हारे किसी विकार का असर किसी तरह 7 की रात पर नहीं हो सकता था। 14 की घटना के बारे में मैं सिर्फ अपनी वासना की ही प्रतिबिंब पाता हूं। मिलेंगे तो ज्यादा समझाऊंगा। जो तेरे दिल के किसी कोने में नहीं था वह था ऐसा क्यों मान बैठती है? ऐसा तेरा कहना मेरे लिए लज्जा की बात है। मैं विकारी हूं ऐसा तो मैं नित्य पाता हूं। मैं तो जो प्रत्यक्ष है उसे छोड़कर अप्रत्यक्ष क्यों ढूंढें? लेकिन इसके दिल्ली पहुंचने से पहले तो दोनों निकल चुके होंगे।'[32]

बलवंत सिंह 1931 में पहली बार साबरमती आश्रम आए थे। देखते-देखते अपनी सेवा से उन्होंने बा और बापू दोनों का दिल जीत लिया। महात्मा उन्हें अपने बेटे देवदास से भी ज्यादा मान देते थे। आश्रम में चल रही गतिविधियों से वह खूब वाकिफ थे। महात्मा के प्रयोग से भी। इस प्रयोग को लेकर उनके मन में कुछ शंकाएं थीं। उसने महात्मा को याद दिलाया कि 1935 में उन्होंने प्रतिज्ञा की थी कि अब वह किसी लड़की के कंधे पर हाथ नहीं रखेंगे। लेकिन सेगांव आने के बाद वह यह प्रतिज्ञा भूल गए। उन्होंने फिर स्त्रियों के कंधे पर हाथ रखना शुरू कर दिया था। बलवंत ने स्त्री स्पर्श के संबंध में भी सवाल उठाए।

जवाब में महात्मा ने अपने प्रतिज्ञा की परिभाषा बदल ली। महात्मा ने कहा कि उन्हें वह प्रतिज्ञा याद है। उन्होंने जवाब में लिखा-'...बहनों के कंधे पर हाथ रखने का मुहावरा मैंने कर रखा है उसका मैं त्याग करता हूं। उस वक्त भी मैंने

उसमें कोई दोष महसूस नहीं किया। न अब करता हूं। लेकिन लोकसंग्रह की दृष्टि से उसका त्याग किया। मेरे दिल में कहीं यह अर्थ नहीं था कि मैं किसी भी लड़की के कंधे पर हाथ नहीं रखूंगा। मुझे खयाल नहीं है सेगांव में कंधों पर हाथ रखने का मैंने किस लड़की से शुरू किया। लेकिन मुझे इतना खयाल है कि मुझको 1935 की प्रतिज्ञा का पूरा स्मरण था और यह स्मरण होते हुए मैंने उस लड़की के कंधे पर हाथ रखा। हो सकता है कि उस लड़की के आग्रह को मैं रोक न सका अथवा मुझे उसके कंधे की टेक की दरकार थी। ऐसे तो मैं कैसे कह सकता हूं कि दुर्बलता के कारण ही मैंने सहारा लिया और अगर ऐसा ही था तो मैं प्रतिज्ञा कायम रखने के लिए किसी भाई का सहारा ले सकता था। लेकिन मेरी प्रतिज्ञा का ऐसा व्यापक अर्थ था नहीं। मैंने कभी किया नहीं।'[33]

महात्मा अपनी बात से तुरंत पलट गए थे। वह तुरंत बचाव में उतर आए। उन्होंने कहा कि बा और सुशीला को उन्होंने हमेशा अपवाद में रखा। इसका उन्होंने तर्क भी दिया। उन्होंने सफाई दी कि –'बा को मैंने काफी दुख दिया। अभी भी कोई–कोई बार देता हूं। बा को अधिक दुख देने की हिम्मत मेरे में नहीं रही। न इच्छा ही है। सुशीला बाल ब्रह्मचारिणी है। ऐसा ही रहना चाहती है। लेकिन बचपन से ही ब्रह्मचर्य में निर्दोष पुरुष स्पर्श के त्याग को उसने स्थान नहीं दिया। प्यारेलाल भी ब्रह्मचारी हैं। मेरे पास आने में यह भी उसका कारण रहा कि मेरे ब्रह्मचर्य में निर्दोष स्त्री स्पर्श के त्याग का स्थान नहीं है। और मुझको एक हद तक सफलता भी मिली है। एक वक्त सुशीला की सब सेवा के त्याग का मैंने इरादा किया। लेकिन फिर भी मेरी कोमलता ने मेरे इरादे को 12 घंटे में शांत कर दिया। प्रभावती का मूर्च्छित हो जाना। और सुशीला के रुदन की मेरे से बरदाश्त न हो सकी न मैं करना चाहता था। मेरे त्याग का सबसे बड़ा आघात इन भाई–बहनों को हुआ। और इसी कारण मैंने उन्हें तार देकर बुलाया। अब मैं मेरे कार्य में उनका हार्दिक साथ चाहता हूं।'[34]

बलवंत को महात्मा का नंगे बदन स्त्रियों के साथ स्नान करना भी अखरा था। उसने कहा था कि स्नानघर में सिर्फ गांधीजी अकेले नंगे बदन नहीं रहते, स्त्रियां भी वहां उनके सामने नंगे बदन नहाती हैं। इससे क्या मर्यादा भंग नहीं हो रही? यह बातें भी बलवंत ने अपने पत्र में उठाई। महात्मा ने जवाब दिया–'स्नानघर में जब मैं नंगे बदन स्नान करता था, तब सुशीला आई है। जब वह हाजिर नहीं रही तब बा अथवा प्रभावती अथवा लीलावती आई है। इसमें मैंने कुछ दोष नहीं पाया है। मेरे साथ किसी का रहना उस वक्त जरूरी था। किसी भाई को बुला सकता था। प्यारेलाल कई दफा आया है। लेकिन मुझको किसी स्त्री के नंगे बदन देखने में संकोच नहीं हुआ है। ऐसा व्यवहार मैं उसी स्त्री को करने दूं जिसके मेरे साथ संबंध के बारे में शंका को स्थान न हो।'[35]

बलवंत के अलावा राजकुमारी अमृत कौर को भी महात्मा के स्त्री स्पर्श पर

आपत्ति थी। राजकुमारी ने महात्मा को दलील दी कि वह कुछ समय के लिए उन्हें 'स्त्री स्पर्श का त्याग देना चाहिए।' उनका तर्क था कि इस प्रयोग में आप चाहे जितने सतर्क रहें 'लेकिन दूसरी स्त्री का क्या भरोसा।' वह भी सतर्क रहे यह जरूरी नहीं। राजकुमारी का पत्र महात्मा को मिला। महात्मा ने राजकुमारी को भी जवाब भेजा-'तुम्हारी दलीलों का स्वागत है। मगर तुम्हारे साथ मैं दलील करूं इसके लिए मेरे पास समय नहीं है। सुशीला को तो कोई सवाल नहीं उठता। डॉक्टर होने के नाते उसे अपवाद मानना चाहिए। लेकिन इस दृष्टि से तुम्हारी दलील ठीक है कि प्रयोग को कोई एक स्त्री भी बिगड़ सकती है। मैं तो बा को भी अलग करने का प्रयास कर रहा हूं।'

राजकुमारी अमृत कौर

राजकुमारी का कहना था कि 'स्त्री का सामीप्य, उसकी वाणी, उसका चेहरा, उसके पत्र आदि भी उसके स्पर्श के समान प्रभाव डाल सकते हैं।' इस पर महात्मा ने कहा कि 'अगर मुझे कोई खतरा दिखाई देता है तो अपने अंदर उस पशु को सिर उठाने देने के बजाय मुझे तो अपनी आंखें ही फोड़ लेनी चाहिए। असली मुद्दे की ओर तो तुम्हारा ध्यान ही नहीं गया। दोष स्त्री का नहीं है। अपराधी तो मैं हूं। मुझे आवश्यक शुद्धि प्राप्त करनी है। यह प्रयोग का एक तरीका भर है जिसे आजमा कर देखना है।'[36]

महात्मा के पुराने मित्र छगनलाल जोशी ने साफ कहा था कि 14 अप्रैल की स्वप्नदोष की घटना के पीछे उन लड़कियों का हाथ है जो महात्मा के प्रयोग में शामिल हैं। महात्मा ने इसे पहली बार एक प्रयोग का नाम दे दिया। जोशी को जवाब में वर्धा से महात्मा ने लिखा-'...14 तारीख को जो दृश्य देखा गया, उसके पीछे तुमने जिन कारणों का उल्लेख किया है, वे भी हो सकते हैं। किंतु जिनकी सबसे ज्यादा संभावना है, उन्हें हाथ में लेकर ही कोई बड़ा प्रयोग किया जा सकता है। और ऐसा करते रहने से ही सत्य की उपलब्धि हो सकती है।'

महात्मा ने यह भी स्वीकार किया कि इस प्रयोग के बहाने उन्हें बहुत-सी गलत छूटें लीं जो गलत थीं। उन्होंने लिखा- 'आज मैं यह स्पष्ट देख सकता हूं कि अपने प्रयोग में मेरा अपने अन्य साथियों को न शामिल करना बिलकुल गलत था। मुझे ऐसे लोगों की खोज करनी चाहिए थी जो मेरी शर्तों के अनुसार प्रयोग कर सकते। किंतु ऐसे लोगों की खोज करने के बजाय अपने प्रयोग के लिए मैंने

केवल अपने को ही चुना। मेरे इस निर्णय में भारी अज्ञान था। अभिमान तो था ही। इसका परिणाम यह हुआ कि साथीगण जितनी छूट लेते थे मैं उसे सहन नहीं कर पाता था। जबकि मैं मनचाही छूट लेता रहा। इसे तो असहिष्णुता की पराकाष्ठा ही कहा जाएगा।'

महात्मा ने आगे लिखा–'नया प्रयोग (नवयुवतियों को साथ न रखने का। गांधीजी ने निश्चय किया था कि चलते समय लड़कियों का सहारा नहीं लिया करेंगे) दूसरी तारीख से शुरू हआ। किंतु अभी तो उसका आरंभ ही माना जाएगा। नौका धीरे–धीरे बंदरगाह से बाहर निकल रही है। विगत चालीस बरसों से जो नौका अपनी यात्रा एक विशेष मौसम में ही करती हो, उसके लिए किसी अन्य मौसम में यात्रा करना आसान नहीं है। इसलिए नौका के बंदरगाह से निकलने की गति बहुत धीमी है।'[37]

छगनलाल ने इस खत के जवाब में एक और सख्त खत लिखा। सारी बातें साफ–साफ कहीं। महात्मा को याद दिलाया कि उन्होंने साबरमती आश्रम में प्रतिज्ञा की थी कि वह लड़कियों के कंधे पर हाथ रखकर नहीं चलेंगे। छगनलाल ने यह भी कहा कि 'महात्मा आप यह नहीं कर सके।' छगनलाल ने कच्छ के एक मुनि के ताने भी महात्मा को सुनाए जो उनके बारे में वह दे रहे थे। महात्मा ने लिखा–'तुम्हारा पत्र बहुत बढ़ियां है, क्योंकि तुमने अपनी बात साफ–साफ कही है। क्षमा मांगने का कोई कारण ही नहीं था। साबरमती में इस प्रश्न पर चर्चा हई थी, इसकी मुझे ठीक याद है। लेकिन मुझे जो याद आता है वह तुम्हारी याद से बिलकुल उलटा है। और मेरा खयाल तो यह भी है कि इस विषय पर चर्चा दो बार हुई है। मुझे धुंधली सी याद है कि पहली बार इस चर्चा के फलस्वरूप लड़कियों के कंधे पर हाथ न रखकर चलने की मेरी आदत के विषय में कुछ निर्णय हुआ था। इस चर्चा में काका हाजिर नहीं थे। उन्हें जब इसकी खबर मिली तो उन्होंने इस विषय में पुनः चर्चा चलाई।'

महात्मा ने कच्छ के मुनि ने जो ताना दिए जाने के बारे में कहा–'यह जवाब तुम हमेशा दे सकते हो उन्होंने लड़कियों का जो स्पर्श किया वह बिलकुल निर्दोष बुद्धि से किया है, भोगवृत्ति से कभी नहीं किया। इसके सिवा जब ऐसी शंका हुई कि कहीं जाने–अनजाने वह कोई दोष न कर रहे हों बस इस शंका का निराकरण करने के विचार से उन्होंने फिलहाल तो उसका त्याग कर दिया है।'[38]

सी.ए.तूलपुले पूना में रहते थे। महात्मा ने उन्हें 29 जुलाई, 1938 को वर्धा से लिखा–'देहधारी के लिए संपूर्ण ब्रह्मचर्य तो अलभ्य है, किंतु मेरे विचार से उसके बहुत निकट तक पहुंचना पूर्णतः संभव है। वहां तक पहुंचने का मार्ग अब तक ढूंढा नहीं जा सका है। जहां तक मेरी बात है मैं उसे पा लेने की आशा में ढूंढ रहा हूं। जितना आगे मैं बढ़ पाया हूं उससे मुझे आशा बंधती है।'[39]

प्रयोग पर इतनी लंबी बहस के बावजूद महात्मा का स्त्रियों के प्रति लगाव नहीं छूटा। वह महिलाओं की सेवाएं ले रहे थे जैसा कि उन्होंने राजकुमारी अमृत कौर को अपने कमरे का वर्णन करते हुए लिखा-'...शारदा सदा मेरी सेवा में रहती है। अमतुल सलाम मेरे पास ही सोती है। वह मुझे पंखा झला करती है और जब कभी चादर वगैरह ओढ़ने की जरूरत होती है, ओढ़ा दिया करती है। वही मुझे खिलाती भी है।'[40]

सनसनीखेज आत्म-स्वीकृति

डॉ. सुशीला नैयर (1914-2001)

आखिर प्यारेलाल और सुशीला को आश्रम आना पड़ा। महात्मा स्त्री स्पर्श न करने का व्रत ले चुके थे। लेकिन सुशीला इसके लिए तैयार नहीं थीं। वह पहले की तरह महात्मा की सेवा करना चाहती थीं। उन्हें स्नान कराने से लेकर उनका खाना तक पकाना चाहती थीं। वह आश्रम में हर वक्त महात्मा का साथ चाहती थीं। आश्रम लौटने की उनकी शर्त ही यही थी। आत्मग्लानि से भरे महात्मा को उसकी सारी शर्तें मंजूर करनी पड़ी। वह खुद भी इतने दिन सुशीला की मालिश से वंचित रहे थे। सुशीला उनकी 'हर नस और स्नायु को पहचानती' थी। लेकिन इस बार उसके सेवा-भाव में तीव्रता अधिक थी। कई बार तो मर्यादाएं टूटती दिखीं। आश्रम में एक बार फिर सुगबुगाहट तेज हो गई। अफवाहों को हवा देने में मीरा की अहम भूमिका थी। वह ठेठ देहात की किसी हिंदुस्तानी महिला जैसा बर्ताव कर रही थी। आश्रम में फिर कानाफूसियों का दौर शुरू हो गया।

महात्मा को एक परिपत्र 12 सितंबर, 1938 को जारी करना पड़ा। यह परिपत्र भी अपने आप में सनसनीखेज था— 'मैंने सुना है कि सुशीला बहन मेरी सेवा करती है, उस बारे में आश्रमवासी आपस में काफी शिकायत करते हैं। उसमें एक है— मेरे पक्षपात की शिकायत, दूसरी है— मैं मर्यादा छोड़ता हूं। जैसे कि घूमने के समय कंधों पर हाथ रखता हूं। यह सेवा का हिस्सा नहीं हो सकता है, जब कृष्णचंद्र होता है तब भी सुशीला बहन के कंधों को पसंद करता हूं। सुशीला बहन को जब मैं स्नान करता हूं उसी समय स्नान करने देता हूं और उसकी साड़ी ओढ़ लेता हूं वह भी बगैर कारण। मुझे लगता है कि इस तरह आपस में चर्चा करने वालों ने मेरा द्रोह किया है। जिसके दिल में शिकायत हो उसका स्पष्ट धर्म यह है कि वे सब मुझे शीघ्र कह दें। मैंने मेरे स्पर्शों में कभी पाप नहीं माना है। इसलिए जब मैंने सुशीला बहन की सेवा का स्वीकार किया तो मैं कंधों पर हाथ

रखने का त्याग करना नहीं चाहता था। सुशीला बहन की सेवा अगर मुझे मिल सके तो आवश्यक मानकर मैं चलता हूं। इसमें पक्षपात की बू तक किसी को नहीं होनी चाहिए। मेरा खयाल रहा है कि यह सब बातें तो जब यह प्रश्न पहले चर्चा था, तब ही स्पष्ट हो गई थी। दो नई बात हैं। सुशीला बहन क्यों उसी स्नानघर में जब मैं स्नान कुंड में पड़ा हूं तब अपना स्नान करती हैं। यह सूचना मेरी थी। मुझे स्नान कुंड में करीब 15 मिनट रहना पड़ता है। इतने में अगर वह तैयार हो सके तो मेरे लिए सुभिता होता है और वह इतनी जल्दी तो खाना पका सकती है। स्नान विधि यह है वह स्नान कुंड के पीछे स्नान करती है और जब तक उसका स्नान चले तब तक मेरी आंखें अंधे के जैसी बंद रहती हैं। मैं नहीं जानता वह कैसे स्नान करती है नंगी या चड्ढी पहनकर। साबुन इस्तेमाल करती है इतना ही मैं आवाज से कह सकता हूं। उसके एक भी अंग मैंने नहीं देखे हैं जो यहां सबने न देखे हों। भयानक चीज यह हो सकती है कि मैं नंगा बदन पड़ा रहता हूं और वह मुझे मालिश करती है, जहां तक मैं निर्विकार नहीं बना हूं तब तक मुझे बड़ी सावधानी से यह मालिश बरदाश्त करनी पड़ती है। अस्पताल में मुझे स्नान कराती थीं अंग्रेज औरत लोग। उसको तो गुह्येंद्रियां भी साफ करनी पड़ती थीं। इसका मुझे कभी संकोच नहीं रहा है। क्योंकि ब्रह्मचर्य के मेरे खयाल कुछ भिन्न हैं। वह बह्मचर्य नहीं है जो आवश्यक स्त्री स्पर्श को बरदाश्त न कर सके। लेकिन यह विषयांतर हुआ। अब रही साड़ी की बात। जब मैं मरीजों को देखकर वापिस आता था तब मेरे पास मेरी छोटी धोती ही थी। मुझे ठंड लगती थी। मैंने सुशीला की साड़ी का उपयोग किया। ऐसे ही कारण एक रोज बारिश थी तब किया। छाता भी था। लेकिन मैंने उपयोग नहीं किया। यह सब बात सुशीला बहन के लिए और मेरे लिए स्वाभाविक है। सुशीला बहन की शिकायत कोई न करे। उसकी उमर तो हुई है लेकिन भगवान ने अब तक उसको विकार का अनुभव नहीं कराया है। यह उसका कहना है मैं उसे शब्दशः मानता हूं। उसकी अनेक चेष्टाओं से भी मैंने यही माना है। ऐसी और दो लड़कियों को मैं जानता हूं। अब इस बारे में जिसको कुछ भी कहना है मुझे दिल खोलकर लिखें। लेकिन कोई इस बारे में आपस में चर्चा न करें।'

बापू– इतने को बताना है वे पढ़ लेने पर मुझे वापिस किया जाए

प्यारेलाल, सुशीला, चिमनलाल, शकरी बहन, शारदा, वसुमती, सुशीला गांधी, मनु कनुभाई, भणसाली, मुन्नालाल, कृष्णचंद्र, शंकरन, चक्रैया, नाणावटी, बा, मीरा बहन, राजकुमारी, अमतुल सलाम, बलवंत सिंह, पारेनकर, पारेनकर की मां।[41]

यह परिपत्र उन व्यक्तियों के लिए था, जिनके नाम परिपत्र के अंत में दिए गए हैं और गांधीजी की आज्ञा थी कि प्रत्येक व्यक्ति इसे पढ़कर दूसरे को देगा। परिपत्र पढ़कर मुन्नालाल शाह ने अपने विचार उसी दिन महात्मा के सामने रखे।

उसने कहा कि महात्मा अपने पूर्व के निश्चय से कैसे बदल गए। उनके उस प्रण का क्या हुआ जिसमें स्त्री स्पर्श के त्याग की बात थी? महात्मा ने अगले ही दिन 13 सितंबर को शाह को जवाब दिया–'...अपने किए हुए निश्चयों के विषय में मैं शिथिल नहीं हूं। मेरी ख्याति तो इससे विपरीत है। किंतु जहां मुझे स्वयं शंका हो वहां भूतकाल में किए गए निर्णय निश्चयात्मक नहीं माने जा सकते। यहां मैंने जो कुछ किया वह तो प्रयोग था। और प्रयोग में तो परिवर्तनों की गुंजाइश है ही।'

प्रयोग में परिवर्तन की गुंजाइश लेकर महात्मा ने अपने किए को पवित्र ठहराया। उन्होंने शाह को आगे लिखा...'मैं नग्न अवस्था में मालिश करवाऊं या मेरे अंधावस्था में मेरे पास ही हजारों स्त्रियां निर्वस्त्र होकर नहाएं तो क्या इसमें मन मथ के कामोत्तेजक बाणों से मेरे बंधने का डर है? निर्विकार सुशीला बहन से मालिश कराने में मुझे अपना डर अवश्य लगता है किंतु यदि मैं आंखों पर पट्टी बांध कर पड़ा होऊं और वे दो स्नान कर रही हों तो उसमें मुझे कोई डर नहीं लगेगा। कोई मेरी तरह पूरी सावधानी से व्यवहार करने वाला व्यक्ति हो तो अपने को पूरी तरह अंधा बनाकर वह भले किसी रंभा को अपने पास ही स्नान करा दे। किंतु जो इस तरह मालिश कराएगा वह लोगों के द्वेष का पात्र अवश्य बनेगा। तथापि यदि उसे अपने विषय में संपूर्ण विश्वास हो तो वह निःसंकोच मेरा अनुकरण करे। मेरा खयाल है तुम्हारे सब प्रश्नों के उत्तर इसमें आ गए।'[42]

यह परिपत्र महात्मा ने मजबूरी में जारी किया था। दरअसल इसके पीछे मीरा थी। महात्मा से उपेक्षा की शिकार मीरा हीन भावना से घर कर गई थी। उन्होंने प्यारेलाल और सुशीला को बुरा-भला कहा। उनकी बकवास आश्रम के दूसरे लोगों ने सुनीं। ऐसे में महात्मा को लगा कि यदि वह 'स्थिति को स्पष्ट' नहीं करते तो 'तो यह जहर और फैलेगा।' 15 सितंबर को उन्होंने मीरा के बारे में महादेव को पत्र लिखा–'उसके स्वभाव में ही यह बात है। उसका क्या इलाज हो सकता है, समझ में नहीं आता। वह परिपत्र मैं पढ़ने के लिए तुम्हें दूंगा, जो उत्तर आए हैं वह भी। तुम्हें इसके बारे में चिंता नहीं करनी है। इन सारे आघातों के बावजूद रक्तचाप जैसा होना चाहिए वैसा ही है।'[43]

महात्मा के दूसरे बेटे मणिलाल गांधी की पत्नी सुशीला गांधी महात्मा के स्त्री स्पर्श न करने के निर्णय से दुखी थीं। उनका कहना था कि वह तो उनके घर की स्त्री हैं। उन्हें लेकर गांधीजी के मन में विकार उत्पन्न ही नहीं हो सकता। 17 सितंबर को महात्मा ने सुशीला गांधी को जवाब लिखा–'...मैं निर्विकार नहीं हूं। इसके बावजूद क्या तू और मनुड़ी यह चाहेगी कि मैं सेवा लेता रहूं और स्त्रियों का स्पर्श करूं? यह महत्त्वपूर्ण प्रश्न है। मनुड़ी इसे नहीं समझेगी। किंतु तू इसे समझ सकती है। तुम सब ऐसा कह सकती हो कि 'जब तक बापू विकार का अनुभव करते हैं तब तक यही ठीक है कि वे केवल सुशीला की या बा की ही सेवा लें।'

या कह सकती हो कि 'जब वे हमारे ऊपर बोझ रखते हैं तब हमें उनके स्पर्श की इच्छा होती है। उनके विकार का हमारे ऊपर क्या असर हो सकता है?' इन दोनों ही स्थितियों का समर्थन किया जा सकता है। पहली सब तरह से सुरक्षित है।'[44]

दिल्ली जाते वक्त महात्मा ने रेलगाड़ी में एक टिप्पणी लिखी-'स्त्री स्पर्श के बारे में मैं जो प्रयोग कर रहा था वह मैंने शनिवार 17.10.1938 की रात बंद कर दिया। मेरे मन में यह बात चल रही थी लेकिन मैं इसके पहले निश्चय नहीं कर सका। रात्रि को ऐसा अनुभव हुआ जिस पर से मैंने प्रयोग बंद करने का निश्चय कर लिया। प्रयोग चलता था तब मैं एक प्रकार की स्वतंत्रता भुगतता था। लेकिन इस तरह की स्वतंत्रता मेरे नसीब में कभी नहीं रही।'

उन्होंने आगे लिखा-'प्रयोग से मैं ज्यादा निर्विकार बना हूं, ऐसा नहीं कह सकता हूं। कई मित्रों को डर था कि विकार की वृद्धि होगी। क्योंकि ये विचार उसी वस्तु में ग्रस्त रहेंगे। ऐसा कुछ नहीं हुआ है। मेरी आदत ऐसी नहीं है कि निर्णय के बाद मैं उसी का विचार करता रहूं। निर्णय अपना काम करता ही रहता है। उसका कुछ बोझ मन पर नहीं रहता-न रहना चाहिए।'[45]

लिखने के बाद यह टिप्पणी जेब में रखकर महात्मा अगले दिन दिल्ली पहुंच गए। 'अंतिम वक्तव्य' के नाम की इस टिप्पणी को उन्होंने महादेव, राजकुमारी जैसे करीबी लोगों को अपने पत्रों के साथ संलग्न करके भेज दी थी।

दिल्ली से ही महात्मा का सीमांत प्रांत जाने का कार्यक्रम बन गया। 4 अक्टूबर को वह पेशावर के लिए रवाना हो गए। उनके साथ प्यारेलाल, सुशीला, अमतुस्लाम, कन्हैया और बृजकृष्ण थे। बा और महादेव भाई को वे छोड़ जा रहे थे। राजकुमारी को महात्मा के प्रयोग बंद करने की खबर लगी तो उन्हें धक्का लगा। राजकुमारी को दुख हुआ कि इसकी सूचना सबसे पहले महात्मा ने उन्हें क्यों नहीं दी। उन्हें लगता कि महात्मा ने यह प्रयोग उन्हीं की दलीलों को ध्यान में रखकर रोका था। उन्होंने महात्मा को कड़ा पत्र लिखा। जवाब में महात्मा ने 8 अक्टूबर को प्रयोग बंद करने की ट्रेन में लिखी टिप्पणी समेत वह पत्र राजकुमारी को भेज दिया। पेशावर से अपने पत्र में महात्मा ने लिखा-'...हम लोग खूब मजे में हैं। अभी तक सर्दी नहीं पड़ रही है। इधर कुछ दिनों से मैं जितना ठीक महसूस कर रहा हूं, उतना ठीक महसूस कभी नहीं किया।' लेकिन इसके आगे जो महात्मा ने लिखा वह चौंकाने वाला अंश था। उन्होंने लिखा-'बीच में कुछ व्यवधान जरूर पड़ता है क्योंकि वह विषय रूपी शैतान मुझ पर हावी हो जाता है। जब वह आक्रमण करता है, मैं जरूर परेशान हो उठता हूं। लेकिन यह स्थिति भी कालांतर में दूर हो जाएगी।'[46]

यानी ब्रह्मचर्य और विकारमुक्त होने के तमाम दावों के बावजूद महात्मा पर 'विषय रूपी शैतान' हावी हो रहा था। यह सच में परेशान होने वाली बात थी। लेकिन महात्मा ने राजकुमारी से कहा- 'इस बात को लेकर तुम घबराना मत।

यह मुझे परेशान तो करती हैं लेकिन मैं इससे घबरा जाता होऊं या मेरे मन पर कोई अवसाद छा जाता हो, ऐसी बात नहीं है। ईश्वर साक्षात्कार के लिए प्रयत्नशील रहता हूं।'[47]

महात्मा की सीमांत यात्रा के दौरान दिमागी व शारीरिक दोनों ही रूप से परेशान महादेव भाई शिमला चले गए थे। राजकुमारी को मालूम चला तो वह उन्हें शिमला के अपने घर पर ले आईं, जहां वह गर्मियों में अकसर छुट्टी बिताने आती थीं। शिमला से महादेव और महात्मा, सुशीला आदि के बीच पत्र-व्यवहार जारी था। महादेव भाई सुशीला को भी खत लिखते। महादेव की डाक आई। इसमें महात्मा के लिए एक पत्र था। साथ में दो पत्र सुशीला के नाम थे। महात्मा महादेव और सुशीला के रिश्ते को पहले ही संदेह की नजर से देखते थे। महात्मा ने इन पत्रों को खोलकर पढ़ लिया। वह चौंके थे। पहले पत्र में महादेव भाई ने चांद का एक चित्र बनाकर सुशीला को भेजा था। इस चित्र के साथ कुछ पंक्तियां भी थीं। दूसरे पत्र में महादेव ने सुशीला को लिखा था कि 'महात्मा के अंतिम वक्तव्य के बाद वे सब निश्िंचत रह सकती हैं।' इसका मतलब तो यही था कि महात्मा के विकार इन लड़कियों पर प्रकट हो रहे थे? यह बात महात्मा को बुरी लग गई। जैसे किसी ने उनकी दुखती रग पर हाथ रख दिया हो। जैसा कि खुद महात्मा ने राजकुमारी को लिखा था कि 'विषय रूपी शैतान' उन पर हमला कर रहा है। ऐसे समय में सुशीला उनके पास ही थी। तो क्या सुशीला ने पेशावर प्रवास के दौरान महात्मा में विकार के दर्शन किए थे? या फिर सुशीला में ही कोई विकार जन्म ले रहा था?

महात्मा ने पहले सुशीला को लिखे पत्र को पढ़ लेने के बारे में महादेव को सफाई दी-'...यह तो तुम जानते हो कि मेरे पत्र के साथ यदि कोई अन्य पत्र होते हैं तो उन्हें मैं नहीं पढ़ता। यह मेरा स्वभाव है। लेकिन एक पत्र के उत्तर में सुशीला के नाम तुम्हारे दो पत्र थे। उन्हें मैंने पढ़ लिया। इसके लिए मैं अपनी जिज्ञासा के सिवा कोई दूसरा कारण नहीं दे सकता। पिछले पत्र में तो मुझे केवल चंद्रमा का चित्र याद रह गया। बाकी सब भूल गया।' महात्मा की 'चंद्रमा के चित्र' वाली बात में व्यंग्य था। उन्होंने आगे लिखा-'लेकिन कल का पत्र मैं महत्त्वपूर्ण मानता हूं। मैं नहीं जानता कि सुशीला ने विकारों के संबंध में क्या लिखा था। किंतु मेरे लिए यह प्रश्न सत्यासत्य का प्रश्न बन गया है। तुमने उसे ऐसा लिखा है कि मेरे अंतिम वक्तव्य के बाद वे सब निश्िंचत रह सकते हैं। यह बात मुझे खटकी। कोई भी क्यों न हो यदि ऐसे विकार का अनुभव होता है तो उसके विषय में हम निश्िंचत नहीं हो सकते। किंतु अपने विषय में तो मुझे यह कहना चाहिए कि जो अनुभव मुझे अभी हो रहे हैं, वे यदि इस अंतिम वक्तव्य के समय हो रहे होते तो मैं ऐसा वक्तव्य प्रकाशित ही नहीं करता। मैं यह भी नहीं कह सकता कि मैंने उस हालत में अपना प्रयोग बंद किया होता या नहीं। इसलिए मेरे विषय में तुम लोग या कोई भी

निश्चिंत नहीं रह सकता। इस अंतिम वक्तव्य को वापस लेने की या उसकी जगह संशोधित वक्तव्य प्रकाशित करने की मैं अभी तो कोई जरूरत महसूस नहीं देखता। अलबत्ता इसका अर्थ यह नहीं कि तुम लोगों में से कोई चिंता करने लगे। अभी तो मैं इससे ज्यादा कहना नहीं चाहता। सत्य की खातिर इतना कहना जरूरी मालूम हुआ, अत: उसके लिए समय निकाला। तुम्हें और ज्यादा जानने की इच्छा तो होगी पर उसे रोकना।'[48]

सीमांत प्रांत में रहते महीना बीत आया था। एक दिन महात्मा को बा की मार्मिक चिट्ठी मिली। इस चिट्ठी में बा ने लिखा '...मेरे प्रति आपका प्रेम सूख गया है। उस दिन जब आप विदा हो रहे थे आपने मेरे सिर पर हाथ तक नहीं रखा... ।' महात्मा ने जवाब लिखा–'...जब मोटर चली तो मुझे भी ऐसा लगा था, किंतु तू दूर थी। क्या तुझे बाहरी निशानी चाहिए? तू यह क्यों मान बैठी है कि मैं अपने प्रेम का प्रदर्शन नहीं करता इसलिए मेरा प्रेम सूख गया है? मैं तो तुझसे कहता हूं कि मेरा प्रेम बढ़ा है और बढ़ता जाता है। ऐसी बात नहीं कि मेरा प्रेम पहले कम था वह दिन–प्रतिदिन निर्मल होता जा रहा है। मैं तुझे निरी मिट्टी की पुतली नहीं मानता। इससे अधिक मैं और क्या लिखूं? जिस तरह...आदि बाहरी चिह्न मांगते हैं, उस तरह यदि तू भी मांगे तो दे दूंगा।'[49]

बा की तबियत बहुत खराब थी। उन्हें लग रहा था कि वह बचेंगी नहीं। ऐसी हालत में सुशीला उनके पास जाना चाहती थीं लेकिन गांधीजी ने मना कर दिया। उन्होंने सुशीला से कहा कि 'मैं तुझे भेजकर क्या करूंगा? बा की सेवा तो बहुत लोग कर रहे हैं। मैं तो अपने मन की शांति के विचार से बा की खटिया के पास उपस्थित रहना चाहता हूं और बा भी यही चाहती हैं। इसके बावजूद मुझे अपना हृदय कठोर बनाकर यहां रहने के अपने कर्तव्य का पालन करना है।'[50]

9 नवंबर, 1938 को महात्मा दिल्ली के लिए रवाना हो गए। यहां वह बा को लेकर अगले दिन सेगांव के लिए चल दिए। 11 नवंबर को वह सेगांव अपने आश्रम में थे। महात्मा के सनसनीखेज परिपत्र (12 सितंबर, 1938) के पाने वालों की सूची में तारा देवी नैयर का नाम नहीं था। लेकिन आश्रम से उड़ती खबरें उस तक पहुंच रही थीं। अपने बच्चों के भविष्य को ले कर वह चिंतित थीं। उन्होंने महात्मा को कड़ा पत्र लिखा था जिसमें आरोप था कि आप मेरे बच्चों को 'भिखारी' बनाना चाहते हैं। तारा नैयर की जिद थी कि सुशीला को तुरंत दिल्ली भेजा जाए। वह चाहती थीं कि लड़का हाथ से गया तो गया लेकिन सुशीला हाथ से न जाए। वह डॉक्टर बने। खुद सुशीला भी डॉक्टरी पढ़ना चाहती थी लेकिन इसके लिए उसे महात्मा से दूर जाना पड़ता। इसके लिए वह राजी नहीं थी। इस बारे में महात्मा ने प्यारेलाल और सुशीला से बहुत विचार–विमर्श किया।

इस बीच एक समस्या और आ गई। मां चाहती थी कि प्यारेलाल का घर बस जाए। तब शायद उसकी फकीरी छूटे। तारा नैयर को एक लड़की पसंद थी। नाम था शारदा। बहुत प्यारी और मासूम। मां जानती थी कि अगर महात्मा चाहें तो यह विवाह हो सकता है। शारदा चिमनलाल शाह की बेटी थीं। चिमनलाल आश्रम के हिसाब-किताब का काम देखते थे। नेक दिल आदमी थे। पिछले दस साल से आश्रम की सेवा में थे। उनकी पत्नी सकरी बहन आश्रम में स्टोर का काम देखतीं। शारदा उनके साथ ही आश्रम में रहती।

महात्मा ने शारदा की शादी की बात चलाई तो चिमनलाल तैयार हो गए। लेकिन प्यारेलाल को शारदा पसंद नहीं थी। वह शारीरिक रूप से दुर्बल थी। महात्मा ने बहुत समझाया कि वह गुणवान है। उसे एक शिक्षक पति चाहिए। जो तुम हो सकते हो। लेकिन प्यारेलाल योगा को भूल नहीं पाए थे। उन्होंने तर्क दिया कि 'योगा को मन में रखकर शारदा का हाथ थामना उसके साथ अन्याय नहीं होगा?' महात्मा ने समझाया कि 'योगा उसकी कल्पना थी। हो सकता है कि विवाह के बाद शारदा ही योगा बन जाए। दिल के टूटे तार फिर जुड़ जाएं।' 'शारदा का हाथ पकड़ने का मतलब होगा तुम एक गाय को घर पर बांधोगे। शायद वह हम-तुम सबके लिए कामधेनु साबित हो जाए।'

लेकिन प्यारेलाल नहीं माने। उनकी नाराजगी इस बात से थी कि महात्मा ने योगा की शादी में अपना आशीर्वाद क्यों भेजा? जबकि वह जानते थे कि योगा का विवाह 'जबरदस्ती' किसी दूसरे के साथ किया जा रहा है और इसके लिए उसके चाचा पं. नारायण खरे जिम्मेदार हैं। महात्मा ने कहा यह बिलकुल गलत है 'योगा के विवाह में उसकी अपनी इच्छा भी शामिल है।' उसे आशीर्वाद उन्होंने रूढ़िवश नहीं भेजा। बहरहाल शारदा से प्यारेलाल की शादी की बात यहीं खत्म हो गई। महात्मा ने मां को लिख भेजा कि प्यारेलाल इस विवाह के लिए राजी नहीं। अगले साल जनवरी में गोवर्धनदास चोखावाला के साथ शारदा की शादी हो गई। सेवाग्राम में बापू ने दोनों को सुखी वैवाहिक जीवन के लिए आशीर्वाद दिया।

बागी हुए बोस

नया साल 55 साल पुरानी डेविड ह्यूम की भारतीय नेशनल कांग्रेस के लिए एक विस्फोट लेकर आया था। इस विस्फोट को चिंगारी दिखने के लिए माचिस सुभाषचंद्र बोस नाम के नौजवान की जेब में थी। चेहरे-मोहरे से वह सिविल सर्विसेज के अफसर दिखते थे। पहली नजर में उन्हें कतई नेता नहीं कहा जा सकता। लेकिन गोलमटोल आंखों वाले इस शख्स को उनके चाहने वाले बाद में प्यार से 'नेता जी' कहकर बुलाने लगे। जब पूरा देश महात्मा के लिए पलक पावड़े बिछाए बैठा था तब चितरंजन दास के राजनैतिक चेले सुभाषचंद्र बोस ने अकेले उन्हें चुनौती दी

थी। महात्मा और खास कर उनकी नीतियों को उन्होंने कभी पसंद नहीं किया। न वह महात्मा के असहयोग आंदोलन से प्रभावित थे और न सविनय अवज्ञा से। इसलिए कोई हैरत की बात नहीं कि वह महात्मा को 'बूढ़ा और बेकार का कबाड़' समझते थे।[51]

अहिंसा को बोस कमजोरी और नपुंसकता मानते थे। बिस्मार्क उनके आदर्श थे जो कहता था कि 'इतिहास में बहस से कभी कोई बड़ा बदलाव या परिवर्तन नहीं आया। अकेला विकल्प है युद्ध। यह कैसे किया जाए। भारत को आजादी बगैर खून के बलिदान के नहीं मिल सकती। बाद में उनका यह नारा ब्रह्मवाक्य बन गया 'तुम मुझे खून दो मैं तुम्हें आजादी दूंगा।'

सुभाषचंद्र बोस का निशाना वह बूढ़ा आदमी था जिसे हिंदुस्तान की जनता 'महात्मा' कहती थी। महात्मा की एक आवाज पर कार्यकर्ता कुछ भी करने को तैयार रहते। महात्मा अगर कहें कि वायसराय के जूतों की सलामी दो तो कांग्रेस के दस में से आठ क्रांतिकारी सदस्य इसके लिए खुशी से बगैर सवाल पूछे तैयार हो जाते। सुभाष की नजरों में कांग्रेस के लिए महात्मा 'हिटलर' बन गए थे।

महात्मा के रूप में इस 'अहिंसक हिटलर' को चुनौती देने सुभाष बाबू मैदान में आ गए थे। कांग्रेस के सालाना अधिवेशन में अध्यक्ष पद के लिए बोस दोबारा खड़े थे। इस बार वह चुनाव में महात्मा की मर्जी के खिलाफ थे। मौलाना अबुल कलाम आजाद ने होशियारी से अपना नाम वापस ले लिया। पट्टाभि सीतारमैया भी यही चाहते थे लेकिन महात्मा ने उन्हें ऐसा करने से मना कर दिया। यानी चुनाव तय था। ऐसा कांग्रेस के इतिहास में पहली बार हो रहा था, जब कांग्रेस अध्यक्ष पद के लिए उम्मीदवारों के नाम पर सब सहमत नहीं थे। सुभाष बाबू को वोट देने का मतलब था महात्मा के खिलाफ जाना। यह कठिन चयन था। वह भी तब जब महात्मा करीब-करीब खुल कर सामने आ गए थे। इसका गवाह था हरिजन में छपा उनका लेख। शीर्षक था-'आंतरिक सर्वनाश' जिसमें पिछले एक साल से सुभाष बाबू के हाथों में रही कांग्रेस पर भ्रष्टाचार के आरोप थे। साथ में फर्जी वोटरों की भी बात थी जो बकौल महात्मा 'कांग्रेस का सर्वनाश करने पर तुले थे।' चुनाव से दो दिन पहले इस लेख की प्रतियां सभी कांग्रेसियों तक पहुंच गईं। इसका मतलब क्या था बोस समर्थकों को यह बताने की जरूरत नहीं थी।

जनवरी अंत में वोट पड़े और महात्मा के समर्थित उम्मीदवार चमत्कारिक ढंग से हार गए। महात्मा के लिए यह एक बड़ा और जबरदस्त झटका था। अगले दिन हिंदुस्तान के सारे अखबार इसी सुर्खी में रंगे थे। कलकत्ते में जैसे दीवाली आ गई। महात्मा सकते में थे। महात्मा ने अखबारों को बयान दिया कि 'यह मेरी हार है। साफ हो गया कि कांग्रेस प्रतिनिधि अब उन सिद्धान्तों और नीतियों को नहीं मानती, जो मैंने प्रतिपादित किए हैं।'

अपने बयान में महात्मा ने कांग्रेस को 'भ्रष्ट संगठन' बताते हुए घटिया-सा आरोप लगाया कि उसके 'रजिस्टरों में कई फर्जी नाम हैं। नए प्रतिनिधि इन नकली मतदाताओं के कारण चुने गए।' उन्होंने सलाह दी 'रजिस्टरों से जाली मतदाताओं के नाम निकाल दिए जाएं और ऐसी व्यवस्था की जाए कि भविष्य में ऐसा करना संभव न रह जाए।'

उन्होंने बेहद व्यंग्यात्मक लहजे में कहा कि 'सुभाष बाबू देश के दुश्मन तो हैं नहीं। उन्होंने इसके लिए कष्ट सहन किए हैं। उनकी राय में उनका कार्यक्रम और उनकी नीति दोनों अत्यंत अग्रगामी है।...कांग्रेस जनों को मैं याद दिलाना चाहता हूं कि जो लोग कांग्रेस मनोवृत्ति रखते हुए भी सोच-समझकर कांग्रेस से बाहर हैं, वे उसका सर्वाधिक प्रतिनिधित्व करेंगे। इसलिए जो लोग कांग्रेस के भीतर रहने में असुविधा अनुभव करते हैं वह बाहर आ सकते हैं, लेकिन दुर्भावना से नहीं, बल्कि ज्यादा सेवा करने की भावना से।'[52]

यह सीधा इशारा था। सत्तर साल के महात्मा ने अपने और बयालिस साल के बोस के बीच एक सीधी लकीर खींच दी थी। सुभाष बाबू शांति निकेतन में गुरूदेव रवींद्रनाथ टैगोर से आशीर्वाद लेने पहुंचे थे। गुरुदेव ने उसके सिर पर हाथ रखा। महात्मा का वक्तव्य गुरुदेव ने भी पढ़ा था। वह आहत थे। महात्मा से उन्हें ऐसी उम्मीद नहीं थी। फिर भी गुरुदेव ने समझाया 'महात्मा की शरण में जाओ।'

जवाब में पांच दिन बाद बोस का वक्तव्य आया जिसमें उन्होंने कहा कि 'मुझे दुख है कि महात्मा गांधी इसे अपनी निजी पराजय मान रहे हैं। मतदाताओं को वोट महात्मा गांधी के पक्ष या विपक्ष में डालने को नहीं कहा गया था। चुनाव में मैंने दो सवाल रखे थे। संघीय योजना के विरुद्ध संघर्ष और प्रतिनिधियों को अपना अध्यक्ष चुनने की आजादी। इन दोनों सवालों ने मतदाताओं को प्रभावित किया होगा। कुछ हद तक उम्मीदवारों के व्यक्तित्व का भी असर पड़ा होगा। इन हालात में मुझे लगता है कि चुनाव परिणाम के महत्त्व का विश्लेषण करते समय हमें कल्पना का सहारा नहीं लेना चाहिए और न ही हमें उसका कुछ विशेष अर्थ लगाना चाहिए।... हम भारतीय राष्ट्रीय कांग्रेस के सिद्धांतों और नीतियों के तहत ही काम करेंगे। इस संबंध में मैं यह कहना चाहूंगा कि कुछ मौकों पर सार्वजनिक प्रश्नों पर मुझे दुख के साथ महात्मा गांधी से असहमत होना पड़ा है। लेकिन उनके व्यक्तित्व के प्रति मेरा आदर भाव किसी से भी कम नहीं है। अगर मैंने उन्हें ठीक-ठीक समझा है तो वे भी यही चाहेंगे कि लोग स्वतंत्र रूप से विचार करें हालांकि हो सकता है कि वे उनके साथ हमेशा सहमत न भी हों। मुझे पता नहीं कि महात्मा गांधी मेरे बारे में किस तरह की राय रखते हैं। लेकिन उनके विचार कुछ भी हों मेरी हमेशा यही कोशिश रहेगी कि उनका विश्वास प्राप्त करूं—और यह कोशिश मैं सिर्फ इसलिए

करूंगा कि मेरे लिए यह दुख की बात होगी कि मैं अन्य लोगों का विश्वास तो जीत सकूं लेकिन भारत के सबसे महान व्यक्तित्व का विश्वास न जीत सकूं।'[53]

बोस के इस वक्तव्य के जवाब में महात्मा ने उन्हें सेगांव से एक निजी पत्र लिखा, जिसमें उन्होंने कहा कि '...यद्यपि इसका उत्तर दिया जाना चाहिए, लेकिन मैं इसका उत्तर नहीं दे रहा हूं। जहां तक मेरा बस चले, मैं तुम्हारे साथ सार्वजनिक विवाद में नहीं पड़ना चाहता।' इस पत्र में महात्मा बोस को यह बताना नहीं भूले कि मौलाना आजाद और राजेंद्र बाबू जैसे कई पुराने कांग्रेसी कार्य समिति से इस्तीफा देने जा रहे हैं। छह महीने में ही सुभाष के खिलाफ माहौल तैयार हो चुका था। एक प्रस्ताव पारित कर कांग्रेस ने सुभाषचंद्र बोस को किसी भी निर्वाचित पद के लिए तीन साल के लिए अयोग्य घोषित कर दिया। यह प्रस्ताव कांग्रेस कार्यसमिति ने 11 अगस्त, 1939 को पारित किया था। प्रस्ताव का मसौदा महात्मा ने ही तैयार किया था।

इस बारे में सुभाष बाबू ने भी महात्मा को पत्र लिखे। उन्होंने लिखा कि कार्यसमिति ने उनके खिलाफ निर्णय प्रतिशोध की भावना से लिया है। महात्मा ने जवाब दिया–'...मैं तुमसे सहमत नहीं हूं। तुम्हारे और मेरे रास्ते अलग हैं। फिलहाल तो तुम भटक गए हो और मैंने तुम्हें खो दिया है। यदि मैं सही हूं और मेरा प्रेम सच्चा है तो मैं तुम्हें किसी दिन अपने समूह में वापस लौटा हुआ पाऊंगा।'[54]

20 दिसंबर को रवींद्रनाथ टैगोर ने महात्मा को तार भेजा कि–'भारत भर में विशेषकर बंगाल में परिस्थितियां गंभीर हो गई हैं, कांग्रेस कार्य समिति से अनुरोध करता हूं कि सुभाष बाबू पर लगा प्रतिबंध तुरन्त हटा लें और राष्ट्रीय एकता के सर्वोच्च हित की दृष्टि से उन्हें हार्दिक सहयोग के लिए आमंत्रित करें।' जवाब में महात्मा ने 22 दिसंबर को लिखा–'कार्य समिति ने आपके तार पर विचार किया। उसको जितना कुछ ज्ञात है उसे देखते हुए वह प्रतिबंध हटाने में असमर्थ है। मेरी निजी राय यह है कि प्रतिबंध हटवाने के लिए आप सुभाष बाबू को अनुशासन स्वीकार करने की सलाह दें। आशा है आप स्वस्थ-प्रसन्न होंगे।'[55]

आश्रम में अशांति

बोस प्रकरण ने महात्मा के आश्रम के वातावरण को जरा भी प्रभावित नहीं किया था। सीमांत प्रांत से लौटने के बाद से ही सेगांव आश्रम में फिर सब पहले जैसा हो गया। सुशीला ने डॉक्टरी की पढ़ाई के लिए बाहर जाने का इरादा फिलहाल त्याग दिया। वह बापू की सेवा में लौट आई थीं। अक्टूबर, 1938 में महात्मा ने निर्णय लिया था कि वह स्त्री स्पर्श नहीं करेंगे। बा और सुशीला के अलावा किसी महिला से सेवा नहीं लेंगे। पहले इस प्रयोग में आश्रम की अन्य कई लड़कियां व महिलाएं शामिल थीं। एक थी लीलावती। वह बाल विधवा थीं। उनके चाचा ने उन्हें इस

शर्त पर आश्रम भेजा था कि वह पुनर्विवाह के चक्कर में नहीं फंसेगी। लीलावती को सुशीला से डाह था। उन्हें लगता कि महात्मा उसे इसलिए ज्यादा पसंद करते हैं क्योंकि वह डॉक्टर हैं। लीलावती के इसी डाह ने बाद में उसे 37 साल की उम्र में डाक्टरी की डिग्री दिलवा दी। दूसरी महिला थीं राजकुमारी अमृत कौर। तीसरी विजया पंचोली, सूरत के पटेल खानदान की लड़की थी। वह मनुभाई से शादी करना चाहती थीं। वह ब्राह्मण थे। उनके माता-पिता इस शादी के सख्त खिलाफ थे। मामला महात्मा तक पहुंचा। महात्मा अंतर्जातीय विवाह के खिलाफ नहीं थे। लेकिन शारीरिक लगाव और अपने वासना विरोध के कारण कोई भी विवाह हो, वह इसके खिलाफ थे। वह विनया की परीक्षा लेना चाहते थे। उन्होंने इस परीक्षा के लिए एक साल का वक्त मांगा। बाद में इस परीक्षा में वह उत्तीर्ण करार दी गई। अमतुस्सलाम पटियाला के एक मुस्लिम जमींदार घराने से थी। नौ साल पहले वह आश्रम आई थीं। तब उनकी उम्र सिर्फ 25 बरस थी। देखते-देखते वह भी महात्मा के करीब आ गईं।

राजकुमारी, लीलावती, अमतुस्सलाम, शारदा, विजया। वह सब महात्मा के साथ सोती थीं। बा के अलावा केवल सुशीला से सेवा लेने की बात आश्रम की अन्य लड़कियों को नागवार गुजरी थी। लीलावती ने तो बाकायदा अपनी आपत्ति महात्मा के सामने दर्ज कराई। महात्मा ने लीलावती को लिखा- 'मैं समझ गया हूं कि सु. जो मेरे साथ सोती है, यह तू और अमतुस्सलाम बर्दाश्त नहीं कर सकती, कारण चाहे जो हो। तुम दोनों को अप्रसन्न करके मैं अपना प्रयोग नहीं करना चाहता, इसलिए तुम दोनों जान लो कि फिलहाल मेरा प्रयोग बंद रहेगा। इसमें तुम्हारा दोष नहीं है। दोष मैं केवल अपना ही मानता हूं। लेकिन इस संबंध में मुझे तुम्हारे साथ चर्चा नहीं करनी, न तुमसे कोई कैफियत लेनी है। मैंने तो तुम्हें केवल सूचना दी है।'[56]

आश्रम में क्या चल रहा है यह जानने के लिए मीडिया की नजरें सेवाग्राम की तरफ लग गई थीं। दुनिया भर के अखबारों में आश्रम में चल रहे इन प्रयोगों की खबरें छप रही थीं। एसोसिएट प्रेस ऑफ अमेरिका के जेम्स ए मिल्स ने इसकी जानकारी महात्मा को दी। वे महात्मा के मित्रों और हित चिंतकों में एक थे। महात्मा की तरफ से उनके पत्र का जवाब प्यारेलाल ने भेजा-'गांधीजी को आपका इसी 18 तारीख का पत्र मिला। चूंकि समाचार-पत्रों में वहां जो कुछ भी प्रकाशित हुआ उसकी कुछ भी जिम्मेदारी लेने से आप इंकार करते हैं इसलिए इस बारे में कुछ और कहने को नहीं रह जाता। हालांकि वे अभी तक यह समझने में असमर्थ हैं जैसा कि आपने विवरण दिया, इतना अंधाधुंध मिथ्या निरूपण कैसे हो सका। उन्हें दुख है कि आपको भेजने के लिए वह कतरन उनके पास नहीं है लेकिन आप उसे प्राप्त करके उस पर एक नजर अवश्य डालेंगे। बहरहाल गांधीजी चाहते हैं कि मैं आपको

बता दूं कि यदि वह सच्चे हैं तो नादानी और दुर्भावना के फलस्वरूप अपने विरुद्ध होने वाले सारे प्रचार का सामना कर पाएंगे।'[57]

देश और विदेश के अखबारों में छप रही आश्रम संबंधी खबरों से महात्मा के मित्र भी आहत थे। सरदार वल्लभ भाई पटेल इनमें से एक थे। उनके बारे में महात्मा कहते कि 'सरदार की जीभ में कांटे लगे हैं। लेकिन दिल वैसा नहीं है। मैं गवाह हूं।' सरदार पटेल ने महात्मा को इस बारे में पत्र लिखकर प्रयोग रोकने का निवेदन किया। चारों तरफ आलोचनाओं से घिरे महात्मा यह काम पहले ही कर चुके थे। फिर भी उन्होंने पटेल को जवाब भेजा–'फिलहाल मैं जो फेरबदल कर रहा हूं वे सिर्फ तुम्हारे अगाध प्रेम से वशीभूत होकर, अपनी वृत्ति का विरोध करके कर रहा हूं। या कहूंगा लड़कियों की सेवा आज से जबरदस्ती बंद की है। लीलावती, अमतुस्सलाम को तो अच्छा नहीं लगा, लेकिन शारदा और विजया को भी अच्छा नहीं लगा। अंतिम दोनों समझदार हैं, इसलिए कल्पांत नहीं कर रही हैं। प्रभावती कल आई। वह कहीं कुछ कहती होगी, लेकिन चुप रहकर देखती रहती है। सुशीला की सेवा चल रही है। मेरी बीमारी में सेवा छोड़ने की उसकी हिम्मत नहीं है। और मुझे भी लगता है कि बीमारी से उठने के बाद सेवा बंद करूंगा। नजदीक सोना तो कल से ही बंद कर दिया है। यानी मेरा हाथ लड़कियों तक न पहुंच सके इतनी दूर सोएं। सुशीला तो शायद ही मेरे बगल में सोई है। बगल में सोने वालों में अब न पुरुष हैं न लड़की। सुशीला सिर की ओर आड़ा बिस्तर करती है। इसी तरह पैर की तरफ राजकुमारी। इस फेरबदल से मुझे जरा भी क्षोभ नहीं है। लड़कियों के दुख से ही शायद दुख होगा। 'शायद' इसी लिए लिख रहा हूं क्योंकि मुझे तो यह महसूस नहीं होता। साथियों का त्याग करने का मेरा स्वभाव है नहीं। इस त्याग में मुझे आनंद है, क्योंकि मैं खुद को अच्छी तरह पहचानता हूं। तुम्हारी सूचना सिर्फ मेरी रक्षा के लिए है, यह मैं जानता हूं। लड़कियों का हित तो तुमने देखा ही है। इस त्याग से उनके हित की हिफाजत होगी या नहीं यह देखना बाकी है। लीलावती तो अभी मुर्दा होकर पड़ी है। पढ़ाई करने का विचार कर रही है। उसे प्रोत्साहन दे रहा हूं।'[58] पटेल को पत्र लिखने से एक दिन पहले ही 2 फरवरी, 1938 को उन्होंने महादेव को लिख भेजा था कि '...फेरबदल शुरू किए हैं। मेरे बगल में कोई नहीं सोएगा। मेरा हाथ नहीं पहुंचे इतना अंतर रहेगा। स्पर्श सेवा छोड़ रहा हूं। सुबह लीलावती ने निश्चय किया है कि उसे नाडियाद या वर्धा जाना है। अब शाम को कह रही है चार–छह महीने यहीं पढ़ेंगी। यह हाल है।'[59]

सेगांव आश्रम में अब दृश्य बदल रहा था। स्त्री स्पर्श न लेने का व्रत लेने के बाद महात्मा की मालिश का काम उनका पोता कनु करने लगा। मां की जिद देखते हुए सुशीला दिल्ली चली आईं। वह एमडी करना चाहती थीं। सुशीला आश्रम आना चाहती थीं लेकिन मां ने साफ कह दिया कि 'मैं मर जाऊंगी।' पर महात्मा के प्रेम

और मोह में फंसी सुशीला फिर आश्रम आ गईं। उन्होंने जिद की कि वह पहले की तरह महात्मा की मालिश का काम जारी रखेंगी। महात्मा ने तय किया कि मंगलवार को प्यारेलाल मालिश करेगा। 'रवि, सोम सुशीला कराएगी।'[60]

महात्मा का प्रयोग जारी था। डॉ. जीवराज एन मेहता महात्मा के चिकित्सक थे। वह वर्धा आश्रम आए थे। महिलाओं के साथ महात्मा के स्वच्छंद व्यवहार को देखकर वह चौंके थे। उन्होंने सुशीला, लीलावती आदि महिलाओं को महात्मा की नग्न अवस्था में मालिश करते देखा था। उन्हें रात में महात्मा के साथ एक बिस्तर पर सोते देखा था। उन्होंने इस बारे में सुशीला से बात की। बाल विधवा लीलावती पर तो उन्होंने तंज कसा। लीलावती इससे काफी लज्जित हुई थीं। वह चुपचाप सुनती रहीं। उसने सारी बातें महात्मा को बताई। महात्मा ने उससे कहा- 'लड़की पिता की बगल में सोए और किसी संस्था में लड़कियां एक-दूसरे पर सोएं, क्या ये दोनों बातें एक-जैसी हैं, यह तू उनसे पूछ सकती थी। मैं समझता हूं कि तेरा चुप रहना ही कुछ हद तक दोष को स्वीकार करना था।'[61] फिर महात्मा ने डॉ. मेहता को पत्र लिखा। उनसे कहा 'मेरा जीवन खुली पुस्तक है। मैंने किसी दिन किसी से कुछ छिपा कर नहीं रखा है। इसलिए जहां आपको पूछने लायक कोई बात दिखाई दे, आप खुशी से पूछ सकते हैं।'[62]

डॉ. मेहता ने महात्मा को लिखा कि उनका प्रयोग बकवास और एक सनक है। इस उम्र में इस तरह के प्रयोग न केवल सामाजिक दृष्टि से बल्कि स्वास्थ्य के लिए खतरनाक हो सकते हैं। उन्होंने लिखा-मालिश कराने का काम वह किसी पुरुष से भी करवा सकते हैं। जवाब में महात्मा ने कहा-'आपकी सलाह पर मैं कदाचित् पूरी तरह अमल नहीं करूंगा। यदि कोई पुरुष मालिश करे और मैं नग्नावस्था में होऊं तो इस पर क्या आपको आपत्ति होगी? यदि खुली हवा में लोग साथ-साथ सोएं तो इस बात को भी क्या आप स्वास्थ्य के लिए हानिकर मानेंगे? पुरुष और स्त्री के एक साथ सोने में अनौचित्य के विचार को एक तरफ रखकर मेरे उपर्युक्त प्रश्न पर विचार करना।'[63]

गांधीजी कामी पुरुष हैं

मीरा, प्रेमा फिर डॉ. सुशीला नैयर । इनके अलावा और ढेर सारी लड़कियां। कुछ मराठी अखबारों ने इन्हें लेकर खबरें छापी। खबरों का मजमून यह था कि 'गांधीजी कामी पुरुष हैं।' गांधीजी का ब्रह्मचर्य उनकी 'काम वासना को छुपाने का साधन मात्र है।' यह खबरें ब्रिटेन की लोकसभा तक में चर्चा का कारण बन गईं। इलाहाबाद आए अंग्रेज इतिहासकार मि. एडवर्ड टॉमसन ने इसे और हवा दी। उन्होंने इलाहाबाद की प्रेस को बताया कि कॉमंस हाउस में गांधीजी के कामुक जीवन की कहानियां चल रही हैं। वहां अब लोगों का खयाल है कि गांधीजी 'संत पुरुष नहीं रहे'। मि.

टॉमसन ने इस बारे में पंडित जवाहरलाल नेहरू, सर तेज बहादुर सप्रू और पीएन सप्रू से भी चर्चा की। सब ने एक स्वर से इस बात का खंडन किया। मि. टॉमसन सेगांव भी आए थे। उन्होंने इन खबरों को ठीक भी बताया।

अक्टूबर, 1939 की बात है। 'बांबे क्रॉनिकल' में एक रपट छपी। यह रपट क्रॉनिकल के इलाहाबाद संवाददाता ने भेजी थी। इस रपट के जवाब में गांधीजी ने 'हरिजन सेवक' में 4.11.1939 को एक लेख लिखा 'मेरा जीवन।' इसमें उन्होंने सारे आरोपों का जोरदार खंडन किया। 30 अक्टूबर को लिखा गया यह पूरा लेख यहां दिया जा रहा है।

'बांबे क्रॉनिकल' में उसके इलाहाबाद-स्थित संवाददाता द्वारा प्रेषित निम्नलिखित समाचार प्रकाशित हुआ है– गांधीजी के बारे में इंग्लैंड की कॉमंस सभा में जो चर्चाएं होती रही हैं उनके संबंध में बड़ी चौंका देने वाली खबरें प्रकाश में आई हैं। कहा जाता है कि अंग्रेज इतिहासकार एडवर्ड टॉमसन ने, जो हाल में ही इलाहाबाद आए थे, इंग्लैंड में फैली हुई विचित्र मनोवृत्ति पर कुछ रोशनी डाली है। श्री टॉमसन यहां कुछ राजनीतिक नेताओं से भी मिले थे, जिनसे उन्होंने गांधीजी के संबंध में कॉमंस सभा में फैली हुई तीन अफवाहों के संबंध में कहा बताते हैं :

1. गांधीजी ब्रिटिश सरकार के साथ बिना शर्त सहयोग करना चाहते हैं। 2. गांधीजी अब भी कांग्रेस पर प्रभाव डाल सकते हैं। 3. गांधीजी के वासनामय जीवन के संबंध में कई कहानियां प्रचलित हैं, जिनके आधार पर यह खयाल बनता है कि गांधीजी अब वह संत पुरुष नहीं रह गए हैं। श्री टॉमसन का खयाल है कि गांधीजी के 'वासनामय जीवन' के संबंध में जो धारणाएं बनी हैं वे कुछ मराठी पत्रों के आधार पर बनी हैं। मुझे मालूम हुआ है, उन्होंने इसकी चर्चा सर तेजबहादुर सप्रू से की, जिन्होंने इसका खंडन किया। बाद में उन्होंने पंडित जवाहरलाल नेहरू और श्री पी. एन. सप्रू से भी इस बारे में बातचीत की, और उन्होंने भी जोरों से इसका खंडन किया।

ऐसा जान पड़ता है कि इंग्लैंड से रवाना होने के पहले श्री टॉमसन कामन्स सभा के कई सदस्यों से मिले थे। इलाहाबाद से रवाना होने से पहले श्री टॉमसन ने पंडित नेहरू की सलाह से एक पत्र कॉमंस सभा के सदस्य श्री ग्रीनवुड के पास भेज दिया था, जिसमें उन्होंने गांधीजी के बारे में फैली हुई कहानियों को बिलकुल निराधार बताया था। श्री टॉमसन ने सेगांव आने की भी कृपा की थी। उन्होंने इस रिपोर्ट को तत्वत: ठीक बताया।

'बिना शर्त सहायता' की बात के संबंध में मैंने इसी अंक में अन्यत्र लिखा है। कांग्रेस पर मेरा जो-कुछ प्रभाव है उसके संबंध में देश को जल्दी ही पता लग जाएगा। तीसरे आरोप के बारे में कुछ स्पष्टीकरण जरूरी है। दो दिन पहले चार-पांच गुजराती भाइयों ने मेरे नाम एक चिट्ठी भेजी; उसके साथ एक समाचार-पत्र

था, जिसका एकमात्र उद्देश्य यही जान पड़ता है कि किसी के चरित्र को जितना काला चित्रित किया जा सकता है उतना काला मेरे चरित्र को चित्रित करें। इस समाचारपत्र के शीर्षक के अनुसार इसका उद्देश्य 'हिंदुओं का संगठन' करना है। मेरे खिलाफ जो आरोप लगाए गए हैं वे अधिकतर मेरी आत्म-स्वीकृतियों पर आधारित हैं, जिन्हें संदर्भ से अलग करके पेश किया गया है। दूसरे कई आरोपों के साथ वासनामय जीवन का आरोप सबसे प्रमुख है। कहा गया है कि मेरा ब्रह्मचर्य अपनी वासना को छिपाने का एक साधन है। बेचारी डॉ. सुशीला नैयर को मेरी मालिश करने एवं मुझे उपचार-संबंधी स्नान कराने के अपराध में जनता की नजर के सामने घसीट कर लाया गया है। ये दो बातें ऐसी हैं जिनके लिए मेरे आसपास के व्यक्तियों में वे सबसे अधिक योग्य हैं। उत्सुक व्यक्तियों की जानकारी के लिए मैं यह बतला दूं कि ये काम एकांत में कभी नहीं किए जाते। ये काम डेढ़ घंटे से भी अधिक समय तक चलते रहते हैं और इनके दौरान मैं प्राय: सो जाता हूं, लेकिन साथ ही मैं इस दौरान कभी-कभी महादेव, प्यारेलाल या दूसरे साथियों के साथ काम भी करता रहता हूं। जहां तक मुझे पता है, इन आरोपों का आरंभ अस्पृश्यता के विरुद्ध छेड़े गए मेरे सक्रिय आंदोलन के साथ हुआ। यह उस समय की बात है, जब अस्पृश्यता-निवारण को कांग्रेस के कार्यक्रम में शामिल किया गया और मैंने इस विषय पर सभाओं में बोलना आरंभ किया, और हरिजनों के सभाओं तथा आश्रमों में आने पर मैं जोर देने लगा। उसी समय कुछ सनातनी, जो पहले मेरी सहायता करते और मुझसे मित्रता रखते थे, मुझसे अलग हो गए, और उन्होंने मुझे बदनाम करने का एक आंदोलन आरंभ कर दिया। बाद में एक बहुत प्रभावशाली अंग्रेज इस आंदोलन में शामिल हो गया। उसने स्त्रियों के साथ मेरे मुक्त व्यवहार को आधार बनाकर मेरे 'संतपन' को पापपूर्ण जीवन बताया। इस आंदोलन में एक-दो प्रसिद्ध हिंदुस्तानी भी शामिल थे। गोलमेज सम्मेलन के अवसर पर कुछ अमेरिकी अखबारों ने मेरे बड़े निष्ठुरतापूर्ण व्यंग्य चित्र प्रकाशित किए। मीरा बहन, जो उस समय मेरी देख-रेख करती थीं, इन हमलों का लक्ष्य बनीं। श्री टॉमसन उन सज्जनों से परिचित हैं जो इन आरोपों के पीछे हैं, और जहां तक मैं उनकी बात समझ सका, साबरमती आश्रम की सदस्या प्रेमा बहन कंटक के नाम लिखी गई मेरी चिट्ठियां भी मेरी नीचता को सिद्ध करने के लिए काम में लाई गई हैं। प्रेमा बहन एक ग्रेजुएट महिला और योग्य कार्यकर्त्री हैं। वे ब्रह्मचर्य और इसी प्रकार के अन्य विषयों पर प्रश्न पूछा करती थीं। मैं उन्हें पूरे जवाब भेजता था। उन्होंने यह सोचकर कि ये जवाब सर्वसाधारण के लिए भी उपयोगी होंगे, मेरी अनुमति से उन्हें प्रकाशित कर दिया। मैं उन्हें बिलकुल निर्दोष और पवित्र मानता हूं।'

इस लेख में उन्होंने आगे लिखा-'अभी तक मैंने इन आरोपों को नजरअंदाज

किया है। लेकिन श्री टॉमसन की बातें और गुजराती पत्र-लेखकों का आग्रह, जो कहते हैं कि उन्होंने जो आलोचना भेजी है वह तो मेरे बारे में कही जा रही बातों का नमूना-भर है, मुझे इन आरोपों का खंडन करने के लिए बाध्य करते हैं। मेरे इस जीवन में कोई गोपनीयता नहीं है। मैंने अपनी कमजोरियां स्वीकार की हैं। अगर वासना की ओर मेरा रुझान होता, तो मुझमें इतना साहस है कि मैं उसे कबूल कर लेता। जब मेरे अंदर अपनी पत्नी तक के साथ विषय-संबंध रखने के प्रति अरुचि हो गई और इस संबंध में मैंने अपने को काफी आजमा लिया तभी, और अधिक लगन के साथ देश-सेवा करने के लिए, मैंने 1906 में ब्रह्मचर्य का व्रत लिया। उसी दिन से मेरा खुला जीवन शुरू हो गया। सिर्फ उन अवसरों को छोड़कर, जिनका मैंने 'यंग इंडिया' और 'नवजीवन' के अपने लेखों में उल्लेख किया है, और कभी मैं अपनी पत्नी या अन्य स्त्रियों के साथ दरवाजा बंद करके सोया होऊं या रहा होऊं, ऐसा मुझे याद नहीं पड़ता। और वे रातें मेरे लिए सचमुच काली रातें थीं। लेकिन जैसाकि मैंने बार-बार कहा है, मेरी कमजोरियों के बावजूद ईश्वर ने मुझे बचाया है। मुझमें अगर कोई गुण हो तो मैं उसका कोई श्रेय स्वयं को नहीं देता। मेरे लिए तो सब गुणों का दाता वही है और उसी ने अपनी सेवा के लिए सदा मेरी रक्षा की है। जिस दिन से मैंने ब्रह्मचर्य शुरू किया उसी दिन से हमारी स्वतंत्रता का आरंभ हुआ। मेरी पत्नी मेरे स्वामित्व के अधिकार से मुक्त हो गई, और मैं अपनी उस वासना की दासता से मुक्त हो गया जिसकी पूर्ति उसे करनी पड़ती थी। जिस अर्थ में मैं अपनी पत्नी के प्रति अनुरक्त था उस अर्थ में अन्य किसी स्त्री के प्रति मेरा आकर्षण कभी नहीं रहा। पति के रूप में अपनी पत्नी के प्रति और अपनी माता के सामने की गई अपनी प्रतिज्ञा के प्रति मैं इतना वफ़ादार था कि किसी अन्य स्त्री का दास बन ही नहीं सकता था, लेकिन जिस तरह मेरे अंदर ब्रह्मचर्य का उदय हुआ उसके कारण मैं माता के रूप में स्त्रियों के प्रति दुर्निवार रूप से आकृष्ट हुआ। स्त्रियां मेरे लिए इतनी पवित्र हो गईं कि मैं उनके प्रति वासनामय प्रेम का खयाल ही नहीं कर सकता। इसलिए तत्काल हर एक स्त्री मेरे लिए बहन या बेटी की तरह हो गई। फिनिक्स में मेरे आसपास काफी स्त्रियां रहती थीं। उनमें से कई तो मेरी रिश्तेदार ही थीं, जो मेरे कहने से दक्षिण अफ्रीका आई थीं। अन्य मेरे साथी कार्यकर्ताओं की पत्नियां या रिश्तेदार थीं। इन्हीं में वेस्ट-परिवार तथा अन्य अंग्रेज थे। वेस्ट-परिवार में वेस्ट, उनकी बहन, पत्नी और सास, इतने व्यक्ति थे। उनकी सास उस छोटी-सी बस्ती की दादी मां बन गई थीं। जैसी कि मेरी आदत है, इस नई और अच्छी बात को मैं अपने तक ही सीमित नहीं रख सका। इसलिए मैंने ब्रह्मचर्य को सभी आश्रमवासियों के सामने उनके स्वीकारार्थ रखा। सभी ने उसे पसंद किया और कुछ लोग यह व्रत लेकर इस आदर्श के प्रति सच्चे भी रहे। लेकिन ब्रह्मचर्य के पालन के लिए जो पुराने दकियानूसी नियम बने

हुए थे, उनसे मेरे ब्रह्मचर्य का कोई संबंध नहीं था। मैंने तो जब जैसी जरूरत देखी, उसके अनुसार अपने ही नियम बनाए। लेकिन मेरा यह विश्वास कभी नहीं रहा कि ब्रह्मचर्य के सही पालन के लिए स्त्री-संपर्क-मात्र त्याज्य है। जो संयम स्त्री और पुरुष के संपर्क-मात्र पर चाहे वह कितना ही निर्दोष क्यों न हो अंकुश लगाता है वह बलात् धारण किया गया संयम है, जिसका कोई महत्त्व नहीं है। इसलिए सेवा या काम-काज के लिए स्वाभाविक संपर्क पर कभी कोई प्रतिबंध नहीं रहा। और दक्षिण अफ्रीका में मैं अनेक यूरोपीय एवं हिंदुस्तानी बहनों के लिए ऐसा व्यक्ति बन गया जिसे वे अपनी सारी बातें पूरे विश्वास के साथ बताती थीं। और जब दक्षिण अफ्रीका में मैंने भारतीय बहनों को सत्याग्रह-आंदोलन में भाग लेने के लिए निमंत्रित किया, तो मुझे लगा कि मैं भी उन्हीं में से एक हूं। मुझे इस बात का पता चल गया कि स्त्री-जाति की सेवा के लिए मैं खास तौर से उपयुक्त हूं। इस कहानी को (जो मेरे लिए बड़ी रोमांचकारी है) संक्षेप में खत्म करने के लिए मैं कहूंगा कि भारत लौटने पर यहां भी जल्दी ही मैं भारतीय स्त्रियों से हिलमिल गया। मेरे लिए यह एक सुखद रहस्योद्घाटन था कि मैं उनके हृदयों तक कितनी आसानी से पहुंच जाता हूं। दक्षिण अफ्रीका की तरह यहां भी मुसलमान स्त्रियों ने मुझसे कभी पर्दा नहीं किया। आश्रम में मैं स्त्रियों से घिरा हुआ सोता हूं, क्योंकि मेरे साथ वे अपने को हर तरह से सुरक्षित महसूस करती हैं। मुझे यह भी याद दिला देना चाहिए कि सेगांव आश्रम में कोई एकांत नहीं है।

अगर स्त्रियों के प्रति मेरा झुकाव वासनापूर्ण होता, तो अपने जीवन के इस काल में भी मुझमें इतना साहस है कि मैंने कई शादियां कर ली होतीं। गुप्त या खुले स्वच्छंद प्रेम में मेरा विश्वास नहीं है। खुले स्वच्छंद प्रेम को मैं तो कुत्तों का प्रेम समझता हूं। और गुप्त प्रेम में तो, इसके अलावा, कायरता भी है। सनातनी हिंदू मेरी अहिंसा से घृणा कर सकते हैं। मैं जानता हूं कि उनमें से बहुतों का यह खयाल है कि हिंदू मेरे प्रभाव में रहे तो कायर बन जाएंगे। लेकिन मैं ऐसे किसी आदमी को नहीं जानता, जो मेरे प्रभाव में रहकर कायर बन गया हो। अतः मेरी अहिंसा का वे चाहे जितना विरोध कर सकते हैं। लेकिन सफेद झूठ का सहारा लेकर तो वे अपनी या हिंदू धर्म की कुसेवा ही करते हैं।[64]

यह बहुत गंभीर आरोप था कि महात्मा का ब्रह्मचर्य उनकी अपनी वासना को छिपाने का एक साधन है। महात्मा जिस तरह के प्रयोग कर रहे थे वह भारतीय समाज में किसी कीमत पर स्वीकृत नहीं हो सकते थे। महात्मा खुद को सभी वासनाओं से मुक्त मानते थे। लेकिन उनके प्रयोगों का स्वरूप निश्चित रूप से वासनामयी था। कम से कम बाहर से देखने में तो यही लगता था। अंग्रेज इतिहास ने राय बनाई कि गांधी जी अब संत पुरुष नहीं रह गए हैं। उसे स्त्रियों के साथ महात्मा का मुक्त व्यवहार संदेहास्पद लगा। जब महात्मा के इर्द-गिर्द रहने

वाले उनके संगी-साथी महात्मा के प्रयोगों को लेकर आशंकित थे तो इस अंग्रेज इतिहासकार के पास शक न करने की कोई वजह नहीं थी। महात्मा इन आरोपों का जवाब देने में कोई ठोस तर्क नहीं रख सके थे। जीवन में गोपनीयता न रखने का अर्थ यह नहीं हो सकता कि इन प्रयोगों के पीछे उनकी मंशा गंगाजल की तरह पवित्र है। हजारों कार्यकर्ताओं के बीच रहने वाले महात्मा के लिए कुछ भी गोपनीय रख पाना संभव भी नहीं था।

महात्मा की इन आत्म-स्वीकृतियों ने काफी हलचल मचाई। 'हरिजन' में छपे इस लेख की काफी चर्चा हुई। इस लेख पर महात्मा के पाठकों को मिश्रित प्रतिक्रिया हुई। कई नए सवाल भी खड़े हुए। मसलन महात्मा के एक करीबी साथी सुरेंद्र को इस लेख का एक वाक्य आपत्तिजनक लगा। महात्मा ने लिखा था- 'गुप्त व्यभिचार करने की अपेक्षा कई पत्नियां रखना अच्छा है।' सुरेंद्र ने इस वाक्य पर महात्मा से स्पष्टीकरण मांगा। महात्मा ने सुरेंद को जवाब में लिखा-'जो वाक्य तुम्हें खटका वह शुद्ध सत्य है। गुप्त व्यभिचार करने की अपेक्षा कई पत्नियां रखना अच्छा है। (मेरा जीवन से) यह सत्य कड़ुवा लगता है, किंतु परिणाम में अमृत तुल्य सिद्ध होगा। इस कथन में बहु पत्नी प्रथा की जो सापेक्ष स्तुति निहित है, वह पूरी तरह उचित है। मैं जितना गहरे उतरता हूं उतना ही मेरी समझ में आता है कि समाज का झूठा जहर ही मनुष्य को मारता है। जैसे अहिंसा की परीक्षा हिंसा का मुकाबला करने में होती है वही बात पवित्रता-अपवित्रता के बारे में है। अहिंसा-पवित्रता आदि गुण किसी कंदरा में नहीं बल्कि समाज के बीच पलने के लिए हैं...। लेकिन मैं भटक गया। बहस से फायदा। मौन ही अच्छा है।'[65]

रूठ गई सुशीला

सुशीला के लिए आश्रम में एक डिस्पेंसरी बनवा दी गई थी। इसमें वह आश्रम के लोगों और आसपास के जनता का इलाज करतीं। कलकत्ते की नौकरी तो महात्मा ने पहले ही छुड़वा दी थी। सुशीला का महात्मा के प्रति मोह बढ़ गया था। सुशीला महात्मा की निजी चिकित्सक थीं। वह चाहती कि महात्मा जहां जाएं उसे अपने संग ले जाएं। डॉक्टरी सेवा का तकाजा भी यही था। सुशीला के लिए महात्मा के करीब रहने का यह एक शानदार बहाना था। जिसे उन्होंने 'अपना धर्म' का नाम दिया था। पर महात्मा इसके लिए तैयार नहीं थे। सुशीला से निजी सेवाएं लेने के कारण वह पहले ही बहुत विवादों में घिर चुके थे। 29 दिसंबर, 1939 को महात्मा ने एक पुर्जा सुशीला के नाम लिखा-'मेरे ही लिए तुमको रखना मेरी दृष्टि में गुनाह होगा और मेरे सारे जीवन को उलटना होगा। लेकिन मैं तेरी हाजिरी बहुत कारणों से चाहता हूं। उसमें प्यारेलाल है, तू है और यहां का दरदी काम है। इन सब चीजों के साथ मेरे शरीर की संभाल तू करती रह वह मुझे स्वीकार्य होगा।'[66]

इसी बीच महात्मा का दिल्ली जाने का कार्यक्रम बना। 5 फरवरी को उन्हें वायसराय से मिलना था। सुशीला ने कहा 'मैं भी साथ चलूंगी?' महात्मा ने मना किया। कहा 'किशोरलाल भाई साथ जाएंगे तुम यहां बीमारों को देखो। लेकिन हां पत्र लिखते रहना?' सुशीला रूठ गई। तुनक कर बोली-'पत्र क्या लिखना।'

रेल से जाते समय महात्मा सुशीला के बारे में ही सोच रहे थे। महात्मा ने रेल में ही कागज-कलम निकाला और लिखने लगे-'तूने कितना दुख दिया? और मुझे छोड़ कर जाते हुए भी डंक चुभो दिया : 'पत्र क्या लिखना?' इतना गुस्सा। जरा सोच तो सही यदि अपने शरीर के लिए बीमारों को छोड़कर तुझे अपने साथ ले चलूं तो क्या मैं नीच बनूं और अपनी जिंदगी भर का धर्म क्षण में नष्ट कर दूं। इसके बाद मेरे पास क्या बचेगा। तू यह क्यों नहीं समझती कि किशोरलाल भाई को छोड़कर तुझे ले जाना मुझे शोभा नहीं देता। इसमें डॉक्टरी ज्ञान की बात नहीं है। यह मेरे मनोभाव की बात है, किंतु अभी तेरी नजर में मेरी कीमत नहीं है। मैं तुझे दुख पहुंचाने का ही काम कर रहा हूं, ऐसी तेरी धारणा हो गई लगती है। यह कैसी दुर्बलता है कि तू साथ नहीं चल सकी मगर जानता हूं कि तेरे विचित्र बर्ताव में तेरा दुख समाहित है। तू हठ करके मुझे छोड़ेगी तो तू यह जान ले कि आज डिस्पेंसरी जिस तरह चल रही है वैसी नहीं चलाऊंगा। औजार तेरे साथ चले जाएंगे। मेरे पास इनका क्या उपयोग? तू अपना धर्म भूल रही है।

पुनश्चः- शांत हो जा। विचार कर। कहना मान। भागने का विचार छोड़ दे। क्या वर्ष में एक या दो महीने मेरे साथ न रहने से दस माह के लिए मेरी सेवा छोड़ेगी? जरा तो सोच। जरा दया कर। मैंने जो कुछ किया है, वह तेरे, मेरे और आश्रम के हित के लिए किया है। मेरा मन शांत है ऐसा तार भेजेगी तो खुशी होगी।'[67]

सुशीला ने तार नहीं भेजा। दिल्ली पहुंचकर महात्मा ने एक और पत्र सुशीला को भेजा। इसमें कहा-'मैं तुझे मुसाफिरी मात्र में साथ न ले चलूं इसलिए तू मेरा सर्वथा त्याग करे वह कहां तक योग्य हो सकता है। यह तेरे लिए सोचने योग्य प्रश्न है।' फिर 5 तारीख को वायसराय से मिलने से पहले महात्मा ने लिखा-'तेरा नाम मैं रात को भूल नहीं सका। कैसी मूढ़ता? कैसी बातें दरदीओं के बारे में सुना रही थी। इतनी बेदरकारी के लिए मैं बिलकुल नहीं था। ज्यों-ज्यों मैं उस दिन की तेरी बातें याद करता हूं दुखित होता हूं। क्या मेरे सहवास ने तेरा बुरा ही किया? तेरा अभ्यास गया। तेरी खासी नौकरी थी वह मेरे हाथ से गुमाई और तू अव्यवस्थित बनी। तेरी मूढ़ता का मैं क्या दोष निकालूं।...'[68]

फिर महात्मा ने प्यारेलाल को लिखा-'... मैं उसे अपने डॉक्टर के तौर पर रख रहा हूं, उसे यह मानने देने में असत्य था। मैं तो उसे खींचना चाहता था। कारण तो अनेक होते हुए भी उनसे वह खींच न सकी। इसलिए उसे यह मानने दिया कि वह मेरी डॉक्टर के रूप में साथ रहे। मैं अपने डॉक्टर के रूप में उसका उपयोग

करने को प्रधानता देने में पाप समझता हूं। मेरे अन्य काम करने के साथ-साथ वह मेरी शरीर सेवा भी करे यह ठीक समझता हूं। इसमें मेरे साथ घूमना हमेशा शामिल नहीं हो सकता। मैं जो काम साधूं वह मेरी सेवा ही है। इस तरह काम करते हुए मेरी जिनती शरीर सेवा हो सके उसमें सुशीला को संतोष होना चाहिए। या तो 'पूर्ण सेवा' या 'बिलकुल नहीं' यह सोचना तो महादोष है। मैं कितने दिन का मेहमान हूं? मुझे छोड़ने की उसकी हिम्मत ही कैसे हो सकती है? मेरे दूसरे बहुत से काम वह करती है ऐसा वह कैसे भूल गई?[69]

इस प्रसंग ने महात्मा को बहुत आहत किया था। प्यारेलाल को लिखने के बाद वह सो नहीं सके। अगली रात एक बजे फिर उठ गए और लिखने लगे। प्यारेलाल और सुशीला का साथ महात्मा की जरूरत बन गए थे। उन्होंने प्यारेलाल को लिखा-'इस समय भले ही मेरे शरीर के लिए नहीं, लेकिन मेरी दूसरी सेवाओं के लिए उसकी आवश्यकता है। तुम्हारी तो है ही सुशीला यहां होगी तो मेरी शरीर सेवा करेगी ही।'

सुशीला का तर्क था कि वह पांच लोगों को अपने साथ बाहर लेकर जा सकते हैं तो छठे को क्यों नहीं? जबकि महात्मा कहते कि 'लेकिन पांच में से मैं किसी एक को भी संग ले जाना अनिवार्य नहीं मानता। जिस प्रकार मैं पांच में से किसी को भी छोड़ सकता हूं तो छठी को क्यों नहीं छोड़ सकता?' उनका साफ मानना था कि 'मैं अन्य कुछ मानकर उसे अपने साथ घुमाऊं, यह तो आत्मवंचना ही होगी।'[70]

8 मार्च को महात्मा ने प्यारेलाल को लिखा-'...मैंने उसे अपनी बेटी मान कर, तुम्हारी बहन मानकर रखा है और आज भी रखना चाहता हूं। लेकिन मैं अपना भारी दोष देख रहा हूं। मैंने असत्य व्यवहार किया। उसे मानने दिया कि वह डॉक्टर के तौर पर मेरे साथ रही है। यदि वह जाएगी तो मेरे प्रायश्चित के रूप में ही। और क्या लिखूं? जब मेरी भाषा काम नहीं करती वहां क्या किया जाए? परिस्थितियां बदली नहीं हैं। मेरा असत्य प्रकट हुआ।'[71]

महात्मा के लिए समस्या केवल सुशीला नहीं थी। ब्रह्मचर्य व्रत को लेकर उनके मित्रों के जेहन में तमाम भ्रम और सवाल थे। उनका जवाब भी महात्मा को ही देना था। बालकृष्ण भावे ने 'अचानक होने वाले वीर्य स्राव' के बारे में पूछा था। उन्होंने पूछा था 'क्या बिना विकार के भी स्वप्नदोष संभव है।' महात्मा ने रात साढ़े बारह बजे बालकृष्ण भावे को लिखा-'स्राव के बारे में कोई नियम निर्धारित नहीं किया जा सकता। यदि नसें कमजोर पड़ गई हों तो मन में विकार उत्पन्न हुए बिना स्राव हो जाता है। वैसे यह स्थिति अत्यंत कमजोरी की है। यदि मन में विकार उत्पन्न होने के बाद स्राव हो तो विकार पर विजय प्राप्त करनी चाहिए। दोनों विकल्पों में सहन करने के सिवा हमारे लिए और कोई चारा नहीं है। स्राव जितने कम हों उतना अच्छा, यह तो स्पष्ट ही है। कितनों से हर्ज नहीं होता। इसका कोई जवाब नहीं है। कुछ लोग एक ही स्राव से बिलकुल पस्त हो जाते हैं। कुछ को हर हफ्ते होता है।

लेकिन ऊपर से देखने में कोई क्षति नहीं दिखाई देती। इसलिए मेरी सलाह यह है कि चाहे जितने स्राव हों उनकी चिंता न करके धैर्य तथा विश्वासपूर्वक उन्हें रोकने के सतत प्रयास किए जाएं। 'कर्मण्येवाधिकारस्ते मा फलेषु कदाचन:' यह सिद्धांत यहां भी सर्वथा लागू होता है।'[72]

डायर की हत्या और सुशीला का सच

इसी दौरान लंदन में एक बड़ी घटना घट गई। सर माइकल ओ' डायर 13 अप्रैल, 1919 में हुए जलियावाला बाग कांड का खलनायक था। इस पार्क में 9 अप्रैल, 1919 को महात्मा आने वाले थे। पर वह गिरफ्तार कर लिए गए। 10 अप्रैल को सत्यपाल और सैफुद्दीन किचलू भी बंदी बना लिए गए। फिर भी जलियावाला बाग में 20,000 लोगों की भीड़ एकत्र हो गई। डायर ने तीन तरफ से बंद इस पार्क में बेगुनाह लोगों पर फायरिंग के आदेश दिए थे। ब्रिटिश सरकार मानती थी कि इस गोलीबारी में 379 जानें गईं। कांग्रेस ने मृतकों की संख्या 1500 बताई थी। घटना से आहत रवींद्रनाथ टैगोर अंग्रेजों की 'नाइट हुड' उपाधि लौटा चुके थे। मामले की जांच के लिए हंटर कमेटी बनी। लेकिन कमेटी ने इस गोलीबारी के लिए सरकार को दोषी नहीं पाया। कहा गया-'भीड़ इतनी ज्यादा थी कि गोली चालने के अलावा कोई रास्ता नहीं था।' डायर ने केवल 'फैसला लेने में भूल' की थी। चर्चिल जैसे नेता ने भी ब्रिटिश संसद में 'इस अमानवीय हत्याकांड को ब्रिटिश इतिहास में एक धब्बा बताया।' डायर को हटा दिया गया। निहत्थों पर गोली चलाने के लिए उसे कोई सजा नहीं दी गई। इसके उलट हाउस ऑफ लॉर्ड्स के अनुदारवादी मेंबरान ने डायर को ब्रिटिश हुकूमत की हिफाजत के सम्मान में एक तलवार और 26 हजार पौंड की रकम भेंट की।

लेकिन पंजाब के एक लड़के उधम सिंह ने डायर को सजा-ए-मौत देने का फैसला कर लिया था। लंदन में उसका हर दिन डायर के इंतजार में बीत रहा था। और जलियावाला बाग कांड के कोई बीस साल बाद वह मौका आ गया था। जलियावाला कांड की बरसी के ठीक एक महीने पहले 13 मार्च, 1940 को लंदन के कैक्सटन हॉल में हुई ईस्ट इंडिया एसोसिएशन की सभा में उधम सिंह ने गोली मारकर उसकी हत्या कर दी थी। इस कांड में लॉर्ड जेटलैंड, लॉर्ड लैमिंग्टन, सर लुइस डेन घायल भी हुए थे। महात्मा ने यह खबर 14 मार्च की सुबह अखबारों में पढ़ी। वह रायगढ़ में थे। यहां 15 से 19 मार्च तक कांग्रेस कार्यसमिति की बैठक होनी थी। 14 मार्च को उन्होंने अखबारों में जारी अपने वक्तव्य में कहा- 'इसको मैं पागलपन का काम मानता हूं। ऐसे कृत्य जिन उद्देश्यों के खातिर किए जाते हैं, उन्हीं के लिए घातक सिद्ध होते आए हैं। मुझे आशा है कि इस घटना का राजनीतिक निर्णयों पर कोई असर पड़ने नहीं दिया जाएगा।'[73]

इस वक्तव्य ने कांग्रेस कार्यसमिति को एक दिन पहले ही संदेश दे दिया कि महात्मा क्या चाहते हैं। नतीजतन कार्यसमिति ने प्रस्ताव पारित किया–'कार्यसमिति को यह समाचार पाकर अत्यंत खेद हुआ है कि भारतीय कहे जाने वाले एक व्यक्ति ने सर माइकल ओ' डायर की हत्या कर दी तथा मार्क्विस, ऑफ जेटलैंड तथा अन्य कुछ व्यक्तियों को घायल कर दिया। समिति हिंसा के इस दुर्भाग्यपूर्ण कृत्य को कोई राजनीतिक महत्त्व नहीं देती। फिर भी अपने इस विश्वास को दोहराना चाहती है कि ऐसे सब कार्य राष्ट्रीय हित के लिए हानिकारक हैं।' इस बैठक में पं. नेहरू से लेकर सरदार पटेल और आजाद से लेकर कृपलानी तक मौजूद थे। राजेंद्र प्रसाद की अध्यक्षता थी। प्रस्ताव का विरोध करने वाले सुभाषचंद्र बोस हो सकते थे लेकिन कांग्रेस उन्हें पहले ही बाहर का रास्ता दिखा चुकी थी। यहां से कुछ ही दूरी पर सुभाष का फारवर्ड ब्लाक 'समझौता विरोधी परिषद्' का आयोजन कर रहा था।

17 मार्च को महात्मा ने इस बारे में एक टिप्पणी लिखी– '... सर माइकल ओ' डायर के साथ हमारा मतभेद जरूर था, लेकिन उनकी हत्या पर हमारे दुखी होने या उनकी पत्नी और कुटुंबियों के प्रति संवेदना प्रकट करने से उस मतभेद में कोई रुकावट नहीं होनी चाहिए। मैं चाहूंगा हर एक देशभक्त भारतीय मेरी ही तरह इस कृत्य पर लज्जा अनुभव करे और इस बात पर हर्षानुभव करे कि तीन प्रतिष्ठित अंग्रेजों की जानें तो बच गईं। लॉर्ड जेटलैंड से हमारी शिकायत जरूर है। उनकी प्रतिक्रियावादी नीति से हमें लड़ना चाहिए, लेकिन हमारे प्रतिरोध में द्वेष या प्रतिहिंसा नहीं होनी चाहिए। अखबार हमें बताते हैं कि अभियुक्त जब अदालत और जनता के सामने लाया गया तो उसने मस्ती भरी लापरवाही दिखाई। लेकिन मैं इसकी प्रशंसा नहीं करता। मेरे लिए तो यह पागलपन जारी रहने की ही निशानी है। अभियुक्त अपनी बहादुरी के मद में चूर है। मैं ऐसे लोगों को जानता हूं जिन्होंने शराब के नशे में ऐसे अंधाधुंधी से काम किया जैसा वह अपने होशो–हवास दुरुस्त होने पर नहीं कर सकते थे। यह भी मुझे मालूम हुआ कि जिन सैनिकों को खासतौर से खतरनाक कामों के लिए भेजा जाता है उनके लिए अतिरिक्त रम का इंतजाम किया जाता है। उस काम के लिए मैं किसकी प्रशंसा करूं–रम की या उसके असर की? 'एसेसिन' (हत्यारा) शब्द की व्युत्पत्ति ही मादक भंग हशीश से है, जो भावी हत्यारों को इसलिए खिलाई जाती थी जिससे उनका विवेक कुंठित हो जाए। अभियुक्त के इस सतत उन्माद से हमारे अंदर तरस और रंज की भावना आनी चाहिए। अगर हमें ईमानदारी और सच्चाई के साथ लड़ना है ताकि हमें, जहां एक इंसान मुमकिन है, ऐसा करना चाहिए जिससे हर एक अंग्रेज यह महसूस करे कि हमारे बीच भी वह अपने घर की ही तरह सुरक्षित है। इस बात से मुझे बड़ी शर्म और रंज होता है कि कम–से–कम कुछ समय तक तो लंदन में हर एक हिंदुस्तानी को संदेह की नजर से ही देखा जाएगा। क्या हम सबके लिए यह महसूस करना संभव नहीं है कि हत्या के

द्वारा जनसाधारण को कभी स्वतंत्रता नहीं मिलेगी? मैं चाहूंगा कि इन पंक्तियों को पढ़ने वाला हर एक व्यक्ति जान ले कि ऐसे प्रत्येक कार्य हमारी अहिंसात्मक लड़ाई को नुकसान पहुंचाते हैं, और इसलिए वह पागलपन के ऐसे कार्यों से मन-ही-मन या खुले तौर पर अपना कोई संबंध नहीं रखे।'[74]

उधर आश्रम में परिस्थितियां नहीं बदलीं थीं। मार्च के बाद अप्रैल भी बीतने को आया। महात्मा टस-से-मस होने को राजी नहीं थे। सुशीला हर हाल में उनका साथ चाहती थी। उनकी परछाई बनकर रहना चाहती थी। महात्मा ने सुशीला को लिखा-'तेरी दलीलें समझा हूं। फिर भी मैं अपनी बात पर अटल हूं। समय आने पर या तो तू समझ जाएगी या मैं समझूंगा। मैं एक भी नई दलील नहीं दे सकता। तू देखती रह कि मैं किस ओर जा रहा हूं। मुझे तो खुद ही नहीं मालूम। मेरी पतवार तो एक ही है। वह देख। उसका अर्थ निकालने में— अमल करने में भूल हो सकती है और यदि यह सिद्ध हो जाए तो मेरी साधना में कमी समझना। अहिंसा की साधना अन्य तरीके से नहीं हो सकती, यह बात मैं दिनोंदिन अधिक स्पष्ट रूप से देख रहा हूं।...'[75]

सुशीला ने महात्मा से कहा-'मैं रेलेवेंट ट्रुथ नहीं चाहती, मुझे हाफ ट्रुथ भी नहीं चाहिए। मुझे होल ट्रुथ चाहिए।' पूरा का पूरा सत्य। महात्मा की बातों से सुशीला आहत थी। महात्मा ने उसे असत्य ठहराया था। आत्मग्लानी में वह खुद को पापी समझने लगी। प्रायश्चित के लिए सुशीला ने उपवास का निर्णय कर लिया।

सेवाग्राम से महात्मा ने लिखा-'सचमुच तू मूढ़ता की प्रतिमा है। मैं तो तेरा खत समझता ही नहीं हूं। मैंने तुझे असत्य कहा उसमें तू पापी कैसे हुई। मैं तुझे मेरे पास रखना चाहता हूं। लेकिन असत्य मानकर नहीं। मेरा असत्य प्रेम के कारण था। उस प्रेम में मोह था। उसमें तेरा दोष कैसे? उपवास करना ही चाहिए तो मुझे करना चाहिए। परंतु मैं नहीं करूंगा। क्योंकि मेरे असत्य में ऐसा पाप नहीं था। तू उपवास करेगी तो मुझे सताएगी और यों जो दोष कर रही है, उसमें वृद्धि करेगी।'[76]

इतना समझाने के बावजूद सुशीला नहीं लौटी। 4 जून को उसे लौटना था। महात्मा सेगांव में जब नहाकर लौटे तो बा के खांसने की आवाज सुनी। बा ने पूछा 'खांसी का क्या किया जाए?' महात्मा ने कहा-'सुशीला आज आ रही है चिंता काहे की।' लेकिन महात्मा अपने कमरे में पहुंचे तो सुशीला का तार था। वह नहीं आ रही थी। महात्मा दुखी हुए।

महात्मा ने सुशीला को लिखा-'...मैं यहां आने के लिए तुझसे आग्रह नहीं करूंगा। यदि तू आएगी तो अपनी मौजूदा हालत में सुखी नहीं रहेगी। तू जो मांग रही है। वह मांगने जैसा नहीं है और मैं दे सकूं तब भी मुझे देना नहीं चाहिए। इसलिए वह प्रकरण समाप्त हो चुका समझो।'[77]

यह प्रकरण तो नहीं खत्म हुआ लेकिन इस बीच अमतुस्सलाम को लेकर

नया विवाद जरूर शुरू हो गया। वह प्यारेलाल के पास थी। महात्मा के मन में उसे लेकर ढेर सारी आशंकाएं पैदा हो गई थीं। सब पर संदेह करने की आदत से महात्मा खुद दुखी थे। प्यारेलाल ने अमतुल की तरफ से सफाई दी। खुद अमतुल ने भी महात्मा को इस बारे में पत्र लिखा। महात्मा ने प्यारेलाल को लिखा–'तुमने जो कुछ लिखा वह काम का तो है ही। इसका अर्थ यह हुआ कि मैंने अमतुल पर जो दोष लगाए, वे सही नहीं हैं। दूसरी बात वह यह बता रही थी कि 'कुरान शरीफ' से उसके कागजात गिर गए थे। जो किसी के हाथ लगने से बच गए। उन कागजात में क्या था? किसके हाथ में जा रहे हैं? या मैं कुछ उलटा ही समझा हूं। कुल मिलाकर तुम्हें लगता है कि वह साध्वी स्त्री है और मैं उसके साथ अन्याय कर रहा हूं।'[78]

उन कागजात में क्या था? यह साफ नहीं होता। महात्मा ने क्या समझा यह भी स्पष्ट नहीं हो पाया। महात्मा ने अगले दिन फिर प्यारेलाल को लिखा–'...तुम्हारे उस पत्र के बारे में मुझे आलोचना करने की जरूरत नहीं थी। तुमने जो लिखा उसके बारे में मुझे जरा भी आश्चर्य नहीं हुआ। 'डेलीगेसी' जैसी बात तुम्हारे साथ क्यों होगी? यदि मुझे कुछ लगे तब तो बताऊं। तुम्हारा आखिरी वाक्य क्या था? 'तुम जिसे साध्वी मानते हो क्या वह उसके बारे में है?' यह सवाल तो मेरा है। मैं उसके बहुत से गुणों को जानता हूं, फिर भी उसके साध्वी होने के बारे में मुझे संदेह है। वह मन मसोसती है। यह बात मैंने उससे कही भी है। यदि तुमने उसे साध्वी के रूप में देखा है तो मुझे खुशी है। मैं भी उसी प्रकार देखने का प्रयास करूंगा। मुझे लगता है अब मेरे प्रश्नों के जवाब आ गए।'[79]

प्यारेलाल आश्रम में लौट आए थे। लेकिन सुशीला नहीं आईं। वह दिल्ली के लेडी हार्डिंग मेडिकल कॉलेज फॉर वुमेन में अध्ययनशील थीं। महात्मा का स्त्री स्पर्श न करने का व्रत जारी था। सुशीला और बा को महात्मा ने अपने इस व्रत से अलग रखा था। सुशीला थीं नहीं। इसलिए महात्मा की निजी सेवा में प्यारेलाल वह सब करते जो सुशीला करती थीं। लेकिन महात्मा सुशीला को विस्मृत नहीं कर पाए। वह उन्हें याद करते–'तेरी छवि मेरे सामने खड़ी है। प्यारेलाल तेरी कमी पूरी करने के लिए प्रयत्न कर रहा है। लेकिन कमी कैसे पूरी होगी? तेरे हाथ कहां से लाएगा? वह तुझसे भी अधिक निकट सोता है। उससे ईर्ष्या कौन करेगा? लेकिन जो निर्भयता तेरे साथ थी वह अभी नहीं आई है। जो–कुछ तू करती है वह सब प्यारेलाल करता है। अपनी तबियत की देखभाल करता हूं। बा ठीक है।...'[80]

इन दिनों महात्मा नई समस्या से गुजर रहे थे। प्यारेलाल उनके साथ सोते थे। एक पुरुष के साथ सोने में महात्मा असहज महसूस कर रहे थे। लेकिन इसके बावजूद एक रात जो कुछ घटा वह महात्मा को परेशान करने वाला था। उन्हें आभास हुआ कि स्वप्नावस्था में उनके साथ कुछ ऐसा हुआ जो नहीं होना चाहिए था। उनके साथ सोने वाले प्यारेलाल इसके लिए खुद को जिम्मेदार ठहराने लगे।

महात्मा ने प्यारेलाल को लिखा–'उस रात का तुम्हारा अनुभव समझा। मेरे लिए वह दुखद था। मुझे सपने बिलकुल पसंद नहीं हैं। लेकिन जब स्वप्नावस्था में सचमुच कोई क्रिया की जाए तब तो वह और भी बुरा माना जाएगा। जैसे सपने में खाने का आभास होना एक बात है और सपने में कोई सचमुच खाना खाने लगे तो उसे बुरा माना जाएगा। यह तो अमुक आदत की पराकाष्ठा हुई। वैसा ही मेरे साथ हुआ। इसलिए मैंने पूछा कि क्या तुमने मेरी कुछ कुचेष्टाएं देखीं? तुम पर तो क्या बुरा असर होगा? तुम्हें तो मुझ पर दया आनी चाहिए। तुमने उसमें कुछ दोष नहीं देखा, यह तुम्हारा मेरे प्रति पक्षपात है। लेकिन मुझे अपने आप से सावधान रहना होगा। तुम मेरे कितने ही नजदीक सोओ उससे मुझे क्या नुकसान होगा? मुझमें कोई ऐब हो तो उसे तुम देखो यह तो मैं चाहता ही हूं। मेरे निकट रहने वाले तुम सबसे मेरा एक भी ऐब मैं छुपा लूं तो दोषी ठहराऊंगा। इसलिए तुम्हें तो कुछ भी परिवर्तन नहीं करना है। तुम मेरे प्रेम का अनुभव इन्हीं दिनों कर रहे हो। लेकिन मैं कोई नई बात नहीं करता। सुशीला थी तब उससे जो कुछ कराना होता करवाता था। तुम्हारे खाने इत्यादि के बारे में जान लेता था। तुम्हारा बिस्तर इत्यादि देख लेता था। कभी–कभी उससे कहता कि बिस्तर कहां लगाना और कैसे लगाना है। सुशीला गई इसलिए उसका काम तुम्हें देने का विचार था। इसलिए मैं कोई विशेष या नया नहीं कर रहा हूं। तुम्हें अवश्य कुछ दूसरा दिखाई दे रहा है। यह अनुभव कायम रखो। सुशीला आएगी तब अपना काम ले लेगी। इससे मेरा प्रेम कम थोड़ी ही होने वाला है।'

महात्मा ने इसी पत्र में आगे लिखा– '...मैं सुशीला से नहीं डरता और तुमसे क्यों डरता हूं यह बात समझ गए होगे। उसने मेरे साथ सब अनुभव किया है। सुशीला ने मेरे जीवन में देर से प्रवेश किया। फिर भी वह मुझमें अधिक समा गई। इसलिए मैं उसे अपने साथ निर्भयता से सुला सकता हूं। यदि मैं कोई गलती करूंगा तो वह मुझे बचा लेगी, यह मेरा विश्वास है। उसके संपर्क से मेरे मन की निर्विकारिता बढ़ी है। मैं कितनी भी कोशिश करूं फिर भी मैं जो छूट सुशीला के साथ लेता हूं वह तुम्हारे साथ नहीं ले सकूंगा। ऐसा मेरे स्वभाव में बचपन से ही है। आमतौर पर आदमी पुरुष के साथ अधिक छूट लेता है। मुझे तो लगता है कि यही सही है कि वस्तुतः यह सही है या नहीं,यह शायद मेरी मृत्यु के बाद ही मालूम होगा। 'शायद' इसलिए कह रहा हूं क्योंकि इसका पता किसे चलेगा? यदि इसी जन्म में तीनों काल में निर्विकार हो जाऊं तो निश्चयपूर्वक कह सकूंगा। अभी तो मेरा अनुमान ही है। स्त्रियों के संबंध में अतिशय निकटता आने पर भी एक भी स्त्री यह नहीं कह सकती कि मेरे संपर्क से उसे नुकसान हुआ है या विकार उत्पन्न हुआ है। यही मेरे लिए भारी दिलासा देने वाली बात है।'[81]

महात्मा ने स्वीकार किया कि वह सुशीला के साथ 'अधिक सहज' महसूस करते थे। वह यह भी मानते थे कि 'अगर वह सोते समय कोई गलती करते हैं तो

सुशीला उन्हें बचा लेगी।' खुद प्यारेलाल को यह अजीब लग रहा था कि महात्मा एक पुरुष के अपेक्षा एक युवती के साथ सोने में ज्यादा सहज महसूस कैसे करते हैं। यह स्त्री-पुरुष संबंधों के मनोविज्ञान से बिलकुल विपरीत तथ्य है। प्यारेलाल ने सवाल उठाया कि महात्मा 'उसकी ओर मुंह करके क्यों नहीं सोते। जबकि सुशीला उनसे सट कर सोती है।' ये सारी बातें प्यारेलाल ने महात्मा को लिख भेजीं।

दिवाली की शाम महात्मा ने प्यारेलाल को लिखा- '...एक पुरुष के एक स्त्री से सेवा लेने में खतरा तो है ही। अत: जिस आदर्श का जिक्र मैंने किया था वह कुछ अंशों में ही व्यवहार में लाया जा सकता है। उसे मैं अपने ही मामले में लागू करूं तो इसमें संदेह नहीं कि मैं हर किसी से सेवा लेना नहीं चाहूंगा। मुझे खुद भी सतर्क रहना होगा। यह सब देखते हुए मैं इस निष्कर्ष पर पहुंचा हूं कि मुझे किसी स्त्री की सेवा लेना ही है तो वह केवल सुशीला से लूंगा। जब तक वह किसी कारण यहां नहीं है, तब तक तुमसे जो बन पड़ेगी वही सेवा मैं लूंगा। अगर सुशीला एकदम ही नहीं आती तब क्या करना उचित होगा, यह एक सर्वथा अलग बात है। किसी भी हालत में ए.एस. (अमतुस्सलाम) से मालिश वगैरह नहीं करा सकता। क्योंकि उसमें न तो उसे कोई फायदा होगा और न मुझे। मैं उसके लिए ईश्वर के बराबर हूं, यह विचार ही मुझे बर्दाश्त नहीं होता। मुझमें वह गुण नहीं है। तुम्हें समझना चाहिए कि मैं उसे केवल कष्ट दे रहा हूं। अत: तुम उससे कहो। मैं स्वयं भी उसे मना कर सकता हूं परंतु यह जिम्मेदारी मैं नहीं लेना चाहता।'

उन्होंने आगे लिखा-'यह सच है कि मैं तुम्हारी ओर मुंह करके नहीं सोता। कारण यह कि मैंने उस एक बात की आदत डाल दी है। अचानक उसे तोड़ना कठिन है। यहां प्रश्न इस बात का नहीं है कि वह व्यक्ति पुरुष है या स्त्री। एक पुरुष को भी अगर मैंने वैसी आदत डाली होती तो, तो बात मेरे लिए वही होती। उसके बारे में एक बात अवश्य है। वह मुझसे चिपक कर नहीं सोती। मेरी वैसी इच्छा जरूर थी परंतु थोड़ी कठिनाई के बाद मैं स्वयं को उससे मुक्त कर सका हूं। जहां तक तुम्हारा प्रश्न है, तुम्हारे साथ सारे समय सोता रहूं तब भी तुम्हें संतोष नहीं होगा। तुम्हें खुश करने के लिए तो मुझे सोना ही छोड़ना पड़ेगा। मैं वह भी कर सकता हूं। परंतु उसकी जरूरत नहीं समझता। इसी कारण जहां तक हो सके बर्दाश्त करता रहा हूं। मैं तुम्हें बता ही चुका हूं कि किसी का शरीर मेरे शरीर से सटा हो तो मुझे सोने में दिक्कत होती है। तुम जल्दी सोने जाओ और कुछ देर मेरे साथ लेटकर चले जाओ तो उसके लिए मैं तैयार हूं। परंतु उसके लिए भी मैं बहुत उत्सुक नहीं हूं क्योंकि जब मैं सो जाता हूं तब उतना भी नहीं कर सकता। मैं चाहता हूं कि मेरी सेवा करते-करते जो शारीरिक संपर्क मिल जाए, उतने से तुम संतुष्ट रहो। तुम्हारी तसल्ली के लिए मैं इतना कर सकता हूं कि तुम्हें छोड़कर अन्य किसी से कोई सेवा न लूं। मैं तुम्हारी परीक्षा नहीं लूंगा। उसे मैं पाप समझता हूं। तुम्हें आजमाने के लिए

मैं एक क्षण भी तुम्हारे साथ नहीं सोऊंगा। मेरा विश्वास मेरे ज्ञान पर आधारित है। मुझे तुमसे 'कुरान' के बारे में पूछना पड़ा और उससे जो ज्ञान प्राप्त हुआ वह मेरे लिए काफी था। इस बारे में मुझे जरा भी शंका नहीं। मुझे लगता है कि अब मैंने तुम्हारी सब बातों पर जवाब दे दिया। संक्षेप में कि–

1. मैं तुमसे उतनी ही सेवा लेना चाहता हूं, जितनी तुम दे सको।
2. सुशीला आ जाए तो उसकी खातिर तुम मेरी सेवा करना छोड़ सकते हो परंतु न छोड़ो तो भी मुझे कोई आपत्ति नहीं होगी। और वह मुझे उतनी ही भाएगी जितनी सुशीला को भाती है। ए.एम. मेरे लिए बहुत महत्त्वपूर्ण है परंतु उसकी गलतफहमी के कारण मैं उससे उतनी ही सेवा लेना चाहता हूं जितनी वह खुद करे। आज वह मुझे छोड़कर चली जाए, मेरी सेवा बंद कर दे तो मुझे खुशी ही होगी। यह मेरा ईमानदारी भरा प्रयास है। तुम्हारे मामले में बात उल्टी है। जो भी सेवा तुम मुझे दे सकोगे मैं उसे खुशी से स्वीकार करूंगा। वह मैंने ली भी है। उसकी कीमत भी जानता हूं।
3. अत: तुम्हें शीघ्र ही ए.एस. की मालिश से मुझे मुक्ति दिलानी होगी। एक बात कहना मैं भूल गया। मुझे यह बिलकुल अच्छा नहीं लगता कि तुम सारी रात एक ही चटाई पर लेटे रहते हो। मैं जानता हूं कि मैं तुम्हारी आदत बिगाड़ सकता था परंतु मैंने अपना दिल कड़ा रखा। तुम्हें चाहिए कि सही बिस्तर पर अपने को ढाल कर सोओ। ऐसा न करना पाप है और मुझे उससे तकलीफ होती है। अत: यह ठीक नहीं है कि चाहे अनजाने में ही सही, पर चटाई पर लेटकर तुम मेरी परीक्षा लो।'[82]

इधर सुशीला दूसरी परीक्षा में उलझी थीं। सुशीला 1941 में एमडी की डिग्री लेने दिल्ली लौट आई थीं। लेकिन वह एमडी की परीक्षा में फेल हो गईं। उन्हें रोगों के उपचार का पर्याप्त अनुभव नहीं था। महात्मा ने सुशीला को एक तोहफा भेजा था वह उन्होंने लौटा दिया। सुशीला ने कहा–'ये क्या है?' सुशीला अब वापस आश्रम आना नहीं चाहती थीं। महात्मा ने लिखा–'...कुछ लोग मेरे बाद मेरा काम जारी रखेंगे। उनमें नि:संदेह एक तुम रहोगी। अब सारे संदेह मन से निकाल दो। शीघ्र परीक्षा पास करके आओ और मेरी गोदी में आकर बैठो।'[83]

महात्मा का ब्रह्मचर्य प्रयोग जारी रहा। 1942 में उन्होंने आरोग्य की कुंजी नामक पुस्तिका में इस विषय पर अपने अनुभव लिखे। उन्होंने लिखा–'मैंने ब्रह्मचर्य पालन का व्रत 1906 में लिया था अर्थात मेरा इस दिशा में छत्तीस वर्ष का प्रयत्न है। परंतु मैं ब्रह्मचर्य की अपनी व्याख्या को पूर्णतया पहुंच नहीं सका हूं। तो भी मेरी दृष्टि से इस दिशा में मेरी अच्छी प्रगति हुई है, और ईश्वर की कृपा होगी तो पूर्ण सफलता भी शायद शरीर छूटने से पहले मिल जाए। अपने प्रयत्न में मैं कभी

ढीला नहीं पड़ा। मैं इतना जानता हूं कि ब्रह्मचर्य की आवश्यकता के बारे में मेरे विचार ज्यादा दृढ़ बने हैं। मेरे कुछ प्रयोग समाज के सामने रखने की स्थिति को प्राप्त नहीं हुए। मुझे संतोष हो, इस हद तक अगर वह सफल हो जाएंगे, तो मैं उन्हें समाज के आगे रखने की आशा रखता हूं। क्योंकि मैं मानता हूं कि उनकी सफलता से पूर्ण ब्रह्मचर्य शायद अपेक्षाकृत सफल बन जाए।'[84]

आने वाले सालों में महात्मा प्रयोग के सागर में और गहरे उतर गए। इतना कुछ होने के बाद भी महात्मा मानकर चल रहे थे कि इस दिशा में उनकी अच्छी प्रगति हुई है। उन्हें उम्मीद थी कि पूर्ण सफलता शायद शरीर छूटने तक मिल जाए और वह अपने ब्रह्मचर्य के प्रयोगों के बारे में दुनिया को बता सकें। लेकिन नियति को शायद कुछ और मंजूर था।

संदर्भ

1. कस्तूरबा, सुशीला नैयर, शिवलाल अग्रवाल एंड कंपनी प्रा.लि. 1961, पेज 2
2. खंड 68 :17 फरवरी, 1936, पेज 255
3. खंड 73 :16 अप्रैल, 1938, पेज 114
4. खंड 72 : 7 जनवरी, 1938, पेज 474

कलकत्ते की काली रातें

5. खंड 73 : 5 अप्रैल, 1938, पेज 85
6. खंड 73 : 2 जून, 1938, पेज 230
7. खंड 73 : 14 मई, 1938, पेज 179
8. खंड 73 : 14 अप्रैल, 1938, पेज 111
9. खंड 73 : 2 मई, 1938, पेज 149
10. बापू के पत्र कुमारी प्रेमाबहन कंटक के नाम, 21 मई, 1936, पेज 261
11. खंड 73 : 3 मई, 1938, पेज 152,
12. खंड 73 : 16 अप्रैल, 1938, पेज 113
13. खंड 73 : 3 मई, 1938, पेज 151
14. खंड 73 : 7 मई, 1938, पेज 161
15. खंड 73 : 12 मई, 1938,पेज 176
16. खंड 73 : 12 मई, 1938, पेज 176
17. खंड 73 : 10 मई, 1938, पेज 171
18. खंड 73 : 14 मई, 1938, पेज 179

गांधी की कुटिया या रावण का महल

19. खंड 73 : 16 मई, 1938, पेज 188
20. खंड 73 : 18 मई, 1938, पेज 192
21. खंड 73 : 23 मई, 1938, पेज **207**
22. खंड 73 : 26 मई, 1938, पेज 213
23. खंड 73 : 29 मई, 1938, पेज 221
24. खंड 73 : 29 मई, 1938, पेज 222

25. खंड 73 : 30 मई, 1938, पेज 224
26. खंड 73 : 1 जून, 1938, पेज 227
27. खंड 73 : 1 जून, 1938, पेज 227
28. खंड 73 : 1 जून, 1938, पेज 227

गंदे सपने का प्रायश्चित

29. खंड 73 : 2 जून, 1938, पेज-230-232
30. खंड 73 : 4 जून, 1938, पेज 240
31. खंड 73 : 3 जून, 1938, पेज 236-237
32. खंड 73 : 6 जून, 1938, पेज 245
33. खंड 73 : 11 जून, 1938, पेज 254
34. खंड 73 : 11 जून, 1938, पेज 254-255
35. खंड 73 : 11 जून, 1938, पेज 255
36. खंड 73 : 11 जून, 1938 के आसपास, पेज 256
37. खंड 73 : 22 जून, 1938, पेज 273
38. खंड 73 : 1 जुलाई, 1938, पेज 291-292
39. खंड 73 : 29 जुलाई, 1938, पेज 365
40. खंड 73 : 8 जुलाई, 1938, पेज 312

सनसनीखेज आत्म-स्वीकृति

41. खंड 74 : 12 सितंबर, 1938, पेज 11-12, मूल पत्र से : प्यारेलाल पेपर्स, नेहरू-स्मारक संग्रहालय तथा पुस्तकालय।
42. खंड 74 : 13 सितंबर, 1938, पेज 19
43. खंड 74 : 15 सितंबर, 1938, पेज 29-30
44. खंड 74 : 17 सितंबर, 1938, पेज 44
45. खंड 74 : 19 सितंबर, 1938, पेज 52
46. खंड 74 : 8 अक्टूबर, 1938, पेज 116
47. खंड 74 : 8 अक्टूबर, 1938,पेज 116
48. खंड 74 : 15 अक्टूबर, 1938, पेज 151
49. खंड 74 : 2 नवंबर, 1938, पेज 239
50. खंड 74 : 18 अक्टूबर, 1938, पेज 166

बागी हुए बोस

51. टोए ह्मग, दी स्प्रिंगिंग टाइगर, पेज 37
52. खंड 75 : 31 जनवरी, 1939, पेज 16,
53. हिंदुस्तान टाइम्स, 5 फरवरी, 1939, खंड 75 : पेज 505 परिशिष्ट-4
54. खंड 77 : 23 नवंबर, 1939, पेज 142
55. खंड 77 : 22 दिसंबर, 1939, पेज 223,

आश्रम में अशांति

56. खंड 74 : 9 दिसम्बर, 1938, पेज 371
57. खंड 74 : 26 जनवरी, 1939, पेज 530-531
58. खंड 75 : 3 फरवरी, 1939, पेज 29-30
59. खंड-75 : 2 फरवरी, 1939 पेज 21

60. खंड–77 : 20 अक्टूबर, 1939, पेज 26
61. खंड 76 : 9 अगस्त, 1939, पेज 258
62. खंड 76 : 9 अगस्त, 1939, पेज 257
63. खंड 76 : 15 अगस्त, 1939, पेज 274

गांधी कामी पुरुष हैं

64. हरिजन, 4–11–1939, पुस्तक 'संयम और संतति नियमन' लेखक- गांधीजी, पेज 231 से 236, व खंड 77 : पेज 66–69, मेरा जीवन, 30 अक्टूबर, 1939
65. खंड 77 : 7 दिसंबर, 1939, पेज 180

रूठ गई सुशीला

66. खंड 77 : 29 दिसंबर, 1939, पेज 246
67. खंड 77 : 3 फरवरी, 1940, पेज 372
68. खंड 77 : 5 फरवरी, 1940, पेज 384
69. खंड 77 : 14 फरवरी, 1940, पेज 422
70. खंड 78 : 7 मार्च, 1940, पेज 36
71. खंड 78 : 8 मार्च, 1940, पेज 39
72. खंड 78 : रात 12–30 बजे के बाद, 5 मार्च, 1940, पेज 24–25

डायर की हत्या और सुशीला का सच

73. खंड 78 : 14 मार्च, 1940, पेज 66
74. खंड 78 : 17 मार्च, 1940, पेज 80–81
75. खंड 78 : 22 अप्रैल, 1940, पेज 200,
76. खंड 78 : 25 मई, 1940, पेज 294
77. खंड 79 : 26 अगस्त, 1940, पेज 167–168,
78. खंड 78 : 15 जून, 1940, पेज 388
79. खंड 78 : 16 जून, 1940, पेज 394
80. खंड 78 : 15 जुलाई, 1940, पेज 504
81. खंड 79 : 18 जुलाई, 1940, पेज 17–18
82. खंड 79 : 11 नवंबर, 1940, पेज 436–437
83. खंड 80 : 6 जुलाई, 1941 के पूर्व, पेज 466
84. आरोग्य की कुंजी, नवजीवन प्रकाशन मंदिर सितंबर **2000,** महात्मा गांधी, पेज 27–28

अध्याय-8

ब्रह्मचर्य नहीं संभोग सुख चाहिए

महात्मा ने फैसला किया था कि वह सुशीला और बा के अलावा किसी स्त्री का न स्पर्श करेंगे न उनकी सेवा लेंगे। सुशीला आश्रम में नहीं थी। वह नई दिल्ली में अपनी पढ़ाई पूरी कर रही थीं। सुशीला की देखा-देखी लीलावती आसर, कानजी खेतसी छात्रालय, 65 मिंट रोड बंबई फोर्ट में रहकर अध्ययन में जुटी थीं।

बा की सेवाएं लेने से बापू खुद को अब असहज महसूस कर रहे थे। उनकी तबियत खराब चल रही थी। सुशीला के भाई प्यारेलाल की सेवाओं से भी वह संतुष्ट नहीं थे। सो उन्होंने वर्धा के सेवाग्राम आश्रम में कंचन, आभा, अमतुस्सलाम आदि लड़कियों के साथ सोना शुरू कर दिया।

1941 में अमतुस्सलाम की मां की तबियत खराब हो गई। अमतुस्सलाम के भाई अब्दुल वहीद खां ने उन्हें पत्र लिखकर तत्काल बुलाया। लेकिन अमतुस्सलाम आने को तैयार नहीं थीं। भाई ने नाराजगी भरा एक पत्र महात्मा को लिखा। महात्मा ने समझा बुझाकर अमतुस्सलाम को मां की देखभाल के लिए ईस्टर विला, सेवेंथ रोड, सान्ताक्रुज, बंबई भेजा। उन्होंने उनके भाई वहीद के गुस्से का जिक्र करते हुए अमतुस्सलाम को लिखा-'...मुझको उसके गुस्से से दुख नहीं हुआ। उसको ऐसा गुस्सा करने का हक था। अब मेरी सलाह है कि मां की सब व्यवस्था करके और तू खुद अच्छी होकर ही आएगी।' लेकिन अमतुस्सलाम की चिंता कुछ और थी। महात्मा ने कहा कि वह उनकी चिंता न करे। उन्होंने लिखा- 'मेरी तबीयत अच्छी रहती है। कंचन एक ओर, और दूसरी ओर आभा सोती है।'[1]

आभा आश्रम में अभी नई-नई आई थी। अमृतलाल चटर्जी की बेटी आभा की उम्र अभी 16 साल की भी पूरी नहीं हुई थी। अमृतलाल महात्मा से प्रभावित होकर आश्रम आए थे। उनके साथ उनकी बेटी आभा भी थी। आश्रम में मंत्री और महात्मा के बहुत करीबी नारणदास गांधी का बेटा कन्हैयालाल नारणदास भी युवा हो चला था। प्यार से सब उसे कनु बोलते थे। उसे फोटोग्राफी का शौक था। यही

शौक कनु को आभा के करीब ले आया। आश्रम के मनोरम वातावरण में बंगाली आभा और गुजराती कनु प्रेम सूत्र में बंध गए थे। धीरे-धीरे उनके प्रेम-प्रसंगों की चर्चा आश्रम में फैल गई। यह बात महात्मा तक भी पहुंची। उन्होंने कनु को बुलाकर पूछा। कनु ने सबके सामने साफ कह दिया कि 'विवाह करूंगा तो आभा से ही। आभा नहीं मिली, तो सदा के लिए अविवाहित रह जाऊंगा।' चटर्जी ने महात्मा से पूछा कि क्या किया जाए। महात्मा ने कहा-'दोनों का एक-दूसरे के प्रति परस्पर आकर्षण मैंने देखा है। प्रश्न यह है कि ऐसा ही चलने दिया जाए या दोनों को एक-दूसरे से अलग कर दिया जाए। मेरे विचार से इसमें कोई बुराई नहीं है। यदि वे अविवाहित रहें तो वह आदर्श स्थिति होगी। किंतु यदि वे अपने ऊपर संयम नहीं रख सकते तो उन्हें किसी दूसरे का विचार भी नहीं करना चाहिए।'[2]

कनु के पिता नारणदास ने भी इस रिश्ते के बारे में महात्मा से राय ली। महात्मा की राय थी कि अभी 'आभा को अभी तीन-चार बरस रुकना चाहिए।' महात्मा का मानना था कि 'आभा का विकास तो दिन-प्रतिदिन हो रहा है।' महात्मा की नजर में आभा 'ऊंचे प्रकार की लड़की' थी। 'बहुत पढ़ी-लिखी नहीं है, लेकिन चतुर है'। गुजराती तो आज भी समझ लेती है।'[3]

यह बातचीत अभी केवल अभिभावकों के बीच चल रही थी। आभा तथा कनु गांधी के बीच प्रेम परवान चढ़ रहा था। चटर्जी ने दो आश्रमवासी महिलाओं के बीच दबे स्वर से होने वाली चर्चा के बारे में महात्मा को बताया। महात्मा ने कहा- 'यहां हम जैसा खुला जीवन व्यतीत करते हैं उसमें हम जो भी करते हैं उस पर लोगों की निगाह तो पड़ेगी ही।'[4]

महात्मा ने आभा को कुछ समय के लिए करीब के महिला आश्रम भेज दिया। लेकिन वह जल्द ही लौट आईं। महात्मा की सख्त हिदायत थी कि कनु और आभा आश्रम में ब्रह्मचर्य जीवन जीएंगे। शादी से पहले और शादी के बाद भी। उनके आश्रम में रहने की न्यूनतम शर्त यही होगी। लेकिन आभा महात्मा के शिष्याओं की टीम में शामिल हो गई थीं।

आश्रम में विवाहित होकर ब्रह्मचर्य जीवन बिताने वाले जेपी और उनकी पत्नी प्रभावती अकेले नहीं थे। विवाहित ब्रह्मचर्य की इस दूसरी प्रयोगशाला में मुन्नालाल शाह और उनकी पत्नी कंचन, आचार्य कृपलानी और उनकी पत्नी सुचित्रा कृपलानी, कमला नेहरू, दत्तात्रेय बालकृष्ण कालेलकर आदि शामिल थे।

इनमें मुन्नालाल शाह की दशा सबसे दयनीय थी। पत्नी के रहते हुए वह आश्रम संन्यासी का जीवन बिताने के लिए अभिशप्त थे। शाह का विवाह कंचन से हुआ था। बाद में वह भी आश्रम में आ गईं। देखते-देखते पति-पत्नी महात्मा के करीब होते गए। महात्मा इन्हें अपनी 'रिजर्व फौज का सिपाही' मानते थे। वह आश्रम के सभी छोटे-बड़े काम देखते थे। महात्मा के ब्रह्मचर्य प्रयोग पर उनकी

पैनी निगाह रहती। वह महात्मा को मुश्किल में डालने वाले सवाल पूछ बैठते थे। लेकिन विवाह के बाद वह खुद मुश्किल में घिर गए।

मुश्किल में मुन्ना भाई

महात्मा ने मुन्नालाल और कंचन, दोनों को ब्रह्मचर्य के व्रत में बांध लिया था। दोनों महात्मा के विवाहित ब्रह्मचर्य के प्रयोग के मोहरे बन गए। विवाहितों के लिए भी महात्मा के ब्रह्मचर्य के नियम बहुत कड़े थे। उन्होंने मुन्नालाल शाह को कहा था– 'तुम्हारा और कंचन का व्यवहार ऐसा होना चाहिए : तुम दोनों को एकांत का सेवन नहीं करना चाहिए; एक–दूसरे का स्पर्श नहीं करना चाहिए। यदि दोनों में से किसी एक का मन दूसरे को देखकर विकारवश हो जाए और यदि फिलहाल तुम दोनों ब्रह्मचर्य का पालन करना ही चाहो तो तुम्हें अलग–अलग रहना चाहिए।'

आश्रम के नियमों के तहत दंपति एक–दूसरे का स्पर्श नहीं कर सकते थे। लेकिन युवा मुन्नालाल शाह को अपनी भावनाओं पर काबू कर पाना कठिन लगता। यही हाल कंचन का भी था। आश्रम में वह एकांत के क्षणों में मौका पाकर स्पर्श–सुख प्राप्त कर लेते थे। यह बात महात्मा को पता चली तो वह नाराज हुए। मुन्नालाल शाह ने उनसे पूछा कि 'क्या स्पर्श पाप है?' जवाब में महात्मा ने कहा–'स्पर्श में पाप नहीं है, और है भी। लेकिन प्रतिज्ञा भंग करना तो महापाप है। इसलिए यदि अब प्रतिज्ञा भंग हो तो तुम दोनों को चुपचाप आश्रम छोड़ देना चाहिए।' [5]

पत्नी के बिना मुन्नालाल शाह का मन हमेशा अशांत रहता। लेकिन महात्मा उनसे बार–बार यही बात कहते–'कंचन को या तो तुम पत्नी के रूप में भूल जाओ, या फिर घर जमाकर उसे संभालो।' कंचन पंचगनी चली गई तो मुन्नालाल उदास हो गए। वह कंचन को पत्र लिखते लेकिन कंचन को उनके पत्र खुले हुए मिलते। पोलक दंपति के साथ भी कुछ दिनों यही हुआ था। मुन्नालाल ने इसकी शिकायत महात्मा से की तो महात्मा ने कहा–'तुम्हारे पत्र कौन पढ़ता है? और पढ़ता भी हो, तो समझता क्या होगा? फिर भी तुम्हारी इच्छा हो कि कोई न पढ़े, तो ऊपर निजी लिख दिया करो, जिससे मैं उन्हें तुरंत लौटा दूंगा या फाड़ डालूंगा।' [6]

मुन्नालाल नहीं चाहते थे कि इस प्रयोग के चक्कर में उनकी पत्नी कंचन का नाम सार्वजनिक हो। किसी तरह साल बीता लेकिन हालात नहीं बदले। मुन्नालाल अपनी भावनाओं पर काबू नहीं रख पा रहा था। उसने महात्मा के सामने कंचन से मिलने की इच्छा जाहिर की। महात्मा ने उसे जाने दिया। मुन्नालाल ने महात्मा को लिखा कि वह ब्रह्मचर्य के व्रत पर पूरी तरह कायम नहीं रह सका। महात्मा ने इसे मुन्नालाल का 'पतन' करार दिया। उन्होंने मुन्नालाल को लिखा–'मैंने तो जब तुम्हें जाने दिया था, तभी सोच लिया था कि यही होना है। लेकिन उस तरह मैं तुम्हें रोकना नहीं चाहता था। मानसिक मिलाप तो तुम रोज करते ही रहते थे। तब

अच्छा यही था, शारीरिक मिलाप भी होना हो तो हो ही जाए। अब तुम फिर से घर बसा लो, यही अच्छा है। घर बसाने का मतलब साथ सोना थोड़े ही है! घर बसाने के बाद भी अगर तुम दोनों संयम का पालन कर सको, तो माना जाएगा कि काफी हुआ। वहां बैठे दोनों एक-दूसरे की परीक्षा करना। यही ठीक होगा, ऐसा मैं मानता हूं।'[7]

महात्मा पूरे मनोयोग से नवविवाहित मुन्नालाल और कंचन के यौन-संबंधों का अध्ययन कर रहे थे। इस बारे में वह दोनों से लंबी बातें करते और अपने निष्कर्ष निकालते। मुन्नालाल शाह को यह अच्छा नहीं लगता कि महात्मा उसकी पत्नी से इस विषय में चर्चा करते हैं। लेकिन चीजों को समझने और समझाने का महात्मा का अपना तरीका था। उन्होंने मुन्नालाल शाह को लिखा-'कंचन के साथ जी-भर कर बातें हुई हैं। अब तुम नहीं चाहते तो बातें करना बंद किए देता हूं। कंचन का और मेरा मत एक ही है। तुम्हें सेवाग्राम या बालकृष्ण की कुटी या जहां अच्छा लगे वहां, और जब तक के लिए तुम ठीक समझो, अपनी गृहस्थी जमानी चाहिए। कंचन को यही ज्यादा अच्छा लगेगा। यदि तुम यह कदम उठाने के लिए तैयार न हो और तुम्हें फिलहाल अकेले घूमना हो तो आनंद से घूमो। उस स्थिति में कंचन यहां या जहां तुम्हारी इच्छा हो वहां रहेगी। कंचन तुम्हारी इच्छानुसार चलना चाहती है।' वह मुन्नालाल के मनोविज्ञान को समझ चुके थे। उन्होंने आगे लिखा- 'मेरा स्वतंत्र मत यह है कि तुम्हें कंचन के बिना कहीं भी शांति नहीं मिलेगी। तुम कंचन के प्रति अपना प्रेम या मोह या तुम इसे जो भी कहते हो छोड़ नहीं सकोगे। तुम्हें विषय-तृप्ति चाहिए। यदि मिल सके तो कंचन को भी यही चाहिए। लेकिन उसमें तुम्हारी-जैसी लोलुपता नहीं है। वैसे, सामान्यत: विचार करते हुए, कंचन के प्रति तुम्हारे प्रेम अथवा तुम्हारी विषय-भोगेच्छा में कोई दोष नहीं है, तुम चाहते हो ऊंचे उड़ना, लेकिन वह तुम्हारी शक्ति के बाहर की बात है। संभव है कि दो-एक वर्ष में तुम्हारी तृप्ति हो जाए और तुम वैराग्य का जो मार्ग लेना चाहते हो वह ले सको। अगर जाते हो तो जब तुम लौट कर आओगे, यहां तुम्हें अपनी जगह सुरक्षित मिलेगी।'[8]

महात्मा जानते थे कि मुन्नालाल आश्रम जीवन छोड़ने की स्थिति में नहीं हैं। एक तरह का मनोवैज्ञानिक दबाव डालकर महात्मा मुन्नालाल को कंचन से दूर रखने की कोशिश करते। उनके प्रयोग की सबसे करीबी हिस्सेदार सुशीला उन दिनों आश्रम में नहीं थीं। महात्मा कंचन पर अपना प्रयोग आजमाने की फिक्र में थे। कंचन अभी इस प्रयोग की सक्रिय भागीदार नहीं बनी थीं। लेकिन महात्मा के 'पैरों में घी लगाना, चलने के लिए उन्हें अपने कंधे का सहारा देना' कंचन के जीवन का अंग बन गया था। इस तरह के 'स्पर्श' के बारे में पूछे जाने पर मुन्नालाल से महात्मा ने उल्टा सवाल किया-'तो क्या कंचन जो मेरा स्पर्श करती है उसे भी तुम

वर्ज्य मानते हो? यदि किसी पुरुष की सेवा करने के लिए उसका स्पर्श करना पड़े तो क्या वह भी छोड़ देना चाहिए? जैसी तुम्हारी इच्छा हो, नि:संकोच लिखना।'[9]

कंचन अन्य शिष्याओं की तरह महात्मा के करीब आ गई थीं। महात्मा ने उन्हें काफी समझाया था कि वह मुन्नालाल को संपूर्ण ब्रह्मचर्य के मार्ग पर ले जाना चाहते हैं और इस कार्य में कंचन ही मुन्नालाल की मदद कर सकती है। उन्होंने कंचन को समझाया था कि 'ब्रह्मचर्य के बिना अच्छे जीवन का निर्माण नहीं होता।' मासूम कंचन महात्मा के प्रभाव में थीं। मुन्नालाल को यह कतई पसंद नहीं था कि वह उनकी गैरहाजिरी में आश्रम में महात्मा के पास रहें। महात्मा ने मुन्नालाल को लिखा-'सुशीला बहन के आने के बाद कंचन को वालोड या बंगलौर भेज देंगे। वैसे उसकी इच्छा तो जब तक तुम पूर्ण सशक्त न हो जाओ, यहीं रहने की है। उसका मन जरा भी मत दुखाना। वह बच्ची है, तुम सयाने हो और तुमने संसार देखा है।'[10]

मुन्नालाल के लिए महात्मा के निर्देश थे कि वह कंचन को भूल कर 'धनुष-तकली की आराधना' करे। महात्मा उससे कहते-'तुम्हें अपने विचारों को परिपक्व बनाना चाहिए और शांति बनाए रखनी चाहिए। संयम का पालन करके शरीर को मजबूत बना लेना चाहिए।'[11]

विश्वासपात्र कुत्ता हूं

इधर दुनिया के साथ भारत की राजनीति भी करवट बदल रही थी। दूसरा विश्वयुद्ध परवान पर था। हिटलर की सेनाएं अबीसीनिया, चेकोस्लोवाकिया, पोलैंड, फिनलैंड, नॉर्वे, डेनमार्क, हॉलैंड, बेल्जियम और फ्रांस तक पर कब्जा कर चुकी थीं। ऐसे समय में महात्मा ने मित्र देशों को जो सलाह दी वह चौंकाने वाली थी।

महात्मा ने अपने अहिंसा के विचार दूसरे महायुद्ध पर लागू करने के लिए तैयार किए थे। उन्होंने हरिजन में एक लेख लिखा-'हिटलरशाही का मुकाबला कैसे करें?' महात्मा का कहना था कि हिटलर यूरोपीय देशों पर जीतकर क्या करेगा। आखिर उसे भी एक दिन सिकंदर की तरह इस दुनिया से खाली हाथ लौटना है। यूरोप ने हिटलर की हिंसा का जवाब प्रतिहिंसा से दिया था। जबकि महात्मा चाहते थे कि यूरोपीय देश हिटलर के सामने हथियार डालकर अहिंसा का रास्ता अपनाएं।[12]

यह विचार एक ऐसे आदमी के थे जिसने खुद पहले विश्वयुद्ध के समय ब्रिटिश फौज में सैनिकों की भर्ती के लिए अपने देश की जनता के सामने अपनी झोली फैलाई थी। इस अहिंसा के पुजारी ने तब भारत की माओं से ब्रिटिश फौज में भर्ती होकर शहीद होने के लिए उनके बच्चे मांगे थे। लेकिन अब महात्मा के बदले हुए थे। ये दार्शनिक विचार कांग्रेस के अधिकांश नेताओं को सरासर किताबी

लगे थे। यूरोपीय देशों के लिए तो खैर अहिंसा का यह प्रस्ताव ही अपमानजनक था। 21 जून को वर्धा में कांग्रेस कार्य-समिति की बैठक शुरू हुई। समिति ने महात्मा के इन विचारों को उनकी निजी राय बताकर पल्ला झाड़ लिया। कांग्रेस कार्य-समिति ने अपने प्रस्ताव में कहा : हालांकि कार्य-समिति यह मानती है कि कांग्रेस को अपने स्वतंत्रता-संघर्ष में अहिंसा के सिद्धांत का दृढ़ता से पालन करते रहना चाहिए, लेकिन इस संबंध में ...जिन मानवीय तत्त्वों से उसका वास्ता पड़ता है उनकी अपूर्णता और त्रुटियों की वह उपेक्षा नहीं कर सकती...। इस प्रकार जो समस्या सामने आई है उस पर पूरा विचार करके समिति इस निष्कर्ष पर पहुंची है कि वह गांधीजी के साथ अंत तक नहीं चल सकती। इसी सिलसिले में जून अंत में वायसराय ने महात्मा को शिमला बुलाया था। वायसराय को भी उन्होंने अहिंसा का सिद्धांत समझाया। उन्हें सलाह दी कि वह जर्मनी को श्रेष्ठ मान लें और युद्ध लड़ने से इंकार कर अहिंसा व्रत ले लें।

उन्होंने वायसराय से कहा-'संगठन और कौशल की दृष्टि से जर्मनी की श्रेष्ठता की स्पष्ट स्वीकृति से ब्रिटेन के शौर्य को कोई आंच नहीं आएगी, बल्कि उससे उसकी अभिवृद्धि ही होगी, क्योंकि यह स्वीकृति सत्य के अनरूप होगी।' महात्मा चाहते थे कि वायसराय उनके यह विचार सम्राट तक पहुंचाएं। जाहिर था वायसराय लॉर्ड लिनलिथगो ऐसा करके अपनी नौकरी नहीं गंवाना चाहते थे। वह सन्नाटे में आ गए। आम तौर पर मुलाकात के बाद वायसराय घंटी बजाकर अपने एडीसी को बुलाते और उससे कहते कि वह मि. गांधी को कार तक छोड़ आए। लेकिन उस दिन वायसराय ने न घंटी बजाई और न ही महात्मा को विदाई दी। महात्मा उठे और वह अपनी कार तक अकेले आए।

महात्मा चाहते थे कि इस बारे में वह ब्रिटेन की जनता के लिए एक सार्वजनिक अपील जारी करें। इसके लिए वायसराय ने उन्हें इजाजत दे दी लेकिन इस शर्त के साथ कि इस अपील में कहीं उनका नाम न जोड़ा जाए। यही नहीं गांधीजी के विचारों से घबराए वायसराय ने यह कसम भी ले ली कि उनके बीच की बातचीत और पत्र व्यवहार परम गोपनीय रखे जाएं।

अपनी बातों से वायसराय को हैरत में डालकर महात्मा उसी शाम दिल्ली लौट आए। 2 जुलाई को उन्होंने ब्रिटेन की जनता के नाम अहिंसा व्रत लेने की एक खुली अपील भी जारी कर दी। यह अपील सभी अखबारों में छपी।

3 जुलाई को ही महात्मा ने अपील की एक प्रति अपने पत्र के साथ वायसराय के पास शिमला भेज दी। उन्होंने वायसराय से आग्रह किया कि वह इस अपील का मजमून उपयुक्त अधिकारियों के पास भेज दें। वायसराय ने अपील को प्रधानमंत्री के दफ्तर भेज दिया था। प्रधानमंत्री के दफ्तर से सात दिन के भीतर ही जवाब वायसराय के पास आ गया। ये जवाब वायसराय ने महात्मा तक पहुंचा भी दिया।

जवाब था– '...हालांकि सम्राट की सरकार आपके हेतुओं की बहुत कद्र करती है, फिर भी उसे ऐसा नहीं लगता कि जिस नीति की आपने हिमायत की है उस पर विचार करना उसके लिए संभव होगा, क्योंकि सारे साम्राज्य के साथ मिलकर उसने इस युद्ध को विजय मिलने तक चलाते रहने का दृढ़ संकल्प कर रखा है।'

दिल्ली में महात्मा अलबुकर्क रोड स्थित बिड़ला हाउस में ठहरे। महात्मा आठ दिन यहां रुके। वह सुशीला से भी मिले। महात्मा ने उनसे आश्रम लौट आने की जिद की लेकिन सुशीला तैयार नहीं थीं। वह अपनी शर्त पर अडिग थीं। उन्होंने एमडी की तैयारी का भी बहाना बनाया। 8 जुलाई को महात्मा वर्धा जाने के लिए दिल्ली की ट्रेन में बैठे। दिल्ली से लौटते वक्त महात्मा ने ट्रेन में ही सुशीला को लिखा– 'तू मेरे मन से हटती नहीं। मैं तो यही आशा करूंगा कि तू 24 को या 25 को पहुंचेगी। भारतानंद के पत्र के आखिर में जो लिखा था, क्या वह तूने पढ़ा था? वह ठीक था। तू आ जाए, वह मेरी इच्छा है, लेकिन चित्त स्वस्थ होगा तो ही आना। यह तेरा धर्म है। महादेव, कनु, प्यारेलाल की तरह तू आ सकती है तो आना। ...यदि तू नहीं आएगी तो डिस्पेंसरी जैसी चल रही है वैसी रखने का मेरा विचार नहीं है। मैंने तो यह तेरे लिए बनवाई है। यदि मैं दूसरा डॉक्टर नहीं रखता तो डिस्पेंसरी रखना ठीक नहीं होगा और मैं दूसरा डॉक्टर रखूं, यह मुझे नहीं सुहाता।'[13]

महायुद्ध दिलचस्प मोड़ पर पहुंच गया था। तीन साल से लगातार चल रही लड़ाई ने ब्रिटिश और मित्र देशों की अर्थव्यवस्था की कमर तोड़ दी थी। यही हाल दूसरी तरफ भी था। जर्मनी, जापान जैसे धुरी-राष्ट्रों की अर्थव्यवस्था भी चरमरा गई थी। वे युद्ध कैदियों से जानवरों की तरह 22 घंटे काम कराकर कारखानों में उत्पादन कर रहे थे। ऐसे में भारतीय माल की मांग बढ़ गई। युद्ध काल में यूरोप को अपने फौजियों के लिए भारत से रसद सामग्री के साथ लौह अयस्क, कपड़े और कंबल आदि की जरूरत थी। युद्ध सामग्री के ठेके लेकर भारत के छोटे-बड़े उद्योगपतियों की चांदी हो गई। ज्यादातर उद्योगों के मालिक कांग्रेसी थी। कई तो कांग्रेस कार्य समिति के सदस्य भी थे। एक तरफ महात्मा असहयोग और अहिंसा का नारा देकर युद्ध का विरोध कर रहे थे दूसरी तरफ कांग्रेसी युद्ध के लिए सामग्री मुहैया कराकर करोड़पति बन रहे थे। ऐसे में महात्मा से किसी ने पूछा–'क्या कांग्रेसजनों के लिए, खास तौर से कांग्रेस कमेटियों के सदस्यों के लिए वह उचित है कि वे युद्ध-सामग्री के ठेके लें?'

महात्मा के पास इस बात का सीधा जवाब नहीं था। उन्होंने कहा–'उचित तो यही होगा कि यह सवाल कांग्रेस की कार्य-समिति से पूछा जाए। उन्होंने आगे कहा–अलबत्ता, व्यक्तिगत रूप से मैं यह समझता हूं कि कांग्रेसजन युद्ध-सामग्री के ठेके नहीं ले सकते।'[14]

विश्वयुद्ध को लेकर महात्मा की शांतिवादी नीति से अगर कोई सबसे ज्यादा आहत था तो वह अबुल कलाम आजाद थे। मौलाना आजाद कांग्रेस के अध्यक्ष थे। उन्हें 'कांग्रेस की कठपुतली' कहा जाता था। दूसरे हिंदुस्तानियों की तरह वह भी सिर्फ और सिर्फ 'देश की आजादी' चाहते थे। लेकिन गांधीजी का तब लक्ष्य शांति था भारत की आजादी नहीं। मौ. आजाद ने खुलेआम ऐलान कर दिया कि कांग्रेस कोई शांतिवादी संगठन नहीं है। शांति उसके लिए सिर्फ आजादी पाने का एक साधन मात्र है। इसलिए महात्मा ने जो मसला उठाया है वह असंगत है। मौ. आजाद ने लिखा कि 'इस प्रश्न को लेकर महात्मा ने उनसे कई बार आत्महत्या की धमकी तक दे डाली थी।' लेकिन मौ. आजाद का साफ मानना था कि 'अहिंसा एक नीति है धर्म नहीं।' इस मसले पर कांग्रेस कार्य-समिति में बहुत जल्द गतिरोध पैदा हो गया। कांग्रेस दो खेमे में बंट गई। एक खेमा महात्मा के समर्थन में खड़ा था। इसमें डॉ. राजेंद्र प्रसाद, आचार्य कृपलानी और शंकर राव देव जैसे लोग थे। पंडित नेहरू, खान अब्दुल गफ्फार खां और राजाजी, आजाद के साथ थे। महात्मा के समर्थक खेमे ने इस प्रश्न पर कार्य-समिति से अपने इस्तीफे तक की धमकी दे डाली।

इस पूरे घटनाक्रम से महात्मा आहत थे। उन्होंने व्यंग्य में मौ. आजाद को लिखे एक पत्र में खुद को 'विश्वासपात्र कुत्ता' बताया। मौ. आजाद ने इस पर आपत्ति दर्ज की तो उन्होंने लिखा- 'मेरे इस कथन से कि मैं आपका विश्वासपात्र कुत्ता हूं, आपको दुख नहीं करना चाहिए। कुत्ता भी बड़ी कुलीनता दिखाने वाला हमारा चौपाया भाई है।...भाष्यकारों की दृष्टि में वह कुत्ता तो धर्म था। लेकिन अगर कुत्ता पागल हो जाए, तो आप उसे अलग कर सकते हैं, अलग कर देना चाहिए। अब मेरा सुझाव यह है कि मुझ से जो भूल हो गई है उसे सुधार दीजिए। जनरल के रूप में मैंने अपने अधिकार का अतिक्रमण किया। राजा को अहिंसा के अपने अर्थ को विकृत करके प्रस्ताव पेश करने दिया, मेरी यह भूल या तो आप सुधार दीजिए या फिर मुझे अलग कर दीजिए। अगर सुधारें तो क्या किया जाए, इसका नक्शा मेरे मन में है।'[15]

इसी बीच जून, 1941 में जर्मनी ने सोवियत रूस पर हमला कर दिया। उधर जापान ने पर्ल हार्बर में अमेरिका पर आक्रमण किया। इन दोनों हमलों ने ब्रिटिश हुकूमत की नींद उड़ा दी। रूस और अमेरिका को भी इस महायुद्ध में शामिल होना पड़ा। अब अपने शाब्दिक अर्थों में यह युद्ध विश्वयुद्ध बन गया था। युद्ध के बाद दुनिया बदलनी तय थी। देशों का मानचित्र बदलना तय था। पर्ल हार्बर पर हुए जापानी हमले ने अमेरिका को तोड़ दिया था। अब वह खुलकर ग्रेट ब्रिटेन के साथ आ गया। दोनों बड़े देश युद्ध के बाद के विश्व की नई तसवीर तैयार कर रहे थे। अगस्त, 1941 में अमेरिकी राष्ट्रपति फ्रैंकलिन रूजवेल्ट और इंग्लैंड

के प्रधानमंत्री विंस्टन चर्चिल के बीच उत्तरी अटलांटिक क्षेत्र में युद्धपोतों पर हुई कई दौर की बातचीत के बाद एक संयुक्त वक्तव्य तैयार किया गया। इसमें द्वितीय विश्वयुद्ध खत्म होने पर मानवता के बेहतर भविष्य की आशा से दोनों नेताओं ने कुछ सामान्य सिद्धांतों और नीतियों की घोषणा की। इसमें सैन्य शक्ति के इस्तेमाल और क्षेत्रीय अतिक्रमण की निंदा की गई और यह कहा गया कि दुनिया के सब लोगों को स्वशासन एवं स्वनिर्णय का अधिकार होना चाहिए। हिंदुस्तान के लिए यह शुभ संकेत थे। विश्वयुद्ध के दबाव में सही अंग्रेज हिंदुस्तान को आजाद करने के लिए सैद्धांतिक तौर पर तैयार हो गए थे।

जापानी फौजें भारत की ओर बढ़ रही थीं। मलाया और सिंगापुर के बाद जापान ने बर्मा पर कब्जा कर लिया। बर्मा अभी चार साल पहले तक भारत का ही हिस्सा था। जापानी फौजें बंगाल की खाड़ी में दाखिल हो चुकी थीं। बहुत जल्द अंडमान निकोबार द्वीप समूह पर जापानी फौज ने कब्जा कर अपने बंकर बना लिए। ब्रिटिश सरकार के लिए यह खतरनाक संकेत थे। एक तरफ भारत हाथ से जा रहा था दूसरी तरफ अमेरिकी राष्ट्रपति रूजवेल्ट का दबाव था कि हिंदुस्तान के नेताओं से ब्रिटिश सरकार समझौता कर ले। ताकि जापान की बढ़ती ताकत पर अंकुश लगे। मौ. आजाद और पं. नेहरू समेत कांग्रेस के कई बड़े नेता जेल में थे। ब्रिटिश सरकार ने उन्हें मुक्त कर दिया। सरकार जानना चाहती थी कि बदले हुए हालात में कांग्रेस की मंशा क्या है? क्या वह युद्ध में ब्रिटिश सरकार और मित्र देशों का साथ देगी?

करो या मर जाओ

कांग्रेस की क्या मंशा थी यह खुद कांग्रेस नहीं जानती थी। युद्ध को लेकर कांग्रेस के अंदर गजब का विरोधाभास था। अहिंसा के पुजारी महात्मा तो युद्ध के ही खिलाफ थे सो वह नहीं चाहते थे कि हिंदुस्तान इस युद्ध में किसी भी कीमत पर हिस्सा ले। जबकि कांग्रेस अध्यक्ष मौलाना आजाद ने साफ कह दिया था कि 'पहले आजादी दो फिर हिंदुस्तान खुद फैसला लेगा कि वह युद्ध में शामिल हो या नहीं।' कलकत्ते की प्रेस कांफ्रेंस में पत्रकार ने मौ. आजाद से पूछा कि 'अगर जापान ने हिंदुस्तान पर हमला कर दिया तो हिंदुस्तान क्या करेगा?' मौ. आजाद ने कहा ऐसे में 'मुल्क की हिफाजत के लिए हर हिंदुस्तानी तलवार उठा लेगा। पर यह हम तभी कर सकते हैं जब हमारे हाथ-पांव में जो हथकड़ियां और बेड़ियां पड़ी हैं वह हटा ली जाएं। अगर हमारे हाथ-पांव बंधे हो तो हम लड़ कैसे सकते हैं?'

मौलाना आजाद ने ब्रिटिश हुकूमत के सामने बातचीत का रास्ता खोला था। जब कि महात्मा के रुख से किसी बातचीत की कोई उम्मीद नहीं थी। कांग्रेस के ये मतभेद लंदन के अखबारों ने खुल कर छापे। इस विकट स्थिति से निकलने के

लिए कांग्रेस ने 30 दिसंबर, 1941 को बारडोली में कार्य-समिति की बैठक बुलाई। यहां महात्मा ने साफ कह दिया कि 'अगर उन्हें भारत का वायसराय बना दिया जाए तो भी वह युद्ध के लिए भारत की जनता को तलवार उठाने के लिए नहीं कहेंगे।' यह कहना उनके लिए 'नैतिक आत्महत्या है।' उन्होंने कहा-'जिस नाव पर चढ.कर मैं किनारे के बिलकुल पास पहुंच गया हूं, क्या अब उसी का त्याग कर दूं? युधिष्ठिर अपने विश्वस्त कुत्ते का त्याग करके स्वर्ग के द्वार में भी प्रवेश करने को तैयार नहीं थे। कारण, वे जानते थे कि उस कुत्ते के बिना, अर्थात् आस्था और विश्वास के बिना, स्वर्ग का साम्राज्य भी उनके लिए व्यर्थ होगा। क्या कोई अरब (अर्थात् कांग्रेस) अपनी यात्रा के अंत में अपने उस घोड़े (अर्थात् अहिंसा) को छोड़ देगा जिस पर सवार होकर वह अपनी मंजिल के निकट पहुंचा है? यह तो मेरे लिए घोर पाखंड या अश्रद्धा की बात होगी।'

महात्मा और कांग्रेस अध्यक्ष मौलाना अबुल कलाम आजाद के बीच एक अदृश्य युद्ध चल रहा था। विश्वयुद्ध से पूरी दुनिया प्रभावित थी। लेकिन महात्मा ने कांग्रेस को एक अजीब द्वंद्व और विकट स्थिति में डाल दिया था। ऐसे उथल-पुथल के माहौल में कांग्रेस के पास करने के लिए कुछ नहीं था। सिर्फ अखबारों में बयानबाजियां चल रही थीं। यह वक्त था जब कांग्रेस एक बड़ा आंदोलन खड़ा कर अंग्रेजों से मोलभाव कर सकती थी। पर ऐसे समय में महात्मा किसी भी आंदोलन के खिलाफ थे। देश भर में कांग्रेस की किरकिरी होने लगी थी।

बहुत दबाव पड़ने पर वह 'प्रतीकात्मक सत्याग्रह' के लिए तैयार हुए। लेकिन यह सत्याग्रह भी 'भारत को युद्ध और अहिंसा में घसीटने के विरोध में था न कि 'देश की आजादी' के लिए। इस सत्याग्रह को महात्मा की मर्जी पर छोड़ दिया गया। सत्याग्रह वही करेगा जिसे महात्मा नामित करेंगे। उनकी इजाजत के बगैर कोई सत्याग्रह नहीं कर सकता था। व्यक्तिगत सत्याग्रह 17 अक्टूबर, 1940 को शुरू हुआ। विनोबा भावे पहले सत्याग्रही बने। उसके बाद जवाहरलाल नेहरू। फिर दूसरे लोग। यह सत्याग्रह लोगों के लिए नागवार गुजर रहा था। पंजाब के एक कांग्रेस कार्यकर्ता ने चिढ़कर खुद सत्याग्रह शुरू कर दिया। उसे गिरफ्तार कर लिया गया। मजिस्ट्रेट ने उस पर एक आना जुर्माना लगाया। उसने नाटकीय ढंग से अदालत में ही जेब से इकन्नी निकाली और जमा कर दी। वह छूट गया। इस घटना से कांग्रेस की बड़ी किरकिरी हुई। आंदोलन की खिल्ली उड़ाई गई। मौलाना आजाद को पंजाब जाना पड़ा।

ब्रिटिश हुकूमत को कांग्रेस के इस अंतर्द्वंद्व का अंदाजा था। दुनिया तेजी से बदल रही थी। अमेरिकी जनता का दबाव बढ़ता जा रहा था कि युद्ध में भारत उनका साथ दे। लेकिन यह तभी संभव था जब महारानी की सरकार हिंदुस्तान के बंधन ढीले करे। ब्रिटेन के प्रधानमंत्री चर्चिल का दिमाग सातवें आसमान पर

रहता था। उन्हें तो भारत की आजादी के नाम से 'घृणा' थी। लेकिन दुनिया और विश्वयुद्ध के दबाव में उन्हें भी बदलना पड़ रहा था। भारत के नेताओं से बातचीत करने के लिए उन्होंने सर स्टेफर्ड क्रिप्स को चुना। सर क्रिप्स हिंदुस्तान में रह चुके थे। यहाँ का मिजाज जानते थे। बाद में उन्हें ब्रिटिश राजदूत बनाकर रूस भेज दिया गया। चर्चा थी कि रूस को मित्र देशों के खेमे में शामिल करने में उन्हीं का हाथ था। स्टालिन और हिटलर को एक-दूसरे का दुश्मन बनाने में सर क्रिप्स काफी हद तक जिम्मेदार थे। इस घटना ने सर क्रिप्स को रातोंरात हीरो बना दिया था। ऐसे में उम्मीद की जा रही थी कि सर क्रिप्स का जादू भारत पर भी चल जाएगा क्योंकि भारत तो उसका जाना-पहचाना देश था। भारतीय मामलों में उसकी गहरी दिलचस्पी थी। पं. नेहरू और कई भारतीय नेता उसके मित्र थे।

सर स्टेफर्ड क्रिप्स ब्रिटिश युद्ध मंत्रिमंडल के प्रस्तावों को लेकर भारतीय नेताओं के साथ बातचीत करने के मकसद से 23 मार्च, 1942 को भारत पहुंचे। सर क्रिप्स जानते थे कि मौजूदा हालात में महात्मा से कोई समझौता नहीं हो सकता क्योंकि वह इस बात के लिए कतई राजी नहीं होंगे कि भारत विश्वयुद्ध में शामिल हो। भारत की आजादी को प्लेट में सजाकर उन्हें दे दिया जाए तब भी नहीं। लेकिन समस्या और विकट थी क्योंकि वह यह भी जानते थे कि महात्मा के बगैर भी कोई समझौता संभव नहीं।

सर क्रिप्स ने मौलाना आजाद को टटोलना चाहा। क्रिप्स ने मौलाना आजाद से पूछा अगर ब्रिटिश सरकार हिंदुस्तान को आजाद कर दे तो क्या देश की जनता गांधी की अपेक्षा उनके विचारों को कबूल करेगी? मौ. आजाद ने क्रिप्स को अपनी तरफ से आश्वासन दे दिया कि अगर अंग्रेजी हुकूमत भारत को आजाद कर देती है तो कांग्रेस और देश की जनता सच्चे दिल से विश्वयुद्ध में ब्रिटेन का साथ देगी। सर क्रिप्स ने यह भी पूछा कि क्या ऐसी दशा में हिंदुस्तान अनिवार्य सैन्य भर्ती स्वीकार कर लेगा? मौ. आजाद ने कहा- तब हिंदुस्तान तन, मन और धन से युद्ध में आपका साथ देगा।

सर क्रिप्स ने एक साथ कई सारी उम्मीदें जगा दी थीं। लेकिन उनकी अटैची में ब्रिटिश युद्ध मंत्रिमंडल के जो सुझाव थे वह इतने सच्चे और सरल नहीं थे। क्रिप्स मिशन भारत को युद्ध के दौरान सत्ता देने को तैयार नहीं था। वह भारत को औपनिवेशिक दर्जा देना चाहता था। मिशन का सुझाव था कि युद्ध के बाद भारत आजाद होगा लेकिन पंजाब जैसे विभिन्न प्रांत यह निर्णय लेने के लिए स्वतंत्र होंगे कि वह इस आजाद भारत में शामिल होना चाहते हैं या नहीं। यह सबसे आपत्तिजनक बिंदु था। इससे पाकिस्तान के नाम से एक अलग मुल्क बनाने का रास्ता साफ हो रहा था। एक अन्य सुझाव में राजे-रजवाड़ों को अपना भविष्य तय करने की छूट थी। वह प्रांतों की तरह अलग भी हो सकते थे।

इन प्रस्तावों को लेकर क्रिप्स जब महात्मा के पास पहुंचे तो वह भड़क गए। उन्होंने कहा 'यदि आपके पास देने के लिए यही था तो आप आए ही क्यों? यदि भारत के लिए आपका पूरा प्रस्ताव यही है तो मैं आपको अगले विमान से ही स्वदेश लौट जाने की सलाह दूंगा।' महात्मा की क्रिप्स से काफी देर बात हुई। लेकिन सर क्रिप्स उन्हें मना नहीं पाए। उन्होंने सर क्रिप्स से कहा कि 'रूस में तो आपने चमत्कार कर दिया था। क्या यहां किसी चमत्कार की गुंजाइश नहीं?'

बातचीत टूट गई। क्रिप्स मिशन नाकाम रहा। इससे अगर कोई सबसे ज्यादा आहत था तो वह सर क्रिप्स के दोस्त पं. नेहरू थे। जैसा कि मौलाना अबुल कलाम आजाद ने लिखा कि उनसे व्यक्तिगत बातचीत में उन्हें पता चला कि नेहरू क्रिप्स के सुझाव स्वीकार करने के पक्ष में थे। उन्हें लग रहा था कि यह मौका गंवाना बुद्धिमानी नहीं है। मौलाना ने उन्हें समझाया कि युद्ध के बाद हिंदुस्तान को आजादी देने से कोई नहीं रोक सकेगा। क्रिप्स के पास देने के लिए केवल वादे हैं जिनका कोई मोल नहीं। युद्ध जाने किस करवट बैठे। अभी क्रिप्स की बातें मानकर हम अपने हाथ-पांव काट लेंगे। बेमन से सही पर पं. नेहरू मौलाना की बात मान गए। लेकिन उनकी बेचैनी कम नहीं हुई। मौलाना ने लिखा-'जवाहरलाल की प्रकृति कुछ ऐसी है कि जब उनके मन में कुछ तनाव होता है तो वे सोते समय बड़बड़ाते हैं। दिन के धंधे में भी उन्हें सपने परेशान करते हैं। जब मैं बाहर आया तो श्रीमती रामेश्वरी नेहरू ने मुझे बताया कि पिछली दो रातों से जवाहरलाल सोते समय भी बड़बड़ाते हैं। वे मानों स्वयं से बहस-सी करते हैं और कभी-कभी धीरे से बात करते हैं तो कभी जोर-जोर से। उन्होंने कहा कि मैंने क्रिप्स का नाम सुना और कभी-कभी गांधीजी का जिक्र सुना और कभी आपका नाम भी। उनका मन जिस घोर तनाव में उलझा हुआ था, उसका यह प्रमाण था।'[16]

जापान की सेना लगातार आगे बढ़ रही थी। देश पर खतरे के बादल मंडराने लगे थे। ब्रिटिश हुकूमत से बातचीत के दरवाजे बंद हो चुके थे। उसका पूरा ध्यान भारत की तरफ बढ़ती जापानी सेनाओं पर था। जापानी सेना का पहला निशाना बंगाल बनता। गोरी सरकार तय कर चुकी थी कि क्या करना है? जापानी फौजों ने अगर भारत पर हमला किया तो ब्रिटिश सरकार तबाही की नीति अपनाएगी। यानी भारत में बने बड़े पुल उड़ा दिए जाएंगे। बड़े कारखाने और औद्योगिक संस्थान तबाह कर दिए जाएंगे। ताकि देश के विकास की लगाम जापानियों के हाथ न लगे। लेकिन कांग्रेस अजब दुविधा में थी। कांग्रेस अध्यक्ष मौलाना आजाद चाहते थे कि जापानी फौजों का मुकाबला करने के लिए हिंदुस्तानी एकजुट हों। जापानी फौजों का भारत के लोग डटकर मुकाबला करें। भारत अपने सारे संसाधन जापानी सेना को रोकने में झोंक दे। यह बातें मौलाना ने महात्मा को बताईं। महात्मा आंख बंद कर सब सुनते रहे। फिर बोले-'अगर जापानी फौजें भारत में दाखिल होंगी

तो वह अंग्रेजों की दुश्मन की हैसियत से आएंगी न कि हिंदुस्तानियों की दुश्मन बनकर। उनका मानना था कि अगर अंग्रेजी हुकूमत भारत छोड़कर चली जाती है तो जापान भारत पर हमला नहीं करेगा। फिर भी अगर नाजी भारत में आ जाते हैं तो उनका मुकाबला भी कांग्रेस उसी प्रकार करेगी। जिस प्रकार उसने ग्रेट ब्रिटेन का मुकाबला किया है। यानी सत्याग्रह करके।'

ऐसे मौके पर इस तरह की बातें चौंकाने वाली थीं। लेकिन मौलाना जानते थे कि वह बापू को सहमत नहीं कर सकते। फिर क्या किया जाए? क्या हाथ पर हाथ धरे बैठे रहा जाए? लेकिन क्रिप्स के नाकाम होकर लौटने के बाद महात्मा का दिमाग बहुत तेजी से काम कर रहा था।

क्रिप्स मिशन की नाकामी से उनके मन में सबसे पहला खयाल यह उठा कि हमें क्रिप्स की विफलता का कोई प्रतिकार चाहिए। यह प्रतिकार क्या हो सकता है। यही कि उन्हें भारत छोड़ने के लिए कहा जाए। बस भारत छोड़ो की जमीन तैयार हो गई। एक भाव जो भ्रूण की तरह दिमाग में दाखिल हुआ था वह पूरा एक विचार बनकर तैयार हो गया। 1942 के राजनीतिक हालात में यह एक खतरनाक विचार था। जबकि अंग्रेजी हुकूमत खुद मुसीबत में घिरी थी। भारत पर जापानी फौजों का खतरा मंडरा रहा था। अंग्रेजों ने अगर सचमुच भारत छोड़ दिया तो स्वशासन कैसा होगा? इसकी कोई रूपरेखा नहीं थी। मि. जिन्ना सोते में भी पाकिस्तान-पाकिस्तान चिल्ला रहे थे। मुस्लिम लीग मुसलमानों के लिए फायदे का सौदा होने से पहले आजाद भारत नहीं चाहती थी। प्रजा को अपना गुलाम समझने वाले अय्याश राजे-रजवाड़े आजादी नहीं चाहते थे। देश में न कोई सरकार है न कोई संविधान। भारत के पास अपनी फौज भी नहीं। ऐसे में अंग्रेजों से कहा जा रहा था -भारत छोड़ो? आखिर अंग्रेज भारत को किसके भरोसे छोड़ दें? इसका जवाब भी महात्मा ने सोच रखा था। उन्होंने कहा-'वे भारत को भगवान के भरोसे छोड़कर चले जाएँ। इसका मतलब था वे हिंदुस्तान को अराजकता के भरोसे छोड़ दें। महात्मा ने अराजकता की बात सिर्फ कहने के लिए की थी। व्यवहार में उनका तर्क था कि अगर अंग्रेजों ने पूर्ण सद्‌भाव के साथ सत्ता छोड़ दी तो सारा परिवर्तन बिना किसी अशांति के हो जाएगा। लोगों को बिना गड़बड़ मचाए ही अपना प्रबंध खुद कर लेना होगा। देश के जिम्मेदार वर्गों के बुद्धिमान लोग आपस में मिलेंगे और एक अस्थायी सरकार निर्माण कर लेंगे। उस दशा में न अराजकता होगी, न व्यवधान, बल्कि सर्वत्र जय-जयकार ही होगा।'

यह विचार चौंकाने वाला था। महायुद्ध शुरू होने पर महात्मा ने साफ कहा था कि कांग्रेस सरकार को परेशान करने वाला कोई काम नहीं करेगी। युद्ध के दौरान कांग्रेस कोई आंदोलन नहीं चलाएगी। हालांकि कांग्रेस के नेताओं का इसके लिए बहुत दबाव था। मौलाना आजाद जैसे कांग्रेसियों का मानना था कि ऐसे समय पर

आंदोलन चला तो ब्रिटिश हुकूमत पर दबाव बनेगा। लेकिन महात्मा युद्ध काल में कोई जन आंदोलन छेड़ने को तैयार नहीं थे। उन्हें लगता था कि जन आंदोलन से हिंसा भड़केगी जो ठीक नहीं। सितंबर, 1939 में वायसराय के साथ बातचीत के बाद खुद महात्मा ने ऐलान किया था कि कांग्रेस आंदोलन इस युद्ध में बाधा उत्पन्न नहीं करेगी।

वायसराय से मुलाकात के दौरान उन्होंने कहा था–'मानवता के दृष्टिकोण से मेरी सहानुभूति ब्रिटेन और फ्रांस के साथ है। मैंने कहा कि जिस लंदन को अब तक अभेद्य समझा गया है उसके विध्वंस की बात सोचते ही मेरा दिल दहल जाता है।...इसलिए इस समय मैं भारत की मुक्ति की बात नहीं सोच रहा हूं। भारत को अवश्य मुक्ति मिलेगी। लेकिन अगर इंग्लैंड और फ्रांस का पतन हो जाता है, अथवा यदि उन्हें विध्वस्त जर्मनी के ऊपर फतह मिल जाती है तो उसका क्या मूल्य रह जाएगा?'[17]

लेकिन वही महात्मा अब बदल चुके थे। वर्धा की कार्यसमिति में जब महात्मा ने अपना विचार रखा था तब सब चौंक गए थे। जन आंदोलन की रूपरेखा अभी तय नहीं थी लेकिन महात्मा ने कह दिया था कि यह आंदोलन पहले हुए आंदोलनों से थोड़ा अलग होगा। आंदोलनकारी खुद गिरफ्तारी नहीं देंगे। सरकार उन्हें शारीरिक बल से जबरन जेल में डाल दे तो अलग बात है। यह खतरनाक फैसला था। महात्मा जानते थे कि विश्वयुद्ध में फंसी अंग्रेजी सरकार इस आंदोलन को आसानी से बर्दाश्त नहीं करेगी। वह दमन चक्र चला सकती है। इसकी प्रतिक्रिया में हिंसा हो सकती है। लेकिन महात्मा सब बातों और परिणामों के लिए तैयार थे।

कांग्रेस कार्यसमिति में सिर्फ मौलाना आजाद और पंडित नेहरू इस आंदोलन के पक्ष में नहीं थे। उनका डर दूसरा था। वह जानते थे कि जिस दिन आंदोलन की सार्वजनिक घोषणा हुई उसी दिन कांग्रेस के सभी बड़े नेता जेल में डाल दिए जाएंगे। फिर यह आंदोलन अहिंसात्मक नहीं रह पाएगा। विश्वयुद्ध के उन्माद में जनता किसी भी हद तक जा सकती है। खुद महात्मा भी नहीं जानते थे कि अगर सरकार ने उन्हें या दूसरों को गिरफ्तार किया तो सब जेल में जाकर क्या करेंगे? महात्मा ने कहा– उस समय जो सूझेगा, सो करना होगा। यह सब इतनी आसान बात नहीं थी। इतना बड़ा आंदोलन भगवान भरोसे नहीं छोड़ा जा सकता था। उसे भगवान भरोसे छोड़ने का मतलब उसे अराजकता के भरोसे छोड़ना होगा।

देश भर में जबरदस्त प्रतिक्रियाएं हो रही थीं। महात्मा से नाराज होने वालों की कमी नहीं थी। किसी ने महात्मा से पूछा–'आपके और नीरो के बीच फर्क क्या है? जब रोम जल रहा था, वह सारंगी बजा रहा था। आप भी क्या देश में आग लगा कर जो आप से बुझेगी नहीं, सेवाग्राम में बैठे सारंगी बजाएंगे?'

महात्मा ने जवाब दिया–'अगर मुझे दियासलाई लगानी ही पड़ी, और वह 'सीली तीली' न साबित हुई तो मेरे और नीरो के बीच का फर्क मालूम हो जाएगा। अगर मैं अपने हाथों लगाई ज्वालाओं पर काबू न रख सका तो आप मुझे सेवाग्राम में बैठकर सारंगी बजाते देखने के बदले उनमें जलते देखने की आशा रख सकते हैं। लेकिन मुझे आपसे एक शिकायत है। एक ऐसे कर्ज को चुकाने के लिए, जो बहुत पहले चुका दिया जाना चाहिए और सो भी ऐसे वक्त जब उसे चुका कर ही मैं जिंदा रह सकता हूं यदि मैं कोई कार्रवाई करूं तो उसके फलस्वरूप जो-कुछ भी हो, उस सबका दोष आप मेरे मत्थे ही क्यों मढ़ते हैं? उधर सर स्टेफर्ड क्रिप्स ने साफ कह दिया था कि 'हालांकि साम्राज्यवादी कारणों से भारत में टिके रहने की हमारी कोई इच्छा नहीं है, पर युद्ध के ठीक बीच में हम यहां से निकल जाने वाले नहीं हैं।'

पूरे जुलाई भर बहस चलती रही। महात्मा और मौलाना के बीच मतभेद चरम पर पहुंच गया था। महात्मा ने मौलाना को लिखा– 'आपका रुख मुझसे इतना भिन्न है कि हम दोनों एक साथ काम नहीं कर सकते।' उनकी सलाह थी कि मौलाना कांग्रेस की अध्यक्षी से त्यागपत्र दे दें। चाहे तो जवाहरलाल भी ऐसा कर सकते हैं। नाराज मौलाना त्यागपत्र देने के लिए राजी हो गए। पं. नेहरू भी। सरदार पटेल को जब यह पूरा किस्सा मालूम चला तो उनके होश उड़ गए। ऐसे संकट के समय में मौलाना और पं. नेहरू का त्यागपत्र। सरदार पटेल महात्मा से मिले। महात्मा को तुरंत ही अपनी गलती का एहसास हो गया। तीसरे पहर महात्मा खुद मौलाना से मिले। अपनी विशिष्ट शैली में उन्होंने कांग्रेस अध्यक्ष से कहा–'पछतावा हुआ पापी मौलाना के पास लौट आया है।'

14 जुलाई, 1942 को भारत छोड़ो आंदोलन की रूपरेखा तैयार हुई। तय किया गया इस बार का संघर्ष बहुत ही व्यापक जन-आंदोलन का रूप लेगा, जिसमें सरकारी कर्मचारी और सरकार से किसी रूप में संबद्ध अन्य विभागों के कर्मचारी भी स्वेच्छा से हड़ताल और असहयोग करेंगे तथा इसमें लगानबंदी, और करबंदी भी हो सकती है। यह आंदोलन नहीं ब्रिटिश सरकार के खिलाफ सीधा विद्रोह था। पर नेहरू ने कहा यह विद्रोह अहिंसात्मक होगा। महात्मा को यह बात पसंद आई। उनका अहिंसात्मक क्रांति का सपना सच हो रहा था। कांग्रेस कार्य-समिति ने आंदोलन की लगाम महात्मा के हाथ दे दी।

आंदोलन की रूपरेखा तैयार थी। अब मोलभाव करने का वक्त था। महात्मा को उम्मीद थी कि ऐसे समय पर आंदोलन की बात सुनकर सरकार दबाव में आएगी। वह समझौते के दरवाजे खोलेगी जो क्रिप्स के लौटने के बाद बंद हो गए थे। महात्मा ने इसके लिए मीरा बेन को दूत बनाकर वायसराय लिनलिथगो के पास दिल्ली भेजा। अन्य वायसरायों की तरह लॉर्ड लिनलिथगो से भी महात्मा के

व्यक्तिगत संबंध थे। वायसराय की खूबसूरत बेटी लेडी एन अपने पिता के अंग्रेज अंगरक्षक के प्रेम में थी। बाद में वह अंगरक्षक लेडी एन का पति भी बन गया। लॉर्ड लिनलिथगो ने अपनी बेटी और दामाद का परिचय महात्मा से कराया था। वे दोनों बहुत जल्द महात्मा से प्रभावित हो गए। वे लोग आश्रम भी गए थे। लेकिन इन सबके बावजूद वायसराय ने मीरा से मिलने से इंकार कर दिया।

मीरा की वायसराय के सचिव लेथवेट से बातचीत हुई। मीरा ने इस बातचीत में साफ धमकी दी कि –'पिछली बार हिंसा की घटनाएं होने पर गांधीजी ने आंदोलन बंद कर देने के लिए कदम उठाया था। इस बार भी उनकी भरसक कोशिश तो यही होगी कि अहिंसा कायम रहे। पर हिंसा की कुछ घटनाएं होने से ही आंदोलन को बंद कर देना उन्हें उचित नहीं लगेगा, क्योंकि वैसा करना उन आदर्शों के प्रति और भी बड़ी हिंसा होगी जिनके लिए कि वे प्रयत्नशील हैं। 17 जुलाई को हुई मीरा बहन की इस बातचीत का सार वायसराय ने एमरी को अपनी रिपोर्ट में भेजा था।[18]

यह एक खुली चेतावनी थी जो मीरा बेन के जरिए महात्मा ने ब्रिटिश सरकार को दी थी। महात्मा का पहला असहयोग आंदोलन चौरी चौरा में हिंसा के कारण बंद हुआ था। नमक आंदोलन में महात्मा ने इशारा भर दिया था कि हिंसा के कारण आंदोलन ठप नहीं होगा। लेकिन इस बार तो सबकुछ साफ काले सफेद में था। महात्मा ने आजादी के लिए पहली बार अपनी अहिंसा नीति में थोड़ा संशोधन किया था।

मीरा का प्रस्ताव सुनकर वायसराय ने भी साफ कहा था कि युद्ध के समय यह आंदोलन विद्रोह है। सरकार ऐसे समय में कोई आंदोलन, कोई क्रांति बर्दाश्त नहीं करेगी चाहे वह अहिंसक हो या हिंसक।

महात्मा के दूत को लौटा कर सरकार ने अपने इरादे प्रकट कर दिए थे। महात्मा को इसकी उम्मीद नहीं थी। उनका विश्वास कुछ समय के लिए डिग गया। महात्मा को लगा कि कहीं गलती हो गई है शायद। महादेव देसाई ने तुरंत महात्मा की तरफ से एक वक्तव्य जारी कर दिया। यह वक्तव्य भी चौंकाने वाला था। इसमें कहा गया था कि गांधीजी के इरादे के बारे में कहीं कोई गलतफहमी है। उन्होंने प्रस्तावित आंदोलन को खुली अहिंसात्मक क्रांति कभी नहीं कहा। यह वक्तव्य सत्य से परे था क्योंकि 14 जुलाई को एक प्रेस वार्ता में यह पूछे जाने पर कि क्या ब्रिटिश सरकार को यह आखिरी मौका दिया जा रहा है, महात्मा गांधी ने कहा–'यह खुला अहिंसक विद्रोह है। आखिरी मौके का कोई सवाल पैदा नहीं होता।'[19]

नए बयान से कांग्रेस एक बार फिर मुश्किल में पड़ गई। यह अहिंसात्मक क्रांति की शब्दावली पं. नेहरू की थी लेकिन महात्मा ने इसे बार–बार दोहराया था।

अब वही पीछे हट रहे हैं। इससे जनता में भ्रम फैलेगा। कांग्रेस को 7 अगस्त, 1942 को बंबई में कांग्रेस कमेटी की बैठक बुलानी पड़ी।

अखिल भारतीय कांग्रेस कमेटी की बैठक में सवाल उठे कि क्या महात्मा सचमुच बदल गए हैं?

1920 के महात्मा गांधी और 1942 के महात्मा गांधी में फर्क आ गया है। 1920 के गांधीजी विद्रोह की बात नहीं कहते थे। वह पूर्ण अहिंसा के पुजारी थे। 1920 के गांधीजी ने पूरे उफान पर चल रहे आंदोलन को सिर्फ इसलिए बंद कर दिया था क्योंकि एक थाने में आंदोलनकारियों ने कुछ पुलिस वालों को जिंदा जला दिया था। लेकिन अब वही गांधीजी कह रहे हैं कि हिंसा हुई तो भी यह आंदोलन बंद नहीं होगा।

महात्मा ने इस सवाल का जवाब अपने भाषण में दिया। उन्होंने कहा-'मैं आपसे कहना चाहता हूं कि मैं आज भी वही हूं जो 1920 में था। फर्क सिर्फ इतना ही है कि कई बातों में मैं 1920 की अपेक्षा बहुत अधिक दृढ़ हो गया हूं। इस बात को स्पष्ट करने के लिए मैं कहूंगा कि एक आदमी सर्दियों में तो मोटे-मोटे कपड़े पहन कर निकलता है और उसी आदमी को गर्मियों में देखें तो उसके कपड़े वैसे नहीं होते। इस बाहरी तब्दीली से उस आदमी में कोई फर्क नहीं आता। कुछ ऐसे लोग हैं जो शायद कहें कि मैं आज एक बात कहता हूं और कल दूसरी। लेकिन मैं आपसे कहूंगा कि मुझमें कोई तब्दीली नहीं आई है। मैं अहिंसा के सिद्धांत पर उसी तरह जमा हुआ हूं जैसा कि पहले था। यदि आप इससे ऊब चुके हों तो आप बेशक मेरा साथ न दें।'

अगले दिन महात्मा ने आजादी का एक छोटा-सा मंत्र दिया। मंत्र था : 'करो या मरो।' या तो हम भारत को आजाद करेंगे या आजादी की कोशिश में प्राण दे देंगे। हम अपनी आंखों से अपने देश को सदा गुलाम और परतंत्र बना रहना नहीं देखेंगे।' इस भाषण में उन्होंने फिर 'खुली बगावत' शब्द का इस्तेमाल किया। उन्होंने कहा-'यह एक खुली बगावत है। इस संघर्ष में गुप्त रूप से काम करना पाप है। स्वतंत्र आदमी किसी गुप्त आंदोलन में शामिल नहीं होता।' 8 अगस्त, 1942 के भाषण में उन्होंने एक और चौंकाने वाली बात की। उन्होंने भारतीय सैनिकों को आंदोलनकारियों पर गोली चलाने से इंकार करने की सलाह दे डाली। अभी करीब बारह साल पहले ही 18वीं रायल गढ़वाली राइफल्स के जवानों ने पेशावर में निहत्थे पठान आंदोलकारियों के खिलाफ गोली चलाने से इंकार कर दिया था। इस मामले में राइफल्स के कमांडर चन्द्रसिंह गढ़वाली को कालेपानी की सजा और अन्य 17 सैनिकों को 15 साल का कठोर कारावास दिया था। वे सब अब भी जेल में थे। तब महात्मा को सैनिकों का यह रवैया आपत्तिजनक लगा था। उन्होंने दूसरे गोलमेज सम्मेलन के दौरान एक फ्रांसीसी पत्रकार चार्ल्स पेत्राश के एक सवाल

के जवाब में कहा था–'गोली चलाने से इंकार करने वाला सैनिक ली गई शपथ तोड़ता है और अपने को अपराधपूर्ण अवज्ञा का दोषी बनाता है। मैं अफसरों और सैनिकों से आज्ञा न मानने को नहीं कह सकता क्योंकि जब मैं सत्तारूढ़ होऊंगा तो बहुत संभव है कि मैं उन्हीं अफसरों और उन्हीं सैनिकों से काम लूंगा। अगर मैं उन्हें आज्ञा न मानना सिखाता हूं तो मुझे डर है कि वह उस समय भी वही कर सकते हैं जब मैं सत्तारूढ़ हूंगा।'[20]

लेकिन अब महात्मा के विचार बदल गए थे। उन्होंने कहा–'वर्तमान कार्यक्रम सैनिकों के लिए भी है। मैं उनसे अभी यह नहीं कहता कि आप अपने पदों से इस्तीफा दे दें और सेना से अलग हो जाएं। सैनिक मेरे पास, जवाहरलाल के पास और मौलाना के पास आते हैं और कहते हैं : 'हम पूरी तरह आपके साथ हैं। हम सरकार के अत्याचार से तंग आ चुके हैं।' इन सैनिकों से मैं कहूंगा : आप सरकार को बता दीजिए कि हमारे दिल कांग्रेस के साथ हैं। हम अपनी नौकरी नहीं छोड़ेंगे। जब तक आप हमें वेतन देते रहेंगे हम आपकी नौकरी करते रहेंगे। हम आपके उचित हुक्म को मानेंगे, लेकिन अपने देशवासियों पर गोली चलाने से इंकार कर देंगे।[21]

बंबई की बैठक में भारत छोड़ो का प्रस्ताव पास हो गया। जैसी कि आशंका थी, महात्मा को कांग्रेस कार्य-समिति के सदस्यों और बम्बई के करीब पचास कांग्रेसी नेताओं समेत 9 अगस्त को सुबह पुलिस हिरासत में ले लिया गया। सारे बड़े नेताओं को एक सवारी ट्रेन पर बैठा दिया गया। ट्रेन के डिब्बे अंदर से जुड़े थे। मौलाना आजाद सरोजनी नायडू के साथ गांधीजी के डिब्बे में पहुंचे। मौलाना आजाद ने लिखा–'गांधीजी बहुत हताश लग रहे थे। मैंने कभी उन्हें इतना निराश नहीं देखा था। मैं समझ गया वह इतनी अचानक गिरफ्तारी के बारे में कभी सोच नहीं सकते थे।' ऐसे वक्त में महात्मा ने मौलाना आजाद से एक अजीब बात कही। उन्होंने कहा 'कांग्रेस अध्यक्ष की हैसियत से आप जेल में अपने लिए एक निजी सचिव और अन्य जरूरी सुविधाएँ मांग लें। अगर अंग्रेज ऐसा करने से इंकार करें तो इसे मुद्दा बना लें।' मौलाना आजाद को यह सुझाव कतई तर्कसम्मत नहीं लगा। उन्होंने कहा–'हमने खुली आंखों से अपना रास्ता चुना है और अब हमें इसके परिणाम भी स्वीकार करने होंगे।'[22]

आगा खां महल में इक्कीस महीने नजरबंद रहने के बाद महात्मा 5 मई, 1944 को आजाद हुए। इस जेल में उन्होंने अपने प्यारे निजी सचिव और मददगार महादेव देसाई को खोया फिर अपनी पत्नी कस्तूर को। सुख-दुख के बासठ साल साथ गुजारने के बाद 22 फरवरी, 1944 को कस्तूर ने उनकी गोद में दम तोड़ा। किसी भी हिंदुस्तानी पत्नी के लिए यह सबसे सुखद और चिरवांच्छित घड़ी होती है कि मरते वक्त उसकी मांग में सिन्दूर हो और सिर पर पति की छाया।

गांधी आभा और मनु के साथ प्रार्थना सभा की ओर जाते महात्मा गांधी

ब्रह्मचर्य नहीं, संभोग सुख चाहिए

महात्मा आगा खां जेल से छूटने के बाद पचगनी फिर सेवाग्राम आ गए थे। मार्च 1945 में उन्होंने विनोबा भावे और किशोरलाल मशरूवाला को आश्रम में अपना उत्तराधिकारी बनाने का ऐलान कर दिया था। इसी दौरान खबर आई कि 25 मार्च, 1945 को जोहानिस्बर्ग में उनके करीबी दोस्त हरमन कैलेनबैक का निधन हो गया। 'लोअर हाउस' की मौत पर महात्मा का दुखी होना स्वाभाविक था। लेकिन कर्म योगी का उनका जीवन अपनी रफ्तार से चल रहा था। महात्मा अकसर बाहर रहते लेकिन आश्रम प्रवास के दौरान वह महिलाओं की निरंतर सेवाएं लेते रहते। इन दिनों महात्मा के प्रयोग में इस्तेमाल की जाने वाली शिष्याएं लीलावती, अमतुस्सलाम, राजकुमारी और प्रभावती आश्रम में नहीं थीं। महात्मा ने आभा और कंचन को भी अपने प्रयोग का हिस्सेदार बनाना चाहा था। आभा, अख कनु गांधी की पत्नी थी। तीन साल के प्रेम संबंधों के बाद इन दोनों का विवाह 7 नवंबर, 1944 को हुआ। आभा की उम्र केवल 16 साल की थी। बात रात में महात्मा के साथ सोने की थी। आभा और कंचन दोनों अपने पति के साथ ब्रह्मचर्य धर्म का पालन कर रही थीं। यह काम मजबूरीवश था क्योंकि ये आश्रम के नियमों में शामिल था। महात्मा

आभा और कंचन को प्रयोग के लिए तैयार करना चाहते थे। आभा और कंचन जब महात्मा के पास सोने पहुंचीं तो उन्हें 'नग्न' होने के लिए कहा गया। भारी हिचक के साथ दोनों शायद इसके लिए तैयार भी हो गईं। लेकिन इन स्त्रियों को यह सब बहुत अटपटा लग रहा था। आभा को तो लगा जैसे वह रो देगी। बहरहाल जो भी हो महात्मा ने दोनों को अपने साथ सुलाने से मना कर दिया। मुन्नालाल शाह परेशान थे। कंचन को लेकर उनके मन में तमाम गलतफहमियां जन्म ले चुकी थीं। उनका मन आश्रम से उचट चुका था। वह आश्रम छोड़ना चाहते थे लेकिन इससे पहले शाह सच जानना चाहते थे। उन्होंने महात्मा से पूछा क्या कंचन उनके प्रयोग में खरी नहीं उतरी। शाह ने कंचन के मन की बात महात्मा से जाननी चाही। उन्होंने कंचन के बारे में अपनी बदली हुई भावनाएं महात्मा के सामने रखीं।

महात्मा ने जवाब दिया- 'कंचन के बारे में तुम जो मानते हो वैसा तो मैंने कभी सोचा भी नहीं, बोल तो कैसे सकता हूं? उसके बारे में मैंने जो सोचा है वह तो मैं बता ही चुका हूं और तुमने उसे स्वीकार भी किया है। सुशीला बहन को कंचन ने कहा कि उसके मन में तुम्हारे संग रहकर बच्चे पैदा करने का लोभ है। मैंने जब वह गई उसी दिन उससे पूछा था और मेरा ऐसा खयाल है कि उसने स्वीकार किया था। यदि ऐसा है तो तुमने जो लिखा है वह ठीक नहीं है। मेरा अपना दृष्टिकोण यह है कि मेरे साथ एक बार सोने के बाद अज्ञानवश बंद कर दिया सो बुरा किया। इसमें कौन-सी बाधा पड़ी, यह मैं नहीं समझा। इस संबंध में मैंने न तुमसे कोई बात की और न उससे। यह पहली बार मैं तुमसे कह रहा हूं। अब मुझे जो कहना था वह कह चुका।'[23]

मुन्नालाल शाह और कनु गांधी दोनों परेशान थे। गांधीजी के इस अनोखे प्रयोग से उन्हें धक्का लगना स्वाभाविक था। अभी कई सवाल थे जिनका जवाब मिलना बाकी था। शाह ने बहुत संकोच के साथ महात्मा से पूछा कि उनके इस प्रयोग का अर्थ क्या है? क्या सहशयन उनके प्रयोग का हिस्सा नहीं? दोनों के बीच फर्क की रेखा क्या है? कौन-सी स्त्रियां उनके प्रयोग की हिस्सेदार थीं और कौन उनके शयन की। तब महात्मा ने मुन्नालाल गंगादास शाह को इस संबंध में खुलकर बताया—'तुम संकोच क्यों करते हो? संकोच करने से यह प्रश्न हल नहीं होगा। निर्भय होकर जो पूछना चाहो सो पूछो। मेरे वक्तव्य में सुधार किया गया है तथा और किया जाएगा। मैं किसी को अलग रखना नहीं चाहता। मैंने चार का उल्लेख किया है। शायद वे कहें,'हम तुम्हारे प्रयोग की विषय नहीं बनीं, हम तो तुम्हारे पास ऐसे सोती थीं जैसे मां के पास बेटी सोती हैं।', तो मैं प्रतिवाद नहीं करूंगा। यहां इतना कहना काफी है कि ऐसी घटना घटी है। आभा, कंचन और वीणा को मैं अपने प्रयोग में सम्मिलित नहीं मानता। सहशयन में और प्रयोग में भेद करें, तो

मेरी दृष्टि में दोनों में बहुत बड़ा अंतर है। आभा मेरे साथ तीन रात भी नहीं सोई होगी। कंचन एक ही रात। और वीणा का सोना तो आकस्मिक समझो। उसके बारे में तो इतना ही कहा जा सकता है कि उसने मुझे छुआ-भर। आभा टिकी रहती तो उसका किस्सा ही अलग होता। कंचन का किस्सा तो करुणाजनक रहा। मेरी समझ में ही नहीं आया। जो बात मुझसे आभा या कंचन ने कही, वह यह थी कि उनकी इच्छा ब्रह्मचर्य का पालन करने की बिलकुल नहीं थी, वह तो संभोग का सुख भोगना चाहती थी। इसलिए वह रहना चाहती थी तो संकोच के कारण ही। वह जो नग्न हुई तो केवल इस डर से कि कहीं मुझे बुरा न लग जाए। जहां तक मुझे याद है, वह मेरे साथ एक घंटा भी नहीं रही होगी। बाद में तो मैंने ही दोनों को साथ सुलाना बंद कर दिया, क्योंकि मेरी समझ में आ गया था कि तुम और कनु दोनों परेशान हो। मैंने ही उन्हें सलाह दी कि वे तुम दोनों से और भणसाली से सब कह दें। अब शायद तुम समझ गए होगे कि क्यों ये तीन नाम मेरे प्रयोग के अंतर्गत नहीं आ सकते। लीलावती, अमतुस्सलाम, राजकुमारी और प्रभावती यहां नहीं हैं। मैंने प्रभा को जान-बूझकर प्रयोग की परिधि में गिना है। शायद नहीं गिनना चाहिए। जब मेरे मन में प्रयोग का विचार भी नहीं उठा था, उसके पहले भी अनेक बार मुझे गर्मी पहुंचाने के लिए वह मेरे साथ सोई है। जब वह थर-थर कांपती मेरे लिए धरती पर पड़ी होती थी, तब मैं उसे पास समेट लेता था। यह तो बहुत पुरानी बात है। अब मुझे लगता है, मैंने तुमसे सब कह दिया। विशेष कुछ पूछना हो तो पूछ लेना। कंचन का गलतफहमी का शिकार होना मुझे खटका, लेकिन मैं लाचार था। तुम्हारे और सुशीला के बारे में मैंने कोई धारणा नहीं बनाई। धारणा बनाने के लायक सामग्री ही इकट्ठी नहीं हुई। यदि उसकी खुद की इच्छा हो और तुम्हारी भी इच्छा हो तो मैं समय निकाल कर तुम दोनों की बात सुनूंगा, गवाहों की जांच करूंगा और न्याय करने का प्रयन्न करूंगा। लेकिन मैं फिर कहता हूं कि अगर तुम दोनों भाई-बहिन हो, तो अपने पिता से भी न्याय की याचना मत करो। आगे तुम्हारी इच्छा की बात है।'[24]

शाह और कई अन्य साथियों ने महात्मा से फिर आग्रह किया कि वह स्त्रियों के साथ सोने का प्रयोग बंद कर दें। ये प्रयोग अनुकरण करने योग्य नहीं है। इसके परिणाम बहुत खतरनाक हैं। इससे तमाम तरह की भ्रांतियां जन्म ले रही हैं। लेकिन महात्मा ने कहा-'सहशयन की बात सर्वथा छूट नहीं सकती है। इस चीज को मैं ऐसा ही करो (कहो?), जब विलायत गया तब से आचार में करता आया हूं। किसी को हानि नहीं पहुंची है।'[25]

महात्मा ने तर्क दिया-'सहशयन को हमेशा के लिए रोकने का अर्थ यह होगा कि मैंने भूल की है अन्यथा रोकूं कैसे? मित्रों के लिए रोकने की हद होती है। सहशयन करीब-करीब ब्रह्मचर्य पालन के साथ पैदा हुआ या उससे भी पहले।

अब समझ आती है? तुमने जो खतरे बताए हैं सो तो है ही इसलिए अच्छा काम रोके नहीं; सावधान रहें। प्रयोग अनुकरण के लिए नहीं है लेकिन उस मार्फत मैं पूर्ण ब्रह्मचारी बन सकूं तो जगत कल्याण में ज्यादा हिस्सा नहीं ले सकूं ? एक भी मनुष्य ऐसे तैयार हो सके तो उसे होना चाहिए। प्रयोग के लिए ढूंढ़ में नहीं था लेकिन जब मेरे सामने वस्तु पैदा हो गई तो मैंने जो आवश्यक समझा किया।'

महात्मा साफ कहते- 'मेरे अपने विचार जहां तक मुझे पवित्र लगते हैं उन्हें मैं कैसे बदल सकता हूं?' कंचन और आभा इस घटना को कभी भूल नहीं पाए। शाह और कंचन तो आश्रम छोड़कर अलग गृहस्थ जीवन जीना चाहते थे। महात्मा ने उन्हें इसकी इजाजत दे दी। लेकिन महात्मा ने यह जरूर कहा कि-'ब्रह्मचर्य के आदर्श से हटकर अगर तुम गृहस्थाश्रम में प्रवेश करो तो उससे कोई नुकसान नहीं होगा। बाद में भी अगर संयम का पालन करना हो तो ऐसा नहीं है कि उसका पालन नहीं किया जा सकता। वैसे ब्रह्मचर्य और तुम दोनों की अलग गृहस्थी, ये दोनों बातें मुझे परस्पर विरोधी मालूम होती हैं। फिर भी करना वही जो तुम्हारा मन कहे।'[26]

मुन्नालाल ने आश्रम के बाहर लेकिन आश्रम के ही मकान में अपना गृहस्थ जीवन शुरू कर दिया था। इस वैवाहिक ब्रह्मचर्य के इस मैलो ड्रामा का दृश्य बेहद नाटकीय और एक मायने में हास्यास्पद रहा। मुन्नालाल तो अपने ऊपर फिर भी नियंत्रण करना सीख गए थे या कहें इन तेजी से गुजरते सालों में बढ़ती उम्र ने उनकी इंद्रियों को शिथिल कर दिया था। लेकिन कंचन ने तो ब्रह्मचर्य के सब्र की सारी सीमाएं पार कर दीं। तब महात्मा पूने में थे। उन्हें कंचन का पत्र मिला जिसमें उन्होंने बताया था कि वह काम वासना की अग्नि में जल रही हैं। वह संतान के लिए व्याकुल है। ब्रह्मचर्य के व्रत में फंसा कर महात्मा ने उनका जीवन नर्क कर दिया। आदि-आदि। यह सब पढ़कर महात्मा विचलित हो गए थे। उन्हें लगा कि अनर्थ हो गया। काम वासना की आग में जल रही कंचन ऐसे में किसी पर-पुरुष की वासना की शिकार हो सकती थी। अतः कल तक मुन्नालाल को ब्रह्मचर्य जीवन की मर्यादा का पाठ पढ़ाने वाले महात्मा ने मुन्नालाल से किसी कामयोगी ऋषि की तरह शिक्षा देते हुए कहा-'...कंचन जल रही है। उसका ताप तुम्हारे बिना और कौन शांत कर सकता है? यदि तुम उसे मुक्त कर दो तो भी वह किसी अन्य व्यक्ति से विवाह नहीं करेगी। वह किसी अन्य व्यक्ति के साथ गुप्त रूप से संग करके अपनी काम वासना को तृप्त करने वाली नहीं है। फिर भी वह अपनी कामाग्नि में जल रही है। वह ब्रह्मचर्य के महत्त्व को नहीं समझती। उसने काम वासना को तृप्त करने के लिए ही विवाह किया है। तुमने विवाह के समय उसके सम्मुख ब्रह्मचर्य की शर्त नहीं रखी थी। अब उसकी कामेच्छा को तृप्त करना क्या तुम्हारा धर्म नहीं है? यदि तुम सर्वथा निर्विकार हो तो फिर मुझे कुछ नहीं कहना है।

तुम कंचन को संतान देकर पूरी तरह संयम का पालन करो, या उसे क्रोध से नहीं बल्कि प्रेम से शांत करो।'[27] इसी के बाद उन्होंने कंचन को पत्र लिखा-'मुझे तुझ पर दया आती है, उतनी ही मुन्नालाल पर भी। मैंने तो उसे साफ-साफ लिख दिया है कि वह तेरे साथ घर बसा कर रहे और यदि तुम दोनों स्वेच्छा से संयम का पालन न कर सको तो भले ही संतान हो। लेकिन यदि उसका मन नहीं मानता, तो तू उसके साथ बलात्कार तो नहीं करना चाहेगी।'[28]

और ठीक एक साल के अंदर कंचन गर्भवती हो गईं। मारे शर्म के दोनों ने यह बात महात्मा को नहीं बताई। लेकिन जब महात्मा को पता चला तो उन्होंने मुन्नालाल को कहा-'गर्भ क्या छिपाया जा सकता है? और छिपाने का कारण भी क्या हो सकता है? तुमने कोई पाप तो नहीं किया। और यदि पाप भी किया हो तो उसे छिपाकर दूसरा पाप तो नहीं करना चाहिए। महात्मा ने कंचन को लिखा-'तेरे पैर भारी हो गए, इसमें तेरे लिए शरमाने की क्या बात है? तू तो इसके लिए लालायित थी। जिस बात की तीव्र इच्छा हो और जो सभी को होती है, उसमें शरमाने की क्या बात है? अब कम-से-कम तीन वर्ष तक तो विषय-वासना पर तेरा नियंत्रण होना ही चाहिए और सो भी बालक की दृष्टि से।' महात्मा ने मुन्नालाल और कंचन को इस बात की छूट दी कि 'तुम लोग विषय-भोग करते हुए भी मेरे कार्य में लगे रह सकते हो।' उन्होंने कंचन को सीख दी-'विषय-वासना को बढ़ाना नहीं चाहिए, बल्कि उस पर अंकुश लगाना चाहिए। संतान का जन्म तो सावधान करने के लिए है।'[29]

महात्मा गर्भ निरोधक साधनों के एकदम खिलाफ थे लेकिन कंचन और मुन्नालाल के मामले में उन्होंने इस बारे में पूरी छूट दे दी। हमेशा की तरह मौके के अनुसार उन्होंने अपने सिद्धांतों से समझौता कर लिया। उन्होंने मुन्नालाल से कहा- 'कंचन अब गर्भवती है और बालक जब तक दो वर्ष का न हो जाए तब तक तो तुम्हें कंचन के साथ संभोग नहीं करना चाहिए, ऐसा मेरा मत तो है ही। डॉक्टर भी यही कहते हैं। इसीलिए लोग गर्भ-निरोध के कृत्रिम उपायों का सहारा लेते हैं। तुम्हारी वासना इस हद तक प्रबल है, ऐसा मैं नहीं मानता। लेकिन यदि ऐसा हो तो इस बात को भी तुम्हें नम्रतापूर्वक स्वीकार कर लेना चाहिए। कृत्रिम उपायों का सहारा लेने वाले बहुत से भाई-बहन हैं। समाज इनका त्याग नहीं करता, बल्कि उनका स्वागत ही करता है।'[30]

कुछ समय बाद कंचन ने एक पुत्र को भी जन्म दिया। पुत्र का नाम मोहन कुमार शाह रखा गया। मुन्नालाल शाह और उनकी पत्नी कंचन जीवन संघर्ष में व्यस्त हो गए थे। तब तक महात्मा बहुत आगे बढ़ चुके थे। पर उनका प्रयोग जारी था। तब महात्मा नई दिल्ली में थे। मुन्नालाल ने उनके पास आने की इच्छा जाहिर की थी। लेकिन महात्मा ने उसे इंकार कर दिया। हत्या के ठीक दस दिन

पहले महात्मा ने मुन्नालाल को लिखा-'तुमको अपने साथ रखकर मुझे बहुत खुशी होगी। तुम्हारी कीमत मैं जानता हूं। मगर इस समय यहां लोगों की भरमार है, इससे तुम्हारे योग्य काम मैं तुम्हें दे नहीं सकूंगा। बाहर जाने के लिए साथ में बहुत कम आदमियों की जरूरत रहती है।'

मुन्नालाल गृहस्थ जीवन से ऊब गए थे। मन से वह संन्यासी थे। कंचन उन्हें ताने देतीं। वह कंचन से दूर रहना चाहते थे। वह जानते थे कि बिना कंचन से दूर रहे वह ब्रह्मचर्य व्रत का पालन नहीं कर सकते। अपनी मृत्यु से ठीक 11 दिन पहले महात्मा ने मुन्नालाल को सलाह दी कि 'यदि तुम और कंचन साथ रहकर आसक्ति नहीं त्याग सकते और दोनों का पतन होता है, तो दूर रहकर भी आसक्ति नहीं त्याग सकोगे। त्यागना तो चाहिए, मगर उसके लिए बहुत मनोबल की आवश्यकता है। एकांत वर्जित है। किसी भी प्रकार का मलिन स्पर्श वर्जित है। जो-कुछ करोगे उसमें कंचन का पूरा सहयोग होना चाहिए। वह तुमको दुर्बल मानती है और वह सही है।'[31]

सरदार पृथ्वी सिंह और मीरा

महात्मा और मीरा के जीवन में एक तीसरे कोण का पदार्पण हुआ। यह तीसरा कोण था सरदार पृथ्वी सिंह। सरदार पृथ्वी सिंह के जीवन की कहानी बेहद रोमांचकारी थी। वे तरुणावस्था में कनाडा चले गये थे और वहीं उनमें क्रांतिकारी विचारों का विकास हुआ। कनाडा के समुद्र-तट से 'कोमा गाटा मारू' जहाज को गैरकानूनी और लज्जाजनक तरीके से हटाने का दृश्य उन्होंने देखा था और तभी उन्होंने तथा कनाडा- प्रवासी भारतीयों के एक दल ने हिंदुस्तान लौट कर क्रांति करने का निश्चय किया। सरदार पृथ्वी सिंह को 1915 के प्रथम लाहौर षड्यंत्र केस के सिलसिले में आजीवन कैद की सजा मिली थी। इस सजा का कुछ हिस्सा उन्होंने कालेपानी (अंडमान) में काटा। कुछ दिनों बाद जब सार्वजनिक आंदोलन के फलस्वरूप कैदियों को कालेपानी भेजने की प्रथा खत्म कर दी गई तब सरदार पृथ्वी सिंह को वहां से मद्रास भेज दिया गया और फिर मद्रास से राजमुंद्री ले जाया गया। राजमुंद्री में जेल जीवन से ऊबकर दो बार उन्होंने वहां से भाग निकलने की कोशिश की। 1922 में दूसरी बार वे उसमें सफल रहे और तभी से वे पुलिस को लगातार चकमा देते रहे थे।

लेकिन इस बार सरदार ने उन्हें चकमा देने का इरादा बनाया जो पिछले कई सालों से दक्षिण अफ्रीका और भारत की गोरी हुकूमत को अपने अजब-गजब प्रयोगों से चकमा देते आए थे। सरदार फरारी के दिनों में ही महात्मा संपर्क में आए। महात्मा ने उन्हें आत्मसमर्पण की सलाह दी। सरदार 18 मई, 1938 को उनके पास आए और 19 मई, 1938 को महात्मा ने मजिस्ट्रेट को लिख भेजा कि

'सरदार पृथ्वी सिंह ने मेरे सामने आत्मसमर्पण कर दिया है और मैं उनकी रिहाई के बारे में भारत सरकार से लिखा-पढ़ी करने वाला हूं; लेकिन अगर इस बीच जिला-मजिस्ट्रेट कानूनन सरदार पृथ्वी सिंह को मेरे साथ रहने की इजाजत न दे सकें, तो वे उन्हें हिरासत में ले सकते हैं।' जवाब में जिला-मजिस्ट्रेट ने लिखा कि 'उन्हें सरदार पृथ्वी सिंह को स्वतंत्र रहने देने का कोई अधिकार नहीं है।' जिला-मजिस्ट्रेट पुलिस-अधीक्षक के साथ खुद ही आए और जुहू स्थित महात्मा निवास-स्थान से सरदार को गिरफ्तार कर लिया। इस घटना के बारे में महादेव देसाई ने लिखा-'जब पुलिस-सुपरिंटेंडेंट और मजिस्ट्रेट पृथ्वी सिंह को ढकेल कर ले गए, तब गांधी जी प्रत्यक्षतः विचलित हो उठे। उन्होंने कहा: 'सरदार पृथ्वी सिंह-जैसे लोग ही सच्चे सत्याग्रही हो सकते हैं।'[32]

इसके बाद महात्मा पूरी शिद्दत से सरदार पृथ्वी सिंह की जल्द से जल्द रिहाई में जुट गए। महात्मा ने इसे अपने नए मिशन का नाम दिया। वह इसमें कामयाब भी रहे। रिहाई के बाद प्रसिद्ध पंजाबी क्रांतिकारी पृथ्वी सिंह बापू की शरण में सेवाग्राम आ गए। वह लंबे-चौड़े खूबसूरत व्यक्तित्व के मालिक थे। पृथ्वी बापू से प्रभावित थे। हिंसा का रास्ता छोड़ने को तैयार हो गए। मीरा सीमांत प्रांत के दौरे से अभी लौटी थीं। वह फिर बापू के साथ थीं।

एक दिन अचानक पृथ्वी सिंह सेवाग्राम में बापू के सामने खड़े थे। सब कुछ छोड़कर वह यहीं बापू के चरणों में रहना चाहते थे। मीरा उस क्रांतिकारी युवक को देखती रह गईं। पृथ्वी सिंह के साहसिक कारनामों की कथाएं की एक लंबी शृंखला थीं। इसे उन्होंने लिख डाला। अंग्रेजी में अनुवाद के लिए यह जीवन वृत्तांत मीरा को दिया गया। सब पढ़कर मीरा पृथ्वी सिंह से और प्रभावित हो गईं। पृथ्वी सिंह ने अपना अधिकांश समय सेवाग्राम में बिताया। मीरा भी तब सेवाग्राम में थीं। वह पृथ्वी के प्रेम में पड़ गईं। मीरा ने लिखा-'मेरा उनसे मन मिल गया और मुझे उनके स्पष्टवादी और निर्भय व्यवहार में आंनद आने लगा। मुझे महसूस होने लगा, लो आखिर कोई तो ऐसा है जिसके साथ शायद मैं स्वतंत्र रूप से बाहर रहकर काम कर सकूं-जैसा कि बापू हमेशा मुझसे चाहते हैं।'[33]

एक तरफ ब्रह्मचर्य और अनासक्ति के उबाऊ प्रवचन और दूसरी ओर उड़ने के लिए खुला आकाश। मीरा मन-ही-मन पृथ्वी को चाहने लगी थीं। बापू से उन्हें निराशा हाथ लगी थी। उन्हें उम्मीद थी कि बापू उनके मन की व्यथा समझेंगे और उन्हें रास्ता दिखाएंगे? लेकिन उनके मन में कहीं डर भी था। लेकिन मीरा इतनी मजबूर हो गईं कि उन्होंने बापू से अपने प्रेम के बारे में सब कह दिया। मीरा ने लिखा-'बापू ने मेरी तरफ ऐसी गंभीरता से देखा जिसकी मुझे आशा नहीं थी और कहा कि 'यदि तुम्हारी ऐसी भावना है तो इसका मेरे खयाल में यह अर्थ हुआ कि

तुम्हें उनसे विवाह कर लेना चाहिए।' उन्होंने यह विचार भी प्रकट किया कि– 'शादी का विचार तुम्हारे जीवन में रहा है, परंतु तुमने कभी कहा नहीं।'[34]

मीरा को जबरदस्त झटका लगा। उन्होंने लिखा– 'मैं हक्की–बक्की रह गई और मौन हो गईं। बापू ने मेरा आश्चर्य देखकर कहा मेरे विचार से तुम्हारी पहले की प्रतिज्ञा इसमें बाधक नहीं होनी चाहिए। जहां तक मेरा संबंध है मैं तुम्हें उससे मुक्त करता हूं।' मेरे दिल और दिमाग विचारों के भंवर में फंस गए। क्या मेरी निराशा का यही निराकरण है? संभवत: बापू का खयाल ठीक हो। क्या मैं इसमें कूद पड़ूं, तो अंत में मैं उपयोगी सिद्ध हो सकूंगी? बापू अपने सामान्य नि:संकोच ढंग से बोले– 'मैं पृथ्वी सिंह से बात करूंगा।' मैंने और झंझट किए बिना इस स्थिति को स्वीकार कर लिया। सारी बातचीत में पांच मिनट से अधिक नहीं लगे। मुझे लगा मेरी सांस पूरी तरह से रुक गई है; और फिर थोड़ी देर तक मुझे असाधारण आनंद का अनुभव हुआ।'[35]

बापू ने मीरा के प्रेम के बारे में पृथ्वी सिंह और अन्य लोगों से लंबी बात की। लेकिन पृथ्वी सिंह ने मीरा से विवाह के सभी प्रस्तावों को बेहद शालीन ढंग से ठुकरा दिया। पृथ्वी ने मीरा को सलाह दी कि वह उनके मित्र पं. जगतराम भारद्वाज से मिले। भारद्वाज अंडमान काल के साथी कैदी रहे हैं। हाल में 21 साल की जेल काटकर हरियाणा में होशियारपुर के निकट एक गांव में अपनी पत्नी के संग रह रहे हैं। मीरा पं भारद्वाज से मिली। लेकिन बात नहीं बनी। पृथ्वी मीरा से शादी के लिए राजी नहीं थे।

मीरा को 'भयंकर आंतरिक यातना' ने दबोच रखा था। वह मौन रहने लगीं। यह मौन 15 महीने रहा। हफ्ते में कभी कुछ मिनट के लिए बापू से मिलती तो बोलतीं। फिर चुप हो जातीं। उन्होंने अखबार पढ़ना बंद कर दिया। लंबे समय तक खामोश बैठना भी उनके लिए आसान नहीं था। उन्होंने रोज 1000 गज सूत कातने का निर्णय किया। लेकिन मीरा सहज नहीं हो सकीं। पृथ्वी अभी भी उनके मन–मंदिर में थे। अंतर की पीड़ा और बेचैनी उन्हें मारे डाल रही थी। मीरा ने अपनी हालत गांधीजी को लिखी। बापू ने उन्हें लाला कन्हैयालाल के पास पालमपुर जाने की सलाह दी। वह जमींदार थे। उनके पास अपना जंगल था। मीरा ने यहां एकांत में कुटिया बना ली। बापू से पत्र–व्यवहार जारी रहा। बापू ने लिखा–' तुम्हारा लंबा पत्र मिला। इससे मैं तुम्हारे भीतर चल रहे संग्राम को समझ सकता हूं...अत्यावश्यक यह है कि ईश्वर के प्रति समर्पण की भावना रखो। तुम्हारा जो भी बाह्य कर्म हो, वह सब ईश्वर के लिए होना चाहिए।'

पर मीरा का यहां भी मन नहीं लगा। मीरा वापस सेवाग्राम लौट आईं। इस बार बापू ने उसे जूनागढ़ अपने एक अमीर मित्र के पास भेज दिया। चोरवाड़, अरब सागर के किनारे यह सुंदर इलाका था। एक मील तक फलों के बाग। यहां

बगीचे में मीरा ने अपनी कुटिया बनाई। लेकिन विरह वेदना ने उनका पीछा यहां भी नहीं छोड़ा। बापू को भेजे एक पत्र में मीरा ने लिखा- पक्षियों के लिए यह सर्वोत्तम ऋतु प्रतीत होती है। मोर नाचते हैं। कोयल मतवाली होकर एक पेड़ से दूसरे पेड़ पर फुदकती हुई गाती है। गिद्ध भी, जिनका जोड़ा ठीक सामने ताड़ के पेड़ों पर अक्सर आता है, कामासक्त हो गए हैं; परंतु जब वे प्रणय व्यापार आरंभ करते हैं। तब जो आवाज निकालते हैं, उससे लगता है कि कोई पक्षी गा नहीं रहे, बल्कि पशु मारे जा रहे हैं...।'[36]

मीरा का मन यहां रम गया था। हफ्ते में वह एक बार अरब सागर के किनारे जाकर एकांत में चट्टानों से टकराती लहरों का संगीत सुनतीं। लहरों का नृत्य देखतीं। उन्होंने महसूस किया कि यहां भी हिमालय की तरह शक्ति का प्रकटीकरण है। वह शक्ति जो शांति भी है। 22 मई, 1941 को बापू का पत्र आया- 'लंदन से पूछा गया है कि क्या यह समाचार सच है कि तुमने मुझसे सारा संबंध तोड़ दिया है और तुम मुझसे दूर रहती हो!!! इच्छा कैसे विचार की जननी बनती है!'[37]

लेकिन मीरा और पृथ्वी के बीच जनमे इस नए प्रेम संबंध से महात्मा को जबरदस्त झटका लगा था। यह उनके खयाल में भी नहीं था कि मीरा के प्रेम पर किसी और पुरुष का भी अधिकार हो सकता है। महात्मा टूटे हुए दिल के किसी भावुक प्रेमी की तरह बर्ताव करने लगे। उन्होंने मीरा को 6 जून, 1944 को एक पत्र लिखा जिसमें उन्होंने मीरा का नाम उनसे छीन लिया। इस पत्र में संबोधन मीरा के बजाय 'प्रिय मैडलीन' था। इस खत में महात्मा ने लिखा-'तुम्हें मेरा इस तरह से संबोधित करना बर्दाश्त करना होगा। मालूम नहीं कि मैंने तुम्हें दूसरा नाम दे कर ठीक किया अथवा नहीं। जिस समय मुझे यह लगेगा कि मैंने ऐसा करके ठीक किया था, मैं पहले की तरह वही नाम लेना शुरू कर दूंगा। तुम्हारे लिए इतना जान लेना काफी होगा कि जिस प्रेम के वश मैंने तुम्हें नया नाम दिया था, उसी की खातिर उसे वापिस भी ले लिया है।'[38]

मीरा को महात्मा का इस तरह औपचारिक संबोधन बुरा लगा था। वह खुद को महात्मा के लिए शर्मिंदा महसूस कर रही थीं। महात्मा ने कहा कि 'औपचारिक होने में कोई बुराई' क्या है? और 'मेरे लिए शर्मिंदा होने की कोई बात नहीं है।' उन्होंने आगे लिखा-'तुम्हारे प्रति जिस गहरी सद्भावना और स्नेह से प्रेरित होकर मैंने उन्हें लिखा था उसे मेरी भाषा संप्रेषित नहीं कर सकी। केवल यही अफसोस है कि मैंने बेतकल्लुफ होने की जुर्रत की है। यदि मैं तुम्हें मिस स्लेड की अपेक्षा किसी अन्य नाम से संबोधित न करता होता तो भी तुम्हारे प्रति मेरा प्यार उतना ही सच्चा होता जितना आज है। मुझे अंग्रेजों की उदासीनता और विशुद्धता भाती है। मेरा दुख तो सतही है।'[39]

महात्मा अपने प्रेम को बचाए रखना चाहते थे। एक दुखी प्रेमी की तरह वह अपना सब कुछ तो मीरा को दे चुके थे। उन्होंने मीरा को लिखा–'निःसन्देह तुम आज भी मेरे लिए वही हो जो सदा से रही हो। मैं तुम्हें बराबर लिखता रहा हूं ताकि मैं उस आशंका से मुक्ति पा सकूं जिससे मैं ग्रसित हो गया हूं।' उन्होंने स्लेड को भरोसा दिलाया कि–'तुम्हारे प्रति मेरे प्रेम में बिलकुल अंतर नहीं आएगा।' [40]

इस बीच महात्मा को भी पृथ्वी सिंह के 'चालचलन' के बारे में कुछ परेशान करने वाली जानकारियां मिल रही थीं। उन्हें मालूम चला कि पृथ्वी सिंह संदिग्ध तरीकों से पैसा ऐंठ रहे हैं। उन्होंने काठियावाड़ की 'दो लड़कियों से बेहूदा हरकत' करने की नाकाम कोशिश की। महात्मा को यह भी मालूम चला कि पृथ्वी ने पिछले ही साल 27 नवंबर,1943 को प्रभावती देवी नाम की किसी लड़की से शादी कर ली। प्रभा उनकी उम्र से काफी छोटी थी। प्रभा भी पृथ्वी पर बुरी तरह आसक्त थी।

महात्मा ने जुहू से मीरा को एक पत्र लिखकर यह सब जानकारियां दीं। उन्होंने लिखा–'उसने जिस लड़की से विवाह किया है उसकी सगाई एक ऐसे व्यक्ति से हो चुकी थी जो उस लड़की का संरक्षक रह चुका था। महात्मा ने मीरा को बताया कि नानाभाई नाम के उनके एक पुराने साथी पृथ्वी सिंह को उनके यहां लेकर आए थे। उन्होंने यकीन दिलाया था कि पृथ्वी सिंह का 'हृदय हिंसा से अहिंसा में पूरी तरह परिवर्तित हो चुका है।' लेकिन यह सच नहीं था। महात्मा ने बताया कि अब नानाभाई का भी पृथ्वी से बुरी तरह 'मोहभंग' हो चुका है। महात्मा ने मीरा को लिखा–'जेल से भेजे उसके पत्रों में तथा मेरे पास आने पर उसका अहिंसा व्रत धारण करना मुझे धोखा देने की गहरी चाल प्रतीत होती है और मेरे जरिए वह उस गोपनीय जीवन से किसी–न–किसी दिन छुटकारा पा लेना चाहता था जिसके लिए वह चिंतित रहता था।' पत्र के आखिर में महात्मा ने लिखा–'यह पत्र मेरी आखिरी चेतावनी है। मैं तुम्हें और तकलीफ नहीं दूंगा। केवल ईश्वर ही तुम्हें राह दिखाए।'[41]

पृथ्वी की इन आलोचनाओं का असर मीरा पर नहीं पड़ने वाला था। महात्मा की चेतावनियां बेअसर साबित हुईं। मजबूरन सही पर चौतरफा दबाव में मीरा ने पृथ्वी से विवाह का इरादा त्याग दिया। लेकिन वह पृथ्वी को कभी भूल न सकीं। वापस आकर वह सोन नदी के किनारे शिवालिक पहाड़ियों के बीच एक गांव में बस गईं। यहां शांति थी जिसकी मीरा को सख्त जरूरत थी। लेकिन यहां भी उसका मन ज्यादा दिन नहीं टिका।

मीरा फिर सेवाग्राम लौटीं और उन्होंने अपनी अलग कुटिया बना ली। उनका मानसिक तनाव जंतु प्रेम में स्थानांतरित हो गया। मेढक, बिच्छू और सांप उनके दोस्त बन गए। वह मेढकों से बात करतीं। बिच्छुओं ने उन्हें तीन बार काटा। मीरा ने

मौन व्रत ले लिया। मीरा पृथ्वी को भूलना नहीं चाहती थीं। वह नहीं भूलीं। साल भर उन्होंने किसी से कोई बात नहीं की। मीरा की सहेली आशा देवी आर्यनायकम ने बहुत दबाव डाला कि अब वह मौन तोड़ें। दुनिया बहुत बड़ी है। लेकिन मीरा कुछ सुनने को तैयार नहीं थीं। उनका दिल टूट चुका था। कई-कई बार। लेकिन कोई कब तक चुप रह सकता है। हर व्यक्ति महात्मा तो नहीं। मीरा के हृदय में तीव्र वेदना हुई और आंखों से आसुंओं की धार निकल पड़ी। मीरा ने लिखा-'इसके बाद मेरा मौन समाप्त हो गया।'[42]

संदर्भ

1. खंड 80 : 14 जनवरी, 1941 के पूर्व, पेज 31
2. खंड 80 : 15 जनवरी, 1941, पेज 34
3. खंड 80 : 5 मार्च, 1941, पेज 142
4. खंड 80 : 1 अप्रैल, 1941, पेज 222

मुश्किल में मुन्ना भाई

5. खंड 76 : 30 सितंबर, 1939, पेज 428
6. खंड 78 : 6 मई, 1940, पेज 232
7. खंड 78 : 27 मई, 1940, पेज 299
8. खंड 79 : 31 जुलाई, 1940, पेज 77
9. खंड 79 : 5 अगस्त, 1940, पेज 96
10. खंड 80 : 5 जून, 1941, पेज 397
11. खंड 80 : 10 जून, 1941, पेज 401

'विश्वासपात्र कुत्ता हूं'

12. खंड 78 : हरिजन 22 जून, 1940, पेज-402,
13. खंड 78 : 8 जुलाई, 1940, पेज 478,
14. खंड 83 : 10 जुलाई, 1942, पेज 101, हरिजन, 19 जुलाई 1942
15. खंड 79 : 19 अगस्त, 1940, पेज 150

करो या मर जाओ

16. इंडिया विन्स फ्रीडम, मौलाना आजाद, ओरिएंट लांगमैन, 1992, पेज-61
17. खंड 76 : 5 सितम्बर, 1939, पेज 359
18. ट्रान्सफर ऑफ पॉवर, जिल्द 2, पेज 407-8
19. खंड 83 : 14 जुलाई, 1942 पेज 115, हिंदू, 15 जुलाई 1942,
20. हिस्ट्री आफ इंडियन नेशनल कांग्रेस, पट्टाभि सीतारमैय्या, पेज-849
21. महात्मा, डीजी तेंदुलकर, जिल्द 6, पेज-154-64
22. इंडिया विन्स फ्रीडम, मौलाना अबुल कलाम आजाद, पेज-80

ब्रह्मचर्य नहीं, संभोग सुख चाहिए

23. खंड 85 : 21 फरवरी, 1945, पेज 441
24. खंड 86 : 6 मार्च, 1945, पेज 7-8
25. खंड 86 : 6 मार्च, 1945, पेज 10

26. खंड 86 : 11 मार्च, 1945, पेज 36
27. खंड 88 : 3 नवम्बर, 1945, पेज 318-319
28. खंड 88 : 3 नवम्बर, 1945, पेज 319
29. खंड 92 : 7 अक्टूबर, 1946, पेज 312
30. खंड 92 : 7 अक्टूबर, 1946, पेज 313
31. खंड 98 : 19 जनवरी, 1948, पेज 274

सरदार पृथ्वी सिंह और मीरा

32. हरिजन, 28-5-1938
33. जीवन यात्रा, मीरा, अध्याय 51, पेज 251
34. जीवन यात्रा, मीरा, अध्याय 51, पेज 251
35. जीवन यात्रा, मीरा, अध्याय 51, पेज 251
36. जीवन यात्रा, मीरा, अध्याय 52, पेज 258
37. जीवन यात्रा, मीरा, अध्याय 52, पेज 258
38. खंड 84 : 6 जून, 1944, पेज 97
39. खंड 84 : 12 जून, 1944, पेज 111
40. खंड 84 : 14 जून, 1944, पेज 116
41. खंड 84 : 11 जून, 1944, पेज 110
42. जीवन यात्रा, अध्याय 52, मीरा, पेज 261

अध्याय–9

महात्मा और मनु

और तब गांधीजी ने अपने जीवन का अंतिम और सबसे खतरनाक प्रयोग शुरू किया। ब्रह्मचर्य का यह प्रयोग उनके अब तक के प्रयोगों में सबसे ज्यादा दिल दहलाने वाला और विस्फोटक था। वैसे इस प्रयोग को अमल में लाने वाली परिस्थितियां और माहौल भी कम सनसनीखेज नहीं थे। अंग्रेजी हुकूमत के चतुर और शातिर कूटनीतिज्ञों को कठिनाई में डालने वाले महात्मा खुद इस 'महायज्ञ' में कूदकर मुश्किल में पड़ने वाले थे। इसका अंदाजा महात्मा को बहुत बाद में हुआ। लेकिन तब वापसी का कोई रास्ता नहीं बचा था।

हिंदुस्तान की आजादी का इतिहास एक रोमांचक मोड़ पर था। अंग्रेजी हुकूमत समझ चुकी थी अब हिंदुस्तानियों को आजाद मुल्क देने के अलावा दूसरा कोई चारा नहीं। ब्रितानियां हाउस आफ कॉमंस की कैबिनेट के तीन नेताओं को भारत के एक खास मिशन पर भेजा गया। यह कैबिनेट मिशन था। मिशन का मकसद यहां के हिंदू और मुस्लिम राजनेताओं के बीच पैदा हुए गतिरोध को खत्म करना था। मिशन के सूत्रधार लारेंस, क्रिप्स और एलेक्जेंडर 23 मार्च, 1946 को करांची हवाई अड्डे पर उतरे। अगले दिन दिल्ली आए। तीनों ने कांग्रेस व अन्य मुस्लिम दलों के करीब 472 नेताओं के साथ कोई 182 बैठकें की। मिशन के एक अफसर वुडरो व्याट ने गांधीजी से कहा 'तो हम आपकी पीठ से उतर रहे हैं।' एक मसौदा तैयार हुआ जो कांग्रेस और मुस्लिम लीग दोनों को मंजूर नहीं था। भारत की आजादी का ईमानदार हल खोजने का दावा करने वाले वायसराय फील्ड मार्शल लॉर्ड वेवेल मध्यस्थ बने थे। संविधान सभा के चुनाव और एक राष्ट्रीय सरकार के गठन का प्रस्ताव तैयार हुआ। लेकिन बात नहीं बनी। नाराज मुस्लिम लीग ने इसका विरोध किया। मि. जिन्ना ने 16 अगस्त, 1946 को सीधी कार्रवाई का ऐलान कर दिया। लीग ने इस 'डायरेक्ट एक्शन' को सांप्रदायिक रंग दे दिया। एक्शन कमेटी ने मुसलमानों के लिए जो मजमून छापा वह दहला देने

वाला था। इसमें मुसलमानों को याद दिलाया गया कि रमजान के महीने में ही अरब के 313 मुसलमानों ने इस्लाम और कुफ्र की पहली जंग लड़ी थी। जिहाद के इस ऐलान में कहा गया कि 10 करोड़ हिंदुस्तानी मुसलमान जो बदकिस्मती से हिंदुओं और अंग्रेजों के गुलाम हो गए हैं, रमजान के इसी महीने में जिहाद शुरू करेंगे। लीग की एक पत्रिका ने हाथ में तलवार लिए मि. जिन्ना की तसवीर छापी जिसमें लिखा था–'हम मुसलमानों के पास ताज रहा है और हमने हुकूमत की है। सब तैयार हो जाओ और अपनी तलवारें संभाल लो। ...ऐ काफिर! तुम्हारी कयामत दूर नहीं और कत्लेआम आने वाला है...!'[1]

और कत्ल–ए–आम की वह खौफनाक घड़ी आ गई। 16 अगस्त और उसके बाद के चार दिन और चार रातें कलकत्ते के इतिहास की कालिख बन गईं। हजारों हिंदू–मुसलमान मारपीट, खूनखराबा, आगजनी, छुरेबाजी से मौत के घाट उतार दिए गए और सैकड़ों लड़कियों और औरतों के साथ निर्मम ढंग से बलात्कार हुआ। एक अंग्रेज इतिहासकार ने लिखा–'चौरंगी की नालियों में औरतों, मर्द और बच्चों की लाशें तब तक सड़ती रहीं जब तक सफाई करने वालों में सबसे वफादार चीलों ने उनका सफाया नहीं कर दिया।' इस हिंसा के बाद लॉर्ड वेवेल ने पेंच फंसा दिया। भारतीय नेताओं का वेवेल के प्रति भ्रम टूट गया। पंडित नेहरू ने कहा– मुझे बाद में पता चला कि वायसराय 'धीरे–धीरे गाड़ी के पहिए निकाल रहे हैं।' और यह गाड़ी अक्टूबर आते–आते लड़खड़ा गई।

खतरनाक राह पर

कलकत्ते का बदला हिंदुओं ने बिहार में लिया। एक–एक मुसलमान घर से निकाल कर काट डाले गए। हिंदुओं की यह सामूहिक हिंसा, अहिंसा के पुजारी का सिर झुकाने के लिए बहुत काफी थी। और जैसा कि दंगे का मनोविज्ञान है–प्रतिकार यानी दंगे के बदले दंगा। यही हुआ। पूर्वी बंगाल का नोआखली जिला इसकी चपेट में आ गया। नोआखली का दंगा कांग्रेस और लीग की कल्पनाओं से कहीं ज्यादा दिल दहला देने वाला था। यहां 81 फीसदी मुसलमान थे और बाकी हिंदू। कहते हैं जितने मुल्ला और मौलाना यहां थे उतने पूरे हिंदुस्तान में कहीं नहीं। सात दिन तक मारकाट चलती रही लेकिन खबर का एक कतरा भी बाहर की दुनिया तक नहीं पहुंच सका। उपद्रवियों ने तार, पुल, सड़कें... सबको घायल कर दिया था। सारे संपर्क टूट गए। नौ दिन बाद कांग्रेस के नए–नए अध्यक्ष बने आचार्य कृपलानी ने अपने साथियों के साथ आसमान में हवाई जहाज से जब नोआखाली देखा तो उनकी रूह कांप गई। इस दंगे में सबसे ज्यादा कहर औरतों पर टूटा। किंग्सले हॉल की एक समाज सेविका म्यूरियल लेस्टर ने नोआखली का आंखों देखा हाल लिखा–'औरतों ने अपने पतियों को अपनी आंखों से जिंदा जलते देखा। फिर बलात्कार के बाद बलात् उनका धर्म

परिवर्तन किया गया। पति के हत्यारों ने उनमें से खूबसूरत औरतों को अपने घर में रख लिया। ये औरतें मौत की जिंदा बुत जैसे दिखती थीं।[2]

नोआखली से मिस लेस्टर ने एक पत्र गांधीजी को भी लिखा था। बंगाल से कई तार आए थे। गांधीजी ने तभी फैसला कर लिया कि उनका अगला मिशन नोआखली होगा। और गांधीजी की मुश्किल उस दिन आसान हो गई जब 24 अक्टूबर, 1946 की शाम दिल्ली की प्रार्थना सभा में कुछ उत्तेजित हिंदू युवकों ने उन्हें ललकारा– 'जब हमारा घर जल रहा हो तो हम प्रार्थना नहीं कर सकते।' 27 अक्टूबर की शाम गांधीजी ने घोषणा की कि 'मैं कल सुबह नोआखली के लिए कलकत्ता रवाना हो रहा हूं।' नोआखली में एक पागलपन चल रहा था। वहां जंगलराज था। गांधीजी को रोकने की बहुत कोशिश हुई। लेकिन नोआखली की ढेर सारी आहें उन्हें अपने पास बुला रही थीं। दिल्ली से निकलने से पहले गांधीजी यह अपील करना नहीं भूले कि 'लोग रास्ते में स्टेशनों पर भीड़ न लगाएं। मैं बंगाल में जज बन कर नहीं, ईश्वर का सेवक बनकर जा रहा हूं।'

लेकिन लोग मानने वाले नहीं थे। हिंदुस्तान में प्रसिद्ध लोगों के लिए भीड़ परछाई की तरह होती है। उनके जितना करीब जाओ वह दूर भागती है। और उनसे जितना पीछा छुड़ाने की कोशिश करो वह पीछे–पीछे चलती है। गांधीजी के नोआखली जाने की घोषणा ने हिंदुस्तानियों को पागल कर दिया। उनका महात्मा अब 'परमात्मा का दूत' बन गया था। दिल्ली से कलकत्ता के बीच जिन स्टेशनों पर भी रेलगाड़ी रुकती। लोग पागलों की तरह गांधीजी के डिब्बे पर कूद पड़ते। खिड़कियों के कांच तोड़ते। दरवाजे तोड़ने की कोशिश करते। फिर भी गांधीजी के दर्शन में नाकम होते तो दूसरे डिब्बे में चढ़कर जंजीर खींच देते। मजबूरन रेलवे को डिब्बों से 'व्हेक्यूम ब्रेक' हटाना पड़ा। 'महात्मा जिंदाबाद' के नारों का बाहर शोर इतना रहता कि गांधीजी को कान में उंगली डालकर बैठना पड़ता। गाड़ी पूरे पांच घंटा लेट हुई। गांधीजी स्टेशन से सीधा दस मील दूर सोदपुर आए। यहां गांधीजी के शिष्य सतीशचंद्र दास गुप्त का खादी प्रतिष्ठान आश्रम था। गांधीजी ने देर से आने के लिए वहां एकत्र लोगों से माफी मांगी साथ में यह भी बताया कि वह यहां 'कोरा दिमाग' लेकर आए हैं। 'ईश्वर मुझे अगला कदम बताएगा।'

तब गांधीजी के 'कोरे दिमाग' में क्या था यह कोई नहीं जानता था सिवाय उस ईश्वर के जिसने गांधीजी के लिए एक खास तरह के 'यज्ञ' की बेदी पहले से ही नोआखली में तैयार कर दी थी। मुसलमानों को गांधीजी का यूं नोआखली आना पसंद नहीं आया। एक मुसलमान ने कलकत्ते में उनसे पूछा भी 'बंबई, छपरा या अहमदाबाद क्यों नहीं ? नोआखाली क्यों ? इसलिए कि वहां पीड़ित हिंदू हैं, मुसलमान नहीं ? गांधीजी ने जवाब दिया–'नोआखली जैसी भीषण घटनाएं अगर वहां होतीं जो जरूर जाता। अत्याचार और बलात्कार की शिकार औरतें मुझे तुरंत बुला रही हैं।'

सब कुछ जैसे कुदरत ने पहले से तय कर रखा हो। कलकत्ता छोड़ने में गांधीजी को 72 घंटे लग गए। कलकत्ते की बकरीद सिर पर थी। इस दिन कलकत्ते के अधिकांश मुसलमान बकरी की नहीं गाय की कुर्बानी देते हैं। इसके पीछे उनका मकसद सिर्फ उन हिंदुओं को चिढ़ाना नहीं होता जो गाय को अपनी मां मानते हैं। बल्कि इसके पीछे आर्थिक कारण भी है। वह यह कि गाय को कुर्बान करके एक गरीब मुसलमान अपने लंबे-चौड़े परिवार का पेट भरने का इंतजाम आसानी से कर सकता है। साथ ही गाय का गोश्त बांट कर वह सस्ता सा सबाब भी हासिल कर सकता है। जो बकरी के गोश्त से कर पाना नामुमकिन है। लेकिन दंगों की इस फिजा में गाय की कुर्बानी का क्या मतलब है यह बंगाल के मुख्यमंत्री शहीद सुहरावर्दी खूब जानते थे। इसलिए उन्होंने गिड़गिड़ा कर गांधीजी को कलकत्ते में रोक लिया ताकि कलकत्ता एक बार फिर हिंसा के हवाले न हो जाए और सुहरावर्दी के माथे पर फिर कलकत्ते के कारण कलंक का टीका न लगे।

हालांकि हिंदू दोस्तों ने गांधीजी को यह भी बताया कि सुहरावर्दी उन्हें तुरंत नोआखली जाने से क्यों रोकना चाहते हैं? इसलिए ताकि नोआखली में जबरन हिंदू से मुसलमान बनाए गए लोगों से बकरीद के मौके पर गायकशी कराई जा सके। उन्हें गोमांस खाने पर मजबूर किया जाए।

लेकिन दुबला-पतला दिखने वाले इस संत का दिमाग कहीं ज्यादा शातिर और काइयां था। गांधीजी ने गणित बैठा ली थी। अगर सुहरावर्दी के कहने पर मैं कलकत्ते की रक्षा करूंगा तो मुख्यमंत्री सुहरावर्दी को नोआखली की हिफाजत करनी होगी। सुहरावर्दी ने खुद इस बात की गांधीजी के आगे कसम खाई थी। खुदा की कसम का मतलब सुहरावर्दी से ज्यादा गांधीजी समझते थे। इसलिए वह रुक गए। हालांकि यह जुआ खेलने जैसा था। सुहरावर्दी को वे बेहतर जानते थे। अभी कुछ दिन पहले ही सुहरावर्दी से पहली भेंट में गांधीजी ने मजाक में बंगाल के इस नालायक मुख्यमंत्री से पूछा था 'शहीद साहब, क्या बात है कि हर आदमी आपको गुंडों का राजा कहता है? कोई भी आपके बारे में अच्छी बात नहीं कहता!' उस समय शहीद सुहरावर्दी अपनी कोहनी के सहारे धृष्टतापूर्वक गांधीजी के सामने लेटा था। शहीद ने उपेक्षा भाव से तीखा उत्तर दिया, 'महात्मा जी क्या आपकी पीठ के पीछे आप के बारे में भी लोग तरह-तरह की बातें नहीं करते?' गांधीजी ने हंसते हुए जवाब दिया-'ऐसा हो सकता है। फिर भी कम-से-कम कुछ आदमी तो ऐसे हैं, जो मुझे महात्मा कहते हैं। परंतु मैंने एक भी व्यक्ति को शहीद सुहरावर्दी को महात्मा कहते नहीं सुना है!'[3] प्रतिउत्तर और भी तीखा था।

कलकत्ते में घंटे शांतिपूर्वक बीत रहे थे कि फिर बिहार जल उठा। 3 नवंबर, 1946 को मुस्लिम लीगी अखबार 'मार्निंग न्यूज' ने खबर छापी कि बिहारी हिंदुओं ने मुसलमानों को घेर कर मार डाला। बिहार दंगे की जद में है।' खबर सच थी।

गांधीजी आहत हुए। शाम उन्होंने अपने प्रार्थना-प्रवचन में कहा- 'यदि मेरी कोई लड़की भगा ले जाए, तो क्या मैं उसकी या उसके मित्र की लड़की भगा ले जाऊं? यह तो लज्जा और कलंक की बात होगी। मुझे आपार दुख होता है। खून के बदले खून का नारा निरा जंगलीपन है। नोआखली की घटनाओं का बदला आप बिहार में नहीं ले सकते।'

फिर गांधीजी ने अपना सबसे पुराना, कारगर और वफादार अस्त्र निकाला। यह अस्त्र प्रायश्चित का था। गलती किसी और की और उसके लिए प्रायश्चित गांधीजी का। दक्षिण अफ्रीका में आजमाया हुआ यह अस्त्र हिंदुस्तान में अधिक कारगर हुआ था। यह वह हथियार था जिससे अंग्रेज भी कांपते थे। बिहारी तो फिर बिहारी थे। गांधीजी ने बिहार के लिए एक वक्तव्य जारी किया जिसमें आंशिक उपवास का व्रत था। साथ में एक चेतावनी भी नत्थी थी कि अगर नहीं माने तो संपूर्ण उपवास होगा। बिहार में दंगे रुक गए। अब नोआखली गांधीजी के सामने था, बहुत साफ क्योंकि कोहरा छंट गया था।

मुख्यमंत्री सुहरावर्दी ने नोआखली के लिए एक खास ट्रेन का इंतजाम किया था। बंगाल के श्रम मंत्री और दो सचिव साथ गए। मुख्यमंत्री और नसरुल्ला खां की दो जवान लड़कियां भी गांधीजी के साथ जाना चाहती थीं। लेकिन सुहरावर्दी को याद दिलाया गया कि गांधीजी के साथ दो बेपर्दा मुसलमान लड़कियों के जाने का मतलब नोआखली के धर्मांध मुल्ला क्या निकालेंगे यह खुदा भी नहीं जानता। इस इरादे ने वहीं दम तोड़ दिया।

नोआखली पहुंचते ही गांधीजी का जादू शुरू हो गया। यह एक इंद्रजाल की तरह था। हिंदू-मुसलमान, पंडित-मौलवी सब एक-एक कर इस इंद्रजाल में फंसते जा रहे थे। रास्ते में मिलने आए मुस्लिम नेताओं से गांधीजी ने कहा कि वे अपील करें कि जबरदस्ती कलमा पढ़वाने से कोई गैर मुस्लिम मुसलमान नहीं हो जाता। पुलिस सुपरिंटेंडेंट अब्दुल्ला तो बुरी तरह फंस गए। गांधीजी उनसे मिले। उन्होंने भरोसा दिलाया कि अब नोआखली में ऐसा नहीं होगा। गांधीजी मुस्करा कर बोले, 'आप आश्वासन देते हैं तो मान लेता हूं कि मेरा अपना काम पूरा हो गया। लेकिन अगर फिर वही पुराना किस्सा दोहराया गया तो मैं आपके दरवाजे पर आत्महत्या करूंगा।' सब हंसने लगे। लेकिन पुलिस की वर्दी में अब्दुल्ल गंभीर थे। वह बोले 'जान दे दूंगा लेकिन अपनी आंखों के सामने दंगा नहीं होने दूंगा।'

कलकत्ता पहुंचने के बाद ही महात्मा के 'कोरे दिमाग' में उनके अद्‌भुत प्रयोग का खाका खिंच चुका था। इस प्रयोग के लिए उन्होंने अपने साथी के रूप में मनु को बहुत पहले चुन लिया था। मनु बापू के भतीजे जयसुखलाल की लड़की थी। उनका जन्म 7 नवंबर, 1925 को हुआ था। जयसुखलाल के पिता अमृतलाल तुलसीदास गांधी महात्मा के चाचा थे। इस रिश्ते से मनु उनकी पोती हुईं। मनु की

मां बचपन में गुजर गई थीं। कस्तूरबा ने आगाखान महल में कैद के दौरान मनु को अपने पास बुला लिया था। इस जेल में ही मनु को 18वां साल लगा था। मनु ने बा की पूरी निष्ठा से सेवा की। मनु बा की सेवा के लिए जेल आई थीं लेकिन बा की मृत्यु के बाद उसे जेल छोड़कर जाना था। महात्मा मनु को अपने पास रखना चाहते थे। लेकिन मजबूर थे। उन्होंने आगा खां जेल में बा की मौत के पांच दिन बाद ही एक पुर्जा मनु को लिखा-'मुझे तुम्हारे बिना अच्छा नहीं लगेगा। लेकिन अभी तुम्हें मेरे पास रखना भी अच्छा नहीं लगता। क्योंकि उसमें दोष है। वह तो मोह कहा जाएगा।'[4]

आगा खां जेल से रिहा होने के बाद महात्मा सेवाग्राम आश्रम आ गए थे। जनवरी, 1945 को उन्होंने मनु को अपने पास बुला लिया था। महात्मा को मनु 'अल्हड़' लगी थीं। महात्मा के मुताबिक मनु को सोने का सलीका नहीं पता था। वह छोटे बच्चों की तरह हाथ-पांव समेट कर सोती थीं। लेकिन महात्मा ने कहा कि 'अब रहना, सोना, खाना, पीना सब कुछ उन्हीं के पास होगा।'[5] महात्मा ने मनु को तीन दिन अपने साथ सुलाया। महात्मा ने लिखा-'इरादा तो ज्यादा दिन सुलाने का था, तब मैं उसके सोने का ढंग ठीक कर सकता। लेकिन उसे सर्दी हो गई।'[6]

आश्रम का जीवन मनु को सहज नहीं लगा था। वह पहली बार अकेले महात्मा के साथ थीं। आगा खां जेल में वह बा की सेवा में थीं इसलिए तब अनुभव दूसरे थे। लेकिन यहां के अनुभव उनकी समझ के बाहर थे। मनु आश्रम में बेचैन रहने लगी थीं। वह महात्मा के पास जाने में डरती और शर्माती थीं। महात्मा ने उन्हें लिखा- 'तेरे लिए मुझे बहुत चिंता होती है। तू रोती रहती है और बेचैन रहा करती है। तू कहती जरूर है कि मैं तेरे लिए मां भी हूं, बाप भी हूं। लेकिन क्या कोई बच्चा मां-बाप के पास जाने में डरता या शरमाता है? तू तो यह दोनों करती है, तो आखिर फिर सच क्या है?'

हालांकि वह अपनी भावनाएं पत्रों में लिखकर महात्मा के साथ बांटती थी। लेकिन 18 साल की यह लड़की चाहती थी कि उसके पत्र महात्मा पढ़कर वापस कर दें। महात्मा उन्हें समझाते कि- 'तेरे लिए छिपाने की कोई बात क्यों होनी चाहिए? तू जो पत्र लिखती है, वे दूसरों को दिखाने में कोई हर्ज नहीं होना चाहिए।'

मनु आश्रम में थीं और महात्मा उन्हें लेकर खास चिंतित रहने लगे थे। सुशीला ने देखा कि मनु महात्मा के साथ सोने भी लगी थीं। सुशीला के बर्ताव में मनु को लेकर एक खास तरह की ईर्ष्या साफ दिखने लगी थी। महात्मा ने सुशीला को जिम्मेदारी दी थी कि वह मनु को पढ़ाएं। पढ़ाई के दौरान सुशीला ने मनु को कई बार फटकारा भी था। सुशीला का बर्ताव मनु की समझ के बाहर था। सुशीला के तेज स्वभाव के कारण वह उनसे कुछ कहने से डरती थी। सो उसने सुशीला

के बारे में महात्मा से शिकायत की। जवाब में महात्मा ने उससे कहा–'तुझे जो कहना हो वह सुशीला से कह। उससे डरती क्यों है? जो कहना हो निर्भय होकर कह। वह कहती है कि तू मेरे पास सोती है, इसलिए उसने तुझे कक्षा में जाने से मना नहीं किया।'[7]

आश्रम में गर्मी के कारण मनु की तबियत बिगड़ गई। उन्हें नकसीर छूटनी शुरू हो गई। महात्मा उन्हें इलाज के लिए अपने साथ अप्रैल, 1945 में महाबलेश्वर ले आए। लेकिन उनकी सेहत में कोई खास सुधार नहीं हुआ। वह अपने पिता जयसुखलाल के पास कराची आ गईं। जून, 1945 में महात्मा ने मनु और उनके पिता को बंबई बुला लिया। यहां आकर उसे एक चौंकाने वाली खबर मिली। खबर यह थी कि महात्मा ने उनके नाम का दस हजार रु. का एक ट्रस्ट बनाने का फैसला किया है। इस ट्रस्ट के ट्रस्टी वह खुद होंगे। 25 जून, 1945 को ट्रस्ट की शर्तें जयसुखलाल की तरफ से खुद महात्मा ने ड्राफ्ट की थीं। वह भी शिमला में जहां वह राजनीतिक चर्चा के लिए वायसराय से मिलने गए थे।

इस लंबी-चौड़ी भूमिका से साफ था कि महात्मा ने मनु को सचमुच अपने प्रयोग के लिए गोद लेने का फैसला कर लिया था। तब तक किसी को नहीं मालूम था कि एक साल बाद क्या होने वाला है। उस वक्त महात्मा के संपर्क में रहने वाली सभी शिष्याओं में मनु सबसे युवा और सुशील थी। वह केवल 19 साल की थीं। महात्मा उन्हें पूरे 19 साल से जानते थे लेकिन मनु को लेकर वह मोह में इतने आसक्त कभी नहीं हुए थे। लेकिन आगा खां जेल की कैद के दौरान वह समझ गए थे कि मनु ही उनकी अगली मंजिल है। दस हजार रु. के ट्रस्ट का खुद संरक्षक बनकर वह मनु के संरक्षक हो गए। यह वह महात्मा थे जिन्होंने कभी अपने परिवार के नाम कोई विरासत नहीं छोड़ी थी। गरीब जयसुखलाल के लिए यह सम्मान की बात थी। और मनु के लिए यह कल्पना के ऊपर की बात। मनु ने लिखा–'मुझे तो कल्पना भी कहां से होती कि बापू जी मेरे ट्रस्टी बनेंगे। माता, पिता और दादा के हकों के अलावा जो लाखों-करोड़ों रुपए के ट्रस्टी हों, वे मेरे जैसी लड़की की छोटी सी रकम के ट्रस्टी बन सकते हैं यह मेरे लिए आश्चर्य की बात थी। परंतु प्रेम के सामने या पूर्व जन्म के सद्कर्मों के कारण सब कुछ संभव हो जाता है।'[8]

महात्मा और मनु के बीच पत्र-व्यवहार जारी रहे। इन पत्रों में ब्रह्मचर्य पर भी बात होती। मनु महात्मा से कहती कि उसकी काम-विषयों में कोई रुचि नहीं है। वह आजीवन अविवाहित रहना चाहती है। महात्मा उसे अपने पास बुलाना चाहते थे। उन्होंने लिखा–'मुझे अच्छा यह लगेगा कि तू यहीं आकर बात करे। मैं तुझ पर कोई दबाव नहीं डालना चाहता। मैं तो चाहता हूं कि तू विशुद्ध अखंड कुमारी रहकर अपना जीवन सेवा कार्य में बिताए। मेरी यह तीव्र इच्छा है।'[9]

महात्मा अक्टूबर, 1946 में ही मनु को अपने पास दिल्ली बुलाना चाहते थे। लेकिन इससे पहले नोआखली के दंगे ने उन्हें अपने पास बुला लिया। दिल्ली में राजनीतिक गतिविधियां तेज हो गई थीं। पूरा देश आजादी का बेचैनी से इंतजार कर रहा था। दिल्ली में तख्त के लिए साजिशें हो रही थीं। कांग्रेस नेता और मि. जिन्ना अपनी-अपनी चालें चल रहे थे। भारत के दो टुकड़े करने की साजिश लगभग कामयाबी की मंजिल तक पहुंच गई थी। एक-एक पल संवेदनशील था। ऐसे में नोआखली की तरफ बढ़ रहे महात्मा के दिल में केवल एक सवाल था-इस समय मनु कहां होगी? बंबई से लौटकर मनु वापस अपने पिता जयसुखलाल के पास उदयपुर आ गईं। इस बीच पत्र-व्यवहार होता रहा था। इसी से मालूम चला कि अक्टूबर में वह उदयपुर में थीं। पर वह इस वक्त कहां होगी? बिहार के कारण अर्ध उपवास से जूझ रहा महात्मा का मन सोच रहा था। फैसला पहले ही हो चुका था। नोआखाली जाने से दो दिन पहले 4 नवम्बर को महात्मा ने एक पत्र जयसुखलाल को महुआ (काठियावाड़)भेजा। मनु के लिए इस पत्र में काम की सिर्फ एक लाइन थी। वह यह कि 'इस समय मनु का स्थान मेरे पास ही हो सकता है।' पर महात्मा की इच्छा मनु तक पहुंचने में करीब 26 दिन लग गए। 1 दिसंबर, 1945 को जब मनु महुआ पहुंची। रात रेडियो ने खबर दी कि नोआखाली में महात्मा ने अपने साथियों को अपने से अलग ही रखा है। तब उसने बापू का पत्र पढ़ा वह लाइन उसके मन में अटक गई-'इस समय मनु का स्थान मेरे पास ही हो सकता है।' मनु ने लिखा-' मेरा हृदय घड़ी भर के लिए भर आया। विचार आया कि बापूजी मुझे अपनी निजी सेवा के लिए रखें तो? परंतु शायद यह असंभव है। अगर पास के साथियों को भी अलग कर दिया है, तो इतनी दूर से मुझे क्यों बुलाएंगे?'[10]

उस रात मनु को नींद नहीं आई। वह करवटें बदलती रहीं। पिता जयसुखलाल को जगाया। वे बोले 'तुम लिखो तो सही, सेवा करने की तुम्हारी सच्ची भावना होगी तो जरूर सफल होगी।' लेकिन मनु बच्ची नहीं रह गई थी। वह जानती थी कि महात्मा उनसे क्या चाहते हैं। वह शर्तों पर उतर आईं। मनु का जो जवाब था वह किसी मासूम और भोली लड़की का नहीं हो सकता था। मनु ने उसी रात डेढ़ बजे महात्मा को पत्र लिखा जिसमें साफ कहा कि 'यदि मुझे किसी गांव में बैठाने का इरादा है तो मुझे वहां नहीं आना; ऐसा ही इरादा हो तो यहां बैठकर जितना बनता है उतना काम करती ही हूं। परंतु आप अपनी 'व्यक्तिगत सेवा' करने की शर्त पर आने दें तो ही मेरी इच्छा वहां आने की है। मेरा प्रस्ताव मंजूर हो तो मुझे तार से खबर कर दें। ताकि मैं आप की पैदल यात्रा शुरू होने से पहले ही वहां पहुंच सकूं। मैं वचन देती हूं कि इसमें बड़ा से बड़ा खतरा उठाने के लिए भी मैं तैयार रहूंगी।'[11]

इस पत्र ने करंट का काम किया। यह करंट रामगंज से तार पर दौड़ता हुआ 11 दिसंबर को मनु के हाथ लगा। इस तार में महात्मा ने मनु को उसके 'अपने

जोखिम' पर तत्काल 'खादी प्रतिष्ठान स्क्वेयर कॉलेज, कलकत्ता' आने को कहा था। तार में लिखे अंग्रेजी के ये शब्द मनु को कितनी खुशी दे गए इसका अंदाजा लगाना कठिन था।

लेकिन जयसुखलाल और मनु दोनों के मन में एक फांस थी। नोआखोली में भयानक हिंसा और दूसरे कारणों से दोनों को वहां का वातावरण 'अपवित्र' लग रहा था। महात्मा चाहते थे कि उनके प्रयोग के लिए मनु अंत तक उनके साथ रहे। लेकिन मनु के लिए एक समस्या प्यारेलाल थे। वह मनु के प्रेम में थे। लेकिन मनु प्यारेलाल को उस रूप में पसंद नहीं कर पा रही थीं। अपनी इन आशंकाओं के बारे में मनु ने महात्मा को एक पत्र भी लिखा। महात्मा ने जयसुखलाल को जवाब भेजा–'...यदि वह मेरी शर्त के अनुसार अंत तक मेरे साथ रहने को तैयार है तो तुम आकर उसे छोड़ सकते हो। दूसरे पत्र में मुझे दूसरा ही स्वर दिखाई देता है। यदि तुम दोनों यह मानते हो कि यहां का वातावरण अपवित्र है तो फिर मनु मेरे साथ कैसे रह सकती है? मनु को कोई तंग न करे, इस बात का मैं निश्चय ही मान रख सकता हूं। उसे प्यारेलाल के साथ बात करनी चाहिए अथवा नहीं, यह उसकी इच्छा पर निर्भर होगा। अभी तो वह एक अलग गांव में है और मैं अलग गांव में पड़ा हूं। यदि वह उसे देखना तक नहीं चाहती तो वह इस व्रत का पालन भी कर सकती है। लेकिन मेरे खयाल से ऐसे कठोर अनुशासन में रहने की अपेक्षा उसका वहीं रहना उचित है। यदि मेरे पास रहते हुए वह अपने को सुरक्षित माने, तभी इसका आना सार्थक माना जा सकता है। प्यारेलाल की नीयत साफ है। और वह किसी पर जोर-जबरदस्ती करने वाला आदमी नहीं है। उसके मन में जो विचार आया वह उसने सबके सामने मेरे सम्मुख रखा, इसमें मैं कुछ गलत नहीं मानता। लेकिन अब यह सब जाने देना चाहिए। मनु को जैसा ठीक लगे, वैसा करने देने में ही उसका हित है और मैं उसका हित ही चाहता हूं।'[12]

मनु ने महात्मा को पत्र लिखा–'सेवा करते-करते कोई छुरा भी भौंक देगा तो खुशी से वह दुख सह लूंगी।' जयसुखलाल ने तार देकर 15 दिन के लिए दफ्तर से छुट्टी मांगी। और 15 दिसंबर, 1946 को दोनों कलकत्ते के लिए रवाना हो गए। कलकत्ते से काजीरखिल। काजीरखिल गांधी छावनी का मुख्य केंद्र था। बाप-बेटी के लिए कलकत्ते से पूरे चौबीस घंटे का थका देने वाला सफर। 19 दिसंबर, 1946 को दोनों श्रीरामपुर पहुंच गए। लेकिन मनु के श्रीरामपुर पहुंचने से पहले वहां एक बड़ा तमाशा होना बाकी था।

सुशीला का तमाशा

महात्मा के जीवन का यह सबसे कठिन दौर था। महात्मा नोआखली में एक ऐसा प्रयोग करने जा रहे थे जिसमें उनके जीवन के लगभग सारे अनुभव और प्रयोग

दांव पर लगे थे। यही उनकी बेचैनी की सबसे बड़ी वजह थी। यह बेचैनी आज की नहीं थी। पिछले तीन-चार महीने से वह अपने अंदर एक खास तरह का अंतर्द्वंद्व झेल रहे थे। अभी दो महीने पहले अपने दिल्ली प्रवास के दौरान उन्होंने अपनी डायरी में लिखा-'मेरा मन बहुत व्याकुल है। इस अंतर्व्यथा को मैं पूर्ण शांत मन से क्यों नहीं सह सका? 125 वर्ष तक जीने के लिए जिस अनासक्ति की आवश्यकता है, लगता है, वह मुझमें नहीं है।'[13]

जैसे-जैसे मनु के नोआखली आने के दिन करीब आ रहे थे यह निराशा बढ़ती जा रही थी। 4 दिसंबर को महात्मा ने प्यारेलाल से कहा था 'मैं अभी भी अंधेरे में टटोल रहा हूं। मैं देखता हूं कि मेरे अंदर वैसा कौशल नहीं है। मुझे अभी तक अहिंसा की कुंजी नहीं मिली है। यहां मैं एक विराट यज्ञ करने आया हूं, लेकिन इससे भागा नहीं जा सकता। और मैं भागकर जा भी कहां सकता हूं?'[14]

अगले दिन उन्होंने नारणदास को लिखा-'इस बार मैंने जो कार्य हाथ में लिया है, वह मेरे जीवन का सबसे विषम कार्य है। 'घोर अंधकार में मुझे राह नहीं सूझ पड़ती, तू ही अपने बालक को संभाल, मेरे जीवन-पथ में उजाला कर''। मैं इन पंक्तियों को गाने का शत-प्रतिशत अधिकारी हूं। मुझे कभी ऐसे घनघोर अंधकार से गुजरना पड़ा हो, ऐसा मुझे याद नहीं पड़ता और रात्रि भी लंबी दीख पड़ती है। इतना संतोष है कि मैंने हार स्वीकार नहीं की है, अभी तक मैं निराश नहीं हुआ। जो होना होगा, सो होगा।'[15] छह दिन बाद उन्होंने जेबी कृपलानी को लिखा- '...अब भी मेरे चारों ओर अंधकार बना हुआ है। यह अंधकार बाहर से नहीं आता, अंदर से ही फूटता है, लेकिन इससे पस्त या निराश बिलकुल नहीं होता। मैं ऐसी ज्वाला से गुजर रहा हूं जैसा कि पहले कभी नहीं गुजरा। फिर भी यह सोचकर प्रसन्न हूं कि जिसे मैं अपना कर्तव्य समझता हूं उसे करने से जी नहीं चुरा रहा हूं। ईश्वर ही मेरा आश्रय-स्थल है, मैं उसी के आसरे बैठा हूं।'[16]

इसी रात महात्मा ने अपनी डायरी में लिखा-'थकावट बनी हुई है...ऐसा लगता है कि मैं पूरी तरह जाग नहीं रहा था। मुझे लगा कि वह मेरे सामने है, जबकि वास्तव में था नहीं...चौंक कर जाग पड़ा। अंधेरे में उसे टटोलने लगा। कुछ मिनटों के बाद वह मिल गया...रेंडी के तेल की एक खुराक लेना चाहता था। प्यारेलाल को तीन बार पुकारा।...कोई जवाब नहीं मिला। रामनाम रटकर फिर सोने की कोशिश की। अंत में सफल हुआ।'[17]

महात्मा मौत से डरने वालों में नहीं थे। नोआखली से ज्यादा हिंसा वह पहले भी देख चुके थे। अराजकता भरे भयानक वातावरण में वह काम कर चुके थे। तरह-तरह के प्रयोग वह पहले भी कर चुके थे। फिर इस बार वह आशंकित क्यों थे। उनके सामने ये घनघोर अंधकार कैसा था? जो उन्हें परेशान कर रहा था। वह निराशा क्या थी जो महात्मा को अंदर ही अंदर खाए जा रही थी। क्या

उन्हें यह डर था कि इस विषाक्त वातावरण में जो नया प्रयोग करने जा रहे हैं वह गलत है? महात्मा मानसिक रूप से सामान्य नहीं रह गए थे। उनकी परेशानी और उनका यह मानसिक संताप मनु के उनके पास पहुंचने से ठीक दो दिन पहले 17 दिसंबर, 1946 को सामने आ गया।

कलकत्ते में महात्मा अपने प्रिय शिष्यों के दल के साथ आए थे। यह सात लोग थे। एक मुसलमान लड़की अमतुस्सलाम जिसे महात्मा ने अपनी दत्तक पुत्री मान लिया था। इस मुस्लिम बहुल इलाके में वह मददगार साबित हो सकती थीं। बंबई विश्वविद्यालय की स्नातक छात्रा सुशीला पै। सुशीला पै महात्मा के सचिव मंडल की सहायिका थीं। महात्मा के पोते कनु गांधी और उसकी पत्नी आभा (चटर्जी) गांधी। महात्मा आभा को इसलिए साथ लाए थे क्योंकि वह मूलतः बंगाली थीं। वह विपत्ति में फंसे बंगालियों की भाषा समझ सकती थीं। महात्मा के इस दल में कार्यालय सहायक का काम करने वाला नौजवान प्रभुदास भी था। इसके अलावा इस दल में दो लोग और थे जो महात्मा के सर्वाधिक प्रिय थे। एक महात्मा के निजी सचिव प्यारेलाल नैयर और उनकी डॉक्टर बहन सुशीला नैयर।

नोआखली पहुंच कर महात्मा ने ऐलान कर दिया कि दल के सभी सदस्य एक साथ नहीं रहेंगे। सब अलग-अलग गांवों में कैंप करके सेवा कार्य करेंगे। इससे भी चौंकने वाला ऐलान यह था कि महात्मा पुराने दल के किसी भी सदस्य को अपने साथ नहीं रखेंगे। महात्मा के इस ऐलान से सबको तकलीफ पहुंची थी। दुभाषिए के रूप में महात्मा आभा को अपने पास रख सकते थे लेकिन महात्मा ने उसे भी दूर भेज दिया था। जैसा कि उन्होंने अपने आश्रम प्रभारी और आभा के ससुर नारणदास गांधी को उनकी पुत्रवधू के बारे में लिखा-'...मुझसे अलग होना तो उसे बहुत खला, लेकिन धर्म का तकाजा यही था इसलिए मैंने उसे अलग कर दिया। मुझे भी उसकी सेवा की आदत पड़ गई थी और फिर इस कठिन साधना में दूसरों से सेवा लेने की आदत मुझमें क्यों कर होनी चाहिए? अब तुम देखो कि सब कुछ धर्म जान कर किया जा रहा है।'[18]

एक तरफ महात्मा यह कह रहे थे कि 'दूसरों से सेवा लेने की आदत' उन्हें क्यों होनी चाहिए और दूसरी तरफ वह अपनी निजी सेवा के लिए मनु गांधी का बेचैनी से इंतजार कर रहे थे। उन्होंने नारणदास को यह बताने की जरूरत नहीं समझी कि मनु 19 दिसंबर को नोआखली पहुंच रही है। महात्मा ने अपनी मदद के लिए केवल दो व्यक्तियों का चुनाव किया था। एक थे परशुराम और दूसरे डॉ. निर्मल कुमार बोस। परशुराम को आशुलिपिक की हैसियत से महात्मा ने अपने साथ रखा था। परशुराम सरल स्वभाव के तमिल ब्राह्मण थे। भाषा की समस्या के कारण वह ज्यादा बात नहीं करते थे। महात्मा को लेकर उनके मन एक खास श्रद्धा-भक्ति

थी। वह जितनी तेजी से खाना पका सकते थे उतनी ही तेजी से नोट्स भी लिख लेते थे। महात्मा उन्हें अपने काम में एक कुशल 'मूक सेवक' मानते थे।

दूसरे, निर्मल कुमार बोस को सिर्फ एक ही शौक था पढ़ना। 1945 में दमदम जेल से रिहा होने के बाद उन्होंने फिर कलकत्ता विश्वविद्यालय में पढ़ाने का काम शुरू कर दिया। वह जीव वैज्ञानिक थे, जिनका इतिहास के प्रति स्वाभाविक झुकाव था। गांधीजी को उन्होंने खूब पढ़ा। इतना पढ़ा कि वह गांधीजी का भक्त हो गए। यही भक्ति उन्हें गांधीजी के करीब ले आई थी। दिसंबर, 1945 में जब गांधीजी कलकत्ता आए तो निर्मल बाबू उनसे मिलने से खुद को रोक नहीं सके थे। गांधीजी खुद उनसे मिल कर इतना प्रभावित हुए कि निर्मल को सेवाग्राम आश्रम आने का आमंत्रण दिया। निर्मल बोले-'मैं पढ़ने-लिखने के लिए बनाया गया हूं। और अगर मैं सेवाग्राम में रहूं तो आपके अपने ही कार्यकर्ता सोचेंगे कि यह आदमी कोई काम नहीं करता, केवल किताबों में उलझा रहता है। और मैं सोचूंगा कि ये आदमी सिवाय सूत कातने के और कुछ नहीं करते।' गांधीजी सुनकर खूब हंसे थे।

गांधीजी से निर्मल बोस की दूसरी मुलाकात नोआखली में हुई। निर्मल बोस 17 नवंबर, 1946 को जिरकिल शिविर पहुंचे। गांधीजी ने उन्हें बुलाया था। अगले दिन वह गांधी से मिलने पहुंचे। उस दिन महात्मा का मौन व्रत था। गांधीजी निर्मल को देख कर मुस्कुराए और एक पर्चा उनकी ओर बढ़ा दी-'मैं यह चाहता हूं कि-तुम अगर ऐसा कर सकते हो और चाहते हो तो मैं बंगाल में जहां भी जाऊं और तुम रहो। इसके पीछे विचार यह है कि मैं तुम्हारे साथ अकेला रहूं और तुम मेरे साथी और दुभाषिए बनो। तुम ऐसा तभी कर सकते हो, अगर तुम विश्वविद्यालय से अपना नाता तोड़ लो और मृत्यु, भूख इत्यादि का सामना करने को तैयार रहो। सतीश बाबू मेरी योजना के बारे में सब जानते हैं। तुम उनसे पूछ लो।'[19] निर्मल गजब के आदमी थे। वह ईश्वर को नहीं मानते लेकिन सत्य में उनकी आस्था थी। महात्मा ने सत्य के प्रयोग किए थे। उसमें वह सफल भी रहे थे। निर्मल की दृष्टि साफ और पैनी थी। वह साफ बातें पसंद करते। परंपराएं और रूढ़ियां उन्हें परेशान करतीं। निर्मल ने गांधीजी को लिखा-'अब जब आपने मुझे अपने साथ रहने के लिए कहा है, ये जरूरी है कि मैं अपनी सीमाएं आपको बता दूं। जिसे भविष्य में आपको मुझसे कोई निराशा न हो। व्यक्तिगत रूप से मैंने कभी प्रार्थना नहीं की। लेकिन अपने निजी जीवन में मैं अकसर उन छोटे-छोटे कार्यों को भी उन चीजों से जोड़ने का प्रयत्न करता हूं, जो मुझे प्रिय है। अगर कोई चीज बाधा बनकर मेरे रास्ते में आती है तो उसे पूरे होश के साथ उखाड़ देता हूं। परंतु यह किसी भी रूप में प्रार्थना नहीं मानी जा सकती। इसलिए अगर मैं आपके साथ श्रीरामपुर रहूंगा तो सामूहिक प्रार्थना के लिए कुछ व्यवस्था करनी पड़ेगी।'

सबको अपने से दूर रखने की व्यवस्था से अगर कोई सबसे ज्यादा आहत था तो वह थीं सुशीला नैयर। सुशीला को खबर लग चुकी थी कि 19 दिसंबर को मनु श्रीरामपुर आने वाली हैं। महात्मा उन्हें अपने साथ अपने पास रखना चाहते हैं। यह बात सुशीला को अंदर तक कचोट रही थी। सुशीला नहीं चाहती थी कि मनु उसकी जगह ले। वह महात्मा के करीब रहे। उनकी मालिश करे और उनके साथ सोए। महात्मा के साथ सोने पर वह सेवाग्राम में भी अपना गुस्सा मनु पर निकाल चुकी थीं। सुशीला ईर्ष्या और डाह की आग में जल रही थीं। वह महात्मा के श्रीरामपुर कैंप ऑफिस से कुछ दूर स्थित एक गांव में थीं। लेकिन वह अकसर शाम ढलने के साथ महात्मा के पास पहुंच जातीं। मनु के आने से दो दिन पहले भी वह श्रीरामपुर पहुंच गई थीं।

सुशीला 17 दिसंबर की रात महात्मा से मिलीं। कमरा बंद था। दोनों खूब चिल्ला चिल्ला कर बात कर रहे थे। इस बियाबान अंधेरे में यह आवाजें दूर-दूर तक गूंज रही थीं। निर्मल कुमार बोस लिखते हैं 'सवेरे 3 बजकर 20 मिनट पर मैंने गांधीजी को सुशीला नैयर से जोर से बातचीत करते हुए सुना। उनकी आवाज से परेशानी झलक रही थी। एकाएक हमें आकुल क्रंदन सुनाई पड़ा। यह गांधीजी की आवाज थी और तब हमने दो थप्पड़ मारे जाने की आवाज सुनी...और बाद में जोरों से रुलाई सुनाई दी।'[20]

निर्मल दौड़ते हुए उस कोठरी के दरवाजे तक पहुंचे। भीतर देखा तो बापू आंख बंद किए बिस्तर पर बैठे थे। उनकी पीठ दीवार से लगी थी और आंखों से आंसू की बूंदें साफ झलक रही थीं। करीब ही खड़ी सुशीला सुबक रही थीं। उनका चेहरा भी आंसुओं से भीगा था। वह महात्मा के सामने खड़ी होकर उन्हें कुछ समझाना चाहती थीं। लेकिन महात्मा ने उसे अपने हाथों से किनारे हटा दिया। यह कई बार हुआ। निर्मल की कमरे के भीतर जाने की हिम्मत नहीं हुई। महात्मा उसके बाद कई घंटे किसी से नहीं मिले। उन्होंने किसी से बात नहीं की।

अगले दिन प्रार्थना के बाद निर्मल उधेड़बुन में थे कि तभी संदेशा आया कि महात्मा उनसे मिलना चाहते हैं। निर्मल वहां पहुंचे। महात्मा उनसे बतियाने लगे। स्नान के दौरान निर्मल बाबू ने महात्मा से पूछा 'आपने मुझे यहां बहुत छूट दी है। इसी का फायदा उठाते हुए मैं जानना चाहता हूं कि क्या आपने उस दिन सुशीला पर हाथ उठाया था?' महात्मा ने दुख भरी मुस्कान के साथ कहा 'नहीं, मैंने उस पर हाथ नहीं उठाया था। मैंने अपना ही माथा पीटा था। जब मैं 25 साल का था तब मैंने पहली बार अपने बेटे को पीटा था। और यह अपने तरह की अंतिम घटना थी।' महात्मा ने बताया कि 'सुशीला उन्हें उपद्रवग्रस्त क्षेत्रों में पैदल घूमने से मना कर रही थी। रात ढाई बजे तक बहस चली। वह चाहती थी कि मैं यहां अपने पुराने साथियों के साथ रहूं, जो उनकी व्यक्तिगत जरूरतों को ज्यादा जानते है और तब मैं बहुत विचलित हो गया था। मैंने सोचा कि जब मैं उन लोगों को नहीं समझा पा

रहा हूं जो इतने सालों से मेरे करीब थे, तो बाकी लोगों को कैसे समझा सकूंगा। यही सोचकर मैंने अपना माथा पीट लिया।'

नोट : रोमां रोला के शिष्य प्रिवा ने देवदास से जानना चाहा था कि 'आश्रम में उनके और अन्य युवकों के प्रति गांधीजी के व्यवहार में कुछ तारतम्य है या नहीं। देवदास ने बताया कि वे हम सभी को अपने निजी लड़के जैसा समझते हैं। गांधीजी क्या उनके विरुद्ध कभी सत्याग्रह करते हैं? देवदास ने थोड़ी देर सोचा फिर खयाल आया कि- 'हां एक बार। मैंने झूठ बोला था।' उन्होंने पूछा 'क्यों?' तो मैंने कहा मुझे आपसे डर लगता है। यह सुनकर उन्होंने अपने गाल पर जोरदार थप्पड़ मारा- उन्होंने मुझे सजा नहीं देनी चाही इसलिए अपने आपको सजा दी।'[21]

निर्मल कुमार बोस की इस बारे में महात्मा के साथ हुई बातचीत का ब्योरा अपनी डायरी में लिखा-

श्रीरामपुर, बृहस्पतिवार, 19 दिसंबर, 1946। प्रात: जब मैं गांधीजी को स्नान करवा रहा था, उस समय उन्होंने अपनी मर्जी से 17 तारीख की घटनाओं के विषय में बात की। उस दिन से आज तक इस विषय पर उनकी और मेरी कोई बातचीत नहीं हुई। वे मुझसे और परशुराम से जानना चाहते थे कि ''क्या सुशीला नैयर उस दिन की घटना के कारण तुम्हारी नजर में गिर गई है? गांधीजी ने कहा, 'मेरे खराब स्वास्थ्य को देखते हुए वह मेरी पैदल यात्रा की योजना के विरुद्ध है। उसका विचार है कि कम-से-कम एक ऐसे पुराने साथी को मेरे साथ चलना चाहिए कि जिसे मेरी सभी व्यक्तिगत आवश्यकताओं के विषय में पता हो, और उसने स्वयं अपनी सेवाओं का प्रस्ताव रखा था। उसने सुझाव दिया कि आप और परशुराम जैसे नए कार्यकर्ताओं पर निर्भर करना ठीक नहीं है क्योंकि वे मेरी व्यक्तिगत जरूरतों के बारे में बहुत कम जानते हैं।' मैंने कहा, 'अगर मैं उनकी जगह होता तो मैं आपके सामने अपने विचार पूरी तरह प्रकट करता और आपको अपना निर्णय लेने देता। अगर निर्णय मेरे अनुकूल न होता तो मैं धैर्यपूर्वक तब तक प्रतीक्षा करता, जब तक कि आपको अपनी गलती मालूम न हो जाती।' जब मैं बोल चुका तो गांधीजी ने मेरे ही विचारों का सारांश अपने शब्दों में दोहराया ताकि मुझे भरोसा हो जाए कि उन्होंने मेरी बात ठीक-ठाक समझ ली है।''[22]

निर्मल को लगा कि महात्मा ने उन्हें पूरी बात नहीं बताई है। उन्हें भरोसा नहीं हो रहा था कि इस बात पर इतना बवंडर खड़ा हो जाएगा। निर्मल ने सुशीला को पत्र लिखकर जानना चाहा कि उस रात आखिर क्या हुआ था। सुशीला ने इस घटनाक्रम के कुछ और तथ्य बताए थे। उनका पत्र निर्मल को 22 दिसंबर, 1946 को मिला। सुशीला ने निर्मल को लिखा-''रात को जब मैं बापू की डायरी पढ़ रही थी तो मैंने पढ़ा, 'मुझे बड़ा अजीब स्वप्न आया।' मैंने यूं ही उनसे पूछ लिया कि वह स्वप्न क्या था। वे कुछ नहीं बोले और मैं चुप रही। दूसरे दिन प्रात: तीन

बजे, बिस्तर पर बापू के कूदने की आवाज से मैं जग गई। वे बोले कि उन्हें बहुत ठंड लग रही है और वे गरमाहट लाने के लिए व्यायाम कर रहे हैं। इसके बाद, उन्होंने मुझसे पूछा कि क्या मैं जगी हुई हूं? तब उन्होंने अपने विचित्र स्वप्न के बारे में बतलाना शुरू किया। स्वप्न के बाद उन्होंने समझाना शुरू किया कि उनका वर्तमान कदम उनके लिए एक तपश्चर्या है और वे काफी असुविधा महसूस कर रहे हैं। इससे पिछले दिन, मैंने कहा था कि जो कुछ भी वे कह रहे हैं, उसमें भगवान ने उनके लिए सहायक भेजे हैं और भेजेंगे।...मैंने संक्षेप में उनसे पूछा कि क्या मुझे उनके साथ जाने की आज्ञा मिलेगी? मैंने कहा कि गांधीजी ने जो कुछ तपश्चर्या के विषय में कहा था और जो कुछ मैंने भगवान द्वारा उनको सहायता भेजने की बात कही थी, वे परस्पर विरोधी बातें नहीं हैं और मैंने उसे समझाने की कोशिश की। उन्होंने थोड़ा तुनक कर कहा कि उन्होंने मुझे समझाने की कोशिश की है लेकिन इसमें उन्हें सफलता नहीं मिली। मैं समझ रही थी कि वे उत्तेजित हो रहे हैं। अत: ... मैं चली गई। अचानक मैंने उनके माथा पीटने की आवाज सुनी। मैं वापस गई और उन्हें रोका।...मैं बुरी तरह परेशान हूं।...मैं कल बहुत घबराहट के साथ आई थी। बापू ने मुझे 'गीता' के लिए बुलाया था।...उन्होंने आज प्रात: फिर बात उठाई और मैंने महसूस किया कि अभी तक मेरा आत्म-नियंत्रण नहीं लौटा है।''[23]

निर्मल ने लिखा- 'सुशीला ने अगली सुबह आंसुओं के साथ श्रीरामपुर से विदा ली।' उस रात महात्मा ने स्वप्न में क्या देखा यह कभी पता नहीं चल पाया। सपने में ऐसा क्या था जिसकी वजह से उन्हें 'तपश्चर्या' करनी पड़ रही थी। निर्मल कुमार बोस ने भी अपनी किताब में यह नहीं बताया कि आखिर महात्मा ने उस रात 'अजीब सपने' में क्या देखा था?

लेकिन इस घटना ने खुद महात्मा को अंदर तक हिला दिया था। महात्मा ने प्रार्थना सभा में सोमवार की रात को अपने नाराज होने की चर्चा की। उन्होंने कहा कि उस रात वह ठीक तरह से आराम भी नहीं कर सके थे। उन्होंने बताया कि एक बार जब वह थिएटर देखने गए थे तो उनके पिता नाराज हो गए थे। लेकिन उन्होंने उनसे कुछ कहा नहीं। इसके विपरीत वे अपना सिर पीटने और रोने लगे। महात्मा ने कहा-'इसी तरह सोमवार की रात को गुस्से में मैं अपना ही सिर धुनने लगा।' महात्मा ने माना कि उस रात क्रोध करके उन्होंने गलती की। उन्होंने यह भी स्वीकार किया कि अहिंसा में विश्वास रखने वाले 'मुझ-जैसे व्यक्ति को' नाराज नहीं होना चाहिए।

गांधीजी ने कहा-'मैं महात्मा नहीं हूं; मैं तो अल्पात्मा हूं। मैं तो आपकी तरह ही एक साधारण प्राणी हूं और मैं अहिंसा का आचरण करने का भरसक प्रयास कर रहा हूं। आज मैं क्रोध कर बैठा और इसलिए मैं एक पूर्ण व्यक्ति नहीं हूं।

यदि मुझ जैसा अपूर्ण व्यक्ति अहिंसा का आचरण करने का प्रयत्न कर सकता है तो आप सब लोग भी कर सकते हैं।'[24]

गांधीजी ने कहा था कि वह 'महात्मा' नहीं 'अल्पात्मा' हैं। 'साधारण प्राणी' हैं। सुनने में यह बातें बहुत महान लगती हैं। इस तरह की स्वीकारोक्ति सामान्यतः व्यक्ति को और अधिक महान बना देती है। उस दिन प्रार्थना सभा में बैठे लोगों को भी यही लगा होगा। पर शायद उन्हें नहीं पता था कि गांधीजी को इस बात का पूरा इल्म था कि वह 'महात्मा' हैं और आने वाली पीढ़ी उन्हें 'महात्मा गांधी' के नाम से जानेगी। शिमला प्रवास के दौरान मनु का दस हजार रु. का ट्रस्टी बनते वक्त महात्मा ने जयसुखलाल की तरफ से मूल दस्तावेज की नकल का ड्राफ्ट खुद 'अपने हाथ से लिखा' था। संपूर्ण वाङ्मय में यह ड्राफ्ट नहीं है लेकिन इसका जिक्र मनु ने अपनी किताब में किया है। गुजराती में लिखे इस ड्राफ्ट में महात्मा ने जो लिखा वह खासा दिलचस्प था।

इस ड्राफ्ट के तीसरे बिंदु में उन्होंने जयसुखलाल की तरफ से लिखा-'3. मेरी चौथी लड़की कुमारी मनु (जो आगे मनु बहन के नाम से जानी जाएगी) कुछ वर्षों से मेरे बुजुर्ग श्री मोहनदास करमचंद गांधी (जो आगे महात्मा गांधी के नाम से जाने जाएंगे) के संरक्षण में सेवाग्राम आश्रम में अपनी शक्ति के अनुसार सेवाधर्म का पालन कर रही है और उसके लिए आवश्यक ज्ञान प्राप्त कर रही है। उसकी सेवावृत्ति पर...।'[25] यानी महात्मा की तीक्ष्ण बुद्धि को पूरा विश्वास था कि आने वाले वक्त में उनके नाम के आगे महात्मा हमेशा के लिए चस्पा होने वाला है। और मनु भी मनु गांधी से मनु बहन के नाम से विख्यात होगी।

महायज्ञ का अनोखा मंत्र

बारिश और हरियाली यह दो चीजें श्रीरामपुर में हमेशा देखने को मिल सकती थीं। भारत में सबसे पवित्र मानी जाने वाली गंगा नदी के मुहाने की इस जमीन पर प्राकृतिक सुंदरता जैसे स्वर्ग से उतरी हो। हवा में लहराते नारियल के ऊंचे पेड़ और सुपारी के लरजते झाड़। महात्मा के लिए इससे उपयुक्त स्थान और क्या हो सकता था। खासतौर से तब जब वह खून से सने इस इलाके में शांति की तलाश में आए थे। दोपहर तीन बजे मनु ने देखा कि एक झोपड़े में वह बूढ़ा संत तख्ते पर बैठा अकेला चरखा कात रहा है। उनके इर्द-गिर्द आजाद हिंद फौज के सिपहसालार बैठे हैं। शायद वह बापू के मिशन में शामिल होना चाहते हैं। मिशन में शामिल होने तो वह भी आई थी। एक ऐसा मिशन जो उसकी कल्पना की उड़ान से बहुत-बहुत दूर था। महात्मा ने झोपड़ी की दहलीज पर देखा। सामने मनु खड़ी थीं। साड़ी में लिपटी मनु। पीछे सामान लिए जयसुखलाल। मनु लगभग दौड़ती हुई महात्मा के पांव पर गिर गई। मनु की साड़ी का पल्ला सिर से हट गया। बापू ने उसके खुले सिर की

ओर एक क्षण देखा और पीठ पर धप लगाई। फिर कान खींचकर ऊपर उठाया। फिर गाल खींच कर बोले, 'आखिर आ पहुंची पगली।' कर्नल जीवन सिंह वहीं बैठे थे। 'यह लड़की यहां मरने की तैयारी करके आई है।' फिर बापू उनसे और बात करने लगे। बात ज्यादा देर नहीं चली। फौज के लोग चले गए। बापू ने पूछा 'कैसी है रे मनुड़ी?' मनु ने सवाल के जवाब में सवाल किया 'आपको कैसा लगता है'? 'जैसी थी अभी भी वैसी है लेकिन लगता है थोड़ा वजन बढ़ा है। फिर जयसुखलाल से बातें करने लगे। फिर महात्मा एकाएक गंभीर हो गए। 'मैंने इस हिंदू-मुस्लिम एकता को यज्ञ कहा है। इस यज्ञ में जरा भी मैल हो तो काम नहीं चल सकता। इसलिए मनु के मन में जरा भी मैल होगा तो इसका बुरा होगा। यह सब तुम समझ लो, जिससे अब भी वापस जाना हो तो यह तुम्हारे साथ चली जाए। बाद में बुरा हाल होने पर जाए, उसके बजाय अभी लौट जाना ज्यादा अच्छा है।'[26]

मनु बापू की बातों का मतलब नहीं समझ पाई। हिंदू-मुस्लिम एकता के यज्ञ में 'मन में मैल' कहां से आ सकता है। बाद में 'बुरा हाल' क्यों होने लगा भला? मनु ने दिमाग पर बहुत जोर दिया पर उसकी समझ में कुछ नहीं आ रहा था या शायद वह समझना नहीं चाह रही थी। अगले ही पल उसकी तंद्रा टूटी। दरवाजे पर कुलरंजन मुकर्जी खड़े थे। अंधेरा बढ़ रहा था। बापू ने जयसुखलाल की ओर देखा और कहा 'यहां तो यज्ञ चल रहा है। मैं तुम्हें यहां सोने या खाने की इजाजत नहीं दे सकता। इसलिए तुम काजिरखिल लौट जाओ। मनु का बिछौना भेज देना।' [27]

मनु के पिता जयसुख लाल समझ गए कि महात्मा नहीं चाहते कि वह यहाँ ठहरें। मनु यहीं रुकेगी। वह लौट गए। लेकिन मनु का बिस्तर नहीं आया। बापू ने शतरंजी चादर लाकर उसे दी। साढ़े नौ बजे बापू सो गए। मनु भी सफर में थक गई थी। वह भी सो रही थी। और आधी रात करीब बारह बजे उसे लगा कि कोई उसके सिर पर प्यार से हाथ फेर रहा है। वह बापू थे। मनु चौंक कर जाग गई। 'मनुड़ी जागती हो क्या? मुझे तुमसे बातें करनी हैं। तुम अपना धर्म अच्छी तरह समझ लो और जयसुख लाल से बातें करके जो फैसला करना हो, झट कर लो, क्योंकि उसे भी ज्यादा छुट्टी नहीं है।'[28]

फिर शुरुआत साड़ी की बात से हुई। बापू बोले 'ये गुजराती साड़ियां सेठानियों के काम की हैं जिन्हें झूले पर बैठना है या मोटरों में घूमना है। गुजराती साड़ी पहनो और सिर खुला रहे यह आंखों को नहीं सुहाता।' फिर कहने लगे-'मैं जानता हूं कि साड़ी पहनने में तुम बा और ऐसी औरतों की तरह सावधान नहीं रह सकोगी। इसलिए यदि तुम्हें यहां रहना हो तो, जैसे आगाखान महल में पंजाबी कपड़े पहनती थी वैसे ही यहां भी पहनने चाहिए। उस वेश में भी सिर खुला रहना अच्छा तो नहीं है। फिर भी तुम्हारी जैसी लड़की के लिए ऐसे वेश में सिर खुला रहना उतना बुरा या बेहूदा नहीं लगेगा, जितना गुजराती साड़ी में। मैं तुम्हारी मां बना हूं न? इसलिए

मुझे तो तुम्हें यह सब कहना ही चाहिए।' महात्मा और मनु के बीच रात सवा बजे तक साड़ी से लेकर लिपिस्टिक तक पर बातें हुईं। अंत में महात्मा ने कहा–'देखो एक साड़ी में से मैंने तुमको कितना बड़ा सबक सिखा दिया! क्योंकि मैं तो तुम्हारी मां बना हूं न? इसलिए तुम्हारे शिक्षक चाहे तुम्हारे पिता हों या दादा, मां की जिम्मेदारी मेरे सिर है। और जिम्मेदारी ली है तो वह पूरी करनी ही पड़ेगी। आज जो मैंने पाठ सिखाया है उसे तुम्हें अपने जीवन में उतारना है। लेकिन उससे पहले मुझे कल डायरी में लिखकर दिखाना, जिससे मैं समझ सकूंगा कि तुमने कितना पचा लिया है।' घड़ी में सवा बज चुके थे। 'अब तुम सो जाओ। मुझे नींद नहीं आ रही थी इसलिए तुम्हें जगाया। मुझे विचार आया कि इस लड़की की जिम्मेदारी ले कर जोखिम उठाया है तो उसको सावधान तो कर दूं। इसलिए मैंने तुम्हें जगाया। अब सो जाओ।'[29]

अगली रात महात्मा ने अपने मन की बात किताब की तरह मनु के सामने खोल दी। वह खुद को मनु की मां मानते थे। यह बात उन्होंने मनु से कई बार कही। बेटी और मां में कोई पर्दा नहीं होता। उसे अपने यज्ञ के बारे में बताया। महात्मा ने ब्रह्मचर्य के बारे में मनु से पूछा। मनु तब उन्नीस साल की थी। काम वासना के लिए यह उम्र सबसे खतरनाक होती है। किसी पुरुष का स्पर्श मात्र यौवन की दहलीज पर पहुंची लड़की को बेबस कर डालता है। लेकिन मनु बोली 'ऐसा तो मैंने कभी महसूस नहीं किया।' मनु का दावा था कि 'वह इस वासना से सर्वथा अपरिचित है।'[30]

महात्मा थोड़ा मुश्किल में पड़ गए। उनका खयाल था कि 'मनु झूठ बोल रही है। पर हो सकता है वह सच्ची हो। या तो मनु अपने मन को जानती नहीं। यह वह खुद को या दूसरों को धोखा दे रही है।' महात्मा ने कहा कि तुम्हारी बात पर यकीन नहीं होता। क्या तुम मेरे साथ निर्वस्त्र सो सकती हो? क्या यह संभव है कि तुम मेरे साथ बिना कुछ पहने सोओ और तुम्हें इसका आभास तक न हो। मनु ने निडरता से कहा 'हां यह संभव है।' महात्मा ने कहा कि ठीक है। अब हम दोनों के ब्रह्मचर्य की परीक्षा होगी। तुम्हारे दावे की परीक्षा होगी और साथ ही मेरे पूर्ण ब्रह्मचर्य की भी। आज से तुम्हारा नया जीवन शुरू होता है। लेकिन महात्मा ने एक शर्त लगा दी। शर्त थी कि यह प्रयोग दोनों के लिए खुली किताब होगा। दोनों के बीच किसी तरह का दुराव–छिपाव और गुप्तता नहीं होगी। बात तय हो गई। बातचीत के बाद मनु थोड़ी गंभीर हो गई थी। उसे अब महात्मा के यज्ञ का अभिप्राय समझ में आ गया था। 'यज्ञ में जरा भी मैल हो तो काम नहीं चल सकता।' यही सोचते–सोचते वह वापस अपने बिछौने पर आ गई। इससे पहले वह खुद को प्रयोग के लिए तैयार कर चुकी थी। महात्मा उसके पास ही लेटे थे। आंख फिर लग गई। महात्मा ने भी झपकी ले ली। महात्मा तीन बजे जगे। डायरी लिखने लगे–'आज रात साढ़े

बारह बजे उठा, मनु को पौने एक बजे जगाया। उसके धर्म के बारे में समझाया। जयसुखलाल से बात करने को भी कहा। उसे निश्चय बदलना हो तो अभी बदल सकती है, परंतु यज्ञ में कूद पड़ने के बाद सभी खतरे उठाने होंगे। वह टस से मस नहीं हुई। जयसुखलाल से मेरे खातिर बात करेगी। परंतु जयसुखलाल ने तो सब कुछ उसी पर छोड़ दिया है और छोड़ेगा। इस प्रकार बातों में सवा बज गया और कुछ देर सोकर प्रार्थना के लिए उठा।'[31]

'धर्म' के बारे में मनु को महात्मा ने क्या समझाया यह उन्होंने कहीं स्पष्ट नहीं किया। महात्मा मनु को किस तरह के 'यज्ञ' में कूदने की बात कर रहे थे यह भी उन्होंने कहीं साफ नहीं किया। मनु ने भी कभी ये बातें सर्वाजनिक नहीं कीं। रात साढ़े तीन बजे महात्मा ने मनु को फिर जगाया। यह प्रार्थना के लिए जागरण था। उसे भजन व गीता पाठ का काम दिया गया। 20 दिसंबर को प्रार्थना के बाद महात्मा फिर मनु के पास आए। बोले-'रात की बातों पर विचार किया? अगर नहीं किया भी है तो और कर लो।' मनु बोली- 'जहां आप वहां मैं। मेरी यह एक शर्त आपको मंजूर हो तो फिर मैं किसी भी परीक्षा का और आपकी किसी भी शर्त का पालन करूंगी। भाई (मनु जयसुखलाल को यही संबोधन देती थी) ने मुझे बचपन से पूरी आजादी दे रखी है। इसलिए आपको उनकी इच्छा के अपेक्षा मेरी इच्छा अधिक समझनी होगी।'[32] 'अच्छा जानता हूं बड़ी समझदार हो गई है। जा पानी गरम कर ला।' महात्मा उसके सिर पर टीप मारते हुए बोले। मनु पानी गरम करने चली गई।

महात्मा ने वहीं मनु को पुर्जा लिखा-'अपने वचन का पालन करना। मुझसे एक भी विचार न छिपाना मैं जो पूछूं उसका बिलकुल सच्चा उत्तर देना। आज मैंने जो कदम उठाया, वह बहुत विचारपूर्वक उठाया है। उसका तेरे मन पर जो भी असर हुआ हो, वह मुझे लिख दे। मैं तो अपने सारे विचार तेरे सामने व्यक्त करूंगा ही। लेकिन इस समय मैं इतना चाहता हूं। इस बात को याद रखना कि मैं तुझसे जो कुछ करने को कहूंगा अथवा मांगूंगा वह तेरे भले के लिए ही होगा। यदि ऐसा ही है तो मुझे कुछ नहीं पूछना। मुझे केवल इसे अच्छी तरह से समझना होगा। यदि मुझमें तेरी श्रद्धा सचमुच इतनी गहरी है तो तू सुरक्षित है। इस महायज्ञ में पूरा-पूरा योगदान देना-मूर्ख होते हुए भी। इसे संभाल कर रखना। बात समझ में न आए तो मुझसे पूछना।'[33]

महात्मा ने ऐसा क्या 'कदम' उठाया जिसके लिए उन्हें मनु को इतना समझाना पड़ रहा था। मनु को अभी यहां आए चौबीस घंटे नहीं बीते थे। अपने प्रयोग के पहली दिन महात्मा पूरी तसल्ली कर लेना चाहते थे। वह मनु के सारे मनोभावों को पढ़ लेना चाहते थे। महात्मा चाहते थे कि उनके मनु के साथ नग्न सोने से अगर उसे कोई एतराज या आशंका है तो वह पहले ही स्पष्ट कर दे। जयसुखलाल

अभी लौटे नहीं हैं। मनु को अगर इस प्रयोग जिसे वह यज्ञ का नाम दे रहे थे, से कोई ऐतराज हो तो वह तुरंत वापस लौट जाए।

पुर्जे के जवाब में मनु गांधी ने बाद में अपनी डायरी में लिखा कि 'उन्हें गांधीजी में पूरा विश्वास है और वह अंत तक किसी भी मुसीबत का सामना करने के लिए तैयार है।' मनु गांधी ने यह भी लिखा था कि 'आपने नोआखली का जितना भयानक चित्र प्रस्तुत किया है उतना ही मेरा मन वहां रहने को दृढ़ होता जाता है।'[34]

सुबह के काम निपटाते साढ़े सात बज गए। टहलते वक्त बापू बोले कि 'ये मत समझना कि मैंने तुम्हें यहां केवल अपनी सेवा के लिए बुलाया है। मेरी सेवा तो तुम करोगी ही। लेकिन यहां छोटी बच्ची से लेकर बूढ़ी औरतें तक सुरक्षित नहीं। वहां तुम-सी 16-17 साल की जवान लड़की को अपने पास रखा है। अगर कोई गुंडा तुम्हें तंग करे तो बहादुरी से उसका सामना करना। सामना करते-करते तुम मर जाओ तो मैं खुशी से नाचूंगा। तुम्हें बुलाने का मेरा यह एक प्रयोग भी है।' बांस का पुल पार करके बापू और मनु वापस लौटे। मनु ने महात्मा के पांव धोए। मालिश की।

विदाई के लिए लौटते वक्त मनु के पिता जयसुखलाल वापस महात्मा से मिलने आए। मनु पहली परीक्षा में पास हो गई थी। महात्मा ने उसके चेहरे पर किसी तरह का भय और विषाद नहीं देखा था। महात्मा ने जयसुखलाल से कहा 'मनु तो टस से मस नहीं होती। अब तुम निश्चिंत होकर जाओ। इसकी चिंता न करना।'

बापू से जयसुखलाल बोले 'अब जब तक चाहें इसे रखें। आपके पास रहे तो मुझे क्या चिंता होगी।' महात्मा मनु से इतने प्रभावित थे कि उन्होंने उसके साथ जीवन भर की गारंटी दे दी। महात्मा ने कहा-'मैं जब तक जिंदा रहूंगा इसे जाने के लिए नहीं कहूंगा। यह तंग आ जाए तो भले जा सकती है। परंतु मेरा तो अभय दान है कि यह चाहे तो मुझे छोड़ सकती है, पर मैं इसे नहीं छोड़ूंगा। सिवाय इसके कि दोनों में से कोई मर जाए। मरे तो भी क्या? शरीर अलग होंगे, आत्मा तो अमर है। मेरी यह प्रबल इच्छा है कि इस लड़की में जो छिपे हुए गुण मैंने देखे हैं उन्हें प्रकाश में लाऊं।'

नोआखली के इस बियाबान श्रीरामपुर में 19 साल की लड़की के साथ महात्मा का प्रयोग शुरू हो चुका था। महात्मा ने अपने सभी पुराने साथियों को अपने से दूर भेज दिया था। उस अस्थायी आश्रम में केवल चार लोग रह गए थे। महात्मा और मनु के अलावा परशुराम और निर्मल कुमार बोस।

निर्मल बोस उस दिन सुबह से बहुत बेचैन थे। दो दिन पहले आश्रम में घटी महात्मा और सुशीला के झगड़े की घटना ने उसे अंदर तक हिला दिया था। फिर आज सुबह के वाकये ने उन्हें थोड़ा असहज किया था। निर्मल सुबह प्रार्थना के

लिए महात्मा को जगाने उनके कमरे में गए थे। श्रीरामपुर में बनी उस झोपड़ी का छोटा-सा कमरा। दरवाजे तक पहुंचे तो ठिठक गए। भीतर से आवाजें आ रही थीं। यह आवाज नहीं फुसफुसाहट थी। महात्मा किसी से बहुत धीमी आवाज में बात कर रहे थे। वह मनु से ही बतिया रहे थे। रात में मनु उन्हीं के पास सोई थी। निर्मल ने उनकी बातचीत में खलल डालना उचित नहीं समझा। वह वापस लौट आए।

महात्मा की मुश्किल सिर्फ सुशीला नैयर नहीं थी। सुशीला के विद्वान भाई प्यारेलाल नैयर ने भी उनके सामने एक नई भावनात्मक समस्या खड़ी कर दी थी। सेवाग्राम में सुशीला के अलावा प्यारेलाल ने मनु को पढ़ाया था। इस अनौपचारिक दीक्षा के दौरान ही प्यारेलाल मनु के प्रेम में पड़ गए। प्यारेलाल ने अपने मन की बात मनु से की तो वह नाराज हुई। उसने प्यारेलाल के प्रेम निमंत्रण को अस्वीकार कर दिया। दरअसल वह प्रेमा की तरह इस विवाह के ही खिलाफ थी। इस घटनाक्रम की जानकारी महात्मा को थी। शुरू में वह मध्यस्थ बने। फिर बदल गए। उन्होंने प्यारेलाल को बहुत समझाया। पर वह नहीं माने। महात्मा को लिखना पड़ा-'मेरे विचारों में कुछ परिवर्तन हुआ है। एक शिक्षक को अपनी शिष्या की ओर पत्नी के रूप में नहीं देखना चाहिए पर तुम लाचार हो गए। अपने स्वभाव को कैसे रोकते? इसीलिए तुम्हारे रास्ते में बाधा न डालने का निश्चय किया है। मनु आए यह चाहूंगा। उसका मन अच्छी तरह जानने का प्रयत्न करूंगा और उसका डर दूर करूंगा। वह शादी करने का निर्णय करे तो जरा भी नहीं रोकूंगा। यह विवाह मैं स्वयं नहीं कराऊंगा। इसके अलावा मेरी ओर से कोई और प्रतिबंध नहीं होगा। यह मेरी स्थिति है।'[35]

पर प्यारेलाल मनु के प्रेम में बहुत आगे निकल चुके थे। उनके लिए लौटना कठिन था। उन्होंने महात्मा को फिर समझाने की कोशिश की। बताया कि कैसे उनका हृदय मंथन हो रहा है। आठ दिन बाद महात्मा ने हताश होकर फिर प्यारेलाल को लिखा-'मैंने कुछ भी बिना सोचे-समझे नहीं लिखा। तुम्हें अपने ज्ञान का बहुत मोह है, इसलिए तुम्हारे आगे नासमझ लगता हूं। पिता कहते हो, मान देते हो उससे मैं मोह में क्यों पड़ूं? तुम्हारा हृदय मंथन हो रहा है, उसी से पता चलता है कि इतने वर्ष मेरे साथ रहकर भी यह परिताप क्यों है? मेरे कुछ भी कहने या करने का तुम पर असर नहीं होता, ऐसा क्यों है? कितना लिखूं? किसको लिखूं? मैं हार गया हूं।'[36]

दो महीने बाद मनु जब नोआखाली आई तो प्यारेलाल का प्रेम एक बार फिर बेचैन हो गया। प्यारेलाल और उनकी बहन सुशीला, दोनों की इच्छा थी कि वह बापू के साथ ही आश्रम में रहें। लेकिन महात्मा एकांत चाहते थे। वह इसके लिए राजी नहीं थे।

अगले दिन 22 दिसंबर को कस्तूरबा का मासिक श्राद्ध दिवस था। महात्मा के लिए यह खास दिन था। इस दिन आश्रम में गीता पाठ होता था। इस खास दिन का महत्त्व प्यारेलाल जानते थे। वह भी श्रीरामपुर आ गए। उनके साथ में मि.

इंग्लांड थे। महात्मा से मिलने आए थे। सुशीला भी वहीं थी। इतने सारे लोग एक साथ भावनाओं के एक ही सूत्र में बंधे। सबके अपने-अपने सपने थे। अपनी-अपनी आकांक्षाएं, इच्छाएं और दमित स्मृतियां थीं।

मि. इंग्लांड से इंटरव्यू के बाद महात्मा खाली हुए तो प्यारेलाल से बातें होने लगीं। प्यारेलाल लगातार महात्मा को कुछ समझाने की कोशिश कर रहे थे। लेकिन महात्मा टस-से-मस नहीं हुए। फिर शाम को प्यारेलाल से टहलते हुए महात्मा के संग बात हुई। इस बातचीत के केंद्र में मनु और सुशीला थी। प्यारेलाल ने कुछ देर मनु से भी बात की। मनु परेशान हो गई। महात्मा यह सब देखकर परेशान हो गए। उन्हें सुशीला का एक बेहद भावुक पत्र मिला। जिसमें उन्होंने महात्मा की सेवा करने की जबरदस्त इच्छा जताई थी। हताश महात्मा ने उसी रात प्यारेलाल को पत्र लिखा 'सुशीला के पत्र से मुझे जरा भी शांति नहीं मिली। अब कोई दलील करने की हिम्मत नहीं है, न इच्छा है।' उन्होंने आगे लिखा- 'मेरे विचार से या तो उसका दिमाग ठिकाने नहीं है और या मेरा नहीं है। परंतु अपने विषय में तो ऐसा कोई लक्षण मुझे दिखाई नहीं देता।'[37]

महात्मा के ब्रह्मचर्य प्रयोग का सबसे खतरनाक चरण शुरू हो चुका था। मनु रात्रि में महात्मा के साथ सोती। शुरू में मनु को महात्मा के सामने वस्त्रहीन होने में संकोच हुआ। लेकिन वह जानती थी कि उसके चेहरे पर लज्जा का एक भी भाव महात्मा को सतर्क कर देगा और महात्मा उसे अनुत्तीर्ण कर देंगे। वह महात्मा को यकीन दिला चुकी थी कि वह काम भावना से कोसों दूर है। दिसंबर के उस जाड़े में मनु के शरीर की गर्मी महात्मा को राहत पहुंचाती थी। एक गरम पशमीने का टुकड़ा वह सोते समय सिर पर बांधते। महात्मा के साथ लेटते वक्त मनु मौन रहती। लेकिन महात्मा मौन नहीं रह पाते। वह अपने संस्मरण सुनाते। यह सिलसिला तब तक चलता जब तक मनु या महात्मा में कोई एक थक कर सो नहीं जाता। लेकिन उस रात मनु उस पंजाबी पोशाक के बारे में सोच रही थी जो महात्मा ने उसके लिए एक दर्जी से सिलवाई थी। मनु ने महात्मा के सिर पर बंधा पश्मीने का कपड़ा देखा। वह जर्जर हो चुका था। मनु उन्हें नया गर्म कपड़ा देना चाहती थी लेकिन महात्मा ने उसे लेने से मना कर दिया। फिर उन्होंने रात में ही पुराने कपड़े पर अपने हाथ से पैबंद लगाया और दोनों सो गए।

श्रीरामपुर के इस आश्रम में एक व्यक्ति और थे जो मनु और महात्मा के साथ उस रात जाग रहे थे। यह परशुराम थे। भारत की पौराणिक कथाओं में परशुराम को बहुत क्रोधी ब्राह्मण के नाम से जाना जाता है। ये परशुराम भी क्रोधी थे लेकिन उनसे कहीं ज्यादा सज्जन ब्राह्मण थे। इसी गुण के कारण वह संयोगवश महात्मा के करीब आ गए। महात्मा ने उन्हें बतौर स्टेनो और टाइपिस्ट नियुक्त किया था। लेकिन स्वभाव से निर्मल परशुराम ने महात्मा की व्यक्तिगत जरूरतों का खयाल रखना शुरू

कर दिया था। बिना किसी शिकवे के वह घंटों सेवा में लगे रहते। महात्मा भी उन्हें पसंद करने लगे थे। यह मनु के उस आश्रम में आने से पहले की बात है।

मनु के आने के बाद आश्रम का जो वातावरण बदला था उससे परशुराम आहत थे। मनु का महात्मा के साथ सोना इतना आपत्तिजनक नहीं था जितना उसका उनके साथ 'नग्न' सोना। यह बात परशुराम को मालूम चल चुकी थी। निर्मल दा की तरह वह भी बेचैन थे। लेकिन निर्मल दा अपने आपार अध्ययन के अनुभव से महात्मा के इस तथाकथित 'आध्यात्मिक प्रयोग' को समझने का प्रयास कर रहे थे। वह इसे मनोविज्ञान की कसौटी पर कस रहे थे। लेकिन परशुराम के लिए सामान्य लोकाचार की दृष्टि से गांधीजी का यह प्रयोग 'महापाप' के अलावा और कुछ नहीं था।

परशुराम उस दिन बहुत नाराज थे। रात महात्मा से बिना पूछे काजिरखिल गए तो वापस नहीं आए। महात्मा सुबह से परेशान थे। तीन बजे मनु को उठाया। परशुराम को पत्र लिखा। फिर लेट गए। मनु ने महात्मा की डायरी पढ़नी शुरू की। वह महात्मा की बातें अपनी डायरी में नोट करने लगी। महात्मा जग गए। कहा–'क्यों बेकार परिश्रम करती हो।' मनु ने कहा 'आप मेरे बारे में लिखते हैं। इसलिए नकल कर लेती हूं। ताकि जीवन भर मेरे साथ रहे।'

प्रार्थना का वक्त हो गया। परशुराम नहीं आए। महात्मा दुखी थे। प्यारेलाल आ गए थे। महात्मा उनसे बात करने लगे। मनु को नहाने जाना था। महात्मा ने उसकी ओर देखा। यह संकेत था कि वह नहाने चली जाए। वहां से हटे। लेकिन वह नहीं गई। वहीं खड़ी रही। क्योंकि बात उसी से संबंधित थी। महात्मा ने परशुराम के बारे में प्यारेलाल से कहा–'उन पर मेरा कोई हक नहीं। एक पुत्र की तरह वह रहते हैं, इसलिए इतना कहना मेरा धर्म प्रतीत हुआ। वे मुझे छोड़ दें तो मैं बड़ा खुश होऊंगा। यह लड़की भी मुझे छोड़ सकती है। परंतु मैंने इसे वचन दिया है कि जब तक मैं जिंदा हूं तब तक इसे नहीं छोडूंगा। यह चाहे मुझे छोड़ सकती है। तुम भी मुझे छोड़ सकते हो। तो ही मेरी परीक्षा होगी। शायद ईश्वर को मेरी परीक्षा करनी होगी। इसलिए तो कहीं वह अकल्पित प्रसंग उपस्थित नहीं करता हो? परंतु मेरी परीक्षा इसी में होगी।'[38]

मनु को नहाने में देर हुई। सारे कार्यक्रम पिछड़ गए। मनु बापू के पांव में घी लगाने बैठी तो महात्मा उलाहना देते हुए बोले–'तुम्हारा बातें सुनने के लिए खड़ा रहना मुझे अच्छा नहीं लगा। कितनी ही दिलचस्प बातें हों तो भी हमें अपने नियम भंग नहीं करने चाहिए। लेकिन प्यारेलाल के साथ हुई बातें तुम्हारे समझने लायक तो जरूर थीं, इसलिए तुम्हें मेरे पैरों पर घी मलने से मुक्त रखने की इच्छा होती है। परंतु तुम नहीं चाहोगी, इसलिए इस समय का बदला चुकाने के लिए तुम्हें अपनी कुशलता दिखानी होगी। इसका अर्थ यह नहीं कि खाने में जल्दी मचा कर चली आओ।'[39]

महात्मा ने यह अध्याय लंबा नहीं खींचा। मनु ने भी इस बात को बहुत गंभीरता से नहीं लिया। कल मिले एक छोटे से तार ने मनु में उत्साह भर दिया था। तार में संदेश था कि जवाहरलाल नेहरू, कांग्रेस के अध्यक्ष आचार्य कृपलानी, ठक्कर बापा, सुचिता कृपलानी, शंकरराव देव आदि कांग्रेसी महात्मा से मिलने 26 दिसंबर को श्रीरामपुर गांव आ रहे हैं। मेहमानों को रात में आना था इसलिए कोई जल्दी नहीं थी। बाकी मेहमानों को संभालना आसान था लेकिन पं. नेहरू की बात अलग थी। कांग्रेसी होते हुए भी वह एक-दूसरे अभिजात्य वर्ग की श्रेणी में आते थे। उनके लिए गढ्ढे वाला पैखाना तैयार किया गया। महात्मा ने अपना कमोड, हाथ धोने का बर्तन पं. नेहरू की कुटिया में भिजवा दिया। सारी तैयारियां पूरी हो चुकी थीं। पं. नेहरू और कांग्रेस की पूरी मंडली रात करीब साढ़े बारह बजे श्रीरामपुर पहुंची। महात्मा अब तक दो घंटे की नींद ले चुके थे। मेहमानों को उनकी कुटिया तक पहुंचा दिया गया था। महात्मा और मनु अपनी कुटिया में आकर सो गए। और रात के करीब दो बजे महात्मा ने मनु को फिर जगाया। आज वह ज्यादा गंभीर थे। प्यारेलाल मनु के पीछे पड़े थे। परशुराम भी मनु के हमउम्र थे। इस एकांत में मनु का रूप सौंदर्य देखने वाला और कोई नहीं था। अपनी उम्र की दूसरी लड़कियों की तरह मनु भी चाहती थी कि वह भी बन-संवर कर रहे। बालों को खास तरह से सजाए। उसके कपड़े आकर्षक हों। इसीलिए मनु ने अपने लिए छींट के पंजाबी सलवार और कुर्ते बनवाए थे। महात्मा ने पूछा 'तुमने छींट या किस प्रकार की खादी ली, इस बारे में परशुराम से कुछ कहा था?' मनु ने रुखे स्वर में कहा 'यह कपड़ा परशुराम नहीं लाए हैं। आपने बिड़लाजी के आदमियों से कहा था। वे लाए हैं।'

महात्मा की आवाज में भी थोड़ा तल्खी आ गई 'तब भी तो क्या कमी हो सकती है? छींट भले ही आई और सलवार कुर्ते भी पहन फाड़ना। परंतु मन में अगर यह भाव हो कि ऐसे कपड़े पहनने से और अच्छी लगूंगी तो उसे निकाल देना।' फिर महात्मा फैशनपरस्ती के खिलाफ बोलने लगे 'कपड़े शरीर ढंकने के लिए, सर्दी-गर्मी से शरीर की रक्षा के लिए हैं, न कि फैशन दिखाने के लिए। आज तो हर बात में ही फैशन ही फैशन है। लड़कियां बिना बांहों के पोलके पहनती हैं, बारीक साड़ियां पहनती हैं। और पोलके भी उतने ही बारीक और चुस्त होते हैं। मैंने ऐसी बहुत-सी निकम्मी बातें देखी हैं। और यह सोचकर मन में दुख होता है कि क्या हमारी संस्कृति का नाश बहनें ही करेंगी।'

महात्मा ने इसके बाद और भी गंभीर बात कही 'दूसरी बात यह कहनी है कि तुम्हें परशुराम के साथ या किसी और के साथ बातों में समय नहीं खोना चाहिए। तुम परशुराम की उम्र की हो। और मैं तो अपना ही उदाहरण तुम्हें देता हूं। बचपन में ही समवयस्क लोगों की कुसंगति में पड़ जाने के कारण मैंने मांस खाया और कड़े की चोरी की। हमेशा बराबर की उम्र वालों में अगर समझने की शक्ति हो और

साथ ही निश्चय हो कि हम एक-दूसरे के गुणों का ही अनुकरण करेंगे, अवगुणों का नहीं, तो ही दोनों व्यक्ति ऊपर उठते हैं। नहीं तो आम तौर पर बुरी बातें ही सीखते हैं और दोनों का पतन होता है।'[40]

महात्मा की बातों से मनु परेशान हुई थी। उसने सोचा महात्मा ने परशुराम से एकांत में बात करते कब देखा होगा। क्या महात्मा उस पर संदेह करने लगे हैं। परंतु यह तो तय हो गया था कि महात्मा की परशुराम के बारे में अच्छी राय नहीं। हालांकि वह उन्हें अपना बेटा मानते थे। रात ढाई से साढ़े तीन बजे तक महात्मा मनु को मानव जीवन का यह तत्वज्ञान समझाते रहे। प्रार्थना का समय हो रहा था। अब फिर सोने का कोई मतलब नहीं रह गया। महात्मा ने मनु से उसकी डायरी मांगी। दो दिन से उन पर महात्मा ने दस्तखत नहीं किए थे। आज रात कर दिए। फिर बोले-'मुझे पता नहीं था कि तुम इतनी लंबी डायरी लिख सकती हो। मुझे अच्छी लगती है। तुम्हें रोज मुझे पढ़वा ही लेनी चाहिए और याद रखकर हस्ताक्षर करा लेना चाहिए। हस्ताक्षर कराने का मूल्य तुम्हें आज समझ में नहीं आएगा। परंतु आजकल मैं तुम्हें जो कुछ दे रहा हूं, उसमें अपना ह्रदय उड़ेल रहा हूं। भविष्य में यह डायरी उसका प्रमाण होगी। साथ ही तुम्हारी कच्ची उम्र होने के कारण इस सारी नोंथ पर मेरे हस्ताक्षर जरूरी हैं। इसलिए डायरी पर हस्ताक्षर कराने का काम रोज हो जाना चाहिए।'[41]

'मां ऐसी सख्त होती है भला।' वह सोच रही थी कि डायरी लिखने के बाद महात्मा का दस्तखत करने का आग्रह क्यों है? डायरी तो नितांत व्यक्तिगत चीज है। फिर डायरी में क्या मैं ईमानदारी से सबकुछ सच-सच लिख पाऊंगी? जबकि मैं जानती हूं कि रात को इस पर महात्मा के दस्तखत होने हैं। क्या महात्मा मेरे भीतर के तूफान को देखना चाहते हैं? क्या वह देख पा रहे हैं? एक साथ कई सवाल मनु के दिमाग में आने-जाने लगे। उसने देखा कि महात्मा अपनी डायरी लिख रहे हैं। उसे लगा कि इस बीच वह एक झपकी ले सकती है और वह झपकी उसने ले ली।

दिल्ली से आई टीम महात्मा की कुटिया में पहुंच चुकी थी। साढ़े सात बजे पं. नेहरू और मृदुला बहन टहलने निकले। महात्मा साथ थे। लौटते वक्त मनु पं. नेहरू को उनकी कुटिया में ले गई। यहां महात्मा के बाथरूम का सारा सामान आ गया था। पं. नेहरू चौंके। उन्हें बताया गया कि यह कमोड महात्मा का है। वह मनु पर बरस पड़े 'मैं महात्मा का सामान इस्तेमाल करूंगा? तुमने सोचा कि बापू कितनी मुश्किल में पड़ेंगे? मैं इतना नाजुक आदमी तो नहीं?'

मनु ने बताया कि सारा इंतजाम बापू के कहने पर ही हुआ है। पं. नेहरू और ज्यादा नाराज हुए 'बापू की नाराजगी तुम्हें सहनी चाहिए। बापू को संभालने की जिम्मेदारी तुम्हारी है। तुम्हें देखना है कि उन्हें किस चीज की जरूरत है। बापू के जरूरत की चीज किसी और को नहीं देनी चाहिए। चाहे बापू तुम्हें मार ही क्यों

न डालें।' फिर अगले ही क्षण मुस्कराते हुए नेहरू बोले 'वैसे घबराना मत, वे तुम्हें मारेंगे नहीं।'[42]

यह कहकर पं. नेहरू ने मनु को अपने 'आलिंगन' में भर लिया और कहा- 'जाओ बापू से कहना जवाहरलाल मना करते हैं।' अगले दिन मनु ने महात्मा को इस घटना के बारे में बताया तो वह हंसे। बोले 'जवाहर ऐसा ही है। अब वह यह चीजें काम में नहीं लेगा। तू इन्हें रख दे।'

श्रीरामपुर गांव में इतने चर्चित चेहरे एक साथ थे। आसपास के गांवों से आने वाले हिंदू-मुसलमान उन्हें देखने के लिए आश्रम में टूट पड़े थे। कभी-कभी वह पुलिस की बैरिकेडिंग तोड़कर आश्रम तक घुस आते। पं. नेहरू ने हंसी में महात्मा से कहा 'तो यह है आपकी एकाकी यात्रा?' इसी हंसी के जवाब में बापू बोले 'तुम भूल जाते हो मैं महात्मा भी हूं!'[43]

पं. नेहरू चाहते थे कि महात्मा वापस दिल्ली लौट आएं। यहां का काम अब खत्म हो चुका है। राजनीतिक हालात भी महात्मा को दिल्ली बुला रहे थे। लेकिन महात्मा ने इंकार कर दिया। 30 दिसंबर को कांग्रेस की यह वीआईपी मंडली वापस लौट आई। महात्मा ने अपने दैनिक सैर की सीमा तक पैदल उनका साथ दिया। मंडली मधुपुर तक पैदल गई। यहां से जीप उन्हें फेनी हवाई अड्डे तक ले गई।

दिल्ली लौटकर पं. नेहरू ने अखबार वालों से बातचीत में कहा-'77 साल के इस नौजवान से मिलकर सदा प्रसन्नता होती है और प्रेरणा भी मिलती है। उनसे मिलने के बाद हम अपने आपको सदा कुछ और अधिक नौजवान और अधिक शक्तिशाली अनुभव करते हैं और हमारे कंधों पर का भार कुछ हल्का मालूम लगने लगता है।'

पहला विद्रोही परशुराम

लेकिन इस समय नोआखली में '77 साल का यह नौजवान' दूसरी ही मुश्किलों के दौर से गुजर रहा था। इसका आभास पं. नेहरू को नहीं हो सकता था और न ही उन कांग्रेसियों को जो राजनीति के अलावा कोई दूसरी बात नहीं सोचते थे। इस समय सिर्फ एक आदमी थे जो महात्मा की परेशानियों में उनके सबसे करीब थे और वह थे निर्मल कुमार बोस। एक आदमी और था जो महात्मा से दूर जाने की कोशिशों में लगा था और वह आदमी थे परशुराम। परशुराम महात्मा के साथ सुशीला और मनु के रिश्तों को समझ नहीं पा रहे थे। 17 दिसंबर की घटना उनके मन पर अंकित हो गई थी। उन्होंने महात्मा के इस प्रयोग पर गंभीर सवाल उठाए थे।

सन् 1946 का वह सबसे अंतिम दिन था। प्रार्थना सभा के बाद परशुराम ने महात्मा से करीब एक घंटे बात की। दोनों अकेले थे। परशुराम के सवाल बहुत व्यक्तिगत और परेशान करने वाले थे। नि:संदेह वह महात्मा के प्रयोग से संबंधित

यक्ष प्रश्न थे। जो सिवाय महात्मा की परेशानी बढ़ाने के और कुछ नहीं कर सकते थे। बातों-बातों में परशुराम ने महात्मा को बताया कि आपके इस प्रयोग के बारे में निर्मल कुमार बोस के विचार भी मुझसे मिलते-जुलते हैं। निर्मल बाबू उस दिन आश्रम में नहीं थे। शाम को लौटे तो करीब सात बजे महात्मा ने उन्हें बुला लिया। एकांत में इसी विषय पर बात छिड़ गई। महात्मा ने बिना किसी भूमिका के निर्मल से पूछा 'तुम मेरे बारे में क्या सोचते हो?' जवाब देने की बारी निर्मल की थी। वह बोले-'इस बिंदु पर आपमें मेरी पूरी श्रद्धा है। मैंने आपको हमेशा मानव इतिहास के एक महान मार्गदर्शक के रूप में देखा। बंगाल में अनगिनत कार्यकर्ता हैं जो आपसे शिक्षा ग्रहण करते हैं। वे अपने व्यक्तिगत जीवन में हर संयम और सादगी अपनाते हैं लेकिन वह आपके प्रयोग को न समझ सकते हैं और न अपना सकते हैं।[44]

महात्मा ने परशुराम से कहा था कि उनकी जो भी 'आपत्तियां हैं वह उन्हें लिख कर दे।' वह नए साल का पहला दिन था। महात्मा श्रीरामपुर से विदा लेने की तैयारी में थे। उनका काफिला आगे बढ़ने वाला था। लेकिन श्रीरामपुर आश्रम में महात्मा की टोली का यह अंतिम दिन खास तनावपूर्ण था। सब के सब बेचैन थे। महात्मा, मनु, निर्मल बाबू और परशुराम। परशुराम फुलस्केप पन्नों पर अपनी आपत्तियों को शब्द दे रहा थे। नर्मल बोस अपनी निजी डायरी के पन्ने भर रहे थे। मनु सारा दिन सामान बांधने में लगी रही और महात्मा अपने मित्रों को पत्र लिखने में व्यस्त रहे।

इन सबके अलावा एक शख्स और था जो परशुराम से भी ज्यादा मानसिक तनाव व द्वंद्व से गुजर रहा था। वह थे प्यारेलाल। वह प्यारेलाल, जिसे महात्मा अपने बेटों से ज्यादा प्यार और दुलार करते थे। पं. नेहरू की टोली जब श्रीरामपुर आई थी तो वह भी वहां मौजूद थे। लेकिन उनका पूरा ध्यान महात्मा और मनु के संबंधों के अध्ययन में लगा था। मनु जिससे वह बेतहाशा प्यार करता था। 30 दिसंबर को मनु ने उन्हें अपनी डायरी पढ़ाई थी। इस डायरी ने प्यारेलाल की बेचैनी और बढ़ा दी। डायरी में मनु ने महात्मा के साथ 'नग्न' अवस्था में साथ सोने के अनुभव लिखे थे। शाम को चरखा चलाते वक्त मनु ने अपनी डायरी महात्मा को पढ़ाई। तीन दिन से महात्मा ने मनु की डायरी नहीं पढ़ी थी। वे बोले-'तुम्हारी डायरी रोज नहीं पढ़ी जाती। यह मुझे अच्छा नहीं लगता?' मनु ने कहा-'आपके पास समय कहां रहता है?' बापू ने कहा-'परंतु प्यारेलाल को तुमने बताई, इससे मुझे संतोष है। वह भी तुम्हारा काफी पथप्रदर्शन कर सकते हैं।' मनु समझ नहीं पाई कि महात्मा ने यह बात गंभीरता से कही है या यह कटाक्ष है।

उस दिन श्रीरामपुर से चांगेरगांव लौटने के बाद प्यारेलाल निढाल होकर अपने बिस्तर पर गिर गए। आश्रम के काल्पनिक दृश्य उसकी आंखों के सामने घूम रहे थे।

मनु की डायरी के पन्ने, मनु का चेहरा सब उसकी आंखों के आगे उतर-गिर रहा था। निराशा और असहायपन से उसके होठ सूख गए थे।

महात्मा के 30 दिसंबर की तारीख के दो पत्र उसके सामने पड़े थे। पहले पत्र में महात्मा ने लिखा–'जो कुछ सुशीला ने कहा, अगर उसे मैं ठीक समझा हूं, तो यह चौंकाने वाली बात है। मुझे ऐसा लग रहा है कि तुम अत्यधिक निराश हो गए हो। मनु के बारे में सारी बातें तुमने मुझसे नहीं बताईं। तुम ठीक से खाना भी नहीं खा रहे। किसी भी वजह से अगर कोई बात तुमने मुझसे छिपाई है, तो यह सब मेरी वजह से ही है। मुझे लग रहा है कि कोई गलतफहमी हुई है। कम-से-कम यह बात तो स्पष्ट ही है कि मैं मनु को तुम्हारी वजह से ही लाया था, क्या नहीं?'

दूसरा पत्र प्यारेलाल के लिए और ज्यादा पीड़ादायक था। इस पत्र में महात्मा ने पहली बार स्वीकार किया कि मनु उनके साथ नग्न अवस्था में सोती है। उन्होंने इसे ईश्वर की मर्जी बताया। महात्मा ने 30 दिसंबर, 1946 को प्यारेलाल को लिखा– '...ईश्वर सबका मालिक है। वह वही करेगा जो 'उसे' मंजूर होगा। मैं केवल यही कर रहा हूं। मैं उसे अपने पास सोने दे रहा हूं। वह बिना कोई कपड़ा पहने सोती है, लेकिन गहरी नींद सोती है। जब भी कोई काम हो, उसे जगाना पड़ता है, चाहे दो बजे हों या तीन बजे हों। मैं इसे अच्छा चिह्न मानता हूं कि वह इस तरह सो पाती है। आगा खां महल में जब रहता था, तबसे मुझे इस बात की जानकारी है कि उसमें आत्म चेतना की भावना बिलकुल नहीं है। जो मुख्य बात थी, वह थी कि वह मेरे साथ होनी चाहिए, मेरी देखभाल में, और तुमसे संपर्क रखे और सीखे। वही हुआ है। अब हम सबको कामना करनी चाहिए कि स्वाभाविक रूप से उसके साथ जो होना है, वह तो होगा। केवल तभी वह भय से मुक्त हो पाएगी।'[45]

प्यारेलाल चाहते थे कि महात्मा उन्हें अपने साथ रखें लेकिन महात्मा ने मना कर दिया। उन्होंने कहा– 'मैं तुम्हें इस समय अपने साथ रखूं यह उचित नहीं है। वर्तमान 'साधना' में हमारे अलग-अलग रहने की बात निहित है।...मैं मानता हूं कि इस समय मुझसे दूर रहकर तुम्हें किसी चीज की कमी महसूस हो रही होगी। लेकिन इस क्रिया में जो लाभ तुम्हें मिल रहा है, वह उससे कहीं बड़ी चीज है।'[46]

महात्मा को 'यज्ञ' शुरू किए दो महीने से ऊपर हो चले थे। लेकिन नोआखली अभी शांत नहीं हुआ था। श्रीरामपुर के आश्रम में भी काफी अशांति थी। आगे के कूच का सामान बंध चुका था। रात दो बजे महात्मा उठ बैठे। सोचने लगे 'अहिंसा काम क्यों नहीं कर रही है? अहिंसा केवल आंशिक रूप में अच्छी नहीं हो सकती– बिलकुल पड़ोस में वह असफल रहे और दूसरी जगह सफल हो, यह नहीं हो सकता।' उन्होंने मनु को जगाया। कहा अग्नि परीक्षा आ रही है सतर्क रहो। महात्मा ने उस दिन अपनी डायरी में लिखा–'मेरे भीतर ही गहराई में कोई न कोई गंभीर त्रुटि होनी

चाहिए। जिसका मैं पता नहीं लगा सकता।...मैं कहां रास्ता भूला हूं? मेरी अहिंसा और श्रद्धा में कोई न कोई भयंकर दोष अवश्य है, जिसके कारण यह सब बातें हो रही हैं।'[47] महात्मा ने सुबह श्रीरामपुर छोड़ दिया। उनका काफिला आगे बढ़ गया था। सामान उठाने के लिए कोई दर्जन भर कार्यकर्ता पास के कैंप से वहां आए थे। फसल कटने के बाद खेत खाली हो गए थे। अगला ठिकाना श्रीरामपुर से तीन मील दूर चंडीपुर था। यहीं के एक गांव चांगेरगांव में सुशीला और प्यारेलाल ने डेरा डाला था।

श्रीरामपुर छोड़ने से पहले महात्मा ने परशुराम का पत्र पढ़ा। इस पत्र को पढ़ने में उन्हें एक घंटा लगा। इस पत्र में परशुराम ने महात्मा और उनकी शिष्याओं पर गंभीर अरोप लगाए थे। महात्मा के लिए भी यह पत्र विस्फोट था। पत्र के अंत में परशुराम ने महात्मा से उनका साथ छोड़ने की इजाजत मांगी थी। उन्होंने जवाब लिखा-'...मैंने तुम्हारा पत्र बहुत सावधानी के साथ पढ़ा। उसमें ऐसे अर्धसत्य हैं जो खतरनाक हैं। तुमने मुझे अपकृत किया। मैं तुम्हारी मांगें स्वीकार नहीं कर सकता। दूसरी जो बातें तुमने अपने पत्र में उठाई हैं, वह मेरे गले नहीं उतरतीं।... चूंकि मेरी ऐसी राय है और हमारे बीच आदर्शों का संघर्ष है। तुम खुद मुक्त होना चाहते हो, इसलिए तुम आज ही मुझे छोड़ देने के लिए स्वतंत्र हो। यह सम्मानपूर्ण और सत्यपूर्ण होगा। मैं तुम्हारी स्पष्टवादिता और साहस को पसंद करता हूं। ... मैं तुम्हारे अन्य गुणों को बाहर लाने का प्रयत्न करने की आशा रखता था। मुझे दुख है अब यह नहीं हो सकता।...अंत में मैं तुमसे कह दूं कि तुमने मुझमें और अपने आसपास के वातावरण में जो भी बुराई देखी हो, उसे प्रकाशित करने के लिए तुम स्वतंत्र हो...।[48]

परशुराम को पत्र लिखने के बाद महात्मा ने अपनी डायरी में लिखा-'रात के दो बजे से जाग रहा हूं। ईश्वर की कृपा से ही मैं यह सब सहन कर पा रहा हूं। मुझे यह दिखाई दे रहा है कि मुझमें कहीं कोई गंभीर दोष अवश्य है, जो इन सबकी जड़ है। मेरे चारों ओर घोर अंधकार है। न जाने ईश्वर मुझे इस अंधेरे से उजाले की ओर कब ले जाएगा।'[49]

महात्मा पिछले कई महीनों से बार-बार खुद के अंधकार में घिरे रहने की बात कर रहे थे। वह अपनी प्रार्थना सभाओं में भी यह बात दोहराते थे। एक दिन किसी ने पूछ लिया कि महात्मा आखिर क्या है वह 'अंधकार'। महात्मा की इस बात से कई लोगों में 'उलझन पैदा' हो रही थी। महात्मा ने इस अंधकार को तुरंत अहिंसा से जोड़ दिया। उन्होंने कहा-'आज मैं जैसे अंधकार से घिरा हुआ हूं वैसे अंधकार से मेरा सामना पहले कभी नहीं हुआ। दरअसल आज मेरी अहिंसा एक अत्यंत महत्त्वपूर्ण परीक्षा से गुजर रही है। जब तक मैं अपने लक्ष्य तक नहीं पहुंच जाता, मैं नहीं कह सकता हूं कि मैं इस परीक्षा में सफल हो गया हूं।'[50]

चंडीपुर के कैंप में महात्मा ने परशुराम को बुलाया। 5 जनवरी को रविवार का दिन था। मालिश के बाद महात्मा खाने बैठे थे। मनु वहीं थी। परशुराम के आने पर वह उठ गई। महात्मा ने उसे वहीं रहने के लिए कहा। वे बोले 'मैं चाहता हूं तुम इस किस्से को समझो, इसलिए यहीं बैठी रहो।' फिर महात्मा ने परशुराम से कहा 'मैं समझूंगा तुम छुट्टी पर गए हो। तुम पर मैंने अटूट प्रेम बरसाया है। तुमने मेरे लिए फकीरी ली। तुम्हारी भक्तिपूर्ण भावना के कारण मैंने तुम्हें मुक्त किया। मैं तो तुम्हें पुत्र के समान मानता हूं और मानूंगा। इस समय तुम उत्तेजित हो, इसलिए मेरा समझाना व्यर्थ है। यह भी हो सकता है कि मैं अपनी भूल न समझ पा रहा होऊं।'[51]

परशुराम हल्के मन से कैंप के बाहर निकला। वह अब मुक्त महसूस कर रहे थे। गांधीजी जैसे महात्मा का परित्याग बड़ी बात थी। करोड़ों की जनता जिनके दर्शनों के लिए तरसती है और वह खुद उनका साथ छोड़ रहे हैं। इसके कुछ दिनों के बाद महात्मा ने अपने एक अभिन्न मित्र को लिखे पत्र में कहा 'परशुराम चला गया।... क्योंकि उसे मेरे विचारों में विश्वास नहीं था। तात्कालिक कारण मैं समझता हूं यह था कि मनु मेरे साथ सोती है। वह इसे गलत मानता था इसलिए नहीं कि मैं या मनु गलत हैं, क्योंकि वह जानता था कि मनु मेरी पौत्री की तरह है, बल्कि इसलिए कि नौजवानों खास कर खुद उस जैसे युवकों को यह प्रयोग गलत संदेश देता है...। मेरा भरोसा है कि इस शिविर का हर सदस्य जानता है कि मनु मेरे बिस्तर की हिस्सेदार है। इस मामले में मैं गुप्तता नहीं बरतना चाहता। मैं इन चीजों को विज्ञप्ति भी नहीं करना चाहता। यह मेरे लिए गोपनीय चीज है। लेकिन वह लोग जो मुझमें हर चीज बुरी देखते हैं, उन्हें हर वक्त स्वतंत्रता है कि वह इन तथ्यों का प्रचार करें और उसे मनचाहे रंग दें।'[52]

निर्मल बोस को महात्मा का यह पत्र आपत्तिजनक लगा क्योंकि परशुराम की आपत्तियां और उनका पत्र उनकी अपनी डायरी में भी दर्ज था, जिसमें यह बात कहीं नहीं लिखी थी कि महात्मा का यह प्रयोग उन पर गलत असर डाल रहा है। 'परशुराम का विरोध एक आम आदमी का विरोध था। वह समझ नहीं पा रहे थे कि एक स्त्री और पुरुष का संबंध कैसे महात्मा की आध्यात्मिक जरूरत बन गया है? लेकिन निर्मल को लगा कि 'इस पत्र में यह बात लिखते वक्त परशुराम का वह पत्र महात्मा के सामने नहीं होगा और उन्होंने यह बात केवल स्मृति के आधार पर लिखी होगी, जो इस संदर्भ में सही नहीं थी।'[53]

प्यारेलाल का दुख

चंडीपुर छोड़ने की बारी थी। महात्मा के लिए सतीश चंद्र दास गुप्ता की मंडली ने 'फोल्डिंग हट' बनाई थी। इसे जहां चाहें समतल जमीन पर झोपड़ीनुमा शक्ल में खड़ा

किया जा सकता था। इस झोपड़ी में छोटे-छोटे रोशनदान व खिड़कियां भी थीं। पीछे की तरफ बांस की खपचियों के पर्दे से घिरा एक स्थान जहां लेट कर महात्मा की मालिश की जा सकती थी। कमोड रखने की एक अलग झोपड़ी होती। लेकिन मुख्य झोपड़ी की छत पर तिरंगा लहराता दिखता था। महात्मा ने इसे 'महल' का नाम दिया था। उन्होंने कहा कि इस 'महल में मेरे जैसे फकीर का क्या काम।' इसे गरीबों के लिए चलता-फिरता अस्पताल बना दो। महात्मा ने कहा कि मुझे अगर कहीं आसरा न मिला तो किसी पेड़ के नीचे सो रहूंगा। महात्मा ने यही किया। यात्रा के दौरान उन्हें ठहराने के लिए कार्यकर्ताओं को बड़ी मशक्कत करनी पड़ती। महात्मा की इस यात्रा का नजारा भी काफी दिलचस्प होता। आगे सेना के आदमी। उनके पीछे प्रेस रिपोर्टर और सबसे पीछे महात्मा और उनकी मनु। वह लगातार हरी-भरी पगडंडियों पर आगे बढ़ते रहते। लोगों से मिलते। उनसे बातें करते और फिर आगे बढ़ जाते। प्यारेलाल और सुशीला वहीं पास के गांव में थे इसलिए वे भी रोज आकर बापू का हाल ले लेते। लेकिन प्यारेलाल का मकसद सिर्फ हाल लेना नहीं था। मनु अभी भी उनकी परेशानी का सबसे बड़ा सबब थी। और प्यारेलाल भी मनु के लिए मुश्किल बनते जा रहे थे। वह महात्मा और मनु से रोज मिलना चाहते थे। वह महात्मा को समझाना चाहते थे कि वह मनु को अपनी पत्नी के रूप में देखना चाहते हैं। वह यह भी जानते थे कि उनके विवाह के बीच सबसे बड़ी बाधा महात्मा हैं। जो चाहे-अनचाहे मनु को उनसे दूर कर रहे हैं। लेकिन महात्मा किसी बात के लिए तैयार नहीं थे। एक दिन परेशान होकर महात्मा ने प्यारेलाल को लिखा '...मनु को चीजों से नफरत-सी हो गई है। अगर तुम आए तो समस्याएं और बढ़ जाएंगी। मनु ने अपनी जीने की इच्छा को खो दिया है। इसमें किशोरीलाल के पत्र ने एक बड़ी भूमिका का निर्वाह किया है। उसकी पूजा करने के बजाय तुम भगवान की पूजा करो। ऐसा करना तुम्हारे लिए संभव है। तब हर बात आसान हो जाएगी। अगर तुम ऐसा नहीं कर सकते, तब सब कुछ व्यर्थ हो जाएगा। संभव है इस 'यज्ञ' का कोई भी परिणाम न निकले और अगर ऐसा होता है तो मैं दोषी होऊंगा, तुममें से और कोई नहीं। लेकिन कहने को ऐसी बहुत-सी बातें हैं। मुझे लगता है कि तुम मनु को अपनी पत्नी के रूप में नहीं प्राप्त कर सकोगे। लेकिन अगर ईश्वर अन्यथा चाहता है, यह दूसरी बात होगी। लेकिन अगर तुम खुद ही अपनी इच्छा को पूरी करने की कोशिश करते हो, मनु जो मेरे पास है, वह तुमसे बिछड़ जाएगी और निश्चय ही फिर वह तुमसे कुछ भी नहीं सीख पाएगी। लेकिन अगर तुम ईश्वर से कामना करो कि वह उसे तुम्हारी पत्नी के रूप में तुम्हें दे, तो तुम उसे अपनी शिष्या के रूप में प्राप्त कर सकते हो। यह बड़ी मुश्किल परिस्थिति है। जैसा भी तुम करने की इच्छा रखते हो, वही करो। मुझे और कुछ भी नहीं सूझ रहा।'[54]

महात्मा प्यारेलाल को समझा जरूर रहे थे लेकिन वह मनु की तरफ से पूरी तरह आश्वस्त नहीं थे। महात्मा खुद असुरक्षा की भावना से ग्रस्त थे। प्यारेलाल वक्त निकाल कर मनु को पढ़ाने आ जाते थे। वह मनु को लंबे-लंबे पाठ पढ़ाते। ताकि वह ज्यादा वक्त मनु के साथ बिता सकें। मनु भी इसमें रस लेती थी। महात्मा ने मनु पर गंभीर आरोप लगाए। मनु इन आरापों के लिए तैयार नहीं थी। वह रोने लगी। महात्मा को लगा उनसे भूल हो गई। उन्होंने मनु पर संदेह किया। 10 जनवरी की रात महात्मा मनु के पास आए। बोले-'मैंने वह आरोप तुम पर बिलकुल गलत लगाया। मैं तुमसे कहीं बड़ा तुम्हारा दादा हूं। अतः तुमसे माफी तो क्या मांगूं।' महात्मा ने सफाई दी-'क्योंकि चारों तरफ अंधेरा ही अंधेरा देख रहा हूं। जहां-तहां असत्य ही भरा है।'[55]

प्यारेलाल को लगा महात्मा को मनाना आसान नहीं। और प्यारेलाल ने महात्मा के ही अस्त्र का इस्तेमाल किया। वह उपवास पर बैठ गए। उन्हें लगता कि शायद उपवास से ही मनु पसीज जाए। उपवास की बात महात्मा को मालूम चली। वह और निराश हो गए। 13 जनवरी को बापू का मौन दिवस था। कागज के एक टुकड़े पर महात्मा ने प्यारेलाल के लिए टिप्पणी लिखी- 'मेरे विचार से उसकी खुशी में तुम्हें राहत महसूस करनी चाहिए। अगर तुम्हें उस पर विश्वास है तो वह जैसा कहे वही करना तुम्हारा कर्तव्य है। लेकिन अगर तुम सोचते हो कि ऐसा करना तुम्हारा कर्तव्य नहीं है तो तुम्हें निश्चय ही अपना उपवास समाप्त नहीं करना चाहिए। मैं हर चीज को बर्दाश्त कर लूंगा। लेकिन मनु का मामला कुछ जुदा किस्म का है। यह बात मेरे लिए बिलकुल स्पष्ट है। इस समय तुम्हारा कर्तव्य है कि तुम उसे भूल जाओ और अपने काम में खुद को व्यस्त कर दो। उसे जीतने का मात्र यही तरीका है। चाहे कुछ भी परिणाम निकले। जिसे तुम प्रेम करते हो उसकी सोच में खुद को विलीन कर देने का और कोई तरीका नहीं है। यदि तुम यह समझ सको तो समझ लेना।'[56]

महात्मा और प्यारेलाल के बीच दिन भर केवल मनु के बारे में बात हुई। किसी मासूम बच्चे की तरह प्यारेलाल कोई बात समझने को तैयार नहीं था। उसे मनु नाम का खिलौना चाहिए था। कैसे भी। इसी दिन महात्मा ने प्यारेलाल को एक और टिप्पणी लिखी- 'उसे अपनी पत्नी के रूप में ग्रहण करने का विचार तुम अपने मन से निकाल नहीं पा रहे हो। तुम इस विचार को छोड़ दोगे, यह बात केवल ईश्वर ही जानता है। मैं जो बातें लिखता हूं, अगर तुम उन्हें नहीं समझ पाते तो क्या किया जा सकता है?'[57]

महात्मा के संग नग्न सोने की बात को लेकर प्यारेलाल को मनु की पवित्रता पर भी संदेह होने लगा था। इस बारे में प्यारेलाल ने महात्मा से बात की तो वह भड़क गए। दोनों में खासी कहा-सुनी हुई। प्यारेलाल ने इसे आपत्तिजनक माना। महात्मा के कुछ शब्दों पर उसे एतराज हुआ। महात्मा ने प्यारेलाल को समझाया

कि 'इस तरह तो परिस्थिति और भी बिगड़ेगी। मैंने तुम्हें अपशब्द कब कहे? मैंने जो कुछ कहा है, अगर वह तुम्हें अपशब्द कहने जैसा लगता है तो इस तरह हमारे संबंध कैसे रह पाएंगे?'

महात्मा ने प्यारेलाल से आगे कहा-'अब जैसा तुमने कहा है, ऐसा लगता है कि तुमने उसकी पवित्रता के बारे में शक करना शुरू कर दिया है। मेरे इतना कुछ लिखने के बावजूद तुम उसे भुला नहीं पा रहे। मैं तुमसे अनुरोध करता हूं कि अगर तुम उसे भुला नहीं पा रहे, तब भी मुझे इस मामले से अलग रखो।'[58]

प्यारेलाल और मनु के बीच प्रेम का यह शीत युद्ध निर्मल बोस से भी छुप न सका। मनु ने निर्मल बोस से प्यारेलाल की शिकायतें की थीं। प्यारेलाल मनु को भावनात्मक रूप से ब्लैकमेल कर रहे थे। वह मनु के प्रेम में आत्महत्या तक की धमकी दे चुके थे। मनु जानती थी कि महात्मा के मन में प्यारेलाल के लिए विशेष स्नेह है। वह उसे खुद से दूर नहीं कर सकते। मनु के पास उसका दुख सुनने वाला और कोई नहीं था। इसलिए उसने निर्मल बोस से अपने मन की बात कही। निर्मल जानना चाहते थे कि प्यारेलाल और मनु के रिश्ते का सच क्या है। महात्मा आखिर क्या चाहते हैं? निर्मल इस बारे में एक पत्र पहले भी महात्मा को लिख चुके थे लेकिन उसका कोई जवाब नहीं आया। निर्मल ने दूसरा पत्र लिखा। इस पत्र में निर्मल ने मनु के मन की बात महात्मा से कही। उन्होंने कहा कि मनु के लिए प्यारेलाल को अपना भाई समझ पाना कठिन है जबकि वह जानती है कि प्यारेलाल उसे अपनी पत्नी के रूप में देखना चाहते हैं। निर्मल ने महात्मा से जानना चाहा कि इस तरह के अनसुलझे प्रेम संबंधों के प्रति उनका नजरिया क्या है?

इस बार महात्मा ने जवाब दिया। उन्होंने अपने पत्र में प्यारेलाल को अ और मनु को ब का नाम दिया। उन्होंने लिखा-... मैंने आपका पत्र अ को भेज दिया है। आपने मुझे इसकी आजादी दी थी। उसके प्रति मेरी निष्ठा की मांग थी कि मैं पत्र उसे भेज दूं। ब के कहने पर आपने अ के साथ एक अन्याय किया है। मैंने इसके बारे में उससे चर्चा की। उसने इसकी सच्चाई समझ ली। अ के प्रेम में वासना का लेश भी नहीं है। मैंने उसके प्रेम को कवि-सुलभ प्रेम कहा है। यह विशेष पूर्णा तो नहीं है, लेकिन इससे बेहतर कोई मिला नहीं। जिस उत्कटता से वह ब से प्रेम करता है, उसी उत्कटता से उसने एक बार एक अन्य लड़की से प्रेम किया था। दोनों मामलों में इस प्रेम में परोपकार की भावना थी। पहला प्रेम तो अचानक ही हो गया था, दूसरे का पता चलने में लगभग दो वर्ष लगे। उसका विचार था कि वह शिक्षा की दृष्टि से ब को जितना कुछ दे सकता था, वह देता। उसकी राय में दोनों मामले मेरी आरंभिक विमुखता के कारण गड़बड़ हो गए। अ की राय में पहले मामले में जब मेरा रुख अनुकूल हुआ, तब तक बहुत देर हो

चुकी थी। दूसरे मामले में भी बहुत देर हो चुकी है। पहली लड़की का विवाह हो चुका है। अब अगर ब का विवाह कहीं और ही होना है तो जब तक वह नहीं हो जाता, तब तक अ को आशा रखने का अधिकार है। यहां तक ब खुद अपने मन को जानती है, वह निश्चय कर चुकी है। अब उसकी खूबी देखिए। अ कहता है कि जब तक ब अपना मन नहीं बदलती, तब तक वह उसके लिए बहन या बेटी के समान रहेगी और वह उसकी ओर किसी और तरह का रुख नहीं रखेगा। ब को इस आश्वासन पर विश्वास है, लेकिन जैसा वह कहती है उसे अ का छाया की तरह उसका पीछा करने पर आपत्ति है। यदि अ को ब पत्नी-रूप में नहीं मिली, तो वह अन्य किसी स्त्री से प्रेम नहीं करेगा। उसका मन इतना शुद्ध है कि ऐसी कोई बात सोच ही नहीं सकता। अगर आपको मेरा विश्लेषण स्वीकार हो तो आप अ के साथ न्याय करेंगे और ब को सही राह सुझाएंगे। कितना अच्छा हो कि आप देख सकें कि अहिंसक आचरण चाहे वैयक्तिक हो या सार्वभौम, उसमें निजी, व्यक्तिगत जीवन और सार्वजनिक जीवन में एक अटूट संबंध रहता है। हम व्यक्तियों के बारे में धारणा बनाते समय चाहे जितनी उदारता से काम लें, किंतु निजी जीवन में सही आचरण से उसके विचलित होने की बात नजरअंदाज नहीं कर सकते। अगर आप इस मान्यता के कायल हों तो आपको मन के साथ मेरे संबंध पर विचार करना चाहिए और उसमें कोई दोष नजर आए तो उसे बताने का प्रयत्न करना चाहिए। मैंने आपका समय बचाने की दृष्टि से पत्र लिखा है और इसलिए भी कि आप विचार कर सकें। लेकिन आप चाहें तो मैं उस पर चर्चा करने को सहर्ष तैयार हूं।[59]

निर्मल बोस को प्रेम के संबंध में महात्मा की यह व्यख्या कुछ अटपटी लगी। जहां ब्रह्मचर्य का इतना बड़ा यज्ञ चल रहा हो वहां प्रेम और वासना का यह युद्ध अपने आप में कई सवालों को जन्म दे रहा था। इन सवालों का जवाब महात्मा के पास भी नहीं था। बंगाल के इस जलते हुए इलाके में महात्मा यहां के लोगों के जख्मों पर मरहम लगाने आए थे लेकिन उनके साथ के लोग खुद इस तरह घायल थे कि महात्मा उन्हीं के इलाज में उलझते जा रहे थे। प्यारेलाल का कहना था जब तक मनु उनकी पत्नी बनने के लिए हां नहीं कह देती तब तक वह उसे बहन या बेटी की तरह देखेंगे। पर क्या यह संभव है कि कोई अपनी प्रेमिका को बेटी और बहन के रूप में देखे।

संदर्भ

1. महात्मा गांधी : पूर्णाहुति खंड : 1, प्यारेलाल, पेज 324,

खतरनाक राह पर

2. हिंदुस्तान स्टैंडर्ड, 8 नवंबर 1946
3. महात्मा गांधी : पूर्णाहुति प्यारेलाल, भाग-2, पेज 11-12

4. बा और बापू की शीतल छाया में, मनु गांधी, पेज 177
5. बा और बापू की शीतल छाया में, मनु गांधी, पेज 228
6. खंड 85 : 19 जनवरी, 1945, पेज 328
7. खंड 85 : 5 फरवरी, 1945, पेज 384
8. बा और बापू की शीतल छाया में, मनु गांधी, पेज 232-233
9. खंड 92 : 11 अक्टूबर, 1946, पेज 330
10. एकला चलो रे, मनु गांधी, नवजीवन प्रकाशन मंदिर, 1957, पेज 4
11. एकला चलो रे, पेज 4
12. खंड 93 : 12 दिसंबर, 1946, पेज 177,
13. खंड 92 : 24 सितंबर, 1946, पेज 246
14. हरिजन, 12-1-1947; और महात्मा गांधी-द लास्ट फेज़, खंड 1 : भाग 2, पेज 7
15. खंड 93 : 5 दिसंबर, 1946, पेज 131
16. खंड 93 : 11 दिसंबर, 1946, पेज 152
17. खंड 93 : 11 दिसंबर, 1946, पेज 154
18. खंड 93 : 5 दिसंबर, 1946, पेज 132
19. माई डेज विद गांधी, प्रो. निर्मल कुमार बोस,ओरिएंट लांगमैन,1974, पेज 44
20. माई डेज़ विद गांधी, पेज 95
21. महात्मा गांधी : जीवन और दर्शन, रोमां रोला, पेज 149
22. माई डेज़ विद गांधी, पेज 99
23. माई डेज़ विद गांधी, पेज 104
24. हिंदुस्तान स्टैंडर्ड, 20-12-1946 और 22-12-1946, तथा हिंदू 20-12-1946।
25. बा और बापू की शीतल छाया में, मनु गांधी, 25 मई, 1945, पेज 234

महायज्ञ का अनोखा मंत्र

26. एकला चलो रे, पेज 8
27. एकला चलो रे, पेज 8
28. एकला चलो रे, पेज 8
29. बापू- मेरी मां, मनु गांधी, नवजीवन प्रकाशन मंदिर, अहमदाबाद, 1949, पेज 9-13
30. महात्मा गांधी : पूर्णाहुति, खंड : 2, प्यारेलाल पेज 293
31. एकला चलो रे, पेज 9-10
32. एकला चलो रे, पेज 10
33. एकला चलो रे, पेज 10, खंड 93, 20 दिसंबर, 1946, पेज 193
34. एकला चलो रे, पेज 10
35. खंड 92 : 2 अक्टूबर 1946, पेज 293
36. खंड 92 : 10 अक्टूबर 1946, पेज 328-329
37. खंड 93 : 22 दिसंबर 1946, पेज 206
38. एकला चला रे, पेज 32
39. एकला चलो रे, पेज 33
40. एकला चलो रे, 27 दिसंबर 1946, पेज 35
41. एकला चलो रे, पेज 36
42. एकला चलो रे, पेज 38

43. महात्मा गांधी : पूर्णाहुति, प्यारेलाल खंड : 2 पेज 164

पहला विद्रोही परशुराम

44. माई डेज विद गांधी, प्रो. बोस-पेज 115
45. खंड 93 : 30 दिसंबर,1946, पेज 247
46. खंड 93 : 30 दिसंबर,1946, पेज 248
47. महात्मा गांधी द लास्ट फेज़, खंड 1 : भाग-2, पेज 115
48. माई डेज विद गांधी, प्रो.बोस, पेज 118, खंड 93 : 2 जनवरी, 1947 पेज 263
49. खंड 93 : 2 जनवरी, 1947 पेज 266
50. खंड 93 : 27 दिसंबर, 1946 पेज 235
51. एकला चलो रे, पेज 51
52. माई डेज विद गांधी, प्रो. बोस, पेज 118-119
53. माई डेज विद गांधी, प्रो. बोस, पेज 119

प्यारेलाल का दुख

54. खंड 93 : 6 जनवरी, 1947, पेज 282-283
55. एकला चलो रे, मनु गांधी, पेज 65
56. खंड 93 : 13 जनवरी, 1947, पेज 319
57. खंड 93 : 13 जनवरी, 1947, पेज 320
58. खंड 93 : 13 जनवरी, 1947, पेज 320
59. खंड 93 : 7 फरवरी, 1947, पेज 446-447 व माई डेज़ विद गांधी, प्रो. बोस, पेज 135-136

अध्याय-10

हे राम

'जदि तोर डाक शुने केओ ना आसे, तबे एकला चलो रे' यदि तेरी पुकार सुनकर भी कोई न आए तो तू अकेला ही निकल चल! 7 जनवरी को चंडीपुर से आगे की यात्रा इसी बांग्ला गीत के साथ शुरू हुई। महात्मा का नंगा पैर आश्रम के बाहर निकला। चंडीपुर के बाद फतहपुर, दासपाड़ा, जगतपुर, लामचर, कारापाड़ा, शाहपुर, भरियालपुर होते हुए महात्मा का काफिला 16 जनवरी को रामदेवपुर पहुंचा। कैंप में सन्नाटा था। रात करीब तीन बजे थे। मनु महात्मा के बगल में घुटने सिकोड़ कर सो रही थी। महात्मा ने उसे जगाया। सीधे सोने को कहा। प्रार्थना के बाद 'मालिश' का समय आया। कैंप में एक कार्यकर्ता ने मनु से आग्रह किया कि आज वह महात्मा की 'मालिश' करना चाहता है। मनु ने न चाहते हुए भी हामी भर दी। लेकिन महात्मा को यह अच्छा नहीं लगा। वे बोले 'मेरे स्वभाव में है कि जो चीज लगातार चलती आई हो उसे बदला न जाए। मुझे आज का यह परिवर्तन अच्छा नहीं लगा।'

मनु महात्मा के इस अनूठे प्रयोग का आनंद ले रही थी। आनंद न भी महसूस कर रही हो तो कम-से-कम ऐसा प्रदर्शित कर रही थी कि वह आनंदित है। वह अपनी डायरी में ऐसी ही बातें लिखती। वह जानती थी कि महात्मा उसकी डायरी में यह बातें पढ़कर खुश होंगे। मनु ने लिखा-'सचमुच ऐसे अनुभवों से मैं गुजर रही हूं। बापू जी मेरी माता बनकर यह प्रयोग कर रहे हैं। इसे मैं अपना अहोभाग्य समझ कर आनंद से फूली नहीं समाती।'

सवालों में नोआखली यज्ञ

महात्मा के ब्रह्मचर्य के प्रयोग को लेकर विवाद शुरू हो गया था। परशुराम के जाने के बाद केवल निर्मल बोस और प्यारेलाल ही नहीं, किशोरलाल मशरूवाला और केदारनाथ कुलकर्णी जैसे महात्मा के पुराने और करीबी मित्र भी उनके इस अहमक प्रयोग से आहत थे। मित्रों ने महात्मा से पूछा कि 'आप जब नोआखली में अपने

महान मिशन में लगे हुए हैं, उस समय इस बात के लिए इतना समय और इतना ध्यान कैसे दे सकते हैं?' महात्मा मनु से कहते 'ये लोग सोचते हैं कि तू मेरे मोह की निशानी है। लेकिन मैं उनके अज्ञान पर हंसता हूं। वे समझते नहीं। तेरे लिए मैं जो समय और शक्ति खर्च करता हूं, उसे उचित रीति से खर्च किया हुआ समय और शक्ति मानता हूं। अगर मैं तेरी आदर्श माता बनकर भारत की करोड़ों पुत्रियों में से एक को भी तालीम देकर आदर्श नारी बना सकूं, तो मैं भारत की नारी जाति की अनुपम सेवा करूंगा। संपूर्ण ब्रह्मचारी बनकर ही मनुष्य स्त्री की सच्ची सेवा कर सकता है।' [1]

लेकिन ऐसा नहीं था कि इस प्रयोग को ले कर खुद महात्मा के अंदर कोई अंतर्द्वंद्व नहीं चल रहा था। उन्होंने अपने प्रयोग की बात हॉरेस एलेक्जेंडर के सामने रखी। सीएफ एंड्रयूज की मौत के बाद महात्मा ने हॉरेस को अपना ईसाई मार्गदर्शक माना था। एक ईसाई होने के नाते हॉरेस इस बारे में क्या सोचते हैं? महात्मा ने उन्हें एक पत्र भेजा। हॉरेस का जवाब महात्मा के प्रतिकूल था। हॉरेस ने साफ और दो टूक जवाब दिया कि 'ब्रह्मचर्य की परीक्षा के लिए ऐसा चरम कोटि का कदम उठाना जरूरी नहीं लगता। उन्होंने महात्मा से पूछा 'क्या यह परीक्षा इससे थोड़े कम तीव्र ढंग से नहीं की जा सकती है?' हॉरेस ने लिखा 'खंभे के सिरे पर चढ़कर आत्म नियंत्रण की अपनी शक्ति प्रदर्शित करने के संत साइमन स्टाइलिटीज के कदम की मैंने भी तारीफ नहीं की है। 'सारी बातों में मर्यादा रखनी चाहिए। यह एक प्राचीन सुंदर सूत्र है।'

महात्मा ने कहा 'संत साइमन का अनुकरण नहीं किया जा सकता क्योंकि वह मिथ्याभिमानी और चिड़चिड़े स्वभाव के थे। मैंने जो कदम उठाया है वह यह सिद्ध करने के लिए नहीं उठाया है कि मैं स्वयं क्या कर सकता हूं बल्कि इसी लिए उठाया है कि मेरी पोती के अनुशासन के लिए यह एक जरूरी कदम है। उसके पीछे मेरा आशय अपने पोती के उस विश्वास की सत्यता की पूरी कसौटी करना है, जो मुझे दिया गया है। साथ ही इससे मेरी अपनी कसौटी भी हो जाएगी।'[2]

इस बीच महात्मा की ब्रह्मचर्य पर निर्मल बाबू से लंबी बात हुई। महात्मा ने कहा कि 'जो पुरुष मानते हैं कि स्त्रियों को छूने में भी पाप है और इसलिए उन्हें नहीं छूते, क्योंकि स्त्री के स्पर्श से विकार पैदा होने का उन्हें डर रहता है। ऐसे आदमी ब्रह्मचारी हों तो भी मैं उन्हें ब्रह्मचारी नहीं मानता। दूसरे यह मत मानो की मनुष्य बूढ़ा हो गया है इसलिए निर्विकार हो गया है। वह निर्विकार इसलिए है कि उसकी शक्ति बूढ़ी हो गई है न कि ब्रह्मचर्य पालन से। और मन तो आखिरी दम तक कभी बूढ़ा नहीं होता। मेरे कुछ मित्रों में भी इस विषय में मतभेद जरूर हैं। परंतु मैं तो अनेक प्रयोगों और अनुभवों के बाद दावा करता हूं कि उन सबमें सच्चा ब्रह्मचारी मैं हूं।'[3] यह बात उन्होंने मनु को भी बताई।

लेकिन बात इतनी सीधी और सरल नहीं थी। महात्मा पर लगातार दबाव बन रहा था कि वह इस प्रयोग को तत्काल रोक दें। महात्मा ने न चाहते हुए यही किया। 26 जनवरी, 1947 के पत्र में उन्होंने मृदुला साराभाई को लिखा 'मेरे विचार से मैंने तुम्हें लिखा है कि मनु यहां है और मेरे साथ सोती है। सभी इसे देखते हैं और सबको इस बात की जानकारी है। इसका प्रयोग से कोई लेना-देना नहीं है। प्रयोग रोक दिया है, हालांकि इसकी उपयोगिता के बारे में मुझे कोई संदेह नहीं हैं। साथियों की वजह से इसे रोक दिया है।'[4]

लेकिन तूफान ठहरा नहीं था। महात्मा के मित्रों के अलावा आम गांधीवादी कार्यकर्ताओं में भी महात्मा के प्रयोग को लेकर सुगबुगाहट तेज हो गई थी। जनवरी बीतते-बीतते अफवाहें और चर्चाएं चरमोत्कर्ष पर पहुंच गईं थीं। नवग्राम के बाद कैंप आमिशपाड़ा में लगा था। प्रार्थना प्रवचन में पहली बार महात्मा ने अपने प्रयोग की सार्वजनिक रूप से चर्चा की। वे बोले 'मेरे आसपास चल रही कानाफूसी और व्यंग्योक्तियों का मुझे पता चला है। मेरे चारों ओर शंका-कुशंकाओं तथा अविश्वास का पहले से इतना बोलबाला है कि मैं नहीं चाहता कि मेरे अत्यंत निर्दोष कार्यों के बारे में लोगों में गलतफहमी फैले या लोगों के सामने उसे गलत ढंग से रखा जाए। मेरे साथ मेरी पोती रहती है। वह मेरे साथ एक ही बिस्तर पर सोती है। ऑपरेशन से नपुंसक बनने वाले पुरुषों की मुहम्मद पैगंबर ने निंदा की है। लेकिन ऐसे नपुंसकों का उन्होंने स्वागत किया है, जो प्रार्थना द्वारा ईश्वर के बनाए हुए हैं। मेरी आकांक्षा ऐसा ही नपुंसक बनने की है। मैं जिसे अपना कर्तव्य मानता हूं उसे मैंने ईश्वर के नपुंसक की भावना से हाथ में लिया है। मैं नोआखली में जो यज्ञ कर रहा हूं, उसका यह प्रयोग अभिन्न अंग है और इस प्रयत्न के लिए मैं आपका आशीर्वाद चाहता हूं। मैं जानता हूं मेरे इस कार्य ने मेरे मित्रों को भी मेरा आलेचक बना दिया है। परंतु घनिष्ठ से घनिष्ठ मित्रों के लिए भी कर्तव्य की उपेक्षा नहीं की जा सकती।'[5]

इन सब कानाफूसियों से महात्मा आहत थे। इसी दिन महात्मा ने सतीशचंद्र मुखर्जी को अपने मन की लिखी। मुखर्जी ने स्वदेशी और राष्ट्रीय शिक्षा के क्षेत्र में बहुत से प्रयोग किए थे। वह कलकत्ता की मासिक डॉन के संपादक भी रहे थे। गांधीजी के कारावास के बाद मुखर्जी साबरमती आकर दो महीने तक 'यंग इंडिया' के प्रकाशन में सहायता की थी। लेकिन धीरे-धीरे वह सब कुछ छोड़ आध्यात्मिक प्रवृत्तियों में लीन हो गए। लोग उन्हें 'नंगा बाबा' के नाम से जानने लगे थे।

नंगा बाबा का एक पत्र महात्मा को मिला था जिसमें उन्होंने आध्यामिकता को बेहद सुंदर ढंग से परिभाषित किया था। लेकिन महात्मा इस समय दूसरी ही समस्या से जूझ रहे थे जिसका आध्यामिकता से कोई लेना-देना नहीं था। महात्मा ने उन्हें लिखा-'...और अब मैं आपके सम्मुख एक समस्या रखता हूं। एक युवा लड़की (19 वर्ष की), जो रिश्ते में मेरी पोती के बराबर है, मेरे साथ किसी

शारीरिक तुष्टि के विचार से नहीं बल्कि (मेरी दृष्टि में) उचित नैतिक कारणों से एक ही बिस्तर पर सोती है। उसका दावा है कि वह उस वासना से दूर है जो उसकी उम्र की किसी भी लड़की में आमतौर पर पाई जाती है और मैं तो एक अभ्यस्त ब्रह्मचारी होने का दावा करता ही हूं। क्या आपको इस सान्निध्य में कोई बुराई या कोई अनौचित्य दिखाई देता है? मैं यह प्रश्न इसलिए पूछ रहा हूं कि मेरे कुछ अंतरंग साथी इसे पूर्णतया अनुचित बताते हैं, और यहां तक मानते हैं कि उससे ब्रह्मचर्य भंग होता है। मेरी धारणा इसके बिलकुल विपरीत है। आप एक अनुभवी व्यक्ति हैं और मैं आपकी राय की कद्र करता हूं, इसलिए मैं आपसे यह प्रश्न पूछ रहा हूं। इसका उत्तर देने में अपनी इच्छानुसार समय लगा सकते हैं। वैसे न चाहें तो इसका उत्तर देने के लिए बाध्य नहीं हैं।'[6]

महात्मा अपने खिलाफ चल रही कानाफूसियों से विचलित थे लेकिन वह सामान्य दिखने का प्रयास कर रहे थे। आमिषपाड़ा में 1 फरवरी, 1947 को एक डॉक्टर से गांधीजी ने कहा कि 'मैं 125 वर्ष की आयु तक जीवित रहना चाहता हूं। फिर हंसते हुए उन्होंने डॉक्टर से पूछा कि क्या आप इसके लिए कोई नुस्खा सुझा सकते हैं।'[7]

आठ ब्रिटिश सेना अधिकारी नोआखली में गांधीजी की शांति-यात्रा के मौके पर उन्हें शुभकामनाएं देने के लिए उनसे तीसरे पहर मिले थे। इनमें एक नौजवान ने खुद को पत्रकार बताया था। 'गांधीजी ने हंसते हुए कहा कि पत्रकार खतरनाक लोग होते हैं, और मैं स्वयं एक पत्रकार होते हुए ऐसा कह रहा हूं।'[8]

महात्मा के प्रयोग की खबर उनके बेटों तक भी पहुंच रही थी। हरिलाल गांधी से तो महात्मा संबंध तोड़ चुके थे। गांधीजी ने अपने बेटे रामदास गांधी को अपने इस प्रयोग के बारे में बताया। उन्होंने कहा कि 'वह मेरे साथ सोती है, इस संबंध में उसी से लिखने को कहा है।'[9]

महात्मा के इस प्रयोग की खबर दक्षिण अफ्रीका में बैठे दूसरे बेटे मणिलाल तक भी पहुंच गई थी। 1 फरवरी के पत्र में महात्मा ने मणिलाल गांधी को लिखा- 'दूर के ढोल सुहावने लगते हैं, ऐसा ही मेरी तपश्चर्या के बारे में भी समझो। मैं कोई कष्ट नहीं भोग रहा हूं। लोग मिलने आते रहते हैं। मेरी अहिंसा की ठीक-ठीक कसौटी हो रही है। लेकिन तू चिंता न करना। अपने कर्तव्य में लीन रहना। मनु मेरे साथ सोती है, इससे व्याकुल न होना। मेरी नजर में तो मुझे यह कदम लेने के लिए ईश्वर ने प्रेरित किया है। तिस पर भी यदि यह बात तुम्हारी समझ में न आए तो परेशान न होना, बल्कि इसे सहन करना। मुझे यह इसलिए लिखना पड़ रहा है क्योंकि किशोरलाल आदि इससे परेशान हैं। परेशान होने की मुझे कोई जरूरत नहीं मालूम होती।'[10]

महात्मा ने मणिलाल की पत्नी और अपनी बहू सुशीला गांधी को लिखा–'मनु मेरे साथ सोती है, इससे यदि तू परेशान न हो तो मुझे अच्छा लगेगा। लेकिन मैं सोचता हूं जब इस बात को लेकर किशोरलाल परेशान है तब तू क्या कर सकती है?'[11]

अगले दिन की प्रार्थना सभा में महात्मा अपने निजी जीवन पर फिर बोले। वह यह बात मानने को तैयार नहीं थे कि 'व्यक्तियों का निजी जीवन सार्वजनिक कार्यों पर असर नहीं डालता।' वह नहीं मानते थे कि 'निजी जीवन में दुराचारी रहते हुए भी वह या कोई और कुशल और प्रभावशाली लोक सेवक हो सकता है।' उनकी मान्यता थी कि निजी आचरण का प्रभाव सार्वजनिक आचरण पर पड़े बिना नहीं रह सकता। वह मानते थे कि सार्वजनिक आचरण और निजी आचरण का संबंध तोड़ देने से दुनिया में बड़ी–से–बड़ी बुराइयां पैदा हुई हैं।

तीसरे दिन महात्मा ने प्रार्थना सभा में कहा–'मैंने अपने निजी जीवन के बारे में जो कुछ कहा है, उसका बिना सोचे–विचारे अनुकरण नहीं करना चाहिए। मैंने कभी असाधारण शक्तियां रखने का दावा नहीं किया है। मैं जो कुछ करता हूं, उसे सब कोई कर सकते हैं। परंतु मैं जिन शर्तों का पालन करता हूं, उनका पालन करना होगा। अगर ऐसा न किया जाए तो जो लोग मेरे आचरण का अनुकरण करने का ढोंग करेंगे, वे नरक में जाएंगे। मैं जो प्रयोग कर रहा हूं वह बेशक खतरनाक है। लेकिन अगर शर्तों का कड़ाई से पालन किया जाए, तो वह खतरनाक नहीं रह जाता। इन शर्तों का सार मैंने अपनी पुस्तक 'आरोग्य की कुंजी' में दिया है। पूर्ण ब्रह्मचर्य के जो अमोघ लाभ हैं, वे इससे (अपूर्ण ब्रह्मचर्य) नहीं मिलते। फिर भी इसकी कीमत मामूली नहीं है। अपूर्ण ब्रह्मचर्य के बिना पूर्ण ब्रह्मचर्य असंभव है।'[12]

किशोरलाल मशरूवाला अहमदाबाद में हरिजन आश्रम देख रहे थे। वे महात्मा के घनिष्ठतम मित्रों में थे। कभी वह अकोला में वकालत करते थे। चंपारण सत्याग्रह में महात्मा ने देश के स्वयंसेवकों को आवाज दी। किशोरलाल अकोला से बापू के पास चंपारण पहुंच गए। यहां उनकी तबियत खराब हुई। उनके चरित्र व धर्मनिष्ठा का बापू पर अच्छा प्रभाव पड़ा था। बापू ने उन्हें चंपारण से आश्रम बुला लिया। वे आश्रम में ही राष्ट्रीय शाला का काम देखने लगे। महात्मा के नोआखली के इस नए प्रयोग ने उन्हें अजब कठिनाई में डाल दिया था। किशोरलाल मशरूवाला ने इससे पहले महात्मा को आश्रम में करीब से जाना था। वह महात्मा को समझते थे। लेकिन महिलाओं के साथ एक ही बिस्तर पर सोने का प्रयोग उनकी समझ के बाहर था। इस बारे में उनकी महात्मा से पहले बहस हो चुकी थी। कड़ुवे पत्र–व्यवहार भी हुए। किशोरलाल चाहते थे कि उनके धार्मिक गुरु केदारनाथ कुलकर्णी इस बारे में खुद महात्मा से मिले। आश्रम में आकर महात्मा का प्रयोग देखें और जरूरत हो तो इस बारे में महात्मा को समझाएं।

किशोरलाल ने 5 फरवरी को महात्मा को तार भेजा-'लगता है वक्तव्यों पर विचार किया जा रहा है। अंतिम रूप से कदम उठा लेने से पूर्व नाथजी को बातचीत के लिए बुलाएं तो बेहतर । नाथ जी का पता है-शांतिकुंज, बाजार दादर।' महात्मा ने उसी दिन तार का जवाब किशोरलाल को भेजा 'नाथ जी का पता पढ़ा नहीं जाता। यदि वह आ सकता है तो उसका स्वागत है। लेकिन मैं अपने विचार सार्वजनिक रूप से प्रकट कर चुका हूं।' जाहिर तौर पर महात्मा को किशोरलाल का यह संदेश अच्छा नहीं लगा था।

किशोरलाल मशरूवाला हरिजन के संपादक भी थे। महात्मा के इस प्रयोग से दुखी किशोरलाल और संपादक मंडल के अन्य सदस्य नरहरि पारिख, स्वामी आनंद आदि ने महात्मा के खिलाफ असहयोग आंदोलन छेड़ दिया। उन्होंने हरिजन के संपादक मंडल से इस्तीफा दे दिया। किशोरलाल ने महात्मा को 9 फरवरी को तार भेजा। तार इस प्रकार था : 'हमने हरिजन पत्रों तथा पत्र-व्यवहार की जिम्मेदारी छोड़ दी है।' महात्मा ने तार का तत्काल जवाब भेजा कि 'आपके निर्णय से दुख हुआ। आपको यह अधिकार है। मेरे विचार से जल्दबाजी की गई है। जो भी हो, जब तक नया प्रबंध नहीं हो जाता आप आवश्यक मदद करते रहें। जीवन जी को तार दिया है।'[13]

यानी महात्मा ने जीवन जी देसाई को हरिजन पत्रिका का नया संपादक बनाने का निर्णय कर लिया था। महात्मा के इस प्रयोग से सबसे ज्यादा दुखी उनके सबसे पुराने साथी विनोबा भावे थे। महात्मा ने इस प्रयोग को 'यज्ञ' का नाम दे दिया। उन्होंने विनोबा को लिखा-'...मनु मेरे साथ सोती है, यह प्रयोग नहीं है। वह तो इस यज्ञ का अंग है। मेरा मन रोज निर्दोष भाव से करोड़ों स्त्रियों के साथ सोता है; उन्हीं में से एक मनु है, जो मेरा अपना खून है और उसी तरह मेरे साथ सोती है।' उन्होंने सफाई दी- 'रूढ़ियों के कारण अथवा साथियों को प्रसन्न करने की खातिर यदि वह मेरे साथ न सोए तो क्या मैं ('गीता' के) तीसरे अध्याय के अनुसार मिथ्याचारी नहीं ठहरूंगा? जैसा मैं भीतर से हूं यदि वैसा ही बाहर से दिखाई न दूं तो क्या इससे मेरा अहिंसा का प्रयोग कलंकित नहीं होगा? मैं तो यहां तक मानता हूं : मान लो यहां के लोगों पर अहिंसा का कोई असर नहीं होता और मेरी मृत्यु हो जाती है, लोकलाज की खातिर यदि मैं मनु को अपने साथ नहीं सुलाता हूं, जबकि मैं ऐसा करना आवश्यक मानता हूं, तो क्या यह मेरी दुर्बलता का परिचायक नहीं होगा? और अहिंसा का पूरा दर्शन न कर पाने पर क्या मेरा मरना ही कल्याणकर नहीं होगा? अर्थात् मेरी अहिंसा और सत्य का प्रयोग क्या अधूरा अथवा दूषित नहीं माना जाएगा?'[14]

विनोबा भावे ने 25 फरवरी, 1947 के अपने जवाब में लिखा कि वे इस मामले में महात्मा से सहमत नहीं हैं क्योंकि 'स्त्री और पुरुष के बीच किसी भेद

की अनुभूति ही ब्रह्मचर्य के आदर्श के विपरीत है', लेकिन उन्होंने साफ कर दिया कि इस विषय को लेकर वह किसी 'वाद-विवाद' में नहीं पड़ना चाहते। महात्मा के लिए यह समय बहुत कष्टकारी था। चारों तरफ से हो रहे हमलों से वह थक चुके थे।

सबसे हारकर महात्मा ने प्यारेलाल को लिखा-'...मानसिक और शारीरिक तौर पर मैं बिलकुल थक गया हूं। शरीर से आराम चाहता हूं। दिमाग के लिए यह बात नहीं।' प्यारेलाल तो खुद इन बातों से परेशान था। उसे यकीन हो चला था कि महात्मा का प्रयोग गलत है। उसने महसूस किया कि महात्मा इस बारे में मिले अपने मित्रों के पत्रों को प्यारेलाल से छुपा रहे हैं। महात्मा ने उसे समझाया कि मानसिक परेशानियों से बचाने के लिए उन्होंने वे पत्र उसे नहीं पढ़ाए। महात्मा ने प्यारेलाल से कहा-'मैं शारीरिक इच्छा से मुक्त हूं या नहीं, इस बात का पता शायद मेरी मृत्यु के बाद लगे। शब्द 'शायद' का प्रयोग जान-बूझकर किया गया है। क्योंकि मृत्यु के बाद व्यक्ति की सही पहचान हो, ऐसा हमेशा नहीं होता। मनुष्य के मन की पहचान केवल परामात्मा को होती है।'[15]

महात्मा की असल चिंता मनु थी। वह जानते थे कि मनु के लिए यह कितना कठिन दौर है। उन्होंने प्यारेलाल को लिखा-'जो कुछ हो रहा है, वह क्या है, जब मैं ही विश्वास के साथ निश्चित रूप से अपने बारे में नहीं कह पा रहा हूं, तो मनु के बारे में वह सब कौन कहेगा? उसे किसी से कोई मतलब नहीं, ऐसा लगता है, लेकिन उसके दिल-दिमाग में जो उथल-पुथल है, शायद उसे उसकी पूर्ण जानकारी न हो। इस बारे में मैं उसे परेशान नहीं कर रहा। सब कुछ भगवान के हाथ छोड़कर मैं अपना काम जारी रखे हुए हूं। मेरे लिए यह सब कुछ 'यज्ञ' का अभिन्न भाग है, मेरे अपरिग्रह की सीमा क्या है, इसे अभी देखा जाना बाकी है।'[16]

महात्मा का यह प्रयोग एक बड़ा मुद्दा बनता जा रहा था। सरदार वल्लभभाई पटेल, देवदास, किशोरलाल, नरहरि सब महात्मा के इस प्रयोग से आहत थे। घनश्याम दास बिड़ला जैसे गांधीजी के कुछ मित्र थे जो इस मामले में खामोश बैठे थे। महात्मा इस बारे में अपने सभी मित्रों की राय जानना चाहते थे। मित्रों की चुप्पी उन्हें अंदर तक सता रही थी। उन्हें लगता कि यह चुप्पी भी उनके खिलाफ है जो अस्त्र का काम कर रही है।

महात्मा ने अपने पुराने मित्र घनश्याम दास बिड़ला को लिखा-'...आज तो इतना ही लिखना चाहता हूं कि तुम्हें तटस्थता छोड़ देनी चाहिए। सरदार के मन में स्पष्ट है कि अकर्म को मैं कर्म मानकर बैठा हूं। देवदास तो ऐसा लिखता ही है। सरदार की बुद्धि पर मुझे बहुत विश्वास है। देवदास की बुद्धि पर भी है, लेकिन मेरे नज़दीक देवदास बड़ा होते भी बालक है। सरदार के लिए ऐसा नहीं कहा जाता। किशोरलाल और नरहरि भी बालक नहीं हैं लेकिन उनका विरोध समझने

में मुझको दिक्कत नहीं है। मेरा जीवन शुद्ध है, पवित्र है, धर्म पालने के लिए ही चलता है, ऐसी मान्यता ही तुम्हारे और मेरे बीच में गांठ है। अगर ये नहीं है तो कुछ नहीं है। इसलिये मैं चाहता हूं कि इस काम में पूरा हिस्सा लो, भले अदृश्य रूप से ही क्योंकि तुम्हारे व्यापार में खलल पहुंचे ऐसा मैं नहीं चाहता। लेकिन मैं अधर्म का आचरण करता हूं तो मेरा सख्त विरोध करने का सब मित्रों का धर्म हो जाता है। सत्याग्रही अंत में दुराग्रही भी बन सकता है। भेद तो इतना ही रहता है कि असत्य को सच मानकर बैठ जाय तो दुराग्रही बन गया। मैं ऐसा नहीं हूं। ऐसे मानता हूं लेकिन उससे क्या हुआ? परमेश्वर तो नहीं हूं। गलती कर सकता हूं। गलतियां की हैं। अंतिम समय पर बड़ी भारी गलती हो सकती है। अगर हुई है तो जितने हितेच्छु हैं वे मेरा विरोध करके मेरी आंखें खोल सकते हैं, न करें तो मुझको ऐसे ही जाना तो है तो मैं चला जाऊंगा। जो-कुछ मैं यहां करता हुं वह सब मेरे यज्ञ का हिस्सा है। जान-बूझकर ऐसा कुछ नहीं करता हूं जो इस यज्ञ में समाविष्ट न हो सके। आराम लेता हूं वो भी यज्ञ के ही लिए। इस समय आंख और पेट पर मिट्टी है और इसे लिखवाता हूं। थोड़े समय में शाम की प्रार्थना में जाना है। मनु प्रकरण मेरा काफी समय लेता है। उसमें मुझको आपत्ति नहीं है। क्योंकि उसको भी यज्ञ के कारण रखा है। उसकी परीक्षा भी यज्ञ का हिस्सा है। यह सब मैं समझा न सकूं वह दूसरी बात है। मित्रों को समझना तो इतना ही है कि मैं मनु को मेरी गोद में लेता हूं तो एक पवित्र पिता की हैसियत से (न) कि धर्मभ्रष्ट पिता की हैसियत से? जो मैं करता हूं वह मेरे लिए नई बात नहीं है। विचार सृष्टि में शायद 50 साल से, आचार में भी बरसों से थोड़ा या बहुत किया ही है। मेरे साथ का सब संबंध तोड़ोगे तो भी मुझको दुख नहीं होगा।'[17]

महात्मा ने विनोबा के भाई बालकृष्ण भावे को भी इस बारे में लिखा-'... तुम्हें शायद पता न हो कि मनु बहन (जयसुखलाल की बेटी) मेरे साथ सोती है, जिससे किशोरलाल, नरहरि, स्वामी आदि को दुख हुआ है और उन्होंने 'हरिजन' से संबंध तोड़ लिया है। सरदार भी मुझ पर क्रोधित है। मैं मनु को अपने साथ सुलाता हूं, इसमें धर्म मानता हूं और मनुष्य जिसे धर्म माने, उसे वह स्नेहियों के स्नेह की खातिर या किसी के डर से छोड़ नहीं सकता। यह पाठ सिखाने के लिए मैं यहां बैठा हूं। ऐसे कठिन प्रसंग में यदि मैं शर्म, भय अथवा प्रीति के कारण अपने माने हुए धर्म को छोड़ दूं तो यज्ञ अधूरा रह जाएगा और शायद इसीलिए फलप्रद नहीं होगा। यह तो हुआ मेरा पक्ष। किशोरलाल का पक्ष जहां तक मैं समझ सकता हूं इससे उल्टा है। वह मानता है कि मैं अधर्म को धर्म मान बैठा हूं। इससे मेरा ब्रह्मचर्य लज्जित हुआ है, लोगों के सामने गलत उदाहरण पेश हुआ है। मुझ-जैसे मनुष्य के कारण कोई गलत उदाहरण पेश हो तो यह असह्य है इसलिए उपर्युक्त भाई मेरे साथ असहयोग कर रहे हैं। विशेष तो उन्हें जो सूझेगा, वह वे कर ही

सकते हैं। विनोबा क्या मानते हैं; यह मालूम नहीं। लेकिन उनके साथ उपर्युक्त भाइयों ने पत्र-व्यवहार चला रखा है।[18]

बात बढ़ती जा रही थी। महात्मा के बारे में अफवाहों से आहत मृदुला साराभाई ने तो खुद महात्मा के पास आने की इच्छा जताई थी। महात्मा ने मृदुला को लिखा-' तुम चिंतित हो पर चिंता की तो कोई बात भी नहीं। अब तक मेरा जीवन बड़े आराम से अपना रास्ता पार कर रहा है।' उन्होंने आगे लिखा-'...मनु के साथ सोना मेरे लिए यज्ञ का अभिन्न भाग है। ऐसा क्यों है, उसकी यहां व्याख्या करने की आवश्यकता नहीं। जब तुम आओगी तब उसके बारे में मैं तुम्हें बताऊंगा। क्योंकि मेरे इस कार्य की वजह से काफी शोर मचा। अपने साथियों को समझाने और उन्हें शांत करने में मेरा काफी समय लग गया। लेकिन चूंकि मैं इस कार्य को यज्ञ का एक अंश मानता हूं। अत: इतना समय निकालने पर मुझे कोई झुंझलाहट नहीं हुई, तुम बिना परेशान हुए अपना काम जारी रखो। अगर तुम केवल इस वजह से आना चाहती हो तो मेरा तर्क होगा कि तुम मत आओ। किशोरलाल भाई अपने आप में मुझे इस चीज से रोकने के लिए काफी होंगे। लेकिन तुम और वजह से भी आना चाहती थी, इसलिए मैं तुम्हें नहीं रोकूंगा। जो भी हो, खुले मन से मुझे लिखना। तुम जो चाहो, मुझसे पूछो।'[19]

महात्मा ने तय कर लिया था कि वह पीछे नहीं हटेंगे। वह जानते थे कि अब पीछे हटने का मतलब है अपनी पराजय मान लेना। पराजय शब्द महात्मा के शब्दकोश में नहीं था। 22 फरवरी को महात्मा ने अपने एक मित्र को लिखा- 'मैं कहता हूं कि मार्ग में पड़े हुए कांटों, पत्थरों और खड्डों से आप डर जाएं, तो इस मार्ग (ब्रह्मचर्य के मार्ग) पर आगे नहीं बढ़ सकते। संभव है कि हम चलते-चलते मार्ग में ठोकर खा जाएं या लड़खड़ा जाएं, हमारे पैरों से खून बहने लगे, हम नष्ट भी हो जाएं। परंतु हम कभी पीछे नहीं लौट सकते।' महात्मा ने आगे लिखा 'यदि मैं इसमें सफल होता हूं, तो दुनिया मेरे इस साहस से समृद्ध होगी। इसके विपरीत यदि मैं दंभी या गलत मार्ग पर लगा हुआ मूर्ख साबित हुआ, तो दुनिया मुझे छोड़ देगी और मेरी कलई खुल जाएगी। दोनों ही सूरतों में दुनिया को तो लाभ ही होगा। यह मेरे लिए इतना ही स्पष्ट है जितना दो और दो का जोड़ चार।'[20]

आचार्य जेबी कृपलानी से महात्मा की पहली मुलाकात शांति निकेतन में हुई थी। उन्होंने महात्मा से कहा था-'अंग्रेजों का आपका अनुभव चाहे जो रहा हो, भारत के अंग्रेज अलग हैं। वे आसानी से हमें स्वराज नहीं देंगे।' जवाब में महात्मा ने कहा था-'आप इतिहास के प्रोफेसर हैं। मैं इतिहास बनाने वाला हूं। इतिहास के अनुकरण में मैं विश्वास नहीं रखता।'[21]

उसके बाद कई मुलाकातें 1917 में चंपारन सत्याग्रह के दौरान हुई थी। महात्मा पहली बार बिहार आए थे। ये वह दिन थे जब आचार्य मुजफ्फर नगर में

रहते थे। वे यहां प्रोफेसर थे। हैदराबाद में डॉ. चोईथराम ने उन्हें इन सिंधी विद्धान के बारे में बताया था जो बिहार में रहकर पूरा बिहारी हो गया था। बातचीत करने में उसे महारत हासिल थी। गंभीर से गंभीर बात भी वह मजाक में कह जाते। वह बहुत कम कड़वा बोलते थे। कड़वा बोलना भी पड़ जाए तो उस पर वह शक्कर की चाशनी चढ़ाना नहीं भूलते। अपने प्रयोग के बारे में महात्मा ने कृपलानी से भी राय ली। कृपलानी तब कांग्रेस अध्यक्ष थे। महात्मा ने उन्हें लिखा- 'यह पत्र नितांत व्यक्तिगत है मगर खानगी नहीं। मेरी पोती मनु गांधी, जिसे हम सगा संबंध मानते हैं, मेरे साथ सोती है बिलकुल मेरी सगी की तरह। लेकिन ऐसा मुझे दैहिक सुख देने के लिए नहीं, बल्कि जो चीज शायद मेरा अंतिम यज्ञ हो सकती है, उसके अंग के रूप में करती है। इसके कारण मेरे कुछ अति प्रिय मित्र-जैसे वल्लभभाई, किशोरलाल, शायद सीआर (चक्रवर्ती राजगोपालाचारी) वगैरह मुझसे विमुख हो गए हैं। इनमें देवदास भी शामिल है। इन लोगों ने मुझे त्याग दिया है। तुम मेरे सबसे प्रिय और पुराने साथियों में से रहे हो। सरदार और किशोरलाल से पुराने तो हो ही। उन लोगों का जो कुछ कहना है उसको ध्यान में रखते हुए तुम्हें अपनी स्थिति पर पुनर्विचार करना चाहिए। शायद सुचेता इसमें तुम्हारी कुछ मदद करे। इस प्रसंग के बारे में उसे कुछ जानकारी है। क्या मैं इतने सारे पुराने साथियों के साथ के योग्य हूं? मैंने इस मामले में अत्याधिक गहराई से विचार किया है। सारी दुनिया मुझे भले ही छोड़ दे लेकिन जिसे मैं सत्य मानता हूं उसे मैं नहीं छोड़ सकता। हो सकता है यह एक भ्रम, एक जाल ही हो। अगर ऐसा है तो इसकी प्रतीति मुझे खुद होनी चाहिए। मैंने पहले भी विनाश का खतरा मोल लिया है। अगर वही होना है तो हो। इस मुद्दे पर मुझे दलील देने की जरूरत नहीं है। बस, अपने विचारों की तीव्रता से तुम्हें अवगत करा दिया। मेरा सुझाव है कि तुम इस पर सरदार और राजाजी से चर्चा करो। फिर निष्कर्ष पर पहुंचकर मुझे सूचित करना। तुम्हें मेरे साथ अपने रिश्ते पर मित्र की तरह ही नहीं बल्कि (कांग्रेस के) अध्यक्ष के रूप में भी सोचना है। बेशक चाहो तो यह पत्र जवाहरलाल और मौलाना को भी दिखा सकते हो। इस मामले में मेरी भावनाओं का कोई खयाल न करो। मेरी कोई भावना है ही नहीं। जो बात मुझे सत्य दिखाई देती है उसे मैं हर कीमत पर करना चाहता हूं।'[22] काजीरखिल के रामगंज डाकघर से 6 दिन में यह खत कृपलानी के पास पहुंच गया।

आचार्य कृपलानी का जवाब 1 मार्च को भेजा। कृपलानी ने लिखा- 'आपने मुझे अपने विश्वास में लिया,यह मुझ पर आपकी बड़ी कृपा और अपार स्नेह को प्रकट करता है।... आपसे निकट संबंध रखने वाले अनेक व्यक्तियों से मैंने इस संबंध में कुछ बातें सुनी थीं। किंतु जब भी कभी इस विषय में मेरे सामने बात निकली, मैंने उसे बंद कर दिया। मैंने उनसे कहा कि मैं न तो इस बारे में कोई बात सुनना चाहता हूं और न इस पर चर्चा करना चाहता हूं।...मेरा दिमाग एक ही

पटरी पर चलने वाला है। मुझे जिस समय जो काम सौंपा जाता है उस समय मैं उसी में अपने आपको सीमित कर लेता हूं। लेकिन अब उस विषय में स्वयं ही आपने मुझे लिखा है, इसलिए मुझे अपनी प्रतिक्रिया आपको बतानी ही चाहिए। ये सब बातें मुझे अपनी समझ से बाहर मालूम होती हैं। इसके सिवा अपने आपको नीति के मार्ग पर बनाए रखने के लिए मेरे पास काफी काम करने को रहता है, इसलिए दूसरे लोगों का-खास करके जो लोग नीति की दृष्टि से और आध्यात्मिक दृष्टि से मुझसे कहीं ज्यादा आगे हैं उनका- काजी बनने के लिए मेरे पास समय ही नहीं रहता। मैं केवल इतना ही कह सकता हूं कि आप में मेरी संपूर्ण श्रद्धा है। जो प्रयोग आप कर रहे हैं, उसे नीति भ्रष्ट मनुष्य नहीं कर सकता। यदि मेरे मन में कोई शंका हो, तो भी आप पर अविश्वास करने के बजाय मैं अपनी आंखों और अपने कानों पर ही अविश्वास करूंगा। क्योंकि आपकी अपेक्षा मेरी इन्द्रियां मुझे धोखा दें, इसकी अधिक संभावना है। इसलिए मैं स्वस्थ और शांत बना रहता हूं। कभी-कभी मुझे लगता है कि... आप मानव प्राणियों को साध्य की अपेक्षा साधन के रूप में ही उपयोग करते होंगे। लेकिन तब मैं यह सोचकर सांत्वना ग्रहण करता हूं कि यह खयाल आपके दिमाग से बाहर नहीं हो सकता और वह यह कि यदि आपको अपने आप में विश्वास हो तो उनको कोई हानि नहीं पहुंच सकती। तब यह जानते हुए कि आप गीता के महान अभ्यासी हैं, मेरे मन में यह प्रश्न उठता है कि आप ऐसा करके गीता में बुद्धिमत्तापूर्वक प्रतिपादित लोक संग्रह के सिद्धांत को तो भंग नहीं करते। लेकिन मेरा विश्वास यह है कि यह विचार भी आपके इस प्रयोग में आपके ध्यान के बाहर नहीं रहा होगा। मैंने अपने जीवन को, जैसा भी वह है, आपसे दूर रहकर ढाला है। आपसे मेरे संबंध हमेशा राजनीतिक स्वरूप के रहे हैं। मैंने अपने व्यक्तिगत जीवन के बारे में आपसे कभी सलाह-मशविरा नहीं किया है। फिर भी आपने मेरे जीवन को, मेरे कल्याण के लिए, प्रबल रूप से प्रभावित किया है। जो सिद्धान्त मैंने आपसे सीखे हैं, उनके अनुसार मैं जीवन में चल नहीं सकता। परंतु बौद्धिक दृष्टि से मेरी यह प्रतीति हो गई है कि उसी मार्ग पर चलने से मानव जाति का उद्धार समाया हुआ है। इसलिए मैं दूसरों के लिए आपके विचारों की अधिक आधुनिक और सुबोध भाषा में व्याख्या करने वाला एक नम्र भाष्यकार ही रहा हूं। आज मेरे जीवन की एकमात्र महत्त्वाकांक्षा यह है कि मैं आपके विचारों का ऐसा भाष्यकार ही बना रहूं...। मेरा विश्वास है कि जब तक आप में मुझे पागलपन और विकृति के लक्षण दिखाई नहीं देते, तब तक आपके विषय में मेरा भ्रम कभी दूर नहीं होगा। लेकिन ऐसे कोई लक्षण आप में मुझे दिखाई नहीं देते। मैं जानता हूं कि स्त्रियों के बारे में आपका जो रुख है, वही एकमात्र सच्चा रुख है। क्योंकि आप उन लोगों में से हैं, जो स्त्री को अपने आप में एक साध्य मानते हैं न कि केवल एक साधन। आपने कभी स्त्री का शोषण नहीं किया-उसका दुरुपयोग नहीं किया है...।'[23]

श्री कृपलानी का पत्र पढ़कर महात्मा ने अपनी आंखें बंद कर लीं। उनकी आंख भर आई थी। आचार्य का लहजा कभी ऐसा नहीं रहा था। लेकिन इस प्रयोग ने आचार्य को भी उनसे थोड़ा दूर कर दिया था। आचार्य के विचारों की तीव्रता उनके विचारों की गति से कहीं तेज थी। आदर और सम्मान का लबादा ओढ़े उनके इस पत्र की भाषा सख्त थी। जैसे मीठी चाशनी में लिपटी कोई कड़वी दवा हो। ''क्या यह प्रयोग 'पागलपन' और 'विकृति' के लक्षणों की गुंजाइश रखता है।'' क्या इस प्रयोग में सचमुच कोई विकृति आ गई है? नहीं, यह नहीं हो सकता। कभी नहीं। कृपलानी मुझ पर ऐसी शंका नहीं कर सकते।

उन्हें एक मित्र की बात याद आ गई। 'आप महात्मा हैं लेकिन दूसरे व्यक्तियों का क्या? क्या संतों के जीवन में ऐसा नही हुआ? उनके जीवन में ऐसे प्रलोभन आए या लाए गए।' एक मित्र ने तर्क दिया था यह प्राचीन काल की चालाकी है। शैतान और कभी-कभी ईर्ष्यालु देवता भगवान के भक्तों का चित्त कलुषित बनाकर उन्हें तप से भ्रष्ट कर देते हैं। प्रलोभन से ही विश्वामित्र का यज्ञ भंग हुआ था।

तो क्या इस यज्ञ में मनु वह 'महान प्रलोभन' है?

'नहीं! मनु प्रलोभन कैसे हो सकती है? उसे तो इस प्रयोग में खुद मैंने ही हिस्सेदार बनाया है। वह बेचारी तो सच में अबोध थी। मैंने ही उसकी परीक्षा लेनी चाही है। अगर कोई दोषी है तो वह सिर्फ मैं हो सकता हूं। मनु पर यह आरोप अन्यायपूर्ण ही नहीं असत्य भी है।' कृपलानी का पत्र सिरहाने रखकर महात्मा नींद की आगोश में चले गए। इन बुद्धिजीवियों के बीच चल रहे विवाद में घिरी मनु एक अजीबोगरीब यातना झेल रही थी। लेकिन मुश्किल यह थी कि यह सब खुद उसने अपने लिए चुना था। लेकिन महात्मा मनु के लिए परेशान थे। उन्होंने लिखा-'मैं मनु की मानसिक हालत से चिंतित हूं। यह सब मेरे लिए सजा की तरह है। सत्य की विजय हो, मेरी यही कामना है।'[24]

लेकिन यज्ञ नहीं रुका

मनु का प्रलोभन उन्हें मुक्त नहीं कर पा रहा था। और मनु महात्मा के प्रलोभन से मुक्त नहीं हो पा रही थी। इतनी आलोचनाओं में घिरने के बावजूद 19 साल की मनु सभी वर्जनाओं से मुक्त थी। वह जैसे किसी गहरी नींद में थी। 18 फरवरी को महात्मा ने मनु की डायरी में लिखा-'अब तुम पूरी तरह जागृत हो जाओ।' लेकिन एक महात्मा का सान्निध्य उसे हर पल रोमांचित कर रहा था। सायंकालीन प्रार्थना के बाद महात्मा को एक गरीब मुस्लिम वृद्ध से मिलने दकातिया नदी के उस पार जाना था। वह इतना वृद्ध था कि महात्मा के पास खुद नहीं आ सकता था। महात्मा और मनु नाव पर बैठे। और थोड़ी देर का यह सफर मनु के लिए यादगार सफर बन गया। मनु ने लिखा-'घनी हरियाली के बीच से सुंदर नदी बह

रही थी। आकाश स्वच्छ था। न बहुत धूप थी न बहुत ठंड। नाव में पांच-सात मिनट का रास्ता था। इन पांच-सात मिनटों में बापूजी मेरी गोद में सिर रखकर आंखें बंद करके लेट गए और उन्होंने एक नींद ले ली। ऊपर आकाश नीचे पानी।' मनु ने लिखा-'इस कुदरती दृश्य के बीच संसार का यह महापुरुष मेरी गोद में सो रहा था और नाव वाला नाव चला रहा था। मेरा हाथ बापू जी के माथे पर था। मेरे जीवन के ये क्षण धन्य हो गए।'[25]

अगले दिन महाशिवरात्रि थी। महात्मा बिरामपुर पहुंचे। यह मछुआरों का गांव था। कभी मेघना नदी इस गांव से होकर गुजरती थी। लेकिन नदी ने गांव का साथ छोड़ दिया। वह छह मील दूर चली गई लेकिन मछुआरे गांव नहीं छोड़ पाए। दंगे ने इन मछुआरों को और दरिद्र कर दिया था। महात्मा ने एक मछुआरे की झोपड़ी में अपना ठिकाना बनाया। आज 19 फरवरी थी। तीन वर्ष पूर्व इसी दिन और शाम के सात बजकर पैंतीस मिनट पर बा ने शरीर-त्याग किया था। मनु ने प्रस्ताव रखा कि शाम ठीक इसी समय अगर गीता पाठ शुरू करें तो कैसा रहे? महात्मा को भी सुझाव उचित लगा।

शाम को बा की तसवीर पर फूल-माला चढ़ाकर पाठ शुरू हुआ। पाठ अकेले मनु कर रही थी। इस यज्ञ में आसपास के कुछ लोग भी शरीक हुए। लेकिन गीता के छठे अध्याय के बाद महात्मा की आंखें बंद होने लगीं। उन्हें नींद आ रही थी। उन्हें झपकी आ गई। उन्हें ऐसा लगा मानो बा का सिर उनकी गोद में पड़ा है। जैसे कल नाव में उनका सिर मनु की गोद में पड़ा था।

उस रात जबरदस्त ठंड थी। उस जर्जर झोपड़ी में फरवरी की इन ठंडी हवाओं को रोक पाने का कोई इंतजाम नहीं था। महात्मा और मनु के अलावा उस झोपड़ी में और कोई नहीं था। मनु ने अपनी डायरी में लिखा-'रात साढ़े बारह बजे उन्होंने मुझसे कहा-मेरे पांव के तलवे बहुत ठंडे हो गए हैं। मैंने देखा कि उनके हाथ और पैर एकदम ठंडे पड़ गए हैं। ऐसा लगा बापू कांप रहे हैं। घासलेट बचाने के लिए रात में बापू जी लालटेन बुझवा देते थे। इसलिए अमावस्या जैसी घोर अंधेरी रात थी। चारों ओर सन्नाटा छाया था। नारियल और सुपारी के वृक्षों की सांय-सांय की आवाज बड़ी भयानक लग रही थी। वे ही अकेले इसके साक्षी थे कि लोगों में मानवता पैदा करने के लिए यह तपस्वी कैसा कठोर तप कर रहा है। छप्पर के छेदों में से घुसने वाली हवा और ठंड को मैं रोकूं भी तो कैसे? इस कोठरी में मैं और बापू दो ही थे। मन में कितने ही विचार आ गए। सोचा साथ में गर्म पानी की थैली तो है ही लेकिन पानी कहां गरम किया जाए? किसी को उठाना तो संभव ही नहीं था। बापू जी का डर भी था। जो लालटेन भी नहीं जलाने देते वे प्राइमस के लिए घासलेट देने ही क्यों लगे? इसलिए सभी विचार व्यर्थ थे। जितना ओढ़ने को था सब बापू जी को ओढ़ा दिया। सिर पर भी ओढ़ा दिया और हाथों

में जितना जोर था उतना उनका शरीर दबाया। तब कहीं आधे घंटे में बापू जी को खूब राहत मिली और वे सो गए।'[26]

एकला चलो रे, नवजीवन ट्रस्ट 1957 के इस संस्करण में इसके आगे की दो लाइनें संपादित कर दी गईं। जिसे प्यारेलाल ने अपनी पुस्तक पूर्णाहुति में पूरी की हैं। इसके आगे मनु ने लिखा था- 'मुझे भी नहीं मालूम कब झपकी लग गई। और इस तरह हम दोनों प्रार्थना के समय तक एक-दूसरे की ऊष्मा में आराम से सोते रहे।'[27]

महात्मा को सर्दी से बचाने के लिए मनु को अपने शरीर की 'ऊष्मा' देनी पड़ी थी। प्यारेलाल ने लिखा-'यहां एक विशिष्ट स्थिति खड़ी हो गई थी। इन हालात में एक-दूसरे से सटकर दोनों का सोना क्या गलत था? गांधीजी के कुछ मित्रों का मत था कि ब्रह्मचर्य के आदर्श की दृष्टि से यह गलत था।'

ठक्कर बापा। उनका असली नाम अमृतलाल था लेकिन इस नाम से उन्हें बहुत कम लोग जानते थे। उम्र में वह बापू से केवल दो महीने छोटे थे। पर कद-काठी और वक्त के संघर्ष ने उन्हें बापू से अधिक बूढ़ा बना दिया था। आजादी के इतिहास में ठक्कर बापा अकेले ऐसे आदमी थे जिनका बापू पर हुक्म चलता था। ईसाई के रूप में महात्मा ने अगर हॉरेस एलेक्जेंडर को आत्मा का प्रहरी बनाया था तो हिंदू प्रतिनिधि के रूप में यह दर्जा लोहाणा जाति के ठक्कर बापा को मिला था। क्षत्रिय कुल की यह जाति पंजाब से निकलकर गुजरात के सीमांत प्रांत में बस गई थी। अमृतलाल जब 12 साल के थे तो उनका विवाह हो गया। एक संतान हुई लेकिन 5-6 साल से अधिक जीवित नहीं रह सकी। पूना से उन्होंने इंजीनियरिंग की डिग्री ली। पत्नी जीवकौर हिस्टीरिया की मरीज थी। इस रोग ने बढ़कर क्षय रोग का रूप ले लिया। और 39 साल की उम्र में वह विधुर हो गए। उनके पिता ने राजकोट के गणात्रा कुल की 16 वर्षीय कन्या दिवाली से उनका दूसरा विवाह करा दिया। लेकिन दांपत्य सुख बापा की किस्मत में नहीं था। दो साल में उनकी दूसरी पत्नी भी चल बसी। पिता तीसरे विवाह के फेर में थे लेकिन तब तक बापा समाज सेवा से शादी कर चुके थे। हरिजन सेवक संघ के माध्यम से बापा बापू से जुड़े और उन्हीं के हो गए।

महात्मा ने जब नोआखली जाने का ऐलान किया तो बापा भी उनके साथ हो लिए। शरीर जर्जर था और आंखें जवाब दे चुकी थीं लेकिन बापा नहीं माने। मनु, सुशीला, सुशीला पै और आभा जैसी जवान लड़कियों की टोली में दूसरा बूढ़ा भी शामिल हो गया। बापा को सबसे ज्यादा चिंता इन जवान लड़कियों की ही थी। बापू ने इन लड़कियों को भी विभिन्न स्थानों पर अकेली तैनात कर दिया था। नोआखली के इस खराब दंगाई माहौल में इन लड़कियों के साथ कोई भी दुर्घटना हो सकती थी। बापा ने महात्मा को समझाया था। पर महात्मा नहीं माने। वह इन लड़कियों

को हर ढंग से आत्मनिर्भर बनाना चाहते थे। लेकिन बापा का सहज मन इससे राजी नहीं हो पा रहा था।

नोआखली में ठक्कर बापा ने अपने लिए हरिजन आबादी का चक क्षेत्र चुना। इस क्षेत्र में टुकु मियां नाम के गुंडे का आतंक था। एक प्रार्थना सभा में बापा ने टुकु मियां के खिलाफ बातें कहीं। जवाब में टुकु मियां ने बापा को चेतावनी भेजी कि 'बहुत बकवास कर रहा है, मैं इस बुड्ढे का सिर धड़ से अलग कर दूंगा।' बापा ने कहला भेजा-'बुड्ढ़ा यहां अकेला और निहत्था है। टुकु मियां, जब चाहे आ जाए।' लेकिन टुकु नहीं आया। लेकिन नोआखली के सख्त जीवन ने इस बहादुर बूढ़े की सेहत खराब कर दी। दिल का दौरा पड़ा। सेहत कुछ सुधरी तो वह दिल्ली आ गए।

महात्मा के प्रयोग की खबरें विकृत होकर दिल्ली पहुंच चुकी थीं। महात्मा के कुछ मित्रों ने बापा से मुलाकात की। उनसे कहा कि अब केवल वही महात्मा के इस आत्मघाती प्रयोग को रोक सकते हैं। बापा से फौरन नोआखाली लौटने की सिफारिश की गई। बापा को महात्मा की चिंता थी। हालांकि इस बारे में दोनों में पत्र-व्यवहार हो चुका था। लेकिन बापा उससे संतुष्ट नहीं थे। उन्हें पता चला कि महात्मा इन दिनों हैमचर में है। बापा ने तय किया कि वह हैमचर जाएंगे। सोसाइटी के अध्यक्ष हृदयनाथ कुंजरु ने उन्हें रोकना चाहा। कहा-'आपका स्वास्थ्य ठीक नहीं। दोबारा नोआखली जाने की जिद न करें। पर बापा नहीं माने। वह हैमचर पहुंच गए। औपचारिक बातचीत के बाद बापा सीधा मतलब की बात पर आ गए। उनका पहला सवाल था- 'नोआखली में यह प्रयोग किसलिए?'

महात्मा ने उन्हें याद दिलाते हुए जवाब दिया-'आप भूलते हैं, बापा। यह प्रयोग नहीं है, परंतु मेरे यज्ञ का अविभाज्य अंग है। मनुष्य प्रयोगों को छोड़ सकता है, परंतु अपने यज्ञ को नहीं छोड़ सकता। किसी वस्तु को अगर मैं अपने यज्ञ का अंग मानता होऊं, तो जनमत के सर्वथा मेरे विरुद्ध होने पर भी मैं उसे छोडूंगा नहीं। मैं इस समय आत्मशुद्धि के कार्य में लगा हुआ हूं। पांच महाव्रत मेरी आध्यात्मिक साधना के पांच स्तंभ हैं। ब्रह्मचर्य उन्हीं में से एक महाव्रत है। किंतु पांच महाव्रतों को मिला कर एक अखंड और अविभाज्य घटक बनता है। यह सब व्रत एक-दूसरे से घनिष्ठ संबंध रखते हैं अथवा अन्योन्याश्रयी हैं। इनमें से एक भी व्रत टूटे तो दूसरे सब टूट जाते हैं। इसलिए यदि लोकलज्जा के कारण ब्रह्मचर्य के मामले में पीछे हटूं, तो व्यवहार में मैं केवल ब्रह्मचर्य का ही भंग नहीं करूंगा, बल्कि सत्य और अहिंसा तथा दूसरे महाव्रतों का भी भंग करूंगा। दूसरे व्रतों के विषय में मैं विचार और आचार में कोई भेद नहीं रखता। इसलिए परिस्थितियों के वश होकर यदि मैं ब्रह्मचर्य के विषय में पीछे हट जाऊं, तो इससे मेरे ब्रह्मचर्य को कलंक लगेगा। इतना ही नहीं इससे सत्य की मेरी साधना भी दूषित होगी। मैं नोआखली आया तभी से अपने से सदा यह प्रश्न पूछता रहता हूं-'मेरी अहिंसा काम क्यों नहीं करती?

इसका जादू लोगों पर अपना असर क्यों नहीं डालता? कहीं ऐसा तो नहीं हो कि ब्रह्मचर्य के विषय में परिस्थितिवश मैंने जो शिथिलता दिखाई हो उसका यह परिणाम हो?'

बापा बोले-'आपकी अहिंसा असफल नहीं रही है।...आप न आए होते तो नोआखली की क्या स्थिति होती, इसे जरा सोचिए। लेकिन दुनिया ब्रह्मचर्य के बारे में आपकी तरह विचार नहीं करती।'

महात्मा ने कहा-'यदि मैं आपके तर्क को मान लूं, तो इसका मतलब यह होगा कि जिस वस्तु को मैं अपने लिए सत्य और उचित मानता हूं, उसे दुनिया की नाराजगी के डर से छोड़ दूं। यह सोचते ही मैं कांप उठता हूं कि यदि मैंने जीवन में इसी तरह काम किया होता तो आज मैं कहां होता। मैं किसी गहरे खड्डे की तह में जा पहुंचा होता। बापा, आपको इसकी कल्पना नहीं आ सकती, लेकिन मैं उस स्थिति का चित्र अपने मन में खड़ा कर सकता हूं। मैंने अपने वर्तमान साहस को यज्ञ कहा है-एक तप कहा है। इसका अर्थ है सर्वोत्कृष्ट आत्मशुद्धि। जब तक अपने मन में रही बातों को मैं आचरण में उतारने की हिम्मत न करूं, तब तक मेरी ऐसी आत्मशुद्धि कैसे हो सकती है? जिसे कोई मनुष्य अपनी संपूर्ण आत्मा से अपना कर्तव्य मानता है, उसके लिए क्या उसे किसी के समर्थन या अनुमति की आवश्यकता होती है? इस परिस्थिति में मित्रों के लिए केवल दो ही मार्ग खुले हैं : एक या तो उन्हें मुझमें, मेरे उद्देश्य की शुद्धता में और मेरी प्रामाणिकता में शुद्धता रखनी चाहिए—भले ही वे मेरे तर्क को समझ न सकें या उसके साथ सहमत न हो पाएं। दो, अथवा उन्हें मेरा साथ छोड़ देना चाहिए। बीच का कोई मार्ग है ही नहीं। जब मैंने सत्य के संपूर्ण आचरण का यज्ञ आरंभ किया है, तब मैं अपने विश्वास के तर्कशुद्ध फलितार्थ को व्यवहार का रूप देने से बच ही नहीं सकता। और न मुझे अपने विश्वास को अपने भीतर छिपाना चाहिए या अपने मन में ही रखना चाहिए। ऐसा करना मेरे मित्रों के प्रति बेवफाई होगी। इसलिए 'क' 'ख' या 'ग' अपनी पसंद के मार्ग पर चल सकते हैं, परंतु मैं इस कसौटी से कैसे भाग सकता हूं? मैंने तो अपने मन में ही निश्चय कर लिया है। ईश्वर के जिस एकाकी निर्जन मार्ग पर मैं चल पड़ा हूं, उसमें मुझे दुनियावी साथियों की जरूरत नहीं है। इसलिए यदि मैं सचमुच वैसा पाखंडी हूं जैसी की वह कल्पना करते हैं, भले ही वह स्पष्ट शब्दों में ऐसा न कहते हों तो उन्हें मेरी भर्त्सना करनी चाहिए। इससे उन करोड़ों लोगों का भ्रम दूर हो जाएगा, जो मुझे महात्मा मानने का आग्रह रखते हैं। मुझे स्वीकार करना चाहिए कि इस तरह मेरी कलई खुल जाए, तो वह मुझे बहुत पसंद होगा। मेरे पास हजारों हिंदू और मुस्लिम स्त्रियां आती हैं। मेरे मन में वे मेरी अपनी माताएं, बहनें और पुत्रियां हैं। लेकिन किसी समय उनमें से किसी के साथ एक ही बिस्तर पर सोना जरूरी हो जाए तो मुझे संकोच नहीं करना चाहिए, यदि मैं सचमुच वैसा ही

ब्रह्मचारी होऊं जैसा होने का मैं अपने लिए दावा करता हूं। यदि मैं इस कसौटी से भागूं, तो आप मान लेना कि मैं कायर और पाखंडी हूं।'

बापा ने लंबी सांस ली। बोले-'लेकिन अगर लोग आपके उदाहरण का अनुकरण करें तो क्या होगा? 'यदि मेरे उदाहरण का अंधानुकरण किया जाए अथवा अविवेकी बनकर कोई इसका दुरुपयोग करे, तो समाज न तो उसे सहन करेगा और न उसे सहन करना चाहिए। परंतु अगर ईमानदारी से सच्चा प्रयत्न किया जाए, तो समाज को उसका स्वागत करना चाहिए। उससे समाज को लाभ ही होगा। ज्यों ही मेरा अनुसंधान पूर्ण हो जाएगा, मैं स्वयं उसके परिणामों की घोषणा सारी दुनिया के सामने कर दूंगा।'

बापा हार गए। बोले-'मैं स्वयं तो आप में किसी मलीनता की कल्पना ही नहीं कर सकता। आखिर तो मनु आपके लिए पोती के स्थान पर है-आपका ही रक्त-मांस है। मुझे स्वीकार करना चाहिए कि शुरू में मेरे मन में कुछ शंका और भ्रम था। मैं संपूर्ण नम्रता से अपने मन की शंकाएं आपके सामने रखने आया था। मैं आपके प्रयोग को समझ नहीं पाता था। आज हमारे बीच चर्चा के बाद आप जो कुछ भी करने का प्रयत्न कर रहे हैं, उसके अर्थ को मैं अधिक गहराई से समझ सकता हूं।'

'इससे कोई वास्तविक फर्क पड़ता है? नहीं पड़ता, पड़ना भी नहीं चाहिए। आप मनु और उसकी जैसी दूसरी स्त्रियों के बीच भेद करते मालूम होते हैं। मेरा मन ऐसा कोई भेद नहीं करता। मेरी दृष्टि में वह सब समान हैं-मेरी पुत्रियां हैं।'[28]

हैमचर में ठक्कर बापा छह दिन रहे। वह महात्मा को समझ सकते थे। वह जानते थे कि यह महात्मा हमेशा से जिद्दी रहे हैं। तर्कों की उनके पास कमी नहीं। अपनी बात को मजबूती से रखने और उस बात से दूसरे सामने वाले व्यक्ति को संतुष्ट करने में उसका कोई जवाब नहीं। महात्मा के पास शायद इस गुण का ईश्वरीय वरदान था। फिर भी बापा ने महात्मा को समझाया कि कुछ दिनों के लिए वह यह प्रयोग टाल दें।

ठक्कर बापा अपनी कुटिया में लेटे थे। तभी मनु आ गई। वह बापा के पास बैठ गई। प्रयोग पर मनु से भी बात हुई। मनु ने बापा को कुछ पत्र पढ़कर सुनाए। बापा उसके सिर पर हाथ फेरते हुए बोले- 'तू चिंता मत कर। मैंने रोज तुम दोनों को निर्दोष और गहरी नींद में सोते देखा है। तेरी एकाग्र व कर्तव्य निष्ठा देखी है। सब ठीक हो जाएगा।... कुछ बातें रू-ब-रू मिलने से जितनी समझ में आती हैं उतनी पत्रों से समझ में नहीं आतीं। बापू जी के साथ जो बातें आज कीं उनके अनुभव से यह कहता हूं। पत्र-व्यवहार से कितनी ही गलतफहमी बढ़ जाती है। आज बापू जी के साथ हुई आध घंटे की बात से और तुम्हारे यहां के निवास से जो कुछ प्रत्यक्ष देख रहा हूं, उस पर से मेरा मन हल्का हो गया है। बापू को कभी-कभी पत्र-व्यवहार से समझना बड़ा कठिन हो जाता है।'[29]

बापा के पास से मनु आई तब तक महात्मा सो चुके थे। मनु भी वहीं सो गई। अगले दिन मनु ने खुद इस बारे में महात्मा से बात की। रात की सारी बात उन्हें बताई जो बापा के साथ हुई थी। वह बोली 'अगर आप सहमत हों तो बापा की बात मान ली जाएं।'

'कौन-सी बात?' बापू बोले।

'आपका प्रयोग स्थगित करने की बापा की विनती स्वीकार करने में मुझे कोई हर्ज नहीं मालूम देता।'

महात्मा खामोश हो गए। विचार में डूब गए। उनकी खामोशी देखकर मनु ने आगे बात जारी रखी-'मानसिक दृष्टि से मैं आपके साथ एकरूप हूं। मैं कुछ त्यागती नहीं हूं, तिल भर भी उत्सर्ग नहीं करती। जो लोग आपका दृष्टिकोण समझ नहीं सकते और जिन्हें नए विचार ग्रहण करने में समय लग सकता है, उनकी भावनाओं को ध्यान में रखकर ही ऐसा किया जा रहा है।' महात्मा इस प्रस्ताव से सहमत थे। बापा से बात करने के बाद वह खुद इस बारे में सोच रहे थे। लेकिन यह प्रस्ताव तो खुद उनकी तरफ से आना चाहिए था। महात्मा ने मनु के चेहरे पर झलकती बेचारगी और अस्पष्टता का भाव देखा। महात्मा सोचने लगे 'आखिर मनु एक अनुभवहीन लड़की ही तो है।' महात्मा ने अपना प्रयोग स्थगित कर दिया।

सुबह प्रार्थना अपने समय से हुई। प्रार्थना के बाद उनके मिशन में शामिल 'जेड' महात्मा से कुछ बात करना चाहती थी। वह महात्मा से नाराज थी। लेकिन महात्मा ने उस समय कोई बात करने से इंकार कर दिया। वह बंगला पाठ कर रहे थे। पाठ के बाद घूमते हुए दोनों में बातें हुई। महात्मा ने कहा '...तुम इस समय बिलकुल बदल गई हो और झूठ बोल रही हो। इस पर उसका गुस्सा सातवें आसमान पर पहुंच गया। वह महात्मा पर बरस उठी। महात्मा बोले-'इस की कोई परवाह नहीं। जो सच मालूम हो वह मैं न कहूं तो कौन कहेगा? सच बात कहने का मेरा धर्म हो जाता है।'

24 फरवरी से 2 मार्च, 1947 तक हैमचर में रहने के बाद महात्मा को हैमचर से चांदपुर के लिए निकलना था। जाने से पहले मनु बापा से आशीर्वाद लेने पहुंची। बापा प्यार से बोले-'तुम बापू जी की जिस ढंग से सेवा कर रही हो, उससे मैं बड़ा प्रसन्न हूं। तुमने बड़ा पुण्य कार्य किया है। ईश्वर तुम्हें सुखी रखे।' फिर बापा ने मनु को बताया कि उसके दादा अमृतलाल कैसे अच्छे इंसान थे। नवी बंदर में वे साथ रहे। तब जयसुखलाल बहुत छोटा था। फिर बापा महात्मा से मिलने गए। विदा होते वक्त दोनों बूढ़े भावुक हो गए थे।

महात्मा और उनकी टोली चांदपुर तक जीप से पहुंचे। यहां से आगे गोआलंदो स्टीमर से जाना था। स्टीमर पर बैठने के साथ महात्मा का मौनवार शुरू हो गया। बापा से बात करने के बाद महात्मा खुद को काफी हल्का महसूस कर रहे थे। जैसे एक

बड़ा बोझ उनके सिर से उतर गया हो। रात करीब साढ़े ग्यारह बजे मनु महात्मा की सेवा में लगी थी। सिर पर तेल लगाया। पैर दबाए। मनु बापा के बारे में कुछ बोली तो महात्मा ने खूब जोर से मनु की पीठ पर धप लगाई। महात्मा का अपनी खुशी जाहिर करने का यही अंदाज था। ऐसा बहुत दिनों बाद हुआ था। खामोश महात्मा ने सोने से पहले एक चिट्ठी मनु के हाथ में थमा दी। उसमें लिखा था–'हैमचर में बापा तुम पर बड़े खुश हुए। परंतु संतोष की बात यह हुई कि हफ्ते भर उनके साथ रहने से मैं बापा को काफी समझ सका और उन्होंने अपनी कुछ मान्यताएं छोड़ दीं। वे तो महात्यागी हैं। अति नम्र मनुष्य हैं। तुमने देखा कि उन्होंने इतने दिनों में केवल एक ही दिन मेरा थोड़ा-सा समय लिया।'[30]

बंगाल के हिंसा प्रभावित इलाकों में फौरी तौर पर शांति स्थापित हो चली थी। लेकिन तब तक बिहार भड़क चुका था। बिहार की अच्छी खासी हिंदू आबादी कलकत्ता रोजी-रोटी की तलाश में गई थी। कलकत्ते के दंगे में पहला निशाना यही गरीब बिहारी बने। बिहार में खबर फैली की कलकत्ते में मुसलमान बिहारियों को चुन-चुन के मार रहे हैं। नतीजतन बिहारियों ने कत्लेआम शुरू कर दिया। बिहार में मुसलमानों के घर चुन-चुन कर फूंके जाने लगे। यह सिलसिला जिन्ना की सीधी कार्रवाई के दिन से ही शुरू हो गया था। कलकत्ते में कत्लेआम की खबर के अगले दिन बिहार में कत्लेआम की नई खबर छप जाती। कुल जमा बात यह कि जो काली करतूतें बंगाल में मुसलमानों ने की वैसी ही काली करतूतें बिहार में हिंदुओं ने। महात्मा पर लगातार यह आरोप लग रहे थे नोआखली में हिंदुओं को बचाने के लिए महात्मा बंगाल में घूम रहे हैं। वह बिहार क्यों नहीं जाते जहां मुसलमान मारे जा रहे हैं। यह प्रतिरोध धीरे-धीरे आक्रामक होता जा रहा था। महात्मा के पास ऐसे पत्र आते जिसमें उन्हें 'बेईमान' और 'धोखेबाज' तक कहा जाता। जले-कटे बैठे बंगाल के मुख्यमंत्री शहीद सुहरावर्दी ने किसी अखबारी बयान में महात्मा की अंतरात्मा की आवाज पर तीखी टिप्पणी की। इस टिप्पणी ने महात्मा को आहत किया। महात्मा ने सुहरावर्दी को लिखा–'मेरा विश्वास है कि सारी मानव जाति के भीतर अंतरात्मा की आवाज होती है। परंतु अधिकांश लोगों की यह आवाज बाहरी शोरगुल के कारण उन्हें सुनाई नहीं पड़ती। जब मेरी अंतरात्मा की आवाज कहेगी तब मैं अन्य किसी प्रेरणा के बिना ही बिहार पहुंच जाऊंगा।'[31]

'रिफ्लेक्शंस ऑफ द बिहारी ट्रेजडी' के लेखक और मशहूर लीगी विद्वान सैयद अब्दुल अजीज ने लिखा-गांधीजी नोआखली में अपना निवास-काल अनिश्चित रूप से क्यों लंबा कर रहे हैं। और रोज अधिक-से-अधिक 2-3 मील की ही हास्यास्पद यात्रा वे क्यों करते हैं। इस सवाल का जवाब देना आसान नहीं है।

लेकिन महात्मा के लिए किसी सवाल का जवाब देना कठिन नहीं था। उन्हें पता रहता था कि कब क्या करना है। महात्मा ने बिहार के एक मंत्री डॉ. सैयद

महमूद से बिहार की रपट मांगी थी। डॉ. महमूद ने रपट के बजाय एक भावुक और तकलीफ भरी चिट्ठी उन्हें भेज दी। इस पत्र से उन्हें पता लगा कि हालत सच में बिगड़ चुके हैं। और तब महात्मा ने बिहार की तरफ रुख करने का अंतिम फैसला कर लिया। महात्मा ने अपने खास अंदाज में बिहार के मुख्यमंत्री के नाम एक तार टाइप कराया जिसमें पूछा गया था– 'क्या मैं बिहार के लिए रवाना हो सकता हूं!'

महात्मा ने बिहार में पहले काफी काम किया था। चंपारन सत्याग्रह ने मोहनदास कर्मचंद गांधी को बापू बनाया था। चंपारन की कामयाबी ने दक्षिण अफ्रीका से लौटे गांधीजी को पूरे हिंदुस्तान में मशहूर कर दिया था। उन्हें लगता था कि बिहार के लोग उनकी बात सुनेंगे। बंगाल से विदा लेते वक्त महात्मा ने चांदपुर जिले में लोगों को नसीहत दी वे लोग इकबाल के गीत को सच कर दिखाएं— 'मजहब नहीं सिखाता आपस में बैर करना। हिंदी हैं हम वतन है हिंदोस्तां हमारा।'

पाखंड नहीं है मेरा ब्रह्मचर्य

कलकत्ता से पटना जाने वाली रेल में महात्मा के साथ मनु और प्रो. निर्मल कुमार बोस के अलावा मृदुला बहन, शैलेन और हमीद हुनर, देव प्रकाश अय्यर जैसे कुछ समर्पित कार्यकर्ता थे। रेल में महात्मा के सामने जवाहरलाल नेहरू और डॉ. राजेंद्र प्रसाद का चेहरा घूम रहा था। रेल में बैठने से पहले उनकी अकेले में सुहरावर्दी से बात हुई थी। महात्मा ने उनसे कहा था कि बिहार की हालत उतनी अच्छी नहीं जितनी की उन्हें बताई गई थी। शातिर सुहरावर्दी ने मौके का फायदा उठाकर उनसे कहा पंडित नेहरू और डॉक्टर प्रसाद ने आपके साथ धोखा किया है। महात्मा को सीधी चोट लगी थी।

महात्मा आगे की सोच रहे थे। पटना स्टेशन पर तय था कि भीड़ महात्मा के स्वागत में जमीन–आसमान एक कर देगी। इसलिए महात्मा पटना स्टेशन से ग्यारह मील पहले एक छोटे से फतवा स्टेशन पर ही उतर गए। दो स्टेशन पहले उतरने का कार्यक्रम गोपनीय रखा गया था। लेकिन प्रेस फोटोग्राफर महात्मा की तसवीरें कैमरे में कैद करने के लिए पहले से यहां मौजूद थे। सबने उन्हें घेर लिया। महात्मा ने कहा 'भगवान भी इनसे नहीं जीत सकता।' स्टेशन पर एकत्र भीड़ में उन्हें पुराने साथी सैयद महमूद और प्रो. अब्दुल बारी नजर आए। महात्मा ने उन्हें देखकर विनोद में कहा- 'तो आप लोग अभी जिंदा हैं?'

महात्मा डॉ. सैयद महमूद के बंगले पर रुके। यहां प्रभावती पहले से मौजूद थीं। महात्मा आराम के लिए लेटे तो प्रभा ने उनके पैरों पर घी मला। प्रभा ने मनु की ओर देखते हुए कहा कि 'तुम्हें कोई कुछ भी कहे तुम बापू जी का साथ न छोड़ना।' यहां प्रेस वालों ने मनु से निवेदन किया कि वह बापू से कहकर उनके रहने का कोई इंतजाम करा दें। लेकिन महात्मा ने मना कर दिया। वे बोले–'मुझे

अखबार वालों और फोटोग्राफरों से कोई काम नहीं। ये लोग मुझसे दूर चले जाएं तो मैं अपने पर ईश्वर की बड़ी कृपा मानूंगा।'

शाम सात बजे बांकीपुर मैदान में प्रार्थना सभा थी। सैकड़ों लोगों की भीड़ महात्मा जिंदाबाद के नारे लगा रही थी। लोग महात्मा के पांव छूने के लिए पागल थे। एक छोटी सी लड़की ने महात्मा का प्रिय गीत 'ईश्वर अल्लाह तेरे नाम सबको सन्मति दे भगवान' गाया। मुसलमानों पर हुए अत्याचार और उनके कत्लेआम से आहत महात्मा ने कहा-'बिहार ने हिंदुस्तान का नाम डुबो दिया।' एक लंबे भाषण के बाद महात्मा ने कहा जो जितना बड़ा अपराधी होगा वह उतना ही बड़ा संत बनेगा। यह एक अंग्रेजी कहावत है। इसलिए 'अब आगे बिहार सच्चे मन से प्रायश्चित करेगा तो उसका नाम पहले से भी ज्यादा उज्ज्वल होगा।'

प्रार्थना सभा के बाद मंच से महात्मा नीचे उतरे। वह पैदल ही वापस लौटे। उनका एक हाथ मनु के कंधे पर था दूसरा प्रभा के। लोग उनको छूने के लिए व्याकुल थे। भीड़ ऊपर चढ़ी आ रही थी। एक बार मनु गिरकर भीड़ में कुचलने से बची। लेकिन एक सिपाही के बूट से दबकर उसके पांव की चमड़ी निकल गई। प्रभावती का हाल इससे भी बुरा था। बिहार को एक मसीहा की जरूरत थी और वह मसीहा उनके बीच था। लोग दूसरों को कुचल कर भी उन तक पहुंचना और उन्हें छूना चाहते थे। महात्माओं के प्रति एक खास तरह का पागलपन हिंदुस्तानियों के जीवन शैली का हिस्सा है। यहां श्रद्धा वही पागलपन दिख रहा था। इतने सरगर्म राजनीतिक वातावरण में एक दूसरा संघर्ष चल रहा था। बंबई में केदारनाथ के हाथों में महात्मा गांधी का एक तार था। इसे वह बारह बार पढ़ चुके थे। अब तेरहवीं बार फिर पढ़ रहे थे। तार में लिखा था-'आपका पत्र ध्यानपूर्वक पढ़ा। उसमें गलतबयानियां हैं। लगता है हमारे बीच काफी मतभेद हैं। फिर भी आप सुविधापूर्वक और लंबी तथा थकाऊ यात्रा से संभावित स्वास्थ्य की हानि के बिना आ सकें तो आ जाइए।'

जिनसे महात्मा के संबंध एकदम औपचारिक होते उन्हें अपने पत्र में महात्मा यही संबोधन देते-'गांधी'। केदारनाथ कुलकर्णी किशोरलाल के धार्मिक गुरु थे। महात्मा उन्हें आदर से नाथ जी कहकर बुलाते। कोई तीन साल पहले महात्मा ने नाथ जी को अपने पास पूना बुलाया था। करीब बारह दिन दोनों हर रोज मिलते थे। दोनों एक-दूसरे से मिलकर खुश भी हुए थे। किशोरलाल पर महात्मा का पूरा स्नेह था। नाथ जी भी किशोरलाल पर प्रेम बरसाते थे। यही समानता दोनों को करीब ले आई थी। लेकिन इस घटना ने दोनों को एक बार फिर थोड़ा दूर कर दिया था। किशोरलाल महात्मा से उम्र में कोई उन्नीस साल छोटे थे। इसलिए वह इस गंभीर विषय पर महात्मा को नहीं समझा सकते थे। इस काम के लिए उन्हें अपने गुरु ही उपयुक्त लगे। चूंकि महात्मा और कुलकर्णी में पुराना आपसी परिचय था इसलिए संवादहीनता की स्थिति नहीं थी।

दूसरे आदमी थे स्वामी आनंद। महात्मा से उनका पुराना नाता था। गांधी जब दक्षिण अफ्रीका से लौटे तो स्वामी उनसे बंबई में मिले थे। वह गांधी से प्रभावित हुए। 1916 से ही स्वामी महात्मा के आश्रम से जुड़ गए। 1919 में बंबई में 'यंग इंडिया' और बाद में अहमदाबाद में 'नवजीवन' और 'यंग इंडिया' का काम देखने लगे। लेकिन उनका असली नाम कोई नहीं जान पाया। वह अपने बारे में लोगों को बहुत कम बताते थे।

दरअसल सौराष्ट्र में जनमा यह तेजतर्रार और स्पष्टवादी आदमी दस साल की उम्र में ही साधुओं का साथी बन गया था। पहले रामकृष्ण और विवेकानंद उनके आदर्श बने फिर वह तिलकपंथी हो गए। गांधीजी की पत्रिकाओं में बंबई की सड़कों पर घूमने वाले स्वामी आनंद तीखे लेकिन विचारोत्तेजक लेख लिखते। वह सीधी सच्ची बात कहते, चाहे किसी को अच्छी लगे या बुरी। महात्मा उन पर पूरा भरोसा करते। उनकी ज्यादातर बातें मान भी लेते क्योंकि वह जानते थे कि उनके इरादों में कितनी कठोरता है। महादेव भाई, नरहरि भाई और किशोरलाल उनके खास दोस्तों में थे। किशोरलाल ने स्वामी को नाथ जी से मिलवाया था। तब से वह नाथ जी के भी करीबी हो गए। आध्यात्मिक स्तर पर वह नाथ जी को अपने बहुत करीब पाते थे। दोनों ने अपने मिलते-जुलते विचारों की गठरी बांधी और बिहार की ओर चल पड़े। उस बिहार में जहां एक महात्मा उनका अनमने मन और अनिच्छा से इंतजार कर रहा था।

कुलकर्णी और स्वामी आनंद 14 मार्च को बिहार पहुंचे। इनके खाने-पीने का इंतजाम महात्मा ने मनु को सौंपा था। कुलकर्णी और स्वामी आनंद को मनु 'पाप की गठरी' लगी। भोजन के दौरान दोनों ने एक बार भी मनु को आंख उठाकर नहीं देखा। दोनों खामोश थे। मनु को यह बात अखरी। मनु ने महात्मा से कहा कि इन लोगों का मेरे प्रति बर्ताव ठीक नहीं। बेहतर है यह उनकी सेवा टहल का काम वह निर्मल दा या देव को सौंप दें। महात्मा ने मनु की बात मान ली। लेकिन महात्मा यह शिक्षा देना नहीं भूले कि 'जिसकी सेवा करनी हो उसे किसका मुंह किसके प्रति कैसा है यह देखने की जिज्ञासा ही नहीं रखनी चाहिए।' खैर भोजन के बाद दोनों की महात्मा से एकांत में प्रयोग को लेकर लंबी बात हुई। बातचीत का पूरा ब्योरा महात्मा गांधी वाङ्मय में प्रकाशित है।

प्रश्न : यह नया प्रयोग आरंभ करने से पहले आपने अपने साथी-कार्यकर्ताओं को इसके बारे में बताया क्यों नहीं? आप तो हमेशा ऐसा ही करते रहे हैं। इस बार गोपनीयता क्यों?

गांधीजी : गोपनीयता का कोई इरादा नहीं था। सब-कुछ आकस्मिक रूप से हुआ। यह चीज ऐसी थी जिसमें मित्रों से पहले परामर्श करने की गुंजाइश ही नहीं थी। इसके अलावा मैं मानता हूं कि पूर्वसहमति अनावश्यक थी। लेकिन साथ

ही मुझे आरंभ से ही इस मामले पर खुलकर चर्चा करने का आग्रह रखना चाहिए था। यदि मैंने ऐसा किया होता तो इस समय जो झंझट और हो-हल्ला हुआ, उसमें से अधिकांश टाला जा सकता था। ऐसा न करना एक गंभीर भूल थी। मैं मन में सोच ही रहा था कि इसका उचित प्रायश्चित क्या होगा कि तभी ठक्कर बापा आ गए। बाकी किस्सा तो आप जानते ही हैं।

प्रश्न : समय की कसौटी पर खरी उतरी और समाज के अस्तित्व को बनाए रखने वाली नैतिक व्यवस्था की बुनियाद को कमजोर कर देने से जो नुकसान होगा उसकी पूर्ति नहीं हो पायेगी। दूसरी ओर बरसों से चली आ रही परंपरा को तोड़ने से कोई लाभ हो रहा हो ऐसा भी नहीं दिखाई दे रहा। आप इस विषय में क्या कहना चाहते हैं? आपको नीचा दिखाना या परास्त करना हमारा उद्‌देश्य नहीं है। हम तो केवल समझना चाहते हैं।

गांधीजी : यदि आदमी रूढ़िवादी परंपराओं की लीक से हटकर चलने को तैयार न हो तो किसी प्रकार की नैतिक प्रगति या सुधार संभव नहीं है। हमने जो अपने को सामाजिक रूढ़ियों के फौलादी शिकंजों में जकड़ जाने दिया उससे हमने अपना अहित किया है। शास्त्रों के अनुसार ब्रह्मचर्य की रक्षा के लिए जिस नौ परतों वाली दीवार का जिक्र है वह मेरी दृष्टि में अपर्याप्त और दोषपूर्ण है। स्वयं अपने लिए उन नियमों को मैंने कभी स्वीकार नहीं किया है। सुरक्षा के उस कवच के पीछे रहकर तो मेरी राय में सच्चे ब्रह्मचर्य के लिए प्रयत्न भी नहीं किया जा सकता। दक्षिण अफ्रीका में मैं 20 वर्षों तक पश्चिम के घनिष्ठ संपर्क में रहा। यौन विज्ञान के बारे में हैवलॉक एलिस और बर्ट्रेंड रसेल जैसे प्रतिष्ठित लेखकों की रचनाओं और उनके सिद्धांतों से मैं परिचित हूं। ये सभी प्रसिद्ध, और उच्च कोटि के अनुभवी विचारक हैं। उन्होंने अपनी मान्यताओं के लिए और उन्हें व्यक्त करने के कारण कष्ट झेले हैं। एक ओर जहां वे विवाह आदि प्रथाओं के और नैतिकता के वर्तमान नियमों के सर्वथा विरुद्ध हैं, यहां मैं उनसे सहमत नहीं हूं, वहीं दूसरी ओर उनकी दृढ़ आस्था है कि विवाह आदि संस्थाओं तथा रीति-रिवाजों से अलग भी जीवन में पवित्रता का लाना संभव है और वांछनीय भी है। मैं पश्चिमी देशों की अनेक स्त्रियों और पुरुषों से मिला हूं जो प्रचलित रीति-रिवाजों और सामाजिक नियमों को स्वीकार नहीं करते और न ही उनका पालन करते हैं, लेकिन इसके बावजूद अत्यंत पवित्र जीवन व्यतीत करते हैं। मेरी खोज कुछ-कुछ उसी दिशा में चल रही है। यदि आप सुधार की आवश्यकता और वांछनीयता को स्वीकार करते हैं, और यह भी स्वीकार करते हैं कि जहां आवश्यक हो वहां पुरानी चीजों को छोड़ दिया जाए, इसके साथ ही यह भी जरूरी समझते हैं कि वर्तमान युग के अनुकूल एक नई नीति और आचार-प्रणाली का निर्माण किया जाए, तो ऐसी स्थिति में दूसरों की अनुमति लेने या उन्हें यकीन दिलाने का सवाल ही नहीं पैदा

होता। सुधारक के लिए अन्य लोगों के विचार बदलने तक रुके रहना संभव नहीं है। उसे तो मौका मिलने पर सारी दुनिया के विरोध के बावजूद अकेले ही आगे बढ़ना होगा। आप जिस ब्रह्मचर्य की दुहाई देते हैं, मैं अपनी सूझबूझ, अध्ययन और अनुभव के प्रकाश में उस ब्रह्मचर्य की मौजूदा व्याख्या की परख करना चाहता हूं, उसे और व्यापक बनाना चाहता हूं और उसमें सुधार करना चाहता हूं। अतः जब मेरे सामने कोई अवसर आता है तो उससे मैं कतराता नहीं और न ही उससे दूर भागता हूं। इसके विपरीत, मैं अपना धर्म मानता हूं कि उसका सामना किया जाए और पता लगाया जाए कि वह रास्ता कहां जाता है और मैं कहां खड़ा हूं। ब्रह्मचर्य के सच्चे साधक के लिए नारी-संपर्क से बचने की कोशिश करना या भय से दूर भागना मेरी दृष्टि में शोभनीय नहीं है। मैंने वासना-तृप्ति के लिए नारी के साथ सम्पर्क करने की कोशिश कभी नहीं की है। मैं यह दावा नहीं करता कि मैंने कामेच्छा को बिलकुल जीत लिया है। किंतु मेरा यह दावा जरूर है कि मैं उसे नियंत्रण में रख सकता हूं।

प्रश्न : हम नहीं जानते कि आपने अपने ये विचार कभी साधारण जनता के सामने रखे हों। इसके विपरीत, हमने हमेशा यह देखा है कि आपने जनता के सामने वे विचार रखे हैं जिनसे हम परिचित हैं और जिन्हें हमने आपकी आत्मोन्नति के प्रयत्न का अंग माना है। इस विषय में आपकी क्या राय है?

गांधीजी : आज भी, जहां तक साधारण जनता का संबंध है, मैं उसके सामने आचरण के लिए वे ही विचार रखता हूं जिन्हें आप मेरे पुराने विचार कहते हैं। इसके साथ ही, जैसा कि मैंने कहा है, आधुनिक चिंतन का मुझ पर गहरा प्रभाव पड़ा है। हम लोगों के यहां भी एक तंत्रमार्ग है, जिसने जस्टिस सर जॉन वुडरोफ जैसे पश्चिमी विद्वानों को बहुत प्रभावित किया है। मैंने उनकी पुस्तकें यरवदा जेल में पढ़ीं। आप सब लोग रूढ़िवादी परंपरा में पले-बढ़े हैं। मेरी व्याख्या के अनुसार आप सच्चे ब्रह्मचारी नहीं समझे जा सकते। आप ज़ब-तब बीमार पड़ते रहते हैं; आप तरह-तरह की शारीरिक व्याधियों से पीड़ित रहते हैं। मेरा दावा है कि मैं सच्चे ब्रह्मचर्य का आप लोगों में से किसी की भी अपेक्षा ज्यादा बेहतर प्रतिनिधित्व करता हूं। आप लोग सत्य, अहिंसा, अस्तेय आदि के मामले में किसी भूल को उतनी गंभीर बात नहीं मानते। लेकिन तथाकथित ब्रह्मचर्य, अर्थात् स्त्री और पुरुष के बीच संबंधों के भंग से आप एकदम परेशान हो उठते हैं। मैं ब्रह्मचर्य की इस कल्पना को संकीर्ण, दकियानूसी और अधोगामी मानता हूं। मेरे लिए सत्य, अहिंसा और ब्रह्मचर्य, ये तीनों आदर्श बराबर का महत्त्व रखते हैं। इन तीनों के लिए हमें समान रूप से प्रयत्नशील होना चाहिए, और इसमें से किसी के भी पालन में भूल होना मेरे लिए समान चिंता का विषय है। मेरी मान्यता है कि मेरा आचरण ब्रह्मचर्य के सच्चे आदर्श से तनिक भी हट कर नहीं है। इसके विपरीत, ब्रह्मचर्य की जिस

कल्पना में केवल यही बताया जाता हो कि क्या करना चाहिए और क्या नहीं करना चाहिए, और जो आजकल हमारे बीच प्रचलित है, उस ब्रह्मचर्य का समाज पर बुरा प्रभाव पड़ता है; इसने ब्रह्मचर्य के आदर्श को नीचा किया है और उसे उसके वास्तविक तत्त्व से वंचित कर दिया है। मैं इन विधि-निषेधों को उनके ठीक स्थान पर रखना, और ब्रह्मचर्य के आदर्श को जिन जंजीरों में जकड़ दिया गया है, उन जंजीरों से उसे मुक्त करना अपना परम कर्तव्य मानता हूं।

प्रश्न : एक अंतिम प्रश्न और है। यदि आपका दृष्टिकोण और आचरण सच्चे आत्म-संयम के विकास की दिशा में इतना बड़ा कदम है तो फिर उसका लाभकारी प्रभाव आपके आसपास क्यों नहीं दिखाई पड़ता? हमें आपके चारों ओर इतनी अशांति और दुख क्यों दिखाई पड़ता है? आपके साथी 'भावनात्मक रूप से इतने विचलित क्यों नजर आते हैं।

गांधीजी : मैं अपने साथियों के गुण और दोषों को अच्छी तरह जानता हूं। आप उनके दूसरे पहलू को नहीं जानते। आप सतही चीजें देखकर जल्दबाजी में निष्कर्ष निकालते हैं, जो किसी सत्यान्वेषी के लिए शोभनीय नहीं है। आप जितना सोचते हैं, मैं उतना नहीं गिरा हूं। मैं आपसे यही कह सकता हूं कि मुझपर भरोसा रखिए। मेरे लिए जो चीज गहरे विश्वास से संबंध रखती है उसे मैं आपके कहने से नहीं छोड़ सकता। मुझे दुख है, लेकिन मैं लाचार हूं।

प्रश्न : हम यह नहीं कह सकते कि हमें तसल्ली हो गई है। हम अपने को दुखी महसूस करते हैं। हम इस मामले को यहीं नहीं छोड़ सकते। हम आपको समझाना जारी रखेंगे। यदि आप फिर से स्थापित नियमों के विरुद्ध कुछ करने का विचार करें तो उस समय अपने दुखी मित्रों की याद कर लें।

गांधीजी : मैं जानता हूं। लेकिन जब मैं कर्तव्य की पुकार सुनता हूं तो मैं क्या कर सकता हूं? मैं ऐसी स्थिति की कल्पना कर सकता हूं जब मुझे यह लगे कि स्थापित नियमों के विरुद्ध जाना मेरा कर्तव्य है। ऐसी स्थिति में मैं किसी प्रकार के वचन से बंधा होना स्वीकार नहीं कर सकता।[32]

स्वामी आनंद और केदारनाथ बंबई वापस लौट गए। लेकिन उनसे हुई बातचीत महात्मा को काफी विचलित कर गई। उन्होंने रविवार 16 मार्च को अपनी डायरी में लिखा-'आज दो का घंटा सुनाई देने के साथ ही मैं बिलकुल उठ गया था। मुझे नींद नहीं आ रही थी। उसी समय चि. मनुड़ी को प्रायः स्मरण वाले श्लोकों का पाठ करते सुना। मैं चौंक उठा। दो बार आवाज दी। वह चुप हो गई। कुछ कहा नहीं। लेकिन घबराहट में थी। उसने मेरी मच्छरदानी उठाकर मेरा हाथ पकड़ा। दो-तीन मिनट तक मैंने उसे थपथपाया और स्थिरचित्त होने के लिए कहा। वह जागृत हुई और उसी क्षण उसने अपना हाथ वापस खींच लिया। मैंने उसे निश्चिंत होकर सो जाने के लिए कहा। मैंने उससे कहा कि प्रार्थना की चिंता न कर, मैं

जगा दूंगा। यह लड़की मेरी कितनी ज्यादा चिंता करती है? और बिलकुल निर्दोष बालिका के समान है। अपने इसी गुण के कारण वह इस यज्ञ में मेरे साथ टिकी हुई है। मैं इसके बारे में सोचने लगा। उसकी नकसीर फूटती रहती है, यह बात मुझे अच्छी नहीं लगती। मैंने उससे गर्दन के पीछे मिट्टी की पट्टी रखने के लिए कहा। क और ख के साथ हुई बातचीत पर विचार करने लगा।'

महात्मा ने अपनी डायरी में आगे लिखा- 'मुझे क का प्रश्न पूछने का ढंग और उसके चेहरे की मुस्कराहट पसंद नहीं आई। मैं अपने धर्म पर विचार करने लगा और उसमें साढ़े तीन हो गए। बाद में मैंने दातुन करनी शुरू की। दातुन के बाद मनुड़ी को जगाया। तीन बजकर पचपन मिनट पर प्रार्थना शुरू करवाई। साढ़े सात से साढ़े नौ बजे तक बातचीत की। अपना दृष्टिकोण समझाया। ब्रह्मचर्य की अपनी वर्तमान व्याख्या के अनुरूप मुझे उनके विचार दूषित अथवा अधूरे जान पड़े। उनमें मेरे मार्ग के अनुसार सुधार करने की बहुत जरूरत है। मैंने विकारों का पोषण करने के लिए कभी जान-बूझकर स्त्री संग नहीं किया है। एक अपवाद के बारे में बताया। मैं अपने व्यवहार से आगे बढ़ा हूं और अभी मुझे और आगे जाने की उम्मीद है।...के संबंध में मैं किसी तरह से बंधा हुआ नहीं हूं। वे मुझे पत्र लिख सकते हैं। मैं उत्तर देने का प्रयत्न करूंगा। एक ही भाई लिखें तो ज्यादा अच्छा होगा।'[33]

यह महात्मा के लिए तनाव का समय था। वह केदारनाथ कुलकर्णी और स्वामी आनंद को संतुष्ट न कर सके थे। उन्हें खुद महसूस हुआ कि उनके तर्क कमजोर पड़ गए थे। बातचीत के बाद थोड़ी देर के लिए आंख बंद करके लेट गए। शाम चार बजे गांव में प्रार्थना सभा थी। महात्मा, मनु और खान अब्दुल गफ्फार खान मोटर में साथ बैठे। गफ्फार खान उस जाति का प्रतिनिधित्व करते थे जो दुनिया की सबसे ज्यादा लड़ाका और हिंसक जाति मानी जाती है। महात्मा ने उन्हें तार देकर बुलाया था। सीमांत प्रदेश में खिदमतगार आंदोलन छेड़ कर यह महान पठान सरदार मशहूर हुआ था। महात्मा को लगा था कि बादशाह खान के बिहार आने से यहां के मुसलमानों का आत्मविश्वास बढ़ेगा।

महात्मा पीछे की सीट पर लेटे थे। सिर मनु की गोद में था और पांव बादशाह खान की गोद में। बादशाह खान महात्मा के पांव दबा रहे थे। मनु उदास थी। दोनों काफी देर चुप रहे। फिर इस चुप्पी को महात्मा ने ही तोड़ा। वे बोले 'नाथ जी जिस पंथ के हैं उस पंथ के लोग स्त्री का स्पर्श तक नहीं करते। स्त्री ने अगर यह दीक्षा ली हो तो अपने पांच वर्ष के सगे पुत्र को तो क्या पौत्र को भी वह नहीं छू सकती। परंतु मेरे ब्रह्मचर्य का सिद्धांत दूसरा है। जिसके मन में काम-क्रोध भरे हों वह ऐसी दीक्षा लेने पर भी व्यभिचारी है। और उसमें मैं महापाप देखता हूं।'[34]

संकट के दौर में चिन्तन के कुछ क्षण : सीमान्त गांधी और महात्मा गांधी के साथ मनु

सीमांत गांधी महात्मा के अनन्य भक्तों में थे। इस प्रयोग में वह पूरी तरह महात्मा के साथ थे। वे बोले– 'महात्मा हैरत होती है कि कैसे विद्वान लोग कितने जड़ और विवेक शून्य हो जाते हैं। ये लोग यह क्यों नहीं समझते कि मनु आपके लिए छह महीने की बच्ची जैसी है। मुझे आपकी पवित्रता में पूरा विश्वास है। आपकी जगह अगर मैं हूं तो शायद ऐसा न कर सकूं। क्योंकि मुझमें इतना आत्मविश्वास नहीं है। लेकिन यह भले मानुस अपने आपको कभी न खत्म होने वाली बहस में लगाए रखते हैं। यह बात मुझे बिलकुल बेमतलब और वक्त बर्बादी की लगती है। मनु आपके साथ एक ही बिस्तर पर सोए इसमें मुझे कोई गलत बात नहीं दिखती है। समझदार और सयाने लोग इतनी सी बात क्यों नहीं समझ पाते होंगे? क्या वे लोग नहीं समझते कि कितनी नामुमकिन बातों को आपने मुमकिन बनाकर दिखा दिया है।'

उन्होंने मनु से कहा कि–'इस बेमतलब के तूफान में तेरे साथ मेरी पूरी हमदर्दी है। तू यकीन रखना आखिर में सब भला होगा। बापू की तू जैसी सेवा कर रही है उससे मुझे ईर्ष्या होती है। तब अगर दूसरे कई लोगों को तुझसे ईर्ष्या होती हो तो कोई हैरत की बात नहीं। दूसरे लोग जो कुछ कहें तो उनकी परवाह न करना। हर बात में तू अपने भीतर की आवाज सुनना और बापू जो सलाह दें उसी पर पूरी तरह चलना।'[35]

मनु को देखकर सीमांत गांधी को अपनी बेटी मेहर ताज की याद आ गई जो उनसे मीलों दूर थी। आश्रम लौटे तो सीमांत गांधी ने महात्मा से कहा–'इस लड़की को आप कभी मत छोड़िएगा।' महात्मा बोले –'जब तक मैं और वो दोनों जिंदा हैं तब तक तो यह साथ नहीं छूटने वाला। हां अगर वह चाहे तो मुझे कभी भी छोड़ सकती है। मैं बंधन में रहता हूं, उसे मैंने बंधन में नहीं रखा।' अगले दिन की सुबह थोड़ी ठंडी थी। हवा तेज थी। उस दिन महात्मा का मौन दिन था। भोर से पहले ही तय वक्त पर प्रार्थना हुई। महात्मा ने पर्ची पर मनु को लिखा कि 'रात को देर तक जगी हो इसलिए अब सो जाओ।' मनु महात्मा के पास ही सो गई। महात्मा ने तब अपने मन में चल रहे अंतर्द्वंद्व को एक पत्र में व्यक्त किया। यह पत्र निर्मल बाबू को लिखा गया था– 'आप ऐसा मानते हैं कि हजारों वर्ष बाद मैं ही एक (अवतारी पुरुष) पैदा हुआ हूं। मैं स्वयं ऐसा नहीं मानता। मेरा दावा है कि जो मैं करता हूं वह कोई भी व्यक्ति उतनी ही लगन के साथ करे तो वह भी मेरे ही जितना कर सकता है। सतत प्रयास करना, जागृत रहना, यह तो हर किसी के लिए संभव होना चाहिए। लेकिन यदि आप जो मानते हैं, वह सही हो तो क्या मुझे अपने में निहित स्थूल विकार भी नहीं देख सकना चाहिए? ब्रह्मचर्य की हमारी व्याख्या अपूर्ण है, मैं उसे पूर्ण करने का सतत प्रयत्न करता रहता हूं।...की तीक्ष्ण बुद्धि भी ब्रह्मचर्य को समझने में असमर्थ है। हमारे बीच यहां जो बातचीत हुई उससे मुझे लगा कि...भी ब्रह्मचर्य को नहीं पहचानता। यह वाक्य लिखते हुए मुझे जितना दुख हो रहा है उसे मैं जाहिर नहीं कर सकता। हृदय पर पत्थर रख कर लिख रहा हूं।...मेरा दावा है कि मैं एक अवसर को छोड़कर कभी विकारग्रस्त नहीं हुआ हूं और इसीलिए उपर्युक्त कठोर वाक्य लिख गया हूं।'[36]

निर्मल भी चले गए

ब्रह्मचर्य पर नाथ जी और स्वामी आनंद के साथ बातचीत का कड़वापन पूरे माहौल में था। गांधीजी से बातचीत करने के बाद स्वामी आनंद और केदारनाथ ने निर्मल कुमार बोस से उनके विचार पूछे, क्योंकि गांधीजी ने बातचीत के दौरान कहा था कि 'उनके अपने निकटतम साथियों को उनके आचरण में कोई बुराई नहीं दिखती।' स्वामी चाहते थे कि निर्मल महात्मा के मित्रों को बताए कि वस्तुस्थिति क्या है। महात्मा के शुभचिंतक ही तय करेंगे वे ठीक रास्ते पर हैं या नहीं।

निर्मल कुमार बोस ने एक पत्र में अपना विचार लिखा और अन्य मित्रों को बताने के लिए वह पत्र स्वामी आनंद के हाथ में दे दिया। निर्मल दा ईमानदार आदमी थे। उन्होंने केदारनाथ कुलकर्णी और स्वामी आदि को पत्र लिखा लेकिन उसे सहमति के लिए पहले महात्मा के पास भेजा। निर्मल दा के पत्र का मजमून कुछ इस तरह था–'...आज सुबह स्वामी आनंद ने मुझसे पूछा कि क्या मैं अपने

मित्रों से यह कह सकता हूं कि आप गांधीजी की कार्रवाई को पसंद नहीं करते। इसी प्रश्न के संबंध में मैं अपनी स्थिति का खुलासा करने की कोशिश कर रहा हूं। यही यह पत्र लिखने का कारण है।...गांधीजी के लेखन के गंभीर अध्ययन के आधार पर मैंने यह राय बनाई थी जो शायद गलत नहीं थी कि वे एक कठोर, शुद्धतावादी आत्मानुशासन को लेकर चल रहे हैं, ऐसे आत्मानुशासन को जिसे हम आम तौर पर मध्यकालीन मुनियों से संबंधित मानते हैं। इसलिए जब मुझे पहले-पहल गांधीजी के प्रयोग के बारे में विशद् जानकारी हासिल हुई तो मैं सचमुच चकित रह गया। मुझे बताया गया कि वे कभी-कभी स्त्रियों से अपने बिस्तर में और यहां तक कि एक ही चादर के अंदर सोने को कहते हैं और तब यह पता करने की कोशिश करते हैं कि क्या उनमें या उनकी साथिन में कहीं कोई ऐंद्रिक अनुभूति तो नहीं जगती।.... लेकिन जब मुझे गांधीजी द्वारा प्रयोग की जाने वाली आत्म-परीक्षा की इस विधि की जानकारी मिली तो मुझे लगा कि क्यों कुछ लोग गांधीजी को अपनी-अपनी निजी संपत्ति मानते हैं। यह भावना अकसर उनमें भावनात्मक असंतुलन पैदा कर देती है। उदाहरण के लिए, क, ख, या ग का व्यवहार स्वस्थ मनोवैज्ञानिक संबंध का प्रमाण नहीं है। खुद गांधीजी के लिए इस प्रयोग का महत्त्व चाहे जो हो, यह दूसरों के व्यक्तित्व पर बेशक क्षति की निशानी छोड़ जाता है, क्योंकि इनका नैतिक स्तर उतना ऊंचा नहीं होता जितना गांधीजी का है और इन लोगों के लिए गांधीजी के प्रयोग में भागीदारी करना कोई आध्यात्मिक आवश्यकता नहीं है। यही कारण है कि इंद्रिय-निग्रह और निजी या सार्वजनिक जीवन में गांधीजी से प्रभावित होने वाले लोगों पर उस निग्रह के असर के संबंध में मैंने कभी-कभी गांधीजी से कड़े शब्दों में बात की है या उन्हें ऐसे शब्दों में पत्र लिखे हैं। लेकिन आप देखेंगे कि यह आरोप उस आरोप से काफी भिन्न है जिसे आप या आपके मित्र मानते हैं। यही कारण है कि मैंने मनु के बारे में भेद की एक रेखा खींची है, क्योंकि गांधीजी से उनका संबंध बिलकुल अलग किस्म का है। आशा है मेरी स्थिति बिलकुल स्पष्ट है। लेकिन अगर नहीं है तो वैसा लिखने में संकोच न कीजिएगा।

सस्नेह,

निर्मल कुमार बोस

(पुनश्चः)

इस प्रयोग के संबंध में भी मैं गांधीजी का समर्थन करूंगा, बशर्ते कि—

1. दूसरा पक्ष एक इच्छुक अभिकर्ता हो, जो अपने व्यक्तित्व पर इस प्रयोग के संभावित परिणामों से बाखबर रहते हुए इसमें शामिल हो।
2. और जनता को इस प्रयोग की जानकारी हो एवं इसके बारे में वह अपने मन की बात कहे।

दूसरी शर्त वैसे अनावश्यक है, लेकिन यह इसलिए रखी गई है कि नोआखली में अपने प्रार्थना प्रवचनों में गांधीजी ने खुद ही दो बार लोगों को इस पर अपनी राय जाहिर करने को आमंत्रित किया था, वे उस हालत में भी जनता से अपनी राय जाहिर करने की अपेक्षा कर रहे थे जबकि वह स्थिति की पूरी तफसीलों से वाकिफ नहीं थी। लेकिन अगर सब कुछ जानने के बाद भी जनता यह सोचती है कि गांधीजी गलती पर हैं, जबकि खुद वे अपने को सही मानते हों तो मैं गांधीजी के साथ होऊंगा।'[37]

प्रो. निर्मल कुमार बोस का यह पत्र महात्मा को अच्छा नहीं लगा। उस दिन उनका मौन दिन था। उन्होंने निर्मल को एक पर्चे पर लिखा- 'यदि आपकी इच्छा हो तो उसे डाक में डाल सकते हैं। पत्र में तथ्य की भूलें हैं। कुछ और भी भूलें हैं, जिनकी ओर आपका ध्यान दिलाऊंगा। अत: मैं आपको यही सलाह दूंगा कि आप इस विषय पर मेरी राय लेने तक इंतजार करें। किंतु आपकी जैसी इच्छा हो वैसा कर सकते हैं।'

लेकिन महात्मा ने निर्मल बोस को राय देने में देरी करना उचित नहीं समझा। बिहार के मसूड़ी जिले में दंगे हुए थे। यहां मुसलमानों का कत्लेआम हुआ था। मुस्लिम लीग ने इसकी रपट महात्मा के पास भेजी। महात्मा सब कुछ खुद अपनी आंखों से देखना चाहते थे। वह मसूड़ी के लिए ट्रेन से रवाना हुए। महात्मा ट्रेन में खिड़की के करीब बैठे थे। वह इस्तेमाल किए गए पन्नों के पिछली तरफ पर कुछ लिख रहे थे। लिखने का काम खत्म हुआ तो वह कागज महात्मा ने निर्मल बोस की ओर बढ़ा दिया। निर्मल ने देखा वह उनके नाम का एक जवाबी पत्र था। इसमें महात्मा ने लिखा-'आपका पत्र गलतियों और बेबुनियाद धारणाओं से भरा हुआ है। मैंने आपसे कहा था कि इस मामले पर मुझसे चर्चा कर लीजिए। आप नहीं कर पाए। उसका नतीजा बुरा निकला। आपकी चाहे जो राय हो, मैं उसका बुरा नहीं मानता किंतु उसकी भलीभांति पुष्टि होनी चाहिए। दूसरों से ली गई जानकारी के पीछे चाहे जितनी ईमानदारी हो, उसे मान लेने से पहले आपको मेरे विचार जान लेने चाहिए थे। मैं पारंपरिक दृष्टिकोण से जैसा हम उसे समझते हैं, आगे जाता हूं। मेरी परिभाषा में शिथिलता की बिलकुल गुंजाइश नहीं है। स्त्री-स्पर्श के निषेध-पालन को मैं ब्रह्मचर्य नहीं मानता। आज मैं जो-कुछ कर रहा हूं वह मेरे लिए कोई नई बात नहीं है। जहां तक मैं अपने-आपको समझता हूं आज भी मेरी धारणा बिलकुल वही है जो पैंतालीस वर्ष पूर्व ब्रह्मचर्य-व्रत लेते समय थी। इंग्लैंड में रहते हुए अपने विद्यार्थी जीवन में बिना किसी प्रतिज्ञा के मैं स्त्रियों के संग खूब मिलता-जुलता था, फिर भी अपने-आपको ब्रह्मचारी कहता था। मेरे लिए ब्रह्मचर्य का अर्थ है वह विचार और आचरण जो ईश्वर से हमारा संपर्क स्थापित करे और उसका साक्षात्कार कराए। इस अर्थ को लें तो दयानंद सरस्वती ब्रह्मचारी नहीं थे

और मैं तो नहीं ही हूं। किंतु मैं उस स्थिति को प्राप्त करने का प्रयत्न कर रहा हूं और मेरा अपना विश्वास है कि मैं इस दिशा में काफी प्रगति कर चुका हूं। आप आधुनिक होने का जो अर्थ समझते हैं उस अर्थ में मैं बिलकुल आधुनिक नहीं बना हूं। मैं जितना सोचा जा सकता है उतना पुरातन हूं और आशा करता हूं कि जीवन के अंत तक वैसा ही बना रहूंगा। यदि आपको यह बात पसन्द न आए तो मैं लाचार हूं। मैं तो चाहता हूं कि आप और दूसरे मुझे उसी रूप में देखें जैसा मैं हूं। आपने 'क' 'ख' अथवा 'ग' के साथ पूरा न्याय नहीं किया है। आप उनसे भलीभांति परिचित नहीं हैं। उन्हें यथाशक्य पूरी तरह जानने की तकलीफ उठाए बिना ही आपको क्या अधिकार है कि उनके संबंध में कोई धारणा बना लें? मैं यह बात तो समझ सकता हूं कि शायद आप पूरा परिचय प्राप्त करने के इच्छुक न हों या आपके पास समय की कमी हो। किंतु इसी तथ्य को देखते हुए आपको उनके बारे में कोई राय नहीं जाहिर करनी चाहिए थी। मुझे बड़ा आश्चर्य है कि आपने यह मान लिया कि मेरे प्रयोग में स्त्रियों के हीन होने की धारणा निहित है। स्त्री हीन तब हो सकती है जब मैं उसकी सहमति या असहमति से उस पर कामुक दृष्टि डालूं मैंने तो स्त्रियों को हमेशा पुरुषों के बिलकुल समकक्ष ही समझा है। मेरी पत्नी तब मुझसे 'हीन' थी जब वह मेरी वासना-तुष्टि का साधन थी। किंतु जब वह मेरी बहन बनकर नग्न दशा में मेरे साथ लेटी तब वह हीन नहीं रही। यदि हम दोनों के मन और शरीर में काम वासना जागृत न हुई तो उस संसर्ग ने हम दोनों को ऊंचा उठाया। जो किसी काल में मेरी पत्नी थी, यदि उसके स्थान पर कोई और स्त्री हो तो क्या इससे कोई अंतर आना चाहिए? मैं इतनी तो आशा करता हूं कि आप मुझ पर यह आरोप नहीं लगाएं कि जो स्त्रियां या लड़कियां मेरे पास नग्नावस्था में रही हैं उनके प्रति मेरे मन में काम वासना थी। आशा तो यही है कि 'क' या 'ख' के हिस्टीरिया का मेरे प्रयोग से कोई वास्ता नहीं था। उनकी जो दशा अब है वह प्रयोग से पहले भी थी; प्रयोग के बाद कम न हुई हो तो बढ़ी भी नहीं है। हमारी चर्चा में मनु और दूसरी लड़कियों में भेद करना निरर्थक है। वह मेरी पोती है, इस कारण शायद मुझे इस मामले में आलोचना से बरी किया जाए। किंतु मैं इस तथ्य का फायदा उठाना नहीं चाहता। मैं जो-कुछ कर रहा हूं उसके लिए 'प्रयोग' शब्द का कुछ सही चुनाव नहीं हुआ है। मैंने यह इस्तेमाल किया है। किंतु प्रयोग में और आज जो-कुछ मैं कर रहा हूं उसमें अंतर यह है कि प्रयोग मैं रोक सकता था, किंतु आज जो मैं कर रहा हूं वह धर्म है, अत: उसे नहीं रोका जा सकता। अब स्टेशन आने वाला है। कोई नया काम शुरू करने से पहले मुझे जनसाधारण को उससे अवगत करा देना चाहिए, यह बात तो मेरे लिए बिलकुल नई (नहीं) है। प्रस्तुत मामले में कुछ नया नहीं है।'[38]

निर्मल ने अपनी किताब में लिखा कि इस पत्र को पढ़ने के साथ वह अपने

दिमाग में इसका जवाब तैयार करने लगे। उन्होंने महात्मा से कहा बस इस महीने के आखिर तक वह उन्हें वापस घर लौटने की इजाजत दे दें। महात्मा ने कहा ऐसी हड़बड़ी क्या है। तीन दिन का दौरा खत्म हो। मसूड़ी के इस सफर से लौट तो आएं।

मसूड़ी पहुंचकर निर्मल पहले की तरह महात्मा की सेवा में जुट गए। उनकी दाढ़ी बनाते वक्त निर्मल बोस ने महात्मा के जवाबी पत्र पर अपनी राय जाहिर की। बातचीत लंबी चली। बाद में निर्मल ने इस बातचीत को एक पत्र का रूप दे दिया। मजमून कुछ इस तरह था– 'कल ट्रेन से लिखा आप का पत्र पाने के बाद आपके साथ लगभग घंटे-भर मेरी बातचीत हुई, जिसमें मैंने अपने खिलाफ लगाए इस आरोप का खंडन करने की कोशिश की कि मैंने 'क' या दूसरों को अपना पक्ष पूर्ण रूप से प्रस्तुत करने का अवसर दिए बिना जल्दबाजी में राय कायम कर ली।...खुद मैंने अपने ऊपर सपने के विश्लेषण की फ्रायड वाली विधि लागू की है और उससे मुझे बहुत ज्यादा लाभ हुआ है, क्योंकि उससे मुझे अपने अंदर छिपी इच्छाओं को, जो मुझे बहुत परेशान कर रही थीं, ढूंढ़कर सतह पर ले आने और इस तरह उनसे संतोषजनक रीति से निबटने में मदद मिली है। ...बापू जी, आपने मुझे अपनी सेवा में पहले-पहल तब बुलाया जब आप बंगाल में थे। विश्वविद्यालय ने आपको जब तक मेरी सेवाएं, दरकार हों तब तक के लिए खुशी-खुशी मुझे अनिश्चित अवधि की छुट्टी दे दी। लेकिन इस बीच मेरे विद्यार्थियों के हितों की हानि होती है। यदि मुझे यहां बिहार में मैं आपकी जितनी सेवा कर सकता हूं, उसके और विश्वविद्यालय में विज्ञान की जितनी सेवा कर सकता हूं उसके बीच चुनाव करना हो तो मैं इस दूसरी सेवा को प्रथम स्थान दूंगा। लेकिन अगर मुझे बंगाल में आपकी सेवा करनी होती तो मैं विज्ञान की सेवा को दरकिनार कर देता, क्योंकि तब मुझे यह एहसास रहता कि आपको भाषणों को बंगला में अनुवाद करने के मामले में आपके अधिकतर सहायकों की अपेक्षा मैं अधिक उपयोगी हूं। लेकिन अब जब आप बिहार में हैं तो हिंदुस्तानी पर अपने अधिकार और साचिविक कार्य की अपनी क्षमता के कारण प्यारेलाल जी और उनके जैसे अन्य लोग अपना पूरा जौहर दिखाने की स्थिति में हों तो? इसलिए आप जिसका भी चयन करें उसके लिए अपनी जगह खाली कर देने में मुझे खुशी होगी। अगर आप फिर बंगाल आएंगे और आपको मेरी सेवाओं की जरूरत महसूस होगी तो विश्वविद्यालय आपके अधीन सेवा करने के लिए मुझे फिर खुशी-खुशी छुट्टी दे देगा। इसलिए अगर आपको आपत्ति न हो तो मेरी योजना, बने तो, आज ही कलकत्ता के लिए प्रस्थान कर जाने की है।'[39]

निर्मल बोस के इस पत्र से महात्मा थोड़े बेचैन हो गए। वह जानते थे कि निर्मल अब रुकेगा नहीं। इतनी सारी बातें हो जाने के बाद महात्मा ने उन्हें रोकना

उचित भी नहीं समझा। उन्होंने निर्मल को लिखा-'अगर आप आज जाना ही चाहते हैं तो जिसे आप अपना कर्तव्य मानते हैं उसके पालन में मैं बाधा नहीं डालूंगा। आपने मुझे इतना अभ्यस्त बना दिया है कि आपकी अनुपस्थिति मुझे खटकेगी। प्यारेलाल मेरे पास तुरंत नहीं आ सकता। उसे अपनी जगह रहना जरूरी है। अगर आप आज जा रहे हैं तो आशा है कि आपने सारे कागजात बिलकुल ठीक-ठाक लगाकर सौंपने की व्यवस्था कर दी होगी। उन कागजों की जिम्मेदारी ले सके, ऐसा व्यक्ति केवल देव ही है। आपके स्पष्टीकरण से मुझे संतोष नहीं हुआ है। लेकिन मैं तर्क नहीं करूंगा। अगर आप चाहें कि मैं इस मामले में आपसे चर्चा करूं, तो वैसा मैं पत्रों के जरिए कर सकता हूं। जो शायद आपके स्वभाव के ज्यादा अनुकूल है। बेशक आप मेरे बारे में और मेरी लिखी चीजों के बारे में किसी के भी साथ चर्चा करने को स्वतंत्र हैं। यह बात उन तीनों पत्रों पर भी लागू होती है। मैंने तो सिर्फ आपका ध्यान आपके उस निर्णय की ओर दिलाया है जो जल्दबाजी में लिया गया मालूम पड़ता है, और सो भी इस उद्देश्य से किया है कि आप में ज्यादा-से-ज्यादा पूर्णता देख सकूं। जल्दबाजी से नुकसान होता है।'[40]

निर्मल कुमार बोस ने दिन के तीसरे पहर पौने तीन बजे बापू से विदा ली। वह 18 मार्च का दिन था। उन्होंने निर्मल को आशीर्वाद दिया और कहा 'आपने अपना निर्णय जल्दबाजी में लिया है।' महात्मा और निर्मल बोस के बीच चल रही बातचीत व तनाव के बारे में मनु बेखबर थी। निर्मल का जाना उसे भी अखरा। दोनों ने पांच महीने साथ काम किया था। निर्मल मनु पर स्नेह बरसाते थे। मनु भी उनका आदर करती थी।

एक-एक करके वे सब महात्मा का साथ छोड़ रहे थे जो महात्मा के करीबी रहे थे। बेचैनी के इस लमहे में महात्मा ने एक लंबा पत्र राजकुमारी अमृता कौर को लिखा। इस पत्र के अंतिम भाग का मजमून कुछ इस तरह है-'...और अंत में अब अपने बारे में बताऊं। नाथ जी और स्वामी आनंद मुझसे मिलने आए थे। उनकी यह मुलाकात स्नेहपूर्ण थी, लेकिन उनके मन विषाद से भरे हुए थे। मैंने जितना समय देना संभव था उन्हें दिया। हमारी बातचीत सविस्तार, दिल खोलकर और सद्भाव के साथ हुई। तुम्हें मेरी यह बात मानने में कोई कठिनाई नहीं होगी कि हमारे साथ के लोगों में से कोई भी ब्रह्मचर्य के पूरे महत्त्व और निहितार्थ को नहीं समझता और इनमें एक अकेला मैं ही हूं जिसे इसकी जानकारी है और सबसे ज्यादा अनुभव है। अपवाद को छोड़कर मैंने किसी भी स्त्री को वासना की दृष्टि से नहीं देखा है। मैंने शायद हजारों-हजार स्त्रियों का स्पर्श किया है लेकिन मेरे स्पर्श में वासना लेशमात्र भी नहीं रही। मैं कुछ स्त्रियों के साथ बिलकुल नग्नावस्था में लेटा हूं लेकिन वासना-तृप्ति के उद्देश्य से कभी नहीं। मेरा स्पर्श हमारे पारस्परिक उत्थान के निमित्त रहा है। यदि कोई ऐसी स्त्री हो जिसने इसके विपरीत कुछ

अनुभव किए हों, तो मैं सचमुच चाहता हूं कि वह मेरे खिलाफ गवाही दे। जिस अपवाद का मैंने ऊपर उल्लेख किया है, उसमें भी मेरी भावना व्यभिचार की नहीं थी। फिर भी उस मामले में मैं भी यह स्वीकार करता हूं कि मेरे स्पर्श में वासना थी। मैं न चाहते हुए भी वासना के प्रवाह में बह गया था और यदि परमात्मा ने रक्षा न की होती तो मैं बर्बाद हो गया होता। मैं ब्रह्मचर्य का जो अर्थ कहता हूं वह यह है : वह व्यक्ति ब्रह्मचारी है जिसका मन काम वासना से मुक्त है, जो परमात्मा का निरंतर चिंतन करते हुए ऐसी अवस्था में पहुंच गया है कि जाने या अनजाने उसका वीर्य-स्खलन नहीं होगा, जो सुंदर-से-सुंदर स्त्री के साथ नग्न लेटे और उसके बावजूद उसको कामोत्तेजना न हो। ऐसा व्यक्ति वही हो सकता है जो मिथ्या भाषण न करे, जो संसार के किसी भी व्यक्ति का अहित चिंतन न करता हो और न अहित करता हो, जो क्रोध और द्वेष की भावना से सर्वथा मुक्त हो और 'भगवद्गीता' में बताए अर्थ के अनुसार अनासक्त हो। ऐसा व्यक्ति पूर्ण ब्रह्मचारी है। ब्रह्मचारी के शाब्दिक अर्थ हैं एक ऐसा व्यक्ति जो प्रतिदिन सुस्थिर गति से परमात्मा की ओर बढ़ रहा है, और जो हर कार्य केवल इसी लक्ष्य को ध्यान में रखते हुए करता है। तुमने लिखा है किशोरलाल मशरूवाला और नरहरि पारीख ने अपना बहिष्कार वापस लेना मंजूर किया है। मेरे पास जो पत्र है उससे मुझे ऐसा नहीं लगा। नाथ जी और स्वामी से भी मुझे ऐसी कोई बात पता नहीं चली।'[41]

बिहार का बीर पिछड़ा इलाका है। यहां मच्छरों की भरमार थी। महात्मा ने इन मच्छरों के बीच अपना प्रवचन अंग्रेजी में तैयार किया। पहले यह काम निर्मल बोस करते थे। इस प्रवचन का मनु ने हिंदी में अनुवाद किया। दिन भर के काम से फारिग होने के बाद महात्मा ने निर्मल को लिखा-'अब जब आप चले ही गए हैं तो मैं कहना चाहूंगा कि इस तरह एकाएक आपका चला जाना मुझे अच्छा नहीं लगा। मनु परेशान रही और 'वाई' ने पूछा कि क्या आपके एकाएक चले जाने का कारण वह हैं। मैंने उससे कहा कि मैं ऐसा नहीं समझता; लेकिन मेरी 'नहीं' में अनिश्चय की ध्वनि थी। यदि आप विश्वविद्यालय के बुलावे पर गए और आपके जाने का अन्य कोई कारण नहीं था, तो मुझे कुछ नहीं कहना है। फ्रायड का दर्शन क्या है? मैंने उसकी कोई चीज नहीं पढ़ी है। एक मित्र ने, जो स्वयं प्रोफेसर हैं और फ्रायड के अनुयायी हैं, उसके सिद्धान्तों की थोड़ी देर चर्चा की थी। आप ऐसी चर्चा करने वाले दूसरे व्यक्ति हैं। मैं अपनी इस राय पर जोर नहीं देना चाहता कि आप निष्कर्ष निकालने में जल्दबाजी करते हैं। आपको चाहिए कि आप तीनों संबंधित व्यक्तियों को ज्यादा अच्छी तरह जान लें। आप उन तीनों के साथ न्याय नहीं कर रहे हैं। क्या आपने मेरे पत्र और मेरे साथ हुई चर्चा के प्रकाश में मेरी यह स्थिति स्वीकार कर ली है कि मैं आधुनिकता का अपराधी नहीं हूं? आपने 'क' को लिखे पत्र में जो राय व्यक्त की है, यदि आप उसी पर कायम हैं, तो

आपका मेरे प्रति यह कर्तव्य है कि आप अपना दृष्टिकोण मुझे समझाएं और मैं अपने-आपको जितना समझता हूं, उससे ज्यादा बेहतर तरीके से समझने में मेरी मदद करें।'[42] चलते-चलते महात्मा ने निर्मल से कहा-'जल्दबाजी से नुकसान होता है।' नुकसान की स्थिति में कौन था निर्मल यह समझ रहे थे। वह बहुत भारी और उदास मन से वापस लौट रहे थे।

इसके बाद महात्मा ने सतीशचंद्र दास गुप्त को पत्र लिखा-'...पहली चीज तो तुमको यह दुखद खबर देनी है कि निर्मल बाबू कल अचानक यहां से चले गए। उन्होंने मुझे इस खबर के लिए दो दिन पहले तैयार कर दिया था। विश्वविद्यालय को उनकी जरूरत थी। उनका कुछ निजी काम भी था। इसलिए, उन्हें जाना था। लेकिन सहसा उन्होंने कल चले जाने का निश्चय कर लिया। उनकी मर्जी के विरुद्ध उन्हें रोकने और उनके तथा उनकी समझ से उनका उस समय जो धर्म था, उसके बीच आने का मेरा मन नहीं हुआ।'

प्रो. निर्मल बोस के जाने के बाद महात्मा अकेले ही मसूड़ी की कौमी आग में कूद गए। यहां कुछ महीने पहले हिंसा का जो तांडव हुआ उसने महात्मा को अंदर तक झकझोर दिया था। यहां कोई गांव ऐसा नहीं था जहां तबाही न हुई हो और कोई घर ऐसा नहीं था जहां से लाश न निकली हो। महात्मा आहत थे। उन्होंने कहा-'मैं न खुद चैन लूंगा और न दूसरों को चैन लेने दूंगा। मैं सब जगह घूम-घूमकर इधर-उधर बिखरे नर-कंकालों से पूछूंगा कि यह सब कैसे हुआ। मेरे भीतर एक आग जल रही है मुझे तब तक शांति नहीं मिलेगी जब तक मैं उस चुनौती का जवाब नहीं पा लूंगा जो हाल की घटनाओं ने हम सबको दी है।' सिर्फ हिंसा ही नहीं एक और आग थी जो महात्मा को तिल-तिल कर जला रही थी। उनके ब्रह्मचर्य का विवाद अनावश्यक रूप से गहरा रहा था।

महात्मा ने मनु के साथ सोने का प्रयोग स्थगित कर दिया था। हालांकि यह उनके लिए एक कठोर निर्णय था। लेकिन उनके आगे और कोई रास्ता नहीं बचा था। 25 मार्च, 1947 को महात्मा पटना में थे। उन्होंने अपने गहरे दोस्त होरेस अलेक्जेंडर को लिखा-'...मेरे अपने निजी मामले में जो-कुछ कर सकता हूं, मैंने किया है और कर रहा हूं। मैं समझता हूं कि तुम्हें मालूम ही है कि मनु अब मेरे साथ एक ही बिस्तर पर नहीं सोती। यह परिवर्तन उसने बापा को खुश करने के लिए मेरी पूरी सहमति से किया है। वह जो कर रही थी, उसमें बापा की दृष्टि में कोई गलती नहीं थी, लेकिन उन्होंने मनु से अपील की कि जब तक मैं बिहार में हूं और इस महत्त्वपूर्ण कार्य में लगा हुआ हूं, तब तक वह अलग सोए। मैं इस निर्णय से सहमत नहीं हूं। लेकिन मैं बहस नहीं करना चाहता था और इसलिए मैं तुरंत सहमत हो गया। इस पत्र को बोलकर लिखवाते समय मुझे याद आया कि तुम्हें इस बात का पता नहीं होगा, क्योंकि यह निर्णय मेरे ठहरने के अंतिम दिन

लिया गया था। जांच की चीज तो इस मामले में मेरी मनोवृत्ति है, यह देखना है कि वह सही है अथवा जैसा कि किशोरलाल और मेरे कुछ अन्य भारतीय मित्र सोचते हैं कि यह मेरी दमित काम वासना है, चाहे वह जितने भी अचेतन रूप से मुझमें विद्यमान हो। अपने अन्दर यह त्रुटि देखते ही मेरा संपूर्ण मानसिक दृष्टिकोण बदल जाएगा। वैसी स्थिति में तो मैं यही कहूंगा कि यह कमजोरी उस समय से ही मुझमें रही है जब मैंने ब्रह्मचर्य का व्रत लिया था, जो कि शायद 1902 में था। हो सकता है कि उनकी ब्रह्मचर्य की परिभाषा मेरी परिभाषा से भिन्न है। अगर इस मसौदे को जाना ही है तो मैं उसे बहुत थोड़े सुधारों के साथ वापस कर रहा हूं।'[43]

इस बीच एक दर्दनाक हादसा हो गया। बिहार प्रांतीय कांग्रेस कमेटी के अध्यक्ष प्रो. अब्दुल बारी को एक गोरखा सिपाही ने गोली मार दी। वह मोटर से घर लौट रहे थे। सिपाही ने उन्हें रोकना चाहा। वह नहीं रुके। सिपाही ने पीछे से उन्हें गोली मार दी। उन्होंने मौके पर ही दम तोड़ दिया। बारी महात्मा के अटूट भक्त थे। अभी कुछ दिन पहले ही वह अपनी बेटियों को लेकर महात्मा से मिलने आए थे। मनु इन लड़कियों से बतियाने लगी तो बारी साहब नाराज हो गए। कहने लगे इन लड़कियों के साथ बातें करके तुम वक्त खराब कर रही हो। तुम्हें बापू को एक पल के लिए भी अकेला नहीं छोड़ना चाहिए। मनु ने हंसते हुए कहा कि मैं तो बापू का ही काम कर रही हूं। उनका आदेश है कि मैं मुस्लिम बहनों से मेलजोल बढ़ाऊं। लेकिन 28 मार्च को यह हादसा हो गया। महात्मा बारी साहब के घर पहुंचे तो लड़कियां विलाप कर रही थीं। बापू हमारे अब्बाजान कहां चले गए? लड़कियों को रोता देख मनु खुद रोने लगी। लौटते वक्त महात्मा मनु से बोले तुममे अभी तक हिम्मत नहीं आई। गीता को केवल पढ़ने के लिए नहीं पढ़ना चाहिए।

मनु शिविर पर लौटी तो सामान बांधने में जुट गई। कल दिल्ली के लिए रेल पकड़नी थी। महात्मा जिन दिनों बिहार के गांवों में घायल मुसलमानों के जख्मों पर मलहम लगा रहे थे उन दिनों लंदन के प्रधानमंत्री का दफ्तर हिंदुस्तान के लिए नया वायसराय चुन रहा था। इस पद के लिए जिस व्यक्ति का चुनाव हुआ था वह निःसंदेह इंग्लैंड का सबसे मशहूर आदमियों में एक था। लुई फ्रांसिस एल्बर्ट विक्टर निकोलस माउंटबेटन। नाम की तरह इस छह फुट लंबे आदमी का व्यक्तित्व भी भव्य था। उसके बारे में कहा जाता था कि वह कुछ भी कर सकता है सिवाय अपनी खूबसूरत और विलक्षण बीवी एडविना माउंटबेटन को तकलीफ पहुंचाने के। वह जानता था की लड़ाई कैसे जीती जाती है। दक्षिण-पूर्व एशिया के प्रधान सेनापति की हैसियत से वह यह साबित कर चुका था।

माउंटबेटन चाहते थे कि वह अंतिम वायसराय की हैसियत से हिंदुस्तान आएं। ब्रिटेन की सरकार से उनकी शर्त थी उनके दिल्ली हवाईअड्डे पर उतरने से

पहले हिंदुस्तानियों को उस तारीख की खबर हो जाए कि कब उनका मुल्क आजाद होगा। इसलिए 20 फरवरी, 1947 को हाउस ऑफ कॉमंस में प्रधानमंत्री एटली ने ऐलान किया था कि 28 जून, 1948 से पहले भारत की हुकूमत एक जिम्मेदार हिंदुस्तानी हूकूमत को सौंप दी जाएगी। इस घोषणा का हिंदुस्तान में जोरदार स्वागत हुआ था।

लॉर्ड माउंटबेटन 22 मार्च को दिल्ली आ चुके थे। लेकिन शुरुआत ही गड़बड़ हो गई। वायसराय की हैसियत से उनका पहला दस्तखत एक ऐसे कागज पर हुआ जिसमें एक व्यक्ति को फांसी की सजा होनी थी। इस व्यक्ति ने सरेआम अपनी पत्नी को पीट-पीटकर मार डाला था। दया की अंतिम अपील वायसराय के सामने आई थी। मशहूर किताब 'फ्रीडम एट द मिड नाइट' में कालिंस और लापियर ने लिखा कि माउंटबेटन को यह स्थिति दिलचस्प और भयानक लगी। इस मामले में दया की कोई गुंजाइश नहीं थी क्योंकि मामले की पूरी तरह से छानबीन हो चुकी थी। लॉर्ड माउंटबेटन ने लिखा-'ऐसी कोई सूरत नहीं दिखाई देती कि राज्य की ओर से माफी के विशेषाधिकार का इस्तेमाल किया जाए। यानी क्षमा याचिका खारिज।'

नि:संदेह इस मौके पर लॉर्ड माउंटबेटन को खयाल आया होगा कि उनकी जगह मिस्टर गांधी होते तो क्या करते? यह विचार उन्हें हल्की-सी मुस्कराहट दे गया। माउंटबेटन जल्द से जल्द वह काम शुरू कर देना चाहते थे जिसके लिए उन्हें यहां भेजा गया था। अपने निजी सचिव को बुलाकर उन्होंने दो पत्र टाइप कराए। अन्य बातों के अलावा इस खत में खास मजमून था कि ब्रिटिश सरकार का यह नुमाइंदा उनसे मिलने के लिए बेताब है। इनमें एक पत्र के लिफाफे पर काले अक्षरों में मि. मोहम्मद अली जिन्ना और दूसरे लिफाफे पर मि. मोहनदास करमचंद गांधी।

महात्मा को जब यह पत्र मिला तो वह जख्मी बिहार के ग्रामीण अंचलों में मलहम-पट्टी कर रहे थे। उन्होंने वायसराय से थोड़ा वक्त मांगा। उन्होंने जवाबी पत्र में लिखा कि दिल्ली आने की वह ठीक तारीख अभी नहीं बता सकते। वह नहीं चाहते थे कि वायसराय समझें कि महात्मा उनसे मिलने के लिए बेचैन हैं। जबकि सच्चाई यह नहीं थी। दिल्ली जाने के लिए 30 मार्च की तारीख तय हुई।

लॉर्ड माउंटबेटन महात्मा को लाने के लिए अपना निजी यार्क विमान भेजना चाहते थे। लेकिन महात्मा ने तब तक रेल के तीसरे दर्जे के टिकट मंगा लिए। स्पेशल रेल का सुझाव भी महात्मा ने ठुकरा दिया। लेकिन अति उत्साह में एक कांग्रेसी महिला ने रेल के दो डिब्बे रिजर्व करा लिया। महात्मा को मालूम चला तो वह फट पड़े। अगले स्टेशन पर रेल रुकवाई गई। महात्मा ने स्टेशन मास्टर को बुलाया और दूसरे मुसाफिरों को हुई असुविधा के लिए माफी मांगी। उनका

डिब्बा भी आम मुसाफिरों के लिए खुल गया। महात्मा का डिब्बा भीड़ से ठसाठस भर गया।

और तब ऐसी घटना हुई जिसकी कल्पना खुद महात्मा भी नहीं कर सकते थे। एक पुरानी इंगरसोल घड़ी जो हमेशा एक डोर से उनकी कमर में बंधी रहती थी वह किसी ने चुरा ली थी। आठ शिलिंग की इस घड़ी से महात्मा का पुराना लगाव था। उन्हें दुख इस बात का नहीं था कि उनकी एक प्रिय वस्तु खो गई। उन्हें दुख था कि लोग उनकी बातें अभी समझ नहीं पाए हैं। घड़ी चोरी होने की बात उन्होंने किसी से नहीं बताई। इसका खुलासा उन्होंने अगले दिन लॉर्ड माउंटबेटन से पहली मुलाकात के दौरान किया। माउंटबेटन और उनकी पत्नी इस घटना को सुनकर हतप्रभ रह गए। इस देश में क्या उस आदमी की भी कोई चीज चोरी हो सकती है जो खुद फकीर है और जिसे लोग महात्मा कहकर बुलाते हैं।

थोड़ी ही देर में माउंटबेटन दंपति महात्मा से घुलमिल गए। महात्मा को दिल जीतने की कला आती थी। मुगल गार्डन से लौटते वक्त महात्मा ने बहुत सहजता से अपना हाथ लेडी माउंटबेटन के कंधे पर रख दिया। वैसे ही जैसे वह मनु के कंधे पर रखते थे। दूसरी मुलाकात में महात्मा मनु को भी साथ ले गए। महात्मा ने सफेद शाल ओढ़ रखी थी। पांव नंगे थे। एक हाथ में लाठी थी और दूसरे हाथ से मनु के कंधे का सहारा। मनु भी महात्मा-सी दुबली-पतली। उसकी आंखों पर भी महात्मा की तरह गोल चश्मा था। अखबारों में ठीक ऐसी ही तसवीर माउंटबेटन दंपति कई बार देख चुके थे। मनु का वायसराय से औपचारिक परिचय हुआ। माउंटबेटन ने कहा-'तुम बड़ी किस्मतवाली हो। मेरी लड़की पामेला कहती है कि मि. गांधी के साथ तुम्हारी फोटो देखकर उसे ईर्ष्या होती है। मैं उसे तुम्हारी प्रार्थना सभा में भेजूंगा।'

महात्मा ने वायसराय से पूछा कि क्या इस बीच मनु आपके बगीचे में घूम सकती है ताकि हमारी बातचीत बिना किसी रुकावट के हो सके।

'क्यों नहीं'- वायसराय का जवाब था। फिर वे मनु से बोले 'ये सब तुम्हारा ही है। हम तो केवल ट्रस्टी हैं। यह सब हम तुम्हें ही सौंपने आए हैं। महात्मा ने हंसते हुए कहा कि हथियारों की जांच के लिए आप इसकी तलाशी ले सकते हैं।' वायसराय ने मुस्कराकर जवाब दिया-'आपकी शिष्या को हथियार की जरूरत नहीं।'

महात्मा और माउंटबेटन अध्ययन कक्ष की तरफ बढ़ गए जहां दोनों के बीच बातचीत शुरू होनी थी। लेडी माउंटबेटन अकेली हो गईं। उन्होंने दूर से देखा कि नन्हीं मनु बगीचे में पेड़ों और पौधों के झुरमुट में घूम रही है। लाल रंग की वर्दी में एक सेवक उसके पीछे-पीछे सतर्कता से चल रहा है। कोई यह सोच भी कैसे सकता है कि बंगाल की काली रातों में जब ये लोग साथ-साथ सोते हैं तो महात्मा

ने इस बच्ची का फायदा उठाया होगा। और हिंदुस्तानियों में वह कौन अदमी हो सकता है जिसके नीच दिमाग ने ऐसी अश्लील कल्पना की होगी? 'उस छोटी-सी लड़की ने अपना सिर घुमाकर वायसराय के आलीशान आशियाने को देखा। उसके गंभीर चेहरे पर किशोरावस्था के उल्लास का कोई चिह्न नहीं था। वह टहल रही है लेकिन दौड़ती नहीं। ईश्वर ही जानता है कि इन उदास आंखों ने नोआखली में क्या देखा होगा। इतनी छोटी लड़की जिसकी किस्मत में अपने मशहूर पितामह के पैरों में मालिश करना लिखा है।'[44]

महात्मा कुछ दिन दिल्ली रहे। वायसराय से उनकी बातचीत कामयाब नहीं रही। महात्मा का प्रस्ताव उनके व्यक्तित्व की तरह जटिल था। वह चाहते थे कि जिन्ना चाहें तो पूरे हिंदुस्तान को पाकिस्तान बना दें। बंटवारे की क्या जरूरत है। जिन्ना इस देश के बहुसंख्यक हिंदुओं के प्रधानमंत्री बन सकते हैं। वे चाहें तो मुस्लिम लीग के सारे नेताओं को मंत्री बना दें। लेकिन ईश्वर के लिए इस देश के दो टुकड़े करने की बात भूल जाएं। वायसराय को प्रस्ताव आकर्षक लगा हालांकि वह जानते थे कि कांग्रेस इसके लिए मरते दम तक राजी नहीं होगी।

लेकिन माउंटबेटन को यह नहीं मालूम था कि कांग्रेसी तो दूर खुद मि.जिन्ना इस प्रस्ताव को मंजूर नहीं करेंगे। वह हर उस प्रस्ताव के खिलाफ थे जिसमें भारत को एक राष्ट्र का दर्जा देने की बात रहती। माउंटबेटन ने जब महात्मा से पूछा कि आपके इस प्रस्ताव पर मि. जिन्ना की क्या प्रतिक्रिया होगी? महात्मा ने मुस्कराकर कहा अगर उसे पता चलेगा कि यह सुझाव मेरा है तो वह कहेगा काइयां गांधी।

महात्मा का यह प्रस्ताव वायसराय भवन से बाहर निकला तो हंगामा खड़ा हो गया। वायसराय का दफ्तर पहले ही मानकर चल रहा था कि यह प्रस्ताव एक हसीन बकवास के अलावा और कुछ नहीं। उन्होंने अपने नए वायसराय को सलाह दी कि वह महात्मा की मोहनी से बाहर निकलें। यह प्रस्ताव सिर्फ प्रार्थना सभा के प्रवचनों का हिस्सा बन सकते हैं। जिस सत्ता के लिए कांग्रेसियों ने ब्रिटिश हुकूमत को हिला दिया वह सत्ता कांग्रेसी एक बूढ़े संत के कहने पर हाथ से फिसलने नहीं देंगे। 'हिज हाइनेस' के लिए बेहतर यह है कि वह शांत रहें और तेल और तेल की धार देखें।

उस समझदार सेनापति ने यही किया। महात्मा कांग्रेस की वर्किंग कमेटी में अपना प्रस्ताव लेकर आए। लेकिन प्रस्ताव से पहले ही कांग्रेस गर्म हो चुकी थी। पूरे वातावरण में अप्रैल की गर्मी और तनाव तारी था। उन्होंने कहा बंटवारे से हमारी समस्याएं हल नहीं होगी। लेकिन महात्मा को सुनने के लिए कोई राजी नहीं था सिवाय बादशाह खान के। महात्मा को लगा किसी ने कहा आप यहां क्या कर रहे हैं? आपकी असली जगह नोआखली और बिहार में ही है। वल्लभभाई पटेल महात्मा के इस प्रस्ताव के कट्टर विरोधी थे। 11 अप्रैल को महात्मा ने वायसराय

को पत्र लिखकर कह दिया कि — 'मैं नाकाम रहा। समझौते की चर्चा में मुझे शामिल न समझें। जो कांग्रेस जन अंतरिम सरकार में हैं वे प्रौढ़ और अनुभवी हैं। राष्ट्र के तपे हुए सेवक हैं। कांग्रेस को आगे क्या करना है। यह निर्णय अब यही लोग करेंगे। ये लोग आपके बेहतर सलाहकार साबित होंगे।'

महात्मा मर्माहत थे। जिस कांग्रेस पर उन्होंने अंधा विश्वास किया उसने उन्हें ठोकर मार दी। अगले दिन टाइम्स ने छापा– महात्मा का फार्मूला कांग्रेस ने नामंजूर कर दिया इसलिए वह बिहार जा रहे हैं। इस खबर से पहली बार महात्मा अखबार वालों पर नाराज हुए। वह बिहार इसलिए नहीं जा रहे थे कि कांग्रेस ने उनके प्रस्ताव को ठुकरा दिया था। वह बहुत दुखी और उदास मन से पटना जाने वाली ट्रेन के तीसरे दर्जे के डिब्बे में बैठे। उन्हें विदा करने बहुत कम कांग्रेसी नेता स्टेशन तक आए थे। महात्मा के हाथों में एक पत्र था जो एक संदेशवाहक उन्हें स्टेशन पर दे गया था। उन्होंने कांपते हाथों से पत्र खोला–

मेरे धर्मयात्री,

'मुझे मालूम हुआ कि आप फिर बिहार के अपने चुने हुए विषादपूर्ण मार्ग की यात्रा के लिए प्रस्थान कर रहे हैं। आपका विषादपूर्ण मार्ग करोड़ों पीड़ित मानव हृदयों के लिए आशा और सांत्वना का मार्ग हो सकता है। आपकी धर्मयात्रा कल्याणकारी हो। मैं अब भी अत्यंत कमजोर हूं अन्यथा आपको विदा देने के लिए हरिजन बस्ती पहुंच जाने की कोशिश करती। परंतु आपको न देखने पर भी आप जानते हैं कि मेरा प्रेम और मेरी श्रद्धा आपके साथ है।'

आपकी अम्माजान
सरोजनी नायडू [45]

आजादी के लिए चल रहे ड्रामे में अब महात्मा का रोल खत्म हो चुका था। कांग्रेस ने महात्मा से किनारा कर लिया था। ये महात्मा के लिए तकलीफदेह पल थे। वह पटना लौट आए। गांधी कैंप में महात्मा उस सुबह टहलते वक्त भावुक हो गए थे। न जाने क्यों आज उन्हें नोआखली और बीती बातें याद आ रही थीं। उन्होंने मनु को पास बुलाया और कहने लगे–'मैं अतिशयोक्ति और झूठ के बीच घिर गया हूं। खोज करने पर भी अभी तक सत्य नहीं मिला है। परंतु इतना तो लगता है कि मैं ईश्वर और सत्य के अधिक निकट पहुंचा हूं। लेकिन इससे मेरी कितने ही पुराने मित्रों से मित्रता टूट भी गई हैं। फिर भी मुझे इसका अफसोस नहीं होता और यह इस बात का सुबूत है कि मैं ईश्वर के समीप पहुंचा हूं। इसीलिए मैं सबको साफ कह सकता हूं और लिख सकता हूं। जिन 11 व्रतों का मैंने अनुमोदन किया है, उन्हें मैं पूरी तरह आचरण में ला सका हूं। यह 60 वर्ष की तपस्या का परिणाम है। इसमें निमित्त तुम बनी हो। वर्षों से जिस पवित्रता और सत्य के दर्शन के लिए मैं तरस रहा था, उसकी झांकी मैंने इस यज्ञ में की है और इसमें तुमने पूरा योग

दिया है। फिर भी तुम्हारी उम्र इतनी छोटी है कि आज इस यज्ञ का परिणाम तुम अनुभव नहीं कर सकतीं।... आज घूमते समय कोई बात करने वाले नहीं आए, इसलिए तुमसे इतनी बातें करने का समय मिल गया।'[46]

महात्मा ने अपने वादे के मुताबिक मनु का साथ जीवन भर नहीं छोड़ा। वह हर वक्त परछाई की तरह उनके साथ रहती। उनके साथ सोती और जागती। प्यारेलाल के मुताबिक 'मतभेद रखने वाले साथियों को सूचना देकर महात्मा ने अपना प्रयोग फिर शुरू कर दिया, जो जीवन के अंत तक चलता रहा।'[47]

पटना में हालात सामान्य हो रहे थे। महात्मा भी थक चुके थे। वह अब स्थिर होना चाहते थे। मई के अंतिम सप्ताह में महात्मा पटना से दिल्ली लौट आए। लेकिन दिल्ली में उनका मन नहीं लग रहा था। बंटवारे को लेकर पूरा देश जल रहा था। पटना से लेकर नोआखली और कलकत्ता से लेकर लाहौर हर तरफ आग लगी थी। हिंदू और मुसलमान एक-दूसरे के खून के प्यासे हो रहे थे। इन्हें सिर्फ एक आदमी काबू में कर सकता था। और यह आदमी था मोहनदास कर्मचंद गांधी जिसका लंबा-चौड़ा नाम महात्मा में आकर सिमट गया था।

दिल्ली में 15 अगस्त के उत्सव की तैयारियां शुरू हो चुकी थीं। पं. नेहरू इसे यादगार दिन के रूप में मनाना चाहते थे। सारे देश की निगाहें 15 अगस्त के ऐतिहासिक मौके पर लगी थीं। लेकिन महात्मा जानते थे कि उनकी जगह दिल्ली में नहीं। अगस्त, 1947 का पहला सप्ताह महात्मा ने कश्मीर में बिताया। वह अपने साथ मनु, आभा और डॉ. सुशीला तीनों को कश्मीर लेकर गए थे। कश्मीर से लौटकर वह सीधे फिर नोआखली जाना चाहते थे। लेकिन कलकत्ते में इस बार हालात ज्यादा खतरनाक थे। पश्चिम बंगाल की कमान इस बार लीग के शहीद सुहरावर्दी नहीं बल्कि कांग्रेस नेता डॉ. प्रफुल्लचंद्र घोष के हाथ में थी। नए मंत्रिमंडल ने पिछले महीने ही शपथ ली थी। मुस्लिम अफसरों का तबादला पूर्वी बंगाल में किया जा चुका था। हिंदुओं के लिए अगस्त 1946 के भयानक कत्लेआम का बदला चुकाने का वक्त आ गया था।

महात्मा कलकत्ते के अपने सोदपुर आश्रम पहुंचे ही थे कि शहर के पूर्व मेयर मुहम्मद उस्मान और दूसरे मुस्लिम नेता उनके कदमों में गिर गए। उन्होंने कहा कि हिंदू बदला लेने के लिए कुछ भी कर सकते हैं। इस वक्त आपकी जगह नोआखली में नहीं यहीं कलकत्ते में है। 15 अगस्त तक यहीं रुक जाइए। चतुर महात्मा तुरंत सौदेबाजी पर उतर आए। उन्होंने उस्मान से कहा-'आप नोआखली की गारंटी लेंगे?' उस्मान गारंटी देने की हैसियत में नहीं थे।

शहीद सुहरावर्दी को खबर मिली कि महात्मा कलकत्ते में हैं तो उन्होंने तुरंत दिल्ली से वापसी का टिकट कटाया। सुहरावर्दी जानते थे कि कलकत्ता के मुसलमानों को केवल यही आदमी बचा सकता है। सुहरावर्दी 11 अगस्त को सोदपुर आश्रम में आधी रात को महात्मा से मिले। उन्होंने महात्मा से दरख्वास्त की कि वह

कलकत्ते रुक जाएं। महात्मा तैयार हो गए। लेकिन उनकी शर्त थी कि सुहरावर्दी भी वहीं उनके साथ हिंदु बहुल इलाके में रुकेंगे जहां मारकाट होने की सबसे ज यादा आशंका है। शर्त सुनकर सुहरावर्दी के गले में थूक अटक गई। उन्होंने रात भर इस प्रस्ताव पर विचार करने का वक्त मांगा। महात्मा ने अपने खास अंदाज में मुस्कराते हुए कहा कि अपने बुजुर्ग पिता और बेटियों से सलाह लेने के बाद बताइए कि आपका क्या फैसला है।

सुबह सुहरावर्दी बिना शर्त महात्मा का प्रस्ताव मानने के लिए राजी हो गए। महात्मा को बताया गया कि सुहरावर्दी भरोसे के लायक बिलकुल नहीं। महात्मा का जवाब था कि— 'मेरे बारे में भी कुछ लोगों का यही खयाल है।' तय हुआ कि गांधीजी और सुहरावर्दी 'हैदरी मेंशन' में रुकेंगे। इस जर्जर और गंदे मकान का मुस्लिम मालिक घर छोड़कर भाग गया था। मनु और आभा ने गंदे कमरे की सफाई की। यह मुस्लिम इलाका था जिसे चारों तरफ से हिंदू आबादी ने घेर रखा था। महात्मा जब इस मकान में पहुंचे तो हिंदुओं की भीड़ ने इस गंदे मकान को घेर लिया। भीड़ नीचे चिल्ला रही थी कि गांधी वापस जाओ। तुम तब कहां थे जब पिछले साल कलकत्ते में हिंदू काटे जा रहे थे। और ये सुहरावर्दी उस हत्याकांड का जिम्मेदार था। सुहरावर्दी डर के मारे मकान के भीतरी हिस्से में छुप गए थे।

13 अगस्त की शाम हिंदुओं का एक प्रतिनिधिमंडल महात्मा से बात करने हैदरी मेंशन आया। महात्मा ने उन्हें समझाया कि कलकत्ते में अगर गड़बड़ हुई तो पूरा देश जल उठेगा। मैं हिंदुओं का दुश्मन नहीं हूं। हिंदू किसी का दुश्मन नहीं हो सकता। महात्मा हिंदू नेताओं को समझाने में कामयाब रहे। 14 अगस्त की शाम प्रार्थना सभा 'हैदरी मेंशन' के अहाते में हुई। इसमें हजारों लोग आए। लेकिन अचानक माहौल बिगड़ गया। भीड़ ने महात्मा से कहा–'सुहरावर्दी को बाहर निकालो।' महात्मा सुहरावर्दी को खिड़की पर लाए। महात्मा बीच में खड़े थे उनका एक हाथ सुहरावर्दी के कंधे पर था और दूसरा मनु के। भीड़ से आवाज आई– 'क्या आप कलकत्ते के हत्याकांड के गुनाहगार नहीं?' थर-थर कांपते सुहरावर्दी ने कहा–'हां, हम सब हैं।' भीड़ ने फिर कहा–'जवाब दो।' इस बार सुहरावर्दी ने माना कि 'हां मेरी जिम्मेदारी थी।' सुहरावर्दी से और सवाल-जवाब हुए। किसी तरह संकट टला। भीड़ छंट गई। रात नौ बजे सुहरावर्दी महात्मा को झील की सैर कराने ले गए। लौटते वक्त देर हो गई। रात ग्यारह बजे वह नींद की आगोश में हो गए। 14–15 अगस्त 1947, की रात बारह बजे जब देश के दो टुकड़े हुए तो महात्मा गहरी नींद में थे। इसके दो घंटे बाद उनकी आंख खुली तो उन्होंने पाया कि वह आजाद मुल्क में हैं। यह रोमांचक क्षण थे। 182 साल पुराना अंग्रेजी हुकूमत का बोझ कंधे से उतर चुका था।

15 अगस्त, 1947 को शुक्रवार का दिन था। जुमे का यह दिन मुसलमानों

के लिए खास अहमियत रखता है। मजहब में यकीन रखने वाले मुसलमानों की कोशिश होती है कि इस दिन वह पांचों वक्त की नमाज जरूर पढ़ लें। कलकत्ते के तनावपूर्ण माहौल में यह दिन किसी भी पल कयामत के दिन में बदल सकता था। लेकिन सुबह से ही हैदरी मेंशन के सामने महात्मा के दर्शन के लिए लोगों की भीड़ जमा थी। भीड़ में हिंदू भी थे और मुसलमान भी। यह उनके लिए गर्व की बात थी कि आजादी का पहला दिन वह महात्मा गांधी के साथ मना रहे हैं। जिस समय देश की राजधानी दिल्ली में प्रधानमंत्री पं. जवाहरलाल नेहरू आजाद हिंदुस्तान का केसरिया, सफेद और हरे रंग का झंडा ऊपर चढ़ा रहे थे, उस समय महात्मा कलकत्ते की गंदी बस्ती में सुहरावर्दी के साथ प्रार्थना सभा में नाराज भीड़ को शांत कर रहे थे। सुहरावर्दी ने कहा–'मुसलमानों को जय हिंद कहने के लिए मजबूर किया जा रहा है। मुसलमान मजबूरी से कुछ नहीं करेंगे। लेकिन अपनी खुशी से जय हिंद जरूर कहेंगे। आप सब मेरे साथ बोलिए–जय हिंद।' 'एक आदमी की सीमा सेना' ने सब कुछ संभाल लिया था।

कलकत्ता में गांधीजी के रहते जो हुआ उसे चमत्कार का नाम दिया गया। दिल्ली से लेकर लाहौर जल रहा था। खुद माउंटबेटन ने पं. नेहरू से कहा कि पंजाब को महात्मा की जरूरत है क्योंकि चमत्कार वही कर सकते हैं। कश्मीर से लौटते वक्त महात्मा सुशीला नैयर को रावलपिंडी के पास वाह के गैर मुस्लिम कैंप में छोड़ गए थे। सुशीला पाकिस्तान से भागकर आए सिखों की सेवा में लगी थी। लेकिन इन निराश्रितों को उपद्रवियों से रक्षा के लिए महात्मा की जरूरत थी। सिख कैंपों में मजाक चल रहा था। एक कहता बूढ़े ने खूब चाल चली। कितना चालाक है वह। दूसरे ने कहा–यह लड़की हमारी क्या रक्षा करेगी। तीसरे ने चुटकी ली–महात्मा जी हमारी रक्षा के अपनी अहिंसक तोप छोड़ गए हैं।

लेकिन कलकत्ता का चमत्कार ज्यादा दिन नहीं टिक सका। शहर में शांति देख महात्मा ने 2 सितंबर को नोआखली जाने का ऐलान कर दिया। उस से एक दिन पहले की रात उपद्रवियों ने महात्मा के कैंप पर ही हमला बोल दिया। रात करीब दस बजे महात्मा अपने कमरे में सो रहे थे। मनु और आभा उनके अगल–बगल सोए थे। तभी पत्थर लगने से खिड़की का कांच टूटने की आवाज आई। दोनों लड़कियां उठीं। महात्मा की नींद नहीं टूटी थी। दोनों लड़कियां भीड़ को समझाने बाहर आ गईं। दंगाई घर में घुसकर तोड़–फोड़ शुरू करने लगे। मनु और आभा ने उन्हें समझाने की कोशिश की लेकिन भीड़ उत्तेजित थी। पर वे मानने को राजी नहीं थे। दंगाई हिंदू थे। वह शहीद सुहरावर्दी को खोज रहे थे। लेकिन महात्मा के साथ रहने के करार को तोड़कर चतुर सुहरावर्दी रात में अपने आलीशान बंगले में सोने चले जाते थे। भीड़ ने मनु और आभा पर तो हमला नहीं किया लेकिन पाजामा पहने गांधी मंडली के एक कार्यकर्ता को मुसलमान समझकर पीट दिया। शोर सुनकर महात्मा जग गए। लेकिन उन्हें कार्यकर्ताओं ने बाहर नहीं निकलने

दिया। महात्मा का उस दिन मौन व्रत था। लेकिन उन्होंने मौन व्रत तोड़ते हुए दंगाइयों को ललकारा-'आओ मुझे मारो। मैं तुम्हारा हमला सहने को तैयार हूं।' यह बात उन्होंने तीन बार दोहराई लेकिन भीड़ पर कोई फर्क नहीं पड़ा। कांच की खिड़कियां एक-एक करके टूट रही थीं। इतने में घर के दो मुस्लिम सदस्यों को भीड़ ने दौड़ा लिया। एक घायल था। वह महात्मा के पीछे छुप गया। तभी सामने से एक लाठी लगभग उड़ती हुई आई और सामने दीवार से टकरा गई। महात्मा बाल-बाल बचे। वरना वहीं ढेर हो जाते। महात्मा भर्राई हुई आवाज में बोले-'15 अगस्त को जो शांति स्थापित हुई थी क्या उसकी असलियत यही है?' थोड़ी देर में पुलिस आ गई। सब कुछ मौके पर संभाल लिया गया लेकिन महात्मा का चमत्कार कमरे में बिखरे हुए कांच के टुकड़ों चिंदी-चिंदी हो गया था।

अगले दिन महात्मा पर हमले की खबर शहर में फैल गई। शहर में फिर दंगे भड़क गए। दोपहर महात्मा ने जूस पीने से इंकार कर दिया। महात्मा ने मनु को बुलाकर कहा आज रात से मेरा उपवास शुरू होता है। यह उपवास शहर में शांति कायम होने के बाद ही टूटेगा। लेकिन कलकत्ता में शांति स्थापित होने में तिहत्तर घंटे लग गए। दोनों तरफ के दंगाइयों ने अपने हथियार लाकर बापू के चरणों में रख दिए। महात्मा दो दिन कलकत्ते में और रुके। 7 सितंबर की रात उन्होंने पश्चिम बंगाल के सूनसान रेलवे स्टेशन बेलूर से दिल्ली के लिए ट्रेन पकड़ी। उन्हें विदा करने स्टेशन पर सहुरावर्दी खुद आए थे। सुहरावर्दी की आंखें आंसुओं से भीगी हुई थीं। कलकत्ता के लोगों ने उन्हें पहली बार रोते देखा था।

महात्मा पंजाब जाने के लिए दिल्ली आ रहे थे। लेकिन दिल्ली खुद जल रही थी। महात्मा के मुताबिक दिल्ली मुर्दों की नगरी बन गई थी। जिस दिन महात्मा ने कलकत्ते में अपना उपवास तोड़ा था उसी दिन दिल्ली में दंगे भड़क गए। महात्मा को इस बार भंगी बस्ती के बजाय बिड़ला भवन लाया गया। महात्मा ने ऐलान किया कि जब तक दिल्ली शांत नहीं होती वह और कहीं नहीं जाएंगे। दिल्ली शांत हुई लेकिन उनकी मौत के बाद।

कलकत्ते से लौटने के बाद महात्मा केवल पांच महीने और जीवित रहे। यह पांच महीने उनके लिए कष्टदायी रहे। उन्हें कुकुर खांसी और ज्वर ने घेर लिया। बिड़ला भवन में मनु और आभा उनके साथ ही सोती थीं। हालात सुधरने का नाम नहीं ले रहे थे। सरदार पटेल ने हिंदुस्तानी मुसलमानों से साफ कह दिया था कि हम एक नाव पर बैठे हैं। साथ डूबेंगे या साथ उबरेंगे। आप दो घोड़ों की सवारी नहीं कर सकते। आप कोई एक घोड़ा जो भी उत्तम लगे चुन लीजिए। मतलब साफ था। मुसमलानों को भारत या पाकिस्तान में किसी एक को चुनना था। उन्हें दोनों में किसी एक के प्रति वफादार रहना था। नेहरू और सरदार पटेल में दूरियां बढ़ रही थीं। महात्मा अकेले पड़ते जा रहे थे।

हे राम या आह

अपनी मौत से एक महीना पहले तक महात्मा अकेले और अलग-थलग पड़ गए थे। इस दौर में प्यारेलाल ने उन्हें सबसे ज्यादा दुखी पाया। महात्मा ने किसी को पत्र लिखा कि 'आलीशान भवन में मैं प्रेमी मित्रों के बीच घिरा हूं परंतु मेरे भीतर शांति नहीं है।' महात्मा के पुराने मित्रों ने उनसे किनारा कर लिया था। उनकी जी हुजूरी में लगे रहने वाले सभी कांग्रेस नेता राजसत्ता की मद में डूब चुके थे। वे उनकी सुनते नहीं थे। महात्मा को डर था कि वह किसी भी दिन उनसे आकर कहेंगे-'इस बूढ़े की बात हमने बहुत रखी, अब वह हमें अपना काम क्यों नहीं करने देता।' उनके रास्ते पर चलने वाले सीमांत गांधी और विनोबा जैसे कुछ संत रह गए थे। महात्मा देख रहे थे कि 'कांग्रेस के भवन की एक के बाद दूसरी ईंट ढीली होकर गिर रही है। कांग्रेस निस्तेज हो गई है।' देश सेवा के नाम पर तमाशा चल रहा है। दिल्ली की फैशनपरस्त अमीर औरतें बन-संवर कर निराश्रितों के कैंप में स्वयंसेवा करतीं। महात्मा उन्हें उलाहना देते-'निराश्रित कैसे आप का विश्वास और आदर कर सकते हैं। जबकि आप रेशमी साड़ियां पहने इंद्र की परियां बनकर उनके बीच आती हैं।' वह कहते कि ये आजादी नहीं है। भारत स्वाधीन नहीं हुआ। राजधानी मुर्दों की नगरी दिखाई देती है। हर आदमी दूसरे के खून का प्यासा है। हिंदुस्तानी अपने हिंदुस्तानी भाई से डरता है। इसे आप स्वाधीनता कहेंगे?

अपने अंतिम वक्त में महात्मा चिड़चिड़े हो चले थे। बात-बात पर कहते- 'देखते नहीं मैं अपनी चिता पर बैठा हूं।' कभी कहते- 'तुम्हें मालूम होना चाहिए कि एक मुर्दा तुमसे यह कह रहा है।'

सर्वविदित है 30 जनवरी, 1948 को जीवन के अंतिम क्षणों में मनु और आभा महात्मा के साथ थीं। प्रार्थना सभा जाते वक्त महात्मा का हाथ दो नवयुवतियों के कंधे पर था। महात्मा इन लड़कियों से बात कर रहे थे। यह अंतिम बातचीत कुछ इस तरह थी।

आभा ने कहा : 'बापू आपकी घड़ी को जरूर यह लगता होगा कि आप उसकी परवाह नहीं करते। आप उसकी तरफ देखते ही नहीं।'

मैं क्यों देखूं, जब दोनों मुझे ठीक समय बता देती हो?

दोनों लड़कियों में से एक ने पूछा : 'लेकिन आप तो समय बताने वाली लड़कियों की तरफ देखते ही नहीं।' बापू फिर हंसे। प्रार्थना स्थल की सीढ़ियों तक पहुंचते हुए उन्होंने अंतिम बात कही : प्रार्थना में दस मिनट देर से पहुंचा हूं इसमें तुम्हारी गलती है। नर्सों का यह धर्म है कि यदि साक्षात् ईश्वर भी बैठा हो तो भी उन्हें अपने कर्तव्य का पालन करना चाहिए। यदि किसी मरीज को दवा देने का समय हो और उसमें हिचकिचाहट हो जो मरीज तो मर जाएगा।

यहां भी यही बात है। प्रार्थना में एक मिनट भी देर से आने से मुझे तकलीफ होती है।[48]

और तभी नाथू राम गोडसे ने उन पर गोलियां बरसा दीं। जैसा कि बाद में मनु गांधी ने अपने बयान में कहा–'प्रार्थना सभा के बीच रस्सियों से घिरे रास्ते से जाते वक्त महात्मा ने जनता के नमस्कारों का जवाब देने के लिए लड़कियों के कंधों से हाथ उठा लिए। एकाएक भीड़ में से कोई भीड़ को चीरता हुआ उनकी ओर आया। मनु गांधी ने सोचा कि वह आदमी गांधीजी के पांव छूने के लिए आगे बढ़ रहा है। इसलिए उसने उसे वैसा करने के लिए झिड़का क्योंकि प्रार्थना को पहले ही देर हो चुकी थी। मनु ने उस आदमी का हाथ पकड़कर उसे रोकने की कोशिश की लेकिन उसने जोर से मनु को धक्का दिया जिससे उसके हाथ की 'भजनावली', माला और गांधीजी का पीकदान नीचे गिर गया। ज्यों ही वह बिखरी चीजों को उठाने के लिए झुकी, वह आदमी गांधीजी के बिलकुल सामने खड़ा हो गया और पिस्तौल से जल्दी-जल्दी तीन गोलियां दाग दीं। 'गांधीजी के मुंह से जो अंतिम शब्द निकले, वे थे 'हे रा...।'[49]

मनु को महात्मा के 'सफेद वस्त्र पर सुर्ख लाल रंग का धब्बा फैलता नजर आया।' उनके हाथ जो सभा को नमस्कार करने के लिए उठे थे, धीरे-धीरे नीचे आ गये। उनका शिथिल शरीर धीरे से धरा पर लुढ़क गया। मनु की गोद में महात्मा हमेशा के लिए सो गए। शाम 5 बजकर ठीक 17 मिनट पर महात्मा का दर्दनाक अंत हुआ।

मनु को महात्मा के होठों से अंतिम शब्द 'हे रा...' सुनाई दिए थे। मनु के अलावा यह शब्द वहां खड़ी हजारों की भीड़ में किसी और ने नहीं सुने। इसलिए महात्मा के अंतिम शब्द 'हे राम' ही मान लिया गया। महात्मा की हत्या के बाद पूरे देश में भावुकता का जो माहौल बना था उसमें इस शब्द पर बहस की कोई गुंजाइश भी नहीं थी। महात्मा की समाधि से लेकर संपूर्ण गांधी वाङ्मय तक में 'हे राम' का प्रयोग किया गया।[50]

खुद महात्मा के निजी सचिव प्यारेलाल ने 'अत्यंत सावधानी और परिश्रमपूर्वक जांच' करने के बाद नतीजा निकाला कि गांधीजी के मुंह से मूर्च्छित होते समय जो शब्द निकले थे वह 'हे राम' नहीं थे। उन्होंने नई खोज की और कहा- 'अंतिम शब्द राम राम थे।' 'वह कोई आह्वान नहीं था परंतु सामान्य नाम स्मरण था।' उन्होंने लिखा-'राम राम' के बजाय 'हे राम' कर देना जनता की ऐसी ही भूलों का एक और उदाहरण है जो अंबर के टुकड़ों में घुन की तरह लगकर इतिहास में चिरकाल के लिए अंकित हो जाती हैं।'[51]

जबकि महात्मा को गोली मारने वाले हत्यारे नाथूराम गोडसे का दावा था कि महात्मा के मुंह से निकलने वाला अंतिम शब्द 'आह' था। 'हे रा...' या 'हे राम'

या 'राम राम' नहीं। हत्यारे के दावे पर यकीन नहीं किया जा सकता लेकिन मनु के दिमाग में 'हे रा...' शब्द यूं ही नहीं आ गया था। महात्मा राम का नाम रटते हुए विदा लेंगे, ये बात उसके अवचेतन में कहीं मौजूद थी। ब्रह्मचर्य के प्रयोग पर उठे विवादों के दौरान महात्मा ने कई बार कहा-'यदि मैं रोग से मरूं, तो यह मान लेना कि मैं इस पृथ्वी पर दंभी और रावण जैसा राक्षस था। परंतु यदि राम नाम रटते हुए जाऊं तो ही मुझे सच्चा ब्रह्मचारी, सच्चा महात्मा मानना।'[52]

दिलचस्प संयोग है कि महात्मा ने मनु से यह बात 30 जनवरी, 1947 को नोआखली के आमकी गांव में कही थी। और ठीक एक साल बाद उसी दिन 30 जनवरी, 1948 को महात्मा का देहावसान हुआ। 'एकला चलो रे' नामक पुस्तक पहली बार 1957 में बाजार में आई। वह मनु ही थी जो इस बात का सबसे बेहतर प्रमाण दे सकती थी कि मोहनदास कर्मचंद गांधी वाकई एक 'सच्चे ब्रह्मचारी और सच्चे महात्मा' थे। और यह प्रमाण उसने 30 जनवरी, 1948 की शाम दे दिए। हालांकि ये प्रमाण भी महात्मा के ब्रह्मचर्य के प्रयोग की तरह अधूरे थे। मनु ने सिर्फ हे रा.... सुना था। अगर मनु की मानें तो महात्मा राम का नाम पूरा नहीं ले पाए थे। महात्मा के गले में यह शब्द क्यों अटक गया? जीवन भर दूसरों को अहिंसा का पाठ पढ़ाने वाले महामानव की मौत हिंसा से हुई। महात्मा के जीवन का विरोधाभास उनके अंतिम क्षणों तक उनके सामने खड़ा था।

संदर्भ

सवालों में नोआखली यज्ञ

1. पूर्णाहुति, खंड 2 : प्यारेलाल पेज 296
2. पूर्णाहुति, खंड 2 : प्यारेलाल, पेज 299-300
3. एकला चलो रे, मनु गांधी, पेज 114-115
4. खंड 93 : 26 जनवरी, 1947, पेज-384
5. पूर्णाहुति, खंड 2 : प्यारेलाल, पेज 300, हिंदुस्तान स्टैंडर्ड, 3-2-1947
6. खंड 93 : 1 फरवरी, 1947, पेज 411
7. हिंदुस्तान स्टैंडर्ड, 2-2-1947
8. हिंदुस्तान स्टैंडर्ड, 3-2-1947
9. खंड 93 : 10 जनवरी, 1947, पेज 304
10. खंड 93 : 1 फरवरी, 1947, पेज 412
11. खंड 93 : 1 फरवरी, 1947, पेज 412
12. पूर्णाहुति खंड 2 : प्यारेलाल , पेज 301
13. खंड 93 : 9 फरवरी, 1947, पेज 459
14. खंड 93 : 10 फरवरी, 1947, पेज 460
15. खंड 93 : 15 फरवरी, 1947, पेज 476
16. खंड 93 : 15 फरवरी, 1947, पेज 476
17. खंड 93 : 15 फरवरी, 1947, पेज 478

18. खंड 94 : 18 फरवरी,1947, पेज 8
19. खंड 94 : 19 फरवरी, 1947, पेज 11
20. पूर्णाहुति खंड 2, प्यारेलाल, पेज 306
21. काका साहब कालेलकर, रवींद्र कालेलकर, प्रकाशन विभाग 1990, पेज 275
22. खंड 94 : 24 फरवरी, 1947, पेज 39 40
23. महात्मा गांधी - द लास्ट फेज़, खंड 2 : पेज-302-303
24. खंड 94 : 24 फरवरी, 1947, पेज 40

लेकिन यज्ञ नहीं रुका

25. एकला चलो रे, मनु गांधी , पेज 160
26. एकला चलो रे, मनु गांधी, पेज 165
27. महात्मा गांधी-द लास्ट फेज़, प्यारेलाल, खंड 2, पेज 237
28. महात्मा गांधी-द लास्ट फेज़, प्यारेलाल, खंड 2, पेज 309-310
29. एकला चलो रे, मनु, पेज 180-181
30. एकला चलो रे, मनु, पेज 191
31. महात्मा गांधी -द लास्ट फेज़, प्यारेलाल, खंड-2-342

'पाखंड नहीं है मेरा ब्रह्मचर्य'

32. खंड 94 : 15-16 मार्च, 1947, पेज 132-135, पूर्णाहुति, खंड 2, प्यारेलाल, पेज 310-314
33. बिहार की कौमी आग में, मनु गांधी, नवजीवन ट्रस्ट, 1959 संस्करण, पेज 54-55
34. बिहार की कौमी आग में, पेज 44
35. पूर्णाहुति, प्यारेलाल, खंड 2, पेज 316-317
36. बिहार की कौमी आग में, पेज 61

निर्मल भी चले गए

37. माई डेज विद गांधी, 16 मार्च, 1946, पेज. 150-51
38. माई डेज विद गांधी, पेज 152-153
39. माई डेज़ विद गांधी, पेज 154-155
40. माई डेज़ विद गांधी, पेज 181
41. खंड 94 : 18 मार्च, 1947 पेज 152
42. माई डेज़ विद गांधी, पेज 158
43. खंड 94 : 25 मार्च , 1947, पेज 200
44. एडविना और नेहरू, कैथरीन क्लैमां, पेज 97-98
45. पूर्णाहुति, खंड 3, प्यारेलाल, पेज 110
46. बिहारनी कौमी आग में, पेज 258
47. पूर्णाहुति, भाग 2, प्यारेलाल, पेज 327

हे राम या आह

48. हरिजन, 15-2-1948, और दिल्ली मा गांधीजी, भाग 2, (गुजराती) पेज 426-427
49. लास्ट गिल्मसेस ऑफ बापू, मनु गांधी, शिवलाल अग्रवाल दिल्ली, 1962, पेज 309
50. खंड 98 : 30 जनवरी, 1948, पेज 354
51. पूर्णाहुति, खंड 4, प्यारेलाल, पेज 565 देखें टिप्पणियां-5
52. एकला चलो रे, मनु गांधी, पेज 115

अध्याय-11

पूर्णाहुति

महात्मा के अचानक और दर्दनाक देहांत से बापू के सहयोगी विचलित थे। अंतिम संस्कार के बाद प्यारेलाल लौटे तो बिड़ला भवन अंधकार में डूबा था। महात्मा के कमरे में श्मशान-सा सन्नाटा पसरा था। प्यारेलाल के मन में सवाल उठा-'गांधीजी सदा कहते थे कि अहिंसा जगत में सबसे अधिक सक्रिय शक्ति है। जो सारी बाधाओं को जीत लेती है और जिसके सामने सारा द्वेष, सारी घृणा मिट जाती है। तो फिर वे जो अहिंसा की जीवंत मूर्ति थे, हत्यारे की गोलियों का शिकार क्यों हुए?'[1] प्यारेलाल ने लिखा-'इस रहस्य ने मुझे आश्चर्यचकित कर दिया था। लेकिन जब भीतरी तूफान शांत हुआ तब सीधा और स्पष्ट उत्तर मुझे मिल गया।' लेकिन अभी और भी कई ऐसे सवाल थे जिनका उत्तर मिलना अभी शेष था।

बापू की शिष्याएं

महात्मा ने अपने ब्रह्मचर्य प्रयोग के लिए तमाम स्त्रियों को साधन बनाया। महात्मा यह मानकर चल रहे थे कि इन स्त्रियों में यौन इच्छा नहीं बची है। वह खुद यौन इच्छा रहित हो चुके हैं ऐसा उनका दावा था। महात्मा के देहावसान के बाद उनसे जुड़ी तमाम लड़कियां और महिलाएं टूटकर बिखर गईं। डॉ. सुशीला नैयर जरूर भारत सरकार में मंत्री बनीं लेकिन बाकी लड़कियों का कोई नाम लेवा नहीं था। अधिकांश लड़कियां हिस्टीरिया और दूसरे मनोरोगों का शिकार हो गई थीं। वे महानता के उस शिखर तक नहीं पहुंच सकीं जहां महात्मा उन्हें देखना चाहते थे। मनु, मीरा, प्रेमा या डॉ. सुशीला किसी ने शादी नहीं की। इनमें कई दीर्घायु होने के बावजूद ऐसा कुछ नहीं कर सकीं जिसके लिए दुनिया उन्हें याद रखे। इनमें कई का मानसिक संतुलन जरूर बिगड़ गया जैसा कि बाद में मेडलीना स्लेड उर्फ मीरा के वियना के आश्रम में कई लेखकों को देखने को मिला। महात्मा की मृत्यु

के बाद उनके आश्रम टूटकर बिखर गए। उनके आश्रम संग्रहलय में तब्दील हो गए। आश्रमवासी कहां गए किसी को पता नहीं।

मनु गांधी

महात्मा के जाने के बाद मनु गांधी अकेली पड़ गई थीं। महात्मा के अंतिम संस्कार के दौरान वह लगातार रोती रहीं। उनका सिर सरदार पटेल की गोद में था। महात्मा वीरगति प्राप्त कर अमर हो गए थे। उनके ब्रह्मचर्य के प्रयोगों से पैदा हुई खटास को उनकी शहादत ने धो डाला था। महात्मा शहीद हुए थे। इस शहादत ने उन्हें भावुक जनता की नजरों में और 'महान' बना दिया था। महात्मा तो वह पहले से ही थे इस शहादत ने अलबर्ट आइंसटाइन जैसे महान वैज्ञानिक को यह कहने पर मजबूर कर दिया कि दुनिया के लिए यकीन करना मुश्किल होगा कि इस पृथ्वी पर हाड़-मांस का एक ऐसा पुतला भी था। लेकिन महात्मा के शुभचिंतकों के लिए मनु अभी भी पाप की गठरी थी। महात्मा की मौत के बाद उनके बेटे देवदास मनु को अपने घर ले आए थे। 22 फरवरी, 1948 तक वह देवदास के घर रहीं। यह दिन कस्तूरबा की बरसी का था। महरौली में शांति पाठ के बाद देवदास ने मनु को उनके घर भेजने की तैयारी शुरू कर दी। सरकार ने मनु और उनके सह यात्रियों के लिए बंबई जाने वाली ट्रेन के तीसरे दर्जे का टिकट बुक कर दिया था। सरदार पटेल और बिड़ला ने मनु को बंबई ले जाने के लिए एक चपरासी साथ भेजने का फैसला किया था। रेलवे स्टेशन पर डॉ. सुशीला नैयर और देवदास मनु को विदा करने आए। ट्रेन दो घंटा लेट थी। प्लेटफार्म पर देवदास मनु को अलग ले गए। बातचीत का विषय मनु की डायरी थी। डायरी में महात्मा के साथ बिताए उनके अंतिम महीनों के एक-एक दिन का ब्योरा दर्ज था। ये ऐतिहासिक दस्तावेज थे जिन पर महात्मा के दस्तखत भी थे। देवदास ने मनु से कहा कि वह महात्मा के साथ अपने संबंधों के बारे में अपनी जुबान बंद रखे। मनु ने लिखा-'काका ने मुझे चेतावनी दी कि मैं अपनी डायरी में दर्ज बातों के बारे में किसी से बात न करूं। देवदास ने मनु से कहा-'तुम अभी बच्ची हो। तुम्हारे पास मूल्यवान साहित्य है। तुम सीधी-सरल हो, लेकिन तुम्हारा भाई तुम्हारे साथ है, मुझे कोई डर नहीं है।'[2]

दिन भर का सफर पूरा करने के बाद 24 फरवरी को मनु के साथ उनके पिता जयसुखलाल, आभा, मनुभाई जोधानी ('स्त्री जीवन' के संपादक) और चपरासी बंबई पहुंचे। बंबई में वे मार्च तक शांति कुमार के मेहमान रहे। मनु को भावनगर लौटना था। शांति कुमार ने मनु और उनके पिता के लिए हवाई टिकट का इंतजाम करा दिया। भावनगर में मनु यहां के महाराज की मेहमान बनीं। भावनगर समाचार के संपादक ने मनु से आग्रह किया कि वह बापू के साथ गुजारे अपने समय के बारे में कुछ लिखें। लेकिन मनु से साफ इंकार कर दिया। 6 मार्च को मनु भावनगर

से अपने निवास स्थान महुआ पहुंच गईं। यह वही जगह थी जहां से चलकर मनु नोआखली के यज्ञ में शामिल हुई थीं।

ब्रह्मचर्य व्रत से बंधी मनु ने शादी नहीं की। वह ज्यादा दिन जीवित नहीं रहीं। महात्मा के देहावसान के 21 साल बाद 1969 में जब पूरा देश महात्मा गांधी की सौवीं जयंती मना रही थी मनु इस दुनिया से विदा हो गईं। महात्मा के जीवन के अंतिम वर्षों में उनके सबसे करीबी रहीं मनु की मौत कोई खबर नहीं बनी। मनु की मौत के साथ कई रहस्य दफन हो गए।

मनु ने महात्मा के साथ अपने प्रयोगों के बारे में किसी से कुछ नहीं कहा। उन्होंने लिखा भी नहीं। नोआखली घटनाओं को उन्होंने 'एकला चलो रे' नाम की पुस्तिका में तारीखवार लिखा। इसे मनु ने 'नोआखली की धर्मयात्रा की डायरी' का नाम दिया। लेकिन यह डायरी संशोधित थी। महात्मा के साथ नग्न सोने की बात का जिक्र इस डायरी में कहीं नहीं था। सुशीला के साथ महात्मा के तनावपूर्ण संबंधों का ब्योरा भी इस डायरी में कहीं नहीं मिला। इन सब बातों का खुलासा निर्मल कुमार बोस ने पहली बार महात्मा की मृत्यु के पांच साल बाद 1953 में अपनी किताब 'माई डेज विद गांधी' में किया।

डॉ. सुशीला नैयर

महात्मा को जब गोली लगी तो डॉ. सुशीला नैयर पश्चिम पंजाब के मुलतान शहर में थी। नोआखली में 17 दिसंबर की घटना के बाद महात्मा और सुशीला के बीच संबंध कभी सामान्य नहीं हो पाए थे। सुशीला ने महात्मा को 'बिस्तर पर उछलते' हुए देखा था। इसे उन्होंने तपश्चर्या बताया था। सुशीला के झगड़े से तंग आ कर महात्मा ने अपना सिर पीटा था। आगे चलकर इस बात का बतंगड़ बन गया था। महात्मा सुशीला से बहुत निराश थे। तब तक मनु उनके पास आ चुकी थी। महात्मा ने सुशीला से एक अघोषित दूरी बना ली थी। नोआखली के बाद महात्मा का कार्यक्रम बिहार जाने का बना था। बिहार दौरे की टीम में सुशीला का नाम नहीं था। साफ था महात्मा सुशीला को अपने निजी जीवन से बाहर निकाल चुके थे। वह सुशीला से कोई सेवा नहीं लेना चाहते थे। लेकिन सुशीला के पास महात्मा के अलावा दूसरा कोई ठौर नहीं था। महात्मा जब दिल्ली आए तो उन्हें सुशीला मिलीं। जनवरी, 1948 में सुशीला ने फ्रेंड्स सर्विस के लेसली क्रॉस के साथ बहावलपुर जाने की इच्छा जताई। पंजाब का बहावलपुर दंगे की चपेट में था। यह इलाका विभाजन की त्रासदी से सर्वाधिक प्रभावित था। रेड क्रॉस से जुड़े लेसली क्रास स्वयंसेवक थे। सुशीला उन्हें नोआखली के दिनों से जानती थीं। वहीं दोनों की दोस्ती हुई थी। क्रॉस से सुशीला बहुत प्रभावित थीं। सुशीला ने महात्मा को समझाया–'क्योंकि मैं पंजाबी बोली जानती हूं, हिंदुस्तानी जानती हूं, उर्दू और

अंग्रेजी भी जानती हूं तो वहां मैं क्रॉस साहब को मदद दे सकूंगी।' महात्मा सुशीला को बहावलपुर भेजने के लिए तैयार हो गए। अपनी मौत से एक दिन पहले ही उन्होंने प्रार्थना सभा में कहा- 'तो डॉक्टर सुशीला क्रॉस साहब के साथ गई हैं या डॉक्टर सुशीला के साथ क्रॉस साहब गए हैं यह पेचीदा प्रश्न हो जाता है। लेकिन कोई पेचीदा है नहीं; क्योंकि दोनों एक-दूसरे के दोस्त हैं और दोनों एक-दूसरे को चाहते हैं, मोहब्बत करते हैं। वे सेवा-भाव से गए हैं, पैसा कमाना तो है नहीं।'[3]

बहावलपुर का अपना मिशन खत्म कर लौटते वक्त सुशीला मुल्तान के डिप्टी कलेक्टर के घर मेहमान थीं। यहीं चाय के दौरान किसी महिला ने आकर उसे तीस जनवरी की शाम बताया कि 'दुनिया का क्या होने जा रहा है? कहते हैं गांधीजी को गोली मार दी गई।' खबर सुनकर सुशीला पीली पड़ गईं वह थर-थर कांपने लगीं। उन्होंने सोचा यह अफवाह है। डिप्टी कमीश्नर दिल्ली फोन से पता लगाने की बात की तो सुशीला तैयार नहीं हुईं। 'वह आशा के अंतिम धागे से चिपटी रहना चाहती थीं।' वह तुरंत लाहौर के लिए चल दीं ताकि वहां से दिल्ली पहुंच सकें। सुबह लाहौर पहुंची तो रेडियो पर जवाहरलाल नेहरू का शोक संदेश दोहराया जा रहा था।

सुशीला विमान से दिल्ली पहुंचीं। उन्होंने देवदास से कहा 'भगवान ने उन्हें ये सजा क्यों दी कि वह अंतिम समय महात्मा के पास नहीं थीं।' देवदास ने कहा 'यह सजा नहीं है तुम बापू के अंतिम आदेश का पालन कर रही थी।'[4]

सुशीला ने महात्मा को अंतिम विदा दी। सुशीला ने अपने भाई प्यारेलाल के साथ मिलकर महात्मा गांधी पर दस खंडों में किताबें लिखीं। लेकिन इन किताबों में उन्होंने मनु गांधी की तरह महात्मा के साथ किए गए अपने ब्रह्मचर्य के प्रयोगों के बारे में चुप्पी साध ली। महात्मा के प्रयोगों के बारे में उनसे कोई सवाल-जवाब नहीं करता। आजाद भारत में वह पहली दफा दिल्ली असेंबली की स्पीकर बनीं। महात्मा की मृत्यु के 14 साल बाद वह केंद्र में स्वास्थ्य राज्य मंत्री (1962-65) बनीं। सुशीला की सगाई काका साहब कालेलकर के छोटे बेटे बालकृष्ण से हुई थी। यह सगाई महात्मा ने खुद कराई थी। वह बालकृष्ण से प्रेम भी करने लगी थीं। लेकिन शादी का सवाल आया तो सुशीला पीछे हट गईं। उन्होंने साफ कह दिया था कि वह बापू की सेवा छोड़कर गृहस्थ आश्रम शुरू नहीं कर सकतीं। बालकृष्ण इसके लिए तैयार नहीं थे। उन्होंने सगाई तोड़ दी और किसी दूसरी लड़की से शादी कर ली। बापू की व्यक्तिगत चिकित्सक, मुख्य सेविका और सचिव रही सुशीला अब अकेली थीं। उन्होंने शादी नहीं की।

70 के दशक में वेद मेहता ने सुशीला से महात्मा के साथ सोने के अनुभवों के बारे में इंटरव्यू किया था। इस इंटरव्यू में सुशीला ने कहा था-'बापू के साथ सोने में कोई विशेष बात नहीं थी। मैंने खुद बापू से सुना था जब उन्होंने पहली

बार नोआखली में मनु को अपने साथ सोने के लिए कहा तब वे दोनों एक बिस्तर पर कपड़े पहनकर सोए थे। और पहली ही रात मनु कुछ मिनटों में बिस्तर पर आते ही खर्राटे भरने लगी थी। कुछ दिनों बाद बापू ने मनु से कहा–'हम दोनों किसी भी वक्त मुसलमानों के हाथों मारे जा सकते हैं। हमें अपनी पवित्रता सिद्ध करने के लिए निर्णायक परीक्षा से गुजरना होगा ताकि हम दोनों जान सकें कि हम अपना शुद्धतम त्याग अर्पित कर रहे हैं। और हम दोनों को अब नग्न सोना शुरू कर देना चाहिए। मनु ने कहा–क्यों नहीं।'[5]

वेद मेहता ने सुशीला नैयर से पूछा कि महात्मा के सान्निध्य में रही अन्य महिलाओं की तरह उन्होंने भी शादी क्यों नहीं की? सुशीला का जवाब था–'दूसरी औरतों के बारे में मैं नहीं जानती। बालकृष्ण केललकर से मेरी सगाई हुई थी। वह तुरंत मुझसे शादी करना चाहते थे। लेकिन मैं इंतजार करना चाहती थी ताकि बापू और देश की सेवा कर सकूं। फिर उन्होंने एक बहुत घिनौनी बात की। उन्होंने कहा–'तुम सब गांधी के चेले सेवा के बारे में ऐसे आदर्श रखते हो, लेकिन तुम लोग खुद को कभी अपने देवता और गुरु से अलग नहीं कर सकते। तुम सब लोग उनके प्रतिबिंबित प्रभामंडल से चमकते हो। जाओ तुम उनके प्रतिबिंबित नरक में रहो।' यह हमारी सगाई का अंत था। और इसके बाद मैं कभी किसी और से भी शादी करने का मन नहीं बना पाई।'[6]

सुशीला आजन्म कुंवारी रहीं। वह महात्मा को अंतिम समय तक अपना देवता मानती रहीं। अब वह सत्य साईं बाबा की भक्त थीं। सुशीला ने 91 साल का लंबा जीवन जिया। अंतिम समय तक वह सार्वजनिक कार्यक्रमों में हिस्सा लेती रहीं।

आभा गांधी

महात्मा के अंतिम क्षणों में आभा उनके साथ थीं। आभा महात्मा के भतीजे कन्हैया यानी कनु गांधी की पत्नी थीं। इस रिश्ते से आभा महात्मा की बहू थीं। आभा मनु की ही हम-उम्र थीं। कनु ने गांधी नेशनल मेमोरियल ट्रस्ट की मदद से कस्तूरबा के नाम पर 1956 में एक आश्रम खोला था। यहां कस्तूरबा आरोग्य धाम नाम का क्लीनिक भी खोला गया। पति-पत्नी यहीं आकर रहने लगे थे।

आभा भी महात्मा के ब्रह्मचर्य के प्रयोग का एक हिस्सा थीं। उन्होंने महात्मा से साफ कह दिया था कि 'उसकी इच्छा ब्रह्मचर्य का पालन करने की बिल्कुल नहीं है।'[7] तब महात्मा ने उन्हें साथ सुलाना बंद कर दिया। लेकिन नोआखली आने तक आभा महात्मा के साथ सोने के लिए मानसिक रूप से तैयार हो चुकी थी। सत्तर के दशक में वेद मेहता ने आभा से ब्रह्मचर्य के प्रयोग के बारे में बातचीत की थी। इस बातचीत में आभा ने इंकार किया कि वह कभी महात्मा के साथ नग्न सोई थीं। आभा ने वेद मेहता को बताया कि 'यह सबको मालूम है कि सुशीला नैयर बापू के

साथ सोती थीं। उन्होंने पहली बार मुझे तब सोने के लिए कहा जब मैं 16 साल की थी। मुझे लगा कि रात में उन्हें ठंड लग गई और वह चाहते हैं कि मैं उन्हें गर्मी देने के लिए उनके साथ सोऊं। मैं उनके साथ सोई लेकिन कपड़े पहनकर। लेकिन दो साल बाद नोआखली में मैं उनके साथ नियमित तौर पर सोने लगी।'

वेद मेहता ने आभा से पूछा कि 'तब क्या आप उनके साथ कपड़े पहने सोती थीं?'

आभा ने खुद को बहुत असुविधाजनक पाते हुए जवाब दिया कि 'वह मुझे कपड़े उतारने को कहते थे लेकिन जहां तक मुझे याद है मैं पेटीकोट और चोली पहन कर सोती थी।'

मेहता ने आगे पूछा-'लेकिन क्या वह खुद कपड़े उतार कर सोते थे?'

आभा ने जवाब दिया कि 'उन्हें याद नहीं कि वह कपड़े पहनकर सोते थे या नहीं। मैं अब इस बारे में सोचना भी नहीं चाहती।'

'आपको कैसा महसूस होता था?'

'कुछ नहीं महसूस होता था।'

'क्या आपके पति को आपका महात्मा के साथ सोना कभी बुरा लगा?'

'हां लगा, वह बापू के पास गए और उन्होंने कहा कि अगर उन्हें गर्मी के लिए किसी की जरूरत है तो वह स्वयं अपनी सेवाएं दे सकते हैं, उनका-कनु का शरीर मुझसे कहीं ज्यादा गर्म था।

'तब गांधीजी ने क्या कहा?'

'मुझे लगता है, बापू ने कनु से कहा कि उन्हें मेरी जरूरत गर्मी पहुंचाने से ज्यादा ब्रह्मचर्य के प्रयोग के लिए है। उन्होंने कहा उनका मेरे साथ सोना इस बात की जांच करना है कि उनके शरीर की तरह उनका मस्तिष्क भी पवित्र है। वह वासनायुक्त विचारों और शारीरिक इच्छाओं से भी मुक्त है। कनु और अन्य लोगों ने बापू से कहा-'आप महात्मा हैं। आपको इस तरह से अपना परीक्षण करने की कोई जरूरत नहीं है। ऐसे परीक्षण मैथुन समर्थ युवाओं के लिए अधिक उपयुक्त हो सकते हैं।' बापू ने उन्हें सुना पर वह कुछ नहीं बोले। और उन्होंने अपने प्रयोग को जारी रखा।'[8]

आभा जब तक जिंदा रहीं वह महात्मा के प्रयोगों को भूल नहीं सकीं। आभा ने अपनी सारी जिंदगी उन तसवीरों के साथ गुजारी जो उसके पति ने अपने कैमरे से खींची थीं। आभा कहती थीं कि कनु केवल प्राकृतिक रोशनी में महात्मा की तसवीर खींचते थे। इसके दो कारण थे। एक उनके पास फ्लैश नहीं था और दूसरा कारण यह था कि महात्मा पोज नहीं देते थे। आभा और उसके पति कनु गांधी ने अपना बाकी जीवन राजकोट के गांधी आश्रम में गुजारा। 1996 में 69 साल की उम्र में आभा ने इस दुनिया से प्राण त्यागे।

मैडलीन स्लेड उर्फ मीरा

महात्मा की शहादत के दिन मीरा उत्तरांचल के अपने आश्रम पशुलोक में थीं। उन्हें आश्रम की तरफ एक जीप दौड़ती हुई दिखाई दी। जीप से केंद्र सरकार का एक अधिकारी व कुछ कार्यकर्ता हड़बड़ी में उतरकर आश्रम की तरफ भागे। मीरा कुछ समझ नहीं पाईं। उसमें से एक ने दीवार से सिर टिकाते हुए कहा कि-'बापू की हत्या कर दी गई। प्रार्थना भूमि पर उन्हें गोली से मार दिया गया।' मीरा कुछ नहीं बोलीं। वह न रोई न चीखी। उन्होंने सवाल किया-'क्या मृत्यु तुरंत हो गई?' जवाब 'हां' में मिला।

ऋषिकेश से बसों में भर कर लोग महात्मा के अंतिम दर्शन के लिए दिल्ली भाग रहे थे। मीरा से भी कहा गया कि वह भी चलें। लेकिन मीरा ने महात्मा के अंतिम दर्शन करने के लिए दिल्ली जाने से इंकार कर दिया। उन्हें बापू के शब्द याद आ रहे थे जो उन्होंने अभी चौदह दिन पहले मीरा को भेजे अपने पत्र में लिखे थे। ये शब्द थे-'ईश्वर पर विश्वास रखो जहां हो वहीं रहो।'

ऋषिकेश से दिल्ली गए लोग महात्मा की चिता से राख के कुछ अंश तांबे की डिबिया में रखकर लाए थे। उनका आग्रह था कि मीरा इन्हें गंगा में प्रवाहित करें। मीरा ने ग्रामीणों की यह मनोकामना पूरी कर दी। मीरा ने लिखा-'जब मैंने उस तीव्र नीली धारा में भस्म का विसर्जन किया तब मुझे जीवन में पहली बार प्रकृति की भव्यता का अनुभव हुआ जो हमारे पार्थिव शरीर के अवशेषों को सर्वव्यापी प्रेम के साथ अपने भीतर पुनः ग्रहण कर लेती है।'[७]

दरअसल पृथ्वी सिंह से अलगाव के बाद मीरा टूट चुकी थीं। वह वापस बापू की शरण में आ गई थीं। आगा खां महल जेल में वह महात्मा के साथ थीं। लेकिन जेल के इस जीवन में मीरा समझ चुकी थीं कि महात्मा के निजी जीवन में अब उनका कोई स्थान नहीं रह गया। महात्मा ने मीरा से अपने सारे संपर्क खत्म कर दिए थे। मीरा अब उनके ब्रह्मचर्य के प्रयोग का हिस्सा नहीं थी। सुशीला, आभा और कंचन जैसी नई लड़कियां अब महात्मा की सेवा में थीं। शुरू में मीरा को यह सब बुरा भी लगा था। सुशीला के साथ सोने को लेकर मीरा ने काफी तमाशा भी खड़ा किया था।

लेकिन वक्त के साथ मीरा को भी बदलना पड़ा था। वह सारे गिले-शिकवे भूल कर वापस महात्मा की शरण में आई थी। महात्मा ने आगा खां महल जेल में मीरा को अपनी सेवा में रखकर धन्य किया था। रिहा होने के बाद मीरा अपना अलग आश्रम स्थापित करना चाहती थीं। जेल में ही महात्मा ने उन्हें अनुमति दे दी। जेल से छूटने के बाद आश्रम के लिए मीरा ने रुड़की और हरिद्वार के बीच एक जगह चुनी थी। मीरा ने इस आश्रम को किसान आश्रम का नाम दिया। मीरा ने एक युवक धर्मपाल को लेकर 1944 में यह आश्रम शुरू किया। आश्रम के पशु

मीरा के साथी बन गए। आश्रम में चार गाय-बछड़े, दो बैल और एक टट्टू था। मीरा दिन भर टट्टू पर बैठकर गांवों के चक्कर लगातीं। बाद में तो और भी सैकड़ों पशु आश्रम में उसके दोस्त बन गए। तब महात्मा के कहने पर उन्होंने आश्रम का नाम पशुलोक रख लिया था। मीरा चाहती थीं कि महात्मा पशुलोक का उद्घाटन करें लेकिन महात्मा ने कहा 'मुर्दे पर आधार रखने से क्या लाभ?'[10]

महात्मा के जाने के बाद मीरा के जीवन में कुछ शेष नहीं बचा था। वह कश्मीर भी गई लेकिन उसे वहां भी शांति नहीं मिली। एक दिन डाक में पेरिस से आया एक पार्सल मिला। इसमें रोमां रोला की विधवा ने उनकी एक किताब भेजी थी। यह रोलां कि अंतिम किताब थी। मीरा ने बड़े चाव से किताब पढ़ने के लिए पन्ने खोले लेकिन उसने पाया कि वह फ्रेंच भाषा भूल चुकी हैं। उन्होंने किताब वापस आलमारी में बंद कर दी और उदास हो गईं।

इसी उदासी और बेचैनी में एक दिन उसके हाथ एक खजाना लग गया। एक बंद पुरानी पेटी में उसके प्रिय महान संगीतकार बीथोवन से जुड़ी कुछ किताबें मिलीं। यह किताबें रोला ने उसे 1931 में दी थीं। तब से यह किताबें यूं ही बक्से में बंद पड़ी थीं। मीरा इन किताबों को पढ़ने बैठ गई। मीरा ने अपनी आत्मकथा के अंतिम पैरा में लिखा-'जैसे-जैसे मैं पढ़ती गई कोई चीज मेरे अंदर आंदोलन उत्पन्न करने लगी। वह कोई बुनियादी चीज थी। मैंने अपनी आंखें बंद कर लीं। हां, यह उसी पुरुष की आत्मा थी, जिसके संगीत से मैं तीस वर्षों से अलग हो गई थी।' मीरा ने आगे लिखा-'थोड़ी देर मैं आत्मा की दुनिया में खोई रही। और अंत में जब मुझे होश आया तो मेरे भीतर वह पहले वाला तनाव व बेचैनी मिट गई थी। इस जन्म का तीसरा और अंतिम अध्याय आरंभ हो गया था। यह समाप्ति नहीं परंतु आरंभ था।'[11]

महात्मा की मृत्यु के ठीक दस साल बाद 28 जनवरी, 1958 को मीरा ने हिंदुस्तान को हमेशा के लिए अलविदा कह दिया। बीथोवन उन्हें बुला रहा था। वह आस्ट्रिया के वियना शहर में आकर बस गई। वियना पहुंचकर मीरा बहन फिर मैडलीन स्लेड हो गई थीं। शाकाहार छोड़कर वह फिर मांसाहारी हो गईं। अपनी सेवा के लिए वह एक भारतीय युवक को वह अपने साथ वियना ले गई थीं। उसका नाम मीरा ने ऋषिकेश रखा था। वैसे वह उसे ब्रह्मचारी जी कहकर बुलातीं। वह मैडेलीन से मिलने आने वाले हर हिंदुस्तानी को देखते ही उसके पैरों पर गिरकर रोने लगता। स्लेड से मिलने वियना पहुंचे वेद मेहता को देखते ही वह उनके पैरों पर गिर पड़ा। कहने लगा-'साहब मुझे यहां से ले जाओ। गांव में मेरी बीवी और चार बच्चे हैं। मैं उन्हें देखना चाहता हूं। मेरी मदद करो। मेमसाहब कहती हैं तुम मेरे साथ कर्म से बंधे हो। लेकिन मुझे यहां मेमसाहब की सेवा में 21 साल हो गए। मैं वापस जाना चाहता हूं। मेरी मदद करो।'[12]

किसान आश्रम में मीरा के सहयोगी रहे धर्मपाल से कुछ साल पहले इस पुस्तक के लेखक से बात हुई। उन्होंने बताया वे इंग्लैड गए थे और एक अंग्रेज लड़की से उन्होंने शादी कर ली। यह बात मीरा को अच्छी नहीं लगी थी। बाद में वह मीरा के आश्रम से अलग हट गए। गो-हत्या पर उन्होंने नब्बे के दशक में काफी काम किया था। उन्होंने पुराने दिनों को याद करते हुए बताया कि मीरा एक सनकी औरत थीं। वह महात्मा के प्रेम में पागल थीं। महात्मा के ब्रह्मचर्य के प्रयोगों पर धर्मपाल ने बताया कि वह सब केवल एक छलावा था और कुछ नहीं।

प्रेमा कंटक

30 जनवरी, 1948। प्रेमा तब बंबई में अपनी मौसी के घर थीं। शाम को उन्हें वर्धा जाना था। एकाएक किसी ने बाहर का दरवाजा धड़ाम से खोला। एक छोटा लड़का रेडियो सुनकर हांफता दौड़ता कमरे में दाखिल हुआ और चीख उठा-'मां गांधीजी गए।'

प्रेमा की छाती में दर्द उठा। वह मुंह धोकर आराम कुर्सी पर बैठ गईं। उस समय उनका दिमाग बिलकुल जड़ हो गया था। मौसी ने दिलासा देते हुए कहा-'शांत रह बेटी कम्बख्त गलत खबर लाया होगा।' लेकिन खबर सही थी। महात्मा को तीन गोलियां लगी थीं। किसी ने उनके दिल्ली जाने के लिए हवाई टिकट का इंतजाम किया। वह राजघाट समय से पहुंच गईं। शव यात्रा में वह सुशीला की सह-यात्री थीं। सुशीला शांत थीं। महात्मा का शरीर राजघाट पर पड़ा था। प्रेमा ने बापू के मस्तक पर हाथ रखा। फिर उन्होंने हाथ हटा लिया। मस्तक बर्फ जैसा ठंडा था। यह प्रेमा का अंतिम स्पर्श था।

प्रेमा को अपना प्रथम स्पर्श याद आया। उस 'पवित्र स्पर्श' से प्रेमा के सारे शरीर में बिजली दौड़ गयी।' और वह 'आनंद में मस्त होकर घर लौटी थी।' लेकिन आज आनंद की जगह एक विषाद था जो प्रेमा के चेहरे पर साफ नजर आ रहा था। जलती चिता में प्रेमा ने महात्मा के शरीर को भस्म होते देखा। प्रेमा ने लिखा-'जो शरीर हम सबको प्रियदर्शी और प्रिय लगता था, जिसकी सेवा को हम साक्षात् भगवान की सेवा मानते थे, वह शरीर आखिर भस्मांत हुआ। कैसी विचित्र लीला है।'[13]

आश्रम छोड़ने के बाद प्रेमा अपनी अलग दुनिया बसा चुकी थीं। 1933 में आश्रम विसर्जन के दौरान बापू ने प्रेमा से कहा था तुम लोग अपने साथ आश्रम लेकर घूमे। आश्रम के व्रतों को कभी तोड़ना मत। प्रेमा शंकर राव देव के करीब आ गई थी। तब शंकर राव देव महाराष्ट्र प्रांतीय कांग्रेस के अध्यक्ष थे। पूना से 19 मील दूर सासवड़ आश्रम में दोनों साथ काम कर रहे थे। प्रेमा शंकर देव की मुख्य सेविका थी। कांग्रेस की अंदरूनी राजनीति के चलते पहली बार बंबई, पूणे और

नागपुर के अखबारों ने प्रेमा और शंकर राव देव के प्रेम प्रसंगों के बारे में चटपटी खबरें छापनी शुरू कर दीं। यह प्रचार इतना तीखा हो गया कि प्रेमा को महाराष्ट्र छोड़ने पर मजबूर होना पड़ा। यह बात महात्मा को भी मालूम चली तो उन्होंने प्रेमा को लिखा–'तू देव का साथ छोड़े इसकी मुझे आवश्यकता महसूस नहीं होती। जब तक तुम दोनों का मन निर्दोष है और संग केवल सेवा के लिए है तब तक देव को छोड़ने की या तेरा काम बदलने की जरूरत मुझे मालूम नहीं होती।'[14]

आगा खां महल जेल से छूटने के बाद महात्मा जुहू चले आए थे। प्रेमा तब करीब ही सासवड़ में थीं। जुहू में सरोजनी नायडू महात्मा की देखभाल कर रही थीं। सुशीला नैयर प्रेमा को महात्मा से मिलवाने लाई थीं। लेकिन सरोजनी नायडू ने प्रेमा को महात्मा से मिलने को मना कर दिया। वह बोलीं–'मैं बूढ़े की चौकीदार हूं। मेरी इजाजत के बगैर किसी को यहां नहीं आना चाहिए।' प्रेमा को बुरा लगा था। लेकिन महात्मा बीमार थे इसलिए वह लौट आईं। जुहू से महात्मा जब वापस पुणे लौटे तो महाराष्ट्र कांग्रेस के मार्गदर्शन कार्यक्रम के लिए महात्मा से समय लेना था। प्रेमा ने जुहू के द्वारपाल की याद दिलाते हुए महात्मा को लिखा–'पूना में अगर कोई द्वारपाल हो तो उसकी इजाजत लेकर ही मैं कार्यक्रम की योजना करना चाहती हूं।'[15]

इस बीच महात्मा और प्रेमा के बीच एक झगड़ा भी हो गया। एक लेख को लेकर प्रेमा की प्रांतीय कस्तूरबा निधि समिति के मंत्री से कहासुनी हो गई। प्रेमा ने बुजुर्ग मंत्री को खूब भलाबुरा कहा। मंत्री जाकर महात्मा के आगे खूब रोए। महात्मा भी प्रेमा से खूब नाराज हुए। उन्होंने प्रेमा को डांटा-फटकारा। प्रेमा को बुरा लगा। वह सोचने लगीं जब वह 15 साल की जवान और अनुभवनहीन थी तो महात्मा की फटकार बुरी नहीं लगती थी। पर अब वह 35 साल की हैं। वह खुद को अपमानित महसूस कर रही थीं। तभी सुशीला ने प्रेमा को बापू का समचार भेजा कि 'तेरी किसी से नहीं पटती। तेरा स्वभाव तेज है। ऐसा महात्मा जी कहते हैं। और वे इस निर्णय पर पहुंचे हैं कि महाराष्ट्र से कस्तूरबा ट्रस्ट का काम तुझे नहीं सौंपा जा सकता।' यह खबर सुनकर प्रेमा का दुख और गुस्सा दोनों बढ़ गया। उसने महात्मा से सारे संबंध खत्म करने का निर्णय ले लिया।

लेकिन यह नाराजगी ज्यादा दिन नहीं चल सकी। महात्मा अपने बर्ताव से दुखी थे। सुशीला और शंकर राव देव के समझाने पर प्रेमा महात्मा से मिलने गई। महात्मा बोले–'तूने मेरा त्याग कर दिया न?'

प्रेमा पिघल गईं। महात्मा प्रांत के कस्तूरबा ट्रस्ट का काम प्रेमा को देना चाहते थे। उन्होंने फोन से शंकर राव देव से पुछवाया कि प्रेमा इसके लिए राजी है या नहीं। प्रेमा मना करने जा रही थी कि शंकर राव देव ने इशारे से उसे चुप कराया और बोले–'अपने प्रिय बूढ़े को अब और न सताओ।' प्रेमा महात्मा को प्यार से

'ओल्ड बिलवेड' कहा करती थीं। प्रेमा की महात्मा से अंतिम मुलाकात दिसंबर, 1947 में हुई। 9 दिसंबर की शाम महात्मा और प्रेमा मोटर पर बैठ कर बिड़ला भवन लौट रहे थे। महात्मा ने उदास स्वर में कहा था–'मैं अकेला हूं मेरे साथ कोई नहीं।' प्रेमा ने उनसे गांधी सेवा संघ को फिर खड़ा करने का प्रस्ताव रखा था। महात्मा ने जवाब दिया–'क्या तू चाहती है कि मैं अपने चारों तरफ हिप्पोक्रेट्स का एक दल खड़ा कर दूं? उस संघ से ऐसा ही दल पैदा हुआ था। मैं दुबारा वैसा नहीं करना चाहता।'[16]

13 दिसंबर को महात्मा से विदा लेते वक्त प्रेमा बार-बार मुड़कर महात्मा को देख रही थीं। सुशीला ने हंसते हुए पूछा–'आज तू इतनी विह्लल क्यों हो रही है।' प्रेमा ने कोई जवाब नहीं दिया। लेकिन इसके डेढ़ महीने बाद सुशीला को राजघाट पर बापू की अंतिम विदाई के दौरान इस सवाल का जवाब मिल गया था। महात्मा अपने जीवन के अंतिम दिनों तक प्रेमा को पत्र लिखते रहे थे। वह नोआखली के जंगलों में हों या नई दिल्ली में, प्रेमा को कभी भूल नहीं पाए। नई दिल्ली में अपने जीवन के अंतिम उपवास के दौरान 16 जनवरी को उन्होंने प्रेमा को अपना अंतिम पत्र लिखा। मीरा की तरह उन्होंने प्रेमा को भी दिल्ली आने के लिए मना कर दिया। लेकिन 14 दिन बाद प्रेमा को दिल्ली आना पड़ा। अपने 'प्रिय बूढ़े' को अंतिम विदाई देने के लिए।

प्रेमा ने भी मरते दम तक शादी नहीं की। तमाम विवादों के बावजूद प्रेमा शंकर राव देव का साथ छोड़ नहीं सकीं। महात्मा के अवसान के बाद शंकर राव देव के साथ प्रेमा ने कई यात्राएं कीं। 49 साल की उम्र में प्रेमा संन्यास लेना चाहती थीं। वह यहां से कहीं दूर हिमालय की गोद में जाना चाहती थीं। शंकर राव देव ने समझाया कि वह ऐसा न करें। सासवड़ आश्रम में रहने की इच्छा न हो तो महाराष्ट्र में ही उसके लिए वह कोई एकांत जगह खोज लेंगे। वह इतनी दूर न जाएं। लेकिन प्रेमा नहीं मानीं। शंकर राव देव ने उन्हें कृष्णामूर्ति से मिलवाया। वे ऐनी बेसेंट के मानस पुत्र थे। कृष्णामूर्ति संन्यास और वैराग्य के विरोधी थे। शंकर राव देव ने प्रेमा को स्वामी आनंद और नाथ जी से भी मिलवाया। यह वही दो महापुरुष थे जिन्होंने ब्रह्मचर्य के प्रयोग पर महात्मा को कटघरे में खड़ा किया था। जिनके कई सवालों का जवाब महात्मा नहीं दे पाए थे। स्वामी आनंद ने कहा कि अगर प्रेमा की इतनी इच्छा है तो वह उन्हें हिमालय जाने से न रोकें। शंकर राव देव उसे मीरा के आश्रम पशुलोक ले आए। यहां उसे एक सुंदर-सी झोपड़ी में शरण मिल गई। प्रेमा को छोड़कर शंकर राव वापस दिल्ली लौट आए। प्रेमा 16 अप्रैल, 1955 से लेकर 25 जनवरी, 1956 तक 'पशुलोक' में रहीं। इस बीच उसने गंगोत्री, बदरी केदार और कौसानी की यात्रा की। कौसानी जहां महात्मा ने 'अनासक्तियोग' लिखा था। प्रेमा के बिना उनके साथी शंकर राव देव का मन

नहीं लग रहा था। वह कौसानी आ गए। उन्हांने आग्रह किया कि प्रेमा सासवड़ लौट आए। 30 जनवरी, 1956 को प्रेमा सासवड़ आश्रम लौट आईं। प्रेमा अब 'आध्यात्मलोक' में थी। केवल पुरानी स्मृतियां उनके साथ थीं।

प्रभावती

जेपी प्रभावती को नहीं छोड़ पाए और न प्रभा जेपी को। जेपी ने अपने को आजादी की लड़ाई में झोंक दिया। लेकिन प्रभा अंत तक महात्मा के प्रभामंडल से उबर नहीं सकीं। महात्मा की सलाह थी कि प्रभा जेपी के जीवन में वापस लौट जाएं। लेकिन प्रभा किसी निर्णय की स्थिति में पहुंचने को तैयार नहीं थी। जैसा कि उसने 12 अप्रैल, 1946 को महात्मा को लिखा-'मैं खुद कोई निर्णय नहीं कर सकती। मेरे लिए तो जैसा आप कहते हैं वैसा मैं करती हूं। फिलहाल उनके साथ रहने के बारे में मेरे मन में विचार आता है कि अभी वे जेल से बाहर आए हैं, मुझे मालूम नहीं कि कैसे विचार लेकर आए हैं। मुझे अभी उनके साथ रहना चाहिए या नहीं इस बारे में आपकी जो आज्ञा है, वह उन्हें बताऊंगी।'

दो दिन बाद ही महात्मा का जवाब आ गया। उन्होंने लिखा कि 'जयप्रकाश के साथ रहने का तेरा धर्म स्पष्ट है।... तू स्वयं भी विचार करती रह। मेरे मरने के बाद क्या करेगी? तबीयत संभालना लिखती रहना।' इसके बाद अगले दो सालों तक महात्मा का प्रभावती से संपर्क लगभग टूट गया। महात्मा नोआखली और फिर दिल्ली में व्यस्त थे। वह उसे जेपी को समझने का मौका देना चाहते थे।

आखिरकार प्रभा जेपी के पास लौट आईं। अब जेपी 'अगस्त क्रांति' के नायक बन चुके थे। लेकिन कांग्रेस की अंदरूनी राजनीति के चलते महात्मा और जेपी के रिश्तों में एक खास तरह की दूरी आ गई थी। पं जवाहरलाल नेहरू आजाद भारत के प्रधानमंत्री हो चुके थे। कांग्रेस के अध्यक्ष पद से उन्हें त्यागपत्र देना पड़ा था। इसके बाद कांग्रेस की बागडोर कौन संभाले? इसे लेकर कांग्रेस कार्य समिति में जंग चल रही थी। खुद महात्मा ने जेपी से कहा था कि 'तुम अगस्त क्रांति के वीर सिपाही रहे हो। मैं चाहता हूं कि इसका फायदा कांग्रेस को मिले।'

जेपी ने कहा-'आप आज्ञा दीजिए।'

'तो तुम कांग्रेस के अध्यक्ष बनो।'

जेपी ने कहा 'पहले आपनेहरू और पटेल से पूछ लीजिए।'

गांधीजी ने पं. नेहरू से बात की। जवाहरलाल नेहरू ने खुद इस पद के लिए आचार्य नरेंद्रदेव का नाम सुझाया था। तब महात्मा ने पं. नेहरू से कहा था कि आप जयप्रकाश को भी अध्यक्ष बना सकते हैं। पं. नेहरू ने कहा-'उनसे भी सीनियर लोग पड़े हैं। आचार्य उनसे वरिष्ठ समाजवादी हैं।' महात्मा समझ गए कि

जवाहरलाल नेहरू नहीं चाहते कि जेपी कांग्रेस के अध्यक्ष बनें। महात्मा चुप रह गए। वह जानते थे कि उनकी अब कोई नहीं सुनता।

यह बात सब जगह फैली थी। उड़ते-उड़ते प्रेमा तक भी पहुंची। प्रेमा ने महात्मा को पत्र लिखकर पूछा कि-'जयप्रकाश के पीछे बहुमत नहीं है फिर भी उनका नाम आपने कैसे सुझाया?'

महात्मा ने प्रेमा को चालाकी भरा जवाब दिया-'मैंने जब जयप्रकाश का नाम राष्ट्रपति (कांग्रेस अध्यक्ष)के रूप में रखा तब जो शब्द मेरे मुंह में किसी ने रखे हैं वे मैंने जरूर कहे होंगे क्योंकि उस समय तो वह बात सत्य थी। आज उसमें कुछ फर्क पड़ गया है। यह कैसे इसमें जाने की जरूरत नहीं है।'[17]

जेपी भी समझ गए कि महात्मा अपनी ताकत खो बैठे हैं। प्रभा और जेपी की महात्मा से अंतिम मुलाकात बिड़ला हाउस में हुई। महात्मा की हत्या से ठीक एक दिन पहले। इस दिन जेपी ने कहा था कि वह कांग्रेस से अलग होना चाहते हैं। महात्मा चुप रहे फिर बोले-'बहुत तकलीफ सहनी होगी।' यानी महात्मा ने भी जेपी के फैसले को मंजूरी दे दी थी। प्रभा भी महात्मा के ठंडे रुख से आहत थीं। दोनों ने भारी मन से महात्मा से अंतिम विदाई ली। अगले दिन महात्मा को गोली मार दी गई। उनके अंतिम संस्कार में हर वह व्यक्ति आया जो कभी-न-कभी महात्मा से किसी तौर पर जुड़ा रहा हो। लेकिन इस अंतिम कार्यक्रम में न प्रभा आईं न जेपी। जेपी बंबई चले गए थे और प्रभा पटना।

महात्मा की मौत के बाद प्रभा जैसे जेपी का साया बन गई थीं। प्रभा ने पटना से लेकर विदेशों तक की यात्राएं जेपी के साथ कीं। प्रभा ने आजन्म ब्रह्मचर्य व्रत का पालन किया हो यह साफ नहीं होता। लेकिन जेपी और प्रभा अपना कोई वारिस पीछे नहीं छोड़ गए। अपने भतीजे अनिल को ही प्रभा ने अपना बेटा मान लिया था। 17 अप्रैल, 1973 को अनिल की शादी तय हुई थी। इस शादी को लेकर प्रभा बहुत उत्साहित थीं। मार्च में प्रभा जेपी के साथ जब दिल्ली आईं तो इंडियन एक्सप्रेस के मालिक रामनाथ गोयनका के घर आईं। यहां उसे सुचेता कृपलानी, जेबी कृपलानी और प्यारेलाल समेत कई पुराने साथी मिले थे। 67 साल की हो चली प्रभा बहुत बीमार थीं और उनकी अंतिम इच्छा थी कि वह अपने भतीजे की शादी में शामिल होकर वर-वधू को अपना आशीर्वाद दें। लेकिन शादी से ठीक दो दिन पहले विवाह के मांगलिक माहौल में 15 अप्रैल, 1973 को उनकी मृत्यु हो गई। प्रभा के अंतिम दिनों में आशा प्रसाद ने उन्हें करीब से देखा था। आशा ने लिखा-'क्षण भर के लिए जेपी किसी कार्य वश कमरे के बाहर जाते हैं। प्रभावती जी की पलकें खुलती हैं। वे कमरे में चारों ओर देखती हैं। फिर पास खड़े लोगों पर उनकी निर्विकार दृष्टि पड़ती है। शायद उनकी आंखें जेपी को ढूंढ़ रही हों, कौन जाने। फिर आठ बजने के कुछ ही क्षण बाद वे बड़े-बड़े स्फारित नेत्र धीरे-धीरे मुंद गए। जेपी कमरे में बड़ी तेजी से आए, किंतु वे नेत्र फिर नहीं खुले।'[18]

नीला नागिनी

आश्रम से बिन बताए गायब होने के बाद नीला क्रैम कुक उर्फ नीला नागिनी ने महात्मा से कोई संपर्क नहीं किया। महात्मा ने भी नीला के बारे में ज्यादा पता लगाने की कोशिश नहीं की। जनवरी, 1934 में उनकी आवारा हरकतों से परेशान होकर सरकार ने उन्हें कलकत्ता के मानसिक रोगियों के एक अस्पताल में भर्ती कर दिया था। फरवरी, 1934 में नीला ने भारत छोड़ दिया। वह जहाज से वापस न्यूयार्क आ रही थीं। नीला ने जहाज पर लोगों को बताया कि वह वापस अपने पुराने घर लौट रही हैं। उनका कहना था कि अब उनका नया शौक रोमांचक आर्केस्ट्रा नृत्यों में हिस्सा लेना है। इस जहाज पर ही उन्हें एक नया प्रेमी अलबर्ट एन हेचिनस मिल गया। जहाज से उतरते ही मार्च में दोनों ने न्यूयार्क शहर में शादी कर ली। लेकिन एक महीने के अंदर ही दोनों का तलाक भी हो गया। बहुत बाद में नीला की बेवा पुत्रवधू ने अमेरिकी पत्रकारों को बताया कि अलबर्ट से उन्होंने शादी सिर्फ मजाक में की थी सिर्फ यह जताने के लिए कि वह एक घमंडी और दबंग औरत नहीं है जैसा कि अलबर्ट उन्हें कहता था। हालांकि इस बात का नीला को अफसोस भी था और उन्होंने दोबारा कभी शादी करने का इरादा छोड़ दिया। न्यूयार्क पहुंचकर नीला ने पत्रकारों को बताया कि वह कैलिफोर्निया जाकर फिल्मों के लिए कहानियां लिखना चाहती हैं। लेकिन नीला ने ऐसा नहीं किया। 1939 में नीला ग्रीस की एक पत्रिका 'लिबर्टी' की संवाददाता बन गईं। उन्होंने 'माई रोड टू इंडिया' नाम की किताब भी लिखी। 1940 में वह ईरान चली आईं। यहां वह अमेरिकी दूतावास से जुड़कर तेहरान में सांस्कृतिक प्रतिनिधि बन गईं। जल्द ही वह ईरान के शिक्षा मंत्रालय में कला की महानिदेशक बन गईं। यहीं नीला ने इस्लाम धर्म ग्रहण कर लिया। और उन्होंने 12 साल कुरान के अनुवाद में बिताए।

Nila Cram Cook Arrives In N. Y. City on Freighter As Deportee From India

Back in Native Land

NILA CRAM COOK

Gandhi's "Blue Serpent Goddess" Wants "Life, Love and Music"

Fled Indian Retreat

Attractive Daughter of Poet Stirred India With Adventures

New York, March 24 (UP).—Nila Cram Cook, who deserted the life of an ascetic in Mahatma Gandhi's seminary in Kashmir to search for new thrills—"life, love and music"—returned to the land of her birth today.

She arrived aboard the freighter City of Elwood on which she was deported from India. Miss Cook, a native of Iowa who adopted the name "Blue Serpent Goddess" while a disciple of Gandhi, was forcibly placed aboard the freighter at Calcutta Feb 9, after she feigned blindness.

The 23-year-old daughter of the late George Cram Cook, poet, playwright and Greek scholar, fled Ma-

(Concluded on Page 2, Column 3)

महात्मा की मृत्यु के पांच साल बाद बाद नीला 1954 में फिर भारत आईं। वह सीधा कश्मीर चली गईं जहां वह पहले रह चुकी थीं। उन्होंने दुनिया को कश्मीर का हाल बताया। नीला के बारे में अंतिम खबर 1982 में छपी। जनवरी में उनके किसी मित्र ने अखबार में विज्ञापन छापकर पूछा-'नीला तुम कहां हो? क्या तुम जिंदा हो?' लेकिन कोई जवाब नहीं आया। नीला के बारे में अंतिम खबर 13 अक्टूबर, 1982 में न्यूयार्क टाइम्स में छपी जिसमें बताया गया कि क्रुक आस्ट्रेलिया के एक अस्पताल में मर गईं। उन्हें कोई मामूली बीमारी थी। जीवन के अंतिम दिनों में वह वियना से करीब पचास मील दूर एसपैंग में अपने तीन पोते-पोतियों और बहू के साथ रहने लगी थीं। कुक की बहू ने बताया कि नीला कुक को ग्रीस में अपोलो देवता के मंदिर के करीब उसके पिता की कब्र के पास दफनाया गया।

ब्रह्मचर्य : कुछ मनोवैज्ञानिक नोट्स

महात्मा की स्थिति रेगिस्तान में रहने वाले उन ईसाई संतों के जैसी हो गई थी जो कठोर ब्रह्मचर्य जीवन जीते थे। पैलेडियस की किताब 'स्वर्ग' में उनके अनुभवों की झलक मिलती है। कठोर संकल्पों से बंधे ये संत ब्रह्मचर्य को लेकर एक खास तरह का आदर्श मन में रखते थे। उनकी दिनचर्या इतनी कठोर होती कि उसमें भूल या गलती की कोई गुंजाइश नहीं रहती। लेकिन फिर भी यौन प्रलोभनों से उन्हें जितना कष्ट होता उतना दूसरी किसी बात से नहीं। यह कष्ट कुछ-न-कुछ मात्रा में जीवन भर बना रहता।

इन ईसाई संतों के जीवन में स्त्रियों के लिए कोई स्थान नहीं था। जबकि महात्मा का ब्रह्मचर्य स्त्रियों के बीच रहकर उनसे मुक्ति का मार्ग तलाश कर रहा था। महात्मा के इस अनोखे ब्रह्मचर्य के प्रयोग के पीछे एक पूरा मनोविज्ञान है। प्रत्येक व्यक्ति जो कुछ सोचता है और उसे अपने निजी या सार्वजनिक जीवन के व्यवहार में परिणत करता है, वह सब कुछ अवचेतन मन की क्रियाओं से संचालित होता है।

बीसवीं सदी के महान मनोवैज्ञानिक सिंगमंड फ्रायड ने भौतिक जगत के कार्य-कारण सिद्धांत को मनोजगत में भी लागू किया। यह एक तरह का मनो-नियतिवाद था। फ्रायड कहता था कि मनुष्य के हर व्यवहार के पीछे कोई कारण जरूर होता है। ब्रह्मचर्य को लेकर महात्मा एक अति तक गए। इसके पीछे भी कुछ कारण रहे होंगे। ये कारण व्यक्ति के निजी जिंदगी के बहुत भीतर छुपे होते हैं। कुछ प्राथमिक प्रेरणाएं मनुष्य की मूल प्रवृत्तियां बन जाती हैं। इसे फ्रायड ने साइकिक एनर्जी यानी मनोशक्ति कहा, जो जन्मजात और अनर्जित होती हैं।

महात्मा का प्रारंभिक जीवन 1885 से लेकर 1901 तक काम वासना और उसके बाद 1902 से लेकर 1948 तक का जीवन काम वासना के विरोध के संघर्ष

में बीता। यानी काम वासना किसी-न-किसी रूप में उनके जीवन से जुड़ी रही। रिश्ता केवल दोस्तों से नहीं बनता। दुश्मनों के साथ भी एक तरह का रिश्ता बन जाता है। नफरत जितनी गहरी होती है, यह रिश्ता भी उतना ही गहरा हो जाता है। महात्मा के ब्रह्मचर्य प्रयोग के पीछे भी कुछ कारण रहे होंगे। यह कारण इतने मजबूत थे कि महात्मा का पूरा जीवन वासनाओं के खिलाफ संघर्ष में बीत गया।

पिता अंतिम सांसें ले रहे हों और ऐसे में कोई पुत्र अपनी पत्नी के साथ काम वासना में लिप्त रहना वह भी तब जब वह पूरे महीने की गर्भवती हो, एक असामान्य घटना है। पुत्र भी ऐसा जो बचपन से ही 'श्रवण को आदर्श' मानता रहा हो। इस 'काले दाग' को वह जीवन में न कभी मिटा पाए न कभी भुला सके। लेकिन इस घटना से 16 साल के मोहनदास गांधी ने कोई सबक सीखा यह बाद के उनके 16 साल के जीवन में देखने को नहीं मिला। इसके बाद भी वह 32 साल की उम्र तक काम वासना कि गिरफ्त में रहे। इस घटना ने उन्हें तात्कालिक रूप से भले शर्मिंदा किया हो लेकिन उनकी प्राथमिक मनोशक्तियों ने उनका पीछा जीवन भर नहीं छोड़ा। 'सत्य के प्रयोग' में महात्मा की यह आत्मस्वीकृति उन्हें भले महान तथा और अधिक श्रद्धेय बनाती हो लेकिन उनकी मनोदशा मनोवैज्ञानिकों के उन पर शोध करने के लिए प्रेरित करती हैं।

महात्मा ने कभी मनोचिकित्सक फ्रायड को नहीं पढ़ा। जैसा कि उन्होंने अपने मित्रों से कहा-वह फ्रायड को पढ़ना भी नहीं चाहते थे। सेक्स और अवचेतन विज्ञान के बारे में वह कुछ पढ़ना भी नहीं चाहते थे। ब्रह्मचर्य की उन्होंने अपनी एक अलग परिभाषा विकसित की थी। इस परिभाषा में स्त्री को स्पर्श करने, उसके साथ नग्न स्नान करने, नग्नावस्था में स्त्री के साथ सोने में कोई दोष नहीं था। यह एक नया विचार था। महात्मा इन विचारों को अपने निजी जीवन में कार्यान्वित करना चाहते थे। तब उन्होंने प्रयोग शुरू किए और अपने आश्रम को उन्होंने एक प्रयोगशाला में तब्दील कर दिया।

खास बात यह थी कि महात्मा ने अपनी बहुत करीब के रिश्ते में आने वाली लड़कियों को अपने ब्रह्मचर्य प्रयोग का सीधा हिस्सेदार नहीं बनाया। मनु गांधी उनके चचेरे भतीजे जयसुख लाल की बेटी थी। 1938 में विवाद बढ़ने पर महात्मा ने तय किया था कि वह केवल सुशीला नैयर और बा की सेवाएं लेंगे। केवल उन्हीं को स्पर्श करेंगे। यह बात महात्मा के करीबी रिश्तेदारों को नागवार गुजरी थी। महात्मा के सगे बेटे मणिलाल गांधी की पत्नी सुशीला गांधी और उनके बड़े बेटे हरिलाल की बेटी मनुड़ी यानी मनु गांधी ने महात्मा के इस फैसले पर एतराज जताया था।[19]

ब्रह्मचर्य के मामले में महात्मा गांधी प्राचीन साहित्य में शुकदेव की कथा से प्रभावित थे। शुकदेव व्यास के पुत्र थे जिन्होंने राजा परीक्षित को श्रीमद्भागवत

कथा सुनाई थी। हरिवंश और वायु पुराण में उनकी कथा मिलती है। अग्नि पुराण के प्रजापति सर्ग नाम के अध्याय में भी शुक की कथा का जिक्र है। शुक के बारे में कहा जाता था कि वह जन्म से ही नैष्ठिक ब्रह्मचारी थे। वह युवा थे। नग्न रहते थे फिर भी स्त्रियां उनकी मौजूदगी में किसी तरह की शर्म या संकोच महसूस नहीं करती थीं। जबकि शुकदेव के वृद्ध पिता के साथ ऐसा नहीं था। आत्मसंयम के लिए प्रसिद्ध होने के बावजूद स्त्रियां व्यास के सामने संकोच का अनुभव करती थीं। इसका कारण यह दिया गया कि प्रचंड आत्म संयम के बावजूद व्यास ने लिंग शून्यता और यौन बोध से वह मुक्ति नहीं पाई थी जो पूर्ण ब्रह्मचारी के लिए जरूरी थी। लेकिन गांधी शुकदेव की स्थिति तक पहुंचे, इसे लेकर अंत तक संदेह बना रहा।

महात्मा ने 1938 में स्वीकार किया कि उन्हें 'गंदा सपना' आया। लेकिन 'स्राव' होने से पहले वह जाग गए। उन्होंने यह भी स्वीकार किया कि ब्रह्मचर्य पालन का सतत् प्रयत्न करने पर भी वह 'निर्विकार' नहीं हैं। दक्षिण अफ्रीका में उन्होंने जिस निर्विकारिता का अनुभव किया था वह उतनी हिंदुस्तान में नहीं कर सके। इस पर मुन्नालाल शाह ने उनसे व्यंग्यात्मक सवाल किया कि 'आप तो खुद की शुकदेव से तुलना करते थे। वह शुकदेव जिसने पूर्ण ब्रह्मचर्य प्राप्त कर लिया था।

शाह के सवाल पर महात्मा चिढ़ गए थे। उन्होंने लिखा-'शुकदेव जी मेरे आदर्श हैं, इस कथन का अर्थ यह नहीं कि मेरा मुंह उन जैसा होना चाहिए या मुझे उनकी तरह सोना, बैठना और खाना चाहिए और उनकी तरह हिमालय चला जाना चाहिए। इसका अर्थ इतना ही है कि मेरा ब्रह्मचर्य उनकी ही कोटि का होना चाहिए।'[20]

महात्मा कहा करते थे कि हर इंसान में अंतरात्मा की एक आवाज होती है लेकिन ज्यादातर लोग दुनियावी शोर में उसे सुन नहीं पाते। वह कहते 'मेरी अंतरात्मा की कोई आवाज है, जिसे मैं सुनता हूं।' लेकिन ब्रह्मचर्य के प्रयोग और लड़कियों के साथ नग्न सोने के बारे में उनकी अंतरात्मा ने कभी शायद कुछ नहीं कहा। उनकी हालत उनके आदर्श टॉलस्टॉय जैसी हो गई थी जो 'मृत्यु से एक वर्ष पहले इक्यासी वर्ष के होने तक भी वे यौनेच्छा से मुक्ति का अनुभव नहीं कर सके थे।'[21]

ब्रह्मचर्य प्रयोग को लेकर महात्मा पर जितनी बार हमले हुए उतनी बार वह तिलमिला जाते। ऐसा बापू के स्वभाव में नहीं था। कुलकर्णी और स्वामी आनंद महात्मा को बिहार समझाने पहुंचे थे। ब्रह्मचर्य प्रयोग पर दोनों ने महात्मा से तीखे सवाल-जवाब किए। उन्होंने महात्मा से पूछा कि यदि आपका प्रयोग इतना पवित्र है तो फिर उसका 'लाभकारी प्रभाव आपके आसपास क्यों नहीं दिखाई पड़ता? आपके चारों ओर इतनी अशांति और दुख क्यों दिखाई पड़ता है? आपके साथी

'भावनात्मक रूप से इतने विचलित क्यों नजर आते हैं?' यह सच था। महात्मा के सहयात्री प्यारेलाल नैयर, सुशीला नैयर, मनु गांधी सब अशांत थे, सब विचलित थे। खुद महात्मा भी अशांन्त और दुखी थे। इस सवाल से महात्मा तिलमिला गए। उन्होंने कहा-'आप सतही चीजें देखकर जल्दबाजी में निष्कर्ष निकालते हैं, जो किसी सत्यान्वेषी के लिए शोभनीय नहीं है।' उन्होंने आगे कहा 'आप जितना सोचते हैं, मैं उतना नहीं गिरा हूं।'[22]

गांधीजी कभी पूर्ण ब्रह्मचर्य स्थापित नहीं कर पाए। अपने बचाव में यह बात उन्होंने कई बार स्वीकार की। उन्होंने कहा कि 'मैं यह दावा नहीं करता कि अपने भीतर से काम विकार को मैंने निर्मूल कर दिया है। लेकिन मेरा यह दावा जरूर है कि मैं उसे नियंत्रण में रख सकता हूं।' हालांकि बार-बार उनके टूटते-बिखरते ब्रह्मचर्य से साफ हो गया था कि काम विकारों को वह कभी नियंत्रण में नहीं रख पाए। गांधी मानते थे कि उन्होंने अर्ध ब्रह्मचर्य प्राप्त कर लिया है। उनके लिए अर्ध ब्रह्मचर्य कितना खतरनाक साबित हुआ उसका अंदाजा इस प्रयोग से लगता है।

1945 आते-आते महात्मा ने एक नई और चौंकाने वाली थ्योरी निकाल ली थी। उनका दावा था कि उन्होंने अपने भीतर एक 'आध्यात्मिक शक्ति' विकसित कर ली है। विवाद के चलते महात्मा ने अपना प्रयोग कुछ समय के लिए बंद करने का ऐलान कर दिया था। लेकिन फिर भी वह महिलाओं के साथ सोते थे। मुन्नालाल शाह ने जब उनसे इस बारे में पूछा तो उन्होंने कहा -'अब जो बहिन मेरे पास आती है वह मेरे प्रयोग के उद्देश्य से नहीं, बल्कि मेरे पास जो आध्यात्मिक शक्ति है उसे प्राप्त करने के लिए आती हैं।'[23]

महात्मा दावा करते कि 'मेरे पास ऐसी शक्ति है, इसका मुझे भान है।' लेकिन सबसे खतरनाक बात यह थी कि वह नहीं जानते थे कि 'उनका यह भान सही है अथवा गलत।' पर वह कहते-'मुझे इस बात का कतई कोई भय नहीं है कि मैं किसी का 'दुरुपयोग' कर सकता हूं अथवा अपना 'व्रत भंग' कर सकता हूं।' यह अलग बात थी कि 76 साल की उम्र में वह शारीरिक तौर पर अपनी किसी भी तरह की शक्ति का दुरुपयोग करने की स्थिति में नहीं थे।

महात्मा ने यह 'आध्यात्मिक शक्ति' कब विकसित की यह कभी पता नहीं चल पाया। इसके लिए किसी तरह की साधना का जिक्र भी महात्मा ने कभी नहीं किया। वह पक्के राजनीतिक और समाज सुधारक थे। लेकिन उनके आध्यात्मिक पुरुष होने की कोई प्रामाणिकता गांधी साहित्य में नहीं मिलती। सबसे दिलचस्प बात यह कि 'आध्यात्मिक शक्ति' वाली बात उन्होंने मुन्नालाल शाह के अलावा और किसी से नहीं कही। सार्वजनिक तौर पर तो यह बात उन्होंने कभी नहीं स्वीकार की। तो क्या मुन्नालाल शाह को सिर्फ बहकाने के लिए उन्होंने 'आध्यात्मिक शक्ति' होने का दावा किया था।

गांधी ने हमेशा अपनी कमियों और कमजोरियों को सार्वजनिक किया। जीवन की प्रयोगशाला में उनके सत्य का अनुसंधान उनकी मृत्यु तक जारी रहा। ब्रह्मचर्य के प्रकरण पर उनके अधिकांश सच अर्ध सत्य प्रतीत होते हैं। इसकी भी वजह थी। अपनी पोती मनु गांधी के साथ नग्न सोने के प्रयोग से उनके कई पुराने और करीबी मित्रों ने उनका साथ छोड़ दिया। इनमें उनका खुद का बेटा भी शामिल था। अपने इस अंतिम प्रयोग से वह किसी को कन्वींस नहीं कर पाए। नि:संदेह यह इस प्रयोग की नाकामी का सबसे बड़ा कारण रहा।

महात्मा गांधी के जीवन में गोपनीयता का कोई स्थान नहीं था। लेकिन मनु के साथ नग्न सोने के प्रयोग को महात्मा ने शुरू से गोपनीय रखा। उन्होंने अपने सभी साथियों को नोआखली में अपने से दूर कर दिया। उन्होंने अपने निकट साथियों को भी इस प्रयोग के बारे में कुछ नहीं बताया। उन्होंने किसी को यह भी नहीं बताया कि मनु को वह अपने साथ एकान्तवास में क्यों रख रहे हैं। महात्मा से जब यह सवाल पूछा गया तो वह अचकचा गए। जवाब में महात्मा ने कहा– 'गोपनीयता का कोई इरादा नहीं था। सब कुछ आकस्मिक रूप से हुआ।' फिर उन्होंने बताया कि यह ऐसी चीज थी जिस में मित्रों से पहले परामर्श करने की गुंजाइश ही नहीं थी। उन्हें 'आरंभ से ही इस मामले पर खुलकर चर्चा करने का आग्रह रखना चाहिए था।' महात्मा ने यह भी माना कि 'ऐसा न करना एक गंभीर भूल थी।'[24]

नोआखली में अपने प्रयोग के दौरान महात्मा ने केवल राजकुमारी अमृता कौर के सामने स्वीकार किया था कि एक 'अपवाद' को छोड़कर उन्होंने किसी भी 'स्त्री को वासना' की दृष्टि से नहीं देखा है। उन्होंने सफाई दी कि उसमें भी उनकी भावना 'व्यभिचार' की नहीं थी। लेकिन उन्होंने स्वीकार किया कि उनके 'स्पर्श में वासना' थी। महात्मा ने राजकुमारी को लिखा कि 'मैं न चाहते हुए भी वासना के प्रवाह में बह गया था, और यदि परमात्मा ने रक्षा न की होती तो मैं बर्बाद हो गया होता।'[25]

यह अपवाद किसके साथ था? वह कौन सी महिला थी जिसे उन्होंने वासना से वशीभूत होकर स्पर्श किया था? यह कभी साफ नहीं हो सका। यह स्वीकारोक्ति महात्मा ने केवल राजकुमारी के सामने की। यह घटना उन्होंने अब तक गोपनीय रखी थी। महात्मा ने फ्रायड को नहीं पढ़ा था लेकिन हेवलॉक एलिस के यौन मनोविज्ञान से जुड़े विचारों से वह अनभिज्ञ नहीं थे। एलिस की किताब 'यौन मनोविज्ञान' उनके इन प्रयोगों के दौरान ही बाजार में आई थी। महात्मा ने इस किताब के बारे में किसी से ज्यादा बातचीत नहीं की। न ही किसी लेख में इस मनोवैज्ञानिक के विचारों को संदर्भित किया। एलिस ने यौन समस्याओं पर बहुत गहरा अध्ययन किया था। उनके अध्ययन का सूत्र वाक्य एक प्राचीन कहावत में सिमट गया था। वह कहते–'मनुष्य वही है जो उसका सेक्स है।' एलिस ने वृद्धावस्था में काम वासना के अतिरेक पर

भी लिखा। वह मानते थे कि बुढ़ापे के आने की आहट महसूस होने से यौन आवेग एकाएक प्रबल हो सकता है। 'इस प्रतिक्रिया में वह औचित्य की सीमाओं को लांघ कर स्वस्थ रूप से अथवा अस्वस्थ रूप से भटक सकता है।'[26]

जैसे कि पहले कहा गया महात्मा ने लड़कियों के संग नग्न सोने का प्रयोग कब शुरू किया इसका खुलासा उनके पत्रों से नहीं होता। महिलाओं के साथ नग्न सोने की बात पहली बार मई 1938 में सामने आई। तब वह 69 साल के हो गए थे। ब्रह्मचर्य के प्रयोग की बात भी इसी दौरान सामने आई। जैसा कि सुशीला नैयर ने बाद में वेद मेहता को बताया था कि— 'मनु तो बाद में परिदृश्य में आई। लेकिन उससे बहुत पहले मैं उनके साथ सोती थी जैसे मैं अपनी मां के साथ सो रही हूं। वह कहते-'मेरी पीठ दुख रही है उस पर किसी दबाव की जरूरत है।' तो मैं उनकी पीठ दबाती। या उनकी पीठ पर लेट जाती। और वह सो जाते। शुरू के दिनों में ब्रह्मचर्य के प्रयोग जैसी कोई बात नहीं थी। यह प्राकृतिक चिकित्सा का एक अंग था। लेकिन बाद में जब लोगों ने महिलाओं-मनु, आभा और उनके साथ बापू के बढ़ते शारीरिक संपर्कों के बारे में सवाल उठाने शुरू कर दिए तब ब्रह्मचर्य के प्रयोग का विचार विकसित हुआ। ब्रह्मचर्य के प्रयोग के बारे में आप मुझसे और बात मत करें। इसमें ज्यादा कुछ कहने को नहीं है, जब तक आपके पास गंदा दिमाग न हो जैसे बोस का था।'[27]

एलिस ने साफ किया कि वृद्धावस्था में यह प्रवृत्ति केवल उन लोगों तक सीमित नहीं रहती जिनका जीवन जवानी के दिनों में स्त्रियों के इर्द गिर्द घूमा हो। बल्कि यह प्रवृत्ति कभी-कभी ऐसे लोगों में साफ देखी जाती है 'जो अपने नैतिक विचारों के कारण पहले कठोर संयमित जीवन बिताते रहे हैं। और इस कारण वे अर्ध चेतन आवेग के वश में होकर कार्य करते हैं ताकि खोए हुए समय का उपयोग कर लें और बिलकुल ही हाथ मलते न रह जाएं।'[28]

एलिस ने यह भी बताया कि ऐसे बुजुर्गवार अपनी हमउम्र महिलाओं के बजाय कम उम्र की लड़कियों की ओर अधिक आकर्षित जान पड़ते हैं। अधिकांश स्त्रियों का अनुभव रहा है कि उनके बचपन या जवानी के दिनों में उनके साथ मैथुनिक कार्य करने की सबसे सफल और साहसपूर्ण हरकतें बुजुर्ग वैवाहिक पुरुषों ने कीं। 'अकसर ऐसे पुरुषों ने कीं जिनकी स्थिति और चरित्र देखते हुए ऐसी घटनाएं अस्वाभाविक और अविश्वसनीय जान पड़ती थीं।'[29]

महात्मा के जीवन में जितनी महिलाएं आईं उनमें अधिकांश कम उम्र की लड़कियां थीं। दक्षिण अफ्रीका में वह 18 साल की मॉड से प्रभावित थे। भारत में वह जब पहली बार एस्थर फैरिंग से मिले तो उसकी उम्र केवल 22 साल थी। प्रेमा कंटक सिर्फ 18 साल की। सुशीला नैयर के साथ महात्मा ने जब सोना शुरू किया तो उसकी उम्र भी 18 साल थी। आभा के साथ उनका प्रयोग तब शुरू हुआ

जब वह 16 साल की थी। कंचन भी उसकी हमउम्र थी। महात्मा की पोती मनु केवल 17 साल की थी और उसके साथ वह नग्न सोने लगे थे।

यह थोड़ा अजीब और असामान्य बर्ताव था। जैसा कि महात्मा ने अपने मित्र बिड़ला को लिखा-'मैं मनु को अपनी गोद में लेता हूं तो एक पवित्र पिता की हैसियत से (न) कि धर्मभ्रष्ट पिता की हैसियत से?' भारत में या किसी भी दूसरे सभ्य समाज में कितने पिता ऐसे हैं जो अपनी 17-18 साल की युवा पुत्री को गोद में बैठाते हैं। इसकी वजह यह नहीं है कि पिता ऐसा करने से डरते हैं। दरअसल बढ़ती उम्र के साथ पिता और पुत्री के रिश्ते में एक मर्यादित दूरी पैदा हो जाती है जो बहुत सहज और सामान्य घटना है।

कुछ विशेष परिस्थितियों में जैसे सुख और दुख के अतिरेक में पिता और पुत्री निर्विकार भाव से आलिंगन भी कर सकते हैं। लेकिन जीवन में ऐसा समय बहुत कम आता है। पुत्री की विदाई या किसी अन्य प्रियजन के अलगाव के समय बहुत संभव है कि पिता या पुत्री इस मर्यादा को भूल जाएं लेकिन इस व्यवहार को जीवन का नियमित अंग बना लेना मस्तिष्क की रासायनिक गड़बड़ियों की तरफ इंगित करता है।

अमूमन उम्र के इस पड़ाव पर पहुंचकर पुरुषों की कामेंद्रियां उनका साथ नहीं देतीं। शरीर साथ छोड़ देता है लेकिन इच्छाएं और वासनाएं नहीं। यह भी मनोवैज्ञानिक तथ्य है कि जब एक इंद्रिय निष्क्रिय पड़ने लगती है तब अन्य इंद्रियां अधिक सक्रिय हो जाती हैं। ऐसे में स्पर्श सुख भी संपूर्ण सुख में परिवर्तित हो जाता है। एलिस की स्थापना है कि 'बुढ़ापे की वजह से पुंसत्व की कमी से वृद्ध पुरुषों को केवल यौन ढंग से छूने-छाने से ही यथेष्ठ परितृप्ति हो जाती है।'[30]

तो क्या महात्मा नग्न लड़कियों के साथ शयन कर परितृप्ति के इसी रास्ते पर चल रहे थे। बहुत संभव है वह ऐसा करना न चाहते हों। पर क्या उनकी दमित इच्छाएं उन्हें इस रास्ते पर जाने के लिए विवश कर रही थीं? और उन्होंने इस क्रिया को पहले ब्रह्मचर्य प्रयोग और फिर यज्ञ का नाम दिया।

लड़कियों को अपने प्रयोग के साधन के रूप में इस्तेमाल करने के लिए उन्हें कोई अवलंबन चाहिए था। यह अवलंबन उनका प्रयोग बना। प्रयोग के बहाने वह अपनी विश्वास प्राप्त शिष्याओं को साथ शयन के लिए आसानी से राजी कर सकते थे। और वह खुद भी अपने को माफ कर सकते थे। जैसा कि एलिस कहता है- 'वृद्धावस्था में पुरुष की उम्र जितनी बढ़ती चली जाती है उतनी ही जल्दी वह परितृप्ति हो जाता है। इस तरह की परितृप्ति पाने में उसे उतना ही कम पश्चाताप होता है।'[31]

महात्मा का दावा रहता कि उन्होंने समस्त वासनाओं पर जीत हासिल कर ली है। वह अगर वासनाओं को जीत चुके थे तो उन्हें ऐसे प्रयोग की जरूरत ही

क्यों महसूस हुई। ब्रह्मचर्य व्रत का पालन करने का आग्रह अपने आपमें साबित करता है कि मन में कहीं काम वासना अभी बाकी है। अगर मन में काम वासना नहीं तो पालन किस चीज का होगा? महात्मा को खुद पर संदेह था इसलिए वह अपनी परीक्षा लेना चाहते थे।

मनु महात्मा नहीं थीं। उन्होंने न धर्म पढ़ा था न दर्शन और न ही उनके पास आध्यात्मिक अनुभवों का खजाना था। फिर भी मनु का दावा था कि उन्होंने काम वासना पर विजय प्राप्त कर ली है। साफ था मनु झूठ बोल रही थीं। इसके लिए उन्हें किसी परीक्षा की जरूरत नहीं थी। लेकिन फिर भी महात्मा ने उनकी परीक्षा लेने का फैसला किया। मनु की इस परीक्षा में उन्होंने खुद को माध्यम बनाया। महात्मा इतनी सामान्य-सी बात नहीं समझ पाए कि 79 साल के वृद्ध व्यक्ति के साथ सोकर मनु के ब्रह्मचर्य की परीक्षा कैसे ली जा सकती है। लेकिन महात्मा इतना साहस नहीं जुटा सके कि वह मनु की परीक्षा के लिए अपने किसी युवक शिष्य को उपलब्ध करा पाते।

अब सवाल उठता है कि इस प्रयोग का प्रयोजन क्या था? जैसा कि महात्मा ने कहा संपूर्ण अहिंसा के लिए पूर्ण ब्रह्मचर्य जरूरी है। गांधीजी ने अहिंसा और ब्रह्मचर्य में घालमेल करने की कोशिश की। नोआखली में उनके ब्रह्मचर्य को लेकर जब विवाद चरम पर पहुंच गया तब उन्होंने अपने प्रयोग को नया नाम दे दिया। उन्होंने ठक्कर बापा से कहा-'ये प्रयोग नहीं यज्ञ है।' उन्होंने इस यज्ञ को अहिंसा से जोड़ दिया। पतंजलि ने अपने 'योग सूत्र' में कहा है कि संपूर्ण अहिंसा की स्थापना होने पर सारी शत्रुता नष्ट हो जाती है। इसी तर्ज पर महात्मा का मानना था कि 'पूर्ण ब्रह्मचर्य की स्थापना होने पर सारे विकार नष्ट हो जाने चाहिए।'

महात्मा कहते यह प्रयोग वह अपने लिए नहीं अपनी पोती मनु के लिए कर रहे हैं। यह एक तरह से सत्य की खोज है। वह कहते 'अगर मेरी सच्चाई का असर उस पर पड़े और जो सदगुण मैं उस में पैदा करना चाहता हूं वे उसमें पैदा हों, तो उससे यह सिद्ध होगा कि मेरी सत्य की शोध सफल हुई। तब मेरी सच्चाई का असर मुसलमानों पर, मुस्लिम लीग में, मेरे विरोधियों पर और जिन्ना पर भी पड़ेगा, जिन्हें मेरी सच्चाई पर शंका है और जिस शंका के कारण उन्हें और हिंदुस्तान को नुकसान हो रहा है।'[32]

लेकिन महात्मा के ब्रह्मचर्य के प्रयोग और उनके सत्य के शोध का असर किसी पर नहीं पड़ा। न मुसलमानों पर, न मुस्लिम लीग पर, न उनके विरोधियों पर और न मि. जिन्ना पर। देश का विभाजन हो गया। नोआखली छोड़ने के छह महीने बाद ही देश दो टुकड़ों में बंट गया। और तो और जो सद्गुण महात्मा मनु में विकसित करना चाहते थे, वह भी नहीं कर पाए। नोआखली से दिल्ली लौटने

के बाद 21 सितंबर, 1947 को बिड़ला भवन में शाम की प्रार्थना के दौरान भजन गाते समय मनु व आभा बेसुरी हो गई थीं। इस कारण दोनों जोर से हंस पड़ी थीं। इसे लेकर महात्मा बहुत दुखी हुए थे। उन्होंने मनु से कहा था-'भजन गाने के लिए नहीं बल्कि ईश्वरमय होने के लिए होता है। यह तो ईश्वर की ठिठोली करने जैसी बात हुई। यदि...ईश्वर को न पहचानती हो तो प्रार्थना छोड़ो।...पर निर्भर करता हूं और यदि (तुम दोनों) भाड़े के गायकों जैसा व्यवहार करोगी तो यह मुझे मार डालने के समान होगा।'[33] बाद में मनु और आभा को सार्वजनिक रूप से इसके लिए माफी मांगनी पड़ी थी।

ब्रह्मचर्य को लेकर इस तरह का प्रयोग गलत है। महात्मा को यह बहुत समझाने की कोशिश की गई। लेकिन महात्मा कुछ सुनने-समझने को राजी नहीं थे। उन्होंने अपने इर्द-गिर्द ढेर सारी प्रतिरक्षात्मक मनोरचनाएं बुन ली थीं। इसे मनोवैज्ञानिक 'डिफेंस मैकेनिज्म' कहते हैं। तनावपूर्ण स्थितियों का जब व्यक्ति सीधे तौर पर समाधान नहीं कर पाता तो वह प्रतिरक्षा पर उतर आता है। वह अपने बचाव में तर्क गढ़ लेता है।

महात्मा से कहा गया कि 'इस प्रयोग का जो भी परिणाम आएगा वह स्वभावत: निर्णायक और अंतिम नहीं होगा।' जवाब में महात्मा तर्क देते 'मैं इसके लिए भी तैयार हूं। मेरी कार्य पद्धति का केवल निदान की दृष्टि से ही मूल्य नहीं है, परंतु चिकित्सा की दृष्टि से भी मूल्य है। यदि मुझमें शुद्धता और पवित्रता होगी तो वह मेरी पोती में बची-खुची अशुद्धता भी-जिसे वह नहीं जानती हो-ऊर्ध्वीकरण कर देगी।'[34]

इसी 'डिफेंस मैकेनिज्म' के चलते चौतरफा हमले झेल रहे महात्मा हर सवाल का जवाब खोज लेते। वह अपनी बातों को अधिकाधिक तार्किक बनाने की कोशिश करते। महात्मा से कहा गया कि 'ब्रह्मचर्य या किसी भी महाव्रत में प्रयोग की कोई गुंजाइश नहीं है।' 'आचार के मूलभूत नियमों' में किसी भी तरह का हस्तक्षेप नहीं किया जा सकता है। अगर ऐसा किया गया तो समाज का 'सर्वनाश' हो जाएगा। तब महात्मा तर्क देते कि 'ब्रह्मचर्य के विषय में पहले ही प्रयोग किए गए हैं और आज भी किए जा रहे हैं। और ऐसा होना ही चाहिए। वह कहते-'प्रगति करने के लिए हमें अकसर सामान्य प्रयोगों की सीमा से आगे जाना पड़ता है।' महात्मा से कहा गया कि अगर वह पूर्ण ब्रह्मचारी हैं तो उन्हें इस तरह के प्रयोगों की जरूरत नहीं है। अगर वह अभी अपूर्ण ब्रह्मचारी हैं तब तो उनके लिए यह प्रयोग और खतरनाक और जोखिम भरे साबित हो सकते हैं। इसलिए वह मनु के साथ नग्न सोने का प्रयोग बंद करें। लेकिन महात्मा कुछ सुनने-समझने को राजी नहीं थे। महात्मा ने ब्रह्मचर्य को लेकर एक तरह का हठयोग साधना शुरू कर दिया। इस प्रयोग में हठ ज्यादा था और योग कम। इस हठ में मनोरचनाएं उनकी मदद

करतीं। मनोवैज्ञानिकों के मुताबिक यह मनोरचनाएं चिंता और तनाव से तत्काल राहत पहुंचती हैं लेकिन यह समस्या का स्थायी समाधान नहीं है।

महात्मा खुद को सही साबित करने के लिए 'युक्तिकरण' का सहारा लेते। मनोवैज्ञानिकों ने इसे 'रेशनेलाइजेशन' कहा है। यह खुद को सही साबित करने का ऐसा ढंग है जिसमें व्यक्ति यह नहीं जानता कि अचेतन रूप से झूठे कारण और तर्क पेश कर रहा है। यह खुद को धोखा देने का ऐसा ढंग है जिसमें व्यक्ति खुद को नैतिक और प्रतिष्ठित समझने लगता है। सुशीला नैयर के साथ स्नान करने को लेकर आश्रम में जब सवाल उठे तो महात्मा ने परिपत्र जारी किया था। तब महात्मा ने सुशीला के बारे में कहा था–'वह स्नान कुंड के पीछे स्नान करती है और जब तक उसका स्नान चले तब तक मेरी आंखें अंधे के जैसी बंद रहती हैं। मैं नहीं जानता वह कैसे स्नान करती है नंगी या चड्ढी पहनकर। साबुन इस्तेमाल करती है इतना ही मैं आवाज से कह सकता हूं। उसके एक भी अंग मैंने नहीं देखे हैं जो यहां सबने न देखे हो।'

महात्मा अगर निर्विकार थे तो उन्हें आंखें बंद करने की कोई जरूरत नहीं पड़नी चाहिए थी। आंखें बंद करना उनके अंदर के डर को दर्शाता है। गांधीजी नहीं जानते थे कि वह कैसे स्नान करती है नंगी या चड्ढी पहनकर। लेकिन आंखें बंद करके भी यह रोचक कल्पना की जा सकती है कि समीप कोई स्त्री कैसे स्नान कर रही है। महात्मा ने आवाज से अनुमान लगाया कि वह नहाते वक्त साबुन का इस्तेमाल करती थी। यानी बंद आखों में भी महात्मा का सारा ध्यान सुशीला की स्नान प्रक्रिया की ओर लगा रहता। फिर आंखें बंद करके भी काम भावना का आनंद लिया जा सकता है। जैसे आंखें बंद करके भी आप ताजमहल न देखना चाहें तो भी वह दिखाई देगा। मनोवैज्ञानिक मानते हैं कि युक्तिकरण एक ऐसा आवरण है जिसे हम अपनी कमियों और बुराइयों के ऊपर डाल देते हैं जिससे हमें उनका सामना न करना पड़े। यह शतुरमुर्ग की तरह रेत में सिर धसा लेने जैसा है। मनोवैज्ञानिक सेमॉडस युक्तिकरण को 'खुद का खुद के लिए वेष बदलना मानते हैं।'[35]

यह निःसंदेह खतरनाक स्थिति है। मनोरचना की एक स्थिति 'वास्तविकता अस्वीकरण' की होती है। जिसे मनोवैज्ञानिकों ने 'डिनायल ऑफ रिएलिटी' कहा। ऐसे में मनुष्य अपनी विफलताओं को अस्वीकार करने में जरा भी हिचक नहीं दिखाता। महिलाओं के साथ नग्न सोने के प्रयोग को लेकर जब 1945 में सवाल उठे तो उनके बहुत करीबी मित्र घनश्यामदास ने भी इसे अनुचित ठहराया। महात्मा ने कहा–'मुझको उसमें कुछ भी अनुचित नहीं लगा है। आज मैं 1901 से बेहतर ब्रह्मचारी हूं। मेरे प्रयोग ने अगर कुछ किया है तो यह कि मैं (जो) था इस से ज्यादा पक्का हुआ। प्रयोग संपूर्ण ब्रह्मचारी बनने के लिए था और यदि ईश्वरेच्छा होगी तो संपूर्ण बनने के कारण होगा।'[36]

1945 में महात्मा ने अपने आपको 1901 से बेहतर ब्रह्मचारी बताया। तब उनके ब्रह्मचर्य पर किसी ने सवाल नहीं उठाया था। लेकिन 1945 में वह चारों ओर से सवालों में घिरे थे। महात्मा ने अपने जीवनकाल में ही ब्रह्मचर्य के व्रत को टूटते बिखरते देखा। अभी सात साल पहले ही जून, 1938 में उन्होंने सुशीला को लिखे पत्र में स्वीकार किया कि उन्होंने 'भयानक गलती की है और कितने वर्षों की यह गलती रही।' उन्होंने यह भी माना कि उनके ब्रह्मचर्य का प्रयोग कोई 'शास्त्रीय प्रयोग' नहीं था। यह सिर्फ उनका भयंकर अहंकार था। उन्होंने खुद को 'ब्रह्मचर्य की मर्यादाएं तोड़ने का अधिकारी' माना। उन्होंने यह भी कबूल किया कि जब तक वह दूसरे साथियों का 'स्त्री स्पर्श बर्दाश्त करने के लिए तैयार नहीं' तब तक खुद उन्हें किसी महिला को 'स्पर्श करने का अधिकार नहीं होना चाहिए।' उन्होंने जून में ही आश्रमवासियों के सामने स्वीकार किया कि उनका प्रयोग 'ब्रह्मचर्य की सर्वमान्य मर्यादाओं का उल्लंघन' था। अगर उनका प्रयोग अत्यंत 'भयानक' था तो वह प्रयोग उन्हें करना नहीं चाहिए था।

लेकिन इस स्वीकारोक्ति के कुछ ही महीने बाद उन्होंने अपना 'महान' प्रयोग फिर शुरू कर दिया। दिलचस्प है कि खुलेआम अपनी गलती मान लेने के बाद उन्होंने अपना प्रयोग फिर शुरू करने की जानकारी सार्वजनिक करने की जरूरत नहीं समझी।

यह एक तरह का पलायन था। एक तरह से असुखद वास्तविकताओं का सामना करने से इंकार करना। मनोरचना यानी 'डिफेंस मैकेनिज्म' का इस्तेमाल करके महात्मा थोड़े समय के लिए खुद को बचा लेते लेकिन उनकी समस्याओं का स्थायी समाधान नहीं हो पाता।

यही वजह थी कि अपनी प्रतिज्ञाओं का कड़ाई से पालन करने का आग्रह रखने वाले महात्मा अपनी प्रतिज्ञाओं पर अटल नहीं रह पाते। उनकी प्रतिज्ञा थी कि वह गाय या भैंस का दूध नहीं पिएंगे लेकिन उन्होंने भारत आकर बकरी का दूध लेना शुरू कर दिया। इसी तरह दूसरी प्रतिज्ञा थी कि वह एक बार के भोजन में पांच वस्तुएं ही लेंगे, छठी नहीं, लेकिन आगे चलकर अनेक सब्जियों को एक ही मानना शुरू कर दिया।

ऐसा ही महिलाओं के कंधे पर हाथ रखने के प्रयोग के बारे में हुआ। विरोधों को देखते हुए उन्होंने तीन बार संकल्प लिया कि वह यह प्रथा बंद कर देंगे। लेकिन इस सुख को वह अपने अंतिम क्षणों तक छोड़ नहीं पाए। महात्मा को जब गोली लगी तब भी उनके दोनों हाथ दो युवा लड़कियों के कंधे पर थे।

महात्मा एक तरह से 'नैतिक चिंता' का जीवन जी रहे थे। 'मॉरल एंग्जाइटी' उन्हें परेशान करती। वह ऐसा नैतिक जीवन जी रहे थे जो आम आदमी के कल्पना के बाहर की चीज थी। जैसा कि फ्रॉयड ने कहा सुपर इगो रखने वाला व्यक्ति जब

नैतिक मापदंडों के विरुद्ध काम करता है या उसे करने की सोचता है, तो उसमें अपराध बोध की भावना जन्म लेती है। उसे लगता है कि उसकी अंतरात्मा का पतन हो रहा है। जब वह अपने अहं का तार्किक ढंग से बचाव नहीं कर पाता तो वह अतार्किक ढंगों का सहारा लेता है। इसी को फ्रॉयड ने 'प्रतिरक्षात्मक मनोरचनाएं या डिफेंस मैकेनिज्म' कहा।

मनोवैज्ञानिक सिंगमंड फ्रॉयड ने बताया है कि हम कुछ असामाजिक इच्छाओं को पूरा होने से जान-बूझकर रोकते हैं। वे इच्छाएं अचेतन में बैठी रहती हैं। वे वहां से निकलना भी चाहती हैं लेकिन दमन के कारण निकल नहीं पातीं। काम वासना से त्रस्त महात्मा ने शुरुआती दौर में नैष्ठिक ब्रह्मचर्य का व्रत लिया था। ब्रह्मचर्य को लेकर एक तरह की कट्टरता उनमें थी। काम वासना को लेकर उनके मन में हमेशा एक अपराध बोध रहा। दमन इसी अपराध बोध से पैदा हुआ। लेकिन उनका अचेतन बाहर आने के लिए हमेशा बेचैन रहता। दमन की सारी दीवारें नींद में आते ही टूट जातीं। महात्मा को काम वासना से जुड़े सपने आते थे। यह सपने उन्हें सारी उम्र परेशान करते रहे। इन स्वप्नों को उन्होंने 'गंदे सपने' का नाम दिया। इन 'गंदे सपनों' में महात्मा ने क्या देखा इसका खुलासा कभी नहीं हुआ। अपने सपनों के बारे में महात्मा ने किसी को नहीं बताया। हालांकि महात्मा यह स्वीकार करते थे कि उनके भीतर कहीं विकार है जिसकी वजह से उन्हें ऐसे सपने आते हैं।

मनोवैज्ञानिक धरातल पर फ्रॉयड ने सपनों का भी अध्ययन किया। फ्रॉयड कहता है कि सपने, दमन तथा प्रतिरोध के कारण आते हैं। फ्रॉयड ने सपनों को मनोविक्षिप्त बताया जिसमें हर तरह की विसंगतियां और भ्रांतियां निहित रहती हैं। दमित इच्छाएं मूल प्रवृत्ति की संतुष्टि चाहती हैं और स्वप्न में वे इस मकसद को पूरा करने के लिए किसी-न-किसी रूप में पूर्व चेतन में आ जाती हैं। जहां वह सपनों के रूप में प्रकट होती हैं।

अपनी मौत से करीब साल भर पहले महात्मा ने अपने निजी सचिव प्यारेलाल से कहा-'मैं शारीरिक इच्छा से मुक्त हूं या नहीं, इस बात का पता शायद मेरी मृत्यु के बाद लगे।' महात्मा ने 'शायद' का इस्तेमाल जान-बूझकर किया क्योंकि उन्हें पता था कि 'मृत्यु के बाद व्यक्ति की सही पहचान हो, ऐसा हमेशा नहीं होता।'[37]

महात्मा के साथ सच में ऐसा ही हुआ। उनकी मृत्यु के कई सालों बाद तक यह तय नहीं हो पाया है कि वह सचमुच शारीरिक इच्छा से मुक्त हो पाए थे या नहीं। महात्मा यह भी कहा करते थे कि वह सर्वथा गलती पर भी हो सकते हैं, तब संसार उनकी मौत के बाद उनकी समाधि-शिला पर यह लिख सकेगा 'मूर्ख, तूने अपनी करनी का उचित फल पाया!' लेकिन वह गलती पर थे या नहीं इसका परीक्षण करने की किसी ने जरूरत नहीं समझी। जिन परिस्थितियों में उनकी हत्या

हुई उसमें इस बात की कोई गुंजाइश भी नहीं बची थी कि कोई उनके प्रयोगों पर ऊंगली उठाए और उन प्रयोगों का शव परीक्षण करे। महात्मा की समाधि पर 'हे राम' लिखकर छोड़ दिया गया।

कश्मीर से लेकर कन्या कुमारी और गुजरात से लेकर उड़ीसा तक देश की अस्सी फीसदी आबादी आज भी मानती है कि देश को आजादी महात्मा गांधी ने दिलाई। देश की जनता के लिए इतना अहसान काफी था। देश के लिए यह चिंता का विषय बिलकुल नहीं था कि महात्मा अपने जीवन के अंतिम क्षणों तक शारीरिक इच्छा से मुक्त हो सके थे या नहीं। महात्मा महान थे और शायद हमेशा महान रहेंगे। पिता की भूलों को सिर्फ नजरअंदाज किया जा सकता है उन्हें कटघरे में खड़ा करके मुकदमा नहीं चलाया जा सकता। फिर महात्मा तो राष्ट्रपिता हैं। उनके प्रयोगों का शव परीक्षण कर उनसे सिर्फ क्षमा मांगी जा सकती है। हिंदुस्तान के पास वैसे ही नायकों का संकट है। राष्ट्रपिता भी खो गए तो क्या बचेगा?

संदर्भ

1. पूर्णाहुति, खंड 4 : प्यारेलाल, पेज 477

बापू की बालाएं

2. लास्ट गिल्मसेस ऑफ बापू, मनु गांधी, शिवलाल अग्रवाल एंड कंपनी प्रा. लि. 1962 पेज 334
3. खंड 98 : 29 जनवरी, 1948, पेज 341
4. पूर्णाहुति, खंड 4 : प्यारेलाल, पेज 474
5. महात्मा गांधी एंड हिज अपोसेल्स, वेद मेहता, इंडियन बुक कंपनी, 1977 पेज 203
6. महात्मा गांधी एंड हिज अपोसेल्स, वेद मेहता, इंडियन बुक कंपनी, 1977 पेज 203-204
7. खंड 86 : 6 मार्च, 1945, पेज 7
8. महात्मा गांधी एंड हिज अपोसेल्स, वेद मेहता, इंडियन बुक कंपनी, 1977, पेज 201
9. एक साधिका की जीवन यात्रा, मीरा बहन, पेज 345
10. एक साधिका की जीवन यात्रा, मीरा बहन, पेज 338
11. एक साधिका की जीवन यात्रा, मीरा बहन, पेज 369
12. महात्मा गांधी एंड हिज अपोसेल्स, वेद मेहता, इंडियन बुक कंपनी, 1977, पेज 224
13. बापू के पत्र : कुमारी प्रेमा बहन कंटक के नाम, 23 मई, 1939, पेज 379
14. बापू के पत्र : कुमारी प्रेमा बहन कंटक के नाम, 23 मई, 1939, पेज 289
15. बापू के पत्र : कुमारी प्रेमा बहन कंटक के नाम, 23 मई, 1939, पेज 318
16. बापू के पत्र : कुमारी प्रेमा बहन कंटक के नाम, पेज 375
17. बापू के पत्र : कुमारी प्रेमा बहन कंटक के नाम, पेज 358
18. आशा प्रसाद, कस्तूरबा, कमला प्रभावती, वाणी प्रकाशन, पेज 151

ब्रह्मचर्य : कुछ मनोवैज्ञानिक नोट्स

19. खंड 74 : 17 सितंबर 1938, पेज 44
20. खंड 73 : 4 जून 1938, पेज 240

21. गांधी और उनके आलोचक, बलराम नंदा, पेज 24
22. खंड 94 : 14 मार्च, 1947, पेज 41
23. खंड 85 : 21 फरवरी, 1945, पेज 441
24. खंड 94 : 14 मार्च, 1947, पेज 417, महात्मा गांधी द लास्ट फेज़, खंड 2 प्यारेलाल, पेज 310-314
25. खंड 94 : 15 मार्च, 1947, पेज 152
26. यौन मनोविज्ञान, हेवलाक एलिस, पेज-170
27. महात्मा गांधी एंड हिज अपोसेल्स, वेद मेहता, इंडियन बुक कंपनी, 1977 पेज 203
28. यौन मनोविज्ञान, हेवलाक एलिस, पेज 171
29. यौन मनोविज्ञान, हेवलाक एलिस, पेज 171
30. यौन मनोविज्ञान, हेवलाक एलिस, पेज 171
31. यौन मनोविज्ञान, हेवलाक एलिस, पेज 171
32. पूर्णाहुति, खंड : 2, प्यारेलाल, पेज 300
33. खंड 96: 21 सितंबर, 1947, पेज 438
34. महात्मा गांधी : पूर्णाहुति, खंड : 2 प्यारेलाल, पेज 295
35. द डायनमिक ऑफ ह्यूमन एडजेस्टमेंट, सेमॉडस, पेज-457
36. खंड 86 : 9 अप्रैल, 1945, पेज 168
37. खंड 93 : 15 फरवरी, 1947, पेज 477